PORT-ROYAL

PAR

C.-A. SAINTE-BEUVE

TROISIÈME ÉDITION

TOME PREMIER

PARIS
LIBRAIRIE DE L. HACHETTE ET Cie
BOULEVARD SAINT-GERMAIN, N° 77

1867
Tous droits réservés

A la page 99, à la note, ligne première, rétablir le mot ou.

PORT-ROYAL

IMPRIMERIE GÉNÉRALE DE CH. LAHURE
Rue de Fleurus, 9, à Paris

AVERTISSEMENT.

Cette troisième édition de *Port-Royal* (troisième édition pour les trois premiers volumes, et deuxième pour les deux derniers) contient des perfectionnements et des additions.

J'ai corrigé quelques inexactitudes : les unes qui m'avaient été signalées par des amis, les autres qui m'ont été aigrement reprochées par des adversaires. J'en ai même découvert de moi-même quelques-unes qui m'avaient d'abord échappé.

Je me suis complu à esquisser avec plus de curiosité et de précision des personnages de troisième ou de quatrième plan, que j'avais traités trop brièvement et trop négligés d'abord.

A cet effet, j'ai été aidé par de nouveaux secours et des documents particuliers. J'en ai dû de très-directs et de précieux à de respectables amis, les catholiques de Hollande. Qu'ils me permettent de les en remercier collectivement en la personne de M. Karsten, directeur du séminaire d'Amersfoort, qui s'est fait auprès de moi l'organe et le représentant de leur généreuse confiance.

Sur M. de Pontchâteau notamment, sur l'abbé, depuis cardinal, Le Camus, sur Nicole lui-même, j'ai pu, grâce à mes documents de Hollande, être de plus en plus abondant et précis, sans répéter ce qui est imprimé ailleurs. Que dis-je? il m'a été donné, en puisant dans une Correspondance originale de M. Vuillart, d'ajouter au trésor des gens de goût quelques particularités inédites et d'un prix infini sur Racine.

La publication des *Mémoires* du Père Rapin, un adversaire et, je dirai, un ennemi de Port-Royal, m'a été très-utile par la contradiction que ces *Mémoires* provoquent, par les nouvelles recherches auxquelles ils m'ont obligé, par les curieux renseignements aussi qu'ils apportent au milieu d'attaques et d'accusations injustes. L'annotateur des *Mémoires*, quoique très-partial et souvent injuste lui-même, mériterait presque nos remercîments, pour avoir donné comme l'antidote à côté du venin en indiquant et en extrayant parfois les *Mémoires* inédits de M. Feydeau, une source janséniste modeste, mais très-pure. Un respectable sulpicien, l'abbé Faillon, auteur de la *Vie de M. Olier*, en avait déjà signalé l'existence.

Un homme savant et qui, jeune encore, est de la vieille roche pour l'érudition, M. de Chantelauze, a bien voulu, sur un sujet où il est maître et où il a fait de véritables découvertes (le cardinal de Retz), anticiper en ma faveur sur ses futurs travaux, et je lui devrai pour mon troisième volume une note résumant les relations du célèbre prélat avec les Jansénistes. Pour ce côté si intéressant de l'histoire du dix-septième siècle, c'est beaucoup d'atteindre enfin à des données précises, positives, et de n'en être plus réduit à la conjecture. Je ne saurais assez exprimer à M. de Chantelauze ma profonde reconnaissance pour un bon office de cet ordre.

J'ai tâché ainsi, par tous les moyens, d'arriver au complet dans mon cadre et dans ma mesure.

Quant à mon but, tant de fois défini dans le courant de ce travail, je le résumerai encore : rejeter le plus possible les scories scolastiques, laisser voir pourtant à certains endroits l'alliage, mais avant tout dégager et produire partout où il y a lieu l'or pur, je veux dire l'héroïsme chrétien de cette race de Port-Royal, cette vertu singulière qui était un anachronisme sans doute, mais qui tendait à retremper les âmes, et que le caractère français n'a pas eu la force de porter. La littérature de cette forte école, en prenant le mot de *littérature* dans le sens le plus étendu et le plus élevé, tel est proprement mon sujet.

Mars 1866.

> La première édition portait cette dédicace :
> A MES AUDITEURS DE LAUSANNE.
> Pensé et formé sous leurs yeux, ce livre leur appartient.

PRÉFACE

DE LA PREMIÈRE ÉDITION.

Voyageant en Suisse durant l'été de 1837, au milieu des émotions poétiques et de ce bonheur de chaque moment que suscite à l'âme la nature du grand pays dans sa magnificence, j'y rêvais aussi de plus longs loisirs pour achever une histoire depuis longtemps méditée et déjà ébauchée. J'en parlais un jour au hasard, sans autre but que de m'épancher et de me plaindre un peu des obstacles; mais j'en parlais à des amis en qui nulle parole ne tombe vainement. Ce mot recueilli, porté ailleurs, également agréé et favorisé par d'autres amis inconnus, fructifia à mon avantage, et me revint tout mûri et sous une forme bien flatteuse. Il en résulta l'honorable proposition qui me fut faite d'un Cours à professer sur Port-Royal à l'Académie de Lausanne. Après quelque première méfiance de mes forces, je me décidai et n'eus ensuite qu'à m'en applaudir. Une bienveillance sérieuse m'y a pris au début et m'a soutenu jusqu'au terme. Je serais trop simple de sembler croire cette bienveillance tout à fait unanime, rien n'est unanime nulle part ; mais il serait ingrat à moi de ne pas la croire générale. Le livre que j'offre maintenant aux lecteurs, et qui est sorti de ces leçons, porte en plus d'un endroit la trace de son origine locale, et j'avoue que j'ai peu cherché en ce sens à y effacer. Cette destination particulière d'une histoire toute particulière elle-même me plaît, et, ce semble, ne messied pas. Le beau lac, au cadre auguste, dont les rivages tant célébrés ont eu de tout temps de délicieuses retraites pour les gloires heureuses et des abris pour les infortunes, a offert un nid de plus à une doctrine étouffée, qu'il plaisait à un esprit libre d'y transplanter un moment, et dont l'exposition n'aurait jamais eu ailleurs tant de soleil et de lumière. Là, me disais-je, Rousseau jeune a passé ; plus tard, son souvenir ému y désignait, y nommait pour jamais des sites immortels. Là-bas, Voltaire a régné ; madame de Staël a brillé dans l'exil. Byron, dans sa barque agile, passait et repassait vers Chillon. Ici même, Gibbon accomplissait avec lenteur l'œuvre historique majestueuse, conçue par lui au Capitole. J'y viens avec mes ruines aussi :

pauvres ruines de Port-Royal, combien modestes et imperceptibles auprès de celles de l'antique Rome! mais c'est le cas de se répéter avec Pascal que la vraie mesure des choses est dans la pensée. Ici, à Lausanne encore, me disais-je, le mysticisme de madame Guyon, repoussé d'autre part, s'est réfugié, s'est ramifié non sans fruit, et n'a pas tout à fait cessé de vivre; le Jansénisme, son vieil ennemi, trouvera-t-il asile à côté? Dans cette patrie de Viret, dans ce voisinage de Calvin, il me semblait que c'était le lieu de tenter, s'il se pouvait, l'alliance autrefois tant imputée à Port-Royal et tant calomniée, mais de la tenter surtout à l'endroit de la fraternité chrétienne et de la charité intelligente. Ainsi allaient mes pensées, cherchant partout à l'entour dans cet horizon et se créant à plaisir des points d'appui, des rapports de contraste ou de convenance.

Aujourd'hui que, détaché de ce premier cadre, le livre paraît dans un monde plus vaste et devant un public plus indifférent, la perspective est autre. Je ne dirai pas qu'elle me sourit autant que la première, ce serait mentir. Je ne dirai pas que je compte trouver pour le livre ce que j'ai obtenu ailleurs pour les idées, abri et soleil. Mais, en ayant si longtemps commerce avec des hommes de constance, mainte fois contrariés et battus, j'ai du moins appris d'eux à ne pas trop me fonder au dehors, même quand je suis forcé de m'y produire. Quoi qu'il en soit, je me livre avec confiance aux juges quelque peu bienveillants. Le Discours d'ouverture prononcé à Lausanne, et publié peu après dans la *Revue des Deux-Mondes*, demeure l'introduction naturelle du nouveau travail, et c'est par là, sans y rien changer, que je commence.

1840.

DISCOURS

PRONONCÉ

DANS L'ACADÉMIE DE LAUSANNE

A L'OUVERTURE DU COURS SUR PORT-ROYAL.

LE 6 NOVEMBRE 1837.

Messieurs,

Appelé par la bienveillante proposition du Conseil d'Instruction publique et par la libérale décision du Conseil d'État à professer, bien qu'étranger, au sein de votre Académie, présenté en ce moment, installé dans cette chaire avec des paroles d'une si flatteuse obligeance par M. le Recteur même de cette Académie[1], c'est, avant tout, pour moi un besoin autant qu'un devoir d'exprimer publiquement ma respectueuse gratitude, et de dire combien je me sens touché d'un honneur

---

1. M. J. Porchat, qui s'est fait depuis connaître en France par des productions diverses et agréables. — Auteur de fables et de jolis vers, M. Porchat, dans ces dernières années, a plus sérieusement mérité des lettres par la traduction complète des Œuvres de Goethe qu'il a pu mener à bonne fin avant de mourir.

dont mon zèle du moins s'efforcera d'être digne. Le sujet qu'on a bien voulu agréer pour la matière de ce Cours, et que des études, des prédilections, déjà anciennes, suggéraient à mon choix, est singulièrement fait pour soutenir ce zèle et pour l'avertir d'apporter tout ce qu'il pourra de lumières. La littérature française se trouvant de tout temps si bien représentée auprès de vous par un homme d'un esprit, d'un sens aussi droit et ferme qu'élevé[1], ce ne pouvait être d'ailleurs que par un coin plus spécial, et comme par un canton réservé, hors des routes largement ouvertes, qu'il y avait lieu de songer, pour mon compte, à l'aborder aujourd'hui : j'ai choisi à cet effet Port-Royal. Port-Royal pourtant, Messieurs, est un grand sujet. Ce qu'il a de particulier en apparence et de réellement circonscrit ne l'empêche pas de tenir à tout son siècle, de le traverser dans toute sa durée, de le presser dans tous ses moments, de le vouloir envahir sans relâche, de le modifier du moins, de le caractériser et de l'illustrer toujours. Ce cloître d'abord rétréci, sous les arceaux duquel nous nous engagerons, va jusqu'au bout du grand règne qu'il a devancé, y donne à demi ou en plein à chaque instant, et l'éclaire de son désert par des jours profonds et imprévus. Comment la réforme d'un seul couvent de filles, et dans le voisinage de ce couvent la société de quelques pieux solitaires, purent-elles acquérir cette importance et cette étendue de position, d'action ? C'est ce que ces entretiens, Messieurs, auront pour objet de développer sous bien des aspects et d'éclaircir.

---

1. M. Monnard, connu en France par son ancienne collaboration au *Globe*, par sa traduction de l'*Histoire de la Suisse* de Jean de Müller, histoire qu'il a continuée avec M. Vulliemin ; et, politiquement, l'un des plus honorables citoyens de la Suisse. — Il a été, depuis, professeur à l'Université de Bonn.

Au commencement du dix-septième siècle, l'Église, — l'Église catholique, — était dans un état de danger et de relâchement qui exigeait sur tous les points une réparation active ; le seizième, en effet, avait été pour elle un désastre. Quoiqu'en remontant de près aux différents âges de la société chrétienne, on y retrouve presque les mêmes plaintes sur la décadence du bien et l'envahissement du désordre, quoiqu'à vrai dire il en soit des meilleurs siècles chrétiens comme des plus saintes âmes, qui néanmoins luttent encore, contiennent en elles le mal, et sont sans relâche aux prises avec lui, le seizième siècle se détachait réellement et manifestement de tous ceux qui avaient précédé, par la vigueur de l'agression, par la nouveauté et l'étendue des plaies qu'il avait faites. La connaissance de l'Antiquité, en débordant, avait apporté à une foule d'esprits supérieurs une sorte de nouveau paganisme et l'indifférence pour la tradition chrétienne. La séparation de Luther et de Calvin, de quelque point de vue qu'on la juge, là où elle n'avait pas triomphé, avait été une grande cause d'ébranlement. Les railleurs et les douteurs, comme Rabelais ou Montaigne, bien qu'encore isolés, levaient la tête en plus d'un endroit. L'intelligence vraie de l'antique esprit chrétien, que les confesseurs de Genève et d'Augsbourg s'efforçaient de ressaisir, n'existait plus dans les écoles catholiques ; la théologie scolastique se maintenait sans la vie qui l'avait animée en ses âges d'inauguration ; les sources directes des Pères étaient tout à fait négligées. En Espagne, en Italie, les réformes partielles de sainte Thérèse, de saint Charles Borromée, donnèrent signal au grand effort qui devenait nécessaire au sein de l'Église romaine pour résister à tant de causes ruineuses. Saint Ignace et son Ordre, en se portant expressément contre le mal, firent de grandes choses, et pourtant devinrent bientôt eux-mêmes une portion de ce mal, en voulant trop le combattre sur son terrain, avec ses propres armes mondaines, et en ignorant trop l'antique esprit pratique intérieur. En France particulièrement, aux premières années du dix-septième siècle, tout restait à relever et à réparer. Les guerres civiles, attisées au nom de la religion, l'avaient d'autant plus outragée et abîmée. Henri IV, en rétablissant l'ordre politique et la paix, fournit, en quelque sorte, le lieu et l'espace aux nombreux efforts salutaires qui allaient naître, et dont Port-Royal devait être le plus grand.

Autant le seizième siècle fut désastreux pour l'Église catholique (je parle toujours particulièrement en vue de la France), autant le dix-septième, qui s'ouvre, lui deviendra glorieux. La milice de Jésus-Christ, dans ses divers Ordres, se rangera de nouveau ; des réformes, dirigées avec humilité et science, prospéreront ; de jeunes fondations, pleines de ferveur, s'y adjoindront pour régénérer. Au milieu de ces Ordres brillera un Clergé illustre et sage ; et Bossuet, dans sa chaire adossée au trône, dominera. De tous les beaux-esprits, les talents et génies séculiers d'alentour, la plupart s'encadreront à merveille dans les dehors du temple ; aucun, presque aucun, ne soulèvera impiété ni blasphème ; beaucoup mériteront placé sur les degrés.

Eh bien ! ce dix-septième siècle, si réparateur et si beau, arrivé à son terme, mourra un jour comme tout entier. Le dix-huitième siècle, son successeur, en tiendra peu de compte par les idées, et semblera plutôt, sauf la politesse du bien-dire et le bon goût dans l'audace (bon goût qu'il ne garda pas toujours), — semblera continuer immédiatement le seizième. On dirait que celui-ci a coulé obscurément et sous terre à travers l'autre, pour reparaître plus clarifié, mais non moins puissant, à l'issue. Entre tant de causes qui amenèrent un résultat si étrange en apparence, la destinée de Port-Royal doit être pour beaucoup. Une connaissance approfondie des doctrines de ceux que l'on comprend sous ce nom, des obstacles qu'ils rencontrèrent, de la ruine de leurs projets, et de la fausse voie, je le crains, où la persécution les poussa, est faite pour éclairer cette grande question de la marche générale des idées, qu'il ne faut jamais aborder, autant qu'on le peut, que par des aspects précis.

Port-Royal, ai-je dit, ne fut pas un effort isolé. Quelques mots d'énumération sur l'ensemble et la diversité des efforts religieux qui se tentèrent en France à cette époque, dès ce commencement du dix-septième siècle, serviront à mieux environner dans vos esprits, à mieux situer par avance le point de départ et les circonstances premières de l'entreprise même, à l'histoire particulière de laquelle nous nous consacrerons.

Vers 1611, trois hommes se trouvèrent réunis un jour pour consulter sur ce que leur suggérerait la volonté de Dieu par rapport à la restauration de l'Église. Après s'être mis tous trois en prière et en méditation, l'un d'eux, le plus âgé, M. de Bérulle, dit que ce qui venait de lui paraître avant tout désirable était une Congrégation de prêtres savants et vertueux, capables d'édifier par leurs actions, par leurs paroles et leur enseignement. Le second, M. Vincent (de Paul), dit que ce qui lui avait paru le plus urgent, eu égard à l'ignorance et au paganisme véritable des gens de campagne, c'était de fonder une Compagnie d'ouvriers apostoliques et de prêtres de mission pour rapprendre le Christianisme aux peuples ; et le troisième, M. Bourdoise, dit que ce qui lui avait été inspiré en ce moment et dès l'enfance, c'était de rétablir la discipline et la régularité dans la *Cléricature*, et, à cet effet, de faire vivre en commun les prêtres des paroisses. Et, à partir de là, ces trois hommes n'avaient pas tardé à fonder, l'un l'Oratoire, l'autre les Missions, et le troisième sa Communauté des prêtres de Saint-Nicolas-du-Chardonnet.

Vers le même temps (1610), madame de Chantal, sous la conduite de saint François de Sales, commençait l'Institut de la Visitation. Par l'*Introduction à la Vie dévote*, publiée précédemment, et qui eut un succès universel, le saint évêque réveillait le goût de la dévotion intérieure et tendre, principalement parmi les personnes du sexe.

Dès 1600, Henri IV avait pourvu à la réforme de l'Université, qui était tombée, pendant la Ligue, dans un état honteux de dilapidation et de dissolution. Edmond Richer, docteur en Sorbonne, ci-devant ultramontain déclaré, un de ces hommes de logique et d'ardeur qui, comme nous en avons d'illustres exemples de nos jours, passent soudainement et sincèrement d'un extrême à l'autre, Edmond Richer avait, plus que personne, contribué, sous le titre de censeur, et quelquefois au risque de sa vie, à la réforme de cette institution gallicane, au nom de laquelle Antoine Arnauld, avocat, le père de tous les Arnauld, avait si *véhémentement* plaidé contre les Jésuites en 1594.

D'autres réformes ou des fondations de Congrégations secondaires s'ajoutaient à celles-là, et achevaient l'ensemble du mouvement. Le vénérable César de Bus instituait les Pères de la *Doctrine chrétienne;* M. Charpentier, les prêtres du *Calvaire* en Béarn, puis ceux du *Mont-Valérien* près Paris; le Père Eudes, les Eudistes. La réforme illustre de Saint-Maur s'introduisait en France en 1618; dom Tarisse, quand il fut élu Général en 1630, y donna l'impulsion aux grandes études. M. Olier fondait le séminaire et la Communauté de Saint-Sulpice.

Il y avait des évêques que l'exemple de saint Charles de Milan et de saint François de Sales animait d'une ferveur de sainteté, comme M. Gault, évêque de Marseille.

Les histoires particulières qu'on a écrites de ces hommes à piété active commencent chacune d'ordinaire par un exposé de l'état déplorable de l'Église à la fin du seizième siècle, et rapportent à celui dont on retrace la vie l'idée principale d'une restauration religieuse. Tous y concoururent, d'abord sans s'entendre, et bientôt se rejoignirent, s'entendirent, où quelquefois se combattirent dans leurs efforts.

Mais, même avant 1611, deux hommes, alors très-jeunes, les pères de l'entreprise qui doit fixer notre attention, arrivaient à en concevoir une précoce et profonde idée. Jansénius, venu de Louvain à Paris pour motif d'étude et de santé, et M. Du Vergier de Hauranne, depuis abbé de Saint-Cyran, de quatre ans plus âgé que lui, se rencontrèrent ; et, causant de leurs lectures, de leurs pensées, ils reconnurent que les maîtres d'alors, asservis à des cahiers de scolastique, ne remontaient plus à l'esprit de la véritable Antiquité chrétienne. Ils résolurent d'aller droit à ces sources ; et, pour s'y mieux appliquer, M. de Saint-Cyran emmena son ami Jansénius à Bayonne dans sa famille; là, depuis 1611 jusqu'en 1617, ils étudièrent ensemble toute l'Antiquité ecclésiastique, les Conciles, les Pères, et surtout saint Augustin.

Cependant, par un concours invisible, vers le moment où, se rencontrant au Quartier-Latin, ils se faisaient ainsi part de leurs doutes, de leurs projets, en 1608, dans un monastère situé à six lieues de là, proche Chevreuse, une jeune abbesse de seize ans et demi se sentait poussée de son côté à la réforme de sa maison, de la maison de Port-Royal des Champs.

De la rencontre, de l'union et, pour ainsi dire, du confluent qui s'opéra ensuite, nous le verrons, entre l'œuvre de cette jeune abbesse et l'œuvre de Saint-Cyran, se composa le Port-Royal complet, définitif, celui des religieuses et des solitaires : pratique méditée, doctrine pratiquée, pénitence et science.

Tel fut, Messieurs, le vrai point de départ d'où naquit, au commencement du dix-septième siècle, ce que nous y suivrons pas à pas se développant et s'y faisant une si grande place. J'ai voulu vous bien indiquer d'abord, vous décrire, au moins en raccourci, l'heure sociale, l'heure religieuse où se conçut la réforme de Port-Royal, et, en quelque sorte, les circonstances générales du Ciel au moment et à l'entour de ce berceau. Si maintenant nous nous transportons tout d'un coup au but et au résultat, à la chose accomplie autant qu'elle put l'être, nous apprécierons rapidement l'étendue et les termes divers de cette grave et intéressante destinée. Dans le dogme et le fond de la doctrine chrétienne, dans la forme extérieure et la constitution civile de la chose religieuse, dans ce qu'on appelle aujourd'hui la marche de l'esprit humain, dans la littérature, dans l'ordre des vertus morales et des vies touchantes, de ces vies mêmes auxquelles de loin s'attache un intérêt de sentiment, Port-Royal a marqué beaucoup ; il a tenté des pas, des retours ou des progrès, qui n'ont pas tous été vains, et laissé des traces, des ruines illustres, que nous ne pourrons que dénombrer fort brièvement aujourd'hui.

I. — Théologiquement d'abord, Port-Royal, nous le verrons, eut la plus grande valeur. Dans son esprit fondamental, dans celui de la grande Angélique (comme on disait) et de Saint-Cyran, il fut à la lettre une espèce de *réforme* en France, une tentative expresse de retour à la sainteté de la primitive Église sans rompre l'unité, la voie étroite dans sa pratique la plus rigoureuse, et de plus un essai de l'usage en français des saintes Écritures et des Pères, un dessein formel de réparer et de maintenir la science, l'intelligence et la Grâce. Saint-Cyran fut une manière de Calvin au sein de l'Église catholique et de l'épiscopat gallican, un Calvin restaurant l'esprit des sacrements, un Calvin *intérieur* à cette Rome à laquelle il voulait continuer d'adhérer. La tentative échoua, et l'Église catholique romaine y mit obstacle, déclarant égarés ceux qui voulaient à toute force, et tout en la modifiant, lui demeurer soumis et fidèles.

Port-Royal, entre le seizième et le dix-huitième siècle, c'est-à-dire deux siècles volontiers incrédules, ne fut, à le bien prendre, qu'un retour et un redoublement de foi à la divinité de Jésus-Christ. Saint-Cyran, Jansénius et Pascal furent tout à fait clairvoyants et prévoyants sur un point : ils comprirent et voulurent redresser à temps la pente déjà ancienne et presque universelle où inclinaient les esprits. Les doctrines du Pélagianisme et surtout du semi-Pélagianisme avaient rempli insensiblement l'Église, et constituaient le fond, l'inspiration du christianisme enseigné. Ces doctrines qui, en s'appuyant de la bonté du Père et de la miséricorde infinie du Fils, tendaient toutes à placer dans la volonté et la liberté de l'homme le principe de sa justice et de son salut, leur parurent pousser à de prochaines et désastreuses conséquences. Car, pensaient-ils, si l'homme déchu est libre encore dans ce sens qu'il puisse opérer par lui-même les commencements de sa régénération et mériter quelque chose par le mouvement propre de sa bonne volonté, il n'est donc pas tout à fait déchu, toute sa nature n'est pas incurablement infectée; la Rédemption toujours vivante et actuelle par le Christ ne demeure pas aussi souverainement nécessaire. Étendez encore un peu cette liberté comme fait Pélage, et le besoin de la Rédemption surnaturelle a cessé. Voilà bien, aux yeux de Jansénius et de Saint-Cyran, quel fut le point capital, ce qu'ils prévirent être près de sortir de ce christianisme, selon eux relâché, et trop concédant à la nature humaine. Ils prévirent qu'on était en voie d'arriver par un chemin plus ou moins couvert,... où donc? à l'*inutilité du Christ-Dieu*. A ce mot, ils poussèrent un cri d'alarme et d'effroi. Le lendemain du seizième siècle, et cent ans avant les débuts de Montesquieu et de Voltaire, ils devinèrent toute l'audace de l'avenir; ils voulurent, par un remède absolu, couper court et net à tout ce qui tendait à la mitigation sur ce dogme du Christ-Sauveur. Il semblait qu'ils lisaient dans les définitions de la liberté et de la conscience par le moine Pélage les futures pages éloquentes du *Vicaire Savoyard*, et qu'ils les voulaient abolir.

Théologiquement donc, quelques-uns des principaux de Port-Royal, trois au moins, Jansénius et Saint-Cyran par leur pénétration purement théologique, et Pascal par son génie, eurent le sentiment profond et lucide du point capital où serait bientôt le grand danger; ils eurent ce sentiment plus qu'aucun autre peut-être de leur temps ou des années subséquentes, plus que Bossuet lui-même, un peu calme dans sa sublimité. Quant à Fénelon, qui d'ailleurs vint plus tard, loin de s'effrayer de ces choses, il les favorisait plutôt en les embellissant des lumières diffuses de sa charité. Il apercevait, il regardait déjà en beaucoup d'endroits le dix-huitième siècle, et sans le maudire.

II. — Non plus au point de vue théologique, mais à celui de la constitution civile de la religion, Port-

Royal, bien qu'il n'ait pas eu à s'expliquer formellement sur ce point, tendait évidemment à une forme plus libre, et où l'autorité pourtant s'exercerait. Les évêques, les curés, les directeurs surtout, une fois choisis, auraient formé une sorte de pouvoir moyen, à peu près indépendant de Rome, prenant conseil habituel dans la prière, et s'exerçant en supérieur vénéré sur les fidèles. On peut dire que la famille des Arnauld porta, dans le cadre de Port-Royal, beaucoup de l'esprit et du culte domestique, de cet esprit du patriciat de la haute bourgeoisie qui était propre à certaines dynasties parlementaires du seizième siècle (les Bignon, Sainte-Marthe, etc.). La religion qu'ils adoptèrent à Port-Royal, et que Saint-Cyran leur exprima, était (civilement, politiquement parlant, et sinon d'intention, du moins d'instinct et de fait) l'essai anticipé d'une sorte de tiers-état supérieur, se gouvernant lui-même dans l'Église, une religion, non plus romaine, non plus aristocratique et de cour, non plus dévotieuse à la façon du petit peuple, mais plus libre des vaines images, des cérémonies ou splendides ou petites, et plus libre aussi, au temporel, en face de l'autorité; une religion sobre, austère, indépendante, qui eût fondé véritablement une réforme gallicane. Ce qu'on a entendu par ce mot ne portait que sur des réserves de discipline et sur une jurisprudence, une procédure sorbonnique, en quelque sorte extérieure. Le Jansénisme, lui, cherchait une base essentielle et spirituelle à ce que les Gallicans (plus prudemment sans doute) n'ont pris que par le dehors, par les maximes coutumières et par les précédents. L'illusion fut de croire qu'on pouvait continuer d'exister dans Rome en substituant un centre si différent. Richelieu et Louis XIV sentirent, le premier plus longuement et nettement, l'autre d'une vue plus restreinte, mais non moins ennemie, la hardiesse de cet essai, et n'omirent rien pour le ruiner. On a dit qu'au seizième siècle le Protestantisme en France fut une tentative de l'aristocratie, ou du moins de la petite noblesse, qui se montrait contraire en cela à la royauté de saint Louis et à la foi populaire : on peut dire qu'au dix-septième siècle la tentative de Saint-Cyran et des Arnauld fut un second acte, une reprise à un étage moindre, mais aussi suivie et prononcée, d'organisation religieuse pour la classe moyenne élevée, la classe parlementaire, celle qui, sous la Ligue, était plus ou moins du parti des *politiques*. Port-Royal fut l'entreprise religieuse de l'aristocratie de la classe moyenne en France. Il aurait voulu édifier, resserrer et régulariser ce qui était à l'état de bon sens religieux et de simple pratique dans cette classe. Louis XIV ni Richelieu, on le conçoit, n'en voulurent rien; et cette classe même, bien qu'en gros assez disposée, ne s'y serait jamais prêtée jusqu'au bout, trop mondaine déjà à sa manière et trop dans le siècle pour le ton chrétien sur lequel le prenait Saint-Cyran. Le Jansénisme parlementaire du dix-huitième siècle n'est plus Port-Royal et n'y tient que par l'hostilité contre les Jésuites. La première entreprise était dès lors depuis longtemps et à jamais manquée. A la fin du dix-huitième siècle, quand on entama révolutionnairement la réforme civile du Clergé, quelques jansénistes essayèrent de se présenter ; mais leur mesure n'était plus possible ; la Constitution civile du Clergé ne la représente qu'infidèlement, et ne peut passer elle-même que pour un accident de l'attaque commençante : tout fut vite emporté au delà par le débordement de grandes eaux.

III. — Nous venons de dire en somme ce qu'a été la

vraie tendance politique de Port-Royal : car pour l'autre prétention politique qui lui a tant été reprochée de son vivant, pour cette ambition positive et tracassière qui aurait consisté à s'entendre avec les frondeurs, avec les adversaires du pouvoir et de la royauté d'alors, ç'a été, durant tout ce temps-là, une calomnie pure aux mains des ennemis. Depuis, ç'a été chez plusieurs une erreur accréditée. Petitot, dans un remarquable et spécieux travail sur Port-Royal (en tête des *Mémoires* d'Arnauld d'Andilly), a repris, il y a quelques années, cette thèse, pour la démontrer en détail ; et, à l'intention secrète, à la vivacité amère qu'il y a mise, on peut oser affirmer qu'il en a refait une calomnie[1]. Nous aurons, pour le réfuter, à insister souvent et beaucoup,

---

1. On lisait à cet endroit dans la première édition : « Rien n'est dangereux et cruel comme les transfuges ; et de cet auteur, d'ailleurs estimable, mais sorti du Jansénisme et si acharné contre lui, on aurait presque droit de dire par vengeance, de répéter avec Racine, avec le grand poëte de Port-Royal, parlant du transfuge sacrilège de Sion :

Ce *cloître* l'importune, et son impiété
Voudrait anéantir le Dieu qu'il a quitté. »

M. Th. Foisset, qui est de Dijon comme Petitot, a cru devoir contester et repousser pour son compatriote cette qualification de transfuge, qui ferait supposer que Petitot avait été élevé et nourri dans les principes du Jansénisme. Cela, en effet, n'est pas. Je réduirai ma pensée à ce qu'elle a de vrai et d'incontestable. M. Petitot entra dans l'Université avec et par MM. Gueneau de Mussy et Rendu, qui avaient grand crédit auprès de M. de Fontanes et qui inclinaient, on le sait, au Jansénisme. Ce n'était pas sans doute tout à fait pour les choquer qu'il donna ou redonna en 1810 une édition de la *Grammaire de Port-Royal* avec un Discours préliminaire si favorable à la littérature des doctes solitaires. Plus tard, les temps ayant changé, il changea de méthode, il crut devoir flatter les Jésuites et ce qu'on appelait la Congrégation en attaquant ces mêmes hommes. Voilà pourquoi je l'ai dit transfuge. Si ç'a été trop dire, il en subsiste au moins quelque chose. — Au reste, l'opinion de Petitot, qui pouvait encore compter en 1837, n'est plus d'aucun poids aujourd'hui.

à expliquer comment Port-Royal se trouva naturellement et insensiblement lié avec tous les héros et les héroïnes, tous les débris de la Fronde, sans en être le moins du monde comme eux. Cela, raconte-t-on, faisait bien rire le cardinal de Retz et madame de Longueville, qui étaient, certes, bons juges en matière de conspirations et de complots, quand ils entendaient accuser Arnauld, le naïf et le bouillant, d'être un conspirateur. Selon nous, l'accusation d'intrigue et de cabale politique qu'on a intentée confusément, tant aux religieuses qu'aux solitaires de Port-Royal, n'est donc qu'une de ces opinions qu'on se fait en gros et de loin sur certains partis, sur certains groupes d'hommes en histoire, une de ces préventions pour lesquelles il y a peut-être des prétextes suffisants, mais pas de cause fondée, et qui peuvent donner à rire de près à ceux qui savent bien les objets et les circonstances. Pourtant il faut convenir qu'auprès d'esprits déjà prévenus, il y avait plus d'un prétexte assez vraisemblable au soupçon. Il existait alors d'autres Jansénistes, et de moins scrupuleux, que les hommes mêmes de Port-Royal. Et puis, reconnaissons-le encore, les Jansénistes, accusés sans cesse d'un système d'opposition politique en même temps que religieuse, le prirent peu à peu et l'adoptèrent par suite même de cette accusation. On a remarqué que bien des prédictions, chez les oracles de l'Antiquité, ne se sont vérifiées que parce qu'elles avaient été faites ; de même bien des imputations et accusations provocantes créent elles-mêmes, à la longue, le grief qu'elles ont d'abord supposé. On trouverait même qu'il en est une raison profonde dans la doctrine de l'épreuve : tout homme qui n'a pas évité un mal, a pu commencer par en être accusé lorsqu'il en était innocent encore, pour en être tenté. Il méritait presque d'avance l'accusation, s'il l'a réalisée et vérifiée après, s'il n'a pas trouvé la force de résister à l'épreuve. Les Jansénistes furent un peu ainsi. Le grand Arnauld ne complotait pas du tout, quoi qu'on en ait dit, avec madame de Longueville et avec le cardinal de Retz. Il mourut dans l'exil, fidèle et attaché de cœur au roi qui le tenait banni. Patience ! un siècle révolu après sa mort, tout se payera avec usure : le janséniste Camus sera moins royaliste que Dumouriez ; l'abbé Grégoire, en hardiesse de renversement, ira plus loin que Mirabeau.

IV. — Philosophiquement, et dans ce qu'on appelle aujourd'hui la philosophie de l'histoire, Port-Royal nous semble le nœud et la clef d'une question que nous avons déjà laissé entrevoir précédemment, d'une question qui domine l'histoire de l'esprit humain dans le rapport du dix-septième siècle au dix-huitième. Comment cette cause catholique, qui fut si grande de doctrine et de talent au dix-septième siècle, se trouvat-elle si impuissante et désarmée du premier jour au début du dix-huitième, et tout d'abord criblée sous les flèches persanes de Montesquieu ? Car ces trois siècles (du moins en France), le seizième, le dix-septième et le dix-huitième, se peuvent figurer à l'esprit comme une immense bataille en trois journées. Le premier jour, la philosophie et la liberté de l'esprit humain enfoncent les rangs, et portent partout la plaie et le désordre. Au second jour, la discipline, l'autorité et la doctrine réparent, et vont triompher, et triomphent même, sans qu'on voie d'autre danger pressant. Mais, au terme du triomphe, la philosophie et la liberté de l'esprit humain ont reparu dans toute leur fraîcheur et leur superbe ; elles sortent de nouveau on ne sait d'où, et, ne trouvant nulle sérieuse résistance, elles emportent cette gloire qui régnait et tous les retranchements. Port-Royal doit être pour beaucoup dans cette issue singulière du dix-septième siècle. Ce siècle, en effet, a usé, à détruire une partie essentielle de lui-même, les forces qui ne se présentèrent plus ensuite, à la lutte contre l'ennemi commun, qu'isolées et entamées. Entre les Jésuites et les Jansénistes, entre ces deux ailes, en quelque sorte, de l'armée catholique, qui en étaient aux mains et aux injures, la philosophie aisément fit sa trouée. Port-Royal aussi (il faut le dire), dont l'esprit, bien que rétréci, survivait et subsistait toujours, n'avait jamais eu, même au temps le plus glorieux de cet esprit, ce qui pouvait modifier et modérer l'avenir, une fois émancipé. N'ayant pas étouffé cet avenir dans son germe, dans son idée première de libre arbitre et de volonté, il se trouvait impuissant à le soumettre, et l'irritait, le révoltait extraordinairement par la rigueur de ses dogmes si contraires aux inclinaisons nouvelles. Si, en effet, une sorte d'indépendance du côté de Rome, une sorte de rappel du chrétien aux textes de l'Écriture, et assez peu de superstition pour les pouvoirs socialement constitués, dénotaient dans le Jansénisme quelques traits moins en désaccord avec le mouvement général d'émancipation philosophique, tout le reste de sa part était, au fond, aussi contraire, aussi négatif, aussi irritant pour ce qui allait venir, qu'il est possible d'imaginer. Le Péché originel comme il l'entendait, la déchéance complète de la nature, l'impuissance radicale de la volonté, la Prédestination enfin, composaient, non pas un système de défense, mais un défi contre la philosophie et les opinions survenantes, toutes flatteuses pour la nature, pour la volonté, pour la philanthropie universelle. L'autorité absolue et irréfragable, conférée à saint Augustin sur certaines matières, et qui formait une des bases du Jansénisme, n'était pas moins une pierre d'achoppement et comme un scandale devant l'omnipotence de la raison. Je ne m'en tiens ici qu'aux points d'opposition, d'incompatibilité, intérieurs et nécessaires ; je ne descends pas aux détails si faits pour déconsidérer, compromettants détails de cette querelle pour la Bulle, qui sort d'ailleurs de mon sujet. Ce que je tiens à relever, c'est l'influence directe (bien que toute par contradiction) de Port-Royal sur la philosophie du siècle suivant. On peut, je crois, démontrer à la lettre que telle page de Nicole sur la réprobation engendra net, par contre-coup, telle page de Diderot sur l'indifférence en matière de dogme et contre le Christianisme. Le rôle particulier de Port-Royal, dans le rapport du dix-septième au dix-huitième siècle, bien qu'il n'ait pas été du tout ce qu'on aurait pu espérer et désirer, fut très-réel, et, en tant que négatif, fut grand.

V. — Littérairement, nous aurons moins à dire pour nous faire croire. Cette docte et sévère école qui, la première, appliqua aux langues et aux grammaires une méthode philosophique, une méthode générale et logique, tout ce qui se pouvait de plus lumineux et de plus vrai avant la méthode particulièrement historique et philologique de ces derniers temps, cette école de Port-Royal est encore plus célébrée qu'étudiée ; nous l'étudierons. — Hors de ligne, parmi les hommes qui font la gloire de notre littérature, nous trouvons là celui qui, avec Bossuet, et autrement que lui et antérieurement à lui, domine le plus son siècle. Pascal, du sein de ce cadre de Port-Royal, se détache extrêmement. Il faut convenir même qu'il en sort et le dépasse un peu. D'autres, grands encore, ou bien remarquables, y tiennent tout entiers. Arnauld, Nicole,

Saci, Du Guet, et leurs semblables, voilà les vrais et purs Port-Royalistes. C'est assez pour la gloire durable de l'ensemble. L'originalité de Port-Royal, en effet, se voit moins dans tel ou tel de ses personnages ou de ses livres que dans leur ensemble même et dans l'esprit qui les forma. On a dit avec raison que, tout en imitant les Anciens, le siècle de Louis XIV avait été *luimême*, et que son originalité glorieuse consistait précisément dans ce mélange approprié. Boileau, plein de Perse, de Juvénal et d'Horace, est juste à la fois le poëte moraliste et didactique de son moment. Racine, en croyant tout devoir à Euripide, fait une Phèdre que le christianisme d'Arnauld admire et pardonne. Eh bien! l'on peut dire que la littérature entière de Port-Royal fut, à sa manière, l'une de ces imitations originales qui caractérisent le siècle de Louis XIV. Ce n'est plus Horace cette fois, ce n'est plus Euripide qu'il s'agit de reproduire; ce n'est plus même le trésor éloquent de Chrysostome, comme fera Bossuet : c'est la Thébaïde, le désert de Bethléem ou de Sinaï, c'est la cellule de saint Paulin, c'est l'île de Lérins (j'entends pour le genre des travaux, bien que contrairement pour des points de doctrine). Port-Royal est, dans le dix-septième siècle, une imitation originale et neuve, et adaptée aux alentours, une imitation à la fois profonde et rien qu'à trois lieues de Versailles, une reproduction mémorable, et la dernière, de cette vaste partie de l'Antiquité chrétienne.

VI. — Moralement, et sans tant s'inquiéter des rapports historiques, des comparaisons lointaines, le fruit direct est encore grand à tirer. Le trait le plus saillant de ces saints caractères me semble l'*autorité*. Cette autorité morale, qu'on sait particulière aux grands personnages du temps de Louis XIV, est singulièrement propre à ceux de Port-Royal entre tous. Cette qualité, cette vertu manque tellement de nos jours aux plus grands talents, à ceux même qui en paraîtraient le plus dignes, qu'il devient précieux de l'étudier, comme dans son principe, chez les maîtres. C'est, sans doute, l'admiration et la préoccupation pour ce notable trait de caractère, qui fait dire habituellement à l'un des hommes qui en ont gardé quelque chose aujourd'hui, à un homme qui a été comme le Despréaux philosophique de notre âge, et dont la parole agréablement sentencieuse a volontiers la forme et tant soit peu le crédit d'un oracle, à M. Royer-Collard, — c'est ce qui lui fait dire : « Qui ne connaît pas Port-Royal, ne connaît pas l'humanité[1] ! » Une autre vertu, jointe chez Messieurs de Port-Royal à celle d'autorité, et qui en est presque l'opposé, qui y apporte du moins l'essentiel correctif, est une certaine modération bien qu'avec l'austérité, une modération rigoureuse de tous les désirs, de tous les horizons, quelque chose qu'il peut être infiniment utile d'envisager, de rappeler, dans un siècle qui fait du contraire une pratique turbulente et une apothéose insensée. Dans un pays qui a heureusement conservé les pratiques modestes et les horizons calmes, il nous sera plus doux de faire l'étude et de trouver souvent l'accord. Nous serons moins gêné aussi pour convenir de quelques points d'excès dans les restrictions, de quelques violences et duretés humaines mêlées à ces cœurs d'ailleurs tout circoncis. Autour de cette affaire de Port-Royal, où la contestation eut sans cesse tant de part, il serait difficile qu'il en eût été autrement. On a spirituellement dit (c'est madame Necker, je crois)

---

1. C'est parlant à moi-même que M. Royer-Collard a dit ce mot, qui, depuis que je l'ai noté ici, a été cité et répété souvent.

qu'au bout d'une demi-heure de n'importe quelle dispute, personne des contendants n'a plus raison et ne sait plus ce qu'il dit : que faut-il penser quand on est au bout d'un demi-siècle? Les plus modestes y gagnent quelque chose d'opiniâtre, les plus doux ont leur coin d'endurcissement.

Port-Royal avait raison, je le crois, en commençant la dispute; mais il est des sentiers que le choc seul gâte et ravage, qu'il faut se hâter d'abandonner dès que la dispute nous y suit; car cela devient, au bout de dix pas, un sentier inextricable de ronces. Port-Royal eut le tort (comme quelques-uns des siens le sentirent) de ne pas se retirer, se taire, s'abîmer pour le moment, afin de reprendre ensuite par quelque autre chemin où la paix se retrouverait.

L'ascétisme dont Port-Royal, chez Lancelot, chez M. Hamon, chez M. de Tillemont, plus tard, au dix-huitième siècle, chez M. Collard, nous offrira de si humbles, de si savants, de si accomplis modèles, y eut aussi des excès. Bien qu'en général on y semblât garder une sorte de juste milieu entre les rigueurs de La Trappe et le relâchement des autres Ordres, quelques-uns des solitaires, sur quelques points, ont passé outre. M. Le Maître s'est détruit par ses austérités; M. de Pontchâteau s'est tué, malgré ses directeurs, à force de trop jeûner.

VII. — Puisque nous y sommes et que notre regard est en train de courir, il faut épuiser les points de vue. Poétiquement donc, si l'on ose ainsi dire, et pour l'intérêt d'émotion qui s'éveille dans les cœurs, notre sujet enfin n'est point ingrat. Ce Port-Royal tant aimé des siens, qu'on voit renaître, grandir, lutter, être veuf longtemps ou de ses solitaires ou même de ses sœurs, puis les retrouver pour les reperdre encore et pour être bientôt perdu lui-même et aboli jusque dans ses pierres et ses ruines, ce Port-Royal, en sa destinée, forme un drame entier, un drame sévère et touchant, où l'unité antique s'observe, où le Chœur avec son gémissement fidèle ne manque pas. La noble et pure figure de Racine s'y présente, s'y promène, depuis ce désert, cet étang et cette prairie qu'il célébrait mélodieusement déjà dans son enfance, jusqu'à ce sanctuaire où son âge mûr se passe à prier, à versifier pieusement quelques Hymnes du Bréviaire[1], à méditer *Esther* et *Athalie*. *Esther* et les chants de ces jeunes filles proscrites, *exilées du doux pays de leurs aïeux*, ces aimables chants qui, chantés devant madame de Maintenon, lui rappelaient peut-être, a-t-on dit, les jeunes filles protestantes qu'elle n'osait ouvertement défendre ni plaindre, nous paraîtront plus à coup sûr, dans l'âme de Racine, la voix, à peine dissimulée, des vierges de Port-Royal qu'on disperse et qu'on opprime. L'art, le talent, à Port-Royal, ne fut jamais de l'art, du talent, à proprement parler ; on le réprimait, nous le verrons, dans Santeul, dans Racine lui-même[2] ; il fallait qu'il servît tout à la religion. Mademoiselle Boullongne, fille et sœur

---

1. S'il avait d'abord traduit ces Hymnes du Bréviaire dans sa première jeunesse, il a dû les retraduire telles qu'on les a aujourd'hui, ou du moins les retoucher dans son âge mûr.
2. M. Le Tourneux écrivait à Santeul : « Vous avez donné de « l'encens dans vos vers, mais c'était un feu étranger qui était « dans l'encensoir. La vanité faisait ce que la charité devait faire. » Racine se disait la même chose dans son beau Cantique imité de saint Paul :

> En vain je parlerais le langage des Anges,
> En vain, mon Dieu, de tes louanges
> Je remplirais tout l'univers :
> Sans amour, ma gloire n'égale
> Que la gloire de la cymbale
> Qui d'un vain bruit frappe les airs.

des peintres de ce nom, et peintre elle-même, nous a laissé des dessins de ce cher monastère où elle se retirait souvent. « Elle ne peignait, est-il dit dans sa « Vie, que des tableaux de piété pour honorer les mys- « tères, pour peindre en elle l'image de Jésus-Christ « souffrant et mourant. » Mais celui qui fut d'abord le principal et grand peintre de Port-Royal, comme Racine en fut plus tard le poëte, c'est Philippe de Champagne. Qu'il nous exprime des paysages et scènes d'ermitage tirés des *Pères du Désert* de d'Andilly, qu'il nous expose une sainte Cène dans laquelle les figures des Apôtres sont copiées de celles des solitaires, ou qu'enfin il suspende son admirable *ex-voto* pour la guérison de sa fille religieuse à Port-Royal : dans ces divers tableaux destinés à l'autel, ou à la salle du chapitre, ou au réfectoire du monastère, sa peinture calme, sobre, serrée, sérieuse, tour à tour fouillée ou contrite dans l'expression des visages, s'accorde, d'un pinceau sincère, avec le sentiment qui le doit diriger : toute la couleur de Port-Royal est là[1]. Dans les chants du chœur, dans cette partie plus spirituelle et plus permise, le seul luxe du lieu, et qui était comme l'huile prodiguée aux pieds du Sauveur par Marie, dans le concert de ces voix qu'on nous représente si douces, si ravissantes, et surtout articulées et distinctes, Port-Royal nous offrira encore plus d'une émouvante circonstance. A la mort de la mère Agnès, pendant l'office de la sépulture où M. Arnauld, son frère, est le célébrant, tout d'un coup, quand le chœur en vient à l'*In exitu*, les religieuses ne peuvent retenir leurs larmes : « Le chœur,

---

1. Philippe de Champagne « bon peintre et bon chrétien; » c'est l'éloge qu'on lui donnait à Port-Royal, et que l'on accordait également à son neveu Jean-Baptiste Champagne. Ces simples mots comprenaient tout; on n'en disait pas plus.

« est-il dit, manqua tout court, et ce qui restait fut
« chanté par ces Messieurs. » A la mort de M. de Saci,
au contraire, au milieu de l'office funèbre, ce fut la voix
des ecclésiastiques qui manqua dans les larmes, et les
religieuses seules, est-il dit, chantèrent jusqu'au bout
avec une gravité qui devint un sujet d'étonnement et d'admiration. — Que d'autres scènes pareilles, et auxquelles
l'imagination la plus discrète a droit de se complaire!
A la nouvelle de l'élargissement de l'abbé de Saint-Cyran, qui était depuis plusieurs années prisonnier à Vincennes, la mère Agnès, qui l'apprit au parloir, et qui
voulait en informer les religieuses sans pourtant faire
infraction à la loi du silence, entra au réfectoire, et,
prenant sa ceinture, la délia devant la Communauté,
pour donner à entendre que Dieu rompait les liens de
son serviteur; et toutes à l'instant comprirent, tant
elles n'avaient qu'une seule pensée! — Lors de la signature de la Paix de l'Église en 1669, quand Port-Royal rentre dans ses droits, quand le grand-vicaire
de Paris se présente à la grille pour lever l'interdit,
qu'au milieu des cierges allumés les chantres entonnent le *Te Deum*, et que les cloches sonnent à volées,
on partage presque l'impression de ces pauvres gens
du voisinage qui accoururent de toutes parts, est-il dit,
étonnés et ravis d'entendre de nouveau ces cloches de
bénédiction *qui n'avaient point sonné depuis trois ans et
demi.* — Au moment où le curé de Magny, l'ami et le
consolateur de Port-Royal durant ces années de disgrâce, s'avançait en procession avec son clergé pour
louer Dieu de la délivrance, et entrait dans l'église où
M. Arnauld de retour célébrait la messe pour la première fois, le premier verset qu'on entendit au seuil et
que cette procession chantait sans en calculer l'intention : « *Omnes qui de uno pane et de uno calice participa-*

mus.... Nous tous qui participons au même pain et au même calice..., » ce verset parut sur l'heure à tous d'une signification divine, et nous paraîtra à nous-même d'une application touchante. — Durant les années les plus étroites de la persécution, Port-Royal avait eu ses incidents hardis et comme ses aventures de sainteté. M. de Sainte-Marthe, confesseur de cette maison, sautait la nuit par-dessus les murs pour aller porter la communion aux religieuses malades, et cela de l'avis de l'évêque d'Aleth; en sorte, nous dit Racine, qu'il n'en est pas mort une sans les sacrements[1]. Ce même M. de Sainte-Marthe, le plus doux et le moins audacieux des hommes, partait souvent le soir de Paris, ou de la maison qu'il habitait près de Gif, et arrivait, le long des murailles du monastère, à quelque endroit convenu d'avance et assez éloigné des gardes : là, il montait sur un arbre assez près du mur, au pied duquel, en dedans, étaient venues les religieuses du côté des jardins; et, du haut de cet arbre, il leur faisait de petits discours pour les consoler et les fortifier. C'était pendant l'hiver. On ne se séparait qu'après avoir fixé l'heure du prochain rendez-vous pareil. Voilà presque du scabreux, ce me semble, voilà les balcons nocturnes de Port-Royal. — Dans la vie des personnages d'alentour, de ces nobles dames qui se dérobaient au monde pour se rattacher, par Port-Royal, à l'Éternité, bien des traits délicats de cœur humain et de poésie voilée nous souriront. La duchesse de Liancourt, pour retirer son mari du tourbillon où il s'égarait, se mit à embellir la terre de Liancourt, qu'elle lui rendit de la sorte agréable; mais lui s'y étant retiré, et le but obtenu, elle continua

---

1. Malgré l'autorité de Racine, je crois pourtant que parmi les religieuses qui moururent alors, il en est qui n'eurent point cette consolation suprême.

d'embellir cette terre trop chère, ces jardins délicieux, et elle se le reprochait à la fin. M. Hamon, l'un de ces saints hommes, et qui, hors du Jansénisme, dans une autre communion, eût été, je me le figure, quelque chose comme M. Gonthier[1], M. Hamon, pour se garder du charme des lieux, se disait que ce charme distrayait de l'intérieur : « Et cela est si vrai, ajoutait-il naïve-
« ment, qu'il y a plusieurs personnes qui sont obligées
« de fermer les yeux lorsqu'elles prient dans des églises
« qui sont trop belles. » Je me suis quelquefois étonné et j'ai regretté qu'il n'y ait pas eu à Port-Royal, ou dans cette postérité qui suivit, un poëte comme William Cowper, l'ami de Jean Newton. Cowper était, comme Pascal, frappé de terreur à l'idée de la vengeance de Dieu ; il avait de ces tremblements qu'inspirait M. de Saint-Cyran, et il a si tendrement chanté ! Nous tâcherons du moins, Messieurs, de relever, chemin faisant, de recueillir et de vous communiquer ces doux éclairs d'un sujet si grave. Ce ne sera jamais une émotion vive, ardente, rayonnante : c'est moins que cela, c'est mieux que cela peut-être ; une impression voilée, tacite, mais profonde ; — quelque chose comme ce que je voyais ces jours derniers d'automne sur votre beau lac un peu couvert, et sous un ciel qui l'était aussi. Nulle part, à cause des nuages, on ne distinguait le soleil ni aucune place bleue qui fît sourire le firmament ; mais, à un certain endroit du lac, sur une certaine zone indécise, on voyait, non pas l'image même du disque, pourtant une lumière blanche, éparse, réfléchie, de cet astre qu'on ne voyait pas. En regardant à des heures différentes, le ciel restant toujours voilé, le disque ne s'apercevant pas davantage, on suivait cette zone de lumière réfléchie, de

---

1. Voir la *Vie de M. Gonthier* (1838).

lumière vraie, mais non éblouissante, qui avait cheminé sur le lac, et qui continuait de rassurer le regard et de consoler. La vie de beaucoup de ces hommes austères que nous aurons à étudier, est un peu ainsi, et elle ne passera pas sous nos yeux, vous le pressentez déjà, sans certains reflets de douceur, sans quelque sujet d'attendrissement[1].

1. Voir à l'*Appendice*.

LIVRE PREMIER

ORIGINES ET RENAISSANCE
DE PORT-ROYAL

I

Plan et méthode. — Le Port-Royal distinct du Jansénisme. — Fondation du monastère. — Étymologies, légende. — Mathilde de Garlande et Eudes de Sully, fondateurs. — Croisade des Albigeois; clémence de Mathilde à la prise de Ménerbe. — Le monastère sous la juridiction de Cîteaux. — Logement de saint Thibauld. — Décadence du premier Port-Royal. — Les abbesses La Fin; seizième siècle; les abbesses La Vallée et Boulehart. — Jacqueline-Marie Arnauld, coadjutrice, âgée de sept ans.

Le plan de ce travail est simple, ou du moins aisé à concevoir. On tracera d'abord, après les origines suffisamment indiquées du monastère de Port-Royal, un historique de la réforme qui s'y introduisit au commencement du dix-septième siècle; on y suivra pas à pas les événements d'intérieur, très-infimes encore d'apparence, mais non petits par l'esprit, par le caractère et par les suites; on se mettra du cloître, on se fera de la famille Arnauld; et rien n'y paraîtra minutieux à l'historien. La marche commencera ainsi étroite et lente, dans le sens restreint du sujet, sous la grille, et comme dans la longueur de la nef encore obscure; mais bientôt, à droite, à gauche, les chapelles et les jours s'ouvriront : de leurs tombeaux, de leurs châsses, ou de leurs confessionnaux, divers personnages saints inviteront de venir; on les rencontrera, on les entendra nommer plus d'une fois, avant de s'y arrêter; et on attendra pour aller à eux de près, dans leurs enceintes particulières, d'être arrivé à l'endroit principal par où ils tiennent à l'ensemble. Il y aura seulement une ou deux exceptions pour des noms plus profanes, et qu'on courrait risque de ne pas rencontrer de nouveau, si on ne les saisissait au passage. Plus on avancera dans le sujet, dans cette longueur moyenne bien établie et bien connue, et plus on se permettra les allées et venues fréquentes dans les bas-côtés et les dépendances : il viendra un moment où nous posséderons assez notre plan d'église et de cloître, et tout le domaine de notre abbaye, pour pouvoir ne négliger sur nos terres aucun des embranchements, alors aussi plus nombreux, vers le siècle, pour avoir même l'air de nous y oublier; mais nous en reviendrons toujours. En un mot, on se conduira avec Port-Royal comme avec un personnage unique dont on écrirait la biographie : tant qu'il n'est pas formé encore, et que chaque jour lui apporte quelque chose d'essentiel, on ne le quitte guère, on le suit pas à pas dans la succession décisive des événements; dès qu'il est homme, on agit plus librement envers lui, et, dans ce jeu où il est avec les choses, on se permet parfois de les aller considérer en elles-mêmes, pour le retrouver ensuite et le revenir mesurer. Littérature, morale, théologie environnante, ce sera un vaste champ où, passé un certain moment de notre récit, nous aurons sans cesse à entrer; le Port-Royal, devenu *homme fait*, nous y induira fréquemment. Pour ce qui est de la théologie, il y aurait écueil soit à l'éluder, soit à s'y trop enfoncer : il nous faut être solide, sans devenir controversiste. En tâchant de saisir le fond et l'idée des questions, nous ne nous laisserons cependant pas trop entraîner au dédale des discussions et des disputes. Port-Royal et Jansénisme ne sont pas tout à fait ni toujours la même chose. Les historiens du Jansénisme sont autres que les historiens de Port-Royal. Lorsqu'on lit, par exemple, l'*Histoire du Jansénisme* de dom Gerberon, on ne croirait pas qu'il s'agit des mêmes événements, de la même histoire que celle qui nous intéresse si fort chez Lancelot, Fontaine et leurs amis. C'est qu'en effet ce n'est pas la même. Le Jansénisme, qui part de Jansénius et de son gros livre de l'*Augustinus*, est une affaire avant tout théologique; il y eut là l'école sur le premier plan, la Sorbonne, le collége, les thèses de Louvain, les réquisitoires devant le Conseil du Brabant, les congrégations tenues à Rome, enfin une complication de diplomatie canonique et de vocifération scolastique, qui eussent toujours été peu attrayantes pour nous, et qui ne pourraient se relever que par une discussion approfondie du dogme. Or, sur le dogme même, nous n'aurons à exprimer qu'un avis sérieux et respectueux, ce qui est bien peu en matière de croyance. Port-Royal, par bonheur, est autre chose que cette controverse, quoiqu'il se rencontre bien souvent, trop souvent, avec elle, et qu'il n'apparaisse à certains moments qu'enveloppé de toutes parts, au plus fort du feu et de la fumée. Mais même alors, même aux plus chauds instants de la dispute sorbonnique et jésuitique, durant les débats opiniâtres du Formulaire, et quand au dehors, de Rome à Louvain et du Collége de Clermont aux bancs de l'Université, les intrigues, les clameurs et une sorte d'invective poudreuse ou de belle humeur de réfectoire faisaient le plus rage, — alors même, malgré tout, il y eut, presque sans interruption, le cloître, le sanctuaire, la cellule et le guichet des aumônes, la pratique chrétienne des mœurs et l'intérieur inviolable de certaines âmes, le cabinet d'étude pauvre et silencieux, le désert et *la*

Grotte des Conférences près de *la Source de la mère Angélique* et non loin des arbres plantés de la main de d'Andilly. C'est de là que nous partirons, c'est là que nous nous tiendrons, ou du moins que nous nous replierons toujours volontiers, en redisant avec le poëte :

> O rives du Jourdain! ô champs aimés des Cieux!
> Sacrés monts, fertiles vallées!...

La fondation du monastère de Port-Royal, situé à six lieues environ de Paris au couchant, proche Chevreuse, remonte à l'année 1204. Matthieu Ier de Montmorenci-Marli étant parti en 1202 pour la quatrième croisade prêchée deux ans auparavant par Foulques de Neuilly, Mathilde de Garlande son épouse, de concert avec Eudes de Sully, évêque de Paris, eut l'idée de cette fondation, à l'intention du salut et de l'heureux retour de son époux; celui-ci avait désigné, en partant, une somme de *quinze livres* de rente à prendre sur ses revenus pour être appliquée à des œuvres pieuses. Le lieu, le pays où l'on bâtit le monastère et l'église, se trouve, dans les plus anciennes chartes, appelé en général du nom de *Porrois*.

On disait que cette église, ce monastère nouveau, étaient *sis en Porrois*. La première charte où l'on trouve d'abord et où l'on voit poindre le nom du Port-Royal (*de Portu Regio*) est de 1216, c'est-à-dire de douze ans après la fondation, et quand on cherchait déjà peut-être un sens illustre à un nom qui probablement venait de source plus vulgaire.

L'abbé Lebeuf (*Histoire du Diocèse de Paris*) rapporte ce mot de *Porrois* à celui de *Porra* ou *Borra*, lequel en basse latinité signifie *un trou plein de broussailles où l'eau dort* (*Borra, cavus dumetis plenus ubi stagnat aqua*); définition qui, si peu flatteuse qu'elle soit, répond assez à ce que devait offrir l'état primitif de Port-Royal. En effet, un étang, plus élevé que le creux du vallon, y débordait souvent, et exhalait des miasmes putrides qui ont longtemps et même toujours assiégé et décimé ce monastère. Une fois, lorsque nos religieuses furent retournées de Paris aux Champs, vers le milieu du dix-septième siècle, on avait mis en délibération si l'on ne dessécherait pas l'étang : le mauvais parti prévalut. Le propriétaire actuel, M. Silvy, l'a enfin desséché, et le lieu en a été assaini, autant qu'il nous paraît aujourd'hui embelli et même riant, en dépit de toutes les anciennes descriptions qui le font un désert *affreux et sauvage*.

Il devait bien être tel cependant, lorsque vallon et hauteurs étaient hérissés de bois et que le fond croupissait marécageux. Et puis, ne l'oublions pas, on appelait autrefois sauvage et horrible, en fait de nature, ce qui, depuis qu'on a acquis le goût du pittoresque, est devenu simplement beau désert et site romantique [1].

Un digne et laborieux janséniste, mais critique moins sûr que l'abbé Lebeuf, Guilbert, à qui nous devons beaucoup en tout ceci [2], propose sérieusement une étymologie qui a l'air d'une mauvaise plaisanterie de jésuite sur une fondation si illustre : il conjecture que ce nom de *Porrois* pourrait bien venir de *porreaux*, *poireaux* (*porrum*, *porrus*), comme si ce mauvais ter-

1. La passion de la nature romantique régnait en plein déjà, lorsque Thomas, voyageant en Provence, écrivait à Ducis (1782) : « J'ai envié, mon cher ami, le dîner que vous avez fait avec vos « amis dans cette horrible solitude et parmi les ruines et les tom-« beaux de Port-Royal. Vous avez donc pensé à moi dans ce dé-« sert ; vous avez bu à ma santé dans ce lieu mélancolique et sau-« vage, et vos amis en ce moment ont daigné devenir les miens. » Mais Thomas parlant ainsi s'exagérait un peu l'horreur du site qu'il n'avait pas vu ; il n'était pas du dîner.

2. *Mémoires historiques et chronologiques sur l'Abbaye de Port-Royal des Champs*, 9 vol. in-12, 1755-1759.

rain n'avait été propre qu'à produire au plus cette sorte de racine. D'après cela, on aurait dit *Porrois* comme on dit *Ormesson*, *Épinay*, *L'Ormois*, *La Chesnaye*, d'après les ormes, les chênes, les épines que ces divers lieux produisent.

La tradition fabuleuse qui se mêle à toutes les fondations célèbres, ce nuage fatidique qui couvre tous les berceaux des grandes destinées, la légende enfin, une fois ce beau nom de Port-Royal adopté (car c'est à celui-là qu'on réduisit bientôt tous les autres de *Porrais*, *Porréal*, en latin *Porretum*, *Porrasium*, *Porregium*), se mit à le vouloir expliquer avec une sorte de gloire. On supposa donc que Philippe-Auguste, s'étant un jour égaré à la chasse dans ce pays tout couvert, avait été retrouvé par ses officiers à l'endroit resserré du vallon où s'élevait déjà une humble chapelle à saint Laurent, et qu'en ce lieu, qui avait été pour lui comme un *port de salut*, il avait fait vœu de bâtir un monastère. Voilà donc Philippe-Auguste fondateur du couvent, ce qui s'accorde assez difficilement avec l'autre tradition qui donne Mathilde pour fondatrice. Les historiens de Port-Royal, Du Fossé dans ses *Mémoires*, dom Clémencet dans son *Histoire générale* du monastère[1], MM. de Sainte-Marthe dans le *Gallia christiana*, bien qu'habitués tous à la critique historique, ne se sont pas trop donné la peine d'accorder les deux versions, craignant sans doute de perdre à l'examen la dernière, plus royale et plus flatteuse. Tite-Live n'aurait pas renoncé volontiers aux histoires du mystérieux berceau et de la louve romaine. La mère Angélique avait trouvé, dit-on, dans les archives de la maison un *petit papier* sur lequel était rapportée cette histoire de Philippe-Auguste. Quelque cellérière qui avait de l'imagination aura fait comme,

---

1. *Histoire générale de Port-Royal*, 10 vol. in-12, 1755-1757.

dans le Capitole, quelque prêtre-archiviste des livres de Numa avait pu faire. Ces *petits papiers* sibyllins ne manquent jamais dans les grandes origines, et l'on y croit toujours. Port-Royal, si sobre qu'il ait voulu être d'imagination, a donc eu sa page prophétique, son baptême mythologique aussi ; il l'a eu comme Rome [1].

Remarquez d'ailleurs qu'on n'a fait que transporter à Port-Royal ce qui est raconté du vœu de Philippe-Auguste lors de la bataille de Bouvines en 1214 ; vœu authentique et retentissant qui donna lieu à la fondation de *Notre-Dame-de-la-Victoire* près Senlis. On transplanta, en le rejetant à quelques années en arrière, on s'appropria insensiblement ce récit dans le vallon de Port-Royal, par une confusion qui est la méthode de formation ordinaire pour ces légendes :

> Souvent un peu de vérité
> Se mêle au plus grossier mensonge,

comme Voltaire a dit ; ce qui se doit dire surtout des légendes, qui sont des mensonges sincères.

On est même allé plus tard, et quand on fut devenu érudit, jusqu'à tirer de ce nom de Port-Royal de singuliers rapprochements avec une ville célèbre, non pas avec Rome, non pas avec Carthage, mais avec Hippone ; oui, avec Hippone où saint Augustin fut évêque ; et saint Augustin, on le sait, était la tour de salut, la porte de retour de Port-Royal dans la Grâce. Or, cette Hippone, disait-on, se nommait Hippone *la Royale* (*Hippo Regius*) pour se distinguer d'une autre ville du même

---

[1]. L'abbé Grégoire, qui aime Port-Royal, mais qui n'aime point les rois, voudrait le bénéfice du nom sans les charges, et il se contente de faire remarquer (dans ses *Ruines de Port-Royal*) que ce monastère se nommait jadis *Port-Roi*, quoique jamais les rois n'y aient fait leur séjour.

nom, et *Hippo* en langue punique, à ce qu'on prétend, voulait dire *port*. On voit quel rapprochement soudain et presque merveilleux ! ces deux lieux essentiels et si distants : l'un, le siége de saint Augustin, du docteur par excellence, du premier grand interprète et, en quelque sorte, de l'évangéliste de la Grâce ; l'autre, après des siècles, le siége et l'asile des restaurateurs et des modernes apôtres de cette doctrine augustinienne de la Grâce ; ce double *Port-Royal* de salut, en nom comme en fait, cette double tour d'entrée dans le saint royaume, l'une dressée pour l'antiquité, l'autre relevée pour le temps présent, et hors desquelles ils étaient assez portés à croire (les rigides Augustiniens) qu'il n'y avait que perte, exil, égarement sans fin dans les bois épais et les marécages !

Un pronostic moins étymologique et moins littéral, que j'aime à tirer sur Port-Royal, vient de la personne même de ses fondateurs, de ses parents spirituels, Eudes de Sully et Mathilde de Garlande. Il appartient aux pères spirituels, comme aux pères selon la chair, de léguer par leurs vertus une longue bénédiction à leurs enfants : or, l'évêque Eudes et Mathilde étaient dignes en tout de bénir l'avenir de Port-Royal et cette dernière postérité pieuse qui relèverait d'eux. Eudes, saint évêque dont la charité inépuisable et l'aumône forment les traits principaux, avait ce qu'on appelle le *don des larmes :* étant encore enfant, *il arrosait de ses larmes,* dit-on, *les aumônes qu'il distribuait aux pauvres.* Le pape Innocent III se servit de lui pour donner une règle aux religieux de la *Rédemption des Captifs,* dits *Mathurins,* qui s'établissaient alors ; le même pape s'adressait à lui pour presser Philippe-Auguste de reprendre Ingeburge, l'épouse légitime répudiée. Saint-Cyran, le vrai père spirituel du second Port-Royal, s'attirera l'animadversion de Richelieu par son opposition présumée au divorce de Monsieur, à qui le cardinal voudrait faire épouser sa nièce : voilà une réelle, bien que lointaine ressemblance.

Quant à Mathilde, Pierre, religieux des Vaux de Sernai[1], historien de la guerre des Albigeois, raconte d'elle, comme témoin oculaire, un trait touchant. J'en reproduirai toute la scène environnante. Le comte Simon de Montfort assiégeait la ville, le château de Ménerbe (ou Minerve), et l'avait presque réduit (1210). Sur la fin du siége, et pendant que le comte Guillaume de Ménerbe était en pourparler avec le comte de Montfort, l'abbé de Cîteaux (Arnaud) survint; Montfort aussitôt en référa à lui, disant qu'il ne déciderait sur le sort du château que selon la sentence de l'abbé lui-même : « l'entendant, l'abbé eut grande peine, car il désirait voir mourir les ennemis du Christ, et cependant il n'osait les juger à mort, comme moine et prêtre. » Mais il s'arrangea si bien, que l'accord, presque conclu entre Guillaume et le comte, manqua, et que l'assiégé dut se rendre à discrétion. L'abbé alors, toujours pris pour arbitre par le comte, décida que le chef du château et tous ceux même des hérétiques nouveaux ou invétérés, qui voudraient se réconcilier à l'Église, auraient la vie sauve. « Ce qu'entendant, Robert de Mauvoisin, fervent catholique, qui craignait que les hérétiques ne se convertissent par effroi et ne se sauvassent ainsi de mort, résista en face à l'abbé, et dit que plusieurs des guerriers ne supporteraient pas cela. » L'abbé lui répondit en ce sens : « Ne craignez rien; je sais ce que je fais; car je crois bien que très-peu se convertiront. » Cela dit, la croix en tête et la bannière du comte venant ensuite, on entra dans la ville en chantant le *Te Deum*. On alla

---

1. On écrit aussi, et même plus communément *Vaulx-Cerney* ou *Cernai*.

droit à l'église, et on la réconcilia, en y plantant la croix au plus haut de la tour ; on plaça ailleurs l'étendard du comte ; et il était juste que la croix précédât et dominât l'étendard, car c'était le Christ qui avait pris la ville. Cela fait, l'abbé des Vaux de Sernai (Guy) qui avait assisté au siége, et qui brûlait de zèle pour la cause du Christ, apprenant qu'une multitude d'hérétiques étaient enfermés dans une maison, alla vers eux avec des paroles de paix, et il les exhortait au salut ; mais on l'interrompait du dedans par des cris : « Pourquoi nous prêches-tu ? Nous ne voulons pas de ta foi !... » Ce qu'entendant, l'abbé sortit et alla vers les femmes qui étaient assemblées dans une autre maison, leur portant les mêmes paroles. Mais s'il avait trouvé les hommes hérétiques durs et obstinés, il trouva, est-il dit, les femmes hérétiques encore plus obstinées et plus endurcies. Et le comte, qui n'était pas encore entré dans la ville, entra alors, et, après avoir essayé à son tour quelques paroles près des récalcitrants, n'y gagnant rien, il les fit tirer du château. Il y avait d'hérétiques fieffés cent quarante et plus. On fit un grand feu et on les y jeta, ou plutôt il n'était pas besoin qu'on les y jetât, car les diaboliques s'y précipitaient d'eux-mêmes. *Trois femmes pourtant échappèrent*, que la noble dame, mère de Bouchard de Marli, arracha du feu et parvint à réconcilier à l'Église catholique. Les hérétiques fieffés étant ainsi passés au feu, ceux qui restaient abjurèrent l'hérésie et furent réconciliés à l'Église [1].

La circonstance particulière que Bouchard de Marli, fils de Mathilde, avait été fait prisonnier quelque temps auparavant et était gardé alors par ceux de Cabaret, ne saurait diminuer le prix de cette action compatissante

---

[1]. L'auteur de la *Chronique en vers provençaux*, publiée par M. Fauriel, parle de la prise du château de Minerve, mais avec moins de détails et sans mentionner Mathilde.

de sa mère. J'ai insisté sur la scène de fanatisme et de destruction, parce que Port-Royal, à sa manière, périra un jour presque ainsi, et que, juste cinq cents ans plus tard, nous aurons affaire aux mêmes passions forcenées et triomphantes. Cette clémence chrétienne de la fondatrice semble de loin crier grâce pour les saintes filles persécutées.

Simon de Montfort, moins clément, fut aussi, il faut le dire, un des premiers et des plus généreux bienfaiteurs du naissant monastère.

Il y avait déjà dans le vallon, à l'époque de la fondation de Port-Royal, une chapelle consacrée à saint Laurent. Cette chapelle fut détruite lorsqu'on bâtit l'église nouvelle, ou bien elle y fut adaptée et en devint une partie. Ce qui est certain, c'est que l'église à laquelle travailla d'abord l'architecte Robert de Luzarches, achevée seulement en 1229, et consacrée à Notre-Dame, la grande patronne de ces âges, avait gardé dans le côté gauche de la croisée un autel dédié à saint Laurent, en mémoire de la dévotion première. Cette église, qui subsista jusqu'à la ruine de 1712, n'offrait rien de remarquable pour l'architecture. Elle reçut des réparations accessoires en divers temps, plus particulièrement au seizième siècle, où une abbesse, Jeanne de La Fin, en fit reconstruire le clocher; cette abbesse y ajouta aussi un ornement considérable, consistant en des chaises de chœur d'une grande beauté de sculpture; on les voyait encore, avant la Révolution, au couvent des Bernardins de Paris. Par l'effet ordinaire du temps, le pavé de l'église se trouvait, au dix-septième siècle, inférieur au niveau du terrain d'alentour, au point qu'il fallait descendre neuf ou dix marches en entrant; le grand vaisseau allait ainsi se submergeant insensiblement. Pour obvier aux inconvénients de l'humidité, on dut relever le pavé de huit pieds en 1652. Ces neuf ou dix marches d'ensevelissement donnent à penser. Le Temps, ce grand et infatigable fossoyeur, enterre le plus qu'il peut même les choses qui restent debout ; et dans les églises plus visiblement qu'ailleurs, comme si, devant l'Éternité pour témoin, c'était le lieu principal de son effort, dès qu'on le laisse continuer sa tâche, il les fait profondes et creuses et humides, comme un tombeau.

Le monastère fondé par Mathilde de Garlande, de concert avec l'évêque de Paris comme coopérateur (je mets Philippe-Auguste de côté), ne tarda pas à passer sous la juridiction de l'Ordre de Cîteaux. On a remarqué que l'emplacement de l'abbaye même, sa situation au creux le plus étroit de ce vallon encaissé et dominé par les hauteurs, était conforme au site favori de la plupart des abbayes selon saint Bernard : « Car ce saint, dit un historien de Port-Royal, établissait toujours ses monastères dans des lieux profonds qui dérobassent la vue du monde et ne laissassent que celle du Ciel ; » et il semblerait qu'il y eût déjà une désignation et un choix de l'Ordre dans le choix du lieu [1]. Mais il

---

1. « Ce monastère est situé dans un vallon étroit entre deux bois, selon l'esprit de saint Bernard leur père. » (Relation d'une visite du Père Comblat, franciscain, à Port-Royal, en juin 1678.) — Les divers Ordres avaient ainsi, dit-on, pour leurs nids monastiques, certains sites en harmonie, Bernard la vallée, Bruno les bois, Benoît les collines. On cite ces deux vers :

> Bernardus valles, colles Benedictus amabat,
> Oppida Franciscus, magnas Ignatius urbes.

N'est-ce pas Méléagre qui a dit dans son idylle du Printemps, et avec plus de grâce, selon que le traduit André Chénier :

> L'alcyon sur les mers, près des toits l'hirondelle,
> Le cygne au bord du lac, sous les bois Philomèle ?

Henri Estienne et les railleurs du seizième siècle ont parodié ces lieux d'élection des différents Ordres, et leur ont assigné à chacun des coins moins innocents. Les deux vers latins cités paraissent bien avoir aussi leur pointe d'épigramme, du moins contre les Jésuites.

est plus probable que la juridiction de Cîteaux ne vint qu'ensuite. Elle est douteuse dans les premières années et d'après les chartes mêmes : les droits des Bernardins et ceux de l'évêque restent flottants. Cependant l'évêque ne maintenant guère les siens, l'abbaye des Vaux de Sernai, qui n'était située qu'à une lieue et demie de là, se porta naturellement comme supérieure immédiate d'un couvent dont les premières religieuses avaient été prises dans l'Ordre réformé de saint Benoît. La suprématie des moines sur Port-Royal paraît constante et entière à partir de 1225 ; ils y fournissaient seuls des confesseurs. Thibauld, petit-fils de Mathilde, la fondatrice, étant devenu abbé des Vaux de Sernai en 1235 et par conséquent supérieur de Port-Royal, redoubla de soins et d'adoption pour les filles dotées par son aïeule. Il les visitait souvent, et l'on a jusqu'à la fin conservé par respect, dans la première cour extérieure, et proche la loge du portier, un petit corps de logis isolé, appelé *le Logement de saint Thibauld*. C'était, après l'église, le plus ancien bâtiment de la maison ; c'était le plus pauvre. Les religieux, confesseurs du couvent, et plus tard quelques-uns de nos Messieurs, en occupaient le haut, tandis que la salle du rez-de-chaussée, appelée *la Chambre rouge*, servait d'infirmerie aux domestiques. N'admirez-vous pas cette manière d'honorer, selon l'esprit de Port-Royal et selon le véritable esprit du Christianisme, l'humble et illustre saint de la race des Montmorencis ?

Je ne ferai pas l'histoire du monastère de Port-Royal depuis sa première abbesse, qui s'appelait, à ce qu'il paraît, Eremberge, jusqu'à la mère Angélique, à laquelle commence véritablement notre sujet. On serait fort embarrassé de vouloir établir cette histoire, dont le fil, sans cesse rompu, finit par manquer tout à fait aux quatorzième et quinzième siècles. Notons seulement avec Racine, en son élégant Abrégé, que l'ancien Port-Royal eut pour bienfaiteur tout spécial saint Louis, qui donna aux religieuses, sur son domaine, une rente en forme d'aumône dont elles jouirent jusque dans le dix-septième siècle. Le même roi, s'embarquant pour la croisade à Aigues-Mortes (1248), ratifia la donation que Jean comte de Montfort avait faite aux religieuses de Port-Royal de la terre du petit Port-Royal, au lieu des droits qu'elles avaient auparavant sur la forêt de Montfort : c'est Tillemont qui nous l'apprend. Saint Louis, du plus loin qu'on se peut rattacher à lui, est un de ces anneaux précieux qui reluisent trop pour qu'on les omette : on garde ce nom comme un saphir dans son trésor, et on le montre [1]. Le pape Honoré III, par une Bulle de 1223, avait accordé à l'abbaye de grands priviléges, entre autres celui d'y célébrer l'office divin, quand même tout le pays serait en interdit : ce fut l'inverse plus tard, Port-Royal étant

---

1. Les railleurs du temps de saint Louis (car il y a eu des railleurs de tout temps) relevaient moins magnifiquement ces faveurs qu'il accordait aux Ordres religieux et l'honneur qui lui en revenait :

        Ordres le truevent Alixandre ;

les Ordres le trouvent un Alexandre, dit malignement le trouvère Rutebeuf dans une pièce de poésie intitulée *li Diz des Ordres* ; et dans une autre petite pièce fort agréable, intitulée *li Diz des Béguines,* le poëte qui vient d'énumérer au long toutes les variations et tous les faibles de la gent béguine, ajoute que cette folle gent tantôt *pleure* et tantôt *prie :*

    Or est Marthe, or est Marie,
    Or se garde, or se marie ;
    Mais rien dites se bien non,
    Li rois ne l' sofferoit mie ;

mais n'en dites que du bien ; le roi là-dessus n'entend pas raillerie ! — Voilà la double veine marquée. Celle de la raillerie est courante de Rutebeuf à Henri Estienne, de Montaigne à Bayle ; elle traverse Port-Royal au milieu dans Pascal.

seul en interdit au sein d'un pays et d'un temps tout chrétien dont il demeurait la gloire. La même Bulle accordait aussi à ce couvent de pouvoir servir de retraite à des séculières qui, dégoûtées du monde, voudraient faire pénitence sans se lier par des vœux. C'était un commencement et comme une promesse de ce qu'on vit plus tard refleurir et s'accomplir par les pénitences libres et les retraites à Port-Royal de mesdames de Luynes, de Vertus, de Longueville, de Liancourt.

Les guerres avec les Anglais au quatorzième et au quinzième siècle, les guerres de religion au seizième, hâtèrent sans doute la dissolution de la discipline à Port-Royal, comme partout ailleurs dans les monastères dispersés aux champs. Ce qu'on y voit dans le courant du seizième siècle devient intéressant à relever, parce que c'est de là que la mère Angélique est partie pour sa réforme, et parce que, dans le cadre d'un seul couvent, on a l'image de ce qui se passait dans tous, et de la ruine de l'institution religieuse en France à cette époque.

La dernière moitié du quinzième et la première du seizième siècle nous offrent à Port-Royal deux abbesses, tante et nièce, appelées toutes deux Jehanne de La Fin, qui apportèrent quelque réforme, non pas spirituelle, mais d'économie et de bonne gestion dans les biens du monastère, qui recouvrèrent et accrurent la terre des Granges sur la hauteur, et d'autres prés ou bois avoisinants. La seconde, la nièce, rétablit de plus les lieux réguliers, répara l'église, fit faire le clocher à neuf, donna les stalles de chœur. Elle était représentée sur son tombeau, non plus avec le manteau mondain comme sa tante, mais avec la *coulle*, manteau particulier à l'Ordre. Il y eut donc sous cette abbesse un commencement d'ordre extérieur, et elle mérita une flatteuse

Épitaphe, à laquelle la pointe finale et un peu macaronique ne manque pas :

> *Finis coronat opus.*
> La Fin couronne l'œuvre.

Deux *Cartes de Visite*, c'est-à-dire deux pièces officielles, représentant les comptes rendus et les conseils donnés, lors de deux visites faites par le supérieur du monastère de Port-Royal, abbé de Cîteaux, l'une en 1504, du temps encore de la tante La Fin, l'autre en 1572, après la nièce La Fin, et du temps de la dame Catherine de La Vallée qui lui avait succédé ; ces deux pièces qu'on a, marquent de reste le degré de lumière des visiteurs, le degré d'urgence d'une réforme à introduire dans le monastère visité, et l'insuffisance de celle que la seconde dame de La Fin avait bornée à quelques détails d'extérieur.

La Carte de visite de 1504 recommande avant tout aux religieuses de mieux dire les *Heures* de Notre-Dame leur patronne, qu'elles dépêchaient apparemment au pas de course pour en finir; elle leur prescrit de faire *bonne pause* d'un verset à l'autre, et au demi-verset; de bien *prononcer tous les mots et syllabes*, sans croquer ou sans traîner démesurément quelque note, *comme elles ont fait en notre présence* (en présence de frère Jacques, abbé de Cîteaux); d'avoir une horloge pour régler les heures du service divin, lesquelles, en effet, sans horloge, devaient aller un peu au hasard et dérangées. — On voit par cette Carte qu'il n'y avait pas de dortoir où pussent régulièrement coucher les religieuses, pas de clôture, et on devine, à la rigueur des ordres sur ce point, les inconvénients qui naissaient de l'abandon. On est frappé d'une recommandation expresse, relative au lieu de la confession et au plan qu'en trace l'abbé, *tellement que le confesseur soit en l'église hors de la cloison, et la pénitente en l'oratoire (de l'autre côté), et que la fenêtre soit garnie d'un treillis bien épais, devant lequel il y aura quelque toile cirée.* De semblables Cartes de visite sont les pièces justificatives les plus naturelles de tel dialogue d'Érasme, de telle page de Rabelais, ou de l'*Apologie pour Hérodote*. Il s'y trouve beaucoup d'autres précautions indiquées au sujet des portes qui donnent sur les champs et prés; d'autres prescriptions (plus spirituelles) contre le *vice de propriété*, opposé à l'esprit de communauté, et qui s'était naturellement développé chez ces religieuses, chacune ayant à part ses petits meubles, son pécule, sa petite argenterie. Mais, comme prescription non moins importante, adressée spécialement à l'abbesse, il lui est commandé de *faire étrécir* les manches de toutes les robes de ses religieuses, et aussi les siennes mêmes, *depuis le coude jusqu'en bas, tellement qu'elles ne soient point plus larges en bas qu'en haut* (ce qui était une mode élégante à cette date de 1504), *et que désormais lesdites manches n'aient plus de trois doigts de repli.* Le bon janséniste (Guilbert) qui nous a transmis ces Cartes de visite, et qui les commente à fond, craint fort que la *coulle*, qui fut reprise peu après par l'abbesse et substituée au manteau, ne l'ait été que parce qu'étant large elle-même, on sauvait par là ces *larges manches* que l'abbé de Cîteaux prohibait, et auxquelles les religieuses du seizième siècle tenaient tant.

On reconnaît précisément, aux défenses de l'abbé de Cîteaux, ces mêmes manches *larges et bragardes*, ces manches *larges comme la bouche d'une bombarde*, contre lesquelles tonnait alors en chaire le burlesque prédicateur Menot : la mode furieuse de 1504 nous est de tout point prouvée et constatée[1].

---

1. Un prédicateur moins burlesque du même temps, Guillaume

L'autre Carte de visite que nous possédons fut dressée en 1572 par Nicolas Boucherat, abbé de Cîteaux, du temps de l'abbesse Catherine de La Vallée, laquelle, sous prétexte des guerres de la Ligue, finit par se sauver de la maison et par chercher retraite à Colinance, Ordre de Fontevrault. Cette Carte atteste un désordre aggravé et plus de mécontentement dans le supérieur, qui se montre lui-même plus judaïque et moins spirituel encore que le frère Jacques de 1504. Toujours les mêmes formules pour que le service soit dit *avec dues et accoutumées inclinations et autres cérémonies.* Mais on y remarque avec surprise des injonctions absolues telles que celle-ci : « Toutes iront à la communion de quinze en quinze jours pour le plus tard, après avoir fait leur confession à leur Père confesseur et non à un autre. » En envisageant une si grossière routine appliquée au sacrement réputé le plus saint, on conçoit la future révolte de Saint-Cyran et d'Arnauld, les rigides barrières qu'ils eurent à redresser devant la table de l'hostie, et le livre de *la Fréquente Communion,* fulminé contre le trop commun sacrilége. — J'omets quelques réprimandes au sujet des sœurs malades, que l'abbesse, à ce qu'il paraît, nourrissait mal, et sur l'estomac desquelles elle retranchait.

Pepin, l'atteste à son tour en des termes dont il faut affaiblir l'énergie; ce sont les Juvénal d'alors que ces prédicateurs : « Les « dames nobles ont de longues manches et de longues queues « dont le prix servirait à nourrir toute une famille; et quand la « mode change, elles croient faire beaucoup pour Dieu en desti- « nant au service de l'autel et du lieu saint ces vêtements tout « souillés encore.... Le goût effréné du luxe a gagné les religieuses « elles-mêmes, et elles se parent comme les dames nobles, oubliant « ainsi qu'elles sont mortes, que le cloître est un tombeau, et que « les bijoux ne vont pas aux cadavres. » (Traduit de Guillaume Pepin, *Sermones de Imitatione Sanctorum.* Paris, 1536; in-8, goth.) Ces sermons, pas plus que ceux de Menot, n'avaient été prononcés en latin; mais on les mettait en latin pour les imprimer.

Tout en ne voulant pas surcharger mon récit de trop minutieux détails, il me faut accepter pourtant l'une des premières conditions de ce sujet, qui est d'être l'histoire d'un monastère. Et puis il n'y a plus guère de monastères, et il ne s'en refera guère, j'imagine. Quand donc on en étudierait et on en saurait un assez en détail dans le passé, il n'y aurait pas si grand inconvénient. L'histoire de l'un représente celle de beaucoup d'autres, et en dispense. On aura ainsi dans Port-Royal un échantillon complet, et l'un des derniers, de ce qu'était un couvent dans son relâchement d'abord, puis dans sa réforme, dans sa sainteté studieuse et pénitente; un vrai couvent-modèle[1].

L'abbé de Citeaux, soupçonnant que ses ordres n'étaient pas exécutés et se méfiant à bon droit de l'abbesse, revint à Port-Royal et dressa, à la date du 1er février 1574, une nouvelle Carte de visite, qui semble plus directement porter sur les désordres de cette dame, sur les inconvénients de l'entrée qu'elle ménage dans la maison à un prétendu receveur des rentes, nommé Blouin. Elle y est menacée d'excommunication si elle n'obéit aux défenses désormais positives. C'est peu de temps après qu'elle quitta l'abbaye et se retira à Colinance. La dame Jeanne de Boulehart lui succéda à dater de cette fuite, en 1575, et maintint les choses telles quelles, débonnairement, sans scandale ni réforme. Il est dit à sa louange, dans son Épitaphe, qu'*elle n'a point délaissé sa maison, a bien gardé ses re-*

---

1. Je remarque, à propos de ce mot de *couvent*, que jamais nos historiens et nos gens de Port-Royal ne l'emploient pour désigner leur maison : les seuls termes dont ils usent sont *abbaye* ou *monastère*, jamais *couvent*, soit qu'ils y vissent une impropriété, soit qu'ils y crussent voir une légère défaveur déjà, comme cela a été sensible depuis, une gravité moindre. Aussi tâcherai-je de ne l'employer que rarement.

ligieuses et les a bien nourries (tout ce que la précédente ne faisait pas). La dame Boulehart, cédant à des instances de ses supérieurs, prit pour coadjutrice, en 1599, Jacqueline-Marie Arnauld, âgée de sept ans et quelques mois. Nous semblons être à cent lieues d'une réforme, et cependant nous y touchons. Mais il y a auparavant à bien voir les circonstances de l'introduction à Port-Royal de cette coadjutrice enfant, et quelle était la famille, dès lors et depuis si considérable, la race des Arnauld d'où elle sortait.

II

Origine des Arnauld. — M. de La Mothe-Arnauld à la Saint-Barthélemy. — M. de Montlosier. — Le fils aîné de M. de La Mothe au siége d'Issoire. — M. Arnauld du Fort devant La Rochelle. — M. Arnauld *de Philisbourg.* — M. Antoine Arnauld, l'avocat; et M. Marion, son beau-père. — M. Marion, le premier du Palais qui ait bien écrit ; ce que cela veut dire.

Les Arnauld étaient originaires d'Auvergne, et antérieurement, disaient-ils, de Provence [1]. Arnauld d'Andilly les donne pour très-nobles dans ses *Mémoires*. Son grand-père, M. de La Mothe-Arnauld, tour à tour d'épée et de robe, commandant d'une compagnie de chevau-légers ou procureur-général de la reine Catherine de Médicis, était l'un de ces hommes doués, propres à tout. Il s'était fait huguenot. La reine Catherine, qui l'affectionnait, lui envoya une sauvegarde le jour de la Saint-Barthélemy ; il avait grand besoin de l'assistance,

1. On écrivait aussi *Arnaud*, et c'était même la manière de signer la plus ordinaire dans la famille jusqu'au dix-septième siècle. Guilbert, qui met à ce point une singulière vivacité, *est en état de prouver*, dit-il, *par environ quarante pièces authentiques et originales, que cette lettre* L *est une interpolation moderne* dans le nom des Arnauld.

étant déjà assiégé dans sa maison par les assassins. Comme ton et allure, son petit-fils cite de lui un trait qui le peint, et avec lui sa race. Il avait parlé à la Chambre des comptes, au nom de la reine-mère, contre les prétentions d'un seigneur qui y voulait faire vérifier un don du roi que la reine elle-même revendiquait. Ce seigneur altier, tout en colère du refus de vérification, lui demanda, au sortir de la Chambre, au haut du grand degré, s'il n'était pas M. de La Mothe ; et, sur sa réponse, il ajouta avec emportement qu'il avait trouvé fort étrange son opposition, et qu'il l'en ferait repentir. « Vous me prenez pour un autre, » lui répliqua M. de La Mothe. — « Comment! ne m'avez-vous pas dit que vous étiez M. de La Mothe ? » repartit ce seigneur. — « Oui, lui répondit-il ; mais j'allonge et accourcis ma robe quand je veux, et vous n'oseriez, au bas de ce degré, me parler comme vous faites. » Sur cela, un gentilhomme de la suite du seigneur reconnut M. de La Mothe, et fit souvenir son maître que c'était le même qu'il avait dû voir durant les guerres civiles en telles ou telles rencontres. Et le grand seigneur, remis sur la voie, lui fit toutes sortes de politesses [1].

Ce M. de La Mothe eut deux femmes, de l'une un fils, de l'autre huit fils et quatre filles, en tout treize enfants. Nous verrons Antoine Arnauld, son second fils et père des nôtres, en avoir vingt, dont dix survécurent ; l'aîné est M. d'Andilly, le dernier est le grand Arnauld, et les autres à l'avenant. Ce sont de vraies tribus de patriarches que ces familles ; et, avec cela, des longévités extraordinaires, de longues facultés vigoureuses et saines. L'Auvergne avait trempé fortement la race ; il y a, j'ose le dire, du Montlosier dans ces Arnauld, non-seulement pour les facultés soutenues et l'entière vigueur,

---

1. *Mémoires* d'Arnauld d'Andilly.

mais aussi pour le genre de nature polémique et infatigablement pugnace.

Les familles véritables et *naturelles* des hommes ne sont pas si nombreuses ; quand on a un peu observé de ce côté et opéré sur des quantités suffisantes, on reconnaît combien les natures diverses d'esprits, d'organisations, se rapportent à certains types, à certains chefs principaux. Tel contemporain notable qu'on a bien vu et compris, vous explique et vous pose toute une série de morts, du moment que la réelle ressemblance entre eux vous est manifeste et que certains caractères de famille ont saisi le regard. C'est absolument comme en botanique pour les plantes, en zoologie pour les espèces animales. Il y a l'histoire naturelle morale, la méthode (à peine ébauchée) des familles naturelles d'esprits. Un individu bien observé se rapporte vite à l'espèce qu'on n'a vue que de loin, et l'éclaire.

Sans trop presser cette doctrine au cas particulier, j'avoue que M. de Montlosier m'aide tout à fait commodément à comprendre les Arnauld. Il est leur compatriote ; il fait des livres sur tout, sur les volcans d'Auvergne, sur les mystères de la religion ; il fait de la polémique à tue-tête contre les Jésuites. Il est âpre à la joute, aheurté à ses idées ; il est érudit, il est mystique par un coin ; et, à quatre-vingts ans passés, le voilà debout, frais, sain et ferme, même agréable sous ses cheveux blancs. M. d'Andilly ou le grand Arnauld avaient quelque chose de tel assurément.

Le fils aîné de M. de La Mothe (oncle par conséquent de M. d'Andilly et des nôtres) était un vaillant capitaine, longtemps voyageur dans le Levant, de vieille roche comme son père, et portant haut la tête. Quand le roi Henri III le voulut faire secrétaire d'État à Blois après la mort du duc de Guise, il refusa, alléguant qu'il aurait mieux à servir le roi contre ceux de la Ligue dans son

Auvergne. Au siège d'Issoire, s'étant jeté dans la place pour la défendre contre le comte de Randan (de la maison de La Rochefoucauld), il tint bon jusqu'à ce que les serviteurs du roi, assemblés pour faire lever le siége, vinssent offrir bataille sous les murs; ils parurent le matin du jour même où le panache blanc remportait sur Mayenne la victoire d'Ivry (14 mars 1590). M. de La Mothe, sortant de la place avec sa compagnie, et rejoignant le gros des fidèles, leur dit que, puisqu'il avait aidé à soutenir le siége, il demandait son droit d'avantgarde, son droit de faire la première charge, ou, en d'autres termes, qu'on voulût bien lui *donner la pointe*. On la lui accorda, nous dit d'Andilly qui excelle et nage en paroles à faire ainsi les honneurs de sa famille; il passa les ennemis, vint à M. de Randan, lui dit qu'il fallait ce jour-là payer La Mothe (c'était sa maison qu'on lui avait pillée et brûlée, malgré des promesses du contraire), et là-dessus lui donnant deux coups d'épée, il le fit prisonnier; mais au même moment, sans que M. de La Mothe le vît, un cavalier tirait sur M. de Randan et le blessait d'une double balle, dont le prisonnier mourut dans Issoire une heure après[1]. — Tous les frères de M. de La Mothe n'étaient pas de cette vigueur chevaleresque. On en sait même un (le septième), le seul qui n'avait pas *l'esprit fort élevé*, nous avoue en passant d'Andilly, et duquel les Mémoires du temps[2] nous ra-

---

1. D'Andilly, dans ses *Mémoires*, renvoie sur ce sujet à de Thou. Or, je dois dire que de Thou et Palma Cayet présentent l'ensemble des faits un peu différemment. M. de La Mothe, dont la belle action subsiste, digne contemporaine d'Ivry, ne paraît pas d'ailleurs chez eux en première ligne; il n'est plus que l'un des trois ou quatre capitaines à la suite de M. de Florat, sénéchal d'Auvergne, qui commande dans Issoire assiégé, et qui dirige la sortie; ce que d'Andilly a quelque soin de ne pas dire.

2. Tallemant des Réaux, t. II, p. 308, à l'article de la *famille Arnauld*.

content privément de petites particularités qui ne sont guère à redire ; honnête garçon au demeurant, mais, quoique d'Andilly s'efforce de lui trouver, faute d'esprit, un fort bon sens, décidément un pauvre sire. — Le huitième frère de M. de La Mothe (puisque nous en sommes à tous ces oncles de notre abbaye), mestre-de-camp des carabins, était un invincible et brillant guerrier. On l'appelait M. Arnauld *du Fort*, parce qu'au siége de La Rochelle (1622) on le laissa dans le Fort-Louis, à peine tracé, qu'il acheva, en partie de ses deniers, et rendit un modèle du genre. Huguenot converti, il portait à cette guerre contre l'hérésie le zèle, sinon la foi, des Croisades. Il a mérité que le capucin Joseph fît son épitaphe, ce qui ne veut pas dire qu'il fût un saint comme le vaillant Zamet, ni même dévot le moins du monde. En lisant la vie d'Arnauld du Fort chez Arnauld d'Andilly, et en y admirant (toute part faite à l'enthousiasme de famille) cette vaillance infatigable d'un homme de fer, on croit lire la vie que Mirabeau a tracée de son aïeul, colonel sous Louis XIV. C'est un mélange de courage, d'opiniâtreté, de civilité, mais ici de faste encore et de jactance, de bravoure et de *braverie*, qui caractérise à merveille cette race des Arnauld dans ce qu'elle n'avait pas encore mitigé ni, en quelque sorte, maté par le Christianisme. M. Arnauld du Fort, c'est, on peut le dire, un Arnauld complet à l'état un peu païen et brut. Je n'en citerai qu'un trait. Il faisait travailler au fort, au terrassement, par les soldats. Ayant vu un jour le valet de chambre d'un capitaine, garçon de bonne volonté, qui s'était mis de la partie et à porter la hotte, il lui demanda (quoiqu'il le connût bien) qui il était : et sur la réponse de celui-ci qu'il était le valet de chambre de tel capitaine, M. Arnauld lui donna des coups de canne, en s'écriant : « Quoi ! tu es un valet de chambre, et tu es assez hardi pour faire le métier des soldats, c'est-à-dire des princes, puisque les soldats ne font rien que les princes tiennent à honte de faire ! » Cette action, dont le bruit courut, électrisa les soldats, qui peut-être n'aimaient guère jusque-là ce travail de pioche, et leur rendit ou leur redoubla le courage. Il paraît pourtant que M. Arnauld, qui avait de l'humanité, fit donner sous main quelques pistoles au pauvre diable de valet de chambre, pour le dédommager du bâton.

Ce que son régiment était à M. Arnauld du Fort, Port-Royal, le monastère, le semblera un peu à ses neveux, à ses nièces. Il sera tout au monde à leurs yeux, le lieu supérieur, incomparable, à faire envie aux princes; et leur humilité y mettra un peu trop sa gloire.

On verra d'ailleurs avec plaisir ce M. Arnauld du Fort représenté en quelque sorte à Port-Royal, non-seulement dans la personne de ses neveux et nièces, mais aussi comme directement par M. de Pontis, un de nos premiers solitaires et de ses anciens compagnons d'armes, le plus vieil officier vétéran sous Louis XIV.

Il y eut encore un autre Arnauld, neveu du précédent et cousin-germain des nôtres, fils d'un intendant des finances, et qui fut un guerrier fort connu de son temps : quand on disait simplement *M. Arnauld*, c'était de lui, sous Richelieu, sous la Fronde, à la Cour, à l'hôtel de Rambouillet, qu'on entendait parler. Il eut très-jeune la charge de mestre-de-camp des carabins après son oncle; mais, commandant à Philisbourg, une nuit il se laissa surprendre[1]. D'Andilly remarque que je ne sais quoi de fatal sembla s'opposer toujours à l'entière élévation de sa famille. Arnauld du Fort eût été

---

1. M. Arnauld aurait pu chansonner lui-même sa déconfiture en cette place par des vers badins (car il en faisait) un peu moins bons que ceux que Voltaire datait de Philisbourg, mais sur ce ton-là et à la suite de Voiture.

maréchal de France, sans sa mort prématurée ; Arnauld *de Philisbourg* le fût devenu, sans cette malheureuse surprise. M. de Feuquières, cousin-germain par alliance de d'Andilly et des autres, gagnait ce glorieux bâton à son tour, sans sa défaite à Thionville. Il ne tint qu'à peu de chose aussi que lui-même d'Andilly, à son compte du moins, ne fût devenu secrétaire d'État et ministre. Ce que la famille Arnauld est aujourd'hui devant la postérité, grâce peut-être à cette moindre réussite du côté du monde, vaut mieux pour elle, même au seul point de vue de la gloire, que ce qu'elle aurait jamais été autrement ; et cette élévation historique, à laquelle plusieurs de ses membres visèrent par d'autres voies, se trouve enfin consommée.

En résultat, c'était, au commencement du dix-septième siècle, ce qu'on appelait une bonne famille que celle des Arnauld, une solide et ancienne maison, peut-être noble, à coup sûr de condition notable, pleine de services et de mérites évidents, en charge près des grands et dans leurs conseils, parfaitement appuyée, apparentée même à des seigneurs, et poussée de toutes parts dans la guerre, dans les finances et au Palais.

Un point seulement n'a pas été assez détaché dans ce qui précède, et je rappelle que M. de La Mothe, l'aïeul de toute cette famille, celui qui ne portait sa robe qu'à la Chambre des comptes, s'était fait huguenot, qu'il ne se convertit qu'après la Saint-Barthélemy, et que plusieurs de ses fils restèrent de la Religion ou n'abjurèrent que tard. Ce coin, voilé le plus possible par ses petits-fils de Port-Royal, relevé malignement par les Jésuites, doit être indiqué de loin au fond de notre tableau, et y tient plus peut-être que les Arnauld eux-mêmes ne croyaient[1].

---

1. Racine paraît l'avoir tout à fait oublié lorsqu'il dit de M. Ar-

La race et la souche bien posée, il est temps de se restreindre à la ligne directe, à la branche même d'où Port-Royal sortit, et de parler à fond de M. Arnauld l'avocat, le second fils de M. de La Mothe, le cadet de M. de La Mothe du siége d'Issoire, l'un des aînés de M. Arnauld du Fort et le père de tous les nôtres.

Il avait succédé à son père dans la charge de procureur-général de la reine Catherine de Médicis, qu'il exerça jusqu'à la mort de cette princesse. En devenant quitte de cette charge, il laissa en même temps celle d'auditeur des Comptes qu'il y joignait, pour se livrer tout entier au barreau. C'est un des types de cette noble lignée d'avocats du seizième siècle, dont Loysel, l'un des plus respectables lui-même, nous a dressé l'histoire. M. Simon Marion, avocat également et plus ancien, entendant un jour le jeune Arnauld plaider, en fut si transporté qu'il l'emmena dans son carrosse, et le retint à dîner chez lui ; il lui donna bientôt sa fille unique en mariage. M. Marion fut dans la suite président des Enquêtes, puis avocat-général. Il avait une extrême ardeur d'avancer sa famille honnêtement, comme on l'entend dans le monde : on en a des preuves dans l'abbaye qu'il fit avoir à sa petite-fille. De plus, c'était un grand orateur, au dire du cardinal Du Perron : *il avait la voix fort émouvante*. M. d'Avoye avait dit un jour au car-

---

nauld l'avocat : « Quoiqu'il eût toujours été très-bon catholique, « *né de parents très-catholiques*, leurs écrivains (*ceux de la So-* « *ciété de Jésus*) n'ont pas laissé de le traiter de huguenot, des- « cendu de huguenots. » Pauvre Vérité! en voilà un petit exemple, mais bien précis : comme chacun la tire à soi! — Le journal *le Semeur*, du 6 septembre 1848, a publié un article intitulé *les Arnauld huguenots* (par M. Roget, de Genève), où la question est examinée de près, et de plus près que je ne l'ai dû faire ici, mais toujours en tirant à soi le plus d'Arnauld qu'on peut, et cette fois du côté de Genève. (Voir une lettre du docteur Arnauld, du 18 avril 1692.)

dinal : « Il me souvient que lorsque vous prêchâtes à Saint-Merry, MM. Marion et Arnauld vous furent ouïr. M. Marion dit en sortant : Ce n'est pas un homme qui prêche, c'est un Ange. » Il ne faut pas trop s'étonner, après cela, d'entendre le cardinal Du Perron rendre ce jugement : « *M. Marion est le premier du Palais*
« *qui ait bien écrit*, et possible qu'il ne s'en trouvera
« jamais un qui le vaille. Je dis plus : que, depuis Cicé-
« ron, je crois qu'il n'y a pas eu d'avocat tel que lui.
« Je fis son Épitaphe à Rome, où j'étais quand on me dit
« la nouvelle de sa mort.... »

En rabattant tout ce qu'on voudra de ce prêté-rendu d'éloges que Du Perron payait à l'un de ses admirateurs dans la manière un peu emphatique du seizième siècle, il n'est pas indifférent pour nous de trouver dès l'abord, dans l'aïeul temporel des mères et des principaux solitaires de Port-Royal, le premier du Palais qu'on loue d'avoir *bien écrit*. C'est de bon augure pour la littérature saine et le bon style, jusqu'alors si rare, qui va sortir de sa race.

A propos de ce premier qui ait *bien écrit*, notons pourtant que l'éloge, avec variante de noms, s'est bien répété; on l'a précisément accordé à plusieurs, vers ce temps-là, pour leur prose ; on les a loués comme les premiers qui eussent fondé le bon style : plus d'un sans doute y conspirait. J'omets d'Urfé, un peu hors de ligne : mais cela s'est dit successivement du garde des sceaux Guillaume Du Vair, de Du Perron lui-même, puis de certains prédicateurs ou traducteurs, de Lingendes, de Nervèze[1], de Coeffeteau, puis encore de

---

1. Il y a plusieurs Lingendes, l'un (Jean) poëte de l'école de Malherbe, l'autre (Claude) jésuite et prédicateur, et un autre (Jean) prédicateur aussi, évêque : j'entends ici parler de ce dernier, dont on a quelques oraisons funèbres imprimées, et même de l'avant-dernier, dont les sermons, bien que publiés d'abord en

d'Ablancourt ; on l'a redit de Patru au barreau bien longtemps après M. Marion. Et tous ces éloges ont passé : ils ne sont recueillis que comme des curiosités littéraires s'appliquant à des hommes une fois célèbres, et qu'on ne lit plus, qu'on ne trouverait même plus à lire. Tant il était difficile de fonder la bonne prose : *tantæ molis erat!* tant plusieurs devaient à leur tour s'efforcer et mourir à la peine, comme dans un fossé qu'on a à combler, et qui se remplit de morts pendant un assaut. Cette belle et vraie prose que tels ou tels illustres avaient trouvée, disait-on, lesquels bientôt on ne connaissait plus, cette prose qui était toujours à refaire de M. Marion jusqu'à Patru, Pascal, lui, l'a saisie une bonne fois et l'a exprimée du premier coup à jamais : *invenit.*

Montaigne déjà avait trouvé, en sa Gascogne et dans sa tour de Montaigne, un style de génie, mais tout individuel et qui ne tirait pas à conséquence. Pascal a trouvé un style à la fois individuel, de génie, qui a sa marque et que nul ne peut lui prendre, et un style aussi de forme générale, logique et régulière, qui fait loi, et auquel tous peuvent et doivent plus ou moins se rapporter : il a établi la prose française. Dans l'intervalle de Montaigne à Pascal ont eu lieu ces efforts laborieux et je n'ose dire stériles, mais bien nombreux et sans cesse à recommencer, des Marion, Du Perron, Du Vair, Nervèze, Lingendes, Coeffeteau. Tous, ils se peuvent résumer et abréger dans un seul nom qui les représente et qui, à ce titre, les a absorbés, dans Balzac, ce grand

---

latin, avaient été prononcés en français. Quant à Nervèze, secrétaire de la Chambre du roi, il a fait, sans être prédicateur, un *Discours funèbre à l'honneur de la mémoire de Henri IV*, des écrits de dévotion affective et mystique. On peut voir dans la *Bibliothèque françoise* de Sorel le chapitre *du Progrès de la Langue* : ces noms d'alors y sont entassés dans toute leur confusion.

ouvrier de mots et fabricateur de phrases, dans Balzac dont Pascal certes se serait bien passé comme devancier, mais dont ne se serait point passée également l'influence littéraire de Pascal. Je veux dire que le style de Pascal a plus aisément fait loi, ayant été devancé par cette élucubration habile et comme par cette police de langue de Balzac. — M. Marion (ce à quoi l'on n'avait guère pensé) y a eu de très-loin, et avec quelques autres, une petite part.

III

Genre d'éloquence de M. Arnauld l'avocat; emphase. — Ce qu'en racontent Tallemant et d'Andilly, — et Pierre Mathieu. — Le duc de Savoie au Parlement; plaidoirie de M. Arnauld. — Son discours pour l'Université contre les Jésuites; son désintéressement. — M. Arnauld et M. Marion honnêtes gens et chrétiens, mais selon le monde; diplomatie pour les Bulles. — Petite supercherie jésuitique des Arnauld. — La jeune Angélique, coadjutrice de Port-Royal, élevée à Maubuisson par la sœur de la belle Gabrielle.

M. Arnauld l'avocat devint donc le gendre de M. Marion en 1585. Son éloquence, ai-je dit, était célèbre; elle était réelle, puisque tous les contemporains l'ont attestée, et que l'éloquence a une part vivante, actuelle, qui est dans son effet même et ne saurait mentir. Il paraissait éloquent de son temps, donc il l'était à beaucoup d'égards. Il avait pour le moins le souffle, le *flumen*, c'est quelque chose. Mais si l'éloquence a une autre partie solide et durable qui mérite d'intéresser tous les âges, il ne l'avait pas. On a dit, dans l'âge suivant (un satirique, il est vrai, Tallemant), que c'était un homme à lieux communs, qu'il avait je ne sais combien de volumes de papier blanc où il faisait coller par le libraire les passages des auteurs tout imprimés, qu'il coupait lui-même et réduisait sous certains titres. Satire à part, c'est possible, et même probable. Son fils d'Andilly nous expose comment les *présentations* d'officiers de la Couronne, connétables, amiraux, ducs et pairs (les présentations qu'on faisait d'eux au Parlement), sont le plus difficile endroit de l'éloquence, parce qu'elles tiennent, dit-il, de *ce genre démonstratif et sublime qui ne doit rien avoir que d'élevé*, comme le Panégyrique de Trajan, par Pline, qui en est le chef-d'œuvre : « Or, feu mon père a fait seul quatorze de ces actions extraordinaires, dont tout le reste du Palais ensemble n'en a fait qu'onze ou douze[1]. » Et un jour, à l'une de ces présentations où il s'agissait de M. de La Trimouille, l'orateur, remontant aux ancêtres, se jeta sur la bataille de Fornoue : M. le duc de Montpensier, prince du sang, présent à la harangue, tira à demi son épée du fourreau, se croyant à l'action même ; voilà un triomphe. Mais M. d'Andilly ne dit pas qu'un jour, plaidant contre un Génois huguenot sur qui l'on avait exercé une confiscation, M. Arnauld énuméra si au long les mauvais offices des Génois contre la France, et s'étendit si à plaisir sur le chapitre d'André Doria, que le Génois impatienté s'écria en baragouinant : « *Messiours, c'ha da far la repoublique de Gênes et André Doria avec mon argent?* » ce qui coupa court à la harangue.

Dans une cause pour M. de Guise contre M. le Prince,

---

[1]. Ce Panégyrique de Trajan a été funeste d'influence ; venu à l'extrémité des siècles brillants et le dernier en vue, comme bouquet oratoire, il a servi de modèle direct à toute la suite des rhéteurs gallo-romains, à ces prédécesseurs ou contemporains d'Ausone, dont le goût a souvent tant de ressemblance, d'identité, comme l'a remarqué M. Ampère, avec le genre Louis XIII. Rien ne devait plus ressembler aux panégyriques officiels des Eumène, des Pacatus et de leurs successeurs, qu'une de ces harangues de présentation par M. Arnauld.

M. Arnauld, sur *sept* audiences tout entières qu'elle dura, en tint lui seul plus de *quatre*. En 1600, quand le duc de Savoie vint en France, le roi Henri IV voulant lui donner un magnifique échantillon de son Parlement, le premier président Achille de Harlay commanda à M. Robert et à M. Arnauld de se préparer dans quelque belle cause; et ce fut M. Arnauld qui la gagna devant tous ces illustres témoins. Pierre Matthieu (dans son *Histoire de France* sous Henri IV) a donné au long le récit de cette séance d'apparat, et même les plaidoyers en entier. Le roi, pour introduire son hôte avec moins de presse et de suite, aborda par la rivière, du côté du jardin du premier président. Les deux princes se mirent en la loge de la Chambre dorée, d'où ils pouvaient tout voir et ouïr sans être vus. La cause pathétique, exprès choisie, ne tarda pas à retentir. Il s'agissait d'un nommé Jean Prost, assassiné. Sa mère, ayant pris soupçon du maître du logis où il demeurait, qui était un boulanger et qui s'appelait Bellanger, l'avait dénoncé, et il s'en était suivi pour l'accusé la question ordinaire et extraordinaire; mais, quelque temps après, deux voleurs, arrêtés pour d'autres crimes, s'étaient avoués les assassins de Prost. De là, le torturé demandait réparation, dommages et intérêts, taxant la mère de calomnie. M. Arnauld défendait la mère; M. Robert plaidait pour le boulanger demandeur, et il commençait ainsi : « Messieurs, les poëtes anciens ayans à plaisir discouru « de plusieurs combats advenus au mémorable siége de « Troye, récitent que Telephus, fils d'Hercules, ayant « en une rencontre esté griefvement blessé d'un coup de « lance par Achilles..., alla prendre advis de l'oracle « d'Apollon.... » Le tout pour dire que la lance d'Achille pouvait seule guérir les blessures faites par Achille, et que les arrêts du Parlement, présidé et guidé par un Achille (de Harlay), pouvaient seuls réparer les condam-

nations de cette même Cour. Sur un ton approchant, mais avec la différence du pathétique à l'indignation, M. Arnauld répondait en faisant éclater les sanglots de la mère éplorée. Il tirait grand parti d'un vol d'argent que le boulanger avait commis sur la personne de l'assassiné : « Caius Antonius fut accusé de la conjuration
« de Catilina ; il en fut trouvé innocent. Mais parmi
« son procès se meslèrent des larrecins qu'il avoit
« autrefois commis en Macédoine ; cela fut cause de le
« faire condamner. Et néantmoins l'une des accusations
« n'avoit rien de commun avec l'autre. En ceste cause
« l'homicide et le larrecin ont beaucoup de connexité. »
M. Arnauld raisonnait moins spécieusement quand, un peu après, il s'écriait sans rire : « Le philosophe Crantor
« disoit que celui qui souffre du mal sans en estre cause,
« est fort soulagé en cet accident de fortune. » Belle consolation que la maxime de Crantor pour ce boulanger torturé ! Pierre Matthieu, qui ne laisse pas d'être sous le charme de *ces Démosthènes de France*, nous représente, après les deux plaidoyers adverses, les âmes flottantes et les opinions des juges suspendues : « Le dis-
« cours de l'advocat du Roy, ajoute-t-il, fut la poudre
« de départ qui sépara le vray du vray-semblable et
« l'apparence de l'essence. » Et il termine par l'ample et pompeux résumé du procureur-général Servin, qui conclut avec M. Arnauld.

Ce voyage du duc de Savoie à Paris, qui, selon l'heureuse expression de Matthieu[1], *déracinoit le peu de fleurs*

1. Matthieu est un écrivain d'imagination ; on essaie depuis quelque temps de le remettre en honneur. M. Hugo ayant eu occasion de consulter, pour sa *Notre-Dame de Paris*, l'*Histoire de Louis XI*, par Matthieu, fut frappé de certains traits d'éclat, et en parla beaucoup autour de lui. Plusieurs critiques de la connaissance du grand poëte (et qui sont des poëtes eux-mêmes, plutôt que des critiques) partirent de là pour s'occuper de l'historien à titre d'écrivain, et pour faire valoir ses beautés avec une spirituelle

de lys qui restaient encore au cœur du maréchal de Biron, faisait une impression bien contraire sur les autres

hardiesse. Je crois pourtant qu'on se méprendrait étrangement en faisant aujourd'hui de Matthieu ce qu'il n'a jamais été à aucune époque, même pour ses contemporains. Car la première loi des réhabilitations littéraires est de se bien rendre compte de ce que jugeaient les contemporains; il s'agit de retrouver le mérite sans trop l'inventer. Au milieu de tous ces noms de Du Perron, Du Vair, Coeffeteau, etc., qui sont cités pour avoir fait avancer la langue, nous ne trouvons qu'à peine celui de Pierre Matthieu. C'est qu'en son temps on ne le nommait guère à ce titre; il n'a eu que secondairement ce genre d'influence. Il n'est pas le moins du monde, à mon sens, un vis-à-vis de Regnier en prose, un émule de Montaigne ou même de d'Aubigné. Le naturel et le franc lui manquent; ce mauvais goût ampoulé de M. Arnauld et des autres *Démosthènes* qu'il cite ne le choquait pas, et pour de très-bonnes raisons. Pour un trait heureux, il en a dix d'incroyables. Il compare, on l'a vu, le discours du procureur-général Servin, qui décida les esprits suspendus, à la *poudre de départ* qui sépare le vrai du vraisemblable. Il ajoute : « Ce fut vrayement l'aiguille de « la balance qui tresbucha justement du costé où le poids de la « raison emportoit le jugement. Cette comparaison plaira à ceux « qui sçavent que la sainte langue (l'hébreu) n'a qu'un mot pour « signifier l'aureille et la balance, et qu'il faut que l'entendement « soit entre les deux aureilles comme l'aiguille entre les deux bas- « sinets de la balance. » Parlant des conseillers du duc de Savoie qui avaient la vue troublée, et ne voyaient qu'à travers leur passion, « comme les yeux, dit-il, offencés par ces maladies que les « médecins nomment *hypostragma* et *ictère*, » il ajoute : « Je sou- « haiterois que les princes se servissent de leurs ministres, c'est- « à-dire de leurs conseils, comme les thons se servent de leurs « yeux.... » Et vient alors une note érudite, fort nécessaire, pour nous dire que ces poissons (d'après Plutarque), ayant un des yeux mauvais, ont le bon esprit de se fier au meilleur. De son temps même, les gens de goût, il est bon de le savoir, ne s'y laissaient pas prendre : on voit que Du Perron, espèce de Fontanes d'alors, se permettait de rire de Matthieu, comme il aurait fait du Père Cotton : il le feuilletait en s'arrêtant particulièrement au style, et disait que l'auteur *était toujours sur les cimes des arbres, que toute son Histoire était sur des pointilles*. Je ne prétends pas vider ici la question aussi couramment que Du Perron; seulement, j'ose élever mon doute en présence de cette soudaine et illimitée faveur dont Pierre Matthieu est devenu l'objet dans l'école des images à tout prix.

cœurs fidèles. Avant la fin de l'année, M. Arnauld, dans une espèce de Philippique intitulée *Première Savoisienne*, s'enflammait à servir la cause royale contre ce même duc de Savoie, qui chicanait sur la restitution du marquisat de Saluces et autres conditions des traités. Déjà, au plus fort de la Ligue, il avait répliqué à un manifeste du duc de Mayenne par un écrit intitulé *l'Anti-Espagnol*, et lancé encore d'autres pamphlets loyaux, dans le même sens, mais non avec le même sel, je le crains, que la *Satyre Ménippée*. Dans un *Avis au Roi pour bien régner*, il donna plus tard (en 1614) des conseils utiles, dont les États-généraux, alors assemblés, profitèrent. Mais le fait qui resta le plus capital de sa vie (après ses illustres enfants), ce fut d'avoir plaidé en 1594, au nom de l'Université, contre les Jésuites, *qui n'en aiment pas mieux ces Messieurs de Port-Royal*, comme ajoute un malin chroniqueur[1].

Le plaidoyer au nom de l'Université de Paris contre les Jésuites, cette pièce qu'on a appelée *le péché originel* des Arnauld, avait pour occasion l'attentat de Pierre Barrière sur la personne de Henri IV, en 1593. L'Université, par la bouche de M. Arnauld, demandait l'expulsion de la Société auprès du Parlement. Presque au début de cette Catilinaire, après une première excursion vers Pharsale et ces guerres *plus que civiles*;

---

1. Dans une *Apologie pour Jean Châtel*, un fanatique du temps, en accusant M. Arnauld d'être calviniste, se plaisait à rapprocher son nom du mot grec ἀρνέομαι qui signifie *nier, renier*. Mais M. Arnauld, l'avocat, n'avait jamais été calviniste; cela n'était vrai que de M. de La Mothe, son père, et de quelques-uns de ses frères. — M. Roget de Genève, dans l'article du *Semeur* intitulé *les Arnauld huguenots*, que j'ai précédemment indiqué, croit que je me suis trop avancé en disant ce mot *jamais* pour M. Arnauld l'avocat : il conjecture qu'enfant celui-ci avait été élevé dans le Calvinisme, et qu'il y demeura jusqu'à la Saint-Barthélemy, c'est-à-dire jusqu'à l'âge de treize ou quatorze ans.

après s'être comparé lui et les gens d'entendement et de bien, de tout temps dénonciateurs des Jésuites, à d'inutiles Cassandres :

Ora, Dei jussu, non unquam credita Teucris ;

l'orateur s'écriait : « Henri III, mon grand prince, qui
« as ce contentement dans le Ciel de voir ton légitime
« et généreux successeur, ayant passé sur le ventre de
« tous tes ennemis, régner tantôt paisible en ta maison
« du Louvre, et maintenant sur la frontière rompre,
« dissiper et tourner en fuite.... (*j'abrége la phrase in-*
« *cidente, qui n'en finit pas*)..., assiste-moi en cette
« cause, et, me représentant continuellement devant les
« yeux ta chemise toute sanglante, donne-moi la force
« et la vigueur de faire sentir à tous tes sujets la dou-
« leur, la haine et l'indignation qu'ils doivent porter à
« ces Jésuites.... » Et plus loin : « Quelle langue, quelle
« voix pourroit suffire pour exprimer les conseils secrets,
« les conjurations plus horribles que celle des Bac-
« chanales, plus dangereuses que celle de Catilina, qui
« ont été tenues dans leur collége rue Saint-Jacques, et
« dans leur église rue Saint-Antoine?... » Il faut s'arrêter, on en sourit, et cela a été une fois de l'éloquence !
— Et ceci encore en était : « Boutique de Satan où se sont
« forgés tous les assassinats qui ont été exécutés ou at-
« tentés en Europe depuis quarante ans ; ô vrais suc-
« cesseurs des Arsacides ou Assassins !... » Tout est de
ce ton ; l'apostrophe et le poing tendu ne cessent pas.

Les juges cependant étaient soulevés sur leur siége ;
ils s'entre-regardaient et se faisaient des signes d'im-
patiente admiration[1]. Le peuple, dehors, se pressait à

---

[1]. Il faut tout dire : M. Arnauld parut beaucoup trop violent, même à des contemporains qui ne demandaient pas mieux que de voir triompher ses conclusions contre les Jésuites. On lit dans le Journal de L'Estoile, à la date du mardi 12 juillet 1594 : «... Lors

flots dans la grand'salle, attendant, écoutant aux portes fermées ; car les Jésuites avaient obtenu que les débats ne fussent pas publics. L'orateur même en tirait parti en quelques meilleurs endroits : il les montrait toujours aimant le petit bruit, non pas venus d'abord en France *à enseignes déployées*, mais se logeant dans l'Université *en petites chambrettes*, longtemps *renardant* et *épiant*. Il étouffait pourtant dans ce huis-clos.

Jamais enfin, dans nul autre discours, M. Arnauld n'a autant déployé que dans celui-ci ce que son fils d'Andilly appelle les *maîtresses - voiles* de l'éloquence. Nous retrouverons de reste ces mêmes maîtresses-voiles, non moins pleinement gonflées, dans les plaidoyers de M. Le Maître, son petit-fils, l'un de nos solitaires [1].

maître Antoine Arnauld commença son plaidoyer contre eux, qui fut violent en toutes ses parties depuis le commencement jusques à la fin : car il appela lesdits Jésuites voleurs, corrupteurs de la jeunesse, assassins des rois, ennemis conjurés de cet État, pestes des républiques, et perturbateurs du repos public; brief, les traita comme gens qui ne méritoient pas seulement d'être chassés d'un Paris, d'une cour et d'un royaume, mais d'être entièrement râclés et exterminés de dessus la face de la terre ; entra aux preuves de tout cela sur les mémoires qu'on lui avoit baillés, qui sont mémoires d'avocats, qui ne sont pas toujours bien certains. Que si à son plaidoyer il eût apporté plus de modération et moins de passion, laquelle ordinairement est sujette au contrôle et à l'envie, il eût été trouvé meilleur de ceux mêmes qui n'aiment pas les Jésuites et qui les souhaitent tous aux Indes, à convertir les infidèles. »

1. On lit le nom de M. Arnauld au nombre des auteurs les plus célèbres recommandés par l'Académie française lors du premier projet de Dictionnaire (voir l'*Histoire de l'Académie*, par Pellisson) : il figure dans l'honorable catalogue non loin de M. Marion, mais un peu près de saint François de Sales et de Montaigne, quand on songe que son principal titre dut être le fameux discours. — Un autre morceau de lui également fameux, et qu'il ne faut pas confondre avec le plaidoyer, parut en 1603 sous ce titre : *Le franc et véritable Discours au Roy sur le rétablissement qui lui est demandé pour les Jésuites*. Mais on voit dans Bayle que la peur prit à M. Arnauld de déplaire au roi, et qu'il retira le plus qu'il put les exemplaires. Soit différence de genre (*le franc Discours* n'ayant

Les Jésuites ne furent expulsés que quelques mois après, lors de la nouvelle tentative d'assassinat par Jean Châtel (décembre 1594); mais ils gardèrent un souvenir profond de cette fulminante plaidoirie, qui avait d'avance tranché le procès :

. . . . Manet alta mente repostum
Judicium Paridis! . . . .

L'Université aussi en garda et en voua à M. Arnauld et aux siens une longue reconnaissance. Elle voulait lui faire accepter un présent, qu'il refusa avec un désintéressement obstiné; à son refus, elle s'assembla par extraordinaire le 18 mars 1595, et d'un consentement unanime rendit un décret, un acte solennel en latin, par lequel elle se reconnaissait à jamais sa cliente obligée et fidèle, tant envers lui qu'envers sa postérité :
..... *Se ea officia quæ a bonis clientibus fido patrono solent deferri, omnia in illum ejusque liberos ac posteros studiose collaturos....*

Convictions énergiques! résolutions persévérantes! teneur et grandeur un peu romaine des caractères, qui remplace, ce me semble, avec assez d'avantage ce qu'on appelle *goût*, et n'y permet qu'un moindre regret! Le goût sans doute manquait à ce style, à ces plaidoyers; les paroles en étaient le plus souvent enflées et vaines, mais les actions restaient fortes et plus vraies que les discours. Les caractères et la conduite tenaient, pour ainsi dire, un grand fonds, que plus de culture a morcelé depuis, a embelli, je le crois, mais n'a pas consolidé.

Tel était Antoine Arnauld, l'homme qui peut passer

été destiné qu'à l'impression), soit progrès naturel des dix années écoulées, cette seconde *Provinciale* de M. Arnauld est de beaucoup meilleure pour le ton que la plaidoirie de 1594.

pour un des avocats les plus parfaits, je ne dis pas dans ses plaidoyers, qui eurent leur manière d'éloquence viagère, mais dans l'ensemble et dans l'esprit même de sa profession. Il était chef du Conseil d'une quantité de princes, de princesses et de grands qui ne consultaient jamais que chez lui, dans son cabinet[1]. Il tenait sa profession à honneur au moins autant que fera, un siècle plus tard, Matthieu Marais; on ne put le décider jamais à être autre chose. A la mort de M. Marion son beau-père, il ne voulut pas devenir avocat-général. Le maréchal d'Ancre, qui lui faisait, en quittant Paris, de petites visites amicales d'adieu à quatre heures du matin, en était pour ses offres obligeantes. On disait assez haut dans la famille qu'il possédait toutes les qualités pour avoir les sceaux, pour être un grand chancelier de France; on ajoutait même tout bas et un peu glorieusement qu'il en avait été question en cour, au Louvre; qu'à certaine occasion on y avait songé à Saint-Germain. — Au dix-huitième siècle, un autre grand avocat, Gerbier, défendant les héritiers d'une ancienne fondation de Nicole, plaidera pour Port-Royal et pour les sectateurs de cette maison dans une cause célèbre. Entre la plaidoirie d'Arnauld contre les Jésuites à la fin du seizième siècle et celle de Gerbier pour Port-Royal au dix-huitième, notre sujet monastique s'encadre tout d'un coup assez oratoirement. Ces deux grandes voix, dont l'une passa pour éloquente en son temps et dont l'autre le fut certainement dans le sien, me semblent faire écho et se répondre par-dessus le cloître immobile, à l'ombre duquel M. Le Maître contrit, qui les entend et qui s'en dévore, garde un silence obstiné.

M. Marion et M. Arnauld étaient des chrétiens[2],

1. La maison à Paris de cette branche des Arnauld était l'hôtel de Pomponne, rue de la Verrerie, paroisse Saint-Merry.
2. M. Marion, je dois pourtant le dire, ne passait pas pour très-

mais des chrétiens selon le monde; et le monde, sauf les modes et les apparences, se retrouve toujours et partout un peu le même. C'étaient d'honnêtes gens, mais qui, tout du seizième siècle et de robe qu'on se les figure (c'est-à-dire ce qui nous semble le plus austère), songeaient à l'avancement des leurs, à l'établissement de leur maison; et les moyens de le procurer tombaient plus d'accord avec l'usage et l'honneur mondain qu'avec l'entière vertu. M. Arnauld avait beaucoup d'enfants, et de ce nombre plusieurs filles. On destina l'aînée au monde, au mariage; et pour les deux suivantes, on décida qu'on les placerait de bonne heure *en religion*, c'est-à-dire qu'on les constituerait en dignité dans le cloître. Le grandpère, M. Marion, tenait surtout à conclure l'affaire avant de mourir; en aïeul tendre et prévoyant qui s'en va, il voulait user de son grand crédit en tout lieu et de la faveur particulière dont l'honorait Henri IV, pour obtenir ce qui s'accordait alors par une exception assez fréquente, mais ce qui n'était pas moins contre toute règle et contre le scrupuleux esprit de vérité. Il s'agissait de pourvoir ses deux petites-filles, Jacqueline (depuis, la mère Angélique) et Jeanne (depuis, la mère Agnès), âgées l'une de sept ans et demi, l'autre de cinq ans et demi environ, d'une coadjutorerie ou d'une abbaye. En France, l'affaire était assez simple; le crédit de M. Marion, s'employant d'une part sur l'abbé de Cîteaux, M. de La Croix, qui était, nous dit-on, de bas lieu et de sentiments très-peu élevés, et d'autre part agissant auprès de Henri IV, qui aimait fort son avocat-général

croyant. On lit dans le Journal de L'Estoile, à la date de février 1605 : « Le mardi 15 de ce mois, fut mis en terre à Paris l'avocat du roi Marion, homme accort, fin, subtil, déguisé, et qui est mort en réputation d'un des premiers hommes du Palais, des plus habiles et des mieux disans : plus éloquent que pieux, dit quelqu'un : dont le jugement appartient à Dieu, et non aux hommes. »

et qui était assez coulant sur le chapitre des messes ou des abbayes, devait promptement réussir. Mais à Rome, pour avoir les Bulles, c'était négociation plus délicate, et il y eut besoin de dissimuler, disons mieux, d'altérer le chiffre des âges.

L'abbé de Cîteaux, pour faire sa cour à M. Marion, amena la dame Jeanne de Boulehart, abbesse de Port-Royal, âgée et infirme, à prendre en 1599, pour coadjutrice, la jeune Jacqueline, l'aînée des deux sœurs. Et, sur ce même temps, l'abbaye de Saint-Cyr, de l'Ordre de Saint-Benoît, étant devenue vacante, on l'obtint pour la petite Jeanne, la cadette. Henri IV donna parole, ou même brevet de l'une et de l'autre faveur. Seulement il fut convenu qu'une dame Des Portes, religieuse de Saint-Cyr, y aurait le titre et y remplirait les fonctions d'abbesse par procuration, jusqu'à ce que Jeanne eût atteint ses vingt ans. L'autre cas, celui de la coadjutorerie de Port-Royal, était plus simple; car on comptait que la dame Boulehart vivrait encore un peu longtemps.

Les cérémonies de vêture ne tardèrent pas. On conduisit Jacqueline à l'abbaye de Saint-Antoine des Champs (au faubourg Saint-Antoine), le 1er septembre 1599, et le lendemain l'abbé de Cîteaux lui donna sa bénédiction solennelle; en même temps elle prit l'habit de novice. Le jour de Saint-Jean de l'année suivante (1600), Jeanne prenait également l'habit de novice à Saint-Cyr, en présence de la même nombreuse compagnie qui avait assisté à la cérémonie de sa sœur.

Une fois pourvues comme coadjutrice et comme abbesse, il ne s'agissait plus que d'élever les deux petites filles, de les accoutumer à la religion, et de les former aux charges qu'elles allaient tenir. Les deux sœurs avaient été d'abord huit mois ensemble à Saint-Cyr, dans l'intervalle de la bénédiction de Jacqueline à la prise d'habit de Jeanne. Ensuite on les sépara, et Jacqueline fut placée à Maubuisson, maison de l'Ordre de Citeaux. L'abbesse de Maubuisson était madame Angélique d'Estrées, sœur de la belle Gabrielle, et vraiment peu digne de l'être : on saura en quel sens. Elle avait également l'abbaye de Bertaucourt, près d'Amiens, et y conduisit une fois la jeune Jacqueline, qui, par occasion, y reçut le sacrement de confirmation. L'enfant changea alors ce nom de Jacqueline en celui d'Angélique qui est devenu si célèbre, et qu'on prit plutôt qu'un autre en considération de madame d'Estrées. Cette substitution se fit dans l'intention, à ce qu'il paraît, de donner le change à Rome, et afin qu'on y pût réclamer plus tard, sous un nom nouveau et comme pour une autre personne, les Bulles qui avaient déjà été refusées. On voit que les Jésuites auraient eu beau jeu sur ces commencements de Port-Royal, et qu'ils auraient pu rétorquer avec de légitimes représailles sur les ruses et accommodements de conscience dont MM. Arnauld et Marion ne se firent pas faute dans toute cette affaire, qui n'est pas au bout.

L'abbaye de Maubuisson où l'on plaçait la jeune Angélique, sous la tutelle d'une sœur de la belle Gabrielle, pour être élevée chrétiennement, semble d'abord assez étrangement choisie, et le semblera encore plus si l'on s'informe de plus près.

IV

Henri IV à Maubuisson; matière de fabliau. — Bulles obtenues et mensonge. — La jeune abbesse installée à Port-Royal. — Jeux et passe-temps; mélancolie et angoisses. — Contraste de caractère d'Angélique et d'Agnès. — Projets périlleux de la jeune Angélique; maladie; elle va chez son père. — Elle est touchée par l'affection humaine; retour au monastère. — Sermon du Père Basile; première lueur divine. — Le Père Bernard et le Père Pacifique; transes mortelles; excès ascétiques. — Elle va à Andilly; M. Arnauld la chapitre. — Elle revient à Port-Royal. — Considérations sur l'œuvre de Grâce.

C'est toujours du plus près possible qu'il faut regarder les hommes et les choses : rien n'existe définitivement qu'en soi. Ce qu'on voit de loin et en gros, en grand même si l'on veut, peut être bien saisi, mais peut l'être mal; on n'est très-sûr que de ce qu'on sait de très-près. Qu'on se rappelle l'expérience : dans les choses de cette vie actuelle et contemporaine, combien de fois ne se trompe-t-on pas, sinon du tout au tout, du moins beaucoup plus qu'il ne faudrait, en jugeant de loin des hommes, des nations, des villes, des paysages, qu'on s'étonne ensuite, quand on les approche et qu'on les parcourt en détail, de trouver tout autres qu'on ne se les figurait!

A combien plus forte raison doit-il en être ainsi dans l'histoire du passé ! Seulement là, le plus souvent, la vérification dernière est impossible, et l'approximatif seul fait la limite extrême de notre observation. Au moins quand des tableaux, des récits naïfs se présentent, profitons-en pour éclairer certains coins de mœurs et certains caractères de personnages, pour tâcher de nous les peindre sans rien d'abstrait ni de factice, et comme ils étaient, avec leur bon et leur mauvais, dans ce mélange qui est proprement la vie. J'admire Henri IV, et tous l'aiment; et c'est là son rôle officiel, en quelque sorte, dans l'histoire, d'être *le bon Roi* et d'être aimé. Pourtant, si nous revenions au temps de Henri IV, si, avec les idées qu'on s'est aujourd'hui formées de lui, nous avions l'honneur de le voir revivant comme alors et de le pouvoir connaître, nous ne sortirions pas, j'en suis sûr, sans mécompte. Ce ne serait pas sa faute ; car ce qu'il a été, il n'a rien fait pour le cacher, il l'a été tête haute et bien à l'aise : ce serait la faute de notre prévention. Les *Mémoires* de d'Aubigné, quand nous les lisons, défont un peu le personnage officiel, non pas l'héroïque (celui-là subsiste toujours), mais le personnage plus débonnaire qu'il ne faut, et qu'on est habitué à se façonner sous ce nom. L'anecdote à laquelle, à travers ces détours, j'en veux venir sur l'abbaye de Maubuisson, sans prouver beaucoup, n'est point favorable à l'idéal du bon Henri : elle est beaucoup moins contraire à un certain autre côté malin et narquois de Henri IV, qui fait également partie de la tradition populaire.

Madame d'Estrées, à qui notre jeune Angélique est confiée, avant de gouverner l'abbaye de Maubuisson, n'avait que celle de Bertaucourt, près d'Amiens. Un jour donc que Henri IV était allé à Bertaucourt faire visite à madame Gabrielle, qui, pour plus de commodité, logeait chez sa sœur l'abbesse, la belle pria le roi

de mettre sa sœur à quelque abbaye plus proche de Paris. Le roi lui promit d'y aviser, et sans doute, dans ce rapprochement de sa sœur, madame Gabrielle pensait surtout à elle-même, et à être plus à portée de son roi cher et volage. Celui-ci pourtant, qui, ce jour-là, ne désirait peut-être qu'à demi, lui fit quelques objections tout en promettant, et lui dit qu'il ne voyait guère pour le moment d'abbaye vacante à la convenance. Elle insista, et en vint à lui indiquer alors l'abbaye de Maubuisson, laquelle en effet, ajoutait-elle, s'était conservé le droit (on ne savait pourquoi, en vérité) d'élire ses abbesses directement, et de les élire perpétuelles : ce qui donnait prise au droit du roi et à casser cette prétendue élection. Le roi promit derechef d'y songer, et à quelques jours de là, étant allé à la chasse dans les environs de cette abbaye, il arriva comme par hasard sous les murs ; il fit demander à entrer. Ce fut grand honneur et grande joie. Il se rendit tout droit au logis abbatial, vers dame abbesse qui s'avançait en hâte pour le recevoir. C'était pour lors une fille de la maison de Pisieux, d'abord religieuse de Variville (près Clermont-en-Beauvoisis), et que celles de Maubuisson avaient élue pour abbesse à cause de sa vertu. Le roi, s'entretenant avec elle, lui dit, sans avoir l'air d'y mettre importance : « Madame l'ab- « besse, qui est-ce qui vous a donné vos provisions pour « l'abbaye ? » Cette bonne fille n'y entendant pas malice, et saisissant l'occasion de voir confirmer d'un brevet royal son élection libre, repartit bien vite avec révérence : « Sire, vous me les pouvez donner quand il vous plaira. »
— Le roi répliqua en souriant : « J'y penserai, madame « l'abbesse, » et ensuite se retira de l'abbaye, raconte-t-on[1], en faisant dire à cette bonne abbesse qu'il voulait

---

1. *Relations sur la Vie de la Révérende Mère Marie des Anges;* 1 vol. in-12, 1737.

donner la charge à une autre. Elle apprit en effet, peu après, que le roi faisait venir des Bulles de Rome; d'où elle prit épouvante, et se retira à son ancien couvent de Variville, laissant la place nette à la sœur de madame Gabrielle. Les Bulles arrivèrent ; le roi amena lui-même madame d'Estrées à Maubuisson, tint le chapitre, la mit en possession, et fit promettre l'obéissance aux religieuses. Il eut dès lors deux abbayes pour voir madame Gabrielle, Bertaucourt, que madame d'Estrées gardait encore, et Maubuisson plus rapproché.

Ne semble-t-il pas que voilà matière toute trouvée à un malin fabliau, comme en contient tant le recueil de Barbazan ou de Le Grand d'Aussy? La suggestion intéressée de la belle Gabrielle, la promesse de Henri IV faite d'un air d'objection et de négligence, cette adresse qu'il met à la remplir (intéressé lui-même) ; la partie de chasse, toujours si commode aux doubles desseins, l'air de joie et de révérence de la bonne abbesse qui le reçoit au perron, et qui donne en plein dans le piége de la demande ; le singulier clignement alors du roi grivois, qui rit sous sa moustache de tenir si bien son affaire ; tout cela composerait aisément une petite scène, où il y aurait un peu plus de perfidie que dans le dîner chez Michaut, mais où il entrerait bien du vieil esprit français, de la malice anti-monacale et galante, beaucoup enfin de la vraie physionomie de Henri IV, — plus que dans *la Henriade*, on le croira. M. Andrieux a fait un joli conte de l'histoire du *meunier de Sans-Souci :* ce serait un peu ici le contraire. Le despote Frédéric épargne le moulin qui lui gâte la vue ; le bon Henri IV prend sans façon l'abbaye qui lui convient.

On respecte un moulin, on vole une province.

On épargne un pays, on vole une abbaye ; l'adage ainsi se doit retourner. C'est qu'idole pour idole, Frédéric tenait encore moins à sa vue de Potsdam que Henri IV à un désir de madame Gabrielle. Mais, nonobstant la petite perfidie, les rieurs, en France, seront toujours du parti du *Diable-à-quatre* et de ses amours. Je ne saurais m'empêcher moi-même de regretter que La Fontaine, qui fait bien le pendant de Henri IV en poésie, et qui n'était *bonhomme* à son tour que dans cette mesure, n'ait pas écrit, sous le titre de *l'Abbesse de Maubuisson*, un petit conte de plus en vers, eût-il dû s'en repentir après, comme de *Joconde*.

L'année du noviciat étant expirée, la jeune Angélique fit profession, le 29 octobre 1600, entre les mains de l'abbé de La Charité, moine de Cîteaux, délégué par l'abbé supérieur; elle avait neuf ans. Elle continua de rester à Maubuisson jusqu'en juillet 1602, époque où la dame Boulehart, abbesse de Port-Royal, étant morte, elle alla prendre possession de l'abbaye. Dans l'intervalle (de 1601 à 1602), et depuis que la jeune Angélique avait fait profession, on postulait de nouveau à Rome pour ses Bulles : il n'était plus question de la première Jacqueline pour qui on les avait refusées ; on ne parlait que de la jeune Angélique, religieuse professe, âgée, disait-on, de *dix-sept ans*, ce qui paraissait encore trop de jeunesse et de bas âge à Rome. On y employait activement le cardinal d'Ossat, le grand négociateur, dont il existe une lettre sur ce sujet[1]. Rome d'ailleurs, comme si elle eût eu pres-

---

1. Ou plutôt un passage de lettre. En rendant compte à M. de Villeroy des affaires d'État dont il avait entretenu le Pape dans l'audience du 25 mai 1601, le cardinal ajoutait : « Aussi lui parlai-je, à l'accoutumée, pour des particuliers, et entre autres pour une petite-fille de M. Marion, avocat du roi en la Cour de Parlement, qu'on désire être faite coadjutrice de l'abbesse du monastère de Port-Royal, Ordre de Cîteaux, au diocèse de Paris : qui est une affaire bien difficile pour le bas âge auquel est ladite fille; et Sa Sainteté n'y a point encore pris résolution. J'y ai fait et ferai tout ce qui me sera possible pour l'obtenir. »

sentiment de ce qu'allait devenir, grâce à l'abbesse nouvelle, ce Port-Royal qu'il faudrait réprimer, Rome y mettait peu de bonne volonté. A défaut de pressentiment, on s'y souvenait du plaidoyer de M. Arnauld, des réquisitoires assez récents de M. Marion contre les Jésuites et contre les prétentions ultramontaines : les véritables scrupules pouvaient bien venir de là. Mais le cardinal d'Ossat, en négociateur habile, s'arma précisément de ces circonstances, représenta l'éclat d'un refus qui aurait couleur politique, l'intérêt de passion qu'y mettrait le Parlement, l'adoucissement qui, au contraire, résulterait d'une faveur du Saint-Siége ; et il emporta enfin comme d'assaut les Bulles tant désirées. Il y était question, dans les considérants, des services rendus au monastère de Port-Royal, pendant les troubles de religion, par M. Marion, aïeul de l'abbesse, *sans les secours et soins duquel le monastère*, était-il-dit, *n'aurait pu subsister.* J'avoue que tous ces stratagèmes avérés, joints à l'âge de *dix-sept ans* qui était un pur mensonge, me rendent moins invraisemblable une parole dénigrante de Tallemant sur les Arnauld, à laquelle je n'avais d'abord pu croire. Il parle d'un jeune avocat d'esprit caustique, nommé de Pleix, qui ayant été leste un jour au Palais en plaidant contre M. Arnauld, se vit obligé de faire de publiques excuses. Mais de Pleix se vengea de l'humiliation, et joua depuis un méchant tour à cette famille ; « car il se mit, dit Tallemant, à rechercher dans les registres de la Chambre des comptes, et fit voir qu'on avait enregistré des brevets de pension pour services rendus par des enfants de cette famille qui (à la date des brevets) étaient à la bavette, et fut cause qu'on leur raya pour plus de douze ou quinze mille livres de pension. Cela s'était fait par la faute de M. de Sully. »

La conclusion morale à tirer de tout ceci (car il en faut une, et je n'accumule point ces détails sans dessein), c'est que, dans les affaires du monde, les plus réputés honnêtes gens, fût-ce M. de Sully (comme on l'entrevoit au passage), fût-ce M. Marion et M. Arnauld, peuvent se laisser aller à des actes, à des altérations qui ne sont pas, tant s'en faut ! la justice même. Montaigne, La Rochefoucauld, Molière et La Bruyère, ne s'en étonneraient pas, et volontiers sans doute ils diraient, en haussant les épaules et en souriant d'ironie amère : *L'espèce est ainsi.* Allons plus avant. La seule garantie entière, à ne prendre même les choses que par le côté humain, la seule absolue sauvegarde d'équité constante réside dans une pensée perpétuellement et rigoureusement chrétienne : Port-Royal et les siens nous le rediront assez haut à chaque instant, eux qui ne voyaient dans la nature humaine actuelle, même dite vertueuse, qu'iniquité plus ou moins fardée et sans cesse renaissante, qu'éternelle corruption de cœur à surveiller et à guérir.

Les Bulles obtenues, et la mère Boulehart morte, la jeune abbesse Angélique fut installée à Port-Royal et mise en possession de son abbaye, le 5 juillet 1602, par le vicaire-général de l'abbé de Cîteaux, après une assemblée capitulaire solennelle et un simulacre d'élection de la part des religieuses présentes. On trouve, dans une Relation, l'état précis du monastère au moment où elle y vint : « Il y avait pour confesseur un religieux
« bernardin si ignorant, est-il dit, qu'il n'entendait pas
« le *Pater;* il ne savait pas un mot de Catéchisme, et
« n'ouvrait jamais d'autre livre que son bréviaire : son
« exercice était d'aller à la chasse. Il y avait plus de
« trente ans qu'on n'avait prêché à Port-Royal, sinon à
« sept ou huit professions.... Les moines bernardins
« qui y venaient n'entretenaient les religieuses que des
« divertissements de Cîteaux et de Clairvaux, de ce qu'ils
« appelaient *les bonnes coutumes de l'Ordre....* On ne
« communiait alors que de mois en mois, et aux grandes

« fêtes. La Purification était exceptée, à cause que
« c'était le temps du carnaval, où l'on s'occupait à faire
« des mascarades dans la maison, et le confesseur en
« faisait avec les valets. » — Les religieuses portaient
d'habitude, selon la mode mondaine, des gants et des
masques. Elles vivaient d'ailleurs, bon gré mal gré, assez
pauvrement, étant volées par leurs domestiques : l'abbaye
n'avait alors que six mille livres de rentes. Elles étaient
treize professes, quand la jeune abbesse y entra ; la plus
âgée avait trente-trois ans, et ce fut la seule que madame
Arnauld jugea à propos de faire bientôt éloigner pour
sa conduite.

Tout continua d'abord comme par le passé, très-futilement et assez innocemment. La jeune abbesse avait dix ans et demi, pourtant aussi peu enfant qu'il était possible de l'être à cet âge, d'un esprit fort vif et avancé, et ne sentant déjà pas mal, au moins humainement, ce qu'elle devait au rôle qu'on l'appelait à remplir. Lorsqu'elle eut onze ans, ce M. de La Croix, abbé de Cîteaux, homme fort déférant à M. Arnauld, et de *très-peu de mérite*, comme elle nous l'apprend, offrit de lui-même de la bénir, ce que M. Arnauld n'osait sitôt lui demander. Il la bénit donc abbesse [1], et lui fit faire le même jour sa première communion. Il y eut dans l'intérieur de l'abbaye, à cette occasion, compagnie nombreuse et grand festin.

On a, sur ces premiers temps de la mère Angélique, des Relations, on ne saurait plus circonstanciées [2], des espèces de dépositions régulières dressées par les principales religieuses qui lui survécurent, et des récits

---

1. Elle n'avait été bénie précédemment que comme religieuse ou comme coadjutrice.

2. *Mémoires pour servir à l'Histoire de Port-Royal et à la Vie de la Révérende Mère Angélique de Sainte-Magdeleine Arnauld, réformatrice de ce monastère.* Trois vol. in-12 ; Utrecht, 1742.

d'elle-même, l'un inachevé, de sa plume, les autres recueillis de sa bouche par M. Le Maître, qui la ramenait souvent sur ce sujet et, dès qu'il était seul, écrivait tout fraîchement ce qu'elle avait dit. Durant la dernière moitié de sa vie, on la traitait déjà comme une sainte, de qui il faudrait faire le procès un jour, pour la canoniser ; on se mettait d'avance en mesure, en assemblant les témoignages ; on lui faisait, en un mot, son *dossier de sainte*, de son vivant. On allait même jusqu'à décacheter, à son insu, les lettres qu'elle écrivait, et l'on en tirait copie pour qu'elles ne fussent pas perdues ; c'est ainsi que nous est parvenue la plus grande partie de sa Correspondance avec la reine de Pologne. M. Le Maître, très-ardent à ces sortes de biographies, et dont *c'était la dévotion*, nous dit Du Fossé, de se faire raconter les circonstances personnelles et les aventures spirituelles de chaque solitaire survenant, redoublait naturellement de cette sorte de dévotion à l'égard de sa sainte tante. Ainsi rien ne nous manque sur elle ; on a la série non interrompue de ses moindres actes et de ses pensées ; nous pouvons suivre les mouvements de la Grâce dans son cœur, comme si nous y étions [1].

1. Il fallut user d'un petit stratagème pour la décider à écrire la Relation commencée qu'on a d'elle (Mémoires tout à l'heure cités, tome Ier, pag. 262 et suiv.). Elle disait souvent, quand on la mettait sur ce chapitre des premiers temps, qu'elle aurait eu sujet de rédiger un livre *de la Providence de Dieu*, tant elle en avait fait d'expérience. Elle ajoutait qu'il lui prenait quelquefois envie d'écrire ce livre *de la Providence*, de peur qu'on ne vînt à oublier, à laisser perdre dans la suite ces premières miséricordes. On la pressait alors extrêmement de s'y mettre et d'écrire ; mais *elle était au fond si ennemie de faire des livres* (à la différence de la seconde mère Angélique de Saint-Jean, sa nièce, que nous verrons, comme dit Racine, *plus naturellement scientifique*), qu'elle rejetait bien vite et bien loin cette vague idée, qui n'avait guère été, dans sa bouche, qu'une manière de dire. On eut alors recours aux grands moyens, à M. Singlin, le directeur ; et elle se décida

La jeune Angélique, à cette époque, avant le réveil de la Grâce, achevait de mener sa vie d'enfance. Elle disait ponctuellement l'office, à commencer par les Matines, qu'on avait pourtant remises, pour moins de fatigue, à quatre heures du matin; et le reste du temps elle jouait ou se promenait dans les enclos. Une des dernières Cartes de visite permettait ou même ordonnait que l'abbesse menât la Communauté promener sur les terres après les vêpres. Les jours de pluie, elle lisait l'Histoire romaine ou des romans. L'abbaye, pour l'ordre matériel, était assez bien menée par la prieure, une dame Du Pont, fille sage et simple. La famille Arnauld venait souvent, madame Arnauld surtout, qui n'était jamais sans quelque inquiétude, à cause du peu de garantie qu'elle voyait dans des habitudes si faciles. Elle arrivait quelquefois à l'improviste, mais elle n'avait rien à surprendre. Tout heureusement se passait sans déréglement, quoique sans piété vive et sans lumière. Le général de l'Ordre, un M. Boucherat, successeur de M. de La Croix, dans sa Carte de visite de décembre 1604, se montrait satisfait, et ne voyait pas autre chose à ordonner, que de porter le nombre des religieuses de douze à seize.

De rares et légers incidents variaient cette vie ; on s'en souvenait, on s'en entretenait longtemps. Un jour, Henri IV chassant aux environs, et ayant su que M. Arnauld père était pour le moment dans l'abbaye, pendant ses vacances du Parlement, y entra. La jeune *Madame de Port-Royal* le reçut avec toutes ses religieuses, la croix en tête, et elle-même montée sur de hauts patins,

par obéissance et avec répugnance, se méfiant peut-être de l'usage qu'on ferait de l'écrit après elle. Elle se mit donc en retraite dans une petite cellule écartée, nommée *la Guette*, et là, priant encore plus qu'écrivant, elle retraça le précieux détail de ses commencements; encore, une interruption qui vint à la traverse lui servit-elle à propos pour ne pas pousser le récit jusqu'à la fin.

ce qui fit que le roi la trouva bien grande pour son âge. « La modestie du roi fut telle, dit la naïve Relation, qu'il témoigna à M. Arnauld qu'il n'était entré dans l'abbaye qu'à cause qu'il l'avait su là, et qu'autrement il aurait eu peur de troubler ces bonnes filles. » Il promit de venir dîner le lendemain, mais la chasse l'ayant porté ailleurs, il fit dire ses excuses, et ne put que crier lui-même de dessus son cheval en passant dans les hauts champs, tout contre les murs : « *Le roi baise les mains à madame l'abbesse!* » Voilà le pendant plus modeste et presque dévotieux de la visite à Maubuisson.

Le temps se passa ainsi depuis 1602 jusqu'en 1607. La jeune abbesse, en avançant en âge, commençait à prendre sa profession et son avenir en dégoût. L'amour-propre pourtant chez elle dissimulait ; elle portait ce joug insupportable en se divertissant de son mieux, nous dit-elle, sans confier sa peine à qui que ce fût et en affectant bonne contenance. Lorsque des personnes étrangères lui insinuaient qu'ayant fait sa profession avant l'âge, elle s'en pouvait dédire, loin de donner dans cette idée, elle s'en choquait presque ; et en effet quelque chose l'avertissait au fond, ajoute-t-elle, qu'elle ne pouvait quitter sa condition sans se perdre, *qu'il n'y avait point de loi qui la dispensât d'être à Dieu*, et *qu'il lui avait fait trop d'honneur de la prendre pour lui*. Ces idées sur la sainteté de sa profession se mêlaient, sans qu'elle comprît comment, à une vie aussi païenne et profane qu'elle la pouvait mener avec convenance. Elle allait visiter des voisins en compagnie d'une ou de plusieurs religieuses, et l'on commençait à lui rendre ses visites. Madame Arnauld apprit ces licences que sa fille se donnait, et lui en fit un jour des reproches avec larmes : ce qui augmenta l'angoisse secrète de la jeune abbesse de se voir réduite à continuer à jamais cette vie religieuse si mélancolique à son gré, ou, en la rompant, à fâcher ses parents si bons, et de plus à vivre sans honneur ; car elle savait bien, dit-elle, qu'il ne pouvait y en avoir qu'à vivre selon sa condition. Dans ce conflit, au lieu d'avoir recours à Dieu par la prière, elle se mit, pour divertissement, à lire les Vies de Plutarque et autres livres profanes. — En les lisant alors, et depuis en s'accusant de les avoir lus, elle ne se doutait pas qu'elle paraîtrait, dans les fastes chrétiens du dix-septième siècle, comme quelque chose d'héroïque à son tour, et de comparable en caractère à ce que les Cornélie, les Clélie, ou les mères de Sparte, pouvaient paraître dans l'Antiquité, et que toute une classe de disciples et de fervents, pour la distinguer d'une autre célèbre Angélique, sa nièce, la surnommeraient *grande* et *première*, comme on a fait pour les Scipions.

Sa jeune sœur, qui souvent partageait ses jeux (car elle l'envoyait chercher à Saint-Cyr dans le carrosse qui était resté de feu la dernière abbesse de Port-Royal), cette autre intéressante enfant, qui devint la mère Agnès, offrait dès lors un naturel tout différent : fort dévote aux offices, comme une personne qui sera *adonnée au chœur* ; sage, exacte, mais vaine et glorieuse, romanesque d'imagination, au point de demander à Dieu pourquoi il ne l'avait pas fait naître *Madame de France* (qui a été depuis reine d'Espagne) ; quelque chose d'espagnol comme chez M. d'Andilly, et qui deviendra aisément mystique dans le sens de sainte Thérèse. La mère Angélique, comme ensuite le grand Arnauld, son dernier frère, avait une nature d'esprit plus ferme, plus latine, et qui aurait plutôt tourné à la Plutarque et à la romaine. Voilà de grands noms, mais que la suite du récit justifiera, je l'espère.

Malgré les distractions de promenade ou de lecture, l'ennui revenait vite ; l'aversion allait s'augmentant chez notre jeune abbesse, et, vers quinze ans, elle roulait des résolutions dangereuses. « Je délibérai en moi-même, dit-elle, de quitter Port-Royal et de m'en retourner au monde sans en avertir mon père et ma mère, pour me retirer du joug qui m'était insupportable, et me marier quelque part. » Elle crut même qu'au pis-aller elle serait en sûreté à La Rochelle, bien que bonne catholique, et elle comptait sur le crédit de ses tantes huguenotes pour l'y protéger. A la veille de cette grande résolution de fuir, elle fut, comme divinement, empêchée par une grande maladie et fièvre qui la saisit en juillet 1607. Son père et sa mère l'envoyèrent aussitôt querir, la firent transporter en litière à Paris, l'entourèrent de médecins, et la comblèrent d'affection humaine ; ce qui la toucha fort, et la détourna d'un dessein qui les aurait mortellement affligés. La vue pourtant qu'elle eut durant ce séjour de convalescence au logis paternel, les visites de son oncle l'intendant des finances, de son autre oncle M. Arnauld du Fort, et de ses tantes magnifiques, à l'entour de son lit, tous couverts de velours et de satin, lui rendaient plus que jamais l'inclination mondaine ; et elle se fit faire alors en cachette un corps de baleine, avoue-t-elle, pour paraître de plus belle taille.

Sur ces entrefaites, M. Arnauld se méfiant peut-être de quelque retour de sa fille contre sa profession, usa auprès d'elle d'un tour d'adresse qui irrita cette jeune âme et faillit lui rendre son premier dessein. Un jour, comme elle avait ses quinze ans bien passés, il lui présenta brusquement un papier assez mal écrit, en lui disant, avant qu'elle eût le temps de le lire : « Ma fille, signez ce papier ! » Ce qu'elle fit par crainte et respect, n'osant adresser une question, mais *crevant tout bas de dépit*, dit-elle. A quelques mots qu'elle saisit du regard, il lui parut bien que c'était un renouvellement et une ratification de ses vœux qu'on lui extorquait ainsi.

M. Arnauld, tout intègre qu'il était, n'y regardait pas de si près ce jour-là. Les mondains sont de tout temps les mêmes sur certains chapitres : moins la vérité en soi, que la considération; moins la vertu, que l'honneur.

La jeune abbesse revint toutefois à son monastère plus résignée de pensée, et y fut reçue par ses religieuses avec une amitié qui la toucha. Elle demeura tout l'hiver très-faible de santé encore. Au Carême de 1608, ayant envie de lire et n'osant faire choix de lecture profane, elle en demanda une de dévotion, mais qui ne fût pas trop pénible. Une religieuse, la dame de Jumeauville, que madame Arnauld avait dès longtemps fait placer près d'elle pour la surveiller, lui donna comme très-beau un livre de Méditations que des Capucins, en venant prêcher au monastère, avaient tout dernièrement apporté. Ce livre, si simple qu'il fût, parut beau également à la jeune Angélique, et elle y trouva quelque sujet de consolation.

Ce fut alors que son jour marqué arriva. A peu de temps de cette lecture, un capucin, le Père Basile, survenant vers la nuit, demanda à prêcher. L'abbesse, qui rentrait d'une promenade au jardin, jugea qu'il était tard ; puis, se ravisant, elle y consentit. Elle aimait assez à entendre ces prédications de passage, et y trouvait parfois une diversion aux sermons assez pitoyables ou ridicules que venaient faire, aux grandes fêtes, les écoliers des Bernardins. La Communauté se rendit au sermon du capucin, comme il était déjà nuit. Il prêcha, à ce qu'il paraît, des anéantissements et des humiliations du Fils de Dieu en sa naissance et dans sa crèche. Ce qu'il dit, au reste, l'abbesse, est-il rapporté, ne s'en souvint pas précisément et n'aurait pu le rendre, même à peu près. Ce qui est certain, c'est qu'une grande action s'opéra : « Pendant ce sermon, dit-elle, Dieu me toucha tellement, que, dès ce moment, je me trouvai plus heureuse d'être religieuse que je ne m'étais estimée malheureuse de l'être, et je ne sais ce que je n'aurais pas voulu faire pour Dieu, s'il m'eût continué le mouvement que sa Grâce me donna. » *Cette heure*, est-il dit encore, *fut comme le point du jour qui a toujours été croissant en elle jusqu'au midi.*

De grandes crises suivirent, comme c'est l'ordinaire dans ce travail de la Grâce, même là où il est le plus soudain. Depuis ce soir du sermon prêché par le Père Basile au Carême de 1608, jusqu'au 25 septembre de l'année suivante, autre mémorable journée, comme on le verra bientôt, la vie de la mère Angélique fut une lutte et une angoisse continuelle, une angoisse en dedans par ses scrupules, ses désirs et ses mélanges de terreur et de ferveur, une lutte autour d'elle avec ses religieuses, ses supérieurs et sa famille, qui tous, plus ou moins, s'opposaient à l'accomplissement de ce qu'elle avait conçu.

Le premier obstacle à cette réforme eût été le Père Basile lui-même, qui en était l'instrument. Heureusement l'abbesse, le trouvant un peu jeune pour elle qui n'avait que seize ans et demi, ne s'adressa pas sur l'heure à lui en particulier, et se contenta de le faire remercier par une de ses sœurs. Depuis, elle apprit qu'il était extrêmement déréglé et une vraie cause de désordre au sein de plusieurs maisons religieuses où il avait été introduit. Se contenant donc en elle-même, elle commença d'agiter des projets de changement et de haïr derechef sa condition, non plus de religieuse, mais d'abbesse, par des motifs tout opposés aux anciens. Elle aurait voulu fuir à cent lieues, se cacher de tous, ne plus jamais voir aucun des siens, quoiqu'elle les aimât, et vivre n'importe où en sœur converse, n'étant connue que de Dieu. Cette lutte renfermée dura jusqu'à la Pentecôte. Un autre capucin, le Père Bernard, de beaucoup plus âgé que le précédent et d'un air tout à fait austère, étant venu prêcher, la jeune abbesse osa s'ouvrir à lui de ses désirs de réforme; mais celui-ci, en homme peu éclairé, prit acte à l'instant des paroles de l'abbesse pour prêcher si sévèrement la Communauté, qu'il choqua et révolta les bonnes sœurs : autre écueil déjà par excès. La prieure représenta, fort judicieusement en apparence, à la mère Angélique que c'était une ferveur de dévotion qui la tenait pour lors et qui la quitterait peut-être avant trois mois, qu'elle allait tout bouleverser cependant; et autres raisons de bon sens naturel que chacun eût trouvées. L'abbesse découragée ne songeait plus qu'à laisser l'abbaye, pour se faire ailleurs simple religieuse. Là-dessus, le Père Pacifique, digne et vieux capucin, qui justifiait tout à fait son nom et qui visitait parfois le monastère, survint et fut pris pour juge; le Père Bernard, l'autre capucin plus emporté, était présent. Le Père Pacifique, bien que plus spirituel et mis plus tard au rang des Bienheureux, cherchait à concilier humainement, à ajourner, à ne rien vouloir d'impossible, et le Père Bernard, bien que moins religieux, parlait plus haut et plus dans le sens prochain de Dieu, comme le remarque la mère Angélique en son récit[1]. Le Père Pacifique entrait dans l'idée qu'Angélique quittât l'abbaye; le Père Bernard exigeait qu'elle tînt bon et emportât la réforme d'assaut. De là, de nouvelles angoisses. Elle se jetait alors dans des austérités extraordinaires, et, comme en désespoir d'agir au dehors, elle se tournait contre elle-même. C'était peu de ne se vêtir que de drap grossier, de ne coucher que sur la couche la plus dure; elle se

---

1. Ce qui le fait comparer, par le bon janséniste Guilbert, à *l'ânesse de Balaam*, qui disait bien sans savoir.

relevait la nuit secrètement et s'en allait prier dans un grenier, de peur que la dame de Jumeauville, qui couchait dans sa chambre, ne la trouvât debout. On la surprit se cautérisant, de nuit, les bras nus avec de la cire brûlante. Je passe d'autres détails trop peu gracieux. — « Que voulez-vous? » disait-elle plus tard comme en riant lorsqu'on la mettait sur ce chapitre, « tout était bon dans ce temps-là! »

Cependant le Père Bernard, chaque fois qu'il essayait de brusquer la Communauté, y renouvelait l'obstacle. Les religieuses, qui s'opposaient (bien que respectueusement toujours) à une réforme, étaient précisément celles, on le conçoit, qui avaient été le plus régulières jusque-là et le plus modestes; elles croyaient n'avoir rien à réformer. Le Père Bernard, dans l'ardeur indiscrète de ses règlements, voulut les aller porter, comme de la part de l'abbesse, à l'abbé de Morimond, grand-vicaire de M. de Cîteaux, pour les faire autoriser; en vain l'abbesse lui représenta que l'abbé de Morimond avertirait son père; ce qui ne manqua pas d'arriver[1].

M. Arnauld, averti presque en même temps par

---

1. Cet abbé de Morimond, comme l'abbé de Cîteaux, était dans les *bonnes coutumes* de l'Ordre, et eût permis aux maisons de son obédience plutôt le relâchement que l'austérité. On lit dans une Relation : « En 1594 ou 1595, les religieuses que l'on appelait les « Dames de Saint-Antoine, dont était abbesse Mme de Thou (sœur « du premier président et tante de l'historien), très-honnête fille, « jouèrent une tragédie de Garnier appelée *Cléopâtre*, où les filles « étaient vêtues en hommes, pour représenter les personnages; et « les spectateurs étaient l'abbé de Cîteaux, nommé La Croix, et les « quatre principaux abbés, de Clairvaux, de Morimond, de Pon- « tigny et de La Ferté. » (*Mémoires pour servir à l'Histoire de Port-Royal*; Utrecht, 1742; t. II, p. 274.) — Cela n'a pas empêché cet abbé de Morimond, le Révérend Claude Masson, d'être appelé dans son Épitaphe le *Réformateur général* des monastères de la Forêt-Noire, de l'Auvergne, de l'Allemagne, de la Pologne, de la Suisse, etc.

l'abbé de Morimond et par la surveillante, madame de Jumeauville, exigea qu'aux vendanges prochaines sa fille le vînt voir à sa maison d'Andilly. Il la trouva dépérissant de santé et en proie à une mélancolie opiniâtre. Il s'éleva contre l'intrusion des Pères Capucins dans son monastère; lui dit que ces gens-là ne voulaient que se faire de son abbaye une bonne ferme à leur bénéfice, et déclara s'opposer expressément à ces réformes sans frein. De telles luttes nouvelles, que la tendresse du sang rendait si sensibles, achevèrent de troubler la jeune Angélique, et redoublèrent une fièvre quarte qui la minait. Ces beaux ombrages d'Andilly, qu'elle avait tant aimés lors de l'année de sa première maladie, et sous lesquels elle s'étonnait qu'on ne voulût pas toujours vivre quand on les possédait, jaunissaient cette fois sans charme à ses yeux et ne l'attachaient plus. Elle revint le 18 octobre à son monastère, plus triste et plus brisée que jamais, résolue de servir Dieu, et pourtant ne voulant rien entreprendre contre le gré de son père; non pas vaincue, mais toute désarmée.

Le second coup de la Grâce, qui inclina décidément sa volonté, frappa moins de quinze jours après son retour. Le jour de la Toussaint, en effet.... — Mais, à propos de cette œuvre dite de la Grâce, et sur les singularités qu'elle nous offre ici, quelques réflexions et précautions explicatives sont nécessaires. Nous touchons dès le début au cœur de notre sujet, à la clef même de la foi de Port-Royal.

Et d'abord, au point de vue purement humain, à ceux qui ne verraient dans l'opération dite de la Grâce qu'un phénomène psychologique particulier, qu'un état, une passion par moment régnante de l'âme humaine, à ceux-là le phénomène devrait encore paraître assez extraordinaire du moins, assez éminent et assez rare, tant en sa nature qu'en ses effets, pour mériter d'être étudié de près dans ses circonstances avérées, dans ses exemples les plus incontestables. A ceux-là donc, à ceux qui ne voudraient voir qu'en observateurs philosophes et *rationalistes* les hauteurs et les extrémités de l'âme humaine, je ne craindrai pas de dire que, comme ils n'ont rien de plus divin à nous offrir et qu'ils ne trouvent rien apparemment d'étranger à eux dans ce qui est humain, cette étude que je fais à travers les minutieux détails d'une réalité, toujours pauvre par quelque endroit, n'a rien qui doive sembler puéril et petit, ou trop bizarre. Car, encore un coup, c'est au prix de ces particularités, par moi décrites, que l'âme humaine arrive (les philosophes eux-mêmes ne le nieront pas) à un certain état fixe et invincible, à un état vraiment héroïque, d'où elle exécute ensuite ses plus grandes choses. Il n'est pas de petit chemin qui mène là. Le procédé de l'esprit en pareil cas, ne serait-ce qu'à titre de procédé, vaut d'être connu. Voilà pour les uns; mais aux autres, à vous qui croyez, qui attachez au mot de Grâce un sens lumineux et divin, à vous tous Chrétiens d'esprit et de foi dans les différentes nuances, je dirai :

Ne vous étonnez pas trop, je vous en prie, de ces détails qui peuvent offenser nos mœurs et vos propres habitudes plus dégagées des pratiques sensibles; ne vous en scandalisez pas, et n'allez pas croire que, bien qu'il y ait eu quelque excès sans doute, l'ensemble de tous ces soins et de tous ces scrupules n'était pas nécessaire à l'œuvre, incontestablement utile et grande, qu'on va voir sortir. Ces petits, ces humbles, et, comme on est tenté de les appeler par moments, ces misérables moyens, émanaient d'un grand et saint esprit et tendaient à une haute fin. A la place précise où se trouvait cette jeune abbesse, dans un couvent spirituellement si délabré, au commencement du dix-septième siècle, les mœurs générales et sa condition particulière étant ce qu'on les a vues, il n'y en avait peut-être (parmi ces moyens employés par elle) que très-peu d'inutiles. Même en se plaçant dans une autre communion, dans un christianisme moins assujetti aux règles extérieures et aux pratiques traditionnelles, pourvu que ce soit encore un vrai et vif christianisme, c'est-à-dire un christianisme véritablement croyant à la chute, à la rédemption et à la Grâce, il n'y a pas trop à s'étonner de la singularité, tantôt rebutante, tantôt futile en apparence, de ces moyens. La Grâce admise, la Grâce subsistant, et si ce royaume spirituel distinct qui est le sien, et où il nous faut incessamment désirer d'entrer et d'habiter par l'esprit, n'est pas chimère, il n'y a pas de petits moyens qui aident à y pénétrer ; il n'y a pas de moyens absolus, et autant il est d'âmes humaines à des époques et dans des situations différentes, autant il peut y avoir de portes différentes aussi, et d'ouvertures même bizarres, à cette cloison entre le monde et Dieu, qu'il faut forcer. Toute ouverture est bonne, si par là on pénètre. Et même on ne peut, ce semble, pénétrer et être digne du seuil que si l'on est décidé au fond à l'atteindre à tout prix et n'importe par quelle ouverture. Je veux dire que, bien qu'il puisse avec raison sembler actuellement inutile à beaucoup de vous, Chrétiens, de faire ce que la mère Angélique croyait nécessaire, de se brûler les bras, de ne pas quitter la serge ou la bure, de fermer le *guichet* à son père (comme tout à l'heure on le verra), il est hors de doute que s'il y avait à accomplir, à atteindre un devoir à travers quelqu'une de ces choses d'apparence petite ou répugnante, celle-ci devrait être à l'instant acceptée. Cela même est trop évident. A la guerre, les plus brillants, s'il le faut, restent huit jours quelquefois dans les boues sans changer d'habit ni se débotter. Eh bien ! dans son continuel combat, la mère Angélique croyait qu'il fallait presque ainsi faire ; peut-être avait-elle raison. Les difficultés de la Grâce dans ces conditions d'alors étaient autres ; ne nous hâtons pas de juger sa mesure. Chez ceux même qui estiment la justification possible actuellement et dans l'ordre naturel de la vie par des moyens plus simples, par un appareil moins minutieux et moins rigoureux, il ne saurait être nié que, dans des cas particuliers et extraordinaires, ce n'est pas trop des plus singuliers efforts, des plus vigilantes angoisses. Quiconque croit à la Grâce et à cette *place forte* du salut ici-bas ne doit donc pas trop s'étonner de voir que plusieurs y entrent à toute force, les uns en rampant contre terre et comme à plat ventre, les autres par le soupirail dont la grille déchire en passant, ou par l'égout qui ne souille que l'habit, ou par la lucarne escaladée du toit qui peut au dehors prêter à la risée, et par où pourtant descendit le paralytique. Jean Newton, Oberlin, Félix Neff[1], sont entrés, à leur manière et selon leur voie ; vous qui la suivez, n'excluez pas celle des personnages non moins chrétiens dont nous traitons, si étrange d'abord à votre sens et si tourmentée qu'elle vous puisse paraître. Les réveils chrétiens, dans les siècles et dans les communions diverses, doivent s'opérer diversement et, pour ainsi dire, selon des formes différentes de *sursaut ;* l'essentiel est qu'ils s'opèrent.

---

1. Voir les diverses Vies qui ont été écrites de ces excellents hommes. — (Il ne fallait pas moins que toutes ces considérations et explications préliminaires, dans mon Cours de 1837, pour bien établir les conditions de mon sujet et me donner le droit de développer cette Histoire d'un cloître, devant un auditoire composé en totalité de chrétiens réformés.)

V

Second coup de la Grâce à la Toussaint de cette année 1608. — Réforme commencée dans le monastère. — Dame Morel et le *petit jardin*. — Quelques caractères fondamentaux de l'invasion de la Grâce, communs chez tous les élus. — 25 septembre 1609, Journée du Guichet. — Évanouissement de la mère Angélique; *Esther*. — M. de Vauclair paie les frais; tragi-comédie. — Serment téméraire de madame Arnauld. — Rapprochement avec les personnages de Corneille et avec le *Polyeucte*.

Le second coup de la Grâce, qui détermina entièrement la volonté de la jeune Angélique, eut pour occasion une prédication nouvelle qu'elle entendit le jour de la Toussaint, bien peu après son retour d'Andilly au monastère. Ce fut le second signal d'appel pour elle, le second cri de *Tolle, lege*. Le troisième moment décisif, non plus pour la volonté, mais pour la réussite au dehors, sera à la *Journée du Guichet*, qui changea cette longue agonie en pleine victoire. Pour les réconciliations, comme pour les renonciations et les reniements, le chant du coq retentit d'ordinaire jusqu'à deux et trois fois à l'âme, avant d'achever d'avertir. — A ce jour donc de la Toussaint de 1608, un écolier des Bernardins, à défaut des Capucins, que, dans son premier feu, M. Arnauld avait fait exclure, s'en vint prêcher à Port-Royal; il le fit assez bien, et s'étendit fort sur la huitième béatitude : *Bienheureux ceux qui souffrent persécution pour la justice.* Et après l'Office, une bonne fille, depuis religieuse, et qui servait alors la mère Angélique, lui dit avec émotion : « Si vous vouliez, Madame, vous seriez de ces bienheureux qui souffrent persécution pour la justice. » L'abbesse rebuta du premier mouvement cette fille, comme bien hardie de lui parler ainsi ; mais le trait avait pénétré. A l'Avent prochain, il y eut un jubilé : la mère Angélique songea à le gagner, et, pour cela, à faire une revue et une confession générale de ses fautes. Elle se promettait bien, devant Dieu, de ne pas les confesser pour les recommencer ensuite, mais de vivre dorénavant en véritable religieuse. Le moine qui avait prêché à la Toussaint[1] fut celui à qui elle s'adressa, n'ayant guère le choix d'un autre plus sûr, et il la confirma dans son vœu, aussi bien que celles des religieuses fidèles. C'est alors que sa réflexion, sa tristesse, se concentrant de plus en plus à saisir les moyens d'exécution, et sa fièvre quarte, qui la tenait depuis huit mois, la consumant plus fort, un jour du Carême de 1609, la prieure, la mère Du Pont, qui l'aimait beaucoup et qui souffrait de sa peine, la pria, avec une autre bonne fille, d'entrer dans une cellule, et là lui dit combien elle s'affligeait de la voir ainsi se miner en mélancolie, lui en demandant instamment le sujet. Et dès que l'abbesse l'eut avoué, la prieure répondit que, toutes, elles aimeraient mieux faire ce qu'il lui plairait, que de la voir s'attrister plus longtemps. On prit donc jour, celui de la fête de saint Benoît, et, à l'assemblée du Chapitre, l'abbesse proposa de tout mettre

---

1. On l'appelait de son premier nom maître de Quersaillou ou Bégard, ce qui n'est pas tout à fait la même chose, mais les Relations varient; on l'appela depuis, du nom d'une abbaye, M. de Vauclair.

en commun (vœu de pauvreté, premier point de la vie religieuse); ce qui fut accepté et exécuté sur l'heure avec assez d'élan. Chaque religieuse apporta ce qu'elle possédait, hardes et cassette : on cite l'exemple touchant d'une bonne religieuse, sourde et muette depuis des années, laquelle, ayant compris au mouvement des autres sœurs ce qu'on voulait faire, se hâta de les imiter, et, quoique plus soigneuse qu'aucune jusqu'alors, courut en hâte chercher son paquet pour le jeter en commun. — Depuis ce jour-là même, est-il dit, la Mère perdit sa fièvre quarte.

On cite encore une autre vieille religieuse, la sœur Morel, la plus ancienne de la maison et qui avait une grande répugnance à mettre sa petite part en commun. Elle s'y résigna pourtant, hors sur un point auquel elle tenait trop : elle rendit tout, excepté un *petit jardin* qui lui était particulier, et qui faisait, dit-on, son idole : c'était l'idole favorite[1]. Nous avons tous un *petit jardin*, et l'on y tient souvent plus qu'au grand. Si l'on pouvait toucher à un mot de l'Écriture, je dirais, en rappelant le saint verset : « .... Et le jeune homme s'en alla triste, « car il avait un *petit* bien. » Dame Morel entrait dans de grandes colères, si quelque religieuse ou quelque bon Père capucin lui parlait avec affliction de cette réserve illégitime. Enfin, un jour, sans qu'on lui en eût parlé, et par pur miracle intérieur, elle se rendit; elle envoya, dans une lettre, la clef du jardin, comme d'une dernière citadelle ; en effet, c'était la clef de son cœur.

Vers ce temps, la mère Angélique retirait de Saint-Cyr, et fixait près d'elle, à Port-Royal, sa sœur Agnès, dont j'ai marqué déjà la forme d'esprit si différente. Elle essayait d'agir sur ce naturel à la fois dévot et glorieux,

---

1. On peut voir, dans les *Discours* de M. Vinet, celui qui a pour titre : *Des Idoles favorites.*

qui avait besoin d'être modéré, d'être éclairé, sur cette jeune fille à fantaisie espagnole ou portugaise, qui aimait l'austérité par goût et jeûnait trop; qu'*il fallait emmener du chœur toute pleurante (car elle n'aimait que l'Office)*, et qu'il ne fallait pas moins mortifier, tout à côté de cela, dans ses recherches de délicatesse et dans ses imaginations pompeuses. La mère Angélique y réussissait chaque jour.

Mais le grand point à gagner dans la réforme du monastère (la *communauté* obtenue), c'était la *clôture;* une clôture exacte, absolue, à l'égard du monde et à l'égard de la famille, sans excepter M. Arnauld. La mère Angélique se munissait de longue main pour cette résolution capitale. Les murailles étaient suffisamment relevées et sans brèche. A la vêture d'une sœur qui prit l'habit après Pâques, l'assemblée nombreuse qui y assista fut traitée en dehors. Plusieurs en murmurèrent, et l'on disait assez haut que quand ce serait M. Arnauld qui viendrait, sa fille, à coup sûr, n'oserait faire de même, et lui interdire l'entrée [1].

L'attente, à Port-Royal, ne fut pas longue, et les vacances du Parlement amenèrent la crise. — Mais, tandis que notre jeune abbesse attend cette heure d'épreuve en

---

1. M. Arnauld, dans le temps précisément où il faisait ainsi obstacle et terreur à la réforme, vers Pâques 1609, postulait de Rome des Bulles nouvelles qui couvrissent le défaut de régularité des premières, et, dans la supplique qu'il adressait à cet effet, il s'appuyait de la *réforme* même que sa fille établissait dans le monastère, comme d'un titre à la faveur du Saint-Siége. Nous suivons jusqu'au bout cette singulière duplicité de conduite chez un si honnête homme. — On peut noter qu'en cette même année 1609, son ancien Discours contre les Jésuites (soit le plaidoyer de 1594, soit plutôt *le franc Discours*) était condamné à Rome, et compris dans l'édit de censure qui atteignait également l'Histoire de l'illustre de Thou. Relation mixte avec Rome, et ambiguë avec Port-Royal!

prière et non sans effroi, j'ai loisir encore de relever dans ce qui précède certaines notions sur l'état nouveau de son âme, et j'en ai besoin pour donner à la scène qui suivra tout son sens et toute sa lumière.

Il s'agit des caractères propres à cet état dit *de Grâce*, des signes du moins qui en sont comme l'accompagnement distinctif et la condition la plus constante : simples traits, après tout, qui se peuvent saisir du dehors, et qui servent à figurer une idée, assez grossière sans doute, mais non pas fausse, de ce qui devrait être uniquement senti.

Cet état de Grâce, en effet, change l'âme, la régénère et la renouvelle. Pour employer une image heureuse qu'un homme d'esprit a appliquée à un autre amour, qui n'est que la forme inférieure de cet amour divin, la Grâce, pour ainsi dire, *cristallise* l'âme, qui, auparavant, était vague, diverse et coulante. Oui, cette âme qui, un moment encore auparavant, coulait et tombait comme un fleuve de Babylone, réfléchissant au hasard ses bords, s'arrête, se fixe d'un coup, *prend*. Elle se redresse en cristal pur, en diamant, et devient une citadelle de Sion brillante et inexpugnable. Tous les contraires s'y associent en même temps dans une excellence mystérieuse : ce qui était coulant jusqu'alors et fugitif, y devient fixe et solide ; ce qui était dur et opaque, y devient jaillissant et lumineux. L'eau devient cristal, le rocher devient source, tout devient lumière. C'est, en un mot, la cristallisation, non pas seulement fixe, mais vive, non pas de glace, mais de feu ; une cristallisation active, lumineuse et enflammée.

Et toutes ces images, si subtiles que je tâche de les faire, sont encore de la bien grossière et païenne métamorphose, pour donner idée d'un acte ineffable qui est *la suprême vie*.

N'étant pas saint Jean à Patmos, c'est Dante qu'il

faudrait être en son *Paradis* pour la figurer et la peindre : comme à l'entrée des neuf sphères, il y faudrait manier avec lui ces magnificences assemblées d'escarboucles vivantes, de parvis enflammés, de joyaux qui chantent, et faire toucher déjà cette céleste atmosphère en laquelle le reçut, comme au plus fluide des nuages, l'indivisible diamant éternel :

> Per entro se l'eterna margherita
> Ne ricevette, com'acqua ricepe
> Raggio di luce permanendo unita.

L'âme, ici-bas et au sein de son ombre, jouit de cette vraie vie, tant qu'elle demeure *prise* selon le mode mystérieux. On ne défait pas cet état à demi, il rompt ou il dure. Dans les commencements, il peut s'essayer, puis se disjoindre ou se fondre, pour se reformer bientôt à un second ou à un troisième coup décisif.

Dans le cas particulier que nous avons sous les yeux, je relève les points suivants, qu'on retrouvera à peu près les mêmes dans tous les autres exemples : et je n'apporte à ce relevé aucune vue de classement supérieur; je me borne à la simple observation empirique.

1° Cette influence de l'amour divin, du plus élevé des amours, et véritablement de l'unique, vient sans dire comment, sans qu'on sache pourquoi, sans qu'il y ait, ce semble, cause suffisante pour l'invasion. On peut dire de la Grâce, comme de la mort, qu'elle vient *comme un voleur*. — Ce Père Basile, qui ne prêcha pas mal, n'était pas une cause suffisante et proportionnée à l'émotion qu'éprouva, tandis qu'il parlait, la jeune Angélique.

2° Tout ce qui devrait nuire à la production de la Grâce selon les règles de la prudence, de la probabilité humaine, y tourne et y concourt : l'obstacle y devient instrument. Ce Père Basile, mauvais moine, en est le canal et l'organe. Ce Père Bernard, si violent, si indiscret, peut faire manquer l'effet, et, au contraire, il le hâte.

3° L'excès même et la violence du parti pris, au jugement des sensés et des honnêtes gens du monde, un certain scandale, une certaine folie enfin, y sont nécessaires, et y mettent la marque même et le sceau ; de sorte qu'on peut dire que ce qui paraîtrait d'abord raisonnable aux yeux des personnes judicieuses et honnêtes d'un temps, ne serait pas la Grâce. — Dans le cas de la mère Angélique, les religieuses les plus modestes précédemment et les plus régulières s'opposaient à plus de réforme et semblaient avoir raison ; M. Arnauld, madame Arnauld, semblaient n'avoir pas tort. Et pourtant !

4° Trait bien essentiel à remarquer : on ne scinde pas la Grâce, c'est-à-dire on n'en prend pas à volonté certains effets et actes qu'on juge bons et salutaires au pied de la raison, en répudiant tout à côté, en retranchant les moyens ascétiques minutieux ou durs, qu'on jugerait déraisonnables et excessifs. Tout s'y tient ; la charité sort de l'austérité et y ramène. Cet état, on peut l'affirmer en principe, ne se marchande pas ; la Grâce se présente, elle heurte un jour avec tout son cortége, cortége plus ou moins dispendieux dont elle seule sait les raisons. — Si la mère Angélique n'avait pas fait dès l'abord ce qui peut sembler raisonnablement excessif, dur pour elle-même et sans profit immédiat pour personne, elle et les siennes n'auraient pas été de force ensuite à accomplir les miracles de charité, d'aumône, de distribution entière de soi-même aux autres, comme nous en montrera jusqu'au bout Port-Royal[1]. — Il faut donc

1. Cette *clôture* même du monastère devint tout à l'instant une occasion de charité et de sanctification commençante au dehors. On mit au travail quantité de pauvres du voisinage ; outre leur

l'inscrire ici, le redire bien haut dans tous les autres cas analogues : avec la Grâce, pas de milieu ni de réserve ; *tout ou rien!* c'est le premier mot.

5° A travers les formes diverses de communion et la particularité des moyens, des appareils qui aident à produire cet état, qu'on y arrive par un jubilé, par une confession générale, par une prière et une effusion soli-

salaire, on les nourrissait à l'abbaye; la jeune abbesse assistait elle-même à la distribution, et leur faisait lire par un petit garçon, pendant le repas, un livre spirituel proportionné à leur intelligence. Un jour qu'un *libertin*, là présent, se permit une plaisanterie sur ce qu'on lisait, elle ne put, dit-on, retenir ses larmes, tant elle faisait toutes ces choses avec zèle et sentiment. Et, pour se représenter d'avance comment les aumônes, les bienfaisances de tout genre, spirituelles et autres, les écoles même de Port-Royal, ne devinrent effectivement possibles qu'au prix de cette austérité et de ces pratiques premières, il suffit de réfléchir sur cette page de l'*Abrégé* de Racine : « Il n'est pas croyable combien
« de pauvres familles, à Paris et à la campagne, subsistaient des
« charités que l'une et l'autre maison leur faisaient : celle des
« Champs a eu longtemps un médecin et un chirurgien qui
« n'avaient presque d'autre occupation que de traiter les pauvres
« malades des environs, et d'aller dans tous les villages leur porter
« les remèdes et les autres soulagements nécessaires; et depuis
« que ce monastère s'est vu hors d'état d'entretenir ni médecin ni
« chirurgien, les religieuses ne laissent pas de fournir les mêmes
« remèdes.... Au lieu de tous ces ouvrages frivoles, où l'industrie
« de la plupart des autres religieuses s'occupe pour amuser la
« curiosité des personnes du siècle, on serait surpris de voir avec
« quelle industrie les religieuses de Port-Royal savent rassembler
« jusqu'aux plus petites rognures d'étoffes, pour en revêtir des en-
« fants et des femmes qui n'ont pas de quoi se couvrir, et en
« combien de manières leur charité les rend ingénieuses pour
« assister les pauvres, toutes pauvres qu'elles sont elles-mêmes.
« Dieu, qui les voit agir dans le secret, sait combien de fois elles
« ont donné, pour ainsi dire, de leur propre substance, et se sont
« ôté le pain des mains (Pourquoi pas *de la bouche?* un plus
« hardi que Racine l'aurait mis) pour en fournir à ceux qui en
« manquaient.... » Et ce ne sont pas là des façons de dire; le fond est plus strict que ne l'indiquerait académiquement la phrase, on la doit prendre à la lettre. On entrevoit maintenant la fin charitable du jeûne et des austérités.

taire, quels que soient le lieu et l'occasion du *Tolle, lege,* on peut reconnaître que, chez tous ceux qui en ont offert de grands et vrais exemples, l'état de Grâce est *un* au fond, un par l'esprit et par les fruits. Percez un peu la diversité des circonstances dans les descriptions, il ressort que, chez les Chrétiens des différents âges, c'est d'un seul et même état qu'il s'agit : il y a là un véritable esprit, fondamental et identique, de piété et de charité, entre ceux qui ont la Grâce, même quand ils se sont crus séparés. Dans cet état, on peut se croire séparés, sans l'être ; mais on ne pourrait penser trop opiniâtrément et fréquemment à cette séparation, sous forme de contention et de dispute, sans rompre l'état intérieur, qui est, avant tout, d'amour et d'humilité, de confiance infinie en Dieu, et de sévérité pour soi accompagnée de tendresse pour autrui. En s'en tenant donc à l'œuvre directe et positive, aux fruits propres à cette condition de l'âme, on les retrouve de même saveur chez tous, sous des soleils distants et en des clôtures diverses, chez sainte Thérèse d'Avila, comme chez tel frère morave de Herrnhout. Nous aurons, sur les confins de notre sujet, les fruits de M. Guillebert dans la cure de Rouville en Normandie, ceux de M. Pavillon dans son diocèse d'Aleth, de M. Collard dans le village de Sompuis, et nous les sentirons n'être pas d'une autre qualité ni d'une autre saveur que ceux de Félix Neff à Dormillouse, d'Oberlin au Ban-de-la-Roche, de Jean Newton à Olney. Cette saveur des fruits sur les branches diverses, c'est celle du même tronc commun évangélique.

Mais les mois se passent, les vacances du Parlement approchent, et la crise au monastère devient imminente. La mère Angélique sut ou prévit que M. Arnauld allait arriver. Elle écrivit, les uns disent à sa mère, les autres à sa sœur, madame Le Maître, pour que madame Arnauld prévenue avertît doucement le père et le détournât du voyage. Mais, soit que madame Arnauld n'osât en parler à son mari et ne crût pas la chose possible de la part de sa fille, soit que lui-même, averti, n'en crût rien, il ne fut pas tenu compte de cette lettre, et le 25 septembre (1609), *le vendredi avant la Saint-Michel*, M. Arnauld et sa famille durent arriver dans la matinée ; on l'avait mandé à l'abbesse. Ce qu'elle éprouvait, à cette approche, d'anxiété, de bouleversement et de terreur, tout cœur chrétien et bien né peut se le représenter. Elle avait veillé ; elle s'était préparée par la prière; quelques religieuses, dépositaires de son secret, avaient fait de même : c'était comme une petite armée sous les armes qui attendait l'ennemi, un ennemi d'autant plus redoutable qu'il était plus tendre. Ces saints évêques qui, désarmés à la porte des villes, attendaient Alaric ou Attila, dont les chevaux déjà et les armes au loin se faisaient entendre, ne devaient pas ressentir quelque chose de plus serré au cœur que la jeune Angélique prêtant l'oreille à la venue de son père. Il arriva. Ce jour indiqué, sur l'heure du dîner, de dix à onze heures, les religieuses étant au réfectoire, le bruit du carrosse, qui entrait dans la cour extérieure, s'entendit. Dans ce carrosse il y avait cinq personnes, M. et madame Arnauld, M. d'Andilly le fils aîné, alors dans sa vingt-et-unième année, madame Le Maître la fille aînée mariée, enfin une plus jeune sœur de quatorze à quinze ans, mademoiselle Anne Arnauld.—Au premier bruit, chacune au dedans (de celles qui étaient dans le secret) courut à son poste. Dès le matin, les clefs avaient été retirées des mains des tourières par précaution et de peur de surprise, tout comme dans un assaut. La mère Angélique, qui s'était mise depuis quelque temps à prier dans l'église, en sortit, et s'avança seule vers la porte de clôture, à laquelle M. Arnauld heurtait déjà. Elle ouvrit le guichet. Ce qui se passa exactement entre eux dans ce premier moment et leurs paroles mêmes, on ne le sait qu'à peu près, car tout le monde du dedans s'était retiré, laissant le colloque s'accomplir décisif et solennel. M. Arnauld commandait d'ouvrir : la mère Angélique dut tout d'abord prier son père d'entrer dans le petit parloir d'à côté, afin qu'à travers la grille elle lui pût parler commodément et se donner l'honneur de lui justifier ses résolutions. Mais M. Arnauld n'entendit pas deux fois cette prière. Il tombe des nues à une telle audace dans la bouche de sa fille, il s'emporte et frappe plus violemment, redoublant son ordre avec menace. Madame Arnauld, qui était à deux pas, se mêle aux reproches, et appelle sa fille une ingrate. M. d'Andilly, dans tout son feu d'alors, le prend encore plus haut que les autres ; il s'écrie au *monstre* et au *parricide*, comme aurait fait son père dans un plaidoyer ; il interpelle les religieuses absentes, les exhorte à ne pas souffrir qu'un homme comme son père, une famille comme la leur, à qui elles ont tant d'obligations de toutes sortes, essuie chez elles un tel affront. Les apostrophes et le bruit croissant commençaient à retentir au réfectoire. Celles des religieuses qui étaient selon l'esprit de la Mère s'entre-regardaient avec anxiété, et priaient Dieu en leur cœur qu'il la fortifiât ; d'autres, moins régénérées, n'y pouvaient tenir, et éclataient ouvertement pour M. Arnauld. La bonne vieille sœur Morel, celle même à qui nous avons vu tant d'attache pour son *petit jardin*, dont elle ne rendit la clef qu'à toute extrémité, et qui probablement ne l'avait pas encore rendue alors, s'écriait : *C'est une honte de ne pas ouvrir à M. Arnauld!* Les femmes de journée, qui se trouvaient dans la cour, prenaient également parti, et se laissaient aller à des murmures contre l'ingratitude de madame l'abbesse.

Dans tout ce bruit pourtant, M. Arnauld, voyant qu'il n'arrivait pas à ses fins, s'avisa de demander qu'on lui rendît au moins sur l'heure ses filles, ses deux autres filles, qui étaient au monastère, la jeune Agnès, âgée de quinze à seize ans, et celle qui fut la sœur *Marie-Claire*, alors âgée de neuf ans. Il espérait sans doute, au moment où on les ferait sortir, mettre lui-même le pied dedans et pénétrer par force. La mère Angélique comprit le dessein, et, avec une grande présence d'esprit, confiant en hâte la clef d'une petite porte qui donnait dans l'église à une religieuse sûre, elle lui dit de faire sortir ses deux sœurs : ce qui fut si tôt exécuté, que M. Arnauld eut la surprise de les voir arriver à lui, sans savoir par où elles avaient passé. C'est alors, dit-on, que M. d'Andilly s'étant mis à débiter de grandes plaintes contre sa sœur à la jeune Agnès, celle-ci, la future coadjutrice, grave et haute comme une Infante, l'interrompit, et répondit que sa sœur, après tout, ne faisait que ce qu'elle devait et ce qui lui était prescrit par le Concile de Trente. Sur quoi M. d'Andilly, se tournant vers la compagnie, s'écria : « Oh! pour le coup, nous en tenons vraiment! en voilà une encore qui se mêle de nous alléguer les Conciles et les Canons! »

Dans toute cette scène, madame Le Maître et mademoiselle Anne restaient les seules immobiles et silencieuses, comprenant tout ce que devait souffrir la mère Angélique et en étant déchirées.

M. Arnauld, outré, ordonna qu'on remît les chevaux au carrosse pour s'en retourner. Toutefois, à la fin, sur les supplications réitérées de sa fille, qui ne se départait pas de cette unique prière, il consentit à entrer un moment dans le parloir d'à côté. Mais ici une nouvelle scène commence. Dès qu'elle eut ouvert la grille, c'est-à-dire le rideau ou les planches qui étaient devant, elle vit (car il paraît qu'au guichet on ne se voyait pas), — elle vit ce bon père dans un état de douleur, de pâleur et de saisissement qui lui décomposait le visage. Il se mit alors aussi à lui parler avec tendresse du passé, de ce qu'il avait fait pour elle, de l'intérêt avec lequel il l'avait toujours portée dans son cœur ; que dorénavant c'en était fait à jamais, qu'il ne la reverrait plus ; mais qu'en cette dernière fois, et pour dernière parole, il n'avait plus qu'à la conjurer du moins de se conserver elle-même et de ne pas se ruiner par d'indiscrètes austérités.

Ces paroles furent la grande épreuve, et leur tendre accent fut le plus rude de l'assaut. Tant que M. Arnauld avait été violent et en colère, elle avait pu rester ferme et maîtresse d'elle-même ; mais, dès ce moment où elle le vit dans toute l'affection et les larmes d'un père, elle se trouva plus faible, insuffisante à résister ; et, sentant qu'il ne fallait pas céder pourtant, dans cette lutte trop longuement accablante elle perdit tout d'un coup connaissance, et tomba par terre évanouie.

Cet évanouissement de la mère Angélique en présence de son père a été rapproché de celui d'Esther devant Assuérus :

ASSUÉRUS.
. . . . . Sans mon ordre on porte ici ses pas !
Quel mortel insolent vient chercher le trépas ?
. . . .

ESTHER.
Mes filles, soutenez votre reine éperdue :
Je me meurs.
(*Elle tombe évanouie.*)

ASSUÉRUS.
Dieux puissants ! quelle étrange pâleur
De son teint tout à coup efface la couleur !
Esther, que craignez-vous ? Suis-je pas votre frère ?
Est-ce pour vous qu'est fait un ordre si sévère ?
Vivez : le sceptre d'or que vous tend cette main,
Pour vous de ma clémence est un gage certain.

ESTHER.
Quelle voix salutaire ordonne que je vive,
Et rappelle en mon sein mon âme fugitive ?

ASSUÉRUS.

Ne connaissez-vous pas la voix de votre époux?
Encore un coup, vivez, et revenez à vous.

On n'est pas en droit toutefois de conjecturer que dans cette pièce d'*Esther*, où, en général, sous prétexte de Saint-Cyr, il se ressouvenait certainement tout bas de Port-Royal, Racine ait songé, pour la précédente scène en particulier, à l'évanouissement de la mère Angélique. Il est douteux même qu'il ait fait le rapprochement après coup; car toute cette scène du *Guichet*, si émouvante et si dramatique, cette Journée que M. Royer-Collard aime à citer comme une des grandes pages de la nature humaine, comme une de celles que, même pour des philosophes, aucune de Plutarque n'efface en triomphe moral et en beauté de caractère, Racine, dans son élégant *Abrégé*, n'en dit pas un seul mot, et il se contente de noter que, vers ce temps, la mère Angélique *fit fermer de bonnes murailles son abbaye*. Tant les Abrégés, même les mieux écrits et les plus faits en connaissance de cause, sont insuffisants et infidèles! — Et puis, l'oserai-je dire? dans cet oubli, dans cette omission de Racine, j'entrevois de la timidité littéraire et du *goût*: il jugea peut-être la scène trop forte, — trop forte de naturel et de naïveté. Il craignit les railleurs.

Je reviens à la jeune Angélique évanouie. A cet instant, tout change de face. *Un père est toujours père*, dit Pauline, dans le *Polyeucte* de Corneille : M. Arnauld, à la vue de sa fille sans mouvement, oubliant tout et qu'il est offensé, s'écrie, lui tend les bras à travers cette grille qui s'oppose; c'est pour le coup qu'il veut entrer. — Il appelle les religieuses pour qu'elles viennent du dedans secourir leur abbesse. Madame Arnauld, M. d'Andilly et le reste de la famille, avertis aux cris de M. Arnauld, se précipitent, de leur côté, à la porte du monastère, et heurtent derechef pour faire venir; mais les religieuses, croyant toujours que c'est la continuation du premier effort et de la menace, n'osent paraître et s'enfuient plutôt. Pourtant, à la fin, la voix de M. d'Andilly se fait comprendre : elles accourent toutes alors au parloir, et trouvent la pauvre Mère encore à terre et sans connaissance. Elles la font revenir à grand'peine, et, dès que ses yeux se rouvrent, apercevant son père collé toujours à la grille, qui épiait ce retour à la vie, et qui, les bras tendus, semblait lui crier :

Encore un coup, vivez, et revenez à vous!

elle ne peut que lui adresser un mot et un vœu : *C'est qu'il veuille bien, pour toute grâce, ne s'en aller pas ce jour-là.*

Le passé était passé ; M. Arnauld promit tout. On emmena l'abbesse dans sa chambre pour l'y laisser quelque temps reprendre des forces, et on prépara un lit au parloir, proche la grille, pour qu'elle revînt s'y poser et qu'elle pût entretenir de là sa famille. Une conversation s'établit, paisible, affectueuse, et tirant même des émotions récentes plus de douceur. Mais voilà, pour varier le ton, que M. de Vauclair, le bernardin dont la prédication à la Toussaint et les conseils depuis avaient contribué au grand résultat, voilà que le bon directeur, qui s'était tenu prudemment clos et couvert jusqu'alors dans le gros de l'orage, jugeant l'occasion nouvelle favorable pour faire sa paix aussi, s'avisa de paraître et de vouloir justifier son conseil : il s'attendait même peut-être à des compliments. Mais, pour le coup, il tomba mal. Toute la colère apaisée ou réprimée, dont on ne savait plus que faire, se réveilla et se déchargea sur lui : ce fut un haro sur le pauvre moine ; M. Arnauld d'abord, M. d'Andilly surtout, très-pétulant en tout ceci, le tancèrent : il paya les frais de la réconciliation. De sorte, comme la Relation le remarque naïvement et un peu malignement, que *si le pauvre homme ne se repentait pas du conseil qu'il avait donné à la Mère, au moins il se repentait de bon cœur de s'être venu ainsi produire.* Il sortit tout confondu et se pouvant dire *brouillé avec la république,* c'est-à-dire avec la famille des Arnauld.

M. Arnauld avait eu assez de sang-froid pour remarquer dans le moment que ce moine était un peu jeune pour un directeur, ce qui lui déplut ; et il s'en ressouvint pour obtenir, peu après, que l'abbé de Cîteaux le retirât.

La mère Angélique souffrit bien de ce renouvellement d'orage dont un religieux qu'elle respectait venait d'être l'occasion et la victime. Elle continua pourtant, ce jour-là et le lendemain, de faire agréer à son père ses raisons ; et il fut convenu que dorénavant, lorsque M. Arnauld viendrait, il n'entrerait plus dans ce qu'on appelait les *lieux réguliers*. Mais, après cela, on accommoda les choses, et l'on eut permission de l'abbé de Cîteaux de le faire entrer pour qu'il donnât ordre aux bâtiments et aux jardins lorsque ce serait nécessaire, le cloître seul excepté. Pour madame Arnauld et ses filles, on obtint des supérieurs la permission de les faire entrer lorsqu'elles le voudraient ; ce qui ne fut pas de sitôt. En effet, madame Arnauld, dans le premier moment de sa colère, lorsque sa fille leur refusait la porte, avait *juré* de ne jamais remettre les pieds à Port-Royal ; de sorte que, tout apaisée et toute bonne mère qu'elle était, elle se croyait liée devant Dieu, et que, bien contre son cœur, elle n'osait revenir. Mais, *environ un an après, le jour de saint Dominique,* 4 août, elle alla le matin entendre un sermon aux Jacobins ; l'on y disait qu'il n'y avait pas obligation de conscience aux jurements imprudents et proférés dans la colère. Sa joie fut si grande de se savoir ainsi déliée, que, rentrant chez elle et s'empressant de dîner, elle fit mettre les chevaux au carrosse, et s'en vint droit à Port-Royal embrasser sa fille, et lui conter l'allégement de conscience qui la ramenait. N'admirons-nous point, à chaque pas du récit, les caractères soutenus, et imprévus en même temps, de ces natures naïves et fortes? On en sourit, ce me semble, et l'on en pleure, comme à une tragi-comédie de Corneille. J'ajouterai (car nul trait n'est à perdre en ce détail excellent) que la mère Angélique fut si comblée de joie au retour inopiné, que, de son aveu, il ne se passa point d'année qu'elle ne se souvînt de ce jour du 4 août, qui lui avait rendu l'embrassement de sa mère.

Quant à la journée du 25 septembre 1609, on la baptisa solennellement dans les fastes de Port-Royal *la Journée du Guichet*, comme on dit dans l'histoire de France *la Journée des Barricades, la Journée des Dupes*. La mère Angélique, à partir de là, ne trouva pas plus d'opposition à ses desseins de réforme que Louis XIV à dater du jour où il entra tout botté au Parlement. Ç'avait été le *coup d'État* de la Grâce.

Saluons donc, avec la seconde mère Angélique qui nous en a laissé le plus complet récit[1], cette vraiment mémorable *Journée du Guichet*, si pleine effectivement de conséquences. Sans ce qu'on appelle *la Journée des Dupes*, Richelieu ne triomphait pas, et c'en était fait du futur équilibre de l'Europe : sans notre *Journée du Guichet*, cette réforme, depuis si fameuse et si fertile, avortait en naissant, et il n'y avait pas de Port-Royal, c'est-à-dire, il n'y avait pas quelque chose, dans le monde et dans le dix-septième siècle, de tout aussi important que Richelieu. Littérairement, pour nous en tenir là, il n'y avait pas de *Provinciales*, et Pascal n'avait plus lieu de fixer par ce chef-d'œuvre l'équilibre de la prose française.

---

1. Au tome Ier des *Mémoires pour servir à l'Histoire de Port-Royal*, 3 vol. in-12; Utrecht, 1742.

Que si l'on envisage le côté pathétique et profond, la valeur morale de cette scène, la grandeur et la sincérité des sentiments en présence, ce combat de la nature et de la Grâce, et le triomphe de celle-ci, il me semble qu'il y a sujet de sortir du privé et du domestique, de ce qui n'est que du cloître et de la famille Arnauld, d'en sortir, ou plutôt de s'en emparer librement, pour embrasser le fond même et la source, pour se porter à toute la hauteur des plus dignes comparaisons. J'ai déjà prononcé le nom de *Polyeucte*. Le *Polyeucte* de Corneille n'est pas plus beau à tous égards que cette circonstance réelle produite durant le bas âge du poëte, et il n'émane pas d'une inspiration différente. C'est le même combat, c'est le même triomphe ; si *Polyeucte* émeut et transporte, c'est que quelque chose de tel était et demeure possible encore à la nature humaine secourue. Je dis plus : si *Polyeucte* a été possible en son temps au génie de Corneille, c'est que quelque chose existait encore à l'entour (que Corneille le sût ou non) qui égalait et reproduisait les mêmes miracles.

Il faut oser ici approfondir, démontrer ; et, sans bravade, je ne crains pas, pour mon cloître à peine renaissant, ce moment de vis-à-vis avec Corneille.

VI

Épisode dramatique. — Corneille eut-il relation avec Port-Royal?
— Il connaît les Pascal. — *Polyeucte* et la doctrine de la Grâce.
— Objections de l'hôtel Rambouillet. — Hymne de Polyeucte
dans sa prison; la mère Angélique au pied de l'autel. — Dénoûment de *Polyeucte*; suites de *la Journée du Guichet*. — Mort
de madame Arnauld; tribu de Lévi. — Jugements divers sur
Polyeucte. — Caractère de Sévère. — Pauline. — Corneille,
traducteur de *l'Imitation de Jésus-Christ*. — Postérité de *Polyeucte* au théâtre; le *Saint Genest* de Rotrou.

Corneille naquit en 1606; il avait trois ans lors de *la Journée du Guichet* : en parlant de lui, j'anticipe donc sur les temps ; mais l'ordre, au fond, se retrouvera.

Il ne paraît pas que Corneille ait connu directement Port-Royal. Élevé aux Jésuites de Rouen, on le voit toute sa vie lié avec eux, on ne le rencontre jamais chez leurs adversaires. Les dignes solitaires dans leurs écrits, les auteurs de mémoires et historiens de ce saint lieu, qui sont si attentifs à relever les moindres rapports d'amitié avec les illustres, ne le mentionnent pas une seule fois. Corneille, avant 1662, vivait habituellement à Rouen; il n'y a guère à douter pourtant que, dans ses voyages à Paris, dans ses visites à l'hôtel de Rambouillet, il n'ait connu M. d'Andilly, lequel connaissait tout le monde. Quand la famille Pascal, avant sa conversion, il est vrai, et avant ses relations avec Port-Royal, habitait Rouen, en 1639, à cette époque où M. Pascal père était chargé de l'intendance de Normandie, M. Corneille les vit souvent. La jeune Jacqueline Pascal, celle qui devint depuis à Port-Royal la sœur Euphémie, avait une rare facilité pour les vers. Nous aurons à dire dans sa vie comment elle joua un jour dans une comédie d'enfants devant le cardinal de Richelieu, comment elle lui fit son petit compliment d'elle-même, avec grande présence d'esprit, et obtint de lui la grâce de son père compromis dans des propos de mécontents, enfin comment, à Saint-Germain, elle adressa un impromptu en vers à Mademoiselle. Quand son père, rétabli en place vraiment grâce à elle, vint à Rouen avec sa famille, elle avait quatorze ans déjà, et sa petite renommée poétique l'avait précédée. M. Corneille, auteur du *Cid* depuis trois ans, et qui n'en avait que trente-trois, ne manqua pas d'être l'empressé et le bienvenu chez M. l'Intendant. Il était ravi des vers que faisait la précoce enfant, et il la pria d'en essayer sur un sujet qui eût été assez singulièrement choisi pour une jeune fille, s'il n'avait été consacré par l'usage, *la Conception de la Vierge*. C'était le jour même de cette fête qui était comme nationale et qu'on appelait *la Fête aux Normands*, qu'en vertu d'une fondation datant du Moyen-Age, on décernait à Rouen des prix de poésie aux meilleures pièces composées en l'honneur de *la Dame des Cieux*; cela avait nom *les Palinods de Rouen*. La jeune Jacqueline fit des Stances [1] qui obtinrent le prix, et on le lui porta

---

1. Des vers de bel-esprit, mais détestables : on les a. Le bon Besoigne, qui les cite (*Histoire de l'Abbaye de Port-Royal*, t. III,

en grande pompe, avec tambours et trompettes. Corneille, en s'intéressant à cette jeune enfant-poëte de quatorze ans, ne faisait peut-être pas autant d'attention à ce jeune homme de seize, qui, alors tout occupé de sections coniques et de machine arithmétique, devait, vingt ans après *le Cid*, trouver et fonder la belle prose, comme *le Cid* avait ouvert la grande poésie.

Corneille! Pascal! à vingt ans de distance, la double colonne qui établit et signale glorieusement l'entrée de notre royale époque littéraire! *Les Provinciales*, c'est le *Cid* de la prose, même avec quelque chose de plus pour le définitif de la langue. Il est vrai qu'on y a de moins Chimène.

En revenant à cette relation cherchée de Port-Royal à Corneille, nous n'en voyons donc pas de directe. Il y avait, tout proche de Rouen, un des nôtres, M. Guillebert, curé de Rouville, saint homme et ami direct de Port-Royal, lequel fonda dans son village et aux alentours une œuvre de piété et de sanctification qui transpira par tout le pays, qui finit par gagner les Du Fossé, les Pascal, et dont certes Corneille avait entendu parler; mais on ne saisit rien de précis. Seulement il se découvre un rapport général, véritable, une ressemblance essentielle de physionomie entre M. d'Andilly, par exemple, ou la mère Agnès, qui, je l'ai dit, avaient l'un et l'autre quelque chose d'espagnol, de glorieux, de romanesque, en même temps que de dévot, et Corneille, dont certains personnages sont assez pareils, ou encore d'autres écrivains caractéristiques de cette époque, comme mademoiselle de Scudéry. M. d'Andilly, dans la scène du *Guichet*, nous a fait assez l'effet d'un *jeune premier* de

---

p. 295), ne se doute pas plus que Corneille de l'inconvenance du sujet même, et il ne trouve à redire que théologiquement sur le *prétendu dogme de la Conception immaculée* si cher aux Jésuites, et que les Jansénistes ne purent jamais digérer.

Corneille, pétulant, emporté, généreux, glorieux pour sa famille, un vrai *Rodrigue* pour son père :

Je reconnais mon sang à ce noble courroux!

La mère Agnès, qui aurait voulu être *Madame de France*, avec son caractère dévot et subtil, austère et tendre, mystique et pompeux, serait assez naturellement devenue un des intéressants personnages de Corneille, une *amante* comme il les conçoit. Si la rectitude et la discipline de Port-Royal ne s'en étaient mêlées, elle aurait aisément cédé à ce genre de dévotion, et peut-être de galanterie, de la reine-mère Anne d'Autriche, à cette religion extérieure du Val-de-Grâce, dont madame de Motteville nous parle si bien. Elle aurait dit aussi par moments comme Mademoiselle, à propos d'une cérémonie fastueuse où elle reçoit hommage : *J'aime l'honneur!* En un mot, il y avait au sein de Port-Royal toute une lignée de caractères, de naturels et de génies qui étaient bien les contemporains proches parents, un peu les aînés de Corneille.

La Harpe, dans son *Cours de Littérature*, selon l'habitude médiocrement historique de la critique de son temps, s'attache à représenter surtout le génie créateur de Corneille comme indépendant des circonstances : « Ce ne sont pas, disait-il, les troubles de la Fronde qui ont fait faire à Corneille *le Cid* et *les Horaces*. » Il reconnaît toutefois une influence générale du siècle. Pour compléter son jugement, exact dans les termes, mais insuffisant, et pour déterminer cette influence d'alentour, on a rappelé[1] que, né sous Henri IV, Corneille avait pu converser avec les derniers témoins et les acteurs des luttes civiles, avec les restes de cette génération guerrière

---

1. Fontanes, *Mercure*, ventôse an ix. Voltaire avait déjà, en deux ou trois mots, fort bien touché ce point dans son Commentaire.

et théologienne à la fois, dont il avait comme transporté au théâtre l'entière vigueur. Nous pouvons mettre à cette indication juste, et sans sortir de notre cadre, des noms plus précis. M. Arnauld du Fort, tel que nous l'avons aperçu à La Rochelle, n'est-il pas un héros de la trempe et vraiment du calibre de ceux de Corneille? de même Zamet, l'ami de d'Andilly, qui nous le peint comme un *Cid* dans ses *Mémoires*. Le vieux Pontis, quand nous le connaîtrons, ne nous paraîtra-t-il pas un de ces centurions à rides austères, obscurément fidèles à la fortune de Sertorius ou de Pompée ?

Si Corneille ne connaissait pas directement tous ces hommes, il en avait ouï parler, ou il en connaissait d'autres pareils, équivalents, ou mieux encore il était collatéralement de la même portée ; et, comme il arrive en ce cas, il les sentait, les retrouvait et les créait sans effort en lui.

Lorsque de 1639 à 1640, au sortir du double triomphe d'*Horace* et de *Cinna*, Corneille fit *Polyeucte*, Port-Royal et son œuvre étaient déjà manifestes, dans leur premier et plein éclat. Dès 1637, la retraite de M. Le Maître, qui s'était arraché du barreau et de la carrière des hautes charges pour se faire solitaire, avait tourné de ce côté tous les yeux; la prison de M. de Saint-Cyran, enfermé à Vincennes depuis 1638, tenait les esprits attentifs. La Cour, la ville et la province étaient pleines de personnes qui s'enquéraient de l'œuvre à moitié mystérieuse de ce monastère déjà menacé, et qui en discouraient en divers sens. La doctrine de la Grâce que relevait Port-Royal allait se divulguant : il devient évident par *Polyeucte* qu'elle circula jusqu'à Corneille.

Le Cid avait été suivi pour lui d'un temps de repos ; mais, depuis 1639, les chefs-d'œuvre reprenaient, se succédaient coup sur coup dans sa carrière ; presque trois en une seule année. Il était dans la force de l'âge et dans la première maturité du génie, de trente-trois à trente-quatre ans, lorsqu'il aborda ce grand et singulier sujet. Jusque-là il les avait pris, quels qu'ils fussent, chevaleresques ou politiques, espagnols ou romains, dans une source à peu près commune aux principaux auteurs du moment. Après tout, *le Romain* comme le produisait Corneille, c'était *le Romain* comme le concevait et le décrivait Balzac, comme l'entendait même très-volontiers mademoiselle de Scudéry : le génie de Corneille s'appliquait en relief sur ce fond historique convenu, et l'embellissait, le frappait d'une action propre et d'une marque incomparable ; mais enfin, s'il était sublime, il l'était alors dans le sens et selon la mode de son temps. Dans *Polyeucte*, il sortit à plusieurs égards de ce goût direct de la société d'alors, ou du moins il ne s'y inspira point à l'endroit fréquenté, et, par un bond de génie, tourna de côté pour percer d'une autre voie. Depuis longtemps on ne faisait plus en France de *Mystères*. Ce genre, qui avait tant charmé et orné le Moyen-Age, surtout le Moyen-Age déclinant ; qui avait rempli les quatorzième et quinzième siècles, et le commencement du seizième, avait été repoussé comme barbare et grossier lors de la renaissance des lettres ; il s'était continué depuis en divers endroits sans doute, mais obscurément et sur des tréteaux sans honneur. Chose remarquable ! il n'avait rien laissé de distinct et qui ressemblât de loin à une œuvre individuelle, ne fût-ce qu'à un accident particulier de talent. Tandis que les moralités ou farces, également rejetées et répudiées à cette époque du seizième siècle, laissaient du moins le souvenir survivant de quelques œuvres, de l'une au moins (et celle-là immortelle), *l'Avocat Patelin*, les Mystères n'avaient à offrir dans leur masse aucun échantillon pareil, aucune trace singulière qui de loin eût nom. Quand l'école de Ronsard et de Jodelle eut remplacé ces genres surannés par une tentative classique et grecque, les sujets chrétiens cédèrent naturellement le pas à des sujets antiques : les Grecs et les Romains firent leur entrée sur notre théâtre et y mirent le pied pour longtemps ; la famille des Atrides, Agamemnon en tête, nous arriva à toutes voiles : Ce fut, comme on disait, toute une flottille de héros d'Ilion ; Francus ramenait Hector. Il y eut pourtant, même dans cette école, quelques essais de tragédie sacrée, et j'y rapporte *le Sacrifice d'Abraham* de Théodore de Bèze [1].

Mais cette école contemporaine et corrélative de Ronsard, au théâtre, dura peu, et se produisit dans les colléges ou quelquefois à la Cour, plutôt qu'elle ne s'implanta profondément à la ville et devant le peuple. Pour celui-ci, les vieilles farces et les vieux sujets remaniés plus ou moins grossièrement n'avaient pas cessé. A la renaissance vraie du théâtre au temps de Henri IV (car à cette époque, université, religion, société polie, théâtre, il y eut sur tous les points toutes les sortes de renaissances), sous Hardi et ses successeurs immédiats, le genre des sujets religieux et chrétiens ne s'était pas reproduit, ou l'avait été sans aucun éclat. L'héritage des mystères et des martyres à la scène était donc à peu près oublié et perdu en France, quand Corneille, soit qu'il en ait repris l'idée dans la lecture des Espagnols et de ce qu'ils appellent *comédies sacrées*, soit qu'il ait été mis sur la voie par ces tristes pièces, le *Saül* de Du Ryer ou le *Saint Eustache* de Baro, qui sont toutes deux de 1639, soit plutôt qu'il n'ait puisé le motif qu'en lui-même, en son génie naïvement religieux, et dans ces vagues rumeurs des questions de la Grâce qui grondaient à l'entour, rou-

---

1. J'avais d'autant plus droit de m'en souvenir que cette pièce fut précisément écrite par Théodore de Bèze à l'intention des étudiants de Lausanne et pour être représentée par eux, ce qui eut lieu en effet vers 1551-1552.

vrit soudainement le genre sacré par *Polyeucte*, et, chez nous, le fonda le premier dans l'art.

On raconte que lorsque le grand poëte lut sa pièce à l'hôtel Rambouillet, elle fit une impression très-désavantageuse; on craignit une chute, et sur l'avis de tous, particulièrement sur celui de Godeau, évêque de Grasse, lequel, bien qu'ensuite lié avec Port-Royal, fut toujours doublement de l'hôtel Rambouillet en religion comme en poésie, on dépêcha Voiture près de Corneille pour l'engager à garder sa pièce sans la risquer au théâtre. C'est qu'en effet ce n'était pas du monde d'alors, de ses modes romanesques et sentimentales, ni de ses sujets favoris, que, cette fois, le génie de Corneille avait uniquement tiré sa matière : il lui était venu un souffle et un accent d'autre part, d'autour de lui aussi, mais sans qu'il sût bien d'où peut-être. Il s'était emparé, au passage, de cette idée grondante, de ce coup de foudre de la Grâce, pour s'en faire hardiment un tragique flambeau; il s'était dit, dès les premiers vers, avec Néarque :

> Avez-vous cependant une pleine assurance
> D'avoir assez de vie ou de persévérance ?
> Et Dieu, qui tient votre âme et vos jours dans sa main,
> Promet-il à vos vœux de le vouloir demain ?
> Il est toujours tout juste et tout bon, mais sa Grâce
> Ne descend pas toujours avec même efficace ;
> Après certains moments que perdent nos longueurs,
> Elle quitte ces traits qui pénètrent les cœurs.
> Le nôtre s'endurcit, la repousse, l'égare :
> Le bras qui la versait en devient plus avare ;
> Et cette sainte ardeur, qui doit porter au bien,
> Tombe plus rarement, ou n'opère plus rien.

Il s'était donc mis à saisir, sans plus tarder, cette inspiration nouvelle, cette *Grâce* (dans toutes les acceptions) dont il sentait sur lui, au dedans de lui, la tentation heureuse; et ce naïf génie, ce franc et noble cœur, s'y appliquant dans toute son ouverture, en avait dès l'abord atteint et exprimé la profonde science.

Il ne serait pas malaisé, à mon sens, de soutenir cette thèse : Corneille est de Port-Royal par *Polyeucte*.

Tout le monde connaît, a su et sait par cœur *Polyeucte*, et je n'ai pas à l'analyser ici ; je ne veux que faire à son sujet quelques remarques toutes particulières, mais qui, si particulières qu'elles soient et à cause de cela même, aideront à pénétrer avant, par une voie assez neuve et détournée, dans les ressorts et l'intérieur de cette grande pièce.

Les détails de la scène qui s'est passée entre la mère Angélique et sa famille, dans cette *Journée du Guichet* qui m'a naturellement provoqué à l'examen de *Polyeucte*, n'ont pas fui, j'espère ; et il est besoin ici que du moins leur singularité même, en attendant mieux, les tienne vivants et présents.

C'est qu'il n'est aucune, presque aucune des objections spécieuses que la raison, le bon sens ordinaire et facile peut adresser à la mère Angélique sur cette journée, qui ne se puisse renvoyer avec autant de force à Polyeucte en personne, et qui ne lui ait été adressée en effet par les critiques et par les mondains du temps. Polyeucte, nonobstant ou, pour mieux parler, *moyennant* cette infraction à l'exacte raison, n'a été que plus beau et plus grand, comme dans notre sujet notre jeune abbesse, en vertu du même procédé, n'a été que plus sainte.

Polyeucte, à l'ouverture de la pièce, n'est pas chrétien encore ; il veut l'être, mais il ajourne ; Néarque, chrétien depuis plus longtemps, le gourmande et l'entraîne. Mais une fois chrétien et baptisé, une fois investi au dedans de cette Grâce victorieuse, Polyeucte prend sa revanche du retard et devance tout : le dernier entré sera le premier ; c'est lui, à son tour, qui entraîne

Néarque à l'encontre des faux Dieux. Néarque ne pense qu'à s'abstenir et à garder le logis, il est le raisonnable : Polyeucte veut attaquer et courir, il est le sublime imprudent :

NÉARQUE.
Fuyez donc leurs autels.
POLYEUCTE.
Je les veux renverser
Et mourir dans leur temple, ou les y terrasser.

Et encore :

NÉARQUE.
Vous sortez du baptême, et ce qui vous anime
C'est sa Grâce qu'en vous n'affaiblit aucun crime ;
Comme encor tout entière, elle agit pleinement,
Et tout semble possible à son feu véhément :
Mais cette même Grâce en moi diminuée,
Et par mille péchés sans cesse exténuée,
Agit aux grands effets avec tant de langueur,
Que tout semble impossible à son peu de vigueur....

Corneille, il est vrai, attribue, on le voit, cette toute-puissance et ce miracle de la Grâce en Polyeucte à l'effet direct du baptême, au sacrement qui lui a été conféré, plutôt qu'à une influence singulière et plus invisible, venue sans cet appareil extérieur dans un cœur déjà baptisé. Mais c'eût été trop demander que de vouloir de lui une telle manière d'entendre et de représenter la Grâce, surtout au théâtre, par une infusion toute secrète, toute gratuite : l'acte du baptême, au contraire, était une cause suffisante et manifeste, un signe expressif et intelligible à tous de cette opération intérieure sur laquelle il fondait la conduite et le saint exploit de Polyeucte.

Le grand, le sublime de la pièce de Corneille redouble, éclate au quatrième acte, au moment où Polyeucte dans la prison attend Pauline et fait demander Sévère.

Resté seul, et les gardes éloignés, il chante et prie, ou plutôt l'esprit divin qui le transporte chante et s'exalte en son cœur :

> Source délicieuse, en misères féconde,
> Que voulez-vous de moi, flatteuses Voluptés?
> . . . .

Et en contraste :

> Saintes douceurs du Ciel, adorables idées,
> Vous remplissez un cœur qui vous peut recevoir;
> De vos sacrés attraits les âmes possédées
> Ne conçoivent plus rien qui les puisse émouvoir.
> Vous promettez beaucoup, et donnez davantage :
>   Vos biens ne sont point inconstants;
>   Et l'heureux trépas que j'attends
>   Ne vous sert que d'un doux passage
>   Pour nous introduire au partage
>   Qui nous rend à jamais contents.

Ce chant de Polyeucte, cet hymne en chœur de ses pensées, imité ensuite par Rotrou dans *Saint Genest*, et qui avait ses précédents lyriques dans le théâtre espagnol et chez les Grecs, est le premier prélude, un jet éloquent des chœurs ensuite déployés d'*Esther* et d'*Athalie*.

Dans notre scène du *Guichet* (vous souriez), un moment répondrait assez à celui même de Polyeucte en sa prison ; c'est l'heure d'intervalle où la jeune Angélique seule en prière, aux marches de l'autel, prête l'oreille et attend son père : ne mesurez que les sentiments. C'est l'instant encore où derrière la porte ébranlée, se tenant immobile, pendant que son père foudroie, elle ne l'interrompt que par de tremblants monosyllabes pour le supplier d'entrer au parloir voisin. Dans l'âme d'Angélique un chant s'essaie aussi, un hymne se fait entendre à qui sait l'écouter; la voix des sévères douceurs du Ciel la soutient. Si l'orgue traduisait ce qui se

passe en cette âme ineffable et, rejetant les misères de
la circonstance, ne rendait, comme il sied à la musique,
que l'orage de l'esprit, qu'aurait-on? Oh! non pas la
gloire et la jubilation de l'hymne de Polyeucte; le chant
en elle n'est pas triomphant; il est plus étouffé, plus
triste, plus frémissant, plus combattu des cris de la
terre. Moins éloquent, il pourrait être bien touchant
dans sa réalité et son mélange. Polyeucte oublie un peu
trop Pauline, il va jusqu'à dire :

> Et je ne regarde Pauline
> Que comme un obstacle à mon bien!

La jeune Angélique, tout en faisant ce qu'elle croit devoir, n'est pas si dure en paroles et en pensées : elle
saigne, elle souffre, et, quand son père au parloir lui
redevient père et affectueux de langage, elle s'évanouit.

Ce que je fais là d'étrange en critique littéraire n'est
pas si loin de l'esprit de mon sujet. Je tente d'aborder
une tragédie sainte de la seule façon peut-être qu'un
M. de Saint-Cyran eût aimée ou permise. Je ne profane
pas *Polyeucte*, je le confronte ; je me plais à incliner la
majesté de l'art, même de l'art chrétien, devant la plus
chétive réalité, mais une réalité où éclata le même sentiment intérieur dans toute sa Grâce.

La sainte véritable, l'héroïne pratique se trouve donc,
à l'épreuve, plus humaine et plus naturelle que le saint
du théâtre ; Polyeucte passe plus qu'elle les bornes nécessaires. Il est vrai que dans l'admirable scène de
Polyeucte et de Pauline, quand celle-ci essaie de l'ébranler, le héros à un moment s'échappe à dire *hélas!*
sur quoi Pauline se récrie :

> . . . . . Que cet hélas a de peine à sortir!
> Encor s'il commençait un heureux repentir,
> Que, tout forcé qu'il est, j'y trouverais de charmes!
> Mais courage! il s'émeut, je vois couler des larmes.

Le moment de cet *hélas!* dans la scène entre Pauline et Polyeucte, est juste celui de l'évanouissement dans la scène entre Angélique et son père, de cet évanouissement tant raconté qui rappelait aux Jansénistes attendris celui d'Esther.

Les rôles de Pauline et de Sévère sont parfaitement beaux et certainement incomparables ; je ne ferai point au rôle de Félix l'honneur de le mettre même en seconde ligne : il a de la bassesse, on l'a dit; mais il a aussi, dans son embarras, une teinte de comique qui repose ; on est tenté de lui appliquer le *pauvre homme ;* c'est l'abbé de Vauclair de la tragédie.

Plus on avance dans la pièce de Corneille, et plus (Félix à part) elle devient sublime, pathétique d'effet et renversante : ce brusque et double mouvement toujours applaudi :

Où le conduisez-vous? — A la mort! — A la gloire!

la conversion soudaine de Pauline, son cri :

Je vois, je sais, je crois, je suis désabusée....
Je suis chrétienne enfin, n'est-ce point assez dit?
. . . .
Le faut-il dire encor, Félix, je suis chrétienne !

la noblesse clémente, la conversion possible (et dans le lointain) de Sévère, lequel, en attendant, représente l'accompli modèle de l'honnête homme dans le monde, tout cela est d'une croissante et souveraine beauté, d'une de ces beautés de génie et d'art, inimitables, ce semble, et que rien dans la réalité de la vie, même chrétienne, ne pourrait égaler.

Pardon! (et ici plus de sourire) tout cela a été égalé, surpassé peut-être, — oui, surpassé dans cette histoire et dans les conséquences mêmes de cette scène particulière que nous étudions. Car savez-vous, de cette scène, de cette journée du *Guichet*, ce qui arriva? Comptez et récapitulez les acteurs : la mère Angélique, M. Arnauld, madame Arnauld, madame Le Maître, M. d'Andilly, la jeune Agnès, les jeunes filles Anne et Marie-Claire. Eh bien! tous ces acteurs ou témoins, M. Arnould à part, qui mourut dans le monde en honnête homme honoré et en chrétien, tous, madame Arnauld en tête, entrèrent à Port-Royal et s'y firent, les femmes religieuses, et M. d'Andilly solitaire. Or, voici ce qu'on lit dans les histoires de Port-Royal à l'année 1641; qu'on veuille peser tous les mots : Ce 28 février, mourut, âgée de soixante-huit ans, sœur Catherine de Sainte-Félicité (*nom de religion de madame Arnauld*), fille de M. Marion, mère de la mère Angélique, de la mère Agnès, et de quatre autres filles religieuses, grand'mère de la mère Angélique de Saint-Jean et de ses cinq sœurs également dans le monastère (en tout six filles sous le voile et six petites-filles, toute une tribu de Lévi)[1]; mère de M. d'Andilly, du grand Arnauld, aïeule de M. Le Maître, de M. de Saci, sans parler des autres encore; si bien qu'on la peut dire, après la mère des saints Macchabées, la plus heureuse par la fécondité. Après la mort de M. Arnauld, son mari, s'étant retirée à Port-Royal, elle fut un jour si touchée d'un sermon qui se fit à la profession d'une religieuse, qu'après la cérémonie elle alla se jeter aux pieds de sa fille la mère Angélique, lui demandant d'entrer au noviciat et la prenant pour supérieure et pour mère. Dans le testament spirituel qu'elle fit à la veille de sa profession (février 1629), elle disait : « Je loue Dieu et le bénis avec un ressentiment indicible d'avoir déjà fait

---

1. Pour être tout à fait exact, est-il besoin de noter que la sixième de ses petites-filles mourut n'étant encore que pensionnaire, avant l'âge de sa profession?

réussir en partie le désir que j'ai eu toute ma vie de procurer le salut de l'âme de mes enfants, ayant attiré par la puissance de sa Grâce, sans que j'y aie apporté aucune suggestion, six de mes filles à son service dans la sainte Religion, et d'avoir daigné à la fin étendre cette même Grâce sur mon âme pour la rendre participante de ces admirables qualités de la Sainte Vierge qui était Fille et Mère de son Fils, en me rendant fille et mère d'une personne que j'ai portée dans mes flancs.... »
Le 4 février 1629, elle fit donc profession entre les mains de sa fille, et prononça ses vœux avec une voix aussi forte et intelligible que si elle n'avait eu que quinze ans, quoiqu'elle en eût cinquante-six. Peu après sa profession, elle devint fort infirme; s'étant soumise à l'obligation de lire chaque jour le grand Office, elle s'y usa la vue et fut affligée par une cécité presque entière. On admirait sa tranquillité d'esprit, sa simplicité en tout, son humilité singulière dans la façon dont elle se conduisait avec ses filles religieuses. Elle appelait toujours la mère Angélique *ma Mère* ainsi que la mère Agnès, parce qu'elles étaient ou avaient été abbesses; elle se mettait à genoux, comme les autres religieuses, devant celle des deux qui était abbesse dans le moment. Pour ses autres filles, elle les appelait ses *sœurs*, et les faisait toujours passer devant elle, à cause qu'elles étaient ses anciennes dans la Religion[1]. A l'heure de sa mort, elle répondit à toutes, à chacune d'elles qui venait à son tour lui demander une parole suprême et lui dire à genoux : « Ma mère, dites-moi une parole que je garderai toute ma vie et que je puisse faire; » elle leur répondait par des paroles de Dieu, par des mots appropriés et de justes parcelles de l'Écriture qu'elle distribuait

---

1. Madame Le Maître, l'aînée des six filles et la seule qui ait été mariée, fut aussi la seule qui ne prit le voile qu'après sa mère.

comme de ses mains défaillantes. Elle faisait recommander à son fils le grand Docteur, pour unique adieu, *qu'il ne se relâchât jamais dans la défense de la Vérité.* Dans son agonie, on l'entendit plus d'une fois murmurer ces mots avec ardeur : « Mon Dieu, tirez-moi à vous! » ou encore : « Que vos tabernacles sont aimables! » — Ame vraiment solide et bâtie sur la pierre, a dit M. de Saint-Cyran; âme d'autant plus à estimer qu'il ne paraissait rien en elle de ces *brillements* qui flattent les sens des hommes !

Je ne sais si je m'abuse, mais il me semble que, sans autre commentaire, une telle conclusion de la journée du *Guichet* est aussi mémorable, aussi éloquente à sa manière, aussi pathétique et idéalement sublime que le dénoûment même de *Polyeucte*[1]. Ces conversions, coup sur coup, de Pauline, de Félix, peut-être un jour de Sévère, ne sont pas plus merveilleuses et plus enlevantes pour le spectateur (celle de Félix ne l'est même pas du tout) que ce que nous voyons s'accomplir ici dans l'ombre et sans applaudissements.

Car se figure-t-on bien, non pas aux jours solennels, mais à chaque jour, à chaque heure monotone de cette vie contrite et recueillie, tout ce qui devait sortir, émaner en amour, en prière, en élancements, et déborder, s'effectuer au dehors, en aumône, en bienfaisance, en

---

1. Si l'on ne craignait de paraître trop pousser un rapprochement qui subsiste et suffit dans l'essentiel, on parlerait d'un songe; car la mère Angélique eut le sien, ainsi que Pauline, et, comme il lui arrivait souvent de penser plus particulièrement à M. d'Andilly et à madame Le Maître, les seuls de ses frères et sœurs qui fussent tout à fait engagés dans le monde, elle crut les voir une nuit en songe, qui, *montés tous deux sur un même cheval, venaient, le visage triste et abattu, chercher asile près d'elle à Port-Royal.* Elle s'expliqua cela plus tard par leur sainte retraite, lorsque tous deux, veufs et tristes selon le monde, vinrent chercher vers le cloître l'éternelle joie.

sacrifice de soi pour tous; ce qui devait incessamment rayonner et s'échanger entre tous ces cœurs de mère, d'aïeule, de filles, de petites-filles, de sœurs, de fils, de neveux et de frères, entre tous ces êtres unis dans un seul sentiment de fidélité repentante, d'immolation et d'adoration? Voyons-les tous un peu dans notre idée, rangés devant nous, agenouillés, à la lampe du matin, sur ce parvis qu'ils usent, et sous ces voûtes qu'ils font nuit et jour retentir; figurez-vous, — tâchez de vous figurer par des chants, par des rayons, par tout ce qu'il y a de plus éthéré et de plus pur, cette inénarrable et invisible communication de pensées, de sentiments, d'âme enfin, d'âme perpétuelle sous l'œil du Seigneur : et demandez-vous après s'il fut, depuis les jours anciens, depuis la tige de Jessé, depuis l'olivier des Patriarches et dans toutes les postérités bénies, un plus beau spectacle sur la terre !

Nous n'avons pas fini de *Polyeucte*. Cette grande pièce, tout d'abord applaudie par la masse des spectateurs enlevés, et qui, selon le naïf témoignage de Corneille en son *Examen*, satisfit tout ensemble, à la représentation; *les dévots et les gens du monde*, tant *les tendresses de l'amour humain y faisaient un agréable mélange avec la fermeté du divin*, ne fut pourtant appréciée à fond et bien comprise qu'à la réflexion longtemps après. Monchesnay a raconté que Boileau regardait *Polyeucte* comme le chef-d'œuvre de Corneille. La pièce, en effet, dont l'hôtel de Rambouillet n'avait pas voulu, méritait de prendre sa revanche entière dans l'esprit de Boileau. Je regrette que lui-même, en ses œuvres, ne se soit pas plus déclaré là-dessus; je ne me rappelle pas d'endroit notable où il cite bien particulièrement le saint martyr, tandis qu'il allègue à tout instant *le Cid, Cinna, les Horaces*. J'aurais voulu que dans l'*Art Poétique*, à propos de l'art chrétien, il fît tout haut à *Po-*

lyeucte la part glorieuse et motivée dans laquelle il admit plus tard *Athalie*. Lorsqu'il a parlé au long et avec mépris des anciens mystères et martyres chrétiens produits sur la scène :

> De pèlerins, dit-on, une troupe grossière
> En public à Paris y monta la première,
> Et, sottement zélée en sa simplicité,
> Joua les Saints, la Vierge et Dieu, par piété.
> Le savoir, à la fin, dissipant l'ignorance,
> Fit voir de ce projet la dévote imprudence :
> On chassa ces docteurs prêchant sans mission;
> On vit renaître Hector, Andromaque, Ilion....

ce sont de beaux vers; mais Boileau, en les écrivant, aurait pu se souvenir de *Polyeucte*, et dire (c'eût été le lieu naturel) que ce genre religieux, longtemps bas en effet, et grossièrement naïf, et justement rejeté, avait été comme ressaisi à distance, transformé et renouvelé par un coup de génie; qu'il se trouvait avoir un dernier et soudain héritier, un rejeton imprévu et le premier illustre, dans le *Polyeucte* de Corneille, et il aurait pu ajouter sans trop de complaisance, dans le *Saint Genest* de Rotrou. Ces choses, un peu difficiles à dire en vers, auraient provoqué agréablement sa verve industrieuse, et servi l'ornement en même temps que le fond de son poëme. Mais c'est trop demander. Je ne trouve pas non plus *Polyeucte* mentionné à côté des quatre chefs-d'œuvre, *le Cid*, *Horace*, *Cinna*, et *Pompée*, que Racine énumère dans son Discours académique pour la réception de Thomas Corneille. Fontenelle, qui par son esprit fut digne de tout comprendre et presque de tout sentir, le même qui a qualifié *l'Imitation de Jésus-Christ* d'un mot immortel[1], a eu de *Polyeucte* la véritable idée;

---

1. « Ce livre le plus beau qui soit parti de la main d'un homme, puisque l'Évangile n'en vient pas.... » Fontenelle, *Vie de Corneille*.

voyant Corneille hésiter dans ses préférences paternelles entre *Cinna* et *Rodogune*, il passe entre les deux et va droit à la palme sainte qu'il juge la plus belle.

Le dix-huitième siècle lui rendit aussi pleine justice, tout dix-huitième siècle qu'il était. Voltaire, dans ce Commentaire, grammaticalement si léger, sur Corneille, met pourtant le doigt sur les grands points et fait ressortir à merveille les principales et essentielles marques du chef-d'œuvre, *l'extrême beauté*, dit-il, *du rôle de Sévère, la situation piquante de Pauline* et *sa scène admirable avec Sévère au* IV*ᵉ acte, qui assurent à cette pièce un succès éternel*. Auteur de *Zaïre*, lui aussi, par un coin, il relevait, au théâtre, de l'art sacré. D'autres critiques depuis, et fort compétents, M. Lemercier surtout, ont dignement et profondément parlé de *Polyeucte*. On est même allé, et ce dernier critique y penche, à accorder une importance croissante au rôle de Sévère et à en faire le grand rôle de la pièce, le centre de l'idée de Corneille. Ce point mérite d'être éclairci.

Sévère est un caractère tout grand, tout désintéressé, tout chevaleresque en un sens, mais un rôle humain ; c'est l'*idéal humain* de la pièce, dont le reste exprime l'idéal chrétien. Sévère sauve l'empereur dans un combat ; il est blessé, fait prisonnier ; mais le roi de Perse, son vainqueur, le traite *en Bayard*. Sévère, de retour, au plus haut degré de la faveur de César, n'en abuse en rien. Sa maîtresse s'est mariée à un autre pendant son absence : il la revoit, il lui parle, veut lui arracher du moins un regret, et, dès qu'il l'a cru surprendre, il est content ; il ne souhaite plus que de mourir d'une belle mort dans les combats ; il s'écrie :

> Puisse le juste Ciel, content de ma ruine,
> Combler d'heur et de jours Polyeucte et Pauline !

C'est le généreux *humain* dans toute sa beauté. Plus

tard, quand Polyeucte, par une revanche de générosité *surhumaine*, lui veut rendre Pauline qu'il va faire veuve par sa mort, Sévère qui a repris espérance un moment, tout d'un coup renversé et précipité de son bonheur par la résolution de Pauline, Sévère reste bon, juste, clément ; il voudrait sauver, il essayera de défendre le rival chrétien qu'on lui préfère, et, dans son entretien avec Fabian, il juge cette naissante religion dans un sentiment qui est de sympathie et d'impartialité :

Je te dirai bien plus, mais avec confidence:
La secte des Chrétiens n'est pas ce que l'on pense ;
On les hait, la raison je ne la connais point,
Et je ne vois Décie injuste qu'en ce point.
Par curiosité j'ai voulu les connaître....

Par curiosité ! et, à ce qu'il dit ensuite, on voit que Sévère, comme cet empereur son homonyme [1], mettrait volontiers au rang de ses Dieux ou de ses sages divins le fondateur du Christianisme. Il fait l'éloge de la morale qui sort de l'Évangile, et laisse pourtant échapper ces quatre vers :

Peut-être qu'après tout ces croyances publiques
Ne sont qu'inventions de sages politiques
Pour contenir un peuple, ou bien pour l'émouvoir,
Et dessus sa faiblesse affermir leur pouvoir.

Ces quatre vers ont pu décider du faible qu'a eu le dix-huitième siècle pour le rôle de Sévère.

En avançant vers le dénoûment, la figure de Sévère reçoit une teinte continuelle et croissante de beauté. La mort de Polyeucte, la conversion de Pauline, celle de Félix lui-même, le touchent, l'ébranlent sans toutefois

---

1. Alexandre Sévère.

l'entraîner : il reste humain encore et sage; mais plus sympathique que jamais, il s'écrie :

> Qui ne serait touché d'un si tendre spectacle?
> De pareils changements ne vont point sans miracle.
> Sans doute vos Chrétiens qu'on persécute en vain
> Ont quelque chose en eux qui surpasse l'humain ;
> . . . .
> Je les aimai toujours, quoi qu'on m'en ait pu dire;
> Je n'en vois point mourir que mon cœur n'en soupire,
> Et peut-être qu'un jour je les connaîtrai mieux.

Il se reprend pourtant; et, gardant sa mesure, sa *limite* humaine et strictement philosophique, il ajoute aussitôt :

> J'approuve cependant que chacun ait ses Dieux.

Sévère est donc, dans cette pièce, l'idéal, sous l'Empire, de l'honnête homme païen, déjà entamé et touché, du philosophe stoïcien à la Marc-Aurèle, mais plus ouvert, plus accessible et compatissant. A entendre sa dernière tirade, ce mélange d'aveux et de réticences, cet hommage presque entier et non définitif que lui arrache l'apparence divine du Christianisme, on croit saisir déjà l'écho de cette belle, mais inconséquente parole, qu'avant et depuis *le Vicaire Savoyard*, agitent et retournent, rongent en tout sens, les spiritualistes, les déistes, et les plus nobles des sages humains :

« Si la vie et la mort de Socrate sont d'un sage, la vie et la mort de Jésus sont d'un Dieu. »

Tous les plus élevés parmi les vertueux humains depuis la Venue, parmi ces témoins incomplets qui s'arrêtent au seuil, murmurent cela, et Sévère déjà le confesse.

Voilà dans un personnage de grandes beautés; elles y sont, ce n'est pas la subtilité qui les découvre, le moindre coup-d'œil de réflexion suffit. Mais jusqu'à quel point y sont-elles réfléchies de la part de l'auteur, et voulues? Corneille a-t-il voulu simplement (et je serais tenté de le croire) que Sévère, l'honnête homme *humain* de la pièce et le seul en dehors de l'enthousiasme qui y règne, Sévère, un peu passif et spectateur lui-même, fût une sorte d'interprète de l'esprit de l'action, auprès des autres spectateurs, gens du monde plus que dévots? Corneille, en effet, si instinctif qu'on le fasse de génie, raisonnait beaucoup ; il sentait bien que sa pièce pourrait paraître un peu forte à quelques-uns, que Polyeucte et Néarque allaient un peu loin ; il crut avoir besoin d'un rôle calme, d'un rôle sur le premier plan toutefois, qui, unissant en lui mille beautés intéressantes et dramatiques, y ajoutât une sorte de réflexion équitable et de raison ; qui moralisât sur ce qu'il voyait, et donnât même, par son avis déjà, le ton au jugement des spectateurs, le branle à leurs applaudissements. Sévère, en ce sens, du moins par toute la dernière partie de son rôle, serait donc une manière d'introducteur, d'approbateur par avance, un truchement moins enthousiaste et plus digne de créance, faisant transition encore plus que contraste à cette vertu qui, chez tous les autres, peut sembler extrême et quelque peu forcenée. Je ne veux pas pousser trop loin cette vue, que je crois réelle: sinon l'intention, l'effet du moins subsiste. Mais si Sévère, à l'origine, a été par quelque endroit, dans l'esprit de Corneille, une *précaution dramatique*, cette précaution, assez inutile à ce titre, est devenue à l'instant une nouvelle et merveilleuse beauté. A la scène, pourtant, le succès de la pièce, tout de pathétique et d'entraînement, appartient plutôt aux autres rôles, à Polyeucte, à Pauline surtout ; Sévère ne se dessine et ne se laisse admirer de plus en plus qu'à la réflexion, à la lecture.

A la scène, le rôle de Pauline domine. A la représentation comme à la réflexion, c'est un bien grand rôle. En France [1], nous ne nous montrons pas toujours assez soigneux ou fiers de nos richesses. La création de Pauline est une de ces gloires, de ces grandeurs dramatiques qu'on devrait plus souvent citer. Antigone chez les Grecs, Didon chez les Latins, Desdémone et Ophélie dans Shakspeare, Françoise de Rimini chez Dante, la Marguerite de Goëthe, ce sont là des noms sans cesse ramenés, des types aimés de tous, reconnus et salués du plus loin qu'on les rencontre. Pourquoi Pauline n'y figure-t-elle pas également? Elle a, elle garde, même dans son impétuosité et dans son extraordinaire, des qualités de sens, d'intelligence, d'équilibre, qui en font une héroïne à part, Romaine sans doute, mais à la fois bien Française. Pauline n'est pas du tout passionnée dans le sens antique : l'amour, comme elle peut le ressentir, ne rentre pas dans ces maladies fatales, dans ces vengeances divines dont les Didon et les Phèdre sont atteintes : ce n'est pas à elle qu'on pourrait appliquer aucun de ces traits :

. . . . . . Gravi jam dudum saucia cura....
D'un incurable amour remèdes impuissants....
C'est Vénus tout entière à sa proie attachée....

Elle n'a pas non plus la *mélancolie* moderne et la rêverie de pensée des Marguerite, des Ophélie. Pauline est précise, elle est sensée. Avant de devenir l'épouse de Polyeucte, elle a aimé Sévère, mais d'une simple *inclination;* malgré cette surprise de l'âme et des sens (comme elle l'appelle), elle a tourné court dès qu'il l'a fallu, dès que le devoir et son père l'ont commandé; elle a rejeté d'elle l'idée de ce *parfait amant*, et a pu

---

1. Et en disant cela à Lausanne, je parlais encore à des Français en littérature.

être à Polyeucte sans infidélité secrète du cœur, sans souffrance ni flamme cachée. Sévère revient : Pauline le revoit et soupire tout bas, même tout haut; mais elle n'aime pas moins Polyeucte, toute son inquiétude n'est pas moins pour lui, à propos de ce songe qu'elle a fait. Lorsqu'au quatrième acte Polyeucte, près de mourir, la voudra rendre à Sévère, elle refusera par dévouement, par délicatesse, et simplement aussi par amour pour son époux; elle s'écriera d'un cri du cœur :

Mon Polyeucte touche à son heure dernière!

On lit chez madame de Sévigné [1] : « Madame la Dauphine disait l'autre jour, en admirant Pauline de *Polyeucte : Eh bien! voilà la plus honnête femme du monde qui n'aime point du tout son mari.* » Ce qui me frappe au contraire, les antécédents étant donnés, c'est comme elle l'aime. La *raison*, qui l'a tirée de son inclination première, l'a conduite à l'affection conjugale. Car, au milieu des exaltations de langage et de croyance, à travers ce songe mystérieux et ces coups de la Grâce, au fond, la *raison* règle et commande ce caractère si charmant, si solide et si sérieux de Pauline, une raison capable de tout le devoir dévoué, de tous les sacrifices intrépides, de toutes les délicatesses mélangées; une raison qui, même dans les extrémités les plus rapides, lui conserve une sobriété parfaite d'expression, une belle simplicité d'attitude : tout par héroïsme, rien par entraînement. Rien d'égaré ni d'éperdu. C'est assez comme en France : la tête dans la passion encore et dans les choses de cœur entre pour beaucoup. On se figure aisément combien Pauline devait plaire à quelqu'un de ce temps-là que nous connaissons tous, à quelqu'un qui avait passé par l'hôtel de Rambouillet,

1. Lettre du 28 août 1680.

mais pour n'y prendre que la politesse, à une femme en qui, de même, la raison tenait le dé parmi tant de qualités prodigues et charmantes, d'un cœur haut et chaste, sérieuse au fond de son enjouement, à cette madame de Sévigné qui lisait des in-folio de saint Augustin en douze jours, et n'en avait pas pour cela les yeux moins brillants, les paupières moins *bigarrées*. Combien Pauline devait être comprise d'elle, et lui plaire, et à madame de La Fayette aussi, à cet autre cœur également raisonnable et dévoué, lorsque toutes deux elles retrouvaient dans l'héroïne, sous cet air romain et romanesque qu'elles aimaient, et qui était le costume idéal du temps, des qualités essentielles, fermes, vives, délicates et justes, ce que j'ose appeler, dans le sens le plus avantageux, des qualités françaises! Madame de La Fayette, madame de Sévigné, et leurs pareilles, s'il s'en trouvait alors, voilà l'excellent public, l'enthousiaste et jeune cortége de Pauline, alors qu'elle parut [1] ou du moins qu'elle régna dans sa neuve beauté. — A une grande distance de là, et plus près de nous, il est un caractère bien noble, très-romain, un peu roide en ce sens, si l'on veut, mais sincèrement magnanime, un caractère de femme française, qui rappelle Pauline par plusieurs des plus beaux endroits, — madame Roland allant à l'échafaud. Le rapport, pour peu que l'on y pense, est frappant : même raison dominante sur la passion, un amour aussi pour un autre que pour l'époux, un amour également étouffé, sans fol éclair, et qui n'ôte rien ni à la vertu de l'âme ni à la fierté de l'attitude ; l'enthousiasme enfin, mâle et sûr, et qui pousse sereinement au martyre. Ce compagnon de sup-

---

1. Madame de Sévigné n'avait que treize ans quand *Polyeucte* parut, et madame de La Fayette un peu moins : ce leur dut être, en grandissant, leur idéal de première jeunesse.

plice, on le sait, qui tremblait sur la charrette en avançant et se sentait défaillir au bas du fatal degré, Pauline, de même, je le crois, l'aurait fait monter devant elle pour le soutenir du regard sous le couteau. Pauline, c'est une madame Roland chrétienne, et qui de plus, pour le ton, a légèrement passé à côté de l'hôtel Rambouillet, au lieu que l'autre a passé par l'hôtel du ministère girondin. De là, chacune à sa manière peut sembler un peu pompeuse; mais, au fond, il y a une réelle, une héroïque ressemblance.

Corneille essaya encore, après *Polyeucte*, de poursuivre cette veine du drame religieux, qu'il avait rouverte si heureusement; mais il n'y réussit plus. Son martyre de *Théodore* (1645), bien loin d'un succès, alla presque au scandale[1]. La poésie sacrée, sous forme lyrique, l'occupa. Quelques années après *Polyeucte*, et par suite de la même impulsion chrétienne combinée avec la chute de ses derniers ouvrages, il donna sa traduction en vers de *l'Imitation :* il paraît que c'est sur le conseil d'amis jésuites qu'il s'y était mis. Cette traduction, si peu lue aujourd'hui et si difficile à lire de suite, a pourtant de beaux endroits qu'on y découvre avec plaisir, au prix d'un premier dégoût. Quel plus heureux début de chapitre que celui-ci (liv. II, chap. IV) :

> Pour t'élever de terre, Homme, il te faut deux ailes,
> La pureté de cœur et la simplicité;
> Elles te porteront avec facilité
> Jusqu'à l'abîme heureux des clartés éternelles!

---

1. Ce qui n'empêche pas l'abbé d'Aubignac, en vertu de plusieurs raisons didactiques, de proclamer *Théodore* le chef-d'œuvre de Corneille (*Pratique du Théâtre*, livre II, chap. VIII). Il y a de ces gens qui ont ainsi, dans leurs préférences, une certitude de mauvais goût qui rassure, et qui vérifie par le contraire tout ce qu'on doit penser d'un auteur et d'un livre :

> Ma foi! le jugement sert bien dans la lecture.

Voici deux strophes encore qui ont bien la légèreté (ce qui est rare chez Corneille) et la sainte allégresse du chant :

> O Dieu de Vérité, pour qui seul je soupire,
> Unis-moi donc à toi par de forts et doux nœuds.
> Je me lasse d'ouïr, je me lasse de lire,
>   Mais non pas de te dire :
>   *C'est toi seul que je veux!*
>
> Parle seul à mon cœur, et qu'aucune prudence,
> Qu'aucun autre docteur ne m'explique tes lois;
> Que toute créature, à ta sainte présence,
>   S'impose le silence,
>   Et laisse agir ta voix [1]!

La véritable et directe continuation de *Polyeucte* au

---

1. Livre I, chap. II. — On pourrait multiplier les citations et détacher de l'ennui et du fatras de l'ensemble quelques belles parts, surtout de poésie morale, où la touche aisée et large du poëte reparaît : ainsi, liv. II, chap. IV, strophe 3; ainsi, liv. II, chap. IX, strophe 2. Isolément, les grands et magnifiques vers abondent :

> Et le plus sûr chemin pour aller jusqu'aux Cieux,
> C'est d'affermir nos pas sur le mépris du monde....
> Et *tout* ce qu'un grand nom avait semé de bruit....
> Dieu ne s'abaisse pas vers des âmes si hautes....
> Et l'on doute d'un cœur jusqu'à ce qu'il combatte....
> N'ayant (*les Saints*) le cœur qu'en Dieu, ni l'œil que sur eux-mêmes...
> Comme ils fuyaient la gloire et cherchaient les supplices,
> Les supplices enfin les ont glorifiés.

Malgré ces exceptions, il est vrai de dire avec Fontenelle que ce qui manque à cette *Imitation* traduite et qui se trouve être au contraire le plus grand charme de l'original, c'est la simplicité et la naïveté, un *certain air naturel et tendre* qui se prête mal à ce vers en plein frappé et comme fait toujours pour être applaudi. La gêne y tourne vite en prosaïsme, et durant des pages on n'en sort pas. Corneille a donné encore en vers français *l'Office de la Vierge* suivi des sept Psaumes et des Hymnes de l'Église, *les Louanges de la Vierge* traduites des rimes latines attribuées à saint Bonaventure : par ces divers ouvrages de poésie sacrée, il ne se place guère au-dessus de M. Godeau et de M. d'Andilly, entre lesquels les bons vieux ouvrages de rhétorique et de critique surannée ne manquent jamais de le ranger dans un même éloge.

théâtre se fit par le *Saint Genest* de Rotrou. Le succès de *Polyeucte*, on le voit dans les annales du théâtre français d'alors, excita une sorte de recrudescence de sujets religieux; les La Serre, les Des Fontaines se mirent en frais de martyres; les *Sainte Catherine*, les *Saint Alexis* moururent coup sur coup : on ne se souvient que de *Saint Genest*. Rotrou, fortement ému de la pièce sublime de Corneille, et qui ne rougissait pas de paraître suivre en disciple celui qui, par un naïf renversement de rôle, le nommait *son père*, produisit, peu d'années après (1646), cette autre tragédie de la même famille exactement et qui, je l'ai déjà indiqué, ressuscite et clôt sur notre théâtre l'ancien genre des martyres. *Saint Genest* fait le second de *Polyeucte;* et tous deux sont des rejetons imprévus, au seuil du théâtre classique, d'une culture longtemps florissante au Moyen-Age, mais depuis lors tout à fait tombée. Il arrive souvent ainsi, en littérature, que des séries entières d'œuvres antérieures, appartenant à une période finissante de la civilisation avec laquelle elles s'en vont disparaître elles-mêmes, se retrouvent soudainement dans une dernière œuvre modifiée et supérieure, qui les abrége, les résume et en dispense. L'Arioste, au moment où la chevalerie vaincue tombe et se brise, en recueille, en rassemble, en embrouille malignement dans sa trame si diverse les fils, les devises et les couleurs nuancées, et voilà que ce qui a précédé n'est plus guère lu que par lui, chez lui, ou grâce à lui. Ce qu'est l'Arioste pour toute une famille de chevaleresques badins dont il a profité et qu'il éclipse, le Tasse l'a été dans l'autre perspective glorieuse et pathétique de la chevalerie prise au sérieux, qu'il embrasse et qu'il couronne. *La Jérusalem délivrée* est un poëme de chevalerie refait à la manière et à l'usage du seizième siècle et des suivants. Les anciens poëmes restent dans la poussière et ne seront plus remués que par les érudits : le monde des lecteurs est au chantre de Clorinde et d'Armide. En France, pour toute la partie burlesque, satirique et moralisante du Moyen-Age, Rabelais a fait ainsi : son livre est comme un lac un peu bourbeux[1], mais profond, où toutes les sources se viennent verser au bas des dernières hauteurs de l'époque qui finit, et quand la plaine du seizième siècle commence. Rabelais, à la rigueur, sur ce point, dispense de remonter, et l'on y trouve amassés, dans le plus vaste réservoir, toutes les malices, toutes les risées, tout le sens observateur et humain, tout le débris enfin et le limon des âges précédents. La Fontaine, on l'a dit souvent, est lui-même un poëte du seizième siècle dans le dix-septième; en lui, en ses Contes et dans toute sa manière, se retrouve condensé, aiguisé, raffiné sans altération et avec franchise le meilleur sel des fabliaux. Ces reproductions abrégées et brillantes de toute une veine du passé en un seul homme, en un seul talent, ces sortes de *ricochets* sont donc plus qu'un accident fréquent, c'est comme une marche générale en littérature[2] : il semble alors que les siècles entiers n'aient servi qu'à amasser et préparer la matière au génie tardif, mais facile, qui fleurit seul en vue dans l'arrière-saison. Cela même tient à une loi supérieure et qui s'applique à de plus grandes choses. Dans l'ordre de la nature, les grandes formations antérieures d'animaux,

---

1. Bourbeux de matière et de fond; car, de style, il est très-pur et limpide.

2. On en pourrait citer bien des exemples encore, et de divers genres, et en tirer diverses moralités : Ovide dans ses *Métamorphoses* est le dernier d'une série de poëtes mythologiques qui l'avaient précédé à Rome depuis le temps de Catulle : *Cui non dictus Hylas puer?* disait Virgile. Ovide a donné le résumé et la fleur, la *guirlande* de toute cette mythologie qu'il clôt et enserre; comme l'Arioste, il est l'héritier et le prodigue brillant de ce que les autres ont amassé et qu'on ignore. Ainsi vont d'ordinaire l'art

de végétaux, appartenant à des époques closes et qu'une autre époque d'organisation a remplacées, ne laissent-elles pas dans l'ordre suivant quelque vestige distinct d'elles-mêmes ? n'y ont-elles pas des représentants, jusqu'à un certain point, par quelques individus qui s'en rapprochent et qui en offrent plusieurs essentiels caractères ? n'ont-elles pas comme un dernier mot ? Ne nous étonnons point que, dans un ordre moindre, dans des séries moins tranchées et moins séparées, quelque indice de la même loi de continuité ou de récurrence se fasse sentir. Ce qu'il y a de curieux toujours, c'est quand le lien se retrouve à l'improviste et comme par accident. On croyait avoir fini d'un genre, d'une espèce de littérature, on la jugeait dès longtemps enterrée, et voilà qu'un échantillon dernier reparaît, et le plus brillant, et le seul brillant. *Polyeucte* et *Saint Genest* sont tout à fait dans ce cas par rapport à la classe des *mystères:* il y avait eu interruption, le ricochet glorieux peut en sembler plus piquant.

L'étude sur *Polyeucte* resterait incomplète si nous n'y joignions le *Saint Genest*, dont ce nous est ici une occasion naturelle et unique de parler. Il convient donc de s'y arrêter encore. Et qu'on ne s'effraye pas trop de cette longue distraction semi-profane que nous nous accordons : Port-Royal est désormais fondé et clos ; la *Journée du Guichet* a eu lieu ; notre cloître subsiste et les dehors

et la gloire. Pétrarque est, à certains égards, le dernier d'une foule de *sonettieri* italiens et de soupirants provençaux, dont on n'a plus que faire ; Benvenuto Cellini vient le dernier, me dit-on, d'une école de sculpteurs florentins qu'il couronne et qu'il recouvre. Bayard est le dernier des chevaliers. *Aux derniers les bons*, dit l'adage vulgaire. C'est le dernier chef de file qu'on voit. C'est toujours l'Histoire d'Alexandre, qui triomphe avec les trésors et l'armée de Philippe. Mirabeau aussi n'est-il pas le produit brillant, et déjà gâté, d'une race qui valait mieux que lui, et qui n'a éclaté dans la gloire que par lui ?

en sont bien gardés : nous pouvons le laisser un peu seul sans crainte. — Et disons-le une fois pour toutes, quand Port-Royal ne serait pour nous qu'une occasion, une *méthode* pour traverser l'époque, et quand on s'en apercevrait, l'inconvénient ne serait pas grand.

VII

Continuation de l'épisode dramatique. — Deux familles de génies : de laquelle Rotrou ? — Son degré de parenté avec Corneille. — Analyse du *Saint Genest*. — Différence avec la tragédie sacrée de Racine. — Jugements de Port-Royal sur *Polyeucte*.

Rotrou est de beaucoup inférieur à Corneille; mais quand il monte, c'est dans le même sens et sur les mêmes tons : il aide à mesurer l'échelle. Plus jeune d'âge que Corneille, mais son aîné au théâtre et dans le métier, il se fit son suivant, et comme son écuyer dans l'arène depuis *le Cid*. Corneille avait beau le tirer en avant et lui dire *mon père*, Rotrou s'obstinait à rester à sa place, et se contentait, fils ou frère, de l'honneur de la lignée.

Il me semble que les génies dramatiques, à les prendre dans leur ensemble et parmi les plus grands, peuvent assez bien se séparer en deux classes, en deux familles principales, qui offrent des traits et un procédé essentiellement différents. Au dix-huitième siècle une querelle s'agita, comme on en vit un si grand nombre en ce temps d'activité disponible et d'heureux loisirs; ce n'était pas cette fois la grosse querelle des Encyclopédistes et de la Sorbonne, ni même celle des Gluckistes et des Piccinistes : c'était de savoir si l'acteur, le bon et grand acteur, quand il joue, doit s'éprendre de son rôle au point d'en être sérieusement, entièrement ému et entraîné, ou s'il doit, tout en s'y livrant, le dominer par un sang-froid intérieur et le juger. La querelle, soulevée là sous une forme particulière et sur un point spécial de l'art, était applicable à d'autres arts, et le double procédé à débattre se retrouvait tout directement pour le poëte dramatique autant que pour le comédien. L'acteur Riccoboni, qui avait levé la question, prit parti d'un côté : Diderot prit feu de l'autre. Pour moi il me semble qu'il y a lieu aux deux procédés, et que c'est le caractère même de deux ordres de talents.

Incontestablement il s'est rencontré des poëtes dramatiques qui, en créant les personnages, les êtres divers dont ils ont animé la scène, ont eu cela de propre de rester plus calmes, plus désintéressés, plus détachés, de se moins jeter, si l'on peut dire, à toute verve et à corps perdu dans tel ou tel de leurs personnages, si bien qu'en les lisant et en embrassant leur œuvre dans sa riche diversité, on ne sait lequel choisir et lequel eux-mêmes auraient de préférence choisi : tous vivent chez eux, et d'une vie infuse, variée et facile, comme dans la nature. Les poëtes en qui se déclare le plus évidemment cette souveraine manière de créer, on les nomme déjà : Shakspeare, Molière, Walter Scott, si dramatique en ses romans, Goëthe en partie. Tous plus ou moins, autant qu'on le peut induire de la nature de leurs œuvres ou des détails de leur vie, étaient calmes d'apparence, rassis au milieu de leurs créations ardentes; ils y portaient, jusqu'au centre, un certain sang-froid, une clairvoyance qui ne se perdait guère dans le feu et la fumée des moments extrêmes, ou qui se retrouvait tout après. On peut dire de tous en général ce qu'un poëte moderne a dit de l'un d'eux :

Artiste au front paisible avec les mains en feu !

A ce front de marbre et à ces mains en feu des divins Prométhées, il faut ajouter sans doute un cœur humain complet et chaud (*pectus*)[1] ; mais ce cœur, si chaud qu'on le fasse, chez ces grands créateurs reste dominé par la pensée ; en se précipitant dans les sentiments de certains personnages, il en pourrait toujours être détourné à propos, à temps, pour passer à d'autres à côté. Il n'y a pas chez eux de cette préoccupation exclusive, ardente, belle peut-être et qu'on aime, mais un peu aveugle aussi. Le nuage, en remontant, s'arrête à leur sourcil de Jupiter et en est commandé.

L'autre famille des génies dramatiques n'est pas telle en ce point selon moi, et de là le trait fondamental de différence. Cette seconde famille bien grande encore, moindre pourtant, si l'on ose trancher avec de tels hommes, me semble comprendre Corneille, Schiller, Marlowe, Rotrou, Crébillon, Werner, — tout au bas, mais encore dans son sein, Ducis. Le poëte de cette vocation domine moins ses sujets, les choisit, les épouse plus conformes à lui-même, et se porte sur certains points en entier ; il s'y porte comme un lion. Mais, en somme, il ne dirige pas son talent, il le suit ; il marche, pour ainsi dire, dans son talent, au moment de l'effusion, comme un homme

---

[1]. Ce qui n'était pas assez vrai du poëte pour qui M. Auguste Barbier faisait ce beau vers ; et c'est faute de ce *pectus*, de ce cœur sincèrement sympathique à tout que Goëthe ne tient qu'incomplètement à la grande première famille : il domine son talent, mais il s'en pique ; cette supériorité de calme jusque dans la verve n'est pas un don seulement en lui, c'est une prétention. Cela se raffine et va à la malice, nuisible à toute grandeur : entre deux portes toujours Méphistophélès s'entrevoit. — (On a depuis et nous avons nous-même rendu une plus ample justice à Goëthe vieillissant.)

ivre ; il ne sait pas au juste où il en est ; il trébuche par places, et il se noie. Il est comme l'acteur qui, dans son rôle pathétique, verserait de vraies larmes, pousserait de vrais soupirs et qui, par cet abandon de lui à son rôle, atteindrait mainte fois à des accents extraordinaires, mais bientôt retomberait, et ne saurait trop où se reprendre dans les intervalles. Parmi les grands acteurs, Talma, à mon sens, n'appartenait pas du tout à ce procédé ; il était, dans son rôle, de la famille des Shakspeare, des Molière ; puissant, fécond, entraînant, mais non entraîné, calme et dominant. Pour nous en tenir aux poëtes, nul en cet ordre second, nul, pas même le noble Schiller, n'est plus grand que Corneille ; ils occupent en vis-à-vis l'un et l'autre le haut bout de la famille ; ils en ont les qualités fières, l'éclair au front, parfois le trouble au regard, surtout le chaleureux montant et le cordial, la bonhomie aussi ; mais à ces qualités l'équilibre manque, et de là tous les hasards [1].

Qu'on ne me demande pas pour le moment dans laquelle des deux familles je range Racine : ce ne serait ni dans l'une ni dans l'autre. D'emblée il n'est pas de cette première, bien autrement libre et vaste et naturellement féconde, des Shakspeare, des Molière. Il n'est pas de l'entrain rapide et de l'abandon souvent hasardeux de la seconde. Il forme un mélange à part, un art sin-

1. Notez bien que lorsque je dis de cette seconde manière qu'elle a moins d'équilibre, qu'elle est plus aveugle ou plus fumeuse, plus instinctive que l'autre, je ne prétends pas qu'il n'y ait beaucoup de raisonnement, de calcul et de combinaison compatible avec cet entraînement. Corneille est très-métaphysique, très-subtil de dialectique, souvent aussi subtil à la normande que Schiller à l'allemande. Mais c'est à côté du drame et de la vie toute vraie, c'est dans le sens de leurs propres idées qu'ils abondent alors, ce qui n'a jamais lieu sensiblement dans la première famille des Shakspeare et des Molière, lesquels s'effacent continuellement en leurs personnages et les laissent parler selon la façon non métaphysique, mais extérieure et naturelle.

gulier et accompli que nous ne perdrons aucune occasion de démêler et de faire sentir comme nous l'entendons. Il est, selon l'expression de Boileau et dans le sens le plus flatteur et le plus sérieux, un *bel-esprit*, — oui, mais un bel-esprit du cœur le plus tendre, entouré de tout le goût, de tout le sens et des plus justes lumières. Nous suivrons peu à peu cette vue-là.

Donc, en ce second ordre de poëtes dramatiques où le grand Corneille est au premier rang, le bon Rotrou ne vient lui-même qu'au second ; mais il vient tout derrière et par moments presque coude à coude avec Corneille. Il n'en parut jamais plus près que le soir de cette tragédie : *Saint Genest comédien païen représentant le mystère d'Adrien*.

Un des plus doctes et des plus doux solitaires de Port-Royal, M. de Tillemont, a parlé du martyre de saint Genest. Au tome IV de ses *Mémoires pour servir à l'histoire ecclésiastique*, il raconte cette histoire comme aussi édifiante qu'agréable, dit-il, et très-propre à nous faire admirer la bonté de Dieu et la force toute puissante qu'il a sur nos cœurs. Il tire son récit, ajoute-t-il, d'une pièce *que sa simplicité rend aimable et fait juger tout à fait fidèle*. Quoiqu'en effet la courte relation du manuscrit où il puise soit incomparable, aux endroits décisifs l'inspiration de Rotrou n'est pas indigne de se rapprocher d'une source si pure.

On n'y atteint pas sans des abords coûteux et un attirail de ressorts par lesquels il nous faut passer. La première scène est entre Valérie, fille de l'empereur Dioclétien, et sa confidente ; il s'agit d'un songe comme au début de *Polyeucte*; Valérie a rêvé, comme Pauline, quelque chose de funeste : elle a rêvé qu'un berger prétendrait à l'honneur de son lit et serait son époux. De quel berger s'agit-il? Elle l'ignore. Mais elle se rappelle les volontés capricieuses de Dioclétien, son père ; qu'il a bien déjà épousé sa mère, à elle Valérie, sa mère qui n'était qu'une femme du peuple et qui avait donné un jour quelques pains au futur empereur encore soldat; elle le voit de plus se choisissant, non pas seulement un collègue utile, Maximien-Hercule, pour soutenir le faix de l'empire, mais deux autres plus récents, Maximin [1] et Constance, qui semblent de peu d'appui :

Et pourquoi quatre chefs au corps de l'univers?

Et elle semble prête à conclure de toutes ces fantaisies paternelles qu'il est fort possible qu'aujourd'hui Dioclétien la veuille marier à quelque gardien de troupeaux. Un page annonce Maximin arrivé de la guerre et Dioclétien en personne. Celui-ci entre en baisant les mains de sa fille :

Déployez, Valérie, et vos traits et vos charmes;
Au vainqueur d'Orient faites tomber les armes.

Le berger, en effet, n'est autre que Maximin lui-même, naguère élevé par Dioclétien du rang le plus infime à l'empire, et qui par ses triomphes a justifié ce choix. En apprenant (pour la première fois à ce qu'il semble) ces antécédents de Maximin qui aujourd'hui incline devant elle ses lauriers,

Et *de victorieux des bords que l'Inde lave*
Accepte plus content la qualité d'esclave,

Valérie ne voit plus rien de funeste dans le songe du matin, et s'écrie :

Mon songe est expliqué ; j'épouse en ce grand homme
Un berger, il est vrai, mais qui commande à Rome....

Tout cela, convenons-en, est fort mauvais ; nulle part

---

1. Plus exactement ce serait *Maximien* Galère, mais Rotrou l'appelle d'un bout à l'autre *Maximin* pour le distinguer sans doute du premier Maximien.

mieux qu'en ce commencement on ne touche du doigt les défauts du temps et du talent de Rotrou, l'emphase, la vaine pompe. Toutes ces premières conversations ne sont que des tirades ampoulées, où la seule idée qui se développe incessamment, dans une indigeste recrudescence d'images, est le contraste de l'ancienne condition de berger avec la pourpre et la gloire actuelle de Maximin. Ce souvenir pastoral revient dans toutes les bouches, dans celle de Valérie, de Maximin lui-même, de Dioclétien qui cherche des autorités et des précédents :

> A combien de bergers les Grecs et les Romains
> Ont-ils, pour leur vertu, vu des sceptres aux mains?

et il énumère. — Rotrou ne savait pas assez le monde pour comprendre que plus ces défauts de naissance sont réels et sensibles, moins on les étale. Ses deux empereurs, Dioclétien et Maximin, se posent tout d'abord dans le mauvais moule des bronzes solennels, dans toute la roideur d'un empereur équestre. On retrouve ici chez Rotrou, mais grossis, tous les défauts de Corneille : c'est comme un frère cadet qui ressemble à son aîné, mais en laid. Les Romains de Corneille en sont et en restent à Lucain ; ceux de Rotrou vont au Stace et au Claudien.

Genest entre (non sans avoir été annoncé au préalable par le page); il entre avec une sorte de familiarité respectueuse, et, s'adressant aux empereurs, aux *monarques* (comme il les appelle tous deux, et oubliant qu'il y en a deux autres encore), il leur offre ses services et ceux de sa troupe dans l'allégresse commune. Dioclétien consent et se met à louer le théâtre, l'art du comédien, à discourir de cette matière dramatique avec l'intérêt qu'aurait mis Richelieu entretenant ses cinq auteurs. Il s'informe du mérite des rivaux en vogue :

> Quelle plume est en règne, et quel fameux esprit
> S'est acquis dans le Cirque un plus juste crédit?

Genest, après avoir confessé sa préférence pour les anciens Grecs et Latins, Sophocle, Plaute, Térence, déclare que, parmi les plus récents, la palme est à l'un d'eux sans contredit, à l'auteur de *Pompée* et d'*Auguste,*

> Ces poëmes sans prix, où son illustre main
> D'un pinceau sans pareil a peint l'esprit romain !

Les applaudissements nommaient Corneille. Le louer de la sorte au moment même où il l'imitait, c'était ingénieux de la part de Rotrou, c'était délicat.

Dioclétien, qui préfère pourtant un sujet moins connu et plus nouveau qu'*Auguste* et *Pompée*, commande à Genest de jouer ce martyre d'Adrien qu'il joue, dit-on, si bien. Cet Adrien, persécuteur d'abord des Chrétiens comme saint Paul et soudainement converti comme lui, avait été condamné au supplice dans Nicomédie par Maximin lui-même, qui est là présent, et qui, selon qu'il le remarque, va être ainsi représenté par un acteur, lui spectateur. Ceci est déjà piquant. Le premier acte finit là-dessus.

Le second commence par une scène de répétition de la comédie que Genest doit représenter. Dans *Hamlet*, la scène des acteurs, si dramatique, n'est qu'un accident : ici, à partir de cet acte, c'est tout un drame intérieur qui s'emboîte dans l'autre, qui s'y enlace comme par jeu, et qui, de plus en plus gagnant, finit par tout prendre d'un revers et tout couronner. Genest tient en main son rôle et cause avec le décorateur. Il y a là de très-bons vers dans sa bouche, des conseils sur la peinture de décoration et les effets qu'elle produit, des vers très-peu classiques toutefois, et dans lesquels Fénelon, La Bruyère ou Boileau, ces écrivains du pur Louis XIV, n'auraient pas manqué de voir du *jargon*, comme ils disaient ; le passage rappelle tout à fait des vers descriptifs de Molière sur le Val-de-Grâce, et, s'accordant aussi à la touche du vieux Regnier, répond singulièrement d'avance aux prédilections scéniques de M. Hugo. *Il est beau,* dit Genest en parlant du théâtre,

> Il est beau : mais encore, avec peu de dépense,
> Vous pouviez ajouter à sa magnificence,
> N'y laisser rien d'aveugle, y mettre plus de jour,
> Donner plus de hauteur aux travaux d'alentour,
> En marbrer les dehors, en jasper les colonnes,
> Enrichir leurs tympans, leurs cimes, leurs couronnes,
> . . . .
> Et surtout en la toile où vous peignez vos Cieux
> Faire un jour naturel au jugement des yeux ;
> Au lieu que la couleur m'en semble un peu meurtrie.

Survient la comédienne Marcelle, tout impatientée, dit-elle, des galants qui l'assiégent et l'étourdissent : sa loge en est remplie. Genest lui répond assez railleusement et paraît croire très-peu à cette impatience, à ce dégoût de sa camarade pour les galants. Nous sommes dans les coulisses du temps de Corneille et de tous les temps; nous retrouvons un coin de scène du *Roman comique.* Tout ce détail d'à-propos devait rendre fort agréable à son moment la pièce de Rotrou.

Genest resté seul repasse et récite haut son rôle, le rôle d'Adrien devenu chrétien :

> Il serait, Adrien, honteux d'être vaincu ;
> Si ton Dieu veut ta mort, c'est déjà trop vécu ;
> J'ai vu, Ciel, tu le sais par le nombre des âmes
> Que j'osai t'envoyer par des chemins de flammes,
> Dessus les grils ardents et dedans les taureaux
> Chanter les condamnés et trembler les bourreaux.

Pendant qu'il récite, il sent déjà un effet avant-coureur, une influence par laquelle il lui semble qu'il *feint* moins Adrien qu'il ne le *devient :* il veut pourtant rentrer dans son rôle :

> Il s'agit d'imiter et non de devenir ;

mais, au même moment, s'entend d'en haut une voix mystique qui prélude :

> Poursuis, Genest, ton personnage,
> Tu n'imiteras point en vain....

Genest s'étonne, s'écrie ; mais le décorateur rentre et l'interrompt. Genest lui dit magnifiquement :

> Allons, tu m'as distrait d'un rôle glorieux
> Que je représentais devant la Cour des Cieux.

Les empereurs arrivent et la pièce commence.

Dans cette première atteinte et cette illumination de Genest, dans cette voix du Ciel qui parle distinctement et qu'entend le spectateur, l'œuvre de Grâce est un peu crûment traduite et comme passée à l'état d'appareil dramatique : la machine se voit trop. Pourtant l'effet est produit ; et il était essentiel que cette voix ou quelque chose de tel donnât signal et avertît le spectateur, pour que son intérêt fût bien éveillé dès l'abord dans ce sens de la conversion : car tout le mobile de ce qui va se représenter est là.

Chemin faisant et pendant que Genest sous le personnage d'Adrien débute par une tirade en fort beaux vers pour s'exhorter au martyre, je tirerai une remarque sur la qualité poétique du style de Rotrou. On y a pu trouver dès l'abord une verve toute cornélienne :

> Chanter les condamnés et trembler les bourreaux....

On y trouve même l'image à un degré de plus que chez Corneille, qui est volontiers plus abstrait. Rotrou est plein de ces vers qui peignent :

> J'ai vu tendre aux enfants une gorge assurée
> A la sanglante mort qu'ils voyaient préparée,
> Et tomber sous le coup d'un trépas glorieux
> *Ces fruits à peine éclos, déjà mûrs pour les Cieux.*

Ailleurs :

> *Il* brûle d'arroser cet arbre précieux (*la Croix*)
> Où pend pour nous le fruit le plus chéri des Cieux.

Et encore :

> . . . . Sur un bois glorieux
> Qui fut moins une croix qu'une échelle des Cieux [1].

Une autre qualité poétique dans le style de Rotrou, et qui lui est commune avec Corneille, qu'il a peut-être même à un degré plus évident encore, c'est le vers plein, tout d'une venue, de ces vers qui emportent la pièce. Fréquents chez Regnier, fréquents chez Molière, assez fréquents chez Corneille, plus rares chez Racine, Boileau, et dans cette école de poëtes à tant d'égards excellents, ces grands vers qui se font dire *ore rotundo*, à pleine lèvre, ces vers tout eschyliens qui auraient mérité de résonner sous le masque antique, ne font faute dans Rotrou :

> Après les avoir vus, d'un visage serein,

---

1. On voit en même temps combien Rotrou se gênait peu pour reproduire à satiété les mêmes rimes. Flavie ou Flavius dit à Adrien:
> Il vous peut même ôter vos biens si précieux.
> ADRIEN.
> J'en serai plus léger pour monter dans les Cieux.

De plus, cet avantage qu'il a quelquefois sur Corneille par le côté d'*image* et d'*éclat*, il le paie, il faut en convenir, par de plus mauvais vers et plus fréquents que n'en fit jamais Corneille : ainsi, au moment où va paraître Adrien représenté par Genest, Maximin dit qu'il verra avec plaisir

> . . . *remourir* ce traître après sa sépulture,
> Sinon en sa personne, au moins en sa figure.

Pour exprimer à un endroit la colère de Maximin, il est dit qu'il

> Pâlit, frappe du pied, frémit, *déteste, tonne.*

La correction, le choix, le goût manquent à ce style bouillant et brillant.

Pousser des chants aux Cieux dans des taureaux d'airain....
La mort, pour la trop voir, ne leur est plus sauvage;
Pour trop agir contre eux, le feu perd son usage;
En ces horreurs enfin le cœur manque aux bourreaux,
Aux juges la constance, aux mourants les travaux.

Le plus riche et le plus copieux échantillon du genre me semble être ce vers de Racan :

La javelle à plein poing tomber sous la faucille.

Grâce au goût extrême pour le coulant qui a prévalu et à la petite bouche mondaine, de tels vers se comptent dans notre poésie [1].

Mais Adrien a terminé le monologue par lequel il s'exhorte au martyre. Flavie, un homme du palais, son ami, survient tout effaré, lui demande s'il est vrai qu'il soit chrétien, lui raconte que l'on a donné cette nouvelle devant César, devant Maximin, qui est soudain devenu furieux : burlesque description de cette fureur. Flavie veut détourner Adrien, qui lui répond en s'exaltant comme Polyeucte; et plus Genest arrive à ne faire qu'un avec son rôle [2], plus il se surpasse comme comédien :

Allez, ni Maximin courtois ou furieux,
Ni ce foudre qu'on peint en la main de vos Dieux,

1. En voici un de Malherbe :

Et couchés sur les fleurs comme étoiles semées.

Maynard n'en a fait qu'un, je crois, dans ce goût, mais très-beau :

Et l'univers qui, dans son large tour,
Voit courir tant de mers et fleurir tant de terres,
Sans savoir où tomber tombera quelque jour !

2. Si l'on osait à ce propos revenir à la question du commencement de ce chapitre : Vaut-il mieux pour l'acteur être entraîné par son rôle que le dominer? je répondrais, par l'exemple de Genest même, qu'il est plus sublime sans doute à mesure qu'il entre plus avant dans son personnage, mais cela *jusqu'à un certain degré*,

Ni la Cour ni le trône avecque tous leurs charmes,
Ni Natalie enfin avec toutes ses larmes,
Ni l'univers rentrant dans son premier chaos,
Ne divertiraient pas un si ferme propos.

L'acte de la pièce d'*Adrien* finit, et en même temps celui de la pièce principale : Dioclétien se lève en disant :

En cet acte Genest, à mon gré, se surpasse,

et chacun va le féliciter.

Le troisième acte de la tragédie et le second de la pièce d'*Adrien* commencent : Maximin, le véritable Maximin, en s'asseyant, remarque l'acteur qui entre et qui le représente :

Mais l'acteur qui paraît est celui qui me joue.
. . . .
Voyons de quelle grâce il saura m'imiter.

L'acteur n'a pas besoin d'y mettre beaucoup de *grâce*, car ce Maximin n'en a guère. S'il a été berger, comme on le répète sans cesse, ç'a été un berger un peu loup, un pâtre un peu brigand : il y paraît bien à sa férocité d'empereur. Mais il n'était pas moins piquant et d'une confrontation réjouissante de voir l'acteur regardé par l'original, et les deux Sosies en présence.

Adrien, qu'on amène tout chargé de fers devant le Maximin de la pièce, reproduit sur le Dieu des Chrétiens ces belles définitions de Polyeucte :

Le Dieu de Polyeucte et celui de Néarque
De la terre et du Ciel est l'absolu monarque....
Je n'adore qu'un Dieu, maître de l'univers....

et qu'au moment où il s'y abandonne trop sincèrement, il s'y perd, et qu'il en sort; qu'il brise le cadre, que la pièce manque et qu'il y a catastrophe. Donc l'acteur doit, jusqu'à un certain point, et sans en avoir l'air, se dominer, rester double et ne paraître qu'un.

Rotrou, en reprenant toute cette belle et simple théologie, la traite avec plus d'intention pittoresque ou descriptive, pourtant encore avec une digne grandeur. Comme Maximin lui reproche d'adorer un maître nouveau, Adrien répond :

> La nouveauté, Seigneur, de ce Maître des maîtres
> Est devant tous les temps et devant tous les êtres :
> C'est lui qui du néant a tiré l'univers,
> Lui qui dessus la terre a répandu les mers,
> Qui de l'air étendit les humides contrées,
> Qui sema de brillants les voûtes azurées,
> Qui fit naître la guerre entre les éléments
> Et qui régla des cieux les divers mouvements ;
> La terre à son pouvoir rend un muet hommage,
> Les rois sont ses sujets, le monde est son partage ;
> Si l'onde est agitée, il la peut affermir ;
> S'il querelle les vents, ils n'osent plus frémir ;
> S'il commande au soleil, il arrête sa course :
> Il est maître de tout comme il en est la source ;
> Tout subsiste par lui, sans lui rien n'eût été :
> De ce Maître, Seigneur, voilà la nouveauté !

Maximin, à ces mots, entre en fureur ; grossier et cruel, il passe de l'amitié pour Adrien à la plus féroce menace. S'il jouissait de se voir ainsi représenté au naturel, à bout portant, il n'était pas chatouilleux.

On ramène Adrien dans sa prison. Sa femme Natalie (représentée par Marcelle, cette comédienne un peu coquette de tout à l'heure) le vient trouver ; mais, au premier mot qu'elle essaie, Adrien, moins galant que Polyeucte, et qui n'a pas les délicatesses et politesses de ce *cavalier* d'Arménie, lequel, même à travers son enthousiasme, accueillait Pauline en disant :

> Madame, quel dessein vous fait me demander ?

Adrien coupe court au dessein qu'il suppose à Natalie :

> . . . . Tais-toi, femme, et m'écoute un moment !

A part cette incivilité du début, la tirade est belle, grande et finalement touchante. Les délicatesses pourtant de la scène entre Polyeucte et Pauline s'y font à un autre endroit regretter. Au lieu de ce noble et généreux don que Polyeucte veut faire de Pauline à Sévère, Adrien, qui voit déjà Natalie veuve, se montre trop empressé de la donner à n'importe qui :

> Veuve dès à présent, par ma mort prononcée,
> Sur un plus digne objet adresse ta pensée ;
> Ta jeunesse, tes biens, ta vertu, ta beauté,
> Te feront mieux trouver que ce qui t'est ôté.

Loin d'être héroïque et magnanime comme chez Polyeucte, le don ainsi exprimé, jeté comme au hasard, n'est plus même élevé ni décent. Cette noble nature de Rotrou avait du vulgaire, du bas. Corneille d'ordinaire est noble, ou enflé, ou subtil, ou au pis un peu comique de naïveté : il n'est pas vulgaire. Rotrou l'est; il avait de mauvaises habitudes dans sa vie, du désordre, le jeu ; il n'avait pas toujours gardé les mœurs de famille, il fréquentait la taverne et certainement très-peu l'hôtel de Rambouillet.

Mais Adrien est redevenu touchant à la fin de cette tirade à Natalie :

> Que fais-tu ? tu me suis ! quoi ! tu m'aimes encore ?
> Oh ! si de mon désir l'effet pouvait éclore !
> Ma sœur (c'est le seul nom dont je te puis nommer),
> Que sous de douces lois nous nous pourrions aimer !
> Tu saurais que la mort par qui l'âme est ravie
> Est la fin de la mort plutôt que de la vie.

Cela est pathétique et tendre de forme comme de fond, presque racinien de langage comme de sentiment.

Natalie se jette alors au cou d'Adrien, car il se trouve qu'elle est chrétienne ; elle l'est presque de naissance, par sa mère. Ce n'est pas comme dans *Polyeucte* le sang même d'un époux qui convertit l'amante et la baptise. Ici toute une histoire secrète, romanesque, comme celles qui sont si ordinaires dans l'ancienne comédie : au lieu d'être une princesse déguisée, Natalie se trouve une fidèle cachée. Sa mère chrétienne ne l'avait donnée à un païen que par contrainte et pour obéir à César :

> Ses larmes seulement marquèrent ses douleurs :
> Car qu'est-ce qu'une esclave a de plus que des pleurs?

On est d'ailleurs satisfait de cette union des deux cœurs en la même croyance. Dans *Polyeucte* on n'y arrive qu'après de pathétiques déchirements qui sont l'action même : ici la pièce à double fond est bien assez compliquée sans ce ressort; car n'oublions pas que c'est de Genest qu'il s'agit : l'union d'Adrien et de Natalie peut avoir lieu tout d'abord, et elle est complète dans sa douceur :

> Tous deux dignes de mort, et tous deux résolus,
> Puisque nous voici joints, ne nous séparons plus;
> Qu'aucun temps, qu'aucun lieu jamais ne nous divisent!
> Un supplice, un cachot, un juge nous suffisent!

C'est Natalie qui s'écrie ainsi. Adrien toutefois l'engage à ne pas devancer les temps et à vivre encore. Flavie survient et les interrompt. Le discours à double sens de Natalie devant Flavie a de l'intérêt; dès qu'elle est seule, en sortant, son monologue éclate en liberté devant les étoiles, et avec une certaine élévation pleine de brillants qui marquent l'époque :

> Donnons air au beau feu dont notre âme est pressée.

Mais tout d'un coup, quand on en est là de la pièce intercalée, Genest quittant son rôle d'Adrien et redevenant Genest en personne, s'adresse de sa voix naturelle à Dioclétien, et se plaint des courtisans qui obstruent le théâtre et gênent les acteurs : c'était une petite raillerie à brûle-pourpoint contre les jeunes marquis du temps, les chevaliers de Grammont et leurs pareils, qui, pris sur le fait et désignés du doigt, devaient être les premiers à en rire. Sur quoi Dioclétien, qui est en gaieté, répond par une épigramme que ce sont moins les courtisans de l'empereur qui font le désordre que les courtisans de ces dames les comédiennes :

> De vos dames la jeune et courtoise beauté
> Vous attire toujours cette importunité.

L'acte de Rotrou se coupe à cette plaisanterie : tout reste en suspens, et plus l'intérêt du fond est sérieux, plus cela devient spirituel de bordure.

Jamais le mélange, l'opposition du tragique et du comique n'a paru plus en vue et mieux contrasté. *Saint Genest* en plein dix-septième siècle est la pièce la plus romantique qu'on puisse imaginer. Rotrou rencontrait tout naturellement le genre en France vers le même temps que Calderon, bien avant *Pinto*, bien avant *Clara Gazul*.

Le quatrième acte commence après que le désordre est censé apaisé. La pièce intercalée continue. La scène entre Flavie et Adrien fait souvenir de celle du débat entre Polyeucte prêt à marcher aux autels, et Néarque qui lui objecte les dangers et les tourments. Flavie païen déroule à son ami les mêmes représentations plus fortes et tout à fait poignantes :

> Souvent en ces ardeurs la mort qu'on se propose
> Ne semble qu'un ébat, qu'un souffle, qu'une rose ;
> Mais quand ce spectre affreux, sous un front inhumain,
> Les tenailles, les feux, les haches à la main,
> Commence à nous paraître et faire ses approches,
> Pour ne s'effrayer pas il faut être des roches....

Adrien répond admirablement :

> J'ai contre les Chrétiens servi longtemps vos haines,
> Et j'appris leur constance en ordonnant leurs peines...;

et, resté seul, repensant à Natalie qu'il va voir :

> Marchons assurément sur les pas d'une femme :
> *Ce sexe qui ferma, rouvrit depuis les Cieux.*

Vers d'unique et merveilleuse précision, et qui enferme toute l'histoire du monde depuis la Chute jusqu'à la Venue !

Natalie pourtant, qui accourt, fait une bien fausse entrée : voyant Adrien sans ses fers, elle s'imagine qu'il renonce, qu'il renie, et là-dessus elle s'emporte en un flux d'invectives tout à fait intarissables. Il a beau vouloir l'interrompre :

> . . . . . Je n'entends plus un lâche
> Qui dès le premier pas chancelle et se relâche,

s'écrie-t-elle ; — suit une triple cascade de tirades théâtrales, déclamatoires, et du pire.

N'est-il pas frappant comme avec Rotrou nous passons à tout instant du bon au mauvais, du sublime au détestable ? Le lecteur est avec lui dans la situation peu commode qu'exprime burlesquement Gros-René :

> . . . . Le vaisseau, malgré le nautonier,
> Va tantôt à la cave et tantôt au grenier.

On serait tenté de lui dire avec un autre poëte : *Ni si haut, ni si bas !* Cette impression prépare à bien sentir la supériorité, l'originalité de Racine, du beau continu, soutenu, harmonieux.

Adrien, pendant que Natalie s'emporte et déclame, lui explique enfin à grand'peine, lui glisse entre deux tirades que ce n'est que par complaisance que ses fers lui sont ôtés pour un moment; il veut toujours mourir. Natalie, soudainement retournée en sentiments contraires, l'embrasse alors et lui crie avec effusion : *Cours, généreux athlète*, et tout ce qui suit. Anthisme (ou Anthyme) confesseur chrétien, qu'elle fait entrer, l'exhorte en non moins beaux élans :

> Va donc, heureux ami, va présenter ta tête,
> Moins au coup qui t'attend qu'au laurier qu'on t'apprête :
> Va de tes saints propos éclore les effets,
> De tous les chœurs des Cieux va remplir les souhaits.
> Et vous, Hôtes du Ciel, saintes légions d'Anges,
> Qui du nom trois fois saint célébrez les louanges,
> Sans interruption de vos sacrés concerts,
> A son aveuglement tenez les Cieux ouverts!

Les Cieux se sont ouverts en effet; l'Ange s'est montré : Genest ravi [1] passe outre à son rôle, et nommant le ca-

1. Rotrou n'a pas osé faire conférer sur le théâtre, par les mains d'Anthisme, le baptême que réclame Genest. On lit dans Tillemont (*Mémoires pour servir, etc.*, tome IV, p. 419) : « Ce saint martyr « (Genest) était d'abord un chef de comédiens, si grand ennemi « des Chrétiens qu'il n'en pouvait pas même entendre le nom sans « frémir d'horreur. Il insultait à ceux qu'il voyait demeurer « fidèles à Jésus-Christ parmi les tourments.... Il s'informa avec « grand soin de nos Sacrements, qu'il pouvait aisément apprendre « de quelque apostat; mais ce fut dans le dessein de profaner par « ses bouffonneries sacriléges ce que notre religion a de plus sa- « cré. Il voulut en divertir Dioclétien même, et jouer devant lui « en plein théâtre les mystères des Chrétiens. Après donc qu'il eut « instruit les autres acteurs de ce qu'ils avaient à faire, il parut « sur le théâtre couché comme un malade, et demanda le bap- « tême, mais en des termes dignes du lieu où cela se passait : les « autres lui répondirent de même, et on fit venir d'autres bouffons « pour contrefaire un prêtre et un exorciste. Mais dans ce moment- « là même il fut touché, et Dieu agissant dans son cœur, il se « trouva converti.... Le prétendu prêtre s'étant donc assis auprès « de son lit et lui demandant : « Mon fils, pourquoi nous avez- « vous demandé? » il lui répondit, mais très-sérieusement et avec « une entière pureté de cœur : « Je souhaite de recevoir la grâce « de Jésus-Christ pour renaître en lui et être délivré des iniquités « qui m'accablent. » On célébra ensuite les mystères des Sacre-

marade qui représente Anthisme par son nom de Lentule :

> Adrien a parlé, Genest parle à son tour ;
> Ce n'est plus Adrien, c'est Genest qui respire
> La grâce du baptême et l'honneur du martyre....

et là-dessus il sort brusquement de la scène.

La comédienne qui représente Natalie reste court et s'écrie :

> Ma réplique a manqué, ces vers sont ajoutés.

On croit pourtant encore, comédiens et assistants, que cette sortie n'est due qu'à un défaut de mémoire, que même les vers ajoutés ne sont qu'un tour de génie pour couvrir l'accident.

Mais il rentre, et cette fois ne parle plus qu'en son nom, comme un régénéré; il le déclare : un Ange mystérieux, au moment où Anthisme lui parlait, l'a baptisé d'une rosée céleste. En vain ses camarades le veulent rappeler à son rôle, il s'agit de bien autre chose pour lui :

> Ce monde périssable et sa gloire frivole
> Est une comédie où j'ignorais mon rôle....

« ments; on lui fit les interrogations ordinaires, et il répondit
« (sincèrement) qu'il croyait tout ce qu'on lui proposait. Enfin on
« le dépouilla, et on le plongea dans l'eau; et en même temps il
« vit au-dessus de lui une main qui venait du Ciel, et des Anges
« tout éclatants de lumière, qui, ayant lu dans un livre tous les
« péchés qu'il avait faits depuis son enfance, les lavèrent dans
« l'eau où on le plongeait, et lui firent voir ensuite qu'il était plus
« blanc que la neige. Quand les mystères eurent été achevés, on
« lui donna des habits blancs, et, comme tout cela ne passait en-
« core que pour une bouffonnerie, on continua la farce, et il vint
« des soldats qui le prirent et l'emmenèrent à l'Empereur comme
« on avait accoutumé de lui présenter les Chrétiens. Mais quand
« il fut devant Dioclétien, il déclara la vision qu'il avait eue en
« recevant le baptême.... » — Chez Rotrou il est nécessaire, pour l'intelligence et le mouvement de la scène, que Genest éclate un peu plus tôt.

Il pousse même un peu loin le jeu de mots sur ce *rôle* et sur la *réplique* que l'esprit angélique lui suggère aujourd'hui. Malgré tout, le pauvre acteur Lentule n'est pas encore convaincu, et s'écrie d'un air comiquement émerveillé :

Quoiqu'il manque au sujet, jamais il *ne* hésite.

Enfin Dioclétien perd patience et se fâche tout de bon. Genest s'adresse directement à lui, s'impute la faute, excuse ses compagnons et finit son apostrophe aux Empereurs par ces vers éloquents :

Je vous ai divertis, j'ai chanté vos louanges ;
Il est temps maintenant de réjouir les Anges,
Il est temps de prétendre à des prix immortels,
Il est temps de passer du théâtre aux autels.
Si je l'ai mérité, qu'on me mène au martyre :
Mon rôle est achevé, je n'ai plus rien à dire.

Dioclétien furieux le livre au préfet et l'envoie aux tourments. Ce quatrième acte a pourtant son retour encore assez comique. Le préfet Plancien interroge un à un les membres de la troupe pour voir s'il n'y a pas d'autre chrétien parmi eux, et chacun s'excuse en tremblant :

— Que représentiez-vous? — Vous l'avez vu, les femmes....
. . . .
— Et vous? — Parfois les rois, et parfois les esclaves.
— Vous? — Les extravagants, les furieux, les braves.
. . . .
— Et toi? — Les assistants.

Il les engage à visiter leur camarade dans sa prison pour le ramener au bon sens, s'il se peut, et à la comédie.

Le cinquième acte s'ouvre. Genest, seul et enchaîné, chante comme Polyeucte :

> O fausse Volupté du monde,
> Vaine promesse d'un trompeur !...

La comédienne Marcelle est introduite : elle l'attaque d'abord par les sentiments de commisération, de charité pour ses camarades. Molière se disait à lui-même, quand Boileau l'engageait à quitter les planches : « Que fera cette pauvre troupe sans moi? » — Que fera cette troupe sans Genest? lui dit Marcelle :

> Car, séparés de toi, quelle est notre espérance?

Puis elle suppose ingénieusement à Genest quelque dessein secret et détourné : il est peut-être découragé du théâtre par le peu de cas que font de lui les Grands après s'en être amusés :

> Si César en effet était plus généreux,
> Tu l'as assez suivi pour être plus heureux.

A cette plainte des comédiens contre l'ingratitude des Grands (qui, dans la bouche de Rotrou, était un peu le cri des auteurs dramatiques eux-mêmes), Genest répond que ç'a été assez d'honneur pour lui d'avoir les Césars pour témoins, et il en revient à la cause vraie, sincère, à l'éclair de Grâce qui l'a frappé et qui semblait devoir luire à tous les yeux :

> Mais, hélas! tous l'ayant, tous n'en ont pas l'usage :
> De tant de conviés bien peu suivent tes pas,
> Et, pour être appelés, tous ne répondent pas.

Le geôlier met fin à l'entretien et emmène Genest au tribunal. On revoit Dioclétien et Maximin, le beau-père et le gendre, dans tout l'emphatique et l'officiel impérial du goût de Claudien, et débitant des sentences sur les Dieux dont ils gardent le tonnerre. Valérie, en introduisant la troupe de comédiens qui tombent à genoux pour implorer la grâce de Genest, fait changer le ton et le rabaisse quasi à celui de *l'Intimé* des *Plaideurs :*

. . . . Venez, famille désolée ;
Venez, pauvres enfants qu'on veut rendre orphelins.

On entrevoit ici un beau dénoûment qui est manqué : on conçoit possible, vraisemblable, selon les lois de la Grâce et l'intérêt de la tragédie, la conversion de toute la troupe ; on se la figure aisément assistant au supplice de Genest, et, à un certain moment, se précipitant tout entière, se baptisant soudainement de son sang, et s'écriant qu'elle veut mourir avec lui. Mais rien de tel : la piteuse troupe muette est encore à genoux quand le préfet vient annoncer qu'il est trop tard pour supplier César, et que ce grand acteur,

Des plus fameux héros fameux imitateur,
Du théâtre romain la splendeur et la gloire,
Mais si mauvais acteur dedans sa propre histoire,
. . . .
A, du courroux des Dieux contre sa perfidie,
Par un acte sanglant fermé la tragédie....

Et le tout finit par une pointe de ce grossier, féroce et en ce moment subtil Maximin, qui remarque que Genest a voulu, *par son impiété,*

D'une feinte en mourant faire une vérité.

C'est pousser trop loin, pour le coup, le mélange du comique avec le tragique : ce dernier acte, du moins, devait finir tout glorieusement et pathétiquement. Mais si Corneille allait quelquefois au hasard, Rotrou s'y lançait encore plus, Rotrou espèce de Ducis plus franc, plus primitif, marchant et trébuchant à côté de Corneille :

Ducis pourtant, en sa place, n'aurait point manqué cette fin-là.

Nous ne suivrons pas Rotrou au delà du *Saint Genest*, qui, par *Polyeucte*, tenait à notre comparaison; le reste serait d'une distraction trop grande. D'autres pièces de lui mériteraient d'être tirées de l'oubli littéraire où elles sommeillent; du moins elles auraient mérité de n'y pas tomber. Une année après *Saint Genest*, en 1647, il donna la *tragi-comédie* de *Don Bernard de Cabrère*, imitée sans doute du théâtre espagnol[1], et dans laquelle il peint le don du contre-temps, de la mauvaise fortune ou du *guignon* comme on dirait, avec fantaisie et verve, en homme très-plein de son sujet, c'est-à-dire assez peu favorisé des étoiles. C'est un pendant tout piquant et tout *romantique* au ressort tragique du *fatum* des Anciens. M. Guillaume de Schlegel a dû aimer beaucoup cette pièce, s'il l'a connue.

Une autre pièce de Rotrou, la plus célèbre, je n'ose dire la plus lue, celle qui, selon le mot, est *restée* au théâtre, c'est-à-dire qu'on n'y va voir jamais, *Venceslas*, offre de franches et dramatiques beautés. Elle fut retouchée au dix-huitième siècle par Marmontel, qui en ôta quelques mauvais vers, quelques expressions trop vieilles, et en substitua de plus pâles : un peu de pavot sur ce qui était trop cru. Le Kain, à la première représentation de cette reprise du *Venceslas* corrigé, Le Kain (presque comme saint Genest), emporté par l'enthousiasme aussi, par la religion du bel art, reprit subitement le vieux texte et fit manquer la réplique : Marmontel ne le lui pardonna jamais.

Rotrou passe pour n'avoir pas été heureux. Il pratiquait, à ce qu'il paraît, dans sa vie, le train assez aveugle et hasardé de ses pièces; on raconte qu'il allait être mis

---

1. Elle est empruntée à Lope de Véga.

en prison pour dettes, quand *Venceslas* le tira d'affaire. Il réalise l'idée vulgaire qu'on se fait du poëte, ardent, impétueux, endetté, inégal en conduite et en fortune. Les poëtes anglais Dryden, Otway, étaient ainsi. La dignité des Lettres chez nous commença plus tôt, après le moment de Rotrou toutefois. A plusieurs traits énergiques, rudes et négligés, tant du talent que du caractère, il me fait encore l'effet d'un exact contemporain de Mézeray, — d'un Mézeray de la poésie. Cette vie de Rotrou, si en rapport avec son talent, reçut un dernier trait de ressemblance par l'acte héroïque qui la couronna. On sait qu'après s'être rangé probablement et s'être marié, tenant à Dreux, sa ville natale, une charge civile et de judicature, il se voua, durant une peste, au service de ses concitoyens privés de leurs autres magistrats, et qu'il mourut à la peine : trépas de sacrifice, digne des grands traits dont son œuvre dramatique est semée. On peut dire aussi de lui, au sens le plus sérieux, qu'*il voulut*

D'une feinte, en mourant, faire une vérité.

Il n'avait que quarante et un ans, l'âge même auquel était mort Régnier, son quasi-compatriote et son parent en plus d'un point. Mais pour Rotrou quelle fin plus noble, vraiment faite pour rendre jaloux au cœur les plus généreux dramatiques de cette famille et pour tenter un Schiller!

Saint Genest et *Polyeucte* sont les deux seules tragédies sacrées qui puissent passer, avec toutes les différences, pour des échantillons et des abrégés perfectionnés du genre des mystères. *Esther* et *Athalie*, en effet, qui sont encore des tragédies sacrées, et qui, comme telles, ont de certains rapports essentiels avec *Polyeucte*, n'ont plus rien gardé de l'ancien genre et ne le rappellent aucunement : c'est une forme toute neuve et moderne, accommodée au goût de la fin du dix-septième siècle, et comme prise sur la mesure de Fénelon et de madame de Maintenon. De même que Racine n'a peut-être pas osé raconter dans son *Abrégé* la *Journée du Guichet*, et qu'il l'aura jugée trop forte, je l'ai dit, — trop forte de naturel et de familiarité, — pour le goût adouci de ses lecteurs, de même il a dû, dans ses tragédies sacrées, adoucir, assortir, revêtir de toutes parts, à force de gravité et d'onction, ce qui pouvait être trop nu, trop brusque de ressort, et qui éclate dans ces *martyres* de *Saint Genest* et de *Polyeucte*. Il n'y a plus rien du Moyen-Age ni du seizième siècle, rien de gaulois chez lui. — On raconte qu'un jour Louis XIV, indisposé, voulut se faire lire quelque chose par Racine qu'il aimait à entendre, et dont le seul débit lui expliquait les beautés des auteurs. Racine proposa les *Vies de Plutarque*, par Amyot. — « C'est du gaulois, » répondit Louis XIV. — Mais Racine dit qu'il changerait à la rencontre les vieux mots, et que le roi ne s'en apercevrait pas : ce qui en effet eut lieu à ravir, et rien ne choqua l'oreille du roi. Eh bien ! ce que Racine faisait avec une dextérité si heureuse en lisant devant Louis XIV, on peut dire qu'il l'a fait au complet et profondément dans son œuvre. Il n'y a plus rien de gaulois dans tout ce qu'il fait lire : l'adresse est entière, l'art est accompli, le renouvellement facile et enchanteur. Ce rapport fini, proportionné, harmonieux de Racine avec le juste moment de son siècle, compose sa principale beauté.

Racine, dans ses deux tragédies sacrées, et même dans *Phèdre*, fut absous de Port-Royal, fut approuvé et applaudi du grand Arnauld : je regrette qu'il n'en ait pas été ainsi de Corneille pour *Polyeucte*. Dans les divers écrits des principaux de Port-Royal contre la Comédie, dans le traité de Nicole à ce sujet, Corneille est sans doute abordé toujours avec considération, même quand on lui emprunte des exemples qu'on blâme ; mais enfin il est blâmé, et *Polyeucte* n'obtient pas des censeurs une exception expresse ; il n'est pas reconnu d'eux à ce signe de Grâce qu'il porte au front et qui le devait faire adopter[1]. Il paraîtrait même, d'après un passage de la préface de *Théodore*, que Corneille s'était dès lors trouvé atteint de quelques censures, parties du côté, dit-il, de ceux qui s'appuient en cette matière de l'autorité de saint Augustin, c'est-à-dire très-probablement du côté janséniste. Il s'en montrait blessé, moins, au reste, par rapport à lui que dans la haute idée morale qu'il se faisait du théâtre, et il se proposait de répondre. Du côté des Jésuites, quoique Bourdaloue se soit montré ensuite bien sévère, plusieurs autres, et des amis de Corneille, l'étaient moins ; le Père de La Rue, qui, jeune, méritait son amitié, composa, dit-on, *l'Andrienne*, qui fut représentée sous le couvert de Baron. Corneille, à cet endroit du théâtre, devait donc être plutôt pour le parti non-augustinien[2]. Nous avons voulu, par cette dernière remar-

---

1. Le prince de Conti (*Traité de la Comédie*) a écrit en rigoriste qui se châtiait d'avoir trop aimé Molière : « La seconde chose qu'ils objectent est qu'il y a des comédies saintes qui ne laissent pas d'être belles, et sur cela on ne manque pas de citer *Polyeucte*, car il serait difficile d'en citer beaucoup d'autres. Mais, en vérité, y a-t-il rien de plus sec et de moins agréable que ce qui est de saint dans cet ouvrage ? Y a-t-il personne qui ne soit mille fois plus touché de l'affliction de Sévère lorsqu'il trouve Pauline mariée, que du martyre de Polyeucte ? » Voltaire a dit la même chose en vers badins ; mais, pour le prince de Conti, c'était faire bon marché de ce qui n'est pas si sec ni si rebutant, quoiqu'il lui plaise de le croire.

2. On a mieux qu'un simple soupçon : on trouve dans un passage de sa tragédie d'*OEdipe* (1659) une allusion non douteuse aux querelles de la Grâce. C'est lorsque Thésée, répondant à Jocaste qui proclame la nécessité et l'infaillibilité des oracles, proteste et s'écrie :

> Quoi ? la nécessité des vertus et des vices
> D'un astre impérieux doit suivre les caprices,
> Et Delphes, malgré nous, conduit nos actions
> Au plus bizarre effet de ses prédictions ?

que, faire preuve d'entière et minutieuse impartialité dans toute cette conjecture qui nous a été assez féconde sur le rapport de Corneille avec Port-Royal.

Polyeucte et *Saint Genest,* c'est une aile de notre sujet qui attend d'avance, pour y correspondre, *Esther* et *Athalie.*

> L'âme est donc toute esclave : une loi souveraine
> Vers le bien ou le mal incessamment l'entraine ;
> Et nous ne recevons ni crainte ni désir
> De cette liberté qui n'a rien à choisir,
> Attachés sans relâche à cet ordre sublime,
> Vertueux sans mérite, et vicieux sans crime.
> Qu'on massacre les rois, qu'on brise les autels,
> C'est la faute des Dieux, et non pas des mortels.
> De toute la vertu sur la terre épandue,
> Tout le prix à ces Dieux, toute la gloire est due ;
> Ils agissent en nous quand nous pensons agir ;
> Alors qu'on délibère on ne fait qu'obéir ;
> Et notre volonté n'aime, hait, cherche, évite,
> Que suivant que d'en haut leur bras la précipite.
>
> D'un tel aveuglement daignez me dispenser.
> Le Ciel juste à punir, juste à récompenser,
> Pour rendre aux actions leur peine ou leur salaire,
> Doit nous offrir son aide, et puis nous laisser faire.
> N'enfonçons toutefois ni votre œil ni le mien
> Dans ce profond abime où nous ne voyons rien :
> Delphes a pu vous faire une fausse réponse....
>
> (Acte III, scène v.)

Cette tirade où Thésée conclut par le *O altitudo !* est toute moliniste et anti-janséniste ; les Jésuites, amis du grand Corneille, durent fort y applaudir.

VIII

Retour au cloître. — Suites de la *Journée du Guichet.* — Nouveaux directeurs : le Père Archange. — Premier printemps de Port-Royal. — La sœur Anne-Eugénie : son récit. — *Amélie,* sœur de *René.* — Activité de Port-Royal ; missions à l'entour. — Réforme à Maubuisson ; la mère Angélique commissaire. — Enlèvement de madame d'Estrées ; elle reparaît à main armée. — La mère Angélique fait retraite en bon ordre. — Entrée à Pontoise et retour triomphant. — Elle revient à Port-Royal ; les trente muettes. — Saint François de Sales et sa relation avec Port-Royal. — Conseils charmants. — Sa pensée secrète sur l'état de l'Église.

Il est temps de passer du théâtre aux autels,

s'écriait saint Genest, et nous le redisons avec lui : nous rentrons dans notre cloître. Après ce grand coup de la *Journée du Guichet,* pendant quelque temps tout doit paraître un peu faible et un peu fade en cette histoire intérieure. Plus la réforme y va s'enracinant et mûrissant, moins on y saisit quelque grand fait, quelque nouvel accident d'éclat à en détacher pour l'offrir ; on n'aurait à dérouler qu'une succession de détails plus ou moins uniformes. Bien des jours de la vie des saints, comme de celle des heureux, se ressemblent : ce sont des labeurs tout réels, arides, épineux, sans cesse recommençants sur cette terre, qui ont bien leur secrète joie, qui ont surtout leur lutte obscure. C'est par l'étude suivie, réfléchie et presque contrite, par une étude plutôt mêlée de prière, non point dans ce genre d'exposition sérieuse, mais extérieure et trop littéraire où l'imagination et la curiosité ont tant de part, qu'il les faudrait aborder.

Ayant emporté la réforme malgré son père et sa famille, la jeune abbesse en voulut embrasser d'abord les entières conséquences. Afin de rester plus libre dans l'obligation unique et de *ne devoir rien à César*, elle commença par se retrancher strictement toute demande de secours et d'argent auprès de M. Arnauld, qui avait précédemment subvenu à bien des besoins du pauvre monastère. Il en résulta à l'instant une indigence nécessaire et forcée qui était sa joie à elle, et qu'elle entreprit, par mille bonnes grâces et par mille adresses, de faire agréer aux sœurs. Elle redoublait pour elles toutes de charité, et, en même temps qu'elle ôtait au bien-être de leur corps, elle tâchait de le leur rendre au centuple par le partage et la multiplication de son âme. La pauvreté ne méritait pas ce nom à ses yeux, si elle ne donnait occasion de souffrir : sa charité ne consistait pas à sauver aux autres quelques souffrances légitimes, mais à les compenser surtout, et comme à les revêtir par de spirituelles joies [1]. Elle reçut elle-même à cette époque une consolation croissante dans les confesseurs et directeurs qu'elle rencontra, et qui, s'ils n'étaient pas encore le directeur complet qui ne lui échut que plus tard en la

---

1. Selon ses propres paroles, « les misères de la vie ne lui étaient sensibles, et dans elle et dans les autres, qu'en ce qu'elles figurent celles de l'âme, ou qu'elles contribuent à les accroître, quand elles ne sont pas portées avec soumission à Dieu. »

personne de M. de Saint-Cyran, avaient du moins des intentions pures, des conseils saintement aimables. On voit paraître alors le Père Suffren, jésuite, qui, malgré sa robe, devint un des guides sincères de Port-Royal, le Père Eustache de Saint-Paul, feuillant, ami de M. Arnauld, un M. Gallot, docteur, et surtout le Père Archange, gentilhomme anglais, né Pembroke, lequel, après avoir fui de bonne heure son pays pour cause de persécution religieuse, s'était venu faire capucin en France. Par son nom séraphique comme par l'aménité de ses conseils, il rappelle le Père Pacifique ; homme du grand monde, il n'en avait gardé que l'esprit de conciliation, vivifié au foyer de lumière, et une politesse qui était devenue de l'onction. Madame Arnauld l'avait connu par la marquise de Maignelay, sœur de M. de Gondi, le premier archevêque de Paris, et tante du cardinal de Retz : elle en parla à sa fille. Le Père Archange, une fois posé comme directeur, travailla à cimenter de plus en plus le raccommodement et le bon accord entre M. Arnauld et la jeune abbesse. On a des lettres[1] à elle adressées, dans lesquelles il lui donne en ce sens des avis sages : « (Octobre 1609)... Touchant votre demande
« jusques où peut aller l'honneur que vous devez à
« monsieur votre père et mademoiselle votre mère[2], je
« vous dirai brièvement qu'il se peut étendre autant que

---

1. Des lettres manuscrites ; Bibliothèque du Roi, 29ᵉ paquet n° 4, art. 2, résidu de Saint-Germain.

2. On remarquera en passant cette qualification de *mademoiselle* donnée à madame Arnauld. Saint François de Sales, dans ses lettres, dit de même *mademoiselle* en parlant de mesdames Arnauld et d'Andilly. Cette appellation de *mademoiselle* donnée à une femme mariée, était « un titre d'honneur, mitoyen entre la *madame*, simple bourgeoise, et la *madame*, femme de qualité (*Dictionnaire* de Furetière). » La haute bourgeoisie de la famille Arnauld s'accentue sous ces plumes polies avec une intention prononcée de déférence, mais on sent en même temps la limite.

« l'obligation que vous avez au service de Dieu et à
« votre profession le vous *peuvent* permettre.... Pensez
« aussi que la religion ne détruit pas le droit naturel,
« ains le raffine, le confirme et l'accroît. » Il y a de l'imagination fleurie et riante dans ces lettres du Père Archange ; à travers les quelques solécismes, les fautes de *genre* que sa qualité d'Anglais lui rend faciles et qui semblent une naïveté de plus dans cette langue flottante du seizième siècle, on trouve de ces tours dévots, de ces airs de grâce à la *Pérugin*, plus d'une comparaison aimable et mystique qui nous prépare à saint François de Sales ; c'est bien à la même famille spirituelle qu'appartient le Père Archange [1]. Je prends çà et là quelques traits : « Courage, courage, ma bonne petite Abbesse !
« car si les élévations de la mer sont merveilleuses, le
« Seigneur est admirable *ès lieux haultes* (sic), qui convertira cette tempête en un doux calme, et l'indignation des créatures en grâce et bénédiction.—... Cependant, par-deçà, M. Boucher, M. Gallot et moi,
« aviserons par ensemble aux moyens qu'il y aura d'apporter quelque bon ordre et établissement à votre
« affaire...; ainsi, pendant que l'un plantera de son
« côté, que l'autre arrousera, j'espère encore que Dieu
« y donnera un heureux accroissement. » Il lui propose aussi devant les yeux toutes les jeunes saintes, « les dévotes *Agnès*, *Agate*, *Cicilla*, *Apolonia*, avec une infinité
« des autres jeunes et petites, lesquelles au prix de leur
« sang ont gaigné leur couronne ; » et les comparaisons vives de *colombe* et de *suave époux* ne manquent pas. L'i-

---

1. Saint François de Sales dans sa jeunesse l'avait pu et dû connaître, en venant étudier à l'Université de Paris : on voit en effet, dans sa *Vie* (par messire de Maupas du Tour), combien il se plaisait à la conversation du Père Ange de Joyeuse, capucin, le confrère et de plus l'intime ami de notre Père Archange de Pembroke.

magination tendre, pétrie de grâces, un peu mignarde et sucrée, qui fit la vogue de *Philothée*, transpire dans ce bon religieux, mêlée aussi à des qualités essentielles et vénérables. Car le Père Archange savait au besoin poser les interdictions : « Le premier avis qu'il me donna, écrit la mère Angélique, et qui m'a été très-utile, ce fut de ne laisser jamais parler nos sœurs à pas un religieux, ni même aux Capucins, quand ils prêcheraient comme des Anges. » Mais le miel de persuasion le rendait surtout cher, et ce devait être une fête pour toutes les sœurs, lorsque le bon Père, ne pouvant plus aller à pied, arrivait à Port-Royal monté sur son âne, seule monture qu'il se permît.

Dans ces premiers temps, au milieu des duretés de vie et des rigueurs ascétiques dont je n'ai touché que quelques-unes, il y avait place chez les religieuses de Port-Royal à une fleur d'imagination et à un sourire dans la dévotion qui plus tard se retrouvera moins ou ne se retrouvera plus, et qui tenait simplement peut-être à la jeunesse de ces belles âmes, à celle de l'entreprise même *novitas tum florida mundi*. La seconde génération en effet, la mère Angélique de Saint-Jean, la sœur Euphémie Pascal, la sœur Christine Briquet, toutes si éminentes par l'esprit, par l'instruction, auront moins de ces fraîches et naïves impressions de jeunesse ; leur noviciat se passera déjà au fort des disputes, et elles seront, bon gré mal gré, plus *scientifiques* dès l'abord.

En entendant la mère Angélique, moins en garde avec les enfants, toujours revenir et s'ouvrir sur l'amour des déserts où elle regrettait de ne pouvoir s'aller cacher, deux de ces petites et sa jeune sœur Marie-Claire, dans le rejaillissement de cette piété, s'avisèrent de fuir au bout du jardin et d'y pratiquer la Thébaïde, comme Bernardin de Saint-Pierre enfant, mais en toute rigueur.

Une autre sœur de l'abbesse, celle qui venait immédiatement après la mère Agnès par l'âge, la sœur Anne-Eugénie, entrée à Port-Royal vers le temps de la réforme, nous a laissé, dans une Relation écrite longtemps après [1], une peinture très-vive et bien rendue de ses impressions premières : d'autres Relations environnantes achèvent de nous la représenter elle-même. Enfant précoce, elle avait eu beaucoup de goût pour le monde ; à l'âge de quatorze ans, elle lisait des romans avec passion ; un jour, en carrosse aux champs, elle continua cette lecture, même dans l'orage et pendant que le tonnerre grondait, aussi assurée, est-il dit, que si elle n'avait pas ouï la voix de Dieu. Dans la fréquentation de ses cousines huguenotes, son esprit s'était émancipé, et elle avait été par moments jusqu'à balancer en idée les deux communions romaine et calviniste. A dix-neuf ans, la petite vérole l'attaqua avec violence : moment critique pour tant d'âmes de jeunes filles, heure en ces temps-là décisive, où le monde et la religion se disputaient et s'arrachaient entre eux une beauté [2] ! La jeune Anne éprouva de grandes angoisses, et, au fort du mal, promit à Dieu

1. Vers 1652, on eut l'idée à Port-Royal de préparer les documents pour une histoire intérieure édifiante du monastère : on demanda des mémoires à toutes les sœurs ou mères un peu anciennes. La sœur Anne-Eugénie consultée écrivit à cette occasion son récit. Les bonnes religieuses n'avaient pas prétention d'auteur pour cela; on leur prescrivait de se souvenir, elles obéissaient. Tous ces mémoires devaient revenir aux mains de la sœur Angélique de Saint-Jean chargée de les compulser, et qui eût été, elle, la grande historienne, la plume d'or.

2. Marie-Claire, de six ans plus jeune que sa sœur Anne, et qui l'avait précédée à Port-Royal (car dès l'âge de sept ans elle ne bougea d'auprès de sa sœur l'abbesse), avait eu la petite vérole aussi, mais beaucoup plus tôt : elle était charmante avant cet accident, et chacun s'y amusait, dit-on, comme à la plus jolie chose qui se pût voir. Un préservatif qu'on lui voulut mettre au visage la défigura, et, dès cet âge tendre, s'il se rencontrait sous ses yeux un miroir, elle mettait sa petite main devant, en s'écriant : *Ce n'est plus moi !*

de le servir dans la meilleure des deux religions, sans déterminer autrement laquelle. Enfin, au dire des témoins d'alors, elle avait ce qu'on appellerait aujourd'hui un esprit ardent, poétique, haut et hardi de pensée, de fantaisie. Un jour, et après une assez longue incubation de piété mûrissante, étant allée avec sa mère à l'église Saint-Merry leur paroisse, dans la chapelle de Saint-Laurent, réservée à leur famille, il y eut en elle éclat; elle ressentit un grand mouvement d'être religieuse, accompagné de circonstances singulières : une véritable vision. Elle achevait de lire les deux lettres de saint Jérôme à Démétriade et à Eustochie sur la Virginité; elle entra dans un profond recueillement, et tout d'un coup se sentit transportée en esprit hors d'elle-même et amenée en présence de Jésus-Christ : comme elle s'était jetée à genoux, « il s'approcha d'elle et lui mit une bague dans le doigt. » En un mot, la métaphore mystique prit corps à ses yeux et demeura une réalité. Ayant été, tout au sortir de l'église, à l'hôtel de Guise avec sa mère, elle y rencontra le Père Archange, qui lui demanda en la saluant, et par manière de bonne grâce, si elle n'avait rien de particulier à lui dire : elle saisit l'occasion au passage, et, laissant les demoiselles de Guise, se retira avec lui un moment pour lui révéler son ardeur de cloître. Et comme le bon Père, surpris et sensé, lui faisait quelques objections et paraissait soupçonner en elle un déplaisir de cœur au sujet de quelque mariage, elle ajouta résolûment ces paroles : « Mon Père, je vous dé-
« clare que quand votre M. de Guise voudrait et pour-
« rait m'épouser, quoique je ne sois qu'une petite demoi-
« selle, je ne voudrais point de lui; il faut que je sois
« mariée à un plus grand seigneur. » Toujours, on le sent, cet orgueil naturel, ce *courage humain* (comme on disait alors) des Arnauld. Sa mère ne pouvait croire à un tel projet de la part d'un naturel si hautain : « Comment

« se résoudrait-elle à vous promettre obéissance ? di-
« sait-elle au Père Eustache qui lui en parlait; elle a
« bien de la peine à la rendre à son père et à moi. »
M. Arnauld, qui n'aimait pas que ses enfants le quittassent et qui les voyait se détacher un à un, voulut s'opposer à cette défection nouvelle. La jeune Anne, sur le
conseil du Père Archange, consentit, par manière d'essai, à passer encore un an dans le monde : ce qu'elle fit
de bonne grâce, d'un air de s'y livrer à plein cœur, mais
au fond plus décidée que jamais, et se plaisant sous cette
apparence mondaine, sous ces dehors égayés et *braves*,
à donner le change sur ses sentiments du dedans. Tout
ce qu'elle voyait de brillant dans les choses d'ici-bas
s'éclipsait pour elle en idée de l'aurore céleste, et, assistant un jour à un ballet répété par des princesses, elle
ne cessa durant tout le temps d'humilier cet éclat par
devant la moindre des joies qu'elle se figurait du Paradis.
Elle arriva à Port-Royal pour être novice, dans tout ce
feu d'allégresse et de belle rêverie (octobre 1616) : on eut
encore à mater quelque chose ; il y avait des détails pénibles qu'elle n'avait pas prévus: mais enfin « la mère Angélique lui apprit le mystère de la pauvreté de Jésus-Christ,
qui n'est révélé qu'aux humbles. » M. Arnauld n'assista
ni à la première prise d'habit ni à la procession, *parce que
ces cérémonies l'attendrissaient trop*. Or, voici l'esprit
que, selon son récit, en entrant à Port-Royal, elle trouva :

« Une solitude non-seulement extérieure, étant fort sé-
parée du monde, à quoi aidoit beaucoup la situation du
lieu, qui étoit un désert fort aimable, et qui me paroissoit
ressembler à ceux de la Thébaïde: mais encore une solitude
intérieure et qui passoit jusqu'à l'esprit, en sorte que Dieu
faisoit aimer cette séparation du monde, selon ces paroles :
Je la mènerai dans la solitude, et là je lui parlerai au cœur[1].

1. Osée, II, 14.

« On y avoit une simplicité d'enfant qui faisoit aimer tous les livres que l'obéissance donnoit à lire, tels qu'ils fussent, parce que l'on y trouvoit Dieu....

« Au commencement que j'entrai, je sentis un vuide dans mon âme qui m'étoit bien pénible ; et l'ayant dit à la mère Agnès, elle me répondit que je ne m'en étonnasse point, parce qu'ayant quitté toutes les choses du monde, et n'étant point encore consolée de Dieu, j'étois comme entre le Ciel et la terre. Environ un an après, je sentis que ce vuide étoit rempli[1]. »

Durant cette première année, pour la consoler de ses peines d'esprit, de ses craintes excessives auxquelles revenaient s'entremêler des doutes, on lui fit lire la Vie de sainte Thérèse telle que la sainte l'écrivit, et cet exemple la guida.

Monastère et vallon avec marécages étaient alors dans leur pire état de tristesse et de malsain, et elle-même y prit la fièvre. D'une cellule étroite et humide on descendait la nuit, l'hiver, dans l'église basse et froide; on y allait dès le coup de deux heures, et on ne se recouchait point après Matines. Ces jardins, que nous ne voyons qu'à travers les Stances de Racine, devaient avoir alors peu de fleurs ou de beaux fruits; et l'on n'avait pas seulement la pensée de s'y promener :

« L'été, dit-elle, nous allions le matin sarcler au jardin, en grand silence et ferveur.

---

1. Cet état de vide *entre le Ciel et la terre* se trouve admirablement creusé au chap. IX, liv. II de *l'Imitation*, et Corneille en a bien traduit les principaux caractères :

> Mais du côté de Dieu demeurer sans douceur,
> Quand nous foulons aux pieds toute celle du monde;
> Accepter pour sa gloire une langueur profonde,
> Un exil où lui-même il abîme le cœur;
> Ne nous chercher en rien alors que tout nous quitte,
> Ne vouloir rien qui plaise alors que tout déplaît,
> N'envoyer ni désirs vers le propre intérêt,
> Ni regards échappés vers le propre mérite,
> C'est un effort si grand, etc., etc....

« Tant s'en faut que cette demeure me semblât triste et affreuse, étant comme elle est dans une profonde vallée, que, regardant quelquefois le Ciel au-dessus du dortoir, je m'imaginois qu'il y étoit plus serein qu'ailleurs. Toutes choses me consoloient, et il me souvient qu'ayant une fois l'esprit tout abattu, je fus toute ravie en voyant seulement les étoiles, et une autre fois en entendant sonner nos trois cloches, qui faisoient une douce harmonie.

« La première fois que je fus au réfectoire, où les sœurs alloient en ce temps-là avec leurs habits d'église, je trouvai cela si édifiant que, les voyant chanter *Benedicite* et Grâces qu'elles alloient achever en procession dans le chœur, cela me faisoit souvenir du Paradis....

« ... Durant mon noviciat, il mourut une sœur converse : considérant toutes les cérémonies qui se faisoient à son enterrement, et en même temps me ressouvenant de celles que j'avois vu faire à celui du roi Henri IV, je trouvai celui de cette sœur beaucoup plus beau.

« Depuis ma profession je demeurai dans une si grande joie d'être religieuse, qu'une fois j'en dansois étant seule; et quand je voyois une religieuse triste, je pensois qu'elle n'avoit qu'à regarder son voile noir pour ne l'être plus. »

La sœur Anne-Eugénie eut de grands secours, par la suite, des doux entretiens de saint François de Sales; elle trouva appui surtout en la direction de M. de Saint-Cyran; elle en eut besoin quelquefois, car le naturel hautain revenait et frémissait. Elle était principalement commise, vers la fin, à l'instruction des enfants, et cette fonction lui répugnait, aimant, avant tout, la prière et la solitude. M. de Saint-Cyran l'y maintint, et elle n'y demeura pas moins de quinze ou seize ans, bien que n'*étant à cette Obéissance,* comme elle le disait, qu'*à la pointe de l'épée.*

Deux cents ans plus tard, peut-on se demander, de telles natures qu'on voit ainsi éclater et reluire un moment au seuil du cloître, puis s'y enfermer, s'y ensevelir pour jamais, que seraient-elles devenues, à ne prendre que les chances humaines et calculables ? Cette rêverie première, qui, là, trouve tout aussitôt son cours et son lit, où n'aurait-elle pas débordé ? Quel torrent ! Ce qui alla de bonne heure se fixer en prière et en pratique, s'éteindre aux *Obéissances* obscures, en quelles vapeurs brillantes et orageuses l'aurait-on vu s'exhaler ? *Littérairement*, tout ce que nous rencontrons là chez la sœur Anne-Eugénie à l'état de piété exaltée et qui va trouver son emploi, *littérairement*, cela est la matière même d'où s'engendrera la mélancolie poétique et le vague des passions ; d'où éclora la sœur de *René* ; d'où s'embrasera en flammes si éparses et si hautes, et que quelques-uns appellent incendiaires, celle qui a fait *Lélia*. *Lélia*, ce n'est peut-être que la sœur Anne-Eugénie qui n'est pas restée au cloître. On surprend très au net dans Port-Royal, à travers la piété s'analysant déjà elle-même et se racontant, ce qui de nos jours, la sanction religieuse manquant, est devenu précisément la tendresse humaine égarée, l'orgueil inquiet, inassouvi, s'analysant aussi sans fin et se décrivant : c'est la même veine du cœur[1].

---

1. Veine éternelle : à l'origine des cloîtres on la retrouve. Cassien, dans son ouvrage *de Institutis Cœnobiorum*, parle d'une maladie particulière, *acedia*, et en fait le sujet de son dixième livre. L'*acedia* est l'ennui propre au cloître, surtout dans le désert et quand le religieux vit seul ; une tristesse vague, obscure, tendre, l'ennui des *après-midi*. Le besoin de l'infini vous prend ; on s'égare en d'indéfinissables désirs ; c'est le moment où l'on se perdrait volontiers dans le tourbillon du désert avec Pharan, où l'on s'écrierait avec René : « Levez-vous vite, Orages désirés.... » On peut voir le mot *acedia* et ses définitions dans Du Cange ; les trouvères se raillent de l'*accide*, comme ils l'appellent. Le mot et la chose semblent disparaître avec le treizième siècle. *L'Imitation* est une des dernières productions qui attestent presque à chaque page ces traces d'ennui tendre. La corruption venant dans les cloîtres, l'ennui en disparut, pour cause ; on eut la jovialité : une dose de Rabelais contre l'*accide*. Il est tout naturel au con-

A propos de ces aspects d'imagination qui s'ouvrent plus volontiers dans les premiers temps de Port-Royal, et avant que l'âge et la règle aient tout apaisé, je ne sais rien de plus frappant que des lettres (manuscrites[1]) de la mère Agnès qui se rapportent, il est vrai, à une date un peu postérieure, mais dont plusieurs sont de sa jeunesse encore, et dans lesquelles, à mesure qu'on avance, on voit le bel-esprit tomber et la saillie subtile s'éteindre. Nous aurons plus d'une fois occasion d'en citer des passages : elles rentrent assez dans le tour affectueux de spiritualité de saint François de Sales, avec moins de netteté pourtant et plus de sainte Thérèse. — Ce que je tenais à marquer en ce moment, c'est le premier rayon du matin sur Port-Royal réformé, ce court printemps, j'oserai dire, de la Thébaïde ou de Bethléem. Bientôt cela passe, la réalité chrétienne prend tout. La fleur a disparu, sombre fleur du préau; le fruit même dans sa couleur et son velouté s'est flétri : il ne reste plus que le grain desséché, mais plein, mais fécond, et qui assure la saison d'avenir éternel.

L'imagination, chez la plupart du moins, ne nous a été donnée qu'à l'origine, dans la jeunesse : c'est comme une voile à part qui se déploie en chaque esquif pour sortir du port, pour rendre cette sortie plus prompte, plus hardie (faut-il dire plus facile ou plus dangereuse?), ou simplement pour l'embellir comme un pavillon. Mais une fois sorti, si l'on va au but même, à l'horizon sérieux du voyage, si l'on ne veut pas s'amuser à courir les mers pour voir seulement se gonfler cette voile de pourpre légère et capricieuse, elle se ré-

traire qu'on retrouve les symptômes de ces subtiles tristesses de l'âme dans un cloître régénéré.

1. Manuscrites et inédites en 1840, publiées depuis.

plie, elle tombe le plus souvent : il en faut venir à la rame ou aux voiles sombres.

Sans demander plus longtemps donc, à ce premier Port-Royal, des exemples de l'imagination qu'il offre pourtant, allons à ses œuvres.

Ce qui le caractérise le plus effectivement en la période qui s'ouvre, c'est l'action pure et simple, le procédé pratique, moral, chrétien, sans tant de doctrine, sans même beaucoup de lumière dans le docte sens où d'ordinaire on l'entend. La mère Angélique réformée se mit à réformer ses sœurs une à une, par l'exemple, avec patience, sans tant raisonner. Port-Royal entier réformé se mit à réformer les autres monastères d'alentour qui venaient lui demander l'étincelle ; il les gagna un à un, par l'action directe également, par la pratique, en s'y mettant, en y allant. Parfois les abbesses, les prieures du cloître à restaurer venaient à Port-Royal même étudier la réforme ; le plus souvent, sur leur demande, on dépêchait des religieuses pour l'introduire. La sœur Anne-Eugénie, la mère Marie des Anges surtout[1], étaient d'actifs et valeureux lieutenants. Quand il

---

1. La mère des Anges était fille de M. Suyreau, avocat à Chartres, et tante de Nicole, qui, grâce à elle, par la suite, se trouva rattaché tout jeune à Port-Royal. La jeune Marie Suyreau y était entrée en avril 1615, à l'âge de seize ans. On l'envoya d'abord au Lys pour aider à la réforme ; mais sa mission principale fut d'aller à Maubuisson, en qualité d'abbesse, pour y maintenir l'ordre rétabli par la mère Angélique : elle y exerça le commandement durant vingt-deux ans, sans rien perdre de ses plus humbles vertus. La grande crosse de cette royale abbaye était d'or : elle s'en fit faire une de bois. Chaque année, les villages sujets venaient au premier mai, Croix et bannière en tête, rendre hommage à l'abbesse haute-justicière ; ce n'était qu'une cérémonie d'honneur ; elle la voulut utile : elle y donna accès au menu peuple, l'écoutant dans ses plaintes et tenant ses vraies Assises comme saint Louis. Et revenue de là à Port-Royal simple religieuse, — n'ayant pas même attendu son retour et, dans sa joie de se démettre, ayant envoyé sa bague

y avait difficulté et lutte, comme c'était l'ordinaire, la mère Angélique, munie d'autorisation supérieure, se portait sur les lieux en personne. Ainsi elle alla successivement à Maubuisson, au Lys près Melun, à Poissy, à Saint-Aubin (diocèse de Rouen); la mère Agnès allait à Gomer-Fontaine (diocèse de Rouen), au Tard en Bourgogne; la sœur Marie-Claire et une autre étaient détachées aux îles d'Auxerre; on séjournait, au besoin, des mois ou des années. Les religieuses envoyées en mission y répugnaient par humilité, y couraient par obéissance, se mettaient à l'œuvre incontinent, et apprenaient dans ce travail même de direction à le bien remplir. S'il y a dans l'étude des corps malades et pour leur guérison un art particulier qui, certes, sans devoir jamais dédaigner la science, les connaissances positives qu'elle amasse, et en acquérant toutes celles qui sont à sa portée dans le temps, demeure toutefois distinct, un art qui tient à l'expérience même des maladies observées et au tact du médecin qui les manie, s'il y a, en un mot, un tact véritablement hippocratique qui fait qu'un médecin habile chez les Anciens, en sachant bien moins de science anatomique et physiologique positive, guérissait presque autant, je le crois, qu'un médecin habile d'aujourd'hui, à combien plus forte raison cela a-t-il lieu dans la pratique et la médecine des âmes, là où, selon le Christianisme, ce tact n'est pas seulement un

---

d'abbesse à la mère Angélique, — elle suppliait d'abord qu'on la remît au noviciat, comme pour rapprendre à obéir. Elle avait le don de persuasion, cette *inflexible douceur* que M. Villemain a heureusement nommée, et un art de conduire les âmes, qui fait d'elle un des grands personnages du Port-Royal intérieur. Rien de brillant d'ailleurs ni de saillant ; rien qui parût à la surface *comme le bouillonnement du vin nouveau;* toute une âme unie, toute une vie remplie *ne formant qu'un seul et unique jour de fête;* et M. de Saint-Cyran n'exprimait sa vertu qu'en disant *qu'elle était toujours de Dieu,* c'est-à-dire toujours stable.

don plus ou moins confus et qui se développe par la seule expérience, mais le don d'entre les dons, une lumière tout appropriée et sans cesse renouvelée, un rayon direct de l'Esprit dispensateur!

Ce don, cet art inspiré et vite perfectionné par l'usage, dans le gouvernement spirituel, la mère Angélique et plusieurs de ses sœurs l'eurent bientôt à un haut degré; elles devinrent, sans s'en douter, et avec fort peu de lecture alors et de doctrine, de grandes *praticiennes* des âmes, des ouvrières apostoliques consommées.

Pendant les années qui suivirent, depuis 1618 jusqu'à 1635 environ, ce fut à ce diligent travail que les forces spirituelles du jeune monastère furent principalement tournées : une activité d'abeilles. Dans ces réformes à semer par le pays, il y en avait qui dépassaient de beaucoup le rayon d'une excursion ordinaire. Saint-Cyr ou Gif, ce n'était qu'un jeu ; mais j'ai nommé l'abbaye du Tard à Dijon[1] : voilà qui, pour de simples religieuses, à cette époque, devenait une véritable expédition. Les campagnes étaient peu sûres, les grands chemins non tracés. Dans un de ces voyages entrepris à l'entrée de l'hiver pour aller au Tard[2], les pauvres filles faillirent plusieurs fois se noyer : le carrosse s'enfonçait dans des boues impraticables, ou s'arrêtait devant des ruisseaux grossis : il fallait, pour moins de danger, descendre, passer à gué une à une comme on pouvait, et

---

1. Un des hommes les plus instruits de la Bourgogne, M. Th. Foisset, m'a reproché de dire *le* Tard; il veut qu'on dise *Tard*, l'abbaye *de* Tard, comme c'est l'usage aujourd'hui. Je répondrai que je vois partout dans nos auteurs les deux manières de dire employées indifféremment, de même qu'on dit Port-Royal ou *le* Port-Royal. En ce qui est de *Tard*, l'article a dû s'introduire presque inévitablement, quand ce serait par abus, afin de rendre la prononciation plus coulante.

2. Novembre 1630 : on partit de Paris. Port-Royal était transféré à Paris dès 1626.

puis on remontait dans le carrosse, observant à travers cela de son mieux la règle du silence, ou ne l'interrompant que par des hymnes. On dut même rebrousser chemin cette fois-là, et remettre l'œuvre à une autre saison. Arrivées dans le lieu à réformer, c'étaient d'autres obstacles qui les attendaient. Je n'en veux citer qu'un exemple, mais capital et, ce me semble, intéressant, — ce qui se passa à la réforme de Maubuisson : une page très-vive des mœurs de ce siècle.

L'abbaye de Maubuissson, avec le train qu'on y mène, nous est connue : la mère Angélique y a fait autrefois son noviciat sous cette étrange abbesse, madame d'Estrées. Après la mort de Henri IV, les désordres *à rideaux ouverts* devenant plus criants et n'étant plus protégés du nom du roi[1], on songea à y porter remède ; Louis XIII lui-même en donna ordre, dit-on, à M. Boucherat, abbé de Cîteaux. Mais plusieurs fois les religieux envoyés par ce supérieur pour faire des représentations et informer sur l'état des choses, avaient été saisis, retenus par l'abbesse, et maltraités indignement. Un entre autres, le dernier venu, M. Deruptis, commissaire de M. de Cîteaux, s'était vu, dès son entrée à Maubuisson, jeté en prison dans l'une des tours de l'abbaye, avec sa suite ; on les y avait fait jeûner quatre jours durant, au pain et à l'eau ; et chaque matin, par ordre de l'abbesse, on donnait particulièrement les étrivières à ce religieux. Il y serait mort, s'il n'avait trouvé moyen de s'évader par une fenêtre. De tels excès ne pouvaient rester impunis. Après s'être assuré au préalable du consentement de la famille, avoir requis l'appui du cardinal de Sourdis, cousin de la dame, et de son frère le maréchal d'Estrées

1. On dit de madame d'Estrées qu'elle avait *douze* enfants, dont quatre grandes filles auprès d'elle qui passaient pour ses demoiselles de compagnie. Ses filles n'étaient pas toutes de même condition ; elle les traitait selon la qualité du père.

(lequel, très-peu scrupuleux d'ailleurs [1], lui en voulait d'avoir marié sous main leur jeune sœur, novice à Maubuisson, à un voisin de là, le comte de Sanzé), après toutes ces précautions, l'abbé de Cîteaux se transporta en personne sur les lieux en l'année 1617, pour procéder à sa visite officielle. Mais il eut beau faire prier l'abbesse, puis la faire sommer de paraître, convoquer le Chapitre et l'y mander, elle se refusa à tout, et il dut clore, sans l'avoir vue, sa visite. Il n'y avait plus qu'un moyen : la faire enlever et l'enfermer. L'ordre fut obtenu du Parlement. L'abbé partit donc de Paris le 2 ou 3 février 1618 avec prévôt et archers ; ceux-ci attendirent à Pontoise, et l'abbé seul vint droit à Maubuisson, où il tenta, durant deux jours, les derniers efforts pour aborder la rebelle et la ramener : ce fut inutilement. Elle se moquait des appréhensions, se disait malade, et ne voulut pas se laisser voir. Le 5 février, de grand'matin, le prévôt et les archers furent donc introduits par l'abbé dans la première cour et dans les dehors du bâtiment ; mais on ne put avoir ouvertes les portes intérieures : il fallut enfoncer et escalader. On chercha l'abbesse, qui se déroba en toute hâte, et on ne la découvrit que vers le soir ; elle s'opiniâtrait tellement à ne point sortir, qu'on dut l'enlever demi-nue et la faire porter couchée sur son matelas jusque dans le carrosse. C'est en cet état qu'elle arriva aux *Filles pénitentes*, où elle fut recluse.

Il s'agissait de la remplacer, d'effacer sa trace, et la fonction n'était pas facile. L'abbé de Cîteaux, qui s'était tenu au dehors pendant que les archers opéraient, entra dès qu'ils eurent fini, convoqua les religieuses et leur proposa au choix les noms de trois abbesses de l'Ordre,

---

1. Tallemant des Réaux (1834), t. I, p. 255 et suiv. ; et sur les Sourdis, Amelot de La Houssaye, *Mém. hist., politiq.*, tom. II, p. 3 et 4.

parmi lesquelles il en voulait désigner une à titre de commissaire pour les gouverner : le nom de madame de Port-Royal en était. Plusieurs la connaissaient et l'aimaient pour l'avoir vue enfant à Maubuisson ; mais presque toutes hésitaient à la choisir, effrayées de son renom sévère, et craignant de tomber, nous dit-on, *aux mains du monstre chimérique d'une réforme affreuse et sauvage.* Bref, l'abbé, après s'en être entendu avec M. Arnauld, décida que ce serait elle, et lui fit signifier l'ordre de partir pour le poste assigné.

Elle reçut la charge avec soumission, avec attrait peut-être, en vue de l'ingrat labeur. Elle voulut emmener comme aides trois ou quatre religieuses seulement, parmi lesquelles sa sœur Marie-Claire. La désolation fut grande à Port-Royal en apprenant ce soudain départ : il eut lieu le 19 février 1618, le lendemain même de la profession de la sœur Anne-Eugénie, dont on vient de voir de si vives impressions. Toute la Communauté fondait en larmes : seule la sœur Anne-Eugénie n'en jeta pas une ; et comme on s'en étonnait : « Dieu me fit hier trop de grâces, disait-elle, pour pleurer aujourd'hui. » Sa douleur humaine se perdait dans une rayonnante exaltation d'épouse du Christ, et quand les autres mouraient presque de douleur, peu s'en fallait, comme elle l'a dit elle-même, qu'elle ne dansât de ravissement [1].

La mère Agnès, devenue sous-prieure et à qui le pouvoir de l'absente devait revenir, ne pensait qu'au déchirement de la perte : après avoir dit adieu à sa sœur et

---

[1]. Trente-cinq ans après, sur son lit de mort, quand on la voulait réjouir, on lui parlait de la joie qu'elle avait eue à sa profession, et elle rayonnait tout de nouveau, et elle racontait le sermon qu'on lui avait fait comme s'il n'y eût eu que huit jours : « Ainsi peu à peu elle s'en alla à Dieu le premier jour de l'an 1653. » (Relation de la mère Angélique, p. 300, tom. I des *Mémoires pour servir*, etc.).

l'avoir vue partir, elle alla se jeter à genoux dans l'église en redisant ces paroles de saint Pierre : *Ecce nos reliquimus omnia* ; et elle répétait cet *omnia, omnia,* avec un accent où passait tout son cœur.

Quant à la mère Angélique, elle savait bien à quelle longue fatigue, à quelle œuvre de misère en même temps que de devoir elle marchait et conduisait ses sœurs ; elle savait que, pour tirer du profond oubli et de l'abîme, où elles se complaisaient, ces religieuses plus qu'à demi perdues de Maubuisson, il faudrait ne pas s'épargner soi-même, prêcher d'exemple et d'action, être debout jusqu'à extinction d'haleine, caresser, flatter presque, ramener par tous moyens les unes, réprimer les autres, en former surtout de nouvelles et de vierges, capables de parfaite modestie, et remuer, pétrir nuit et jour tout cet ensemble pour l'animer d'un seul esprit toujours présent ; elle ne se dissimulait rien de cette œuvre exterminante pour la santé et pour la vie ; elle en avertit ses compagnes, ne donnant d'autres bornes à leur discrétion que celles de leur charité et de leur ferveur. Avant de partir, elle montra à sa jeune sœur Marie-Claire le lit que celle-ci aurait à occuper un jour dans l'infirmerie de Port-Royal, au retour de cette rude et ruineuse campagne ; comme un général plein de franchise qui montrerait les *Invalides* à ses soldats au départ pour la bataille [1].

1. Le pronostic se réalisa. La sœur Isabelle-Agnès de Châteauneuf, l'une des deux jeunes professes emmenées dans cette mission, n'eut point de santé depuis lors et mourut au monastère de Paris le 4 juin 1626, n'ayant encore que vingt-huit ans ; et la sœur Marie-Claire, qui ne mourut qu'en 1642, affirmait, deux ans avant sa mort, à la sœur Angélique de Saint-Jean (sa nièce), que, depuis son entrée à Maubuisson (il y avait pour lors vingt-deux ans), elle n'avait point passé un seul jour sans avoir la fièvre toute l'après-dînée. — « Mais à quoi bon réformer Maubuisson ? pourquoi tant d'efforts, de fatigues, de prodigalité de soi-même,

En arrivant à Maubuisson, elles trouvèrent vingt-deux religieuses environ, dont la plupart y avaient été

pour des résultats dont quelques-uns ne sont pas essentiels à la bonne conscience et au salut? pourquoi risquer sa santé et sa vie pour rapprendre à des religieuses relâchées à mieux chanter au chœur, à bien articuler les *répons*, à observer l'abstinence? Passe encore si c'était simplement pour pratiquer l'aumône. » Ces objections devaient surtout s'élever autour de moi en pays calviniste, où j'essayais d'abord mon récit; elles pourraient s'élever ici même, si l'on cherchait un but, si l'on apportait mieux qu'une simple curiosité amusée à cette lecture; j'y répondais : On ne construit pas ainsi le bien hors des temps et des circonstances; on ne le compose pas à plaisir comme un bouquet de fleurs, en retranchant les herbes qui déparent et les épines aux haies qu'il faut franchir. Jusqu'à quel point les couvents étaient-ils nécessaires? jusqu'à quel point aurait-on pu dès lors les diminuer? C'étaient là des questions qu'un M. de Saint-Cyran se serait senti en mesure d'agiter peut-être, mais qui certes dépassaient le droit et la capacité d'examen de la jeune Angélique. Si elle s'y était jetée, l'orgueil s'en mêlait, elle faisait mal. Ce qu'elle avait à opérer dans la ligne du bien était précis et sûr. Car autant les questions générales, quand on se les pose (et il faut se les poser dans certains cas), embarrassent et troublent, et jettent souvent dans des solutions ambiguës, autant dans la pratique réelle il y a toujours une lumière qui porte sur ce qui est immédiatement saisissable et meilleur. Un pied devant l'autre : on peut toujours cela. La jeune Angélique était religieuse, il y avait des couvents de toutes parts, la France en était couverte : qu'y avait-il à faire pour le bien, pour le Christianisme le plus spirituel, en cet ordre donné? quoi donc, sinon ce qu'elle a fait? travailler à la machine pour la recomposer dans l'idée du plan, pour la rendre utile aux belles fins proposées. Une comparaison dira mieux. Il s'agissait de procurer aux âmes l'eau céleste qui était tarie, de refaire courir dans ce pays de Chrétienté les canaux de charité et de grâce; on avait pour cela une machine, fort compliquée il est vrai, fort dispendieuse, bonne surtout en son temps, je le veux, et déjà vieillissante ; mais enfin elle subsistait, on n'en avait pas d'autre; c'était la forme nécessaire et l'appareil par lequel il fallait passer, que cette *machine de Marly* des couvents. En travaillant à la désobstruer, en s'usant à chaque rouage pour le remonter, notre abbesse a fait vaillamment selon l'esprit du strict devoir chrétien, dans quelque sens qu'on l'entende ; elle ne s'est pas trompée. La charité, grâce à ses efforts, recommença de couler

mises contre leur gré : la vie, au reste, qu'on y menait, avait dû réconcilier les plus récalcitrantes. La mère Angélique de Saint-Jean, dans un récit où, de son aveu, elle supprime les traits les plus importants, touche quelques points extérieurs de ce régime assurément peu fait pour engendrer l'*acedia*. Leur ignorance des premiers éléments du Christianisme passait toute idée :

« Elles ne savoient pas même se confesser, mais elles se présentoient pour le faire à un religieux bernardin qui leur servoit de confesseur, et qui, en effet, n'en portoit pas le nom en vain, puisque c'étoit toujours lui qui disoit seul leur confession et leur nommoit les péchés qu'il vouloit qu'elles dissent, quoiqu'elles ne les eussent peut-être pas faits. C'étoit même tout ce qu'il pouvoit faire que de les résoudre à prononcer un *oüi* ou un *non*, sur lequel il leur donnoit l'absolution sans autre enquête. Mais enfin, s'étant ennuyées des reproches que ce *Pater* leur faisoit de leur ignorance, elles crurent avoir trouvé une excellente méthode pour se bien confesser : c'étoit de composer toutes ensemble, avec beaucoup d'étude, trois sortes de confessions, une pour les grandes fêtes, une pour les dimanches, et une pour les jours ouvriers, lesquelles ayant écrites dans un livre, elles se le prêtoient pour s'aller confesser l'une après l'autre : ce qu'elles auroient aisément pu faire toutes à la fois, puisqu'elles n'y répétoient que la même chose.

« Tout le reste alloit de même.... Elles passoient tout leur temps hors de l'Office, à se divertir en toutes les manières qu'elles pouvoient..., à jouer des comédies pour réjouir les compagnies qui les venoient voir.

« Plusieurs d'entre elles avoient leurs jardins particuliers,

---

pour un temps et d'arroser à l'entour. — «Mais cela n'a pas duré; elle s'est usée à une œuvre passagère et qui bientôt après elle, à peine son pied dehors, est redevenue caduque et pleine de vices. » — Eh! qu'importe? Depuis quand le bien dure-t-il sur la terre ? Tout l'effort, même celui des plus saints ici-bas, n'est-il point passager par les résultats, et n'est-ce pas à recommencer toujours? Le plus ou le moins n'y fait que bien peu ; rien n'aboutit; c'est l'effort seul, c'est la pensée qui nous est comptée.

où il y avoit des cabinets pour donner la collation; et ce qui prouve plus que toute chose que le dérèglement dans cette maison n'étoit pas personnel, mais passé en une coutume bien établie, c'est que les jours d'été qu'il faisoit beau temps, après avoir dit Vêpres et Complies tout de suite, le plus à la hâte qu'elles pouvoient, la prieure menoit tout le couvent, hors de l'abbaye, se promener sur les étangs qui sont sur le grand chemin de Paris, où souvent les moines de Saint-Martin de Pontoise, qui en sont tout proches, venoient danser avec ces religieuses, et cela avec la même liberté qu'on feroit la chose du monde où l'on trouveroit moins à redire. »

La mère Angélique et ses sœurs tombèrent là *comme de nouvelles créatures arrivées d'un nouveau monde*. Quel art il lui fallut pour gagner sans révolte à la règle ces cœurs noyés de mollesse! Elle s'adressa d'abord aux anciennes qu'elle avait connues étant petite, et tâcha par mille égards de les apprivoiser doucement, d'obtenir d'elles l'assentiment au moins à la réforme extérieure et de bonnes apparences. Mais, comprenant qu'il n'y avait guère plus à espérer de celles-ci pour le moment et que la vie spirituelle éteinte ne pouvait sitôt renaître, tout son soin fut d'introduire de nouvelles filles, plutôt pauvres, de les former jour et nuit, et, par cette masse intègre et pure, d'enlever, de soulever l'autre, de régénérer le vieux levain. Elle en reçut en tout trente ou trente-deux. Elle se rompait la poitrine, est-il dit, aussi bien que ses filles, pour tâcher de couvrir par leur chant au chœur, dit avec révérence, le chant indévot des anciennes : image touchante qui nous représente sensiblement toute la lutte continue de ces années! elles ne furent pas sans grands événements d'ailleurs et sans aventure.

Elle vit pendant son séjour à Maubuisson saint François de Sales, qui y fit plusieurs voyages auxquels nous viendrons tout à l'heure ; mais, aux environs et au sortir à peine de cette douce circonstance, elle en essuya une de tout autre nature par le brusque retour et l'invasion de madame d'Estrées, échappée des *Filles pénitentes*. Laissons la mère Angélique raconter elle-même l'assaut, et prenons, chemin faisant, plaisir à son dire véhément, encore vibrant de sa lèvre, sous la plume de son neveu Le Maître [1] :

« Au mois de septembre 1619, madame d'Estrées revint à Maubuisson, assistée de M. le comte de Sanzai et de plusieurs gentilshommes. Elle entra au dedans par le moyen d'une fille religieuse de la maison, fille perdue, avec laquelle elle avoit intelligence ; cette fille lui ouvrit une porte avec une clef qu'elle avoit fait faire. Ainsi vers l'heure de Tierce, nous vîmes cette abbesse entrer parmi nous, ayant laissé le comte de Sanzai et ses gentilshommes au dehors. Elle me vint trouver lorsque nous allions au chœur, et elle me dit : « Madame, je suis venue ici pour vous remercier du soin « que vous avez eu de mon abbaye pendant mon absence, « et pour vous prier de vous en retourner en la vôtre, et de « me laisser la conduite de la mienne. » Je lui répondis : « Madame, je le ferois très-volontiers, si je le pouvois ; « mais vous savez que c'est M. l'abbé de Cîteaux, notre su- « périeur, qui m'a ordonné de venir prendre la conduite de « cette maison, et qu'y étant venue par obéissance, je n'en « puis sortir que par la même obéissance. » Elle me répliqua qu'elle étoit abbesse, et qu'elle alloit prendre sa place. Je lui répondis : « Madame, vous n'êtes plus abbesse, « ayant été déposée. » Elle me répondit : « J'en ai inter- « jeté appel. » Je lui dis : « Votre appel n'est point vuidé, « et cependant la sentence de déposition rendue contre « vous subsiste à mon égard et dans votre Ordre ; et je ne « dois point vous considérer ici que comme déposée, puisque « j'ai été établie en cette maison par M. de Cîteaux, et par « l'autorité du Roi. C'est pourquoi ne trouvez pas mauvais

---

1. *Mémoires pour servir*, etc., tom. II, p. 283 et suiv. C'est M. Le Maître qui écrit le récit tout aussitôt après un entretien avec sa tante.

« si je m'assieds à la place de l'abbesse. » Et ensuite je m'y assis en effet, étant soutenue des religieuses que j'avois reçues depuis un an. Je parlai ensuite aux sœurs, et leur dis en particulier que nous devions communier toutes à cette messe, pour implorer l'assistance du Saint-Esprit dans la tempête qui s'alloit élever. La plupart même s'y étoient déjà disposées, car c'étoit une fête de notre Ordre. Nous communiâmes environ trente pour le moins.

« Au dehors de l'église il ne paroissoit pas qu'il y eût aucun changement au dedans de la maison, et on n'entendoit aucun bruit. Je jugeai dès lors qu'elle me chasseroit de l'abbaye ; mais je fus tout étonnée qu'après qu'elle eut parlé au Père Sabbatier, ce moine notre confesseur, il me vint dire, après dîner, que je devois me retirer et céder à la force. Je lui répondis que je ne le ferois point, et que je ne le pouvois faire en conscience. Mais je fus bien plus surprise quand je le vis venir (dans l'église) avec M. le comte de Sanzai et quatre gentilshommes, qui avoient leur épée nue à la main, et s'avancer à leur tête pour m'exhorter encore à céder à la force et à m'en aller, afin d'empêcher le mal qui pourroit arriver si je me faisois faire violence. (Même il y en eut un qui déchargea un coup de pistolet, pensant effrayer par là.) Mais je ne m'étonnai point, et je lui répondis de nouveau que je ne sortirois point si on ne me faisoit sortir de force[1], et qu'en ce cas seulement je pouvois être excusée devant Dieu.

« Aussitôt mes religieuses s'approchèrent et me mirent chacune la main dans ma ceinture, ce qui me pressa tellement que je pensai étouffer. Madame d'Estrées s'échauffa de paroles contre moi, et ayant touché et un peu tiré mon voile comme si elle eût voulu me l'ôter de dessus la tête, mes sœurs, qui étoient des agneaux, devinrent des lions, ne pouvant souffrir qu'on me fît injure ; et une grande fille d'entre elles, qui s'appeloit Anne de Sainte-Thècle et qui étoit fille d'un gentilhomme, s'avança vers elle et lui dit :
« Comment ! misérable que tu es, tu as la hardiesse de vou-
« loir ôter le voile à madame de Port-Royal ! Ah ! je te
« connois, je sais qui tu es ! » Et en disant cela, en présence

---

1. C'est presque d'avance le mot de Mirabeau.

de ces hommes qui avoient l'épée nue à la main, elle lui tira son voile de dessus la tête et le fit voler à six pas de là¹.

« Madame d'Estrées me voyant résolue de ne point sortir, ordonna à ces gentilshommes de me faire sortir de force : ce qu'ils firent, en me prenant par le bras. Je ne résistai point, car j'étois bien aise de m'en aller, pour me retirer avec mes religieuses d'un lieu où étoient des hommes comme ceux-là, avec lesquels je devois tout craindre pour elles et pour moi. Néanmoins le dessein de madame d'Estrées n'étoit pas qu'elles me suivissent : elle craignoit ce scandale. C'est pourquoi elle me fit monter dans un carrosse. Mais aussitôt que j'y fus, neuf ou dix de mes filles s'y mirent : trois montèrent sur le siége du cocher, trois sur le derrière comme des laquais, et les autres se pendirent aux roues. Madame d'Estrées dit au cocher de toucher ses chevaux : mais il répondit qu'il n'osoit, parce qu'il tueroit plusieurs de ces religieuses.

« Aussitôt je me jetai hors du carrosse avec les sœurs. Je leur fis prendre des eaux cordiales, parce que la peste étoit à Pontoise, où j'allai avec trente religieuses, qui marchoient deux à deux comme en procession. Durant que nous marchions ainsi, le lieutenant de Pontoise, qui étoit d'intelligence avec madame d'Estrées, vint à passer près de nous à cheval, et il se moqua de nous : le pauvre homme s'imaginoit la voir déjà rétablie. Lorsque nous fûmes arrivées à Pontoise, le peuple nous donna mille bénédictions; ils disoient : « Voilà les Filles de la bonne madame de Port-« Royal ! Elles ont laissé le Diable dans leur monastère; « elles y ont vraiment laissé la peste, cette infâme, cette « perdue, qui les en a chassées. »

« Je résolus aussitôt d'entrer dans la première église que je trouverois : ce fut celle des Jésuites, qui nous vinrent

---

1. La sœur Anne-Eugénie, qui était présente (car sa sœur l'avait mandée près d'elle depuis son installation à Maubuisson), garda durant cette scène sa figure à part : pendant que toutes les sœurs, tant les anciennes même que les novices, à la vue des cavaliers épée nue, et devant l'intruse menaçante, s'écriaient en faisant groupe autour de l'abbesse, et *devenoient des lions*, elle seule demeura à sa stalle sans dire une parole, *priant toujours Dieu dans tout ce bruit*.

recevoir avec des témoignages extérieurs de civilité et de respect. Après que nous y eûmes fait notre prière, nous en sortimes; et M. Du Val, docteur de Sorbonne, que je connoissois fort, me vint trouver, et me dit que toutes les religieuses de Pontoise m'offroient leurs maisons. Je lui dis que, pour agir avec prudence, je ne devois pas accepter leurs offres, et qu'il falloit que je me retirasse en une maison particulière, où l'on pût dire qu'étoient les religieuses de Maubuisson. Aussitôt M. le grand-vicaire et official, qui étoit un sage ecclésiastique, m'offrit la sienne, que j'acceptai; il se retira dans une autre, et de cette sorte nous logeâmes dans l'Officialité : ce que nous fîmes d'autant plus volontiers que c'étoit une maison de l'Église. »

Cependant un exprès de la mère Angélique, dépêché à Paris dès le commencement de ce trouble, allait avertir sa famille en toute hâte. A défaut de son père absent, son frère (depuis évêque d'Angers) présente aussitôt requête à la Chambre des Vacations, et obtient, avec un décret de prise de corps contre madame d'Estrées, un Arrêt pour rétablir la mère Angélique à Maubuisson :

« Dès le jour même, après dîner, Defontis, chevalier du Guet, vint à Maubuisson avec le Décret, et nombre d'archers armés, qui avoient même des cuirasses. Cela obligea madame d'Estrées et le comte de Sanzai de s'enfuir avec tant de précipitation qu'elle laissa sa cassette, où je trouvai quelques papiers importants. Les archers me vinrent quérir à Pontoise; et je partis à pied, comme j'étois venue, avec mes filles. Tous les curés de la ville nous accompagnèrent, et grand nombre de peuple, qui nous aimoit à cause des charités que nous leur faisions. Les archers étoient à cheval à nos deux côtés. »

Ce qu'elle ne dit pas, la mère Angélique de Saint-Jean, dans un récit détaillé des mêmes faits[1], y supplée : c'est à dix heures du soir qu'eut lieu cette procession

---

1. *Mémoires pour servir*, etc., t. I, p. 179.

étrange du retour de Pontoise à Maubuisson. La mère Angélique, aussitôt à l'arrivée des archers, avait jugé qu'il ne fallait pas perdre de temps pour rentrer dans la place. La nuit n'en empêchait pas, car elle fut changée en un grand jour par la quantité des flambeaux que chacun apportait. Chaque archer dans la marche (et ils étaient au nombre de cent cinquante) tenait un flambeau à la main et le mousquet sur l'épaule.

Si l'on trouvait une telle scène racontée par M. Augustin Thierry d'après Grégoire de Tours, ne l'admirerait-on pas? Elle ne doit paraître ni moins forte ni moins belle pour s'être passée, non sous la race mérovingienne, mais au commencement du dix-septième siècle.

On aura remarqué, parmi tant de traits, cet amour des sœurs pour la mère, cette attache touchante, invincible, ces *agneaux qui deviennent des lions*, ces bénédictions du peuple au passage : voilà, si l'on en pouvait douter, la preuve que toutes ces pratiques intérieures, ces austérités monastiques n'étaient qu'une manière plus sûre et plus constante de serrer l'intime lien des âmes et, à l'égard du dehors, de porter fruit de charité.

Saint François de Sales, sur cette nouvelle, écrivait de Tours à sa *très-chère fille* la mère Angélique (19 septembre 1619) : « Je sus à mon départ de Paris que vous
« étiez rentrée dans Maubuisson avec votre petite chère
« troupe ; mais je n'ai pu savoir si vous aviez trouvé vos
« papiers, vos meubles de dévotion, et votre argenterie
« sacrée : car celle qui s'est elle-même dérobée à Dieu,
« pourquoi ne déroberoit-elle pas toute autre chose ? »
Et il ajoute aussitôt, par manière de joyeux encouragement : « Or sus, ma très-chère fille, parmi toutes ces
« grandeurs de la Cour (où il faut que je vous dise que
« je suis fort caressé), je n'estime rien tant que notre
« condition ecclésiastique. O Dieu ! que c'est bien autre
« chose de voir un train d'avettes qui toutes concourent

« à fournir une ruche de miel, et un amas de guêpes
« qui sont acharnées sur un corps mort, pour parler
« honnêtement ! » On vient de voir le *doux train
d'avettes* en bataille rangée contre les frelons.

Mais nous n'avons pas fini de ces scènes d'un autre
siècle. Quelque temps après le violent assaut, le roi
nomma comme abbesse titulaire madame de Soissons,
fille naturelle du comte de Soissons et sœur naturelle
de la première duchesse de Longueville[1] : la mère Angélique resta encore treize mois sous elle pour administrer, en attendant que l'abbesse eût reçu ses bulles.
Quelque mésintelligence s'éleva pourtant dans cette
autorité partagée, et elle désira se retirer à Port-Royal.
Une des plaintes qu'on élevait contre elle était d'avoir
rempli la maison de filles pauvres et sans dot : « Je répondis à cette plainte, nous dit-elle, que si on tenoit une
maison de trente mille livres de rente trop chargée par
trente filles, je n'estimerois pas la nôtre (*Port-Royal*),
qui n'en avoit que six mille, incommodée de les rece-

---

1. Nommer une personne de cette qualité, c'était couper court
aux manéges de madame d'Estrées. Celle-ci en effet n'avait pas cessé
sa menace, même après son second enlèvement. Son digne frère
le maréchal avait tourné pour elle et postulait dans ses intérêts.
Les gentilshommes des environs, le comte de Sanzé et autres,
reparaissaient quelquefois autour du couvent et venaient tirer jusque sous les fenêtres : cinquante archers y durent tenir garnison
durant six mois ; mais la mère Angélique ne les voulut pas garder
plus longtemps. On voit pourtant, dans une lettre d'elle à son
frère M. d'Andilly, qu'un an après l'assaut (septembre 1620), elle
n'était pas encore sans de justes appréhensions : elle n'osait aller
passer trois semaines au Lys, à moins qu'on n'écrivît au procureur général M. Molé de pourvoir, durant son absence, à la sûreté
de l'abbaye. La nomination d'une abbesse dérobée au sang de
Bourbon y pourvoyait. Finalement, madame d'Estrées, maintes fois
encore échappée et ressaisie, mais désormais impuissante aux violences, passa le reste de ses jours à plaider pour son abbaye,
dont elle recevait une pension alimentaire qui s'en allait au procès : elle mourut dans un faubourg de Paris, fort misérable.

voir. » Et là-dessus elle écrivit à ses sœurs, leur demandant si elles auraient bien le courage de faire part de leur pauvreté à ces trente filles : les sœurs répondirent par une lettre signée de toutes, agréant cette offre avec joie et comme une bénédiction. Elle envoya la lettre au Général de l'Ordre, qui consentit. Elle écrivit de plus à sa mère, madame Arnauld, la suppliant d'envoyer, si le cœur le lui disait, des carrosses pour transporter ces filles à Port-Royal : ce qui ne manqua pas. Madame Arnauld se trouva au jour marqué avec le nombre de carrosses nécessaire et autant de femmes pour faire la conduite. Comme, en quittant Maubuisson, la mère Angélique avait à passer par Paris et à y rester un peu, elle dut envoyer devant elle et sans elle le troupeau ; mais la mère Angélique de Saint-Jean va bien mieux continuer que nous le naïf récit :

« Par sa prévoyance ordinaire, craignant que leur abord ne fût un sujet de dissipation dans Port-Royal pour ces filles mêmes, par la joie de leur arrivée et le remuement qu'il faudroit faire pour les loger, elle y donna ordre en leur imposant silence, jusqu'à ce qu'elle fût arrivée elle-même. Elle leur ordonna pour cet effet qu'aussitôt qu'elles apercevroient de dessus la montagne le haut du clocher, dont il faut se baisser pour voir la pointe, quoiqu'il soit très-haut, tant la situation de la maison est basse et dans une vallée étroite, elles diroient toutes ensemble ce verset : *Pone, Domine, custodiam ori meo, et ostium circumstantiæ labiis meis* (Mettez, Seigneur, une sentinelle à ma bouche et une garde à la porte de mes lèvres[1]) ; et que, dès ce moment, la porte de leurs lèvres demeureroit fermée jusqu'à ce qu'elle-même la vînt rouvrir. Comme il falloit néanmoins qu'on les pût connoître dans Port-Royal, elle leur fit mettre à toutes un billet sur leur manche où étoit écrit leur nom. Elles observèrent ponctuellement ses ordres, et arrivèrent à Port-Royal le 3 mars 1623.

1. Psaume CXL, 3.

« Ce fut un jour de fête pour la mère Agnès et pour toute la Communauté, dont on peut dire en cette occasion, comme l'Apôtre dit des fidèles de Macédoine, que leur profonde pauvreté répandit avec abondance les richesses de leur charité sincère. Car non-seulement elles ouvroient les bras de bon cœur pour recevoir ce grand nombre de filles, mais encore, comme si c'eût été elles-mêmes qui eussent reçu une grâce extraordinaire, elles chantèrent le *Te Deum* en allant recevoir et embrasser ce présent que Dieu leur faisoit, pour enrichir de plus en plus leur maison du trésor inépuisable de la pauvreté [1].

« Cette maison, si incommode et si petite, devint tout d'un coup large par l'étendue de la charité de celles qui vouloient bien être incommodées pour soulager les autres, et belle par l'agrément qu'y trouvoient ces pauvres filles, qui ne cherchoient que Jésus-Christ crucifié et qui le trouvoient dans ce tombeau....

« La mère Angélique cependant fut à Paris plusieurs jours, et en passa quelques-uns dans le monastère de la Visitation de la rue Saint-Antoine. Elle revint à Port-Royal la semaine sainte, le 11 ou 12 mars; et en arrivant elle délia la langue de ces trente muettes, qui n'avoient pas dit un mot en l'attendant. Elles ne faisoient que tendre le bras quand on avoit affaire à quelqu'une d'elles, afin qu'on lût sur leur manche qui elles étoient, pour les pouvoir employer à ce qu'on vouloit qu'elles fissent. La mère Angélique ouvrit donc la porte qu'elle avoit fermée; mais ce ne fut que pour se saluer et rentrer bientôt dans le silence ordinaire où elle avoit nourri ce grand noviciat, lequel ressembloit à cet ancien tabernacle qui se transportoit et se rétablissoit partout où Dieu faisoit camper son peuple dans le désert. Car toutes ces filles étoient si formées dans la régularité, le silence et le recueillement, que, soit à Maubuisson, à Pontoise, ou à Port-Royal, dès le premier jour qu'elles y arrivèrent, elles étoient rangées et régulières comme si elles n'en eussent bougé.

---

1. Racine a dit dans son *Abrégé*, en supprimant les traits les plus singuliers de cette scène : « Ces pauvres filles n'abordaient qu'en tremblant une maison *qu'elles venaient*, pour ainsi dire, *affamer.* » Expression d'une belle audace, mais qui ne rachète pas ce qu'il se retranche par timidité.

« Ce grand nombre de filles, qui accrut tout à coup la Communauté de Port-Royal, ne fit qu'y allumer une plus grande ferveur ; comme quand on jette une grande quantité de bois dans un grand feu, il s'embrase davantage [1]. »

C'est par de tels exploits de charité que la mère Angélique était déjà proclamée, dans tout Cîteaux, *la Thérèse de l'Ordre* [2].

1. Quant à l'abbaye de Maubuisson, elle alla se relâchant un peu sous le gouvernement de madame de Soissons, sans retomber pourtant dans aucun des précédents désordres. Mais l'esprit en devint béat et efféminé ; pour remplir le vide causé par le départ des filles de la mère Angélique, madame de Soissons reçut une douzaine de novices sans vocation : toute leur dévotion, est-il dit, allait à des exercices d'une piété molle et agréable aux sens. Elles aimaient fort la musique et faisaient des processions dans les jardins, nu-tête, les cheveux épars, couronnées d'épines, et chantant des hymnes. Cela dura cinq ans environ. La duchesse de Longueville, prévoyant la fin de madame de Soissons dont la santé ne pouvait aller loin, s'adressa confidentiellement à la mère Angélique, qui lui désigna, comme sujet capable de suppléer ou de succéder, la mère Marie des Anges : celle-ci, par l'effet des démarches de la duchesse et de la mort précisément survenue de madame de Soissons, se trouva tout d'un coup promue comme abbesse, en janvier 1627, à la tête de cette grande et noble maison ; elle y reprit les errements de la mère Angélique, y gouverna durant vingt-deux ans, et ne se retira (en 1648) qu'après s'être assurée de laisser la charge aux mains d'une pieuse héritière. La réforme s'y maintint assez bien pour que Dom Clémencet, écrivant au dix-huitième siècle, parle du véritable esprit de saint Bernard *qu'on y voit encore régner aujourd'hui*, dit-il, *sous la conduite de la digne sœur du grand Colbert*. Ce *grand Colbert*, en style janséniste, n'est autre que l'évêque de Montpellier.

2. Je ne prétends pas confisquer pour elle le titre. Il y avait alors chez les Carmélites de la rue Saint-Jacques, dans la famille spirituelle directe de sainte Thérèse, une grande-prieure, la mère Madeleine de Saint-Joseph, qui était appelée *la sainte Thérèse de France* (M. Cousin, *la Jeunesse de madame de Longueville*, 1853, p. 91). Mais le caractère de la piété de la mère Angélique est à part, pour je ne sais quoi de plus mâle, et ne saurait se confondre, ce me semble, même avant l'intervention de M. de Saint-Cyran, ni avec la piété des Carmélites, ni avec celle des premières religieuses de la Visitation (voir leurs *Vies* écrites par la révérende

M. de Saint-Cyran apprenant cet acte de *sainte hardiesse*, comme il l'appelle, lui écrivit pour la féliciter en Jésus-Christ : il avait déjà été mis en relation avec elle par M. d'Andilly, mais de loin, et c'est ici la première fois qu'on voit son nom intervenir dans un fait essentiel de cette histoire : le temps approche où il ne s'en séparera plus.

L'intervention, l'influence de saint François de Sales précède, et nous avons, sans plus tarder, la douceur de la marquer. La mère Angélique était encore en plein séjour à Maubuisson; dès qu'elle sut le saint évêque à Paris, elle eut un extrême désir de le voir : M. de Bonneuil, introducteur des ambassadeurs, avait à Maubuisson sa fille qui n'était pas *confirmée :* ce fut une occasion de le prier d'amener M. de Genève pour qu'il conférât ce sacrement. François de Sales vint donc le 5 avril 1619, prêcha, donna la confirmation et s'en retourna le même jour : « Si j'avois eu un grand désir de le voir, « écrit la mère Angélique, sa vue m'en donna un plus « grand de lui communiquer ma conscience. Car Dieu « étoit vraiment et visiblement dans ce saint évêque; « et je n'avois point encore trouvé en personne ce que « je trouvai en lui, quoique j'eusse vu ceux qui avoient « la plus grande réputation entre les dévots. » Elle lui écrivit pour le supplier de revenir; il le lui accorda. Il vint trois ou quatre fois à Maubuisson, et la dernière fois y demeura neuf jours. Sur la prière de la mère Angélique, il alla également à Port-Royal y visiter et y consoler la mère Agnès qui venait d'être nommée régu-

---

mère Françoise-Madeleine de Chaugy, d'après la recommandation de madame de Chantal, et rééditées par M. Louis Veuillot, 1852). Une comparaison attentive, *impartiale*, entre ces diverses nuances et physionomies de piété, chacune ayant son air de famille, serait pourtant bien intéressante et fournirait matière à un chapitre de fine psychologie ; mais elle m'éloignerait trop de mon sujet.

lièrement coadjutrice ; ce qui l'avait rendue malade d'affliction. Il y trouva tout à son gré ; il dit de cette maison qu'elle était vraiment *le port royal*, et ne l'appela depuis, dans ses lettres, que ses *chères délices*. On a noté chaque circonstance, chaque mot de ces précieuses visites ; Port-Royal y met un pieux orgueil ; accusé plus tard dans sa foi, il se pare des moindres anneaux d'or qui le rattachent à l'incorruptible mémoire de ce saint. La famille Arnauld, par tous ses membres, se hâtait de participer au trésor, et de jouir du cher Bienheureux : M. d'Andilly, absent d'abord, l'atteignait enfin, le quittait le moins possible, multipliait près de lui les heures, et communiait de ses mains ; madame Le Maître, en attendant le voile, lui confiait à genoux son vœu de chasteté perpétuelle ; le jeune Le Maître, âgé de onze ans, lui faisait sa confession générale ; le petit Antoine Arnauld (le futur docteur) était béni par lui avec tous les autres enfants dans un séjour à Andilly. Il disait sur chacun une parole, qu'on interpréta dès lors en prophétie : à en prendre le récit à la lettre, ce seraient autant de prédictions miraculeuses qui se sont l'une après l'autre vérifiées. Surtout il donna des directions attentives et particulières à la mère Angélique ; il l'unit d'esprit et de cœur, il forma sa liaison et correspondance avec madame de Chantal l'institutrice de la Visitation, autre amitié sainte dont on se montrera très-glorieux : plusieurs lettres de l'une à l'autre attestent le commerce étroit de *ces deux grandes âmes*, comme on disait[1]. Mais ce qui ne nous importe pas moins, les récits, conservés à

---

1. Il paraît bien, d'après toutes les Relations de Port-Royal, qu'en effet, madame de Chantal n'entra en correspondance avec la mère Angélique que par l'entremise du saint évêque. Dans les *Lettres inédites* de saint François de Sales (2 vol. in-8), publiées à Turin et à Paris, en 1835, et recueillies par M. le chevalier Datta, j'en trouve une adressée à madame de Chantal à la

Port-Royal, des conversations de saint François, tendent à nous le montrer lui-même sous un jour très-intime et à certains égards imprévu.

On reconnaît tout d'abord aux mots qu'on cite de lui, aux lettres dont on nous donne les extraits, cette aimable fertilité de parole qui trouvait toujours l'image à la fois familière et gracieuse, la pointe comme Montaigne, mais plus adoucie et fleurie. Tout ce que vous touchez devient rose, lui disait le riant Camus :

> . . . . Tibi lilia plenis
> Ecce ferunt Nymphæ calathis : tibi candida Naïs,
> Pallentes violas et summa papavera carpens,
> Narcissum et florem jungit bene olentis anethi.

On sent que, comme écrivain et comme homme de Dieu, il avait le don de l'allégorie parlante, de la parabole. Dès les premières lettres qui suivirent sa première visite à Maubuisson, la mère Angélique, s'ouvrant à lui, se plaignait de n'avoir point rencontré jusque-là le directeur unique qu'il lui aurait fallu, et d'être obligée d'emprunter çà et là à divers conseils, selon qu'elle les croyait plus ou moins conformes au bien désiré : ce qui était proprement se conduire elle-même. Il lui répondit de ne point trop s'inquiéter là-dessus, « qu'il n'y avoit

---

date de 1614 (t. II, p. 120), dans laquelle il est question de madame de Port-Royal et de ses démarches pour entrer dans l'Ordre naissant de la Visitation. La mère Angélique eut en effet ce désir pour échapper à sa charge d'abbesse, et il y eut des consultations de docteurs à ce sujet. Mais est-ce en 1619 seulement qu'elle le manifesta à saint François et à madame de Chantal? ou s'en était-elle ouverte par quelque lettre à celle-ci, dès 1614? Cette dernière date me paraît une simple faute d'impression, comme il y en a si souvent dans les dates, les suscriptions et le contenu de ces lettres, qui attendent encore un travail sérieux d'éditeur. Il résulte des termes mêmes de la lettre, qu'elle est postérieure de *vingt ans* au voyage du prélat à Paris en 1602; ce qui reporte la vraie date vers 1621.]

point de mal à chercher sur plusieurs fleurs le miel qu'on ne pouvoit trouver sur une seule. » — « J'admirai cette réponse, dit-elle, quoique je trouvasse périlleux d'en user ainsi. » Le mot en effet était plus charmant que sûr, et sentait son Hymette plus que son Calvaire. C'était bien, au reste, le début de celui qui ouvrait son *Introduction à la Vie dévote* par *la bouquetière Glycera*. Le sérieux venait vite dans ce sourire. Il disait à la mère Angélique d'autres mots plus fondés, non moins gracieux, et dans ce tour vif encore. Quand il s'enquit près d'elle de la manière de vivre tant à Port-Royal qu'à Maubuisson, il la trouva austère et lui dit : « Ma fille, ne vaudroit-il pas mieux ne pas prendre de si gros poissons et en prendre davantage? » Un autre jour il lui écrivait, pour calmer ses saintes impatiences :

« Je commence par où vous finissez, ma très-chère et très-véritablement bien-aimée fille ; car votre dernière finit ainsi : *Je crois que vous me connoissez bien.* Or, il est vrai, certes, je vous connois bien, et que vous avez toujours dans le cœur une invariable résolution de vivre toute à Dieu, mais aussi que cette grande activité naturelle vous fait sentir une vicissitude de saillies. Oh! ma fille, non, je vous prie, ne croyez pas que l'œuvre que nous avons entrepris de faire en vous puisse être sitôt faite. Les cerisiers portent bientôt leurs fruits, parce que leurs fruits ne sont que des cerises de peu de durée ; mais les palmiers, princes des arbres, ne portent leurs dattes que cent ans après que l'on les a plantés, ce dit-on. »

Toujours l'image vive et l'emblème ! François de Sales est plein de ces similitudes ; il en a été revêtu dans son langage, comme ces oiseaux et ces fleurs des champs que Dieu a voulu parer de leur duvet et de leur blancheur.

Il ne paraît pas pourtant, à beaucoup de détails précis, qu'il ait été, dans cette relation avec Port-Royal renaissant, d'une dévotion molle et *doucette* qu'on lui reprochait dès lors. « Pour moi, je vous déclare, disait la mère Angélique à son neveu Le Maître, que jamais M. de Genève ne m'a paru mollet comme plusieurs ont cru qu'il l'étoit. » Elle insiste sur ce point, et s'attache à dénoncer sa fermeté sous sa douceur. Elle l'oppose par contraste à ceux des Jésuites qu'elle connaît et aux autres religieux ; elle le trouve plus saint que tous, plus dépouillé de toute considération humaine :

« Je lui mis mon cœur entre les mains sans aucune réserve.... Il me parla aussi avec la même franchise, et je puis vous assurer qu'il ne me cachoit rien de ses plus secrètes et importantes pensées sur l'état où étoit l'Église et sur la conduite de quelques Ordres religieux, dont il connoissoit quelques particuliers et n'approuvoit pas l'esprit général, le trouvant trop fin, trop courtisan et trop politique. »

Mais, pour aller au plus neuf et au plus original de la révélation, il me faut tailler toute une longue page entière qui n'est qu'une conversation de la mère Angélique, et dans laquelle bien d'autres noms se mêlent à celui de saint François ; l'enchaînement n'en est que plus curieux, et nulle part d'ailleurs les sentiments secrets de Port-Royal ne se prononcent plus à nu. C'est M. Le Maître qui écrit, au moment où il vient d'entretenir sa tante [1] :

« En 1653, le 26 avril, comme je lui parlois de la vie de M. de Genève, elle me dit : « Ce saint prélat m'a fort assistée,
« et j'ose dire qu'il m'a autant honorée de son affection et de
« sa confiance que madame de Chantal. J'étois étonnée de la
« liberté et de la bonté avec laquelle il me disoit toutes ses
« plus secrètes pensées, comme je lui disois et lui avois dit
« tout d'abord toutes les miennes. Il est certain qu'il avoit

1. *Mémoires pour servir à l'histoire de Port-Royal*, t. II, p 307 et suiv.

« beaucoup plus de lumières qu'on ne pensoit pour la con-
« duite et la discipline de l'Église. C'étoit un œil pur qui
« voyoit tous les maux et tous les désordres que le relâche-
« ment a causés dans les mœurs des ecclésiastiques et des
« moines; mais il cachoit tout dans le silence et couvroit
« tout de la charité et de l'humilité.

« Il gémissoit comme M. de Bérulle des désordres de la
« Cour de Rome, et me les marquoit en particulier. Puis il
« me disoit : « Ma fille, voilà des sujets de larmes ; car d'en
« parler au monde en l'état où il est, c'est causer du scan-
« dale inutilement. Ces malades aiment leurs maux et ne
« veulent point guérir. Les Conciles œcuméniques devroient
« réformer la tête et les membres, étant certainement par-
« dessus le Pape. Mais les Papes s'aigrissent lorsque l'Église
« ne plie pas toute sous eux, quoique, selon le vrai ordre de
« Dieu, elle soit au-dessus d'eux lorsque le Concile est uni-
« versellement et canoniquement assemblé. Je sais cela
« comme les docteurs qui en parlent, mais la discrétion
« m'empêche d'en parler, parce que je ne vois pas de fruit
« à en espérer. Il faut pleurer, et prier en secret que Dieu
« mette la main où les hommes ne la sauroient mettre ; et
« nous devons nous humilier sous les puissances ecclésias-
« tiques auxquelles il nous a soumis, et lui demander ce-
« pendant qu'il les humilie et les convertisse par la toute-
« puissance de son esprit, et qu'il réforme les abus qui se
« sont glissés dans la conduite des ministres de l'Église, et lui
« envoie de saints pasteurs animés du zèle de saint Charles,
« qui servent à la purifier par le feu de leur zèle et de
« leur science, et à la rendre sans tache et sans rides pour
« la discipline, comme elle l'est pour la foi et pour la doc-
« trine. » Il se consoloit en me parlant, comme je sais qu'il
« faisoit aussi à madame de Chantal, avec qui il m'avoit
« unie aussi étroitement qu'on le peut être sans s'être ja-
« mais vues.

« La mère Angélique ajouta : « M. le cardinal de Bérulle,
« ami intime de M. de Genève, voyoit et déploroit ces
« mêmes abus de la Cour de Rome, et en entretenoit M. de
« Saint-Cyran, qui me disoit qu'il voyoit une éminence de
« lumière et de discernement merveilleux en ce saint
« homme, et qu'ils se confirmoient ensemble dans le silence

« que les vrais enfants de l'Église devoient garder dans la
« vue de ces maux intérieurs et de ces plaies intestines, que
« saint Bernard a dit, il y a déjà cinq cents ans, être incu-
« rables ; qu'il falloit couvrir au moins la nudité de sa mère
« lorsqu'on voyoit qu'on ne la pouvoit guérir de ses mala-
« dies, et dire, bien plus aujourd'hui que saint Grégoire de
« Nazianze ne disoit de son temps : « Nous n'avons rien à
« donner à l'Église que nos larmes. »

« Elle me dit encore que feu M. l'évêque de Belley
(M. Camus) lui dit, au retour de son voyage d'Italie, qu'ayant
entretenu Frédéric Borromée, cardinal-archevêque de Milan,
cousin germain de saint Charles, saint lui-même et éminent
en sagesse et en science autant que saint Charles, ce cardinal lui avoit dit confidemment ces mêmes mots : « Le zèle et
« la douleur des désordres de Rome m'a porté jusqu'à en
« écrire un livre épais de trois doigts, où ils étoient presque
« tous représentés. Mais après avoir vu toutes les portes
« fermées à la réformation de ces abus, et que Dieu seul
« le pouvoit faire par les voies extraordinaires de sa Pro
« vidence, je brûlai le livre, voyant que ces vérités morales
« ne feroient que causer du scandale et publier les excès
« de ceux qui ne veulent point changer de mœurs, et qui
« sont devenus plus politiques qu'ecclésiastiques. »

« Aussi, m'ajouta-t-elle, M. de Saint-Cyran m'a dit autre-
« fois que ceux qui aimoient véritablement l'Église devoient
« se cacher dans les solitudes pour ne prendre point de part
« aux passions de ceux qui déshonorent sa sainteté, et prier
« pour elle dans le secret. « C'est notre mère, me disoit-il,
« il la faut aimer, il la faut plaindre, il la faut aider, il la
« faut pleurer, et non la scandaliser et la troubler par un
« excès de zèle qui n'est pas assez humble ni assez sage. »

« Elle m'ajouta : « M. de Saint-Cyran étoit tellement con-
« firmé dans ce silence de gémissement, que lorsque le car-
« dinal de Richelieu se piqua contre Rome, sur ce que le
« Pape l'avoit fâché, et qu'il voulut empêcher qu'on n'allât
« querir des bulles à Rome, il arriva que mon frère, main-
« tenant évêque d'Angers, fut élu évêque de Toul, canoni-
« quement, par le Chapitre dont il étoit doyen, sans avoir
« agi pour cela en façon quelconque : M. de Saint-Cyran
« me dit que mon frère étoit le seul évêque de France qui

« pût, ayant été élu par le Chapitre selon l'ancien droit, se
« faire sacrer sans envoyer querir des bulles à Rome, et que
« peut-être le cardinal l'y pourroit porter, mais qu'il croyoit
« qu'il ne le devoit point faire, et que dans cette conjonc-
« ture cette entreprise causeroit du scandale, que la pru-
« dence et la charité chrétienne obligeoient d'éviter. »

« Elle me dit encore : « Feu M. de Saint-Cyran, après être
« sorti du bois de Vincennes, me dit en termes formels :
« Ma mère, il se fera une réformation dans l'Église par les
« prélats et les ecclésiastiques, et par la lumière de la vé-
« rité. Elle aura de l'éclat et éblouira les yeux des fidèles,
« qui en seront ravis : mais ce sera un éclat qui ne durera
« pas longtemps, et qui passera. »

« Elle ne me dit point qu'il lui ait marqué le temps, mais
seulement qu'elle se feroit. Je ne sais si Dieu ne lui avoit
point révélé ce secret dans sa prison. Il y a plus de cinq
cents ans que cette réformation tant désirée ne s'est point
faite, et les prélats, surtout ceux de l'Italie, semblent y être
moins disposés que jamais. Il a dit cela pourtant, et je l'ai
écrit, afin qu'on voie qu'on n'a pas attendu l'événement à
publier cette prophétie. — J'ai écrit ceci le même jour et
aussitôt que la mère abbesse me l'eut dit. »

Nous voici, par une pointe assez brusque, arrivés au
cœur même de M. de Saint-Cyran : revenons. Malgré
tout ce qu'on nous découvre de saint François de Sales,
de M. de Bérulle et des autres, il ne demeure pas moins
constant qu'ils prenaient tous l'œuvre chrétienne un peu
autrement que l'âpre docteur. Celui-ci insista beaucoup
plus, et, pour ainsi dire, jeta l'ancre là où les autres
jugeaient à propos de glisser : ils pratiquèrent ce vrai
silence de gémissement, que, lui, il faisait sentir si pénible en le recommandant trop. Il est même à croire que
les paroles de saint François de Sales à la mère Angélique ne furent éclairées pour elle en ce sens formel que
par la suite et lors de la direction de M. de Saint-Cyran.

Ce vrai père du Port-Royal théologique commence à
entrer en rapport de lettres avec elle au retour de Mau-

buisson (1623); mais il ne devient directeur du monastère que bien plus tard, environ douze ans après seulement. Nous n'aurons qu'à courir très à la légère sur cet intervalle, qui n'est proprement rempli que de détails et tracasseries d'intérieur, bien vite abrégés. Jusqu'ici toute cette première période de Port-Royal réformé, dont les confesseurs et directeurs furent le Père Pacifique, le Père Eustache, le Père Archange, peut en résumé se représenter pour nous et se dire la *période de saint François de Sales,* du nom du saint aimable qui la couronne, et dont la dévotion y était assez fidèlement reproduite, bien que dans une teinte plus sombre. Quand va venir la seconde période qu'on doit appeler celle *de M. de Saint-Cyran,* et dans laquelle seulement Port-Royal apparaît au complet avec la doctrine qui lui est propre, l'autre première époque semblera fort reculée et ne sera plus qu'un souvenir d'aube blanchissante, derrière l'horizon. Saint François de Sales et M. de Saint-Cyran figurent, au sein d'une même communion, deux familles différentes d'esprits, et un christianisme qui, le même peut-être au fond, a des expressions qu'on dirait parfois contraires : le côté austère et dur, opposé à l'effusion affectueuse et toute courante. Le sentiment du mal en ce monde et dans le cœur de l'homme préoccupera, avant tout, M. de Saint-Cyran, qui est une tête plus théologique à proprement parler, j'ose le croire, et plus systématique que saint François, chez qui les sources du cœur et de l'imagination abondent. Cet aspect sévère et de *tremblement,* introduit ou confirmé par M. de Saint-Cyran à Port-Royal, y dominera assez en définitive pour qu'en avançant dans le siècle les chrétiens plus affectueux, plus indulgents, tendrement mystiques, ou simplement modérés, se détournent de ce coin religieux avec quelque répugnance, pour qu'après saint Vincent de Paul, Fénelon soit contre (lui, le fils spirituel de saint François de Sales), pour que Massillon, l'abbé Fleury (tout semi-gallican qu'il est), l'autre Fleury évêque de Fréjus et cardinal, Belzunce de Marseille, enfin la race des *doux*, n'y incline point. Je doute que François de Sales, reparaissant à la fin du siècle, eût été favorable, puisque Fénelon ne l'a pas été. •

Il s'agirait, maintenant que M. de Saint-Cyran se trouve nommé dans cette histoire, de nous prendre à lui, de nous demander qui il est, de nous bien expliquer d'où il vient. Mais ce serait couler trop légèrement sur celui même que je lui oppose. Saint François de Sales ne se quitte pas ainsi. Il sied de l'approfondir; il plaît de l'étudier encore comme écrivain de l'aurore du dix-septième siècle, comme une espèce de Montaigne et d'Amyot de la spiritualité. A l'occasion de M. de Saint-Cyran, j'aurai d'ailleurs à parler bientôt de Balzac, que le profond abbé perça d'un coup d'œil et jugea; de la sorte, par ces intermèdes littéraires gradués, nous tiendrons, avant Pascal, bien des éléments et des préliminaires de la belle prose française, jusqu'au moment juste où elle s'accomplit.

IX

Esprit de saint François de Sales. — Deux lignées d'esprits dans le Christianisme. — De quelques points de dogme chez saint François; son optimisme théologique.— *Surcroissance* de fleurs. — Ses affinités poétiques et littéraires. — Bernardin de Saint-Pierre et Lamartine. — Des Portes et d'Urfé. — Vogue de saint François près du sexe. — Son culte pour la Vierge. — Écrivain plus qu'il ne croit : Amyot et Montaigne. — Camus, évêque de Belley : école séraphique et allégorique. — Arnauld vrai Malherbe en théologie.

Le contraste entre saint François de Sales et M. de Saint-Cyran n'est qu'un cas singulier d'un parallélisme plus général et continu. Il y a lieu dans le Christianisme à différentes classes et familles d'esprits, qui, tout en s'y régénérant, le font cependant selon leurs caractères naturels et certains traits de complexion qu'ils ne perdent pas. Dès qu'il se trouve dans une société, dans un groupe, un nombre suffisant d'esprits réunis, toutes les formes naturelles et essentielles se produisent bientôt et sortent. On pourrait suivre dès l'origine du Christianisme, et dresser une double liste d'esprits religieux éminents, qui ont toujours été plus ou moins en contraste et en lutte au sein d'une même foi, d'une même charité : ceux qui sont plus doux et tendres, ceux qui sont plus fermes, forts et ardents. Je dirai tout d'abord, par simple manière d'indication et sans prétendre à la rigoureuse exactitude : *saint Jean* et *saint Pierre;* je dirais *saint Augustin* et *saint Jérôme,* si saint Augustin n'avait eu en lui tant de grandes qualités autres que la tendresse, et qui la voilèrent souvent; *saint Basile, saint Grégoire de Nazianze* en vis-à-vis de *saint Athanase;* au Moyen-Age, *saint François d'Assise* ou *saint Bonaventure,* et — je n'ose dire *saint Bernard* qui les précède et qui unit tout, — mais *saint Dominique, saint Thomas;* dans le siècle de Louis XIV, *Fénelon* et *Bossuet :* ce que Dante, au chant XII de son *Paradis,* appelle l'une et l'autre *roue* du char militant de l'Église.

Ajoutez que, même au sein des doctrines et des communions plus sévères, il y a relativement les doux : Viret ou de Bèze à côté de Calvin, Mélanchthon à côté de Luther. Nicole, qui passe pour dur et âpre quand on le juge en dehors du Jansénisme, Nicole, auprès d'Arnauld et des autres, était doux; dans le conseil il penchait toujours pour les partis d'accommodement et de paix. Du temps que M. de La Mennais était le plus ardent ultramontain et chef de groupe, l'abbé Gerbet figurait la douceur à côté de lui.

Mais, parmi les doux, il y en a qui sont plus particulièrement tels, avec une vivacité singulière, et avec accompagnement et apanage de tant d'autres qualités, que cela les mène loin, et qu'ils deviennent grands. Le fonds aimant, l'atmosphère affective de leur âme, venant à s'enflammer, toutes leurs autres facultés s'en échauffent et s'en éclairent, et dans un reflet principal, dans ce même sens affectueux. Leur raison reconnaît peut-être et se pose par instants l'ensemble des doctrines et des questions, les objections qu'on peut faire, le mal qui revient battre aux endroits plus éloignés; mais dans la pratique, dans la conduite et la parole, ils inclinent en entier du côté favori et se dirigent à leur étoile. Ils deviennent aisément tout spirituels et mystiques, une fois qu'ils sont dans les voies de l'amour divin; et ils le deviennent d'une tout autre manière que ceux dont l'âme serait naturellement amère et chagrine, lesquels, nous le verrons, ont leur genre de mysticité aussi.

En un mot, au sein du Christianisme, il y a lieu à la continuation et à la distinction des caractères et des complexions individuelles, même régénérées et transfigurées.

Saint François de Sales a une nature affectueuse, suave, amoureuse et expansive si prononcée, qu'indépendamment de toutes les grâces surnaturelles qui sont survenues, il ne se peut expliquer qu'ainsi.

A le prendre sur la doctrine, il a été moins un théologien qu'un praticien accompli, un *diseur* aimable et moral de cette science des âmes qu'une infusion première et l'observation de chaque jour lui avaient enseignée; son imagination et son cœur jaillissent à tout moment dans ce qu'il dit, et l'intelligence, la division des idées, la dialectique qu'il y emploie, et ces déductions déliées qui supposent chez lui une grande finesse psychologique, aboutissent toujours vite en fleurs et s'enlacent en berceaux : on est avec lui vraiment dans les jardins de *l'Épouse*.

Que si pourtant on cherche à démêler les points essentiels et dogmatiques, comme il les pose en certaines questions, en celles-là mêmes que Port-Royal surtout agita, on trouve qu'il en diffère autant qu'il est possible au sein de la fraternité chrétienne.

Sur l'article de l'*Amour de Dieu* par exemple, dans lequel il comprenait volontiers tout le Christianisme, il pense (jugeant peut-être un peu trop d'après luimême) que l'homme a une inclination naturelle d'aimer Dieu sur toutes choses, qu'il avait cette inclination dans le Paradis avant la Chute, et que depuis il ne l'a pas du tout perdue, tellement qu'un rien suffit pour la réveiller. Et selon sa manière favorite, prenant une comparaison familière et vive, il dit :

« Entre les perdrix il arrive souvent que les unes desrobent les œufs des autres, afin de les couver, soit pour l'avidité qu'elles ont d'estre mères, soit pour leur stupidité qui leur fait mescognoistre leurs œufs propres. Et voicy chose estrange, mais neantmoins bien tesmoignée ; car le perdreau qui aura esté esclos et nourry sous les aisles d'une perdrix estrangère, au premier réclam qu'il oyt de sa vraye mère qui avoit pondu l'œuf duquel il est procédé, il quitte la perdrix larronnesse, se rend à sa première mère, et se met à sa suite, par la correspondance qu'il a avec sa première origine.... Il en est de mesme, Théotime, de nostre cœur ; car quoy qu'il soit couvé, nourry et eslevé emmy les choses corporelles, basses et transitoires, et, par manière de dire, sous les aisles de la Nature ; neantmoins, au premier regard qu'il jette en Dieu, à la première cognoissance qu'il en reçoit, la naturelle et première inclination d'aimer Dieu, qui estoit comme assoupie et imperceptible, se resveille en un instant...[1]. »

Que si, selon lui, nous avons, même déchus, l'*inclination* naturelle d'aimer Dieu sur toutes choses, nous n'en avons pas le *pouvoir* sans le secours de Dieu ; toujours des comparaisons, des allégories, et tirées de l'histoire naturelle, car saint François de Sales a aimé, senti, compris les symboles de la nature comme personne autre en son temps, comme La Fontaine plus tard et surtout Bernardin de Saint-Pierre[2] :

---

1. *Traité de l'Amour de Dieu*, liv. I, chap. XVI.
2. J'insiste par avance sur Bernardin de Saint-Pierre : les comparaisons de saint François, on le remarquera chemin faisant, sont presque toutes tirées des champs, des plantes, des fleurs, des fruits, du règne végétal enfin, ou des abeilles, des oiseaux :

« Les aigles ont un grand cœur et beaucoup de force à voler ; elles ont neantmoins incomparablement plus de veuë que de vol et estendent beaucoup plus viste et plus loin leurs regards que leurs aisles : ainsi nos esprits, animez d'une saincte inclination naturelle envers la Divinité, ont bien plus de clarté en l'entendement pour voir combien elle est aimable, que de force en la volonté pour l'aimer....[1] »

Puis il cite les sages païens, Socrate, Platon, Trismégiste, Aristote, Épictète, ce dernier surtout, qui eut tant d'inclination pour aimer Dieu ; il ajoute, il est vrai, qu'ils ont manqué de force et de volonté pour le bien aimer. Il ne va pas tout à fait si loin que le philosophe La Mothe-le-Vayer, qui, à quelques années de là, parlant de la vertu des Païens, les absout, ce qui semblera une attaque directe et une insulte aux doctrines de Saint-Cyran[2] ; pourtant il ne les condamne pas trop ;

c'est le même fonds d'images que chez l'auteur du *fraisier*. Il sait et sent la nature comme lui, dans ses significations morales, dans ses échos sacrés ou fabuleux et dans ses superstitions même : il y lit à livre ouvert comme dans un miroir, et non-seulement ce miroir dont parle l'Apôtre, mais un miroir quelque peu enchanté.

1. *Traité de l'Amour de Dieu*, liv. I, chap. XVII.
2. Dans une *Histoire du Jansénisme* (Bibliothèque du Roi, manuscrits, 911, Saint-Germain : 3 vol. in-fol.), de laquelle Dom Clémencet a profité pour son *Histoire générale de Port-Royal*, mais où restent encore bien des détails enfouis, on lit au tome I, liv. II, chap. X : « Il sembloit que tout le monde fût déchaîné contre la doctrine de saint Augustin : ce n'étoient pas seulement les Jésuites...; il se trouvoit même des séculiers qui devenoient théologiens pour s'élever contre lui.... M. de La Mothe-le-Vayer, qui depuis a été choisi pour l'éducation d'un grand prince en qualité de précepteur, et qui avoit déjà publié un très-grand nombre de livres sur des matières assez importantes sans être soupçonné d'avoir beaucoup de scrupule, composa en ce temps-là (1642) un livre qu'il intitula *de la Vertu des Païens*.... Au lieu d'en demeurer dans les bornes de saint Augustin, qui reconnoît que les Païens ont souvent fait des actions qui sont bonnes selon leur devoir et leur substance, mais ne peuvent pas néanmoins passer pour de véritables vertus...., il ne craignit pas de prendre pour fondement de son opinion les objections que Julien le Pélagien

le tout finit, selon son usage, par une comparaison végétale :

« En somme, Théotime, nostre chetive nature, navrée par le péché, fait comme les palmiers que nous avons de deçà, qui font voirement certaines productions imparfaictes et comme des essais de leurs fruits; mais de porter des dattes entières, meures et assaisonnées, cela est réservé pour des contrées plus chaudes [1]. »

Cette seule différence indiquée du païen au chrétien, dans le degré du plus ou moins de chaleur, eût fait se récrier Jansénius, qui voyait dans le domaine de la Grâce une *sphère* complète, inverse de tout point à celle de la Nature déchue et précipitée, et dans celle-ci non pas une *diminution* du bien, mais une *subversion*.

Saint François, pour le dogme, était tout à fait de ce Christianisme général, comme on l'entend aisément hors de la théologie et même hors d'une pratique rigoureuse, de ce Christianisme qui, malgré saint Augustin et les Conciles répresseurs des semi-Pélagiens, avait transpiré dans toute la Chrétienté et faisait loi ou du moins flottait dans les esprits, selon l'idée commune de la mansuétude de l'Évangile : cette façon d'entendre le Christianisme n'a pas moins continué à circuler depuis, et on y rattache irrésistiblement le nom de Fénelon. Saint François avait été élevé chez les Jésuites, et il en avait pris ces doctrines plus douces,

---

avoit faites autrefois à saint Augustin... » Il défendait l'*honnête* ambition et un *juste* désir d'honneur, et citait adroitement une phrase de M. le président Seguier où, dans un livre sur les *Éléments de la Connaissance de Dieu et de Soi-même*, il est parlé avec espoir de salut des vertueux Païens, de manière à se couvrir de cette autorité devant le chancelier Seguier (neveu du président). Le docte et zélé janséniste (M. Hermant), auteur de cette Histoire, s'emporte contre l'impunité où on laissait M. de La Mothe-le-Vayer écrivant de telles choses, et s'en réfère à la justice de Dieu.

1. *Traité de l'Amour de Dieu*, liv. I, chap. XVII.

plus aisées, compatibles toutefois avec la sainteté même. S'il avait été obligé de ne choisir qu'un mot dans tout l'Évangile, il se fût décidé, je m'imagine, pour le *Sinite parvulos ad me venire*. Jansénius, au contraire, ouvrait sa doctrine par insister, au moins inutilement et désagréablement, sur la damnation des enfants morts sans baptême[1].

1. On lira, lors de la fondation des Écoles de Port-Royal, les graves pensées de M. de Saint-Cyran sur l'enfance. Voici, en attendant, un bien gracieux tableau de saint François de Sales faisant le Catéchisme aux enfants : je l'emprunte à sa *Vie* par le Révérend Père Louis de La Rivière, minime et son disciple trop peu connu en style fleuri : « Tous les dimanches et au temps de Caresme les samedis après disner, il enseignoit le Catéchisme aux petits enfants, avant quoy environ une heure, un héraut fesoit le tour de la ville, couvert d'une casaque violette, sonnant une clochette et criant : *A la Doctrine chrestienne, à la Doctrine chrestienne, on vous enseignera le chemin de Paradis*. J'ay eu l'honneur de participer à ce beny Catéchisme, oncques je ne vis pareil spectacle : cet aymable et vrayement bon Père estoit assis comme sur un throsne, eslevé de quelque cinq degrés ; toute l'armée enfantine l'environnoit, et grand nombre des plus qualifiez qui n'avoient garde de desdaigner d'y venir prendre la pasture spirituelle. C'estoit un contentement non-pareil d'ouyr combien familièrement il exposoit les rudiments de nostre foy; à chasque propos les riches comparaisons luy naissoient en la bouche pour s'exprimer; il regardoit son petit monde, et son petit monde le regardoit; il se rendoit enfant avec eux pour former en eux l'homme intérieur et l'homme parfait selon Jésus-Christ.... » Et encore : « Spécialement il sembloit estre en son élément lorsqu'il se rencontroit au milieu des petits enfants; là estoient ses délices et menus plaisirs; il les caressoit et mignardoit avec un sous-ris et un maintien si gracieux que rien plus. Eux pareillement s'accostoient de luy en toute privauté et confiance; rarement sortoit-il de son logis sans se voir soudainement environné de cette troupe agneline, laquelle le recognoissant pour son aymable berger, luy venoit demander sa bénédiction. Quelques fois ses serviteurs menaçoient les enfants et leur fesoient signe de se retirer, craignans qu'ils ne l'importunassent; mais quand il s'en advisoit, il les reprenoit tout doucement et leur disoit de si bonne grâce : « Hé! laissez-les, laissez-« les venir; » puis les mignottant et les flattant de sa main sur la joue : « Voicy mon petit mesnage (fesoit-il), c'est mon petit mes-

Continuons à presser le dogme chez saint François. Quoique cette inclination naturelle qu'il reconnaît à l'homme pour aimer Dieu soit insuffisante, à elle seule, il nous dit qu'elle ne nous est pas inutile, et qu'elle ne demeure pas en l'âme comme une soif ardente sans moyen de se satisfaire :

« Cette infinie Debonnaireté, dit-il, ne sçeut oncques estre si rigoureuse envers l'ouvrage de ses mains ; il (*Dieu*) veit que nous estions environnés de *chair, un vent qui se dissipe en courant et qui ne revient plus ; c'est pourquoy, selon les entrailles de sa miséricorde*, il ne nous voulut pas du tout ruiner, ny nous oster le signe de sa Grâce perdue.... C'est chose certaine, ajoute-t-il, qu'à celuy qui est fidelle en peu de chose et qui fait ce qui est en son pouvoir, la Bénignité divine ne desnie jamais son assistance pour l'avancer de plus en plus [1]. »

Voilà qui est formel contre l'élection gratuite et la prédestination [2].

Dans une lettre à la mère Angélique, écrite à la veille de son départ de Paris [3], il lui dit, d'une parole entièrement rassurante :

« J'espère que Dieu vous fortifiera de plus en plus ; et à la pensée ou plustôt tentation de tristesse sur la crainte que

« nage que cecy. » Au demeurant, plusieurs attribuoient presque à miracle de ce que les poupons encore pendillans à la mammelle, si tost que de loing entre les bras de leurs mères ils le découvroient venir le long des rues, trépignoient, se demenoient, et quant et quant se mettoient à pleurer si on ne les portoit vistement au sainct homme, duquel ayans esté festoyez et benists, ils restoient contens et satisfaits. » On retrouvera quelque trace à Port-Royal de cette manière séraphique dans le seul M. Hamon.

1. *Traité de l'Amour de Dieu*, liv. I, chap. XVIII.
2. Ailleurs, en un moment plus sévère, il a pu dire : « Celui qui fait le bien qu'il sait, mérite que Dieu lui aide à connoître celui qu'il ignore. Nous sommes des géants à pécher, et des nains à bien faire. Nous ressemblons à l'air, lequel, à l'absence du soleil, est toujours obscur. » Mais encore ici il y a le *mérite* de l'homme qui fait ce qu'il sait.
3. 12 septembre 1619.

vostre ferveur et attention présente ne durera pas, répondez une fois pour toutes que ceux qui se confient en Dieu ne sont jamais confondus.... Servons bien Dieu aujourd'huy, demain Dieu y pourvoira.... Si sa bonté eust pensé ou, pour mieux dire, cogneu que vous eussiez besoin d'une assistance plus présente que celle que je vous puisse rendre de si loing, il vous en eust donné et vous en donnera toujours quand il sera requis de suppléer au manquement de la mienne.... »

Rien ne peut être plus opposé aux *tremblements* que ressentait et inspirait M. de Saint-Cyran. Et comme cette manière est continuellement aplanie, apaisante, en vue du bien plutôt qu'en souvenir du mal, en regard d'Abel et de Sem, en oubli de Cham et de Caïn ; toute d'un père à ses enfants et de celui qui aimait à dire : « Donc, puisque nous sommes enfants, *faisons nos enfances*, tout en nous souvenant de la maison du Père ! »

Je n'ai pas dessein en ceci, on le comprend bien, de prouver que saint François de Sales n'est pas *janséniste*; on le sait de reste ; mais, puisque j'ai à le traverser dans son œuvre et son jardin de dévotion, il vaut mieux peut-être le faire à l'endroit des questions jansénistes, ce qui, avec lui, n'empêche pas que ce ne soit entre deux haies parfumées et au bruit des fontaines jaillissantes.

Il couronne en effet et figure aux yeux cette doctrine où le dogme fond et se dérobe sans cesse, par une multitude et comme une cascade de comparaisons, toutes plus jolies les unes que les autres. Cette inclination naturelle qui nous a été laissée d'aimer Dieu sur toutes choses ne demeure pas pour rien dans nos cœurs; *Dieu s'en sert comme d'une anse*, dit-il, *pour nous pouvoir plus suavement prendre et retirer à soy* ; ou bien c'est *comme un filet* (un petit fil) par lequel la divine Bonté nous tient attachés ainsi que de *petits oiseaux* pour nous tirer quand il plaît à sa miséricorde ; ou encore :

« *Ceste inclination* nous est un indice et mémorial de nostre premier principe et Créateur, à l'amour duquel elle nous incite, nous donnant un secret advertissement que nous appartenons à sa divine bonté : tout de mesme que les cerfs, auxquels les grands princes font quelquefois mettre des colliers avec leurs armoiries, bien que par après ils les font lascher et mettre en liberté dans les forests, ne laissent pas d'estre recogneus par quiconque les rencontre, non-seulement pour avoir une fois esté pris par le prince duquel ils portent les armes, mais aussy pour luy estre encore réservez ; car ainsi cognent-on l'extresme vieillesse d'un cerf qui fut rencontré, comme quelques historiens disent, trois cents ans après la mort de César, parce qu'on luy trouva un collier où estoit la devise de César et ces mots : *César m'a lasché* [1]. »

Toutes ces images d'anse, de filet et d'oiseaux, de collier et de cerf, se suivent coup sur coup dans un même couplet, comme ferait absolument une pluie de comparaisons poétiques chez M. de Lamartine, nature qui, dans l'ordre purement sentimental et mondain, a plus d'un rapport avec celle de saint François, toute proportion gardée de l'état chrétien si ferme, si solide (là même où il a toutes ses grâces), avec l'état poétique naturel, qui est toujours errant [2].

---

1. *Traité de l'Amour de Dieu*, liv. I, chap. XVIII.
2. Je prie qu'on se rappelle, à l'appui direct de ma comparaison, tant de méditations si sublimes, si tendres, exhalées la plupart aux lieux mêmes où vécut saint François : *Dieu, le Crucifix,* le *Chant d'Amour* imité du Cantique des Cantiques, la *Consolation* qui commence ainsi :

Quand le Dieu qui me frappe, attendri par mes larmes...;

cette *harmonie* dont le début éclate en un cri de sainte et joyeuse violence :

Encore un hymne, ô ma Lyre,
Encore un hymne au Seigneur !...

Et qu'on songe que ce sont là de simples élans partis comme au

Tant de brillant et de riant à la surface doit tenir au fond même et le déceler : saint François de Sales est décidément optimiste en théologie ; il reste surtout frappé de l'*abondance des moyens de salut*, et du surcroît d'avantage de la Rédemption, qui fait plus que compenser les inconvénients de la Chute. Il ouvre la voie large, et il la parfume dès l'entrée : « Comme l'arc-en-ciel, dit-il (d'après quelque fable gracieuse), touchant l'espine Aspalathus, la rend plus odorante que les lys, aussi la Rédemption de Nostre-Seigneur, touchant nos misères, elle les rend plus utiles et plus aimables que n'eust jamais esté l'innocence originelle. » Et sur ce qu'on ne peut nier qu'il y a du plus et du moins dans les faveurs de Dieu et que tous ne sont pas également privilégiés, il se console en disant qu'indépendamment de cette *rédemption générale et universelle* accordée à tout le genre humain, il y a des variétés singulières qui sur certains points relèvent ce fonds commun de grâce et l'embellissent, de telle sorte que *l'Eglise* se peut dire *un jardin diapré de fleurs infinies*, chacune *ayant son prix, sa grâce et son émail*[1]. N'oublie-t-il pas un peu trop, à travers cette profusion de fleurs, les champignons vénéneux et les serpents[2] ? Il dit ailleurs encore, dans une pensée à peu près semblable et sous une image qui achève :

« Représentez-vous de belles colombes aux rayons du soleil, vous les verrez varier en autant de couleurs comme

hasard, et de la force même de l'âme, à travers une vie qui courait. Que ne serait-ce pas devenu à la longue sous la discipline, et dans une vie, comme ici, tracée ?

1. *Traité de l'Amour de Dieu*, liv. II, chap. vii.
2. Dans son testament, en présence de la mort, il s'en ressouvint pourtant, et dit du monde, dans un arrière-goût amer : « Que son miel semble doux aux premières atteintes, *mais que son fiel est aigre !* »

vous diversifierez le biais duquel vous les regarderez ; parce que leurs plumes sont si propres à recevoir la splendeur, que le soleil voulant mesler sa clarté avec leur pennage, il se fait une multitude de transparences, lesquelles produisent une grande variété de nuances et changements de couleurs, mais couleurs si agréables à voir qu'elles surpassent toutes couleurs et l'émail encore des plus belles pierreries ; couleurs resplendissantes et si mignardement dorées que leur or les rend plus vivement colorées ; car en cette considération le Prophète royal[1] disoit aux Israélites :

> Quoique l'affection vous fane le visage,
> Vostre teint désormais se verra ressemblant
> Aux aisles d'un pigeon où l'argent est tremblant,
> Et dont l'or brunissant rayonne le pennage[2]. »

Tout cela pour exprimer la diversité des talents et des grâces au sein de l'Église. Les vers qu'il cite en cet endroit sont sans doute, comme presque tous les autres dont l'ouvrage est semé, de l'abbé de Tiron (Des Portes), qui traduisit les Psaumes dans sa vieillesse, après avoir fait d'abord force sonnets galants et force chansons amoureuses[3]. Des Portes, charmant et tendre poëte, si cher au sexe, notre Pétrarque du seizième siècle, est bien le poëte de saint François de Sales.

La sobriété dans l'expression ne doit pas nous sembler maintenant le propre du saint. On n'en aurait pas idée si l'on ne faisait que l'effleurer : il faut avoir vu à quel excès tout chez lui festonne et fleuronne. Il en convient lui-même ; il confesse ces *surcroissances*, qu'il n'est presque pas possible d'éviter, dit-il, à celui qui, comme

---

1. Psaume LXVII, 14.
2. Préface du *Traité de l'Amour de Dieu*.
3. Sa plus célèbre et si agréable chanson : *O Nuict, jalouse Nuict*, etc., était chantée par toutes les voix d'alors : elle rappelle un peu, pour le motif, le *Maudit Printemps, reviendras-tu toujours?* de Béranger. — Saint François de Sales, en citant les vers de Des Portes, les rajeunit et les arrange un peu.

lui, écrit entre plusieurs distractions ; il s'en justifie par une comparaison, par une *surcroissance* encore :

« La Nature mesme qui est une si sage ouvrière, projettant la production des raisins, produit quant et quant, comme par une prudente inadvertance, tant de feuilles et de pampres, qu'il y a peu de vignes qui n'ayent besoin en leur saison d'estre effeuillées et esbourgeonnées. »

On peut dire que si, dans la littérature de la spiritualité, *l'Imitation de Jésus-Christ* est la perfection sobre et inimitable, le Racine du genre, — saint François de Sales, dans ses traités de *l'Amour de Dieu* et de *l'Introduction à la Vie dévote*, en est le Lamartine abondant, exubérant, immodéré, pourtant aimable et délicieux toujours.

Qu'on veuille me passer ces rapprochements fréquents que je fais des illustres du passé avec des vivants de notre connaissance ; ce ne sont pas, dans mon idée, de pures fantaisies. Pourquoi, par je ne sais quelle circonscription convenue, se rien retrancher de sa pensée? Saint François de Sales, à l'état chrétien ferme et accompli, me représente en effet ce qu'eussent pu être, non pas seulement dans l'ordre du talent, mais dans toute la personne et toute la vie, des natures comme celles de Bernardin de Saint-Pierre et d'autres encore ; natures suaves et fines, âmes veloutées et savoureuses, de miel et de soie, au coloris fondant, au parler mélodieux, à l'intelligence vive, fidèle et transparente de l'univers. Mais le souffle du monde humain, l'insinuation de la littérature et de la poésie, ont fait tourner celles-ci différemment. On a laissé la vanité prendre, et l'on s'est aigri ; on a laissé courir la voile légère, et l'on s'est dissipé. Saint François de Sales a eu la meilleure part. Dès son enfance, nous dit son digne biographe, le Père de La Rivière, « il estoit incomparablement beau : il avoit le visage gracieux à merveille, les yeux colombins, le regard amoureux ; son petit maintien estoit si modeste que rien plus : il sembloit un petit Ange.... Ce qui est plus admirable est que petit à petit, par une spéciale faveur de la divine Bonté, *les dons naturels* qui estoient en luy *se convertissoient en vertus.* » Et voilà précisément ce qui a manqué à ces autres naturels non moins peut-être charmants et divins, mais qui ont tout laissé flotter en manière de qualités et de talents, sans que rien s'établit en eux à l'état de vertus. En avançant dans la vie, cela ne suffit plus, et l'on dérive. J'aime à savoir pourtant qu'il s'est promené souvent en bateau sur ce beau lac d'Annecy, voisin d'un autre si amoureusement chanté. Toute cette page de son *Esprit* est à lire[1].

« Lui-même, dit Camus, me menoit promener en bateau sur ce beau lac qui lave les murailles d'Annecy, ou en des jardins assez beaux qui sont sur ces agréables rivages. Quand il me venoit visiter à Belley, il ne refusoit point de semblables divertissements auxquels je l'invitois ; mais jamais il ne les demandoit, ni ne s'y portoit de lui-même.

« Et quand on lui parloit de bâtiments, de peintures, de musiques, de chasses, d'oiseaux, de plantes, de jardinage, de fleurs, il ne blâmoit pas ceux qui s'y appliquoient, mais il eût souhaité que de toutes ces occupations ils se fussent servi comme d'autant de moyens et d'escaliers mystiques

---

1. Partie IV, chap. XXVI. Le volume intitulé *Esprit de saint François de Sales*, qui circule dans toutes les mains, n'est qu'un abrégé de l'ouvrage primitivement composé sous ce titre, non point *par* Camus, mais *d'après* les sermons, lettres, entretiens de Camus, et qui fut publié successivement en six volumes à dater de 1639. Cet *Esprit* complet est devenu presque introuvable, et on le doit regretter : les volumes que j'en ai sous les yeux me le prouvent. L'excellent abrégé qu'en a fait le docteur Collot, très-suffisant pour l'édification, ne remplace pas l'original pour la littérature. Ce premier *Esprit* selon Camus, et la *Vie* du Bienheureux par le Père de La Rivière, sont indispensables pour pénétrer à fond dans la moelle du mystique idiome.

pour s'élever à Dieu, et en enseignoit les industries par son exemple, tirant de toutes ces choses autant d'élévations d'esprit.

« Si on lui montroit de beaux vergers remplis de plants bien alignés : « Nous sommes, disoit-il, l'agriculture et le « labourage de Dieu. » Si des bâtiments dressés avec une juste symétrie : « Nous sommes, disoit-il, l'édification de « Dieu. » Si quelque église magnifique et bien parée : « Nous sommes les temples vifs du Dieu vivant : que nos « âmes ne sont-elles aussi bien ornées de vertus! » Si des fleurs : « Quand sera-ce que nos fleurs donneront des « fruits...? » Si de rares et exquises peintures : « Il n'y a « rien de beau comme l'âme qui est à l'image et semblance « de Dieu. »

« Quand on le menoit dans un jardin : « O quand celui de « notre âme sera-t-il semé de fleurs et de fruits, dressé, « nettoyé, poli ? Quand sera-t-il clos et fermé à tout ce qui « déplaît au Jardinier céleste, à Celui qui apparut sous cette « forme à Madeleine? »

« A la vue des fontaines : « Quand aurons-nous dans nos « cœurs des sources d'eaux vives rejaillissantes à la vie éter-« nelle ?... O quand puiserons-nous à souhait dans les fon-« taines du Sauveur?... »

« A l'aspect d'une belle vallée : « Ces lieux sont agréables « et fertiles, et les eaux y coulent; c'est ainsi que les eaux « de la Grâce céleste coulent dans les âmes humbles, et « laissent sèches les têtes des montagnes, c'est-à-dire les « hautaines. »

« Voyoit-il une montagne : « J'ai levé mes yeux vers les « montagnes d'où me doit venir du secours. Les hautes « montagnes servent de retraite aux cerfs. La montagne « sur laquelle se bâtira la maison du Seigneur sera fondée « sur le haut des monts.... »

« Si des arbres : « Tout arbre qui ne fait point de fruit « sera coupé et jeté au feu.... »

« Si des rivières : « Quand irons-nous à Dieu comme ces « eaux à la mer?...[1] »

---

1. Le conseil et comme le motif de cette belle méthode de sentir et de traduire la nature se trouve au chap. XXI du *Combat*

Celui de qui l'on a écrit cette page sentait certes les *harmonies* de la nature autant qu'aucun des deux poëtes qui les ont expressément célébrées.

C'est le propre et l'effet de ces natures tendres et mélodieuses, de plaire singulièrement aux personnes du sexe et d'agir sur elles par leurs écrits. Des natures plus mâles, plus sévères, sont quelquefois lassées et un peu impatientées de cette douceur et de cette expansion continue qui fait l'attrait pour les autres. Saint François de Sales a eu une incroyable action sur tout le sexe de son temps par ses ouvrages de dévotion affective. Sa *Philothée*, son *Théotime*, ç'a été comme le *Paul et Virginie*, le *Jocelyn* et l'*Elvire* d'alors : ces livres étaient prodigieusement lus.

Sans sortir de son moment, nous trouvons des points naturels de comparaison littéraire dans les livres en vogue à côté des siens : on l'a vu déjà en goût de Des Portes ; il connaissait D'Urfé, l'auteur de l'*Astrée*, qui passa une grande partie de sa vie en Savoie et en Piémont. Voici ce qu'on raconte : « M. de Sales, évêque de Genève, M. le marquis d'Urfé et M. Camus, évêque de Belley, étaient fort amis. Ces messieurs étant un jour ensemble, M. l'évêque de Belley leur dit : Nous sommes ici trois bons amis qui avons acquis de la réputation par nos ouvrages. M. le marquis en a fait un qui est *le Bréviaire des courtisans* (le roman d'*Astrée*) ; M. de Sales en a fait un autre qui est *le Bréviaire des gens de bien* (l'*Introduction à la Vie dévote*). Pour moi, ajouta-t-il, j'en ai fait plusieurs qui sont, si vous voulez, *le Bréviaire des halles*, mais qui ne laissent pas de plaire au public et

---

spirituel, de cet excellent petit livre que saint François de Sales portait sur lui sans cesse, qu'il préférait, pour l'usage quotidien, même à l'*Imitation*, et qui, comme l'*Imitation* aussi, a laissé son humble auteur dans l'ombre.

qui se vendent bien[1]. » Le bon Camus, par son *Bréviaire des halles*, entendait sans doute que ses livres, d'une dévotion gaie, familière et assaisonnée de tout sel, allaient au gros peuple. Quant au rapprochement un peu folâtre, il reste juste dans sa drôlerie : *Philothée* est assez la sœur de *Céladon*.

Saint François de Sales eut, on le conçoit, un culte singulier pour la Vierge. Notre-Dame, dont chez les anciens Pères il est moins souvent question, avait été la grande adoration, l'idéal chevaleresque et mystique du Moyen-Age : ce culte depuis n'a plus cessé. Saint François de Sales, autant que saint François d'Assise, était du Moyen-Age en ce point. Son imagination chaste et vive avait besoin, pour se reposer, de cette figure céleste et souriante de la Mère de Dieu. Ce fut devant son image que, jeune étudiant, à Paris, dans l'église de Saint-Étienne-des-Grès, il fit vœu d'absolue continence. Durant ce séjour à Paris, il fut de plus horriblement tenté, nous dit-on, de l'idée qu'il était réprouvé,

---

1. Cizeron-Rival, *Récréations littéraires*. — Un propos analogue est rapporté dans l'*Esprit de saint François de Sales* (au tome VI de l'édition originale, XVI⁰ partie, chap. xxx), et se trouve cité dans l'utile ouvrage de M. Auguste Bernard sur *les D'Urfé* (1839) : « Entre autres propos symposiaques que nous eusmes durant et après le repas, il me souvient d'une agréable remarque de M. d'Urfé qui, parlant de l'ancienne amitié qui estoit entre nostre Bienheureux, M. le président Favre et luy, dit que chacun des trois avoit peint pour l'éternité, et fait un livre singulier et qui ne périroit point : notre Bienheureux sa *Philothée*, qui est le livre de tous les dévots; M. Favre *le Code Fabrian*, qui est le livre de tous les barreaux, et luy l'*Astrée*, qui estoit le bréviaire de tous les courtisans. Nous nous entretinsmes fort gracieusement de cette généreuse remarque. » Le Père Tournemine, dans une lettre judicieuse sur le style de saint François de Sales, insérée dans les Mémoires de Trévoux (juillet 1736), loue l'auteur de *Philothée* d'avoir, par ses livres de dévotion, dégoûté des romans et de l'*Astrée* : l'éloge ici porte à faux ; cela se mariait assez bien ensemble.

et, comme tel, destiné à haïr Dieu un jour. Après quelque temps d'une mortelle et muette angoisse, il s'avisa d'entrer encore dans cette église de Saint-Étienne, et là, devant la même image de la Vierge, il implora son secours pour retrouver la tranquillité perdue ; il demanda naïvement que, s'il était assez malheureux pour être un jour condamné à haïr Dieu sans fin, il lui fût accordé du moins la grâce de ne pas être un moment dans cette vie sans l'aimer. Et, après cette prière digne de sainte Thérèse, il recouvra la paix[1]. L'Ordre de la Visitation de Sainte-Marie, qu'il fonda avec madame de Chantal, était destiné, comme son nom l'indique, à honorer spécialement la Vierge. Tout ceci, chez saint François de Sales, n'avait rien sans doute de contraire avec la dévotion de Port-Royal qui était grande pour la Vierge également ; pourtant cette dévotion tenait, chez lui, plus de place, et on le comprend d'après ses idées plus douces sur le salut. Dans le *Jugement dernier* de Michel-Ange, à côté du Christ debout, en colère, du Christ réprobateur et véritablement tonnant, la Vierge effrayée se cache presque : elle a l'air de sentir que son heure d'intercession est passée, et qu'elle n'a mot à dire en ce moment ;

1. Quoi de plus galant comme légende et de plus à ravir que cette autre petite histoire si bien racontée de lui par le Père de La Rivière : « Il releva à Padoue d'une infirmité de laquelle les médecins désespéroient, et comme il estoit sur son départ, M. Deage, son gouverneur, l'advertit de n'oublier pas de prendre congé d'une certaine dame, laquelle avoit pris un soin extraordinaire de le faire bien servir durant sa maladie ; il promit de n'y manquer. Qu'il accomplist maintenant sa promesse ou qu'il ne l'accomplist pas, qu'il usast d'équivoque ou non, je m'en rapporte : tant y a qu'il s'en alla à l'église, et là, dans une chapelle de Notre-Dame, il demeura un assez long espace de temps en oraison, remerciant très-humblement l'incomparable Mère de son Sauveur des faveurs qu'elle luy avoit départy. Achevé qu'il eut sa dévotion, il retourna au logis et dit à son gouverneur : Nous nous en irons quand vous voudrez, j'ay remercié celle qui m'a le plus obligé. »

elle semblerait vouloir s'anéantir. Voilà ce qui ressort à cet endroit de l'effrayant tableau de Michel-Ange, où toutes les trompettes semblent sonner ce verset du *Dies iræ : Quantus tremor est futurus!*... Ce n'est pas là la Vierge de Raphaël et surtout des pieux maîtres antérieurs, non plus que celle de saint François de Sales. Sans prétendre que ce soit celle de Saint-Cyran, sa doctrine redoutable y conduirait : la prédestination tue l'intercession[1].

Comme M. de Saint-Cyran (et celui-ci lui en savait gré), saint François de Sales avance que l'amour de Dieu est nécessaire à l'entière pénitence, que la pénitence sans l'amour est incomplète ; — oui, mais il le dit plus doucement. Il dit qu'elle est *incomplète*, et non pas *nulle*; il admet qu'elle achemine. Il n'effraie ni ne consterne en recommandant l'amour, au rebours des Jansénistes, qui le commandent avec terreur. En parlant d'Éternité, il ne met pas comme eux le marché à la main ; il ne présente pas toujours dans la même phrase cette redoutable alternative : *Amour* ou *damnation*. On a dit de la devise de certains révolutionnaires qu'elle revenait à ceci : *Sois mon frère, ou je te tue*. Saint François de Sales ne tombe pas le moins du monde dans cette sorte de contradiction. Le mot d'amour dans sa bouche est accompagné de toutes les douceurs : de là et de mille autres raisons encore, son grand succès parmi le sexe.

Dans la conduite des personnes du monde et des femmes particulièrement, saint François était facile : on a remarqué qu'il n'interdit pas absolument le bal à sa

---

1. M. de Saint-Cyran a écrit une Vie mystique de la Sainte-Vierge, pleine de considérations subtilement dévotes à la Mère de Dieu ; mais cela ne détruit pas l'induction générale que je tire sur le caractère de cette dévotion à Port-Royal. On verra d'ailleurs l'idée qu'il se faisait de la *grandeur terrible* de la Vierge, dans conseils à la sœur Marie-Claire : là encore la crainte.

Philothée. Quoi qu'en dise la mère Angélique dans les extraits que j'ai rapportés plus haut, on ne fera pas de lui un directeur austère. Quand elle lui parla d'entrer dans l'Ordre de la Visitation, il lui répondit avec humilité que cet Ordre était peu de chose, que ce n'était presque pas une *religion;* il disait vrai, il avait cherché bien moins la mortification de la chair que celle de la volonté. Dans une lettre de lui à la mère Angélique, je trouve encore cette phrase toute dans le sens de son inclination clémente : « Dormez bien, petit à petit vous reviendrez aux six heures, puisque vous le désirez. Manger peu, travailler beaucoup, avoir beaucoup de tracas d'esprit et refuser le dormir au corps, c'est vouloir tirer beaucoup de service d'un cheval qui est efflanqué, et sans le faire repaître[1]. » Il aimait à citer saint Bernard qui, parlant de ses anciennes austérités excessives, les appelait *les erreurs de sa jeunesse,* comme d'autres auraient dit de leurs excès de plaisirs ou de leurs petits vers à la De Bèze : *Juvenilia.*

Ce respect gracieux, ce sourire, cette allégresse de courtoisie que M. de Genève conservait avec les personnes du sexe, même dans la direction, Port-Royal sera loin de nous l'offrir. Lorsque M. de Saint-Cyran

---

[1]. 12 septembre 1619. — On multiplierait les citations et toutes dans le même sens : « O Dieu, ma fille! je vois vos entortillements dans ces pensées de vanité : la fertilité, joincte à la subtilité de vostre esprit, preste la main à ces suggestions : mais de quoi vous mettez-vous en peine ? *Les oiseaux venoient becqueter sur le Sacrifice d'Abraham. Que fesoit-il ? Avec un rameau qu'il passoit souvent sur l'holocauste, il les chassoit.* » Ailleurs il compare ce qu'elle craint à tort de ses légèretés et inconstances d'esprit à l'agitation du drapeau de la Grâce, de l'étendard de la Croix, qui frissonne, mais demeure fixe en même temps sur la pointe de son âme. — Le début de la lettre du 4 février 1620, d'où je tire la comparaison d'*Abraham,* est admirable de consolation ferme et vaillante sur la mort de M. Arnauld : mais il faut se borner.

écrivait à Jansénius les projets qu'il fondait sur un monastère de filles (qui était peut-être déjà le nôtre)[1], Jansénius, en son mauvais français flamand, lui répondait assez grossièrement que ces directions de filles n'engendraient que des embarras : « J'en connois ici de ceux qui étant capables de gouverner des évêchés, et le témoignant tous les jours, sont tombés en désordre pour n'avoir eu affaire qu'à dix ou douze de cette *race*. » Ainsi s'exprimait Jansénius, j'en rougis ; M. de Saint-Cyran, il est vrai, le réfuta, le convainquit ; mais l'un comme l'autre était à mille lieues des Philothées. Port-Royal, sous son directeur définitif, devint un couvent plus mâle de pensée et de courage qu'il n'était naturel à un monastère de filles. Saint François, venu plus tard, eût été merveilleusement propre à l'institution de Saint-Cyr, par exemple ; il aurait écrit de l'éducation des filles comme Fénelon.

En cherchant à pousser l'extrémité des conséquences, je ne veux que mieux poser les points de départ un moment confondus, et maintenir les directions différentes. La continuation prochaine de la dévotion à la saint François de Sales, continuation plus ou moins bien entendue et qu'il n'aurait peut-être pas approuvée lui-même sans réserve, menait pourtant sur les mêmes pentes à ces religions du *Sacré-Cœur* et de l'*Immaculée Conception*, que Port-Royal regardait volontiers comme des idolâtries[2]. Il y a une force des choses qui subsiste et se développe dans les institutions, en dépit des per-

---

[1]. Ou plus probablement, à cette date (1622), celui des Filles du Calvaire, où le Père Joseph, qui s'en repentit bientôt, l'avait introduit.

[2]. La dévotion au *Sacré-Cœur* naquit précisément au sein de l'Ordre de la Visitation, et fut fondée régulièrement en 1686 par la mère Marguerite-Marie (Alacoque), du couvent de Paray-en-Charolais.

sonnes. La différence de cet esprit natif éclata finalement dans les querelles publiques et directes entre l'institut de la Visitation et Port-Royal[1].

Du courant de tout ce qui précède, une autre conclusion n'est plus à tirer : quoiqu'il ait mené une vie de pratique, toute d'apostolat et d'épiscopat, saint François de Sales est un *écrivain*. Il avait trop de bel-esprit pour ne pas l'être, pour ne pas se complaire à ce don heureux et à ces grâces inévitables qui coulaient de sa plume. Il a beau dire dans ses préfaces qu'*il ne fait pas*

---

1. Voir, si l'on veut épuiser le sujet, la *Lettre aux Religieuses de la Visitation*, etc., par le Père Quesnel.—Mais comme j'aime mieux, après tout, la conciliation que la contradiction, j'en produirai ici un édifiant et trop rare exemple. Un de nos amis dont il sera question dans la suite, M. Feydeau, un des ecclésiastiques de Saint-Merry, du temps que M. Du Hamel y était curé, se trouvant chargé de la conduite de beaucoup d'âmes, particulièrement de personnes du sexe qui s'adressaient à lui, a écrit dans ses *Mémoires* (inédits) cette belle page qui se rapporte aux années 1646 et suivantes : « Je fus fort empêché de voir tant de personnes qui me demandoient de les conduire, sachant que c'est l'art des arts, et que les fautes qu'on y fait se font aux dépens des âmes que Jésus-Christ a rachetées de son sang. Je trouvois bien dans le livre de la *Fréquente Communion* toutes les règles nécessaires pour faire un bon renouvellement ; mais, après cela, je ne savois plus de quel esprit j'étois, et il me sembloit que les livres de M. de Genève (saint François de Sales) étoient ceux qui fournissoient plus de règles et qui faisoient une conduite assez solide et assez heureuse : en sorte que quelques-unes des personnes qui venoient à moi s'étonnoient quelquefois de la manière dont j'en parlois, croyant que Port-Royal, avec qui j'avois liaison, y devoit être opposé ; mais je me souvenois que la mère Marie-Angélique Arnauld, qui étoit pour lors abbesse de Port-Royal, m'avoit dit que M. de Genève avoit été son directeur ; que c'étoit un homme très-austère pour lui-même, et que sa conduite n'étoit nullement relâchée. *J'unissois autant que je pouvois ces deux esprits ensemble : les rapprochant de leurs principes, je trouvois qu'il n'y en avoit qu'un.* » C'est bien là l'union élevée à laquelle il serait à souhaiter que tous les cœurs véritablement chrétiens aspirassent d'atteindre. Bien peu y parviennent, et encore, autour d'eux, le plus souvent on s'en scandalise.

profession d'être écrivain, et nous venir parler de *la pesanteur de son esprit* aussi bien que de *la condition de sa vie, exposée au service et à l'abord de plusieurs* [1]; il se dément tout à côté et d'une façon charmante à son ordinaire :

« A ceste cause, mon cher lecteur, je te diray que comme ceux qui gravent ou entaillent sur les pierres précieuses, ayant la veue lassée à force de la tenir bandée sur les traits déliez de leurs ouvrages, tiennent très-volontiers devant eux quelque belle esmeraude, afin que, la regardant de temps en temps, ils puissent récréer en son verd et remettre en nature leurs yeux allangouris : de mesme en ceste variété d'affaires que ma condition me donne incessamment, j'ay tousjours de petits projets de quelque traité de piété que je regarde, quand je puis, pour alléger et délasser mon esprit. »

Est-il rien de mieux trouvé que cette verte *émeraude?* et tout le sentiment de *l'art* comme on dirait aujourd'hui, le souci du beau tableau ou du noble marbre antique qu'on pose dans son cabinet d'études, et qu'on regarde de temps en temps pour se refaire et s'embellir l'esprit, n'est-il pas déjà dans cette riche et chaude image? Saint François de Sales sentait le beau [2].

En style, pas plus que dans le reste, il n'aimait la *pompe* et, comme il dit, l'éloquence *altière* et *bien em-*

---

1. Préface du *Traité de l'Amour de Dieu.*
2. Il le sentait tellement, qu'il songeait à le voir et à le montrer au sein même des douleurs les plus actuelles et les plus touchantes, comme dans sa lettre à madame de Chantal, du 11 mars 1610 (*Lettres inédites* publiées par le chevalier Datta), quand il dit de sa mère qui venait de mourir : « A mon arrivée, toute aveugle et toute endormie qu'elle estoit, elle me caressa fort et dit : C'est mon fils et mon père cettuy-cy; et me baysa en m'accolant de son bras, et me baysa la main avant toutes choses. Elle continua en mesme estat presque deux jours et demy, après lesquels on ne la put plus guère bonnement resveiller, et le premier mars elle rendit l'âme à Nostre-Seigneur doucement, paisiblement, avec une contenance et beauté plus grande que peut-estre elle n'avoit jamais eue, demeurant une des belles mortes que j'aye jamais veu. »

panachée; il n'y aimait pas non plus la tristesse : c'était comme en dévotion. Il y a une certaine gaieté, un certain vermeil riant dans tout ce qu'il pense et ce qu'il écrit ; jusque dans les moindres choses un agrément salutaire. S'il fait de courts chapitres, il vous dira à l'avantage de cette brièveté que c'est pour engager le lecteur et le tenir en haleine, pour lui donner envie et curiosité d'aller plus avant, *tout ainsi que les voyageurs, sachant qu'il y a quelque beau jardin à vingt ou vingt-cinq pas de leur chemin, se détournent aisément de si peu pour l'aller voir;* ce qu'ils ne feraient pas autrement. Ses digressions sont un peu celles d'un Froissart dans les aventures de l'âme. Pour le ton, je ne fais que rappeler cette belle page d'Amyot, dans la Vie de Numa, où il est parlé des douceurs et de la piété que ce règne bienfaisant commença de répandre par toute l'Italie : cet effet d'une pure lumière qui gagne, et de son expansion pénétrante, est comparable à celui de certaines pages de saint François. Qu'on relise aussi cette page si connue de Montaigne, où il exprime le caractère d'une aimable sagesse :

« L'âme, qui loge la philosophie..., doibt faire luire jusques au dehors son repos et son aise.... La plus expresse marque de la sagesse, c'est une esjouissance constante.... Si peult-on y arriver, qui en sçait l'addresse, par des routes ombrageuses, gazonnées et doux fleurantes, plaisamment, et d'une pente facile et polie comme est celle des voultes célestes. Pour n'avoir hanté cette vertu suprême, belle, triomphante, amoureuse, délicieuse pareillement et courageuse, ennemie professe et irréconciliable d'aigreur, de desplaisir, de crainte et de contraincte, ayant pour guide nature, fortune et volupté pour compaignes; ils sont allez, selon leur foiblesse, feindre cette sotte image, triste, querelleuse, despite, menaceuse, mineuse, et la placer sur un rochier à l'escart, emmy des ronces; fantosme à estonner les gents[1]. »

1. *Essais*, liv. I, chap. xxv.

Au lieu de *vertu* mettez *dévotion*, et *religion* au lieu de *sagesse*; changez vite *nature*, *fortune* et *volupté* en *grâce*, *dilection* et *amour*, et vous aurez presque un portrait de l'âme heureuse en Dieu, dans le style de saint François de Sales [1].

Ces rapprochements-là et ces éloges littéraires ne seraient-ils pas au fond une critique sérieuse, une réprimande théologique du trop aimable saint?

Il n'a pas évité, littérairement encore, les inconvénients et les défauts de sa manière : le mauvais goût abonde chez lui; un mauvais goût par trop de fleurs, par trop de sucre et de miel, par trop de subtilité de matière lumineuse; non pas déplaisant ni choquant si vous voulez, affadissant pourtant et noyant à la longue. On lit chez lui, par exemple : « Théotime, parmy les tribulations et regrets d'une vive repentance, Dieu met bien souvent dans le fond de nostre cœur le *feu* sacré de son amour; puis cet amour se convertit en l'*eau* de plusieurs larmes, lesquelles, par un second changement, se convertissent en un autre plus grand *feu* d'amour.... » Nous suivons toute une opération à l'alambic. C'est le mauvais goût du temps, celui de Des Portes, celui de Malherbe imitant le Tansille : *Ses soupirs se font vents....* Montaigne plus ferme n'y tombe pas.

Il y a, chez saint François, des chapitres ainsi intitulés : *Que le mont Calvaire est la vraye Académie de la dilection.* On atteint en propres termes l'euphuisme, le marinisme et le gongorisme de la dévotion.

---

1. Il cite Montaigne à divers endroits, dans ses *Controverses* contre les Protestants (discours XXV et XXVI) : Montaigne y a tout l'air, ma foi! d'une très-bonne et très-loyale autorité catholique. « Je me souviens, dit le saint, d'avoir leu dans les *Essays* du sieur de Montaigne, quoyque laïque, qu'il trouvoit ridicule de voir tracasser entre les mains de toutes sortes de gens le sainct livre des sacrez mystères.... » Ce *quoyque laïque* est joli; il oublie vraiment que c'est là son moindre défaut.

Les défauts de l'écrivain et du genre se peuvent surtout retrouver très-sensibles et très-grossis dans l'ami et le suivant de saint François de Sales, dans le bon évêque de Belley, Pierre Camus, qui fut l'Élisée un peu folâtre de ce radieux Élie. C'est une méthode assez légitime (en ne la poussant pas trop à la lettre) de ressaisir ainsi dans l'élève et le caudataire les défauts où le maître inclinait déjà : dans Rotrou, les défauts par saillie et comme qui dirait les outrances de Corneille ; — dans Campistron, les défauts par défaillance, les pâleurs de Racine, que celui-ci avec grand soin nous dérobait ; — dans l'évêque de Belley, les surcroîts d'enjolivements et les arabesques du genre dévotieux de M. de Genève.

Ce qui, chez saint François, est de l'enjouement affectueux devient aisément chez l'autre un badinage très-profane d'expression, une exagération qui prête au rire et qui s'en accommode. Il est le *follet* du saint, sa *charge*, on l'a dit, et faisant l'entrée large et joyeuse aux *dames de la halle*. Avec cela une érudition sans frein, une imagination volage à travers tous les poëtes et toutes les réminiscences. Saint Thomas, Ovide ou Montaigne, ce lui est tout un, pourvu qu'il s'y joue. Toujours mené par la fleurette, par le son, par le calembour : en chaire ou plume en main, n'y résistant jamais. Ses bons mots, qui rejoignent en arrière ceux de Menot et de Maillard, en prêteraient à M. de Roquelaure et font tort d'avance au marquis de Bièvre. Si, aux meilleurs moments, il a mérité de dire de lui-même : *Ma plume est de colombe qui porte le rameau d'olive en son bec*[1], cette colombe ne dure guère, et sa plume courante est de vraie pie. Des trésors, pris on ne

---

1. Lettres inédites de Camus (à moi communiquées dans le temps, par un ami regrettable, feu Charles Labitte). Elles doivent être à la Bibliothèque de l'Arsenal.

sait d'où, se rencontrent parmi ces amas de fadaises. Il a énormément écrit. Niceron énumère de lui cent quatre-vingt-six ouvrages, sur tous les sujets. Saint François avait fait le traité de l'*Amour de Dieu*; lui, il a donné le *Parénétique* de l'Amour de Dieu; ce sont des *Métanées*, des *Métanéacarpies* ou fruits de pénitence, des *Syndérèses*.... Mais surtout il s'est livré au roman religieux, dont il a chez nous inventé[1] le genre : saint François semble un peu complice, de le lui avoir conseillé. L'*Astrée* de son ami d'Urfé avait mis Camus dans ce train d'être un d'Urfé tout chrétien : il voulut *contreluitter* ou plutôt *contrebutter,* dit-il, ces autres livres dangereux ou frivoles : de là les *Agathonphile*, les *Parthénice*, les *Dorothée*, les *Agathe*, les *Spiridion*, les *Palombe*, que coup sur coup il desserra; ses amants finissent toujours par le cloître; c'est presque comme aujourd'hui[2]. Il faisait, dit Tallemant, l'un de ces petits romans en une nuit. Naudé, qui a l'air de l'admirer,

---

1. *Inventé* ou plutôt *réinventé ;* car il n'y a rien, dès longtemps, de tout à fait nouveau. Le Moyen-Age avait eu ses poëmes religieux, ses fabliaux-*légendes* : on sait les contes dévots de Gautier de Coincy.

2. *Palombe ou la Femme honorable*, un de ces vertueux petits romans de Camus, et dans lequel, par exception, il n'est pas question de cloître, mais où la vertu conjugale est célébrée, a été republié de nos jours (1853), avec une Introduction, par M. H. Rigault; mais malgré tout ce que le spirituel éditeur a mis en tête du livre et ce qu'il a retranché dedans, il n'a pu réussir à en faire quelque chose. C'est, en effet, une erreur de goût ou un jeu par trop artificiel, de prétendre faire quelque chose de rien, de croire qu'on peut ressusciter ce qui n'a jamais eu vie. M. Saint-Marc Girardin, dans une de ses agréables leçons, avait bien pu, par une sorte de gageure d'esprit, louer *Palombe*, déclarer ses lettres *admirables* et moraliser à ravir sur ce thème de la *femme délaissée* (*Cours de littérature dramatique*, tome IV, p. 336); mais autre chose est une glose vive et piquante développée en Sorbonne, autre chose une édition du texte même, refroidie sur le papier. M. Rigault s'est trop laissé prendre à l'attrait du commentaire.

nous dit que M. de Belley faisait un beau roman en quinze jours. Ces deux versions se concilient très-bien : Camus nous apprend lui-même qu'en écrivant il ne relisait ni n'effaçait jamais ; il faisait donc en quinze jours ses plus longs *romans*, et en une nuit ses simples *nouvelles*. Il a donné de celles-ci quatre livres réunis sous le titre d'*Événements singuliers* : « Fasse le Ciel que ces Événements singuliers que je ramasse en ces pages, dit-il, ressemblent aux verges de Jacob, avec lesquelles il donna à ses agneaux des toisons de telle couleur qu'il luy plaisoit ! » Ainsi espère-t-il à l'égard des âmes.

Port-Royal n'était pas tout à fait de cet avis ; le bon évêque y figure à la suite de saint François de Sales ; mais il semble qu'il y brouillait et dérangeait un peu ce que faisait l'autre guide excellent et modéré. La sœur Anne-Eugénie, dont nous savons l'imagination haute et la fantaisie aisément rêveuse, nous dit :

« Quand la mère Agnès fut revenue de Maubuisson [1], M. l'Évêque de Belley, dont M. de Genève avoit donné connoissance à notre mère, vint à Port-Royal pour quelques jours. Il y prêchoit et y écrivoit. Tous les soirs la mère Agnès et moi l'allions voir, et, comme il sut que j'avois la fièvre quarte, il me parloit en présence de la mère Agnès, je crois, plus gaiement qu'il n'eût fait, paroissant assez sérieux ce premier voyage. Mais y étant revenu d'autres fois, pendant qu'il écrivoit des livres d'histoires entremêlées de discours de piété, qui finissoient toujours par des Martyres ou des Entrées en Religion, et néanmoins exprimant les passions humaines comme les romans, ces lectures m'étoient fort préjudiciables, aussi bien que sa conversation qui étoit souvent sur cela. Si Dieu ne m'eût tenue de sa main, je fusse par là rentrée bien avant dans l'esprit du monde [2]. »

---

[1]. Elle y avait fait quelque court voyage.
[2]. *Mémoires pour servir à l'histoire de Port-Royal* (Utrecht, 1742), tome III, p. 368.

La mère Angélique sentait de même; dans une de ses lettres de Maubuisson à madame de Chantal on lit :

« Le bon M. de Belley, qui m'a écrit, est venu ; je l'aime bien parce qu'il est bon; mais il me brouille encore l'esprit avec ses très-vaines et extravagantes louanges : car mon méchant esprit s'y plaît, et j'ai peine à déchirer ses lettres, qui sont de si beaux panégyriques.... Je ne sais si je le dois prier de venir, ou non. Ses sermons émeuvent fort nos anciennes ; pour moi, ils contentent plus la vanité de mon esprit qu'ils ne touchent ma volonté. »

Le bon Camus était déjà (en paroles) de la *dévotion aisée* du Père Le Moine contre lequel sévira Pascal. Son meilleur livre reste l'*Esprit de saint François de Sales*, qu'on a bien fait d'émonder pour l'usage courant, mais que je voudrais qu'on pût retrouver entier pour la littérature. Plus il s'est éloigné du saint, et plus il a obéi à ses gaietés [1].

[1]. Camus aimait la *gaudriole*, pour lâcher le mot. Il était de ceux qui plaisent aux gens du peuple aussi bien qu'aux philosophes, et de qui l'on dit : : « Au moins il n'est pas *cagot*. » Il eut pour lui tout le petit cercle caustique de Naudé, Gui Patin : celui-ci dans ses lettres le loue à diverses reprises avec sérieux; il va jusqu'à dire, dans un *index* autographe et inédit (Bibliothèque Sainte-Geneviève, in-4°, mss. G. L. 3.), à l'année 1584 : « Le même jour qu'est mort saint Charles Borromée, grande lumière de l'Église, le 3 novembre, un samedi, est né un autre fort habile homme, et de grande considération dans l'Église, qui est messire Jean-Pierre Camus..., pour avoir courageusement attaqué et combattu par plusieurs bons et excellents livres le superstitieux parti des mauvais moines qui veulent être les maîtres partout. Il est fils de M. de Saint-Bonnet, gouverneur d'Étampes. Il a lui-même décrit une partie de sa vie dans le VI° tome de son *Alexis*. Lui-même s'avoue être né ce jour-là dans son Épître dédiée à saint Charles Borromée, de son *Acheminement à la Dévotion civile*, et lui-même me l'a dit être très-vrai le dimanche 14 janvier 1635, que j'eus le bonheur d'entendre sa messe dans la Charité (et) de le voir en son logis.... » Et dans ses *Lettres* : « J'ai ouï autrefois prêcher M. Camus, il méritoit bien un plus grand évêché. Aussi l'a-t-il refusé, et bien des fois. Il étoit trop homme de bien pour être pape. » Amelot

A saint François de Sales peut se rattacher toute une école contemporaine d'écrivains mystiques fleuris, entièrement métaphoriques et allégoriques. Je ne dis pas qu'il les ait fait naître ; il les a sans doute encouragés. Lui-même il relève d'une grande série antérieure de mystiques plus ou moins semblables, qui, par-delà Gerson, et jusqu'à la cime du Moyen-Age, va se concentrer et s'épanouir avec gloire dans les noms de saint Bonaventure, de Richard et Hugues de Saint-Victor. Mais on peut dire que par lui le genre (déjà à sa décadence) a fait avénement avec éclat dans la langue et la littérature française : M. Hamon dans Port-Royal le continuera. C'est, à l'époque catholique, quelque chose d'analogue pour la fleur et l'épanouissement à ce que sera plus tard le pittoresque et le descriptif. Seulement ce dernier

---

de La Houssaye, un peu du même bord, le loue aussi : « Il auroit prêché trois heures que l'on ne s'y seroit jamais ennuyé. Les moines disent qu'il est damné..., tous les autres croient qu'il est sauvé, parce qu'il avoit toutes les vertus qui forment un homme de bien et un bon évêque. » Le témoignage naïf de Camus vient assez à l'appui des précédents, quand il nous dit (lettres inédites) : « La semaine du dimanche gras je ne prêchai que six fois, la suivante que quatre, celle-ci que cinq : c'est ainsi que se passe le Carême, confirmant çà et là une fois ou deux la semaine.... Nous ferons ce que nous pourrons jusqu'à ce que les jambes nous faillent. » Voilà certainement des vertus. Pourtant les éloges de ces quelques honnêtes gens, plus ou moins orthodoxes, furent bien compensés par les injures qu'essuya le bon Camus du côté religieux : les inculpations contre lui devinrent même un système complet d'accusation, et sa liaison avec Port-Royal en fit les frais. Dans la *Réalité du Projet de Bourg-Fontaine* par le Père Sauvage, jésuite, Camus est formellement dénoncé pour avoir assisté à une conférence secrète qui se serait tenue en 1621 entre Saint-Cyran, Jansénius et quelques autres, dans le but de fonder le *déisme* en France; on se sert même de son roman d'*Alexis* pour prouver qu'il a dû faire le voyage de Bourg-Fontaine à cette date. La façon dont Port-Royal jugeait l'excellent Camus, par la bouche de la mère Angélique et de la sœur Anne-Eugénie, montre assez que M. de Saint-Cyran, l'homme de discrétion, ne put, dans aucun cas, fonder sur lui

genre diffère en ce qu'il est direct, et qu'au contraire l'autre est tout symbolique[1].

La mauvaise postérité d'écrivains mystico-allégoriques qui dépend, à quelque degré, de saint François de Sales, se décèle surtout dans ses biographes et panégyristes les plus rapprochés. Le Père de La Rivière, dont j'ai cité de jolis traits, mérite certes une exception pour ses grâces, bien qu'un peu mignardes; mais que dire de tant d'écrits raffinés et bizarres qui se prolongent et fourmillent autour de la mémoire du saint depuis sa mort jusqu'à sa canonisation[2]? On est effrayé de tout ce qu'on retrouve ainsi en littérature sur chaque point où

une confiance entière et à ce point imprudente. Qu'il y ait eu à Bourg-Fontaine une conférence où l'on ait jeté des idées de réforme, où l'on se soit sondé sur un concert mutuel d'efforts, et que Camus y ait assisté, c'est, à la rigueur, possible : tout le reste se rapporte à la calomnie de parti. Bien loin de devenir l'homme d'un complot, Camus resta plus que jamais l'enfant de son humeur.

1. A propos du pittoresque en notre littérature, un homme d'esprit, qui sème dans des livres légers bien des observations dignes de mémoire, M. de Stendhal, a remarqué que « la première trace d'attention aux choses de la nature qu'il ait trouvée *dans les livres qu'on lit*, c'est cette rangée de saules sous laquelle se réfugie le duc de Nemours réduit au désespoir par la belle défense de la princesse de Clèves. » Cette rare et claire allée est devenue un assez beau parc chez Buffon, un assez magnifique paysage chez Rousseau : avec eux on avance et l'on reste dans le pur pittoresque; mais avec Bernardin de Saint-Pierre et Lamartine le *symbole* se glisse, et dès lors quelque mysticisme reparaît.

2. Je ne ferai que citer sa *Vie symbolique*, par Gambart, avec figures et emblèmes, *les Caractères ou les Peintures de la Vie du bienheureux François*, par Nicolas de Hauteville, *le magnifique Triomphe de saint François*, par un messire Antoine Arnauld (qui, bien entendu, n'est pas le nôtre : c'est, je crois, le même contre qui l'on trouve un factum de Patru). Un Dom Laurent Bertrand donna en latin *Cynosura mysticæ navigationis sancti Francisci*, c'est-à-dire *la Petite Ourse de la mystique navigation de saint François*, divisée en *rayons* : c'est le sublime de la quintessence. Les allusions, les acrostiches, les anagrammes, les comparaisons de *cerfs* et d'*alcyons*, abondent dans ces amphigouri-

l'on prend la peine de regarder. Les livres qu'on connaît de loin et de nom ne sont pas un sur dix mille. Au reste, beaucoup de ces défauts de goût en théologie, du moins pour la subtilité et l'emploi alambiqué des métaphores, nous les retrouverons dans M. de Saint-Cyran même, dont le Père Bouhours, en fin jésuite qu'il était, s'est donné le plaisir de citer de longues phrases dans sa *Manière de bien penser* comme de parfaits modèles du *galimatias*: c'était de bonne guerre. Port-Royal pourtant demeure l'école qui a fait cesser ce faux goût et qui de bonne heure y a coupé court. Et la gloire, avant Pascal, en revient à Arnauld; ce grand controversiste qu'on relit aujourd'hui avec peine parce qu'il est sérieux, clair et démonstratif outre mesure, logicien sans pitié, et qu'on le voit venir du bout d'une page à l'autre, Arnauld a rendu ce service éminent. Son livre de *la Fréquente Communion* publié en 1643, c'est-à-dire treize ans avant les *Provinciales*, est dans son siècle, on l'a remarqué, le premier ouvrage de théologie sainement écrit, sagement pensé (je ne parle pas du fonds de doctrine, mais du train de raisonnement), tout à fait judicieux de déduction et sans rien de ces fadaises séraphiques. On peut dire qu'Arnauld, avec ses quarante volumes in-quarto, a fait digue au débordement de fausse et subtile théologie de la fin du seizième et du commencement du dix-septième siècle; il en a déshabitué avec Pascal et autant que lui. Il a rendu plus facile ce sens chrétien si droit, si solide et si sûr, des Bossuet et des Bourdaloue. Son

---

ques éloges. De tous les emblèmes qui tapissèrent les églises à l'époque de la canonisation du saint, un seul me plaît et suffirait, ce semble, pour l'exprimer en entier : du milieu d'une arcade au-dessus du maître-autel, du sein d'une bordure de gaze d'or, *deux pentes de fleurs de lis blancs* avec cette devise : *Pascitur inter lilia qui floruit ut lilium*; il vit maintenant parmi les lis angéliques, celui qui fut un lis sur la terre.

livre de *la Fréquente Communion* a, littérairement parlant, déblayé les voies; l'auteur a fait, en quelque sorte, œuvre de Malherbe en théologie. Descartes venait de purger la philosophie par son *Discours de la Méthode*.

Homme selon l'esprit, et bien au-dessus des écoles, même comme écrivain, saint François de Sales avait eu le tort de se laisser trop approcher de ce flux mystique et d'y toucher par le bas de son manteau.

X

Saint François de Sales au complet. — *Entre-deux* de Pascal. — Saint François énergique dans la douceur. — Sa réserve auprès des femmes. — Correctif dans sa doctrine de la Grâce : voile dont il la couvre. — Son aversion des disputes. — Habileté politique. — Ses relations avec le duc de Savoie. — Mission du Chablais. — Moyens humains. — Sa tentative près de Théodore de Bèze. — Coup d'état de Thonon. — Louange publique au duc de Savoie; griefs secrets. — Son jugement sur Rome expliqué. — Académie florimontane.

Nous faisons comme M. d'Andilly ; nous ne quittons pas M. de Genève une fois que nous l'avons rencontré ; et, comme fait M. de Genève lui-même, nous allons avec lui sans trop de système ni de rigueur de méthode, mais *à travers,* par effusion et surabondamment.

Il avait son ordre secret pourtant : je me suis laissé un peu trop décevoir peut-être à sa pure grâce de causeur et d'écrivain : quelques points sont à reprendre.

Pascal, en une de ses *Pensées*, a dit : « Je n'admire point l'excès d'une vertu comme de la valeur, si je ne vois en même temps l'excès de la vertu opposée, comme en Épaminondas qui avoit l'extrême valeur et l'extrême bénignité ; car autrement ce n'est pas monter, c'est tomber. On ne montre pas sa grandeur pour être à une extrémité, mais bien en touchant les deux à la fois et remplissant tout l'entre-deux. »

C'est cet *entre-deux* si visiblement rendu dans le mot de Pascal, que je tiens à retrouver et à démontrer à quelque degré en saint François de Sales. Car ceux même qui ont un trait singulier dominant, presque excessif, et qu'on désigne d'abord par là, s'ils sont vraiment grands, y unissent, y subordonnent et groupent à l'entour toutes les qualités diverses qu'ils ont à des degrés moindres, mais pourtant éminents encore. Quand on n'a pas l'expérience directe des hommes et qu'on ne connaît les plus distingués que par les aspects principaux et de loin, on est tout surpris, si ensuite on les aborde, de les trouver si différents, par d'autres côtés, de ce qu'on se figurait, et plus complets d'ordinaire. Celui qu'on ne se peignait que par les grands coups d'une imagination souveraine qui éclate dans ses écrits, on est tout surpris (à causer avec lui) de lui trouver, en sus et d'abord, tant de sens, de suite judicieuse. Celui qu'on voyait par ses poésies tout mélancolique et tendre, ou pathétique au théâtre, et qui l'est sincèrement, on est étonné de le rencontrer ferme et net au commerce de la vie, spirituel ou même mordant. Boileau ne disait-il pas à Racine : « Si vous vous mêliez de satire, vous seriez plus méchant que moi. » Bref, les hommes marquants et qualifiés d'un beau don, pour être véritablement distingués et surtout grands, pour ne pas être de sublimes automates et des maniaques de génie, doivent avoir et ont le plus souvent les autres qualités humaines, non-seulement moyennes, mais supérieures encore. Seulement, s'ils ont une qualité décidément dominante, le reste s'adosse à l'entour et comme au pied de cette qualité. De loin et du premier coup d'œil on va droit à celle-ci, à leur cime, à leur clocher pour ainsi dire : c'est comme une ville dont on ne savait que le lointain ; en s'approchant et en y entrant, on voit les rues, le quartier, et ce qui est véritablement la résidence ordinaire.

Or nul, mieux que saint François de Sales, n'est en mesure d'offrir toutes ces circonstances, et n'eut, avec une qualité suprême, l'assemblage, le tempérament, le correctif et l'extensif, enfin, pour parler avec Pascal, l'*entre-deux*. A chacun des caractères que je lui ai précédemment reconnus, il faudrait ajouter presque son contraire, lequel apparaît, non pas pour faire balance ailleurs et diversion, mais pour modifier et fortifier la qualité dominante en y entrant, en s'y fondant, pour y faire équilibre et *lest*, comme au dedans d'elle-même. Son âme, dès ici-bas, c'était *une sphère complète sous une seule étoile*.

Ainsi, à cette étoile de douceur qui était l'aspect dominant, il convient, pour avoir une juste idée, de joindre la force d'influence, un ascendant, invincible, ce semble, d'attrait et de ravissement. Cette âme n'était pas une *Colombe* de douceur ; non, c'était *une Aigle* de douceur [1] qui s'envolait et vous emportait avec elle. Et puis, tout à côté de cet essor violent dans le calme azur, de ce vol audacieux dans les pures régions de la spiritualité, qui ressemblait à un retour passionné vers la patrie, ajoutez tout aussitôt dans la pratique le sentiment et le pouvoir de l'accommodement, de la mesure, de la lenteur, tellement que sa devise favorite, son *mot d'ordre* avec les âmes qu'il guidait, était *pedetentim*, pas à pas.

A sa dévotion si affectueuse, si insinuante près des femmes, à ce qui faisait de lui leur convertisseur, leur conseiller de prédilection, et qu'il en était continuellement entouré (comme on le remarquait), ajoutons vite sa vigilance extrême de conduite, de regards, son scrupule

---

1. *Une* Aigle, au féminin comme il disait.

rigoureux, tellement qu'il ne leur parlait jamais qu'en lieux ouverts et devant témoins, qu'il leur parlait et les voyait sans les regarder; que si l'on disait de l'une qu'elle était *belle*, il n'osait le répéter et répondait seulement qu'on la disait *spécieuse* en effet, aimant mieux employer un terme *peu français*[1], que ce mot de *belle* qui sonne toujours trop bien. Enfin n'omettons pas ce conseil qu'il avait coutume de se donner : « Quand on écrit à une femme, il faudrait, s'il se pouvait, plutôt écrire avec la pointe du canif qu'avec le bec de la plume, pour ne rien dire de superflu[2]. »

1. Très-heureusement français, au contraire, et qui marque si bien que la beauté n'est qu'une apparence.
2. Maxime qui chez lui n'est pas si stricte pourtant qu'elle lui interdise de finir une lettre à madame de Chantal en ces mots : « Il est neuf heures du soir, il faut que je fasse collation et que je die l'Office pour prescher demain à huit heures, mais je ne me puis arracher de dessus ce papier. Et si faut-il que je vous die encore cette petite folie, c'est que je presche si joliment à mon gré en ce lieu, je dis je ne sçay quoy que ces bonnes gens entendent si bien, que quasi ils me respondroient volontiers. » C'est dans la même lettre (dussions-nous paraître encore revenir sur nos pas) qu'on lit cet autre passage où le conseil se joue bientôt et presque s'égare en superfluités gracieuses : « Mon Dieu! ma fille, ne sçauriez-vous vous prosterner devant Dieu, quand cela vous arrive, et luy dire tout simplement : « Oui, Seigneur, si vous le voulez, je le veux, et si vous ne le voulez pas, je ne le veux pas; » et puis passer à faire un peu d'exercice et d'action qui vous serve de divertissement ? Mais, ma fille, voicy ce que vous faites : quand cette bagatelle se présente à vostre esprit, vostre esprit s'en fasche et ne voudroit point voir cela; il craint que cela ne l'arreste : cette crainte retire la force de vostre esprit et laisse ce pauvre esprit tout pasle, triste et tremblant; cette crainte lui desplaît et engendre une autre crainte que cette première crainte et l'effroy qu'elle donne ne soit cause du mal; et ainsy vous vous embarrassez. Vous craignez la crainte, puis vous craignez la crainte (de la crainte); vous vous faschez de la fascherie, et puis vous vous faschez d'estre faschée de la fascherie : c'est comme j'en ai veu plusieurs qui, s'estant mis en colère, sont par après en colère de s'estre mis en colère; et semble tout cela aux cercles qui se font en l'eau quand on y a jeté une pierre, car il se fait

Autre correctif. J'ai dit que, d'après lui, l'homme qui fait ce qu'il peut, même païen, mérite déjà de Dieu quelque chose ; qu'il y a du moins un commencement d'aimer Dieu, qui est le propre et le naturel de l'homme même déchu [1]. Mais il faut se souvenir aussitôt, comme point de vue opposé ou, pour mieux dire, correspondant, qu'il avait pour principe qu'on ne doit désespérer jamais du pécheur, semblât-il jusqu'au bout le plus endurci : « Car de même que la première Grâce, disait-il, ne tombe pas sous le mérite, la dernière, qui est la persévérance finale, ne se donne pas non plus au mérite. » Voilà donc la gratuité de la Grâce qui semble formellement reconnue. On remarquera seulement qu'étant tout charité et clémence, il aimait mieux rappeler cette Grâce, indépendante du mérite, à propos de la mort du pécheur endurci, ce qui donne lieu d'espérer, et en moins parler à l'origine de la conversion, là où elle peut sembler à quelques-uns une cause fatale de rejet et de découragement.

J'ai paru croire que, venu plus tard, il aurait peut-être, avec les *doux* de la fin du siècle, penché vers la bulle *Unigenitus :* ne me suis-je pas un peu avancé ? Ces questions, en effet, de Grâce, de libre arbitre et de prédestination, étaient dès lors expressément agitées à Rome ; le livre de Molina *De Concordia* (1588) les avait soulevées. Les Dominicains, qui suivaient la doctrine de saint

---

un cercle petit, et cestuy-là en fait un plus grand, et cet autre un autre. » (*Nouvelles Lettres inédites,* Turin et Paris, tome I, p. 303.) Il est impossible de ne pas reconnaître dans ces ricochets les gentillesses d'une plume très-amusée : s'il avait su les vers de Delille : *C'est là que le caillou,* etc., il les aurait cités. Abandon tour à tour et réserve, précaution et oubli, qu'on fasse donc de tout en lui un mélange.

1. Ce qui, dans mon auditoire de Lausanne, où ces questions de Grâce étaient si présentes, n'avait pas laissé que d'étonner singulièrement.

Thomas, avaient pris feu contre le mode prétendu conciliant du savant jésuite[1]. Le Saint-Siége évoqua le procès. Dans les Congrégations ou assemblées dites *De Auxiliis*, c'est-à-dire où l'on traitait des *secours* que Dieu fournit à l'homme pour le bien, la plaidoirie théologique s'engagea régulièrement et dura neuf années environ (1598-1607) sous les papes Clément VIII et Paul V : ce dernier pontife les termina à l'amiable par une sorte d'arrêt de *non-lieu*. Les parties furent mises dos à dos avec défense de se censurer mutuellement, et chacun s'en retourna chez soi, les Jésuites enchantés, jouissant du faux-fuyant, les Thomistes dépités et grondeurs. C'est à la veille de cette clôture, en 1607, que le cardinal Arrigone écrivit par ordre du Pape à François de Sales, pour le consulter sur les questions en litige. Le sage et saint, au lieu de s'engager dans le dilemme théologique, répondit qu'il trouvait de part et d'autre des difficultés dont il était effrayé; qu'il valait mieux s'attacher à faire un bon usage de la Grâce que d'en former des disputes toujours funestes à la charité. Ce conseil était bien de celui qui disait admirablement : « Vous ne sauriez croire combien les vérités de notre sainte Foi sont belles à qui les considère *en esprit de tranquillité!* » Il se rappelait que dans l'Épître aux Romains, là où cette question de

---

[1]. On a tant dit de mal de Molina sans le lire, et la raillerie de Pascal sur son compte a tellement prévalu, que j'aime à rappeler, comme précaution équitable, que le comte Joseph de Maistre (dans son livre *de l'Eglise gallicane*) n'a pas craint de le proclamer « un homme de génie, auteur d'un système à la fois philosophique et consolant sur le dogme redoutable qui a tant fatigué l'esprit humain...; système qui présente, après tout, le plus heureux effort qui ait été fait par la philosophie chrétienne pour accorder ensemble, suivant les forces de notre foible intelligence, *res olim dissociabiles, libertatem et* PRINCIPATUM. » Voilà un éloge, et je me fierais plus à l'illustre et passionné penseur quand il loue que quand il attaque.

la Grâce est le mieux posée et comme sur le point d'être résolue, il est ajouté aussitôt, par manière de confusion prudente et de mystère : « O profondeur des trésors de la sagesse et de la science du Seigneur! Qu'incompréhensibles sont ses jugements et insondables ses voies! Car qui a connu le sens de Dieu, et qui donc a été son conseiller[1]? »

De contraste en conciliation, je suis amené à un dernier *entre-deux* qui est caractéristique chez saint François de Sales et qui peut seul achever de donner sa mesure, je veux dire l'alliance qui se faisait en lui entre la vertu mystique, contemplative, la charité dans toute sa candeur, et la finesse du jugement humain dans toute sa sagacité. Ce serait se faire une bien fausse image, en effet, que de ne voir dans le bénigne prélat qu'un adorable mystique. Sa vie entière, toute de négociations, de mission et d'apostolat, montre des qualités très-précises

---

1. Épître aux Rom., chap. xi, 33 et 34. — Saint François de Sales me paraît avoir mis quelque chose de cette sainte obscurité voulue dans son *Traité de l'Amour de Dieu*; on lit dans le premier *Esprit* (1639, part. III, chap. xv) cette remarque sur le Théotime, qu'on a eu le tort de retrancher depuis; c'est Camus qui parle : « Son *Traité de l'Amour de Dieu* est une pièce fort estudiée et laborieuse, quoique rien n'y paroisse de travaillé, beaucoup moins de forcé, parce qu'il escrivoit avec une clarté et un jugement à ravir. Une fois il lui arriva de me dire que quatorze lignes de ce livre-là lui avoient causé la lecture de plus de douze cens pages de grand volume, c'est-à-dire en feuillé (*in-folio*). Ma curiosité me porta aussi tost à lui demander où elles estoient : mais il destourna ce propos dextrement, me disant que je cognoistrois par là la foiblesse et pesanteur de son esprit. Nous parlions alors de la Grâce efficace; et il me renvoya au Théotime pour y apprendre son sentiment : je lui di que je m'efforçois de le suivre, mais que je ne l'y pouvois attraper : ce qui me laissa une conjecture que c'estoit cette matière qui l'avoit si fort porté à la lecture. » Ainsi le curieux Camus, qui, près de son ami, se brûle étourdiment à la lumière, ne tire rien de plus clair à cet endroit délicat, et nous-même nous n'y voyons en définitive qu'une certaine obscurité éclairée seulement de charité.

d'observation et de conduite. Ainsi, d'une part, il est bien vrai qu'il était de ces âmes, pour parler avec madame de Chantal, *au centre* et en la cime desquelles Dieu avait mis une lumière, une lampe immobile et vigilante de spirituelle spéculation : et il se retirait là dedans comme dans un sanctuaire à volonté. Lui-même il pouvait dire, pour exprimer cet état fixe, que la vraie manière de servir Dieu était de le suivre et de marcher après lui *sur la fine pointe de l'âme* [1], sans aucun autre besoin d'assurance ou de lumières que celles de la foi simple et nue. Il est vrai encore que cette lumière infuse et diffuse en lui émanait de lui au dehors par ce visage pacifique, doux et grave, toujours tranquille dans ses actions, et qui, en certains cas, est-il dit, semblait prendre une nouvelle *splendeur*, surtout en plein Office, quand il consacrait [2]. Tout cela reste vrai ; mais, d'autre part, il ne l'est pas moins qu'avec cette qualité essentiellement mystique s'en trouvait une autre compatible en lui, la finesse dans les relations pratiques. Ce Bienheureux, duquel incessamment il s'échappait comme par avance un rayon de glorification céleste, une trace odorante de suavité qui faisait qu'on se tournait à lui, était de plus, — aurait été, dans les choses de ce monde, dans les affaires où le spirituel se compliquait du temporel, un aussi habile homme et aussi expert qu'il aurait voulu. A force d'être adroit et avisé (comme a dit Camus) au maniement des armes spirituelles, d'être inépuisable de conseil et d'industrie dans toutes les sortes de tentations, il l'était ou l'eût été de même, et à plus forte raison,

---

1. Le duc de Saint-Simon a dit de la duchesse de Bourgogne, dans sa légèreté, qu'elle marchait *sur la pointe des fleurs*. Saint François en sa comparaison songeait sans doute à saint Pierre n'osant marcher sur la crête des flots.

2. Voir dans sa *Vie*, par le Père de La Rivière, le chapitre LIV du livre IV.

dans les affaires extérieures; et, bien qu'il évitât de s'y mêler hors de son domaine, lorsqu'il y était naturellement conduit ou jeté forcément, il y apportait un tempérament, une insinuation, une hardiesse même, tout un art heureux et facile qui allait à la réussite.

Cette alliance entre l'onction affectueuse et une certaine finesse diplomatique se retrouve assez évidente également chez Bérulle, et bien davantage chez Fénelon elle a ses causes naturelles, toute la délicatesse intérieure de ces sortes d'âmes leur devenant au besoin un continuel éveil et comme un sens exquis de ce qui peut choquer ou attirer les autres.

Nous voici en mesure peut-être de nous bien expliquer, dans leur vraie acception et leur juste portée, ses jugements sur Rome et sur les désordres de l'Église, que nous lui avons entendu confier tout bas à la mère Angélique. Car, bien que l'exactitude n'en puisse être contestée et que la mère Angélique ne mente pas, la révélation est assez neuve pour que je ne l'aie acceptée que sous bénéfice d'inventaire et à charge d'examen. Mais rien de plus propre encore à éclairer cette appréciation que d'étudier un peu au préalable sa conduite avec le duc de Savoie, dans laquelle on retrouve de même obéissance complète et soumission pratique, arrière-pensée pourtant, et blâme au fond, plus ou moins sévère.

En effet, au nombre des pensées secrètes qu'il ne craignit pas d'épancher auprès de la mère Angélique, et qui confirment et circonstancient les autres détails sur Rome et sur l'Église, on lit :

« Il me dit aussi tous les mauvais tours que lui avoit joués
« le duc de Savoye, et comme il avoit maltraité quelques-
« uns de ses parents très-honnêtes gens, sans qu'il eût
« voulu jamais s'en plaindre ; ayant rendu, au contraire,

« toutes sortes de services à ce duc, qui étoit très-habile
« selon les hommes, et un perdu selon Dieu [1]. »

Quand la mère Angélique racontait ces souvenirs à M. Le Maître, elle n'avait aucun intérêt à les dire ; elle ne se doutait pas qu'ils allaient être écrits par son neveu. De plus (qu'on y songe), celui qui lui a confié ce jugement sur le duc de Savoie a dû lui dire le reste sur la Cour de Rome : cette coïncidence est précieuse ; l'une et l'autre confidence s'appuient. Or, en abordant la vie de saint François de Sales, j'en détache rapidement ce qui touche ce point politique.

Né en 1567, au château de Sales, d'une famille illustre de Savoie, François de Sales, après de bonnes études de philosophie, de théologie, de droit, à Paris, à Padoue, revint dans son pays, où son père le fit recevoir avocat au sénat de Chambéry ; il allait être sénateur ; mais sa vocation ecclésiastique l'emporta : il triompha des résistances de sa famille et prit les Ordres. L'évêque de Genève, Claude de Granier, résidait à Annecy : le jeune François fut nommé prévôt de son église ; c'était la première dignité du Chapitre. Presque aussitôt il eut à se mettre à la tête de la mission du Chablais, qui tient une si grande place dans l'histoire de sa vie et dans celle de ces contrées.

Lors de la guerre entre François Ier et le duc de Savoie Charles III (1535), Berne poussée par Genève avait profité de l'occasion contre ce dernier ; entre autres pays à leur convenance, les Suisses protestants s'étaient emparés du duché de Chablais, des bailliages de Ternier et Gaillard. La religion catholique y avait fait place à la réformée, qui eut bien des années pour s'y affermir.

---

1. *Mémoires pour servir à l'Histoire de Port-Royal* (Utrecht, 1742), tome II, p. 301.

Après la paix de Cateau-Cambrésis (1559), le duc Emmanuel-Philibert, recouvrant les États perdus par son père, s'était fait rendre aussi le Chablais et les Bailliages (1564) : mais il y eut pour clause que la religion catholique n'y serait pas rétablie, ou du moins que la liberté de conscience y serait respectée. Après la mort d'Emmanuel-Philibert, la querelle avec les Suisses se rengagea ; à un certain moment, excités par la France et guidés par Sanci, ils crurent l'occasion favorable pour ressaisir ces pays de leur religion, et les reprirent, en effet, d'un coup de main (1589). Le duc Charles-Emmanuel les en chassa presque aussi vite ; on traita de nouveau, et sur les anciennes bases ; mais, nonobstant toute clause, le souverain songea désormais à y extirper l'hérésie. Il demanda à l'évêque de Genève, Granier, d'organiser une mission à l'effet de convertir ses sujets ; cette mission, on le conçoit, avait pour lui un sens et un but d'utilité tout politique.

Pour François de Sales, c'était autre chose ; elle avait un sens purement religieux. Mais il est curieux d'apercevoir combien il sut intéresser le zèle tout politique de ce prince à son but tout religieux à lui. Après les premiers actes de courage, de dévouement, de charité comme il l'entendait, et pour lesquels il refusa la force armée que tenait à sa disposition le baron d'Hermance, il trouva pourtant que le duc n'aidait pas assez, et que, distrait par d'autres intérêts, il négligeait de consolider l'affaire déjà entamée par la Grâce. Une lettre que le duc lui adressa pour le féliciter et le mander à Turin, survint fort à souhait ; il y courut, traversant les Alpes par le Saint-Bernard à l'entrée de l'hiver. Arrivé à la Cour, par ses conversations, par ses mémoires écrits et discutés au Conseil, il donna une haute idée de ses lumières en d'autres matières encore qu'en théologie. Il sut faire ressortir le penchant des Réformés à la république, et l'inconvénient de les garder au sein d'une principauté; il indiqua les moyens réguliers, non violents, mais dirigés de la part de l'autorité vers l'intérêt personnel, qui ne résiste jamais longtemps dans le gros du peuple quand les chefs et meneurs sont à bas; ainsi : « Priver les hérétiques de toutes les fonctions publiques et y favoriser les Catholiques. User de quelque libéralité à l'endroit de sept ou huit personnes vieilles et de bonne réputation qui ont vécu fort catholiques et fort longuement parmi les hérétiques avec une constance admirable et en grande pauvreté [1]. » Dans une lettre au duc, une phrase du saint résume tout le système qu'il lui conseillait : « Le zèle que j'ay au service de Votre Altesse me faict oser dire qu'il importe, et de beaucoup, que laissant icy la liberté qu'ils appellent de conscience, selon le traitté de Nyon, elle préfère néanmoins en tout les Catholiques et leur exercice [2]. » Le duc tenait à ne point paraître violer le traité de Nyon conclu avec les Bernois en 1589; se réservant de longs démêlés avec Henri IV pour le marquisat de Saluces, il avait intérêt en ce moment à ne point exaspérer les Suisses. François de Sales entrait dans son biais, en demandant tout ce qui éludait ce traité sans avoir l'air de le rompre. Toute Charte, tout traité a son article 14 : le saint lui-même le savait.

On ne s'en tint pas longtemps à ces mesures; le succès fit passer outre. La paix de Vervins était conclue (1598); le légat négociateur revenait de France; le duc passa les monts pour le recevoir; il l'attendit à Thonon, capitale du Chablais, et l'hérésie fit les frais du bon accueil. En ces jours de cérémonie solennelle, la cou-

---

1. *Lettres inédites* publiées par M. Datta, tome I, p. 128 et suiv., et Marsollier, *Vie* de saint François, liv. III.
2. *Lettres inédites*, etc., t. I, p. 170.

version définitive se consomma. Le légat, hâté dans sa marche, n'y put assister jusqu'au bout; ses conseils en partant, le besoin aussi de son influence près du Pape nommé arbitre pour le marquisat de Saluces, opérèrent. Le duc de Savoie frappa un grand coup : après une audience ou débat contradictoire dans lequel les ambassadeurs suisses et François de Sales furent entendus, il signifia son *ultimatum* qui résumait tous les conseils du saint : « Que les ministres seroient chassés des États de Savoie; que les Calvinistes seroient privés des charges et des dignités qu'ils possédoient, et qu'elles seroient données aux Catholiques; qu'on feroit une recherche exacte des revenus de tous les bénéfices usurpés par les Hérétiques ou possédés injustement par d'autres personnes sans titre et sans caractère, pour être employés à la réparation des églises et à la subsistance des pasteurs et des missionnaires catholiques; qu'on fonderoit sans délai un collége de Jésuites à Thonon, et que dans le Chablais et les Bailliages on ne souffriroit point d'autre exercice public que celui de la Religion catholique[1]. » Dans l'exécution le duc fut expéditif; il fit convoquer deux jours après tous les Calvinistes de Thonon à l'Hôtel-de-Ville; il s'y rendit précédé de ses gardes, suivi de sa Cour; les rues et les places étaient garnies de troupes. Il parla éloquemment, dit-on, — ce qui était inutile; il convia tous les hérétiques présents à l'obéissance, à la conversion, et conclut en ordonnant que ceux qui voulaient se soumettre passassent à sa droite, et les autres à sa gauche. Ceci fait, et quelques-uns étant restés obstinément à sa gauche, il s'emporta, et commanda aux gardes de les chasser immédiatement de sa présence et du pays. Mais François de Sales intervint là-dessus, et intercéda pour que l'exécution fût remise au lendemain,

---

1. Marsollier, *Vie* de saint François, liv. III.

promettant de les ramener dans l'intervalle à des sentiments mieux entendus : « Qu'étant tous établis dans le Chablais, pour peu qu'on les aidât, ils ne pourroient se résoudre à quitter leurs biens pour être vagabonds parmi ceux de leur parti, sans feu, sans lieu, exposés à toutes sortes de nécessités ; qu'ainsi, s'il l'agréoit, il espéroit avant la fin du jour lui rendre bon compte de la plupart de ces gens qui avoient paru si fermes. » Quelques-uns cependant se maintinrent en leur conscience, et passèrent le lac dans la nuit jusqu'à Nyon ; mais on voit que saint François de Sales savait à propos toucher la corde de l'intérêt humain, tout comme les adroits politiques [1].

Il la toucha de même dans ses fameuses conférences avec Théodore de Bèze, qu'il alla plusieurs fois visiter à Genève ; il avait mission secrète du pape Clément VIII,

[1]. Il sentait à fond l'importance des avantages humains dans les choses spirituelles, et il semblait en prendre son parti : « C'est grand cas combien de pouvoir a la commodité de cette vie sur les hommes, et ne faut pas penser d'apporter aucun remède à cela. » (Lettre du 7 avril 1595.) Environ deux ans après le coup d'état de Thonon, on le voit, selon cette même idée, conseiller au duc de chasser tous les hérétiques demeurés ou rentrés dans le pays et qui ne se convertiraient pas en deux mois, avec permission toutefois de vendre leurs biens : il croyait les choses assez mûres pour amener ainsi le reste des consciences : « Plusieurs par ce moyen éviteront le bannissement du Paradis pour ne point encourir celui de leur patrie. » (*Lettres inédites*, t. I, p. 247.) Dans cette même lettre, il va jusqu'à piquer d'honneur le duc pour lui faire rendre l'édit, et jusqu'à intéresser adroitement sa fierté : « Si Vostre Altesse ne le fait pas, le pouvant si aisément faire, plusieurs croiront que le désir de ne mécontenter pas les Huguenots qui sont en son voisinage, en seroit l'occasion.... » En insistant sur ces points, je suis bien loin, on le croira, de faire de saint François de Sales un persécuteur ; sa bénignité personnelle était infinie ; le reste appartient au siècle. Saint Louis, si bon, fit des choses dures ; on verra que le loyal et candide Arnauld ne jugeait pas les Dragonnades trop sévèrement. Ce que je tiens au reste à faire surtout ressortir en ce moment, ce n'est pas tant le côté de préjugé et de moindre lumière que celui d'habileté et de finesse.

pour tenter de le ramener à la religion catholique. Théodore de Bèze était vieux alors et ne sortait guère de son logis ; François de Sales y vint incognito. Ils se donnèrent, il paraît, des marques d'estime mutuelle et même d'affection. C'étaient deux beaux-esprits, deux hommes modérés, d'un cœur fin et tendre. On ne connaît le détail de ces conférences que par le récit des amis de saint François ; il serait intéressant de le savoir du côté de Bèze. Mais ce qui ressort même du récit catholique, c'est, il faut l'avouer, la modération de Bèze, son émotion affectueuse en certains moments, ses larmes même qu'il mêle à celles de François, son mot plusieurs fois répété : *Qu'on peut se sauver dans l'Église catholique ;* aveu dont François s'emparait, et dont il abusait un peu quand il voulait ramener Bèze à dire *qu'on ne peut se sauver que là,* ce qui est différent. Enfin il paraît que ces conférences, bien que restées sans résultat et fort grossièrement traduites par tous les biographes de saint François, ne furent pas tout à fait indignes, par le ton et par le cœur, de ce que fut ensuite, par la pensée, la tentative de conciliation entre Leibniz et Bossuet.

Mais à un moment de la négociation, à la quatrième visite de François de Sales chez Théodore de Bèze, on le voit aborder ce coin de l'intérêt personnel, où se glissait, selon moi, un art de politique. D'après les instructions reçues de Rome depuis la première entrevue, il avait à offrir à Bèze, si celui-ci consentait à revenir au giron catholique, une retraite honorable à son choix, quatre mille écus d'or de pension, etc.; ce qu'il en vint à lui proposer en effet avec toutes sortes de ménagements, non comme une corruption (chose impossible à tenter avec un tel homme), mais comme une compensation légitime et due. J'avoue toutefois que j'aurais autant aimé que saint François de Sales ne touchât pas cette corde-là.

Pour revenir à ses relations avec le duc de Savoie, ce prince, qui s'était formé une haute idée des talents et de la *capacité* politique de François dans toute cette affaire du Chablais, mais qui ne concevait guère, en ambitieux qu'il était, le désintéressement et le dévouement pur, quand on avait en soi de telles ressources de finesse, le duc avait l'œil sur François, et comme il le voyait fort choyé de la France, inclinant souvent et voyageant de ce côté, il en prit une méfiance qui se trahit par mille *mauvais tours*, comme les appelait le saint. Ce fut surtout quand François fut devenu évêque de Genève que le duc appréhenda qu'il n'eût l'idée de traiter avec la France de ses droits sur cette ville, droits que revendiquait le duc pour son compte, mais desquels François n'était disposé à traiter avec personne [1]. Il lui refusa une fois la permission d'aller prêcher le Carême à Dijon; une autre fois que le prélat était allé au pays de Gex pour travailler à la conversion du bailliage sur une invitation du baron de Luz, gouverneur au nom de la France (voyage dans lequel, le Rhône étant débordé, il avait dû traverser Genève), il apprit que le duc en grande colère avait menacé de séquestrer ses biens. Les visites que recevait François du côté de la France étaient pour ce prince vieillissant des causes perpétuelles de soupçons qui rejaillissaient sur toute la famille de Sales et enveloppaient les frères du saint. On voit, par plusieurs

---

1. N'étant encore que coadjuteur, pendant la guerre reprise entre le duc de Savoie et Henri IV au sujet du marquisat de Saluces, François s'était jeté à travers l'armée française pour empêcher qu'elle ne détruisît l'œuvre catholique dans le Chablais. A la paix, en 1602, il était allé à Paris pour y traiter des intérêts de conscience du bailliage de Gex; il y était devenu l'objet des soins de la Cour, le directeur de plusieurs grandes dames et princesses. Henri IV lui avait offert en France pension et évêché. Le duc de Savoie en sut mauvais gré au sujet fidèle.

lettres de la fin de 1615 et du commencement de 1616, combien ces calomnies s'étendaient autour de lui et lui faisaient amertume, en tombant sur ceux qu'il aimait. Il s'en ouvrit par une lettre très-belle et très-ferme au duc même, le 8 mars 1616[1] :

« Monseigneur, je supplie très-humblement Vostre Altesse de me permettre la discrète liberté que mon office me donne envers tous ; les Papes, les Rois et les Princes sont sujets à estre souvent surpris par les accusations et par les rapports ; ils donnent quelques fois des escrits qui sont émanés par obreption et subreption ; c'est pourquoi ils les renvoient à leurs Sénats et conseils, afin que, les parties ouïes, ils soient avisés si la vérité y a été vue ou la fausseté proposée par les impétrans ; les Princes ne peuvent pas se dispenser de suivre cette méthode, y étant obligés à peine de la damnation éternelle. Vostre Altesse a reçu les accusations contre mes frères ; elle a fait justement de les recevoir, si elle ne les a reçues que dans les oreilles ; mais si elle les a reçues dans le cœur, elle me pardonnera si, estant non-seulement son très-humble et fidèle serviteur, mais encore son très-

---

1. J'ai suivi l'édition des *Lettres inédites*, publiées par le chevalier Datta, t. II, p. 148. Les éditions précédentes donnaient cette lettre comme adressée au duc de Nemours. S'il fallait discuter ce point, la lettre du 15 décembre 1615 au duc de Savoie, celle du 4 avril 1616 à un gentilhomme de sa Cour, celle du 15 novembre précédent au marquis de Lans, et toutes les autres circonstances, indiqueraient que c'est à ce duc même que celle du 8 mars 1616 a pu en effet être adressée. Il fut, je le sais, calomnié vers ce temps auprès du duc de Nemours aussi, comme on le voit au liv. VI de sa *Vie* par Marsollier ; mais les termes de la lettre, où il est question surtout de ses *frères*, ne sauraient se rapporter à cette calomnie. Après cela, la lettre fut-elle remise positivement au duc de Savoie ? ou ce que nous avons n'est-il que le projet communiqué au président Favre ? Quoi qu'il en soit, il me suffirait ici, pour la suite de mon induction, que la missive eût été simplement projetée et pensée. Fût-elle même à l'adresse directe du duc de Nemours, il me suffirait que le duc de Savoie eût sa part dans l'intention qui la dicta, comme il en avait dans les persécutions qui la provoquèrent.

affectionné quoique indigne pasteur[1], je lui dis qu'elle offense Dieu et est obligée de s'en repentir quand même les accusations seroient véritables, car nulle sorte de paroles qui soient au désavantage du prochain ne doit être crue qu'après un examen parties ouïes. Quiconque vous parle autrement, Monseigneur, trahit votre âme..., etc., etc.... »

Certes il paraît, à ce ton, que la douceur de saint François de Sales n'était pas mollesse, et qu'elle savait au besoin se dresser et s'armer en vertueuses armes.

Eh bien ! maintenant, tout ceci bien connu et remémoré, si l'on ouvre le *Traité de l'Amour de Dieu*, si on lit la préface qui est à la date de juin 1616, c'est-à-dire de trois mois seulement après les circonstances de cette lettre énergique, voici la louange qu'on y trouve (il s'agit de la scène de Thonon qui s'était passée dix-huit ans auparavant) :

« ... Son Altesse vint deçà les monts, et trouvant les Bailliages de Chablàix, Gaillard et Ternier, qui sont ès environs de Genève, à moitié disposez de recevoir la saincte religion catholique..., elle se résolut d'en restablir l'exercice en toutes les paroisses et d'abolir celuy de l'hérésie. Et parce que, d'un costé, il y avoit de grands empeschements à ce bonheur selon les considérations que l'on appelle raisons d'Estat, et que d'ailleurs plusieurs, non encore bien instruits de la vérité, résistoient à ce tant désirable restablissement, Son Altesse surmonta la première difficulté par la fermeté invincible de son zèle à la saincte religion, et la seconde par une douceur et prudence extraordinaire : car elle fit assembler les principaux et plus opiniastres, et les harangua avec une éloquence si amiablement pressante [2], que presque tous, vaincus par la douce violence de son amour paternel envers

---

1. Ce terme de *pasteur* semblerait pourtant se mieux rapporter aux relations de l'évêque de Genève avec le duc de Nemours, qui avait le comté de Genevois pour apanage.
2. On a vu tout à l'heure le sens exact de cet *amiablement*.

eux, rendirent les armes de leur opiniastreté à ses pieds, et leurs âmes entre les mains de la saincte Église.

« Mais qu'il me soit loisible, mon cher lecteur, je t'en prie, de dire ce mot en passant. On peut louer beaucoup de riches actions de ce grand Prince, entre lesquelles je vois la preuve de son indicible vaillance et science militaire qu'il vient de rendre maintenant admirée de toute l'Europe ; mais toutefois, quant à moy, je ne puis assez exalter le restablissement de la saincte religion en ces trois Bailliages que je viens de nommer, y ayant veu tant de traits de piété assortis d'une si grande variété d'actions de prudence, constance, magnanimité, justice et débonnaireté[1], qu'en cette seule petite pièce il me sembloit de voir comme en un tableau raccourci tout ce qu'on loue ès Princes qui jadis ont le plus ardemment servi à la gloire de Dieu et de l'Église : le théâtre estoit petit, mais les actions grandes. Et comme cet ancien ouvrier ne fut jamais tant estimé pour ses ouvrages de grande forme comme il fut admiré d'avoir sceu faire un navire d'yvoire (*voilà le joli qui revient*) assorty de tout son équipage, en si petit volume que les aisles d'une abeille le recouvroient tout : aussi estimé-je plus ce que ce grand Prince fit alors en ce petit coin de ses Estats, que beaucoup d'actions de plus grand esclat que plusieurs relèvent jusqu'au ciel. »

Il me semble évident que dans cette préface saint François de Sales cherchait à faire sa paix avec le duc de Savoie, et, après s'être plaint à lui[2] avec une franche amertume, à lui donner des gages extérieurs de soumission et d'admiration. Saisissant une action de ce duc qu'il pouvait louer en conscience, il accumulait, il embarquait sur ce petit *navire* tous les autres éloges imaginables, qu'il ne pensait guère, et dont il voulait lui faire,

---

1. En voilà bien long pour *un perdu selon Dieu* : cette *débonnaireté* en particulier, au nombre des louanges données au duc par le saint, revient souvent (voir *Lettres inédites*, tome I, p. 248; tome II, p. 141).

2. Ou à son tenant lieu, le duc de Nemours, dans le cas où la lettre du 8 mars serait adressée à ce dernier.

j'aime à le croire, des conseils détournés. Ne craignons pas de surprendre ainsi le cœur humain à nu et son incurable duplicité, même dans l'âme des plus saints. D'ailleurs il y a de quoi justifier : si la louange est publique, la réprimande a été directe, intérieure. Le courage n'a pas manqué [1].

Cette conduite avec le duc de Savoie nous éclaircit l'autre avec Rome et y est plus qu'un acheminement. Ce qu'il a fait là envers son souverain politique, il l'a dû faire envers Rome à plus forte raison. Il en pensait mal; il l'a dissimulé; il en a dit bien. Comme Bérulle, comme Frédéric Borromée, comme Saint-Cyran (comme, au fait, il était impossible qu'un homme de lumière et de vertu ne le vît pas alors), il a connu la plaie, il l'a déplorée en confidence; il a pu dire : *Ma fille, voilà des sujets de larmes...;* qu'on relise de nouveau sa vraie pensée là-dessus. Mais au dehors, dans ses écrits, dans sa conduite, il s'est incliné; il a célébré l'unité auguste de l'Église et les vertus absentes qu'il aurait voulu y voir renaître et briller [2]. L'unité lui paraissait si essentielle et si fondamentale, qu'il y a tout dirigé, qu'il y a fait

---

1. Qu'on fasse une part essentielle encore, celle du patriotisme. Ce prince rusé, mais grand, était nécessaire pour retenir l'État démembré, pour relever la patrie en ruines, sur laquelle on surprend de nobles larmes dans les épanchements intimes du président Favre et de saint François, surtout dans les lettres datées de la *Babylone de Thonon*.

2. C'est ainsi qu'on le trouve dans ses *Controverses*, *Discours* XIV, répondant aux objections des Protestants : « S'il est vray que Nostre-Seigneur est le chef de l'Église, n'a-t-on point de honte de dire que le corps d'un chef si sainct et vénérable soit adultère (*ou peut-être* adultéré), prophané, corrompu? » et *Discours* L : « Douter de la saincteté de l'Église, c'est une lourde erreur : l'Église de Nostre-Seigneur est *saincte* et le doit estre; c'est un article de foy; le Sauveur s'est donné pour elle, afin de la sanctifier : *C'est un peuple sainct*, dit sainct Pierre; l'Espoux est sainct, et l'Espouse saincte.... »

plier le détail, là même où il le sentait fautif et gâté. Il a cru bien faire en se taisant, en voilant filialement les désordres de sa mère, en passant outre sans s'en empêcher ni s'en ralentir dans sa voie pleine de fruits abondants qui le consolaient. On conçoit une telle manière de sentir et de faire (et selon la sincérité) dans des âmes douces, prudentes, avant tout affectueuses, coulantes, ennemies de toute dispute, éprises des beautés, des tendresses et des gloires catholiques, dans des âmes plus filiales encore que paternelles, passionnément humbles et soumises; ce sont celles-là qui avec saint François de Sales peuvent dire : « La douceur, la suavité de cœur et l'égalité d'humeur sont vertus plus rares que la chasteté.... Il n'y a rien qui édifie tant que la charitable débonnaireté : en icelle comme dans l'huile de la lampe vit la flamme du bon exemple. » Esprit de trempe bien différente, et plus âpre que suave, M. de Saint-Cyran, qui s'était également voué, par pensée de soumission, à ce *silence de gémissement*, a eu bien de la peine à le tenir, si toutefois il l'a tenu, et il est mort fort à temps pour ne pas éclater.

Une fleur encore, et la dernière, avant de prendre congé du gracieux saint. Il était intimement lié, on le sait, avec le président Favre, jurisconsulte illustre, et ils se donnaient en s'écrivant le titre de *frère*. Cette Correspondance si intéressante, et qu'on possède plus complète aujourd'hui, paraît presque cesser à partir de septembre 1597; c'est que Favre, jusque-là sénateur de Chambéry, fut alors appelé comme président du Conseil du Genevois à Annecy, où résidait l'évêque de Genève. Vivant ensemble dans cette ville, ils eurent l'idée, vers 1607, d'y fonder une Académie à l'instar de celles d'Italie; on en a les statuts; la théologie, la philosophie, la jurisprudence, les sciences mathématiques et les lettres humaines y devaient être représentées. Ils l'établirent sous le nom d'*Académie Florimontane.* Le duc de Savoie accorda des priviléges ; le duc de Nemours en fut le protecteur. Les séances se tenaient dans la maison même du président. Une devise ingénieuse et gracieuse se lisait au-dessous de l'image d'un *oranger* portant fruits et fleurs : *Flores fructusque perennes;* ne semble-t-elle pas déceler le choix du souriant prélat ? Ce fut un des premiers essais d'Académie en deçà des monts. Quand des écrivains comme saint François de Sales et Honoré d'Urfé en étaient, on conçoit combien la culture littéraire y aurait pu profiter et s'embellir. Mais Favre, devenu président du Sénat de Chambéry en 1610, quitta Annecy ; il est à croire que l'Académie dès lors ralentit ses réunions. La mort de François (1622) y dut causer un dernier préjudice, si toutefois à cette date elle subsistait encore. Quoi qu'il en soit, ce prélude d'Académie française et des sciences à Annecy, trente ans juste avant la fondation de notre Académie sous Richelieu, est à noter et fait honneur aux instincts d'un pays réputé assez peu littéraire, mais qui eut pourtant sa poésie au déclin du Moyen-Age, surtout durant le seizième siècle, et à qui l'on doit Saint-Réal et les deux De Maistre. Vaugelas en est sorti. Fils du président Favre, il vint de bonne heure en France et s'attacha à la Cour. Il en sut à merveille la langue et travailla plus que personne à la polir. Mais on peut regretter que lui et les autres premiers académiciens, dans leur esprit de réforme, n'aient pas eu plus de ressouvenir de cette culture antérieure ; que lui particulièrement, qui ne sortait pas de Coëffeteau, ait un peu trop oublié, méprisé les grâces et les libertés heureuses de ce style à la saint François de Sales, à la bonne et fine fleur gauloise, dont son enfance avait dû être nourrie ; qu'enfin ses ciseaux de grammairien aient tant retranché à l'*oranger* odorant de cette Académie paternelle.

Saint François de Sales n'a pas été pour nous, cependant, une trop longue digression, et ne saurait nous être imputé à hors-d'œuvre : placé vers cette entrée qu'il décore, il devenait même une proportion et une harmonie dans l'idée du plan : à l'autre extrémité et au déclin de notre histoire, nous aurons Malebranche.

XI

M. de Saint-Cyran. — Son jugement sur saint François de Sales.
— Sa naissance; son éducation; ses bizarres débuts. — *Question royale.* — *Apologie* pour l'évêque de Poitiers. — Sa liaison avec Jansénius : leur retraite. — Liaison avec M. d'Andilly; air de mystère. — Lettres de Jansénius : indigestion de science; crudité. — Amour de la vérité. — Une lettre de M. de Saint-Cyran à la mère Angélique. — Ses premiers rapports avec Richelieu.

C'est surtout en passant de saint François de Sales à M. de Saint-Cyran que paraît se vérifier cette belle pensée sur Port-Royal :

« Les Jansénistes ont porté dans la religion plus d'esprit de réflexion et plus d'*approfondissement;* ils se lient davantage de ses liens sacrés; il y a dans leurs pensées une austérité qui circonscrit sans cesse la volonté dans le devoir; leur entendement, enfin, a des habitudes plus chrétiennes [1]. »

Cette science bien entendue et justement modérée, M. de Saint-Cyran n'en fait preuve nulle part d'une manière qui doive nous être d'abord plus sensible que dans le jugement même qu'il a porté de saint François

---

1. *Pensées* de M. Joubert.

de Sales. Dans sa Lettre à M. Guillebert sur le Sacerdoce, il cite de ce saint un mot très-énergique sur la rareté des bons directeurs des âmes parmi les prêtres, *à peine un sur dix mille :*

« Il faut, ajoute M. de Saint-Cyran, que l'Esprit de Dieu l'ait conduit en cela, comme en ce qu'il a dit de la nécessité de la Contrition pour le sacrement de Pénitence, contre le sentiment contraire de son siècle : car il est certain qu'il n'avoit pas puisé toutes les connoissances qu'il avoit dans la lecture des livres qui contiennent la Tradition, ni dans la pratique de son siècle. Mais il a été de ces Évêques singuliers qui, ayant été appelés par la plus excellente voie, ont mérité de puiser dans la source même les lumières et la connoissance de la vérité dont ils avoient besoin pour conduire les âmes : en sorte qu'on ne pourroit leur imputer aucune ignorance, quand même ils auroient manqué de quelque connoissance nécessaire ; parce que Dieu les ayant établis malgré eux dans leurs charges comme des gens d'une innocence et d'une vertu rare, tout ce qu'ils y fesoient ensuite pour le bien des âmes étoit bien fait, avoué de Dieu et approuvé des hommes [1]. »

D'ailleurs, avec le sévère et très-peu littéraire Saint-Cyran, la fleur théologique est passée, ou plutôt elle n'est jamais venue : attendons-nous aux épines et aux broussailles. Rien de moelleux, mais les nerfs mêmes en ce qu'ils ont souvent de plus mêlé et d'inextricable. Saint-Cyran peut être dit, pour le style, une espèce de Ronsard de la spiritualité : il a été raillé par Bouhours, peu apprécié de Bossuet et même de Nicole. Mais, au prix de quelque attention, on découvre en lui beaucoup de profondeur, de discernement interne, de pénétrante et haute certitude, beaucoup de lumière sans rayons, et de charité. *Lucere et ardere perfectum est,* a

---

1. Tome I, p. 56, des *Lettres chrétiennes et spirituelles de messire Jean du Verger de Hauranne..., qui n'ont point encore été imprimées,* 1744, 2 petits vol. in-12.

dit saint Bernard : nous arrivons à ceux qui brûlent, mais ne luisent pas!

Jean du Vergier ou du Verger de Hauranne, qui fut abbé de Saint-Cyran, naquit à Bayonne en 1581, d'une famille noble, disent MM. de Sainte-Marthe, ou qui seulement, au rapport des Jésuites, s'était rendue considérable par le commerce. Il témoignait dès son enfance, à ce qu'on assure, toute la vivacité de sa nation. Il nous serait difficile sans doute de découvrir en lui rien de cette légèreté, de cette pointe gasconne ou basque, dont Montesquieu, Bayle et Montaigne nous offrent d'assez beaux échantillons et assez analogues dans leur variété : il fait naturellement songer au sombre et dur saint Prosper d'Aquitaine, auquel il est du reste si supérieur. Son ardeur, pour être peu tournée en dehors, n'avait que plus de fond et d'énergie; et puis elle se couvrait moins dans sa jeunesse, et décelait alors le naturel véhément que le temps, l'étude et les grands projets mûrirent[1]. Nicole disait de lui que c'était une terre capable de porter beaucoup, mais féconde en ronces et en épines. C'était un caillou d'Ibérie, dont l'étincelle à la fin devait sortir. Après avoir fait ses humanités dans sa patrie, il vint passer quelques mois à Paris, et y suivit la Sorbonne en compagnie de Petau, depuis jésuite si célèbre, et alors jeune étudiant comme de Hauranne[2]; mais les

---

1. On raconte (un jésuite, il est vrai) que Richelieu causant un jour de M. de Saint-Cyran avec le Père Joseph et l'abbé de Prières, et voyant qu'ils ne disaient pas toute leur pensée, rompit la glace en ces mots : « Il est Basque et a les entrailles chaudes et ardentes par tempérament : cette ardeur excessive lui envoie à la tête des vapeurs dont se forment ses imaginations mélancoliques, qu'il prend pour des réflexions spéculatives ou pour des inspirations du Saint-Esprit. » Explication à part, je crois le trait juste sur le tempérament.

2. Ils se trouvaient logés ensemble dans la même *pension bourgeoise*. Lorsque plus tard les Pères questionnaient le docte jésuite et

desseins de celui-ci changèrent, et il alla, sur le conseil de l'évêque de Bayonne, recommencer sa théologie à Louvain, fameuse école, récemment encore illustrée par les combats sur la Grâce des Baïus, des Lessius. Il ne paraît pas certain qu'il y connut Jansénius ; du moins ce ne fut que plus tard à Paris qu'ils se lièrent. Le jeune de Hauranne étudia à Louvain, non dans l'Université même, mais au Collége des Jésuites, et y soutint, le 26 avril 1604, une thèse sur toute la théologie scholastique, dédiée à son évêque, laquelle eut grand succès et lui valut d'insignes louanges de Juste Lipse, l'un des juges. On trouve dans les Œuvres mêlées de celui-ci, à la fin de la quatrième lettre de la cinquième centurie, une attestation détaillée sur l'assiduité, sur les talents du jeune théologien, et qui finit en des termes de pronostic tout à fait glorieux [1].

voulaient savoir de lui quel homme au juste c'était que Saint-Cyran, Petau répondait que c'était un esprit inquiet, vain, présomptueux, farouche, se communiquant peu et fort particulier dans toutes ses manières. — Je trouve ces détails et quelques autres qui ne sont nulle part ailleurs, dans une *Histoire du Jansénisme* inédite, par le P. Rapin (*Arsenal*, Théolog. franç., mss., n° 56) : cette Histoire ne va que jusqu'à la mort de Saint-Cyran, fin de 1643. Elle est modérée de ton, et, au milieu de bien des prolixités, contient sur les hommes des informations assez curieuses, plus ou moins exactes, mais que le nom du Père Rapin et ses relations dans le monde (même dans le monde janséniste) semblent souvent garantir. Il connaissait, par exemple, beaucoup madame de Sablé. — Ce manuscrit a depuis été publié, sans aucun soin, il est vrai, par l'abbé Domenech (*Histoire du Jansénisme depuis son origine jusqu'en* 1644, un vol. in-8°, 1861). Mais ce qui est plus intéressant, c'est la suite de cette *Histoire* qu'on ne connaissait pas, par le même Père Rapin, et qu'a publiée avec notes et éclaircissements M. Léon Aubineau (*Mémoires du Père Rapin sur l'Église et la Société, la Cour, la Ville et le Jansénisme*, 3 vol. in-8°, 1865). C'est une source ennemie, mais abondante et toute nouvelle.

1. « Deum precor provehere hoc ingenium suo honori, Reipublicæ christianæ bono, cui natum auguramur. » — Dans les

Si l'on admet avec Leydecker[1] que le jeune de Hauranne, au sortir de cette thèse, se mit sous la discipline du docteur Jacques Janson, l'héritier des doctrines de Baïus, il put rapporter de Louvain le germe déjà éveillé de ses futures doctrines : mais rien n'est moins prouvé. Revenu à Paris, on n'a que peu de détails sur sa vie et ses études en ces cinq ou six années. Un petit écrit de lui, dont on a fait bruit par la suite, se rapporte à ce séjour et parut en 1609. Il était lié avec le comte de Cramail, son compatriote du Midi, bel esprit d'alors et auteur de qualité. Or, le roi Henri IV ayant un jour demandé à quelques seigneurs, par manière de gai retour sur les anciennes détresses, ce qu'ils eussent fait si, perdant aussi bien la bataille d'Arques et obligé de se sauver sur mer, il eût été jeté loin par la tempête et dans une barque sans vivres, un d'eux répondit qu'il se serait plutôt tué, plutôt donné à manger à son roi, que de le laisser mourir de faim. De là grand débat. Le roi posa la question : Si cela se pouvait faire sans crime? Ce fut à qui la résoudrait. Le comte de Cramail raconta le cas à M. de Hauranne, dont la vivacité subtile et l'imagination un peu bizarre se mirent en frais de raisons à l'appui. Le comte en fut si charmé et les trouva si ingénieuses qu'il le pressa de les écrire. Il en résulta un petit livret qu'on publia sans nom d'auteur, sous le titre : *Question royale, où est montré en quelle extrémité, principalement en temps de paix, le sujet pourroit être obligé*

Épîtres de Juste Lipse, il y a encore plusieurs billets adressés au jeune homme : tantôt il lui conseille les belles-lettres pour orner la théologie, il le pousse à la lecture des Pères grecs et latins pour le désaltérer de l'aridité scholastique; tantôt il le dissuade de lire Cicéron et de chercher à s'en pénétrer, estimant, avec grande raison, que *son génie le porte ailleurs*. En somme, Juste Lipse paraît s'être occupé très-paternellement de lui.

1. *Historia Jansenismi.*

de conserver la vie du Prince aux dépens de la sienne[1]. Ceux qui l'ont lu en l'épluchant disent qu'il y a jusqu'à *trente-quatre* suppositions de cas où un homme se peut tuer innocemment : je ne les ai pas comptées.

Ce n'était, autant du moins que j'en puis juger (car M. de Saint-Cyran n'a pas l'air gai, même quand il plaisante), qu'un tour de force, un jeu d'esprit, une de ces gageures de rhéteur, comme l'a remarqué Ellies Du Pin ; ainsi autrefois Isocrate avait fait les éloges d'Hélène et de Busiris, le philosophe Favorin celui de la fièvre quarte, Synésius celui des têtes chauves ; Agrippa célébrait l'âne, Érasme la folie, le Bernia la peste. Mais les ennemis de M. de Saint-Cyran ne le prirent pas sur ce ton, lorsqu'ils déterrèrent après des années l'opuscule oublié et qu'on ne savait plus où trouver. Ils le firent réimprimer en tout ou en partie ; ils le commentèrent sans rire et d'un air d'horreur[2], supposant que dans sa jeunesse il avait sérieusement approuvé le suicide. C'était un singulier cas de Werther que cette *Question royale*. Le Père Cotton, confesseur du roi, et qui tenait fort de ce goût de bel-esprit casuistique, ayant lu dans le temps ce petit écrit, le prit au sérieux, mais diversement, et alla jusqu'à s'écrier, dit-on, que l'auteur méritait d'être évêque : c'était aller un peu loin dans l'autre sens. La seule conclusion que j'en tirerai, c'est que l'auteur avait dans sa jeunesse l'imagination un peu fausse et subtile, que ses fleurs ressemblaient beaucoup à celles des orties. Chacun a ses frasques de jeunesse : il faut que cela passe. Les uns, comme Rancé, sont d'abord libertins ; les autres, comme saint Bernard, sont fougueusement austères. Il

---

1. Le titre du premier feuillet est simplement : *Question royalle et sa décision*; à Paris, chez Toussainct Du Bray, 1609 (petit in-12).

2. *Les nouvelles et anciennes Reliques de messire Jean Du Verger*, etc., 1680, in-4.

en est qui ont donné dans les petits vers galants. Chez M. de Saint-Cyran tout l'excès se réduisit en un peu de fausse thèse subtile, en un brin de *galimatias*, comme Nicole lui-même osait dire en parlant du maître.

Ce qui est plus singulier et tout à fait caractéristique, c'est que M. de Saint-Cyran récidiva à quelques années de là, et un peu plus sérieusement, ce semble. Étant à Poitiers auprès de l'évêque, en 1617, il fit imprimer un ouvrage sous ce titre : *Apologie pour Henri-Louis Chateignier de La Rocheposai, évêque de Poitiers, contre ceux qui disent qu'il n'est pas permis aux Ecclésiastiques d'avoir recours aux armes en cas de nécessité.* Cet évêque, en effet, avait pris les armes dans une affaire contre les Protestants au sein même de sa ville, et les avait battus à la tête d'un gros de troupes. Ellies Du Pin, au tome second de son Histoire ecclésiastique du dix-septième siècle, n'a pas dédaigné de donner une fort longue analyse de ce singulier écrit, où la plaisanterie, si elle y a quelque part, était par trop lourde et trop dissimulée. L'auteur y passait en revue, dans une longue et incroyable liste, tous les cardinaux, évêques, archevêques, qui ont porté les armes et fait la guerre sans scrupule. Mais il remontait, avant tout, jusqu'à la Synagogue se défendant par les armes au temps des Macchabées, et n'oubliait, on peut le croire, ni Samuel ni Abraham. Quant aux exemples empruntés au Christianisme et qu'il semblait vouloir épuiser, il aurait pu les résumer plus agréablement dans celui de cet évêque qui, à la journée de Bouvines, allait écrasant les ennemis avec une masse d'armes, ne se croyant pas en droit de les pourfendre par l'épée, ou encore s'en tenir à l'autorité du bon archevêque Turpin, qu'il cite comme le fléau des Sarrasins dans les combats et comme le second de Charlemagne. Cette récidive de paradoxe, de la part de M. de Saint-Cyran, nous paraît assez grave de symptôme : il était temps qu'il s'arrêtât. Il ressort du moins de ces deux écrits que sa nature était de celles qui ont besoin, pour se clarifier et se faire, de passer d'abord par quelque fatras, et, comme on le dit en mots francs, de jeter d'abord leur gourme avant d'être saines.

Au temps du premier écrit, qui, après tout, ne fut pour lui que le feu d'une matinée, à Paris, il ne cessait, sans aucun doute, de poursuivre les études si fortement commencées. Il s'y lia d'étroite amitié avec Jansénius, qui y était venu dès 1605 pour étudier également, et aussi pour refaire sa santé par un changement de climat. Ils s'étaient vus probablement à Louvain ; ils n'eurent qu'à se reconnaître. L'inégalité de force entre les études théologiques des deux universités dut les frapper et faire l'objet fréquent de leur entretien. A Paris, les maîtres les plus doctes d'alors, comme André Du Val, ne remontaient pas aux Pères et se tenaient aux Scholastiques, compilant d'après eux et enseignant sur des cahiers. Les deux jeunes amis, en quête des sources supérieures, sentaient l'insuffisance et la dégradation de cette voie ; se plaignant de la mort de la vraie doctrine, ils avaient soif de la raviver. Ces idées naissantes étaient celles de quelques hommes jeunes encore, qu'ils purent rencontrer sur les bancs et pratiquer, de Gibieuf, par exemple, depuis célèbre dans l'Oratoire. La Faculté de théologie avait élu pour syndic, en 1608, Edmond Richer, qui se mit à tenir tête aux Jésuites et aux ultramontains : cela suscitait des pensées. Il paraît que, durant ce séjour à Paris, Jansénius se fit connaître en Sorbonne, et qu'il aurait pu y recevoir les honneurs du bonnet, s'il n'avait préféré en fils pieux se réserver pour Louvain. On dit aussi que de Hauranne le plaça dans la maison d'un conseiller à la Cour des Aides à titre de précepteur : Jansénius était pauvre et n'avait que son travail pour vivre. De Hauranne plus répandu, plus occupé de paraître, songeait dès lors à un coup d'éclat : si l'on en croit le Père Rapin, il se prépara à fond pour soutenir contre tous venants la Somme de saint Thomas dans une salle du couvent des Grands-Augustins du Pont-Neuf. On était à la veille de la cérémonie ; il en avait payé les avances ; il en fut pour ses frais de tournoi, parce que le local choisi dépendait de l'Université de Paris, où il n'avait aucun degré et d'où survint une défense. Mais bientôt les deux amis prirent un grand parti. Henri IV venait de mourir assassiné ; les querelles de la Sorbonne et des Jésuites s'irritaient de plus belle ; une idée, une raison chrétienne et primitive manquait à tous ces débats, à ces plaidoiries purement canoniques et gallicanes ; c'était l'heure ou jamais, en France, de la fonder. De Hauranne, dans sa haute ambition, n'hésita plus ; son père dès longtemps était mort ; sa mère le rappelait instamment : pour tout concilier, il emmena ou devança, vers 1611, son ami à Bayonne, et là, dans une terre appartenant à sa famille, proche de la mer, et appelée Champré ou Campiprat, il se jeta avec lui en pleine et unique lecture de l'antiquité chrétienne et de saint Augustin. Il s'agissait de retrouver à l'origine la doctrine perdue, de ressaisir la vraie science intérieure des Sacrements et de la Pénitence, de vérifier en un mot ce qu'ils concevaient et pressentaient, et de le rendre démontrable par des autorités à tous les Catholiques. Que le dessein fût vague encore pour eux-mêmes, il flottait au moins dans leur esprit. Dom Clémencet[1] ne

---

1. *Histoire littéraire de Port-Royal*, manuscrite. — J'userai perpétuellement de cette source que j'ai été assez heureux pour atteindre. Dom Clémencet, non content d'avoir écrit et publié en dix volumes in-12 l'*Histoire générale* de l'abbaye de Port-Royal, avait préparé et presque achevé une *Histoire littéraire* de cette maison, dans la méthode des Bénédictins, c'est-à-dire en écrivant la vie de chaque auteur, puis en passant au détail et à la discus-

manque pas de comparer cette vie pénitente et studieuse des deux amis en ces années, à la célèbre et presque idéale retraite où vécurent dans un temps saint Basile et saint Grégoire de Nazianze : ceux-ci pourtant y durent mêler plus de grâce d'esprit à coup sûr et plus de tendresse d'âme ; il faudrait chercher de moins doux exemples pour ces Fulgence et ces Prosper renaissants. Jamais d'ailleurs avidité de savoir ne fut plus opiniâtre. Madame de Hauranne mère disait souvent à son fils qu'*il tuerait ce bon Flamand à force de le faire étudier.* Jansénius, le plus délicat des deux pour le tempérament, était infatigable ; il ne se couchait presque pas. Lancelot a vu chez M. de Saint-Cyran un vieux fauteuil à l'un des bras duquel était adapté un pupitre ; c'est là, dans ce fauteuil, que Jansénius, quand il était à Paris, étudiait, habitait presque, y demeurant la plupart des nuits sans se coucher [1]. Tout leur exercice à Champré consistait au jeu de volant, où ils étaient devenus d'une extrême adresse, et, entre deux chapitres des Pères, ils faisaient plusieurs milliers de coups sans manquer.

Les cinq années que les deux amis passèrent dans le pays ne furent pourtant pas de pure retraite jusqu'au bout. L'évêque de Bayonne, M. Bertrand d'Eschaux (ou

---

sion de ses écrits imprimés ou inédits, avoués, anonymes ou pseudonymes. On savait que cette Histoire existait. Grégoire, dans ses *Ruines de Port-Royal,* parle de deux exemplaires manuscrits. Dom Brial en possédait un ; en suivant la piste, j'ai fini par le retrouver et l'acquérir. Ce n'est pas moins de cinq volumes in-4° ; trois sont consacrés à ces Messieurs, un aux Religieuses qui ont écrit, et un autre aux Théologiens de Louvain. Mon travail, étayé à une érudition bénédictine, est devenu commode et plus sûr.

1. *Mémoires touchant la Vie de M. de Saint-Cyran,* par Lancelot, 2 vol. in-12, 1738, tome I, page 103 ; tome II, p. 308. Ces deux excellents volumes, d'une exactitude scrupuleuse pour les dates et pour les faits, sont essentiels sur M. de Saint-Cyran et sur les commencements des solitaires à Port-Royal.

d'Échaud), nomma de Hauranne chanoine de sa cathédrale[1], et Jansénius principal d'un collége qu'il venait de fonder. Mais en 1616, étant promu à l'archevêché de Tours, il dégagea de leurs fonctions et emmena les deux amis, qui, rendus à leur dessein, poussèrent jusqu'à Paris et, après quelque séjour, se séparèrent. Jansénius retourna à Louvain; il y était en mai 1617. A peine arrivé, on l'établit principal du nouveau collége de Hollande, appelé *Pulchérie*. De Hauranne, de son côté, se rendit à Poitiers auprès de l'évêque, M. de La Rocheposai, à qui le nouvel archevêque de Tours l'avait recommandé. Il y obtint d'abord un canonicat à la cathédrale, puis le prieuré de Bonneville, et enfin, par une démission de l'évêque même en sa faveur, l'abbaye de Saint-Cyran[2] en 1620. Il justifia assurément ces grâces mieux que par l'*Apologie* dont j'ai parlé, et qu'on appelait aussi en plaisantant l'*Alcoran de l'Évêque de Poitiers*, parce qu'elle flattait un goût très-peu évangélique. Ce belliqueux évêque

---

1. Rapin (*Histoire du Jansénisme*) assure que de Hauranne n'accepta ce canonicat que moyennant dispense d'assister au chœur, hors les dimanches et jours de grande fête, ne voulant absolument pas se distraire de l'étude. Il parle aussi d'un écrit assez singulier de notre théologien à cette époque, et qui a l'air de prendre assez bien sa place entre la *Question royale* et l'*Apologie pour l'Évêque de Poitiers*. Il se célébrait alors dans l'Église de Bayonne une vieille cérémonie qui pouvait sembler un peu profane : on présentait sur l'autel, dans les messes des morts, une brebis égorgée, avec des circonstances peu séantes à la pureté du sanctuaire. Un jeune capucin, qui avait du feu, entreprit de combattre cette cérémonie, et, prêchant le Carême, il saisit l'occasion de s'emporter contre une pratique si païenne, qui sentait tout à fait la brebis noire immolée à Hécate. Il était apparemment du goût et de l'intérêt du Chapitre de défendre cette coutume autorisée par l'antiquité : on fit choix du nouveau chanoine pour en être l'avocat, et de Hauranne prêta sa plume érudite, qui, dans ce bizarre sujet d'une brebis immolée, trouva moyen, dit-on, d'être amère contre le pauvre capucin.

2. L'abbaye de Saint-Cyran en Brenne, sur la frontière de la Touraine, du Berry et du Poitou.

étant d'ailleurs élève de Joseph Scaliger, son érudition se trouvait flattée, du même coup, très-agréablement.

Vers la fin d'août 1620, M. d'Andilly, attaché alors à M. de Schomberg, surintendant des finances, et passant avec la Cour à Poitiers, y vit pour la première fois l'abbé de Saint-Cyran, dont M. Le Bouthillier, depuis évêque d'Aire (oncle de M. de Rancé), lui avait beaucoup parlé auparavant. Ce prélat, qui se trouvait à Poitiers dans ce temps même, les présenta l'un à l'autre, et l'étroite amitié, qui devait avoir tant de conséquences, commença entre eux dès ce moment. M. de Saint-Cyran avait trente-neuf ans environ, et M. d'Andilly trente et un. Celui-ci, déjà fort poussé dans les charges de finance et d'intendance, était l'un des hommes les plus actifs, les plus agréables du grand monde et les plus occupés de l'être ; « n'y ayant pas un de ces Grands (confesse-t-il dans ses *Mémoires* avec une certaine satisfaction) que je ne connusse si particulièrement que je crois pouvoir dire qu'il n'y a personne en France de ma condition qui ait eu tant d'habitude et de familiarité avec eux. » Il avait pour principe (ce qu'il enseigne et recommande fort à ses enfants) de se faire des amis de toutes sortes de conditions, depuis le moindre *fourrier* de la maison du Roi jusqu'au *Connétable*. Il y avait réussi. C'était l'homme qui se multipliait le plus en obligeances, en bons offices, et qui en recueillait le plus en retour. Sitôt qu'il eut vu M. de Saint-Cyran, il devint un de ses zélés promoteurs dans le monde, toujours au superlatif, le citant à tous comme une lumière encore sous l'autel : il recrutait pour lui des âmes. Dès la fin de cette année, il le mit en un premier rapport de lettres avec sa sœur, la mère Angélique, alors à Maubuisson[1] ; mais c'est sur-

---

1. Dans une lettre de la mère Angélique à M. d'Andilly, du

tout avec le reste de sa famille qu'il le lia sans plus tarder.

On a les premières lettres que M. de Saint-Cyran écrivit à M. d'Andilly après leurs entretiens de Poitiers. Les brouillons en furent saisis chez l'abbé lors de son arrestation, et les Jésuites les ont fait imprimer [1]. Le rôle du futur directeur s'y dessine avec assez d'évidence et mieux que son talent d'expression, qui s'y trouve encore des plus incroyablement embrouillés : mais le caractère se pose déjà. A l'impétuosité de M. d'Andilly on voit qu'il ne répondit d'abord qu'avec une sorte de lenteur et même de froideur, comme pour l'exciter. Ce fut au point que M. d'Andilly en fit quelque plainte à M. de Bérulle, lié avec tous deux. M. de Saint-Cyran répare ce premier calcul raffiné, par une interminable lettre du 25 septembre 1620, écrite tout d'une traite, dit-il, et comme s'il eût voulu *répandre l'encre sur le papier :* il a certes réussi à y noyer sa pensée dans la plus noire quintessence. En général, une partie de cette obscurité aussi est voulue. A propos d'un projet de voyage à Paris (9 mai 1624), on lit :

---

7 janvier 1621, on lit : « J'ai reçu la lettre de M. de Saint-Cyran avec une satisfaction qui ne se peut dire. Je vous remercie de tout mon cœur de m'avoir procuré le bonheur d'une si sainte amitié.... » Le bonhomme Guilbert, qui, dans ses *Mémoires historiques et chronologiques sur Port-Royal*, ne laisse rien passer, discute très au long (tome II, page 164) la date juste de la première visite de M. de Saint-Cyran à Port-Royal des Champs. Une lettre de ce dernier à M. d'Andilly, du 8 août 1621, montre qu'il y était allé à cette époque, mais pour voir madame Arnauld. Une lettre de la mère Angélique à M. d'Andilly, du 2 novembre 1624, parle du bonheur que lui avait causé une visite de M. de Saint-Cyran, comme s'il en avait déjà fait quelques-unes.

1. *Le Progrès du Jansénisme découvert*, par le sieur de Préville, 1655, in-4°, pages 122 et suiv. Il faut faire, dans l'inintelligible de ces lettres, la part des fautes d'impression que la malice des éditeurs ne s'est en rien appliquée à diminuer.

« .... et là je vous dirai dans les allées de Pomponne, à la faveur des ombres des arbres, ce que je n'estimerois pas être assez bien caché dans ce papier. » C'est à la fin de cette lettre qu'il dit des *fleurs du printemps, qu'elles lui déplaisent, et parce qu'elles passent trop tôt, et pour ce que la plus grande part se perdent sans porter de fruits*; il préfère *l'extrémité de l'automne, encore que l'on ne voïe sur les arbres que des feuilles sèches et fanées* : emblème fidèle ou, comme il dirait, hiéroglyphe de son talent, qui n'eut que des fruits et pas de fleurs. Qu'on voie son portrait par Champagne[1] : c'est un de ces fronts inégaux et fouillés qui ne trouvent leur beauté qu'en tournant au vieillard. — Il voudrait arracher M. d'Andilly à certaines préoccupations mondaines, à cette passion académique de phrases qu'il partage avec MM. de Balzac et de Vaugelas :

« (Le 20 d'août 1625).... Quand je vous verrai débrouillé de certaines images qui enveloppent encore vos lumières et les chaleurs passagères que vous avez pour Dieu, je deviendrai plus hardi à vous dire mes pensées. Vous ne sauriez croire comme en cela j'ai été jusqu'à présent réservé à vous dire mes pensées, et comme j'attends le temps de cette grâce qui vient du Ciel, afin que je le puisse faire avec cette discrétion que les loix de la Cour du Ciel et de la terre demandent à ceux qui parlent. »

Ces réticences perpétuelles, ces mystères dans l'amitié, excitaient d'Andilly, et il se dévouait de plus en plus[2]. Un dédain marqué et vraiment altier pour les

---

1. M. Prosper Duvergier de Hauranne le possède.
2. Pour donner idée des ténèbres de pensées et d'expression chez Saint-Cyran à cette époque, je me crois obligé à citer; voici un début de lettre à d'Andilly : « Monsieur, en suite de ce discours de silence, de paroles et de soupirs, je vous dirai que je ne fus pas hier au soir du tout satisfait du temps que je passai chez vous : parce qu'y étant allé à autre fin. et n'y étant point parvenu, j'en retournai moins satisfait. Car si les Anges sont en per-

gloires du monde n'était pas moins propre à le piquer, à le réduire; par exemple : « Monsieur, mes occupations, que j'estime valoir pour le moins autant que toutes celles de votre Cour, ne m'empêchent pas de me souvenir des moindres choses que je pense vous concerner.... » Mais ce n'est pas trop de citer un petit billet où notre prochain et définitif Saint-Cyran va déjà grandement s'ouvrir et comme apparaître dans sa hauteur. La date de l'année manque :

« Cet onzième d'août, entre dix et onze heures de nuit. — J'ai reçu vos deux lettres à la fois aujourd'hui à neuf heures.... Je vous supplie qu'il ne vous arrive plus de montrer si facilement mes lettres que je vous écris avec une négligence affectée.... Quand je me voudrai plaindre, je le saurai bien faire, d'une sorte de liberté que la Grâce de Dieu seule peut donner sans que je m'en soucie.... Les Grands sont si peu capables de m'éblouir, que si j'avois trois royaumes, je les leur donnerois, à condition qu'ils s'obligeroient à en recevoir de moi un quatrième, dans lequel je voudrois régner avec eux : car je n'ai pas moins un esprit de Principauté que les plus grands Potentats du monde et que ceux qui sont déréglés jusques-là en leur ambition que d'oser désirer ce qu'ils ne méritent point. Si nos naissances sont différentes, nos courages peuvent être égaux, et il n'y a rien d'incompatible que, Dieu ayant proposé un royaume

pétuelle pensée pour avoir été faits par une pensée, ou en un éternel silence pour avoir été faits par un silence, l'âme est au contraire en continuel soupir pour avoir été faite par un soupir, et la mienne est plus de telle sorte que les autres.... » Et ailleurs, parlant des apparences de contradiction où il s'échappe quelquefois en discours, il allègue « qu'il est en partie d'une céleste composition, où deux qualités contraires, le feu et l'eau, s'assemblent..., mais néanmoins d'une telle sorte que l'un ne détruit pas l'autre; comme dans le Ciel, le feu prochain de la Lune, qui n'est pas loin des eaux qui l'environnent, n'en ressent aucune diminution en sa chaleur. » Ce ne serait pas faire preuve d'impartialité que de dissimuler que ce fut là le point de départ, le premier, le long et confus tâtonnement de la pensée de celui qu'on verra un si souverain docteur.

en prix à tous les hommes, j'y prétends ma part. Cela iroit bien loin, s'il n'étoit après dix heures de nuit, et si je n'avois peur de parler en vain, en voulant inspirer par mes paroles un désir de Royauté dans l'esprit d'un ami que je ne puis bien aimer à ma mode s'il n'a une ambition égale à la mienne, qui va plus haut que celle de ceux qui prétendent à la Monarchie du monde.... »

A cette heure de nuit, dans l'échauffement de la solitude, dans la présence lointaine et prosternée d'un disciple soumis, il lâche son secret : cet homme, qui a plus d'ambition que le cardinal de Richelieu, et qui, son opposé en tout, son rival, son rebelle dans l'ombre, n'en sera ni séduit, ni intimidé, ni vaincu, il est trouvé !

Et quels sont les voies et moyens de cette monarchie spirituelle à laquelle il aspire ? Les lettres qu'il reçoit de Jansénius vont directement nous l'apprendre. Depuis leur séparation, en effet, ils n'avaient cessé de correspondre très-activement. Les lettres de Jansénius, les seules (par malheur) qu'on ait, saisies chez M. de Saint-Cyran, avec ses autres papiers, furent publiées par ses ennemis comme pièces probantes du grand complot[1]. Tronquées, mal déchiffrées, et dans

---

1. *La Naissance du Jansénisme découverte*, par le sieur de Préville, 1654, in-4°. Ce sieur de Préville est un pseudonyme qui cache le Père Pinthereau. Voici l'histoire entière de ces lettres telle que je la trouve chez le Père Rapin, probablement bien informé à cet endroit. Le paquet qui les contenait, saisi chez M. de Saint-Cyran par Laubardemont, en 1638, demeura inutile dans le cabinet de ce magistrat. Après sa mort, il fut demandé à sa veuve par une de ses filles, ursuline à Tours, fort affectionnée aux Jésuites. Le Père Roccoly, alors recteur du collége de la Compagnie à Tours, informé de l'existence de ces papiers, la portait à cette démarche : à force d'instances près de sa mère et de son frère, elle les obtint. Le Père Roccoly, trop occupé du gouvernement du collége pour les examiner en détail, les passa aux mains du Père Pinthereau, qui mit du temps à déchiffrer le tout; il commença sous le titre de *Naissance du Jansénisme*, etc., etc., par en tirer et donner au pu-

un seul but, elles portent toutefois avec elles leur cachet suffisant d'authenticité. Très-souvent inintelligibles de sens, toujours plates de style, elles restent, à beaucoup d'égards, instructives et historiquement remarquables. Les premières de ces lettres, depuis le 19 mai 1617 jusqu'au 4 novembre 1621, sont en langage ordinaire, c'est-à-dire sans chiffre; mais, à partir de ce mois de novembre, après une entrevue qu'eurent les deux amis, ils s'entendirent pour se servir désormais d'un chiffre ou argot qu'on a peine à pénétrer, au moins dans le détail¹. Avant cette complication, on lit

---

blic ces lettres de Jansénius à Saint-Cyran comme la pièce la plus propre à éclairer les mystères du parti. Il les avait fait imprimer en secret à Caen, en 1653; on ne les débita que l'année suivante, comme imprimées à Louvain. Les originaux, qu'on avait fait relier, furent déposés dans la bibliothèque du Collége de Clermont (Louis-le-Grand), où chacun put les vérifier. Ces lettres furent réimprimées depuis sous leur titre direct : *Lettres de M. Cornélius Jansénius*, etc., etc., *à M. Jean du Verger*, etc., avec des remarques de François Du Vivier, 1702, in-12. Ce Du Vivier n'est autre que le janséniste Gerberon, qui oppose un commentaire courant à celui que Pinthereau avait joint à l'édition première.

1. L'époque de cette entrevue coïncide assez bien avec ce que les Jésuites ont raconté des conférences de Bourg-Fontaine. Ils prétendirent qu'à la chartreuse de ce nom, située dans la forêt de Villers-Cotterets, s'étaient réunies secrètement, vers la fin de l'été de 1621, six ou sept personnes ayant pour but d'aviser à une certaine réforme religieuse. Un des témoins et assistants, qui s'en repentait, un ecclésiastique, en aurait fait la révélation en 1654 au sieur Filleau, avocat du roi à Poitiers, pour lui fournir un argument de plus dans sa guerre de réquisitoires contre les Jansénistes. Le reste des détails, pour le fond, était odieux et mensonger. Filleau n'ayant donné que les initiales des personnages, on chercha à remplir les noms; on se trompa en interprétant A. A. par Antoine Arnauld, qui n'avait alors que neuf ans; c'était Arnauld d'Andilly qu'il fallait lire. On a débité là-dessus, de part et d'autre, force injures et sottises; on a entassé factums contre factums. Les Jansénistes, triomphant d'une méprise de nom, se sont jetés de côté et ont poussé les hauts cris. Quant à moi, je le redis ici, le simple fait d'une conférence à Bourg-Fontaine, entre Jansénius, Saint-

assez couramment force allusions de Jansénius à ses travaux de chaque jour, aux affaires de Louvain, aux prétentions des Jésuites, des particularités sur les neveux de M. de Saint-Cyran, Barcos et Arguibel, qui pour leurs études lui étaient confiés. Une phrase mal faite, par laquelle il écrit à son ami de ne pas s'inquiéter de la dépense pour Barcos, et qu'il est à même d'y pourvoir, sans s'incommoder, *avec l'argent du collége*, l'a fait accuser par ses adversaires (l'oserai-je dire ?) de *vol*, de détournement de fonds. En lisant avec loyauté, il paraît clair qu'il ne s'agit que de faire des *avances* qui doivent être remboursées. Dès qu'on touche au Jansénisme proprement dit, on se dérobe difficilement à ces aménités polémiques. Qu'il suffise d'avoir montré que nous ne les ignorons pas : nous en serons très-sobre dorénavant. — Je relève, en les rendant supportables de grammaire, quelques phrases caractéristiques sur les projets et sur la doctrine :

« 20 juillet 1617.... Vous savez, je crois, qu'il y a longtemps que l'archevêque de Spalatro, Italien, ou de bien près de là, a mis en lumière un petit livret où il rend raison de ce qu'il s'est retiré de la communion des Catholiques, ou du

---

Cyran, et (sinon d'Andilly) un ou deux autres peut-être, ne me paraît aucunement impossible ni même improbable à cette date : il a dû se passer à Bourg-Fontaine ou ailleurs, en cette année, quelque chose comme cela. On a dû se réunir pour traiter de la cause religieuse, pour chercher à s'entendre et à se concerter sur une marche à suivre. Mais qu'a-t-on dit? qu'a-t-on décidé? que s'est-il passé positivement? Là commence la conjecture et, de la part des Jésuites, la *fable* de Bourg-Fontaine ; une pure fable en effet. Réfutée à diverses reprises et ruinée dans les principales circonstances qu'ils y dénonçaient, particulièrement insoutenable et absurde dans l'intention de déisme qu'ils attribuaient et prêtaient contre toute raison aux assistants, ils n'ont cessé pourtant de la remettre en circulation et de la reproduire, suivant cette observation très-juste d'Arnauld : « Quand les Jésuites ont une fois avancé une calomnie, ils ne la retirent jamais. »

Pape. Il est venu en Hollande vers les États ; mais, n'y ayant pas trouvé tout l'accueil qu'il attendoit, il s'est jeté entre les bras du roi d'Angleterre (*Jacques I*ᵉʳ), qui le caresse fort, à ce qu'on dit, pour avoir trouvé assistance à combattre la puissance du Pape. *Il n'est ni huguenot, ni luthérien ; catholique à peu près, hormis ce qui regarde l'économie de l'Église.* »

Cette définition de la religion de Marc-Antoine de Dominis est assez bien celle qui siérait aux Jansénistes eux-mêmes. Aussi comme Jansénius paraît l'adopter ! comme du moins il la développe avec complaisance, sans ajouter un mot de blâme ! Écoutons-le jusqu'au bout :

« En son petit livret, il (*Dominis*) promet dix livres qui regardent presque tous le même sujet. On les imprime à Londres, où le Roi les fait garder avec un tel soin qu'il n'y a pas moyen que les Catholiques en attrapent une seule feuille, afin que tout le volume sorte ensemble : on en attend un grand esclandre. Ses plaintes s'adressent toutes contre le Pape, pour avoir retranché la puissance de juridiction des Évêques, et le reste que vous en pouvez inférer. S'il y a jamais eu sujet qui requière bon jugement, savoir, lecture des anciens, éloquence, c'est cestui-ci. Vous entendez le reste.... »

Saint-Cyran l'entend si bien, que, dans son *Petrus Aurelius*, il ne fera que soutenir avec plus de prudence la même thèse. Environ deux ans après cette première nouvelle, on voit, dans une lettre du 19 avril 1619, que Jansénius a failli être chargé par les chefs de l'Université, où il est devenu docteur en théologie, de réfuter *les quatre livres* de Dominis[1]. « Mais, du depuis, soit que ma réponse ne leur plût point, ou qu'ils se soient ravisés, voyant qu'ils n'auroient pas grandement honneur de requérir aide d'un homme qui ne fait que venir au monde, ils se sont refroidis ; dont je suis très-

---

1. *De Republica christiana*, la première partie.

aise, ayant fort appréhendé cette charge. » Il revient sur ce point à diverses reprises, se félicitant d'avoir trouvé prétexte pour se débarrasser d'une réfutation *qu'il abhorre, dit-il, entièrement*[1].

Le Synode calviniste de Dordrecht se tenait alors en Hollande (1618-1619) : il s'agissait d'y condamner les doctrines d'Arminius, qui les avait eues quelque peu molinistes ou semi-pélagiennes, mais fort charitables et tolérantes ; qui disait que Jésus-Christ est mort pour tous les hommes, que chacun a ce qu'il faut pour se sauver en le voulant, que la Grâce de Dieu n'annule pas la liberté de l'homme, ni le mérite ou le démérite des œuvres. Le Synode posait pied à pied le contraire. Jansénius se montre très-attentif aux actes de l'assemblée ; il en approuve *presque entièrement* le symbole, et le trouve à très-peu près catholique. Nul doute que ces matières remuées là tout à côté de lui n'aient ajouté à l'émulation de ses études et à la fermentation de son dessein.

Saint Augustin l'occupe de plus en plus ; il supporte à peine son collége, et redoute même la perspective d'une chaire, qui le distrairait de l'unique étude ; sans cesse il revient à son auteur favori, dont il dit qu'il lui semble jusque-là *l'avoir lu sans yeux et ouï sans entendre :*

« Que si les principes sont véritables qu'on m'en a découverts, comme je les juge être jusques à cette heure que j'ai

---

[1]. Marc-Antoine de Dominis, un des esprits les plus brillants, les plus mobiles et les plus novateurs de son temps, théologien, physicien, philosophe, eut une vie toute d'aventures ; il ne put se fixer ni à l'orthodoxie, ni à l'hérésie, ni à l'indifférence. Ami de Fra Paolo, il n'eut rien de sa profonde conduite. Après mainte fuite et mainte erreur, il revint à Rome faire amende honorable ; mais, suspect encore et censé relaps, on l'enferma au château Saint-Ange, où il mourut en 1625. Son corps fut brûlé dans le champ de Flore, et ses cendres jetées dans le Tibre. Il a précédé Descartes pour la théorie de l'arc-en-ciel.

relu une bonne partie de saint Augustin, ce sera pour étonner avec le temps tout le monde. Nous aurions assez des semaines entières d'en parler. »

Il y plonge et replonge, il s'y abîme, mais non pas en vain; son dessein prend de la consistance; la lettre du 5 mars 1621, qui précéda de peu l'entrevue avec Saint-Cyran, est explicite et annonce que tout est mûr pour un prochain parti. Une sorte de grandeur théologique s'y déclare :

« Cependant je poursuis mes études que j'ai commencées après un an et demi ou deux ans environ, c'est-à-dire à travailler à saint Augustin, lequel je lis avec un étrange désir et profit (à mon avis), étant venu jusques au septième tome, et ayant lu les livres d'importance deux ou trois fois. Je n'ai cependant rien marqué de lui, fesant état de le lire et relire toute ma vie. Je ne saurois dire comme je suis changé d'opinion et de jugement que je fesois auparavant de lui et des autres; et m'étonne tous les jours davantage de la hauteur et profondeur de cet esprit, et que sa doctrine est si peu connue parmi les savants, non de ce siècle seulement, mais de plusieurs siècles passés. Car, pour vous parler naïvement, je tiens fermement qu'après les hérétiques, il n'y a gens au monde qui aient plus corrompu la théologie que ces clabaudeurs de l'école, que vous connoissez. Que si elle se devoit redresser au style ancien qui est celui de la vérité, la théologie de ce temps n'auroit plus aucun visage de théologie pour une grande partie. Ce qui me fait admirer grandement les merveilles que Dieu fait à maintenir son Épouse (exempte) d'erreurs. Je voudrois vous en pouvoir parler au fond; mais nous aurions besoin de plusieurs semaines, et peut-être mois. Tant est-ce que j'ose dire avoir assez découvert par des principes immobiles que quand les deux écoles, tant des Jésuites que des Jacobins, disputeroient jusques au bout du Jugement, poursuivant les traces qu'ils ont commencées, ils ne feront autre chose que s'égarer beaucoup davantage, l'une et l'autre étant cent lieues loin de la vérité. Je n'ose dire à personne du monde ce que je pense (selon les principes de saint Augustin) d'une grande partie des opinions de ce temps, et particulièrement de celles de la Grâce et Prédestination, de peur qu'on ne me fasse le tour à Rome qu'on a fait à d'autres [1], devant que toute chose soit mûre et à son temps. Et s'il ne m'est pas permis d'en parler jamais, j'aurai un grandissime contentement (du moins) d'être sorti de cet étrange labyrinthe d'opinions que la présomption de ces crieurs a introduit aux écoles.... Cette étude m'a fait perdre entièrement mon ambition, que j'eusse pu avoir à poursuivre aucune chaire en l'Université; voyant assez qu'il m'y faudroit ou me taire ou me mettre en hazard en parlant, ma conscience ne me permettant point de trahir la vérité connue. Mais Dieu peut faire changer les affaires quand il le jugera à propos. Voilà ce que je ne vous ai pas dit jusques à maintenant, ayant été presque toujours en suspens et à m'affermir en la connoissance des choses qui peu à peu se découvroient, pour ne me jeter point témérairement à des extrémités. Je suis dégoûté un peu de saint Thomas, après avoir sucé saint Augustin : toutefois, pour l'amour de vous, je ferai bien ce que vous demandez, quand je serai venu à ses livres et aurai entendu entièrement votre intention. Si c'est néanmoins pour vous, je ne vous conseillerai point de vous amuser à cela ; vous le prendrez en bonne part que je vous parle si librement. Je vous en dirai plus si Dieu nous fait la faveur de nous voir un jour.... »

On assiste chez Jansénius au commencement de cette longue et irrassasiable étude qui lui fit lire, comme il l'assurait, dix fois tout saint Augustin (Baïus ne l'avait lu que neuf fois), et trente fois les traités contre les Pélagiens. Il disait encore qu'il aurait passé agréablement sa vie dans une île déserte en tête-à-tête avec son saint Augustin ; et, pour le mieux pénétrer et ruminer en tous sens, il aurait voulu vivre au temps de Josué, doublant les soleils, ou du moins changer de climat avec les grues, pour voler aux endroits où les jours ont dix-neuf ou vingt heures. Cette prédilection, on peut le dire, forcenée, dénote d'avance l'excès dans les doctrines, dans les ré-

---

[1]. A Baïus, par exemple.

sultats; car si saint Augustin est à ce point nécessaire, radicalement essentiel, et à la fois si peu connu, si difficile à bien connaître (ce que répète continuellement Jansénius en son *Augustinus*), le voilà donc à substituer à saint Paul, à égaler presque à l'Évangile; voilà, tout à côté du livre des livres (plus portatif heureusement), un autre livre, ou plutôt une dizaine d'*in-folio* préalablement indispensables à la droite voie de l'humanité. Est-ce admissible? Il y eut, il le faut reconnaître, dès l'origine de cette doctrine du Jansénisme, une indiscrétion et une indigestion de science, une prédilection de savant infatigable et opiniâtre. Quand Jansénius, dans son ouvrage, d'ailleurs plein de substance et de beautés théologiques (que je ne comparerai cependant pas, comme l'ont fait de zélés admirateurs, à la Vénus d'Apelle), — quand il mit au rang des trois *concupiscences* celle du *savoir*, du désir insatiable d'approfondir, il aurait pu faire retour sur lui-même et se l'appliquer[1].

1. Nous assistons à la naissance du Jansénisme, et nous le saisissons à son point de formation. S'étonnera-t-on que je dise : le Jansénisme naquit avec un boulet au pied, et ce boulet est saint Augustin? — Et qu'on me permette à ce sujet une remarque qui anticipe sur l'ensemble du sujet et qui l'embrasse. Il y avait dans le Jansénisme un principe concentré, énergique, mais qui devint vite stérile et qui tendait au resserrement. Il n'avait rien d'expansif. Ce n'est pas tant à cause de sa doctrine de la Grâce, de la Justification par la foi et par le seul Christ : les Méthodistes ont eu, au plus haut degré, cette doctrine, qui est au fond la doctrine chrétienne dans son essence, qui est saint Paul tout pur, et ils ont été expansifs, civilisateurs, émouvant les foules, non-seulement en Angleterre, mais aux confins du Nouveau-Monde, au milieu des populations mêlées de l'Ohio et du Kentucky. Si le Jansénisme n'avait eu que cette doctrine chrétienne excessive, il aurait pu émigrer, comme il y songea, dit-on, en un temps, et retrouver une vie nouvelle par delà l'Océan : cette doctrine chrétienne étroite, selon saint Paul, est très-portative, expéditive; elle est courte, aiguë et pénétrante; elle étonne les âmes, les renverse et les dompte, au moins pour un temps. Mais le

M. de Saint-Cyran n'était pas ainsi, et, tout en s'inquiétant fort de la vérité théologique, il voyait les choses du salut plus en dehors des livres et de la science. L'entrevue dès longtemps tramée eut lieu dans l'intervalle de mars à novembre 1621 ; M. de Saint-Cyran alla jusqu'à Louvain ; son ami ne le reconduisit-il pas et ne fit-il aucune pointe en France[1] ? Il est certain qu'ils s'enten-

Jansénisme avait deux autres points de foi ou de discipline dont il ne se débarrassa jamais : 1° la foi à l'Eucharistie dans le sens strict catholique romain : cela l'entravait et introduisait dans son *Credo* un élément qui pouvait sembler idolâtrique ; 2° il avait la prétention de rester uni et lié de communion avec Rome, avec le Saint-Siége, avec l'Église catholique centrale, malgré le Saint-Siége lui-même, la prétention de rester fidèle à la tradition catholique : et pour cela il avait besoin de saint Augustin, d'un Père et d'un docteur plus rapproché de nous que saint Paul. C'est là ce que j'appelle le *boulet au pied* qu'il traînait et qui l'enchaîna dès l'origine. Il y perdit toute force de célérité et de jeunesse, et, en général, la rapidité, la facilité de propagation en dehors d'un premier cercle. Que l'on veuille y songer : le missionnaire méthodiste part avec sa Bible, avec les Évangiles et les Épîtres, il n'a pas besoin de plus pour s'inspirer : le missionnaire catholique jésuite part avec son Bréviaire, il n'a pas besoin de plus pour s'entretenir aussi et s'inspirer par la prière : le soin d'établir le dogme, la discussion et la solution théologique, il les renvoie à Rome, et ne s'en charge pas à chaque instant. Mais le Janséniste, qui est à la fois biblique et soi-disant catholique, qui croit en saint Paul, mais qui veut le démontrer par un docteur, par un des Pères, afin de prouver aux autres Catholiques que lui-même il est dans la vraie tradition, se trouve à tout moment empêché et encombré. Aussi, ce que fut le Méthodisme sous ses diverses formes, en Angleterre, en Amérique, en Suisse, etc., ce qu'il est encore en certains pays, le Jansénisme ne l'aurait pu devenir : trop de liens le retenaient. Il ne fut jamais qu'un demi-émancipé, à domicile ; il ne pouvait aller très-loin. Outre saint Paul, il lui fallait emporter avec lui tout saint Augustin ; c'était trop lourd. Que sera-ce quand il aura pour supplément de viatique, de bagage indispensable, les 40 volumes in-4° d'Arnauld ?

1. On lit dans la lettre de Jansénius, du 19 novembre 1621, la seconde après la séparation : « Je me porte bien, après une langueur de tête et une toux que j'ai eue *du voyage que je fis avec vous.* » Si on peut rattacher le *Bourg-Fontaine*, c'est par là.

dirent expressément dès lors sur le projet et les moyens de relever la doctrine de la Grâce ; qu'ils convinrent de préparer prudemment et en secret, mais activement, les bases de la grande œuvre que Jansénius exécuterait surtout dans la portion d'érudition, et dont M. de Saint-Cyran propagerait l'esprit dans la pratique. Il paraît même que M. de Saint-Cyran, qui ne se retranchait pas du tout l'érudition pour cela, avait rédigé d'avance et qu'il posa avec son ami les têtes des chapitres les plus importants du livre de l'*Augustinus*. Après leur séparation, la Correspondance redouble d'activité ; mais le chiffre qui la rend très-obscure commence. Il n'est plus question que de la grande affaire de *Sulpice* (Jansénius), de la matière de *Pilmot*, des *racines* qu'on croit avoir découvertes, d'où sortiront des *arbres* pour bâtir une certaine *maison*.... M. de Saint-Cyran s'y appelle tantôt *Rongeart* et tantôt *Durillon*, et les Jésuites *Chimer*. Voici qui est plus clair, je prends çà et là :

« ... Je suis aise que vous commenciez à ménager si bien les personnes qualifiées pour l'affaire spirituelle ; car je vois bien que cela est très-nécessaire, comme aussi une très-grande prudence à mener le bateau....[1] »

« Je suis merveilleusement aise que l'affaire de *Pilmot* s'avance tellement en dormant, ce qui montre que Dieu y veille ; car cette disposition de plusieurs hommes vers la vérité, ou bien cette inquiétude à ne la trouver point, est très-importante à leur faire embrasser comme à des affamés ce qui les assouvira[2]. »

On voit que si le style de Jansénius, son français-flamand, est souvent grossier et plat, il ne manque pas d'une certaine énergie qui sort de la pensée. Les adversaires du Jansénisme, et qui y voient de la cabale, ont

1. 20 janvier 1622.
2. 16 avril 1622.

beaucoup insisté sur le passage suivant, tout à fait naïf dans sa crudité :

« Le Couvent de.... est autant passionné pour les menées de *Sulpice*, que les Carmes sont pour les religieuses. C'est ce qui me fait voir que telles gens sont étranges quand ils épousent quelque affaire ; et (je) juge par là que ce ne seroit pas peu de chose si *Pilmot* fût secondé par quelque Compagnie semblable ; car, étant embarqués, ils passent toutes les bornes *pro* ou *contra*[1]. »

Les Jésuites eurent-ils donc tellement tort quand ils dirent que Saint-Cyran, une fois entré à Port-Royal, en fit sa *place d'armes?* On tentait alors par tous les bouts la Congrégation de l'Oratoire. Rien n'importe à une idée naissante comme d'avoir un corps pour soi.

En preuve du tour d'esprit dur, sombre, de Jansénius, de son imagination tenace et rapportant tout à ses fins, on peut prendre ce qu'il dit, dans sa Correspondance, d'un livre qu'il avait lu et qui l'avait fort frappé, sur des filles *possédées*[2] ; on était alors en France dans une sorte d'épidémie de sorcellerie entre le procès de la maréchale d'Ancre et celui des religieuses de Loudun :

« Je voudrois, écrit-il, que vous lussiez ce livre dessus dit qui parle fort de l'Ante-Christ, et (savoir) quelle estime vous en aurez. Il semble bien qu'il soit véritable et authentique ; que les dépositions ont été véritablement faites ; mais la question est si elles sont vraies. J'admire la proportion de ces choses avec le concept que vous vous pouvez souvenir que nous en avions, touchant la marque qu'il seroit sorcier et Prince des Magiciens, etc., etc....[3] »

1. 2 juin 1623.
2. Imprimé à Paris, chez Nicolas Buon, 1623 : il n'indique pas le titre précis. Mais, selon Rapin, il s'agit de l'histoire de Marguerite de Sains, religieuse à Lille en Flandre, et aussi du procès de Louis Gaufridi, précédemment brûlé par arrêt du Parlement de Provence.
3. 24 février 1623.

Il revient, dans la lettre suivante, sur l'accord étrange qu'il trouve entre les caractères de *ces trois filles possédées* et ce qu'ils avaient eux-mêmes prévu autrefois de l'Ante-Christ. Voilà de quoi nous trahir à nu ces imaginations fortes et lugubres : sommes-nous jetés assez loin de saint François de Sales, qui voulait qu'on marchât dans le salut tout doucement et *bellement*? Au sortir de l'entretien de quelque doux et clément solitaire de Lérins, nous tombons en plein saint Prosper. Un autre trait que je relève encore dans ces lettres de Jansénius, c'est ce qu'il dit du livre de Florent Conrius, cordelier irlandais, devenu archevêque de Thuan *en Hibernie* et longtemps son familier de Louvain, *Sur la peine des enfants morts sans baptême* : il adopte entièrement cet écrit tout consacré à prouver, d'après des passages de saint Augustin, que ces enfants mort-nés sont condamnés aux peines sensibles, *voire même au feu*[1]. L'opuscule de Conrius a depuis été imprimé à la suite de l'*Augustinus* de Jansénius : c'est une conclusion fâcheuse, une perspective tout au moins inopportune et révoltante pour le sens ordinaire. Mais cet esprit vigoureux, opiniâtre, sans discrétion ni délicatesse, ne marchandait en rien ; il n'était pas, comme il le dit, pour adoucir les choses *en y mettant un peu de sucre*, avec un *forte* ou un *fortassis*. Dans ces temps mauvais qui lui semblaient tout propres à susciter sans plus de retard l'Ante-Christ, il ne croyait pas qu'il y eût aucun ménagement de doctrine à apporter, mais bien qu'il fallait faire une sortie dans le siècle avec toutes les armes, avec les barres de fer rougies et les bouches à feu de l'arsenal.

---

1. Dans la lettre datée du jour de *Saint Jean* 1622 (fête de M. de Saint-Cyran), Jansénius lui raconte d'un air de régal que les jeunes écoliers et novices aux Cordeliers *hibernois* de Louvain demandent qu'on leur lise ce traité de Conrius, *De statu Parvulorum*, au réfectoire pendant le dîner, tant ils sont en bon appétit de doctrine.

Seulement, à cette conviction sombre mêlant la ruse et l'habileté dont sont capables même les esprits restés un peu barbares, il attendait l'heure de faire sa sortie et couvait le secret avec prudence.

Pour ne pas charger Jansénius toutefois et ne pas rester ici avec lui sur une impression trop fâcheuse, en attendant que j'y revienne avec quelque détail, j'ajouterai aussitôt ce qui peut aider à l'idée complète qu'on s'en doit former. Nature de forte trempe et d'un acier mal poli, il était capable de bien des sortes d'emplois. Ce lecteur insatiable et vorace de saint Augustin était un négociateur habile : deux fois, en 1624 et en 1626, il fut envoyé par l'Université de Louvain en Espagne pour s'opposer aux prétentions des Jésuites qui voulaient acquérir à leur Collége les priviléges universitaires : il s'acquitta de cette mission avec adresse, fermeté, et grande considération pour lui-même. Son occupation principale aux livres ne l'empêchait pas d'avoir l'œil aux choses du monde et à la politique d'alentour. En 1633, consulté pendant la guerre par les seigneurs de Flandre, qui voyaient le pays ouvert à l'invasion hollandaise et peu secouru de l'Espagne, son avis fut qu'en conscience on aurait pu secouer le joug espagnol, traiter directement avec la Hollande, et se cantonner à la manière des Suisses[1]. On lui a fait dans le temps, et Petitot lui a refait de nos jours, un crime de cette solution hardie : ce n'est certes pas nous qui la lui reprocherons. Il proposait dans cette

---

1. Voir dans les Opuscules du Père Daniel, in-4°, t. III, p. 222, la lettre de l'abbé de Saint-Germain à M. de Chaumontel, contre Jansénius. Cet abbé de Saint-Germain, nommé de Mourgues, provençal, attaché comme aumônier à la reine-mère, l'avait suivie dans sa retraite à Bruxelles, et lançait de là maint pamphlet contre Richelieu : il vit beaucoup alors Jansénius, mais n'en parla point amicalement depuis, lorsque, rentré en France, il fut interrogé par les Jésuites. Rapin avait souvent causé avec lui aux Incurables, où l'abbé de Mourgues, sur la fin, s'était retiré.

consultation qu'il osa donner par écrit, et qui fut même trouvée, dit-on, parmi les papiers du duc d'Arschot, compromis en cette affaire, d'*unir les Catholiques flamands avec les Hollandais protestants*, et de composer un corps *mi-parti des deux créances*[1]. Peu après, à l'occasion de la déclaration de guerre de la France (1635), et pour corriger sans doute l'impression qu'avait pu faire cet écart séditieux de conduite dans l'esprit de la Cour de Madrid, mais aussi, il est permis de le croire, par un fonds d'impulsion patriotique, il composa, de concert avec le président Roze, sous le titre de *Mars Gallicus*, un pamphlet latin des plus énergiques contre la prérogative des Rois Très-Chrétiens, contre la politique du cardinal de Richelieu en particulier, et le choix des alliés luthériens et calvinistes que se donnait ce prince de l'Église romaine : les désastres qui en résultaient pour l'Allemagne catholique s'y dépeignaient vivement. L'auteur en faisait porter la responsabilité à Louis XIII, à ce roi dit *le Juste*, qu'il raillait sur ce surnom : « Or, que le Roi Très-Chrétien ne se trompe point, et qu'il ne croie pas que sa conscience soit pure et déchargée du crime de lèse-religion, pour quelques sentiments de piété qui passent pour lui être ordinaires et qu'il a même prouvés, dit-on, en versant d'abondantes larmes, quand le récit de la ruine des églises allemandes et des désastres de la religion retentissait à ses oreilles.... Le roi Hérode aussi

---

[1]. C'est le même homme qui, trois ou quatre ans auparavant, lors du siége de Bois-le-Duc par les Hollandais, consulté sur cet autre cas de conscience : *Est-il permis aux confesseurs d'absoudre les Français catholiques qui portent les armes sous le prince d'Orange, et particulièrement en ce siége de Bois-le-Duc?* répondait : *Non, pas même à l'article de la mort*, si ce n'est sous promesse de quitter cette milice. (Lettre du 29 juin 1629.) Mais, on le comprend, sa réponse venait moins de fanatisme religieux que de passion politique : celle-ci fut très-ardente chez Jansénius, et dans ses variations (voilà l'excuse) toujours au profit des Flandres.

fut marri de la mort de saint Jean-Baptiste, aux discours duquel il prenait plaisir ; mais, une autre volonté plus forte que la sienne ayant parlé, il le livra au supplice : *Sed alia dominante voluntate, necandum dedit.* » Tout cela était sanglant. Les horreurs de la prise et du sac de Tirlemont par les armées combinées française et hollandaise, de Tirlemont qui n'était qu'à trois lieues de Louvain, — les avanies et indignités commises contre les religieuses, les églises et le Saint-Sacrement, — étaient vivement étalées, et par un proche témoin tout plein de son objet. Le livre porta coup ; il s'en fit plusieurs éditions ; on le traduisit en français. Richelieu en fut atteint et piqué au vif[1]. Il en garda une bonne note, qui se retrouvera en temps et lieu, contre les amis de Jansénius en France. L'Espagne paya le service par l'évêché d'Ypres. Jansénius nous apparaît déjà plus au complet, ce semble : un de ces hommes, comme il l'a dit de lui-même, qui ne sont pas faits *pour être pédants d'école toute leur vie*[2]. Il

---

1. Il y fait allusion dans ses Mémoires, à l'année 1635 : « Lorsque le Cardinal-Infant se trouva, par la retraite de nos armées hors ses pays, et par la prise du fort de Schenck, contre son espérance, délivré de la crainte de nos armées, il fit imprimer des manifestes contre le Roi, et *plusieurs libelles*, dans lesquels il essayait, par plusieurs apparences frivoles, de condamner les armes du Roi et justifier l'injustice des siennes.... Il faisait aussi (dans ces libelles) force exclamations des excès commis en la prise de Tirlemont, desquels néanmoins le Roi ne peut être taxé, l'autorité d'un prince n'étant pas assez grande pour empêcher les violences de la guerre, et Sa Majesté, aux désordres qui y arrivèrent, ayant reçu plus de dommage que lui, en ce qu'en ce malheur non prévu il fût brûlé une si grande quantité de blés, qu'elle fut une des principales causes de la ruine de notre armée, qui, faute de pain, fut contrainte de lever le siége de Louvain et de se retirer. » L'analyse que Richelieu donne de ce qu'il appelle les libelles se rapporte bien au *Mars Gallicus*.

2. Gui Patin, dans une lettre à Spon (6 janvier 1654), ne veut absolument pas que Jansénius ait été capable de ce *Mars Gallicus* si féroce et si bien armé, qui fit ravage parmi nous : « Quiconque a fait le *Mars Gallicus* est un catholique romain fort zélé, *Gallus et*

se comparait dans ses vivacités (et plus agréablement qu'on n'attendrait de lui) à un salpêtre enflammé qui brûle en un instant et se dissipe sans laisser odeur ni fumée. Son portrait physique achèverait l'image ; on le peut voir à Versailles : il y est jeune, le nez long et assez aquilin, le front haut, le menton saillant, maigre, une figure tout osseuse, une moustache fière comme d'un cavalier. Ce n'est pas la figure toute rentrée et ramassée, plus compliquée et plissée de mille rides, que nous offre Saint-Cyran à soixante-deux ans dans ce beau portrait par Philippe de Champagne ; c'est bien encore moins la figure longue, lisse, bénigne, fine, blanche, et adoucie de lumière, de saint François de Sales.

Il faut à toute force s'habituer à voir les hommes, et les plus honnêtes et les plus pieux, sous leur multitude d'aspects possibles et dans toute leur diversité de caractère, de tempérament, d'écorce. Car l'homme est fini, borné ; si grand et si saint qu'il soit, il n'embrasse pas tout ; il a son angle singulier sous lequel il prend le bien. Or le bien, le vrai, qui n'a qu'un centre, a une infinité d'angles, ou plutôt c'est là une illusion de nos sens : tous ces angles que nous isolons trop souvent et où nous nous heurtons, infiniment rapprochés qu'ils sont dans l'absolue réalité, ne font qu'une seule et même sphère au sein de laquelle, dès ici-bas, nous devons tendre. — L'on demandait un jour à Jansénius quel était l'attribut de Dieu qui le frappait le plus : *La Vérité*, répondit-il. Aussi il la méditait continuellement ; il la cherchait nuit

---

puto forsan etiam Jesuita, qui connaît fort bien nos désordres et qui est fort entendu en nos affaires, même qui sait le fort et le faible de nos historiens. Le bon Jansénius avait bien d'autres affaires que de s'amuser à telles bagatelles. » Gui Patin voit des Jésuites partout. Jansénius, homme d'esprit et de passion, aidé des conseils et des notes de Roze, président au Conseil souverain de Brabant, prêta son vigoureux latin à une thèse politique qui le touchait au vif par plus d'un endroit.

et jour dans l'étude ; et on l'entendait quelquefois, aux rares moments de relâche où il se promenait dans son jardin, s'écrier, en levant les yeux au ciel et avec un profond soupir : *O Vérité ! ô Vérité !*

Saint François de Sales, si on lui avait demandé quel attribut divin le touchait le plus, aurait répondu sans doute : *Charité du Fils, Charité ! Humilité !*

Saint-Cyran, à la même question, aurait répondu peut-être : *Puissance, redoutable Puissance du Père ! Abîme ! Éternité !* — Tous les trois auraient eu raison, et, pour que rien ne leur manque, il ne s'agit que de les unir.

Cette nature de Jansénius si âpre et si rude de fibre, si obstinée au seul vrai, même au vrai dans la crudité où il ne se peut porter, avait (la même Correspondance le prouve) des attaches de cœur très-vives pour Saint-Cyran. Après leur séparation de 1617, à la première lettre qu'il reçut de son ami devant le jeune neveu Barcos et d'autres témoins, il fut contraint, dit-il, d'*imiter le patriarche Joseph,* et de sortir ou du moins de ne pas lire en ce moment jusqu'au bout, de peur de trop *lâcher la bonde* à ses larmes. Après l'entrevue de 1617, à la prochaine lettre qu'il écrit, il est encore question de ses larmes au départ, et de celles que Saint-Cyran le premier avait versées. Cela fait honneur aux hommes austères, quand ils pleurent.

Les deux amis se revirent de nouveau, le 1er mai 1623, à Péronne ; Jansénius y arriva à cheval le samedi 29 avril au soir, *pour entrer,* dit-il, *avec le mois de mai en France :* cette réjouissance de printemps ne leur servit qu'à conférer plus à fond de leur dessein, dans lequel il paraît que quelque variation était survenue[1]. Ils se

---

1. On ne sait pas bien de quel changement de batterie il s'agit : mais il y en eut un alors. On peut même croire que ce n'était pas d'*idées* seulement, mais de *personnes* que les deux amis avaient à

quittèrent plus confirmés que jamais à le poursuivre ; Jansénius revint à ses livres et à son *Augustinus*, M. de Saint-Cyran à ses études aussi et à ses directions de conscience par lesquelles il s'acheminait dans le monde. Lors des deux voyages qu'il fit à Madrid, Jansénius, à son passage à Paris, ne manqua pas de revoir encore Saint-Cyran. Celui-ci avait laissé en 1621 son évêque de Poitiers, et demeurait d'habitude à Paris *au Cloître Notre-Dame, au logis de M. le Sous-Chantre.*

C'est en juillet 1623, peu après le retour de Péronne, que M. de Saint-Cyran écrivit à la mère Angélique pour la féliciter de son acte de charité envers les trente sœurs de Maubuisson qu'elle avait, quelques mois auparavant, données à Port-Royal. Il s'était trouvé justement en visite chez madame Arnauld au moment où sa fille lui faisait demander les carrosses de conduite, et avait été informé de tout. Il date sa lettre de *Châtres*, aujourd'hui Arpajon. Le commencement en est bien entortillé et de deux pages en excuses, tout en disant qu'il n'en est pas besoin. J'en donnerai le seul endroit remarquable, et où respire, comme sous un air farouche, un énergique sentiment d'amour du prochain en Dieu :

« Dieu a une excellence si élevée au-dessus des plus hautes pensées de notre esprit et de notre foi, que c'est le servir bassement que de ne courir pas des risques dans l'exercice de la charité. Souvenons-nous seulement qu'aux premiers siècles de l'Église, les Chrétiens ne la lui témoignoient point autrement qu'en mourant pour lui. Au défaut du martyre et des

---

s'entretenir. Le passage d'une lettre de Jansénius, du 24 février précédent, semble indiquer qu'un de leurs alliés avait reculé et qu'il fallait parer à cette défection : « Cette entrevue, écrit-il, me semble être nécessaire pour ce changement de dessein : car à cela il faudra rapporter toutes choses. Je tiens fort véritable que *Omnes quæ sua sunt quærunt*, et qu'il y a peu de gens qui se comporteront en telle affaire avec la résolution qu'il faudroit. » Les adversaires ont fort exploité ce texte.

occasions de perdre la vie, le moins que nous pouvons faire est d'embrasser avec joie les occasions qu'il nous fait naître de lui témoigner l'amour et le zèle de notre charité, en l'étendant sur des âmes qui se sont vouées à lui, avec la perte de nos richesses et de nos biens. Peut-être qu'il nous excusera en son jugement de n'avoir pas cherché toutes les occasions d'employer en de bonnes œuvres ces biens qu'il nous avoit donnés, et de ne nous être pas mis en peine de *faire une recherche de tous les pauvres qui languissent dans les antres et dans les bois (où ils vivent comme des bêtes, abandonnés de toute assistance), afin de les nourrir*[1]; mais ce qu'il nous reprochera assurément, c'est d'avoir négligé de pourvoir aux besoins de ceux qu'il nous présente lui-même, et surtout lorsque nous voyons qu'en manquant d'assister le corps, l'âme court risque de se perdre.... »

Ainsi, pour M. de Saint-Cyran, la charité envers les hommes dépend toute de l'amour et de la *foi* envers Dieu ; il faut aller au-devant du pauvre, du même mouvement par lequel on allait primitivement au *martyre ;* et s'il y a obligation de secourir le corps de l'indigent, c'est surtout en vue de l'âme. Là même encore, en ce sujet clément, l'aspect austère, l'abord escarpé, et un point de départ opposé à la tendresse naturelle.

M. de Saint-Cyran, bien qu'alors domicilié à Paris, n'y habita tout à fait régulièrement qu'après la mort de M. Le Bouthillier, évêque d'Aire, qu'il allait fréquemment assister dans le gouvernement de son diocèse. En ces années 1623-1625, il devenait de plus en plus lié avec tout ce qu'il y avait d'éminent et d'influent dans le monde ecclésiastique. Son étroit commerce avec le Père de Condren de l'Oratoire datait de Poitiers ; il possédait surtout le cœur du Père de Bérulle, premier général de cette Congrégation ; il soignait fort sa bonne grâce, et

---

1. Remarquons cette forte impulsion de charité sous une expression presque sauvage.

ne perdait aucune occasion de le servir. Il demandait à Jansénius une approbation en forme (à titre de docteur) du livre des *Grandeurs de Jésus* qu'allait publier Bérulle : Jansénius la donnait de confiance, en vue des secours qu'on pouvait tirer des Pères de l'Oratoire, mais en avertissant de prendre garde que quelque chose dans l'ouvrage ne touchât de travers les matières de Grâce. Dans la querelle entre les Carmes et M. de Bérulle pour la conduite des Carmélites, plusieurs de celles-ci émigrèrent en Flandre : Jansénius, de l'avis de Saint-Cyran, y soutint les droits de Bérulle et s'appuya du mémoire qu'avait écrit à ce sujet M. de Marillac. Il aida de plus, toujours dans la même considération d'avenir, à l'introduction des Pères de l'Oratoire en Flandre, ainsi qu'aux missions qu'ils entreprirent de là en Hollande et dont le Père Bourgoing fut le chef. Tout cela contribua à former la plus étroite familiarité de M. de Saint-Cyran avec M. de Bérulle ; c'est chez ce cardinal qu'il rencontra pour la première fois M. Vincent de Paul. Il trouva moyen de lui rendre dès l'abord un notable office dans un procès pour la maison de Saint-Lazare que M. Vincent travaillait à établir, et dont le local lui était disputé par les religieux de Saint-Victor : M. de Saint-Cyran insista si fort auprès de son intime ami M. Jérôme Bignon, avocat-général, qu'il lui fit changer ses conclusions, d'abord peu favorables à M. Vincent, et ce dernier, dit-on, en fut si touché, qu'au moment du gain du procès il courut au cloître Notre-Dame, où demeurait notre abbé, et lui fit des remercîments passionnés, jusqu'à tomber à genoux, déclarant qu'il venait lui rendre hommage d'une maison qu'il tenait de lui. Le grand patron de M. Vincent, M. de Gondi de l'Oratoire (père du cardinal de Retz), marquait une profonde considération aussi, et qui ne se démentit jamais, pour la vertu du docte personnage. Richelieu, enfin, avait connu Saint-Cyran avant les jours d'élévation suprême et lorsque, n'étant encore qu'évêque de Luçon, il venait visiter à Poitiers son voisin et confrère M. de La Rocheposai[1]. Il avait pénétré d'un coup d'œil cet autre esprit superbe, et l'avait jugé de ceux qu'il fallait s'attacher. Richelieu, comme Bonaparte, comme tous les grands despotes, ne voulait qu'aucune personne de valeur restât hors de sa sphère de puissance. Il ne craignait pas de faire les avances, mais malheur si l'on n'y cédait pas ! Qui n'était point pour lui et à lui était vite réputé contre lui. Ces ambitieux de haute volée sont pires que les déesses, qui ne pardonnent pas un dédain : *spretæque injuria formæ*. Sans en parler à M. de Saint-Cyran, le Cardinal le fit porter d'abord en qualité de premier aumônier sur l'état de la maison d'Henriette, reine d'Angleterre, lorsqu'on préparait son mariage en 1625. Mais M. de Bérulle eut beau lui montrer en

---

1. On lit dans les *Mémoires* de Lancelot, tome I, page 90, que la première liaison de l'évêque de Luçon et de M. de Saint-Cyran était telle que « ce fut celui-ci qui lui fit remarquer le premier, après avoir lu les lettres que lui écrivoit le secrétaire de la Reine-Mère, qu'assurément Sa Majesté vouloit se servir de lui. » Mais Richelieu était déjà secrétaire d'État sous le maréchal d'Ancre (1616), et ce ne fut qu'après la catastrophe de ce favori que l'évêque de Bayonne, devenu archevêque de Tours par la démission du Florentin Galigaï, frère de la maréchale, envoya de Hauranne à l'évêque de Poitiers, en 1617. Il n'y a donc pas moyen de trouver place pour le prétendu conseil dont Richelieu sut très-bien se passer. Comme pourtant Lancelot est d'ordinaire très-exact et qu'il tenait les faits d'original soit de M. de Saint-Cyran même, soit de son neveu M. de Barcos, je conjecture que ce souvenir, vaguement rapporté, a trait à quelque circonstance du retour de Richelieu en Poitou, après son exil d'Avignon, et lorsque la Reine-Mère était à Angoulême. Lancelot assure que Saint-Cyran savait quelques particularités fort secrètes de la vie de Richelieu, et qui n'étaient pas des plus belles. Du moment que Saint-Cyran ne tourna pas ces ouvertures à son profit, elles lui devinrent aisément funestes. On n'aime pas (quand on est Richelieu) celui qui nous a vu peut-être ramper, à moins qu'il ne se donne.

perspective l'utilité du rôle à remplir à l'égard des hérétiques d'outre-mer, l'ami de Jansénius ne put consentir à cette honorable déportation, qui eût ruiné tout son dessein. Non découragé de ce premier refus, le Cardinal le fit choisir quelque temps après, par la reine Marie de Médicis, pour l'évêché de Clermont, lorsqu'on crut que M. d'Estaing qui en avait possession se mourait : mais le malade en revint. Il fut aussi question de l'évêché de Bayonne : en tout (à diverses reprises) de *cinq* évêchés, Lancelot dit *huit*. Richelieu le désigna encore en plusieurs circonstances pour des abbayes qui ne vaquèrent pas à temps : je ne sais quel sort revêche, aidé du peu d'empressement de l'homme, fit toujours tout manquer. A chaque fois pourtant M. de Saint-Cyran allait remercier le Cardinal de ses bonnes intentions ; celui-ci, un jour, après l'avoir reçu comme d'ordinaire avec de grandes marques d'honneur, et comme il le reconduisait à travers les salles, dit tout haut à ses courtisans en lui touchant sur l'épaule : *Messieurs, vous voyez là le plus savant homme de l'Europe!* Voilà des flatteries. Il m'est évident par tous ces témoignages que Richelieu sentait en M. de Saint-Cyran, sous son air réservé et taciturne, un ressort secret de puissance dont il tenait à s'assurer : il en voulut au personnage majestueux de ne s'être pas mis sous sa main. J'aurai occasion de dire les autres causes d'inimitié qui s'ajoutèrent : celle-là en gros me paraît la principale. Une des premières impressions plus particulièrement défavorables, qui vinrent au Cardinal contre M. de Saint-Cyran, lui dut être suggérée par le Père Joseph. Ce fameux capucin ayant fait transférer à Paris près du Luxembourg les religieuses dites du Calvaire, dont l'institut avait été ébauché à Poitiers par la pieuse Antoinette d'Orléans, chargea, durant une absence, M. de Saint-Cyran de les conduire : il songeait même à l'y établir supérieur. Mais bientôt la façon sévère et toute spirituelle dont M. de Saint-Cyran s'y prenait, l'autorité morale qu'il s'était acquise en peu de temps sur elles, et le moins de docilité que le Père Joseph crut trouver ensuite dans la supérieure, lui donnèrent de l'ombrage et l'indisposèrent : à partir de là il ne perdit aucune occasion de desservir obliquement son ancien ami.

En somme, et avant le moindre éveil malveillant, M. de Saint-Cyran, fort respecté, fort admiré et vanté sous-main de tous ceux qui le connaissaient, restait jusqu'à cet âge de plus de quarante ans à l'écart, sans charge ni lien, enveloppé comme d'un manteau de prudence, attendant l'heure, et faisant ses voies lentes et profondes en divers sens : une sorte de Sieyès spirituel en disponibilité.

XII

Réfutation du Père Garassé par M. de Saint-Cyran. — *Petrus Aurelius.* — Tactique et coup d'éclat. — Translation de Port-Royal à Paris. — Période de M. Zamet. — Maison du Saint-Sacrement ; faste, illusion, aberration. — M. de Saint-Cyran est introduit ; il répare. — Dernière lutte de la mère Angélique : soumission. — M. de Saint-Cyran seul chef à Port-Royal. — Année 1636, moment décisif.

Dans deux ouvrages qui émanèrent de lui en ces années, M. de Saint-Cyran ne se départit pas de cette habitude mystérieuse, qui le faisait agir avec vigueur en se tenant volontiers dans l'ombre. En 1626, il publia, sans nom d'auteur[1], deux ou quatre volumes[2] in-4°,

1. Il se donne, dans le Privilége du Roi, le nom d'*Alexandre de l'Exclusse.*
2. Bayle (article *Garasse* de son *Dictionnaire*) dit qu'il n'a vu que les deux premiers et un abrégé du quatrième, et penche à croire qu'il n'y a eu que cela d'imprimé. Clémencet (*Histoire littéraire* manuscrite *de Port-Royal*) paraît certain que les quatre volumes ont été imprimés. Il cite ce qu'on trouve mentionné au n° 7252 de la Bibliothèque du Roi : *La Somme des fautes et faussetés capitales contenues en la Somme théologique de François Garasse,* etc., par *Jean du Verger,* etc., tomes I, II, et IV; Joseph Bouillerot, 1626, in-4°, 2 vol. : mais il ne dit pas les avoir vus. L'obligeance de M. Magnin me les a procurés. Le *troisième* vo-

dans lesquels il réfutait d'importance les erreurs du Père Garasse. Ce jésuite, qui était un brouillon, une imagination leste et facétieuse, une plume assez dans le genre de Camus, mais bien moins exercée et à moins bonne fin, avait d'abord lâché, en 1623, sous le titre de *Doctrine curieuse des Beaux-Esprits de ce temps*, un vrai pamphlet, dans lequel, en chargeant d'athéisme une foule d'honnêtes gens, comme Charron, Pasquier, il faisait scandale et augmentait le mal qu'il voulait combattre. C'était élargir la tache au lieu de l'enlever. Il crut, dit Bayle, avoir donné *échec et mat* aux libertins, et il ne leur fit que plus beau jeu. Bayle le sait mieux que personne, et Voltaire aussi, pour qui le Père Garasse est une des bêtes de somme favorites sur lesquelles il daube le plus gaiement. Le prieur Ogier réfuta cet écrit du Père Garasse, qui riposta de plus belle. Mais, voulant montrer qu'il était capable aussi de réfuter sérieusement les athées, et tranchant cette fois du saint Thomas, le folâtre écrivain publia, en 1625, *la Somme théologique des Vérités capitales de la Religion chrétienne*, in-folio. « Pour la naissance de ce livre, disait-il dans l'avertissement, elle est en quelque chose semblable à celle de l'empereur Commode : il y en a qui la désirent, il y en a qui la craignent, il y en a qui la tiennent pour fort indifférente. » — « De ma façon d'écrire, ajoutait-il, je n'en dirai qu'un mot : je tâche d'écrire nettement et sans déguisement de métaphores, tant qu'il nous est possible. Je sais que la chose est malaisée...; car je pense qu'il est des métaphores comme des femmes, c'est un mal nécessaire. » Quand de ce ton il en venait aux dogmes, quand le quolibet passait à travers les textes

lume manque toujours, et ce *quatrième* tome n'est autre que l'abrégé dont parle Bayle. Tout donne à croire que Saint-Cyran, dégoûté de son surcroît de raison, et voyant le Père Garasse à terre, n'acheva pas.

consacrés et courait par les Saints Pères, qu'on juge de l'indignation des vrais docteurs! M. de Saint-Cyran crut que le respect de l'Église y était intéressé, et qu'un tel livre *déshonorait la Majesté de Dieu :* il dénonça à fond, dans *la Somme des fautes,* les falsifications et méprises de tout genre dont s'était rendu coupable l'inconsidéré. Les Jésuites, avertis de cette réfutation qui se préparait (Garasse s'en était, à l'avance, procuré sous main les feuilles), essayèrent, mais en vain, d'en entraver la publication et d'intimider l'imprimeur; ils se virent obligés bientôt d'abandonner le fâcheux confrère, dont la *Somme* fut censurée vigoureusement par la Faculté de théologie. Ils en gardèrent une longue rancune à l'auteur présumé de la réfutation; et Bayle, en badin qu'il est, parlant de cette origine des longs démêlés théologiques, a pu dire joliment qu'*on veut qu'à cause de cela le Père Garasse ait été l'Hélène de cette guerre.* Hélène à part, Port-Royal, à coup sûr, en fut l'Ilion, un Ilion livré au fer et aux flammes, et dont les ruines mêmes ont péri[1].

[1]. Nicole a raconté cette première affaire au long dans la troisième lettre de ses *Imaginaires :* mais il faut entendre tout le monde ; le Père Rapin la retourne à sa manière. D'abord le Père Garasse, selon lui, n'aurait pas frappé si à faux en s'attaquant aux athées; c'était le moment de la grande vogue du poëte Théophile, qui s'était fait tout un parti parmi les jeunes courtisans, les Montmorency, les Liancourt, les Clermont, et qui avait été jusqu'à lire son Hymne *à la Nature* en pleine cour du Louvre. Le Père Garasse sonna l'alarme. S'il se donna tant de mouvement pour faire brûler Théophile, il était bon homme d'ailleurs, et se réconcilia (chose rare) avec tous ceux presque qui avaient écrit contre lui : il eût fini par embrasser Saint-Cyran même, si celui-ci avait été de ces gens qu'on embrasse. Il ne manquait pas de génie, disent également Bayle et Rapin : ce dernier ajoute qu'*il avait même étudié la langue et ne la savait pas mal.* Son mauvais goût est en grande partie celui du temps, et ce qu'il met en sus prouve de l'imagination naturelle. Balzac en faisait cas et lui écrivait cet éloge hyperbolique qu'on lit en tête de la *Somme :* « Il ne tiendra pas à M. de Malherbe ni à moi que vous n'ayez rang parmi les Pères

L'ouvrage de M. de Saint-Cyran avait en tête une Épître dédicatoire au cardinal de Richelieu, sans doute parce que la *Somme* du Père Garasse en avait une aussi. Les louanges qu'il se permettait sous le couvert de l'anonyme y étaient d'autant plus grandes, j'aime à le croire, qu'il les sentait plus désintéressées : il semble qu'elles aient flatté très-agréablement le Cardinal, s'il est vrai, comme l'assure Lancelot, qu'on lui ait entendu dire plusieurs fois qu'il donnerait *dix mille écus* pour savoir de qui elles venaient[1]. Lors de l'arrestation de Saint-Cyran, on trouva dans ses papiers le brouillon de cette Épître, et on le porta au Cardinal : mais il était trop tard, et il s'agissait alors de bien autre chose. En s'en prenant au Père Garasse, le réfutateur n'avait sans doute pas cherché à ménager la Société de Jésus et à la mettre entièrement hors de cause ; il ne laissait pas de lui jeter en passant de bien splendides hommages, et allait jusqu'à la comparer, dans l'Église militante, à l'invincible phalange macédonienne, ou encore à cette *bande inséparable des amoureux* qui mouraient ensemble pour le bien public en Lacédémone : il n'y entendait pas malice, et il n'y faut voir qu'une comparaison de mauvais

---

des derniers siècles. » Le bon Racan (singulier docteur), contresignait après Malherbe les merveilles de la *Somme*, tout comme eût fait La Fontaine. Enfin, ce pauvre Père Garasse tant bafoué eut une belle mort, une mort à la Rotrou. Relégué à Poitiers, dans une peste, il demanda à ses supérieurs la faveur de soigner les malades ; il s'enferma avec eux dans l'hôpital qui leur était destiné, et mourut, frappé lui-même, sur ce lit d'honneur, en répétant ces paroles de l'Écriture : *Anticipent nos misericordiæ tuæ, Domine, quia pauperes facti sumus nimis!* Que vos miséricordes, mon Dieu, nous préviennent au plus tôt, parce que notre pauvreté est extrême !

1. Il y est comparé en détail à Moïse, à la fois *Grand-Prêtre et Homme d'État*, qui tue l'Égyptien à bonne fin ; et un peu plus loin : « Il n'appartient qu'à un esprit semblable au vôtre (par l'élite de ses pensées) de représenter la beauté des lys et des roses.... »

goût. Cela nous prouve cependant que, si inflexible qu'il ait pu paraître ensuite en doctrine, M. de Saint-Cyran n'était pas absolument indifférent d'abord aux voies et moyens; mais sa précaution oratoire fut peine perdue.

Il passa outre et ne ménagea plus rien de ce côté dans d'autres publications plus importantes qui remplirent les années 1632-1633, et qu'on lui attribue en toute vraisemblance : je veux parler des divers écrits qui composent le livre théologiquement très-célèbre de *Petrus Aurelius*. En voici en très-peu de mots l'occasion, le prétexte, plutôt encore que le sujet. Le pape Urbain VIII, mettant à profit la bonne volonté des Stuarts et la conjoncture du prochain mariage d'Henriette de France avec Charles Ier, avait envoyé en Angleterre, à titre de vicaire apostolique, Richard Smith, Anglais, évêque *in partibus* de Chalcédoine. Cet évêque, reçu d'abord par les fidèles de sa communion avec beaucoup de respects et d'espérances, s'était mis bientôt en lutte avec les moines et en particulier les Jésuites du pays, au sujet des droits épiscopaux, qu'il revendiquait dans toute leur force, et avec plus de rigueur peut-être qu'il n'était prudent sur un terrain aussi mal affermi : il abrogea les priviléges des religieux, et leur ôta, par exemple, le pouvoir de conférer les sacrements sans la permission de ses officiers; mais le secret, souvent nécessaire en pays hérétique, ne s'accordait pas toujours avec ces formalités. Bref, il voulut être trop gallican en Angleterre, là où il suffisait d'être catholique à tout prix. On désobéit, on écrivit pour se justifier, et l'on attaqua. L'évêque s'adressa à l'Assemblée du Clergé de France pour l'intéresser à sa cause. Richelieu, qui avait autrefois eu ce Richard Smith pour maître de controverse, quand, simple abbé, il suivait les cours de Sorbonne, l'appuyait avec un intérêt particulier. Les noms de deux religieux et docteurs français qui se trouvaient mêlés, à titre d'approbateurs, aux écrits des Jésuites anglais contre l'évêque, amenèrent l'examen de la Sorbonne et de l'archevêque de Paris, qui censurèrent. C'est alors que les livres de *Petrus Aurelius* intervinrent à l'appui, solides, érudits, pleins de feu (le genre admis), d'une invective grave, et soutenant les droits des Évêques de manière à les avoir à peu près tous de son côté.

M. de Saint-Cyran visait là. Dans les projets d'innovation ou de rénovation de doctrine qu'il avait agités jusqu'à cette heure, il voyait mille difficultés de se faire jour directement. Tous ses amis ecclésiastiques répandus et influents, les Bérulle, les Condren, M. Vincent restaient d'accord avec lui et dans une pleine admiration jusqu'au moment où il leur lâchait un mot de ses idées de réforme et de ses blâmes sur l'ordre présent; mais aux premières ouvertures trop nettes qu'il leur en faisait, — s'il lui arrivait, un jour, de répondre à M. Vincent qui le surprenait écrivant dans son cabinet et le félicitait bonnement de ses pieuses pensées : « Je vous confesse que Dieu m'a donné, en effet, et me donne de grandes lumières : il m'a fait connoître qu'il n'y a plus d'Église...; non, il n'y a plus d'Église, et cela depuis plus de cinq ou six cents ans : auparavant, l'Église étoit comme un grand fleuve qui avoit ses eaux claires : mais maintenant ce qui nous semble l'Église, ce n'est plus que bourbe; le lit de cette belle rivière est encore le même, mais ce ne sont plus les mêmes eaux; » — si, un autre jour, devant le Père de Condren ou le Père Gibieuf ou l'abbé de Prières, il se hasardait à dire du Concile de Trente : « C'a été surtout une assemblée politique; » — ou des auteurs les plus invoqués dans l'école : « Ce sont eux, ce sont les premiers Scholastiques et saint Thomas lui-même, qui ont ravagé la vraie théologie; » — à l'instant il voyait le front de l'auditeur se rembrunir, le jugement auquel il faisait appel vaciller, la piété soumise s'effrayer et ne plus comprendre; il était obligé, après s'être échappé ainsi, de se vite recouvrir comme il pouvait, et de faire retraite dans son nuage[1]. De plus, comme obstacle immense, un ministre puissant tenait l'État dans sa main, et avait l'œil sur l'Église avec la jalousie d'un despote et la prétention d'un théologien. Parmi les plus éminents du Clergé, il en était quelques-uns, comme le cardinal de La Rochefoucauld, Grand-Aumônier de France, qui accordaient tout crédit aux Jésuites et ne laissaient aucune prise à la nouveauté. Saint-Cyran se vit donc forcé de faire un détour, de se jeter sur un terrain déjà battu pour s'y préparer des alliés, en quelque sorte extérieurs. En se portant le champion de la discipline eccclésiastique et de l'Épiscopat contre les moines, contre les Jésuites surtout, il rentrait dans la question gallicane; il suivait la trace des Pithou, des De Thou, et marchait de concert avec Edmond Richer, Simon Vigor, Jérôme Bignon, les Du Puy; il s'avançait sous leur couvert, en attendant qu'il démasquât ce qui lui était propre.

Telle m'apparaît, très-probable, la tactique d'où sortit ce gros in-folio latin; il n'est que le recueil de ce qui se publia d'abord en quatre ou cinq fois : ce furent des espèces de brochures détachées, qui eurent un prodigieux succès de circonstance : pseudonymes et successives comme les *Provinciales*, contre les Jésuites de même, et faisant fureur comme elles aussi, mais en Sorbonne seulement. Gardons-nous bien de chercher plus loin les ressemblances[2]. Ce nom d'*Aurelius* n'était

---

[1]. Cette intermittence d'effusions et de réticences tenait chez lui de la méthode autant que du tempérament. « M. Le Féron (docteur en théologie) m'a dit que le feu abbé de Saint-Cyran ne parloit que par bonds et volées; que souvent il se retenoit de lui dire ce qu'il avoit déjà sur les lèvres.... » (*Journaux* de M. Des Lions, 16 janvier 1654.)

[2]. Il n'y eut de publié en français, dans tout ce débat, qu'une petite lettre d'Aurélius au sujet du Père Sirmond. Ce véné-

pas choisi au hasard, et s'ajustait au titre futur de l'ouvrage (*Augustinus*) que, depuis la fin de l'année 1627 et après bien des préparations, Jansénius s'était mis à rédiger. Saint Augustin s'appelant *Aurelius Augustinus*, les deux amis ses disciples *tronçonnèrent*, comme on l'a dit, le nom sacré qui était leur mot d'ordre, de même qu'autrefois les guerriers unis brisaient un glaive en se séparant; un poëte l'a très-bien dit :

> Quand ils se rencontraient sur la vague ou la grève,
> En souvenir vivant d'un antique départ,
> Nos pères se montraient les deux moitiés d'un glaive
> Dont chacun d'eux gardait la symbolique part.

rable et savant jésuite avait été touché en passant par Aurélius comme ayant interprété, dans la collection de ses *Conciles*, un canon du premier Concile d'Orange sur la Confirmation, contrairement aux meilleurs manuscrits; il s'en montra ému et envoya de sa main quelques pages d'explication en français à celui qu'il supposait sous ce nom d'Aurélius et qu'il croyait une de ses anciennes connaissances. Aurélius répondit d'abord par un billet, en français également, adressé à la personne qui lui avait remis la lettre du Père Sirmond; le ton en est étrange, méprisant, et se sent du voisinage du latin : « Monsieur, je ne me suis pas étonné de voir l'écrit volant du Père Sirmond. Je m'étois déjà imaginé qu'il en pourroit paroître beaucoup de semblables ; si je disputois ma cause particulière, je serois plus libre en telle rencontre. » Il ne tiendrait qu'à lui, ajoute-t-il, de chercher difficulté à ce *bon Père* sur bien d'autres points plus importants de ses Conciles, « lesquels si j'avois voulu proposer, je m'assure qu'il reconnoîtroit encore mieux la modestie dont j'ai usé maintenant en son endroit; mais je ferois conscience de travailler sa vieillesse, laquelle je serois bien aise de lui laisser passer en repos; car il semble assez sensible. » Aurélius n'en resta pas là; il aimait peu, on le voit, les *écrits volants* ; une bonne grosse réfutation publique en latin suivit; le Père Sirmond répondit par un *Antirrheticus* : Aurélius riposta par un *Anæreticus* ; le Père Sirmond encore par un *Antirrheticus II* ; Aurélius, une troisième et dernière fois, par *l'Orthodoxus*. Tout cela pour savoir si la *chrismation* (l'onction par l'huile) est ou n'est pas la matière essentielle du sacrement de *Confirmation*. De ce seul épisode de l'*Aurelius* on peut conclure que nous ne sommes pas tout à fait arrivés aux *Provinciales*.

Frère, se disaient-ils, reconnais-tu la lame ?
Est-ce bien là l'éclair, l'eau, la trempe et le fil ?
Et l'acier qu'a fondu le même jet de flamme,
   Fibre à fibre se rejoint-il [1] ?

Les deux livres, dans la pensée des auteurs, se rejoignaient donc exactement, et selon cette sorte de conjuration mystérieuse qu'ils aimaient. Beaucoup de raisons me dispensent d'entrer dans le fond de l'*Aurelius* : l'ennui d'abord, qui est bien quelque chose [2] ; en second lieu l'inutilité, puisque tout ce qui s'y glisse d'essentiel et de neuf en doctrine se doit retrouver ailleurs très au net dans les écrits français de M. de Saint-Cyran : il ne serait que pénible d'avoir à l'extraire ici de dessous l'appareil d'une latinité encore très-scholastique dans sa contestable élégance. Le titre seul de chaque écrit est prononçable à peine en sa métaphore hérissée.

Qu'il suffise d'indiquer comme idée dominante, que, selon l'auteur, l'Église était non pas une monarchie, mais une aristocratie sous la conduite des Évêques : en même temps, toutefois, qu'il semblait égaler ceux-ci au Pape, il ne laissait pas de rapprocher d'eux insensiblement les Curés. Tous ces germes se sont développés depuis [3].

---

1. Lamartine, *Toast des Gallois et des Bretons*.
2. L'ennui et le dégoût : dès le premier chapitre de la réponse au préambule de l'*Éponge* de Loëmelius, il s'agit de savoir lesquels des docteurs de la Faculté de théologie de Paris ou des confesseurs jésuites, rendant ou vendant leurs oracles, ressemblent le mieux à la courtisane Phryné, à Phryné vieillie, et, au dire de Plutarque, *fœcem, propter nobilitatem suam, pluris vendenti*.
3. Sous air de maintenir la prérogative extérieure et les droits de l'Épiscopat, Aurélius revenait en bien des endroits sur la nécessité de l'*Esprit intérieur*, qui était tout. Un seul péché mortel contre la chasteté destitue, selon lui, l'Évêque et anéantit son pouvoir. Le nom de Chrétien ne dépend pas de la forme extérieure du sacrement, soit de l'eau versée, soit de l'onction du saint chrême, mais de la seule *onction de l'Esprit. En cas d'hérésie*, chaque Chrétien peut devenir juge ; toutes les circonscriptions extérieures de juridiction cessent ; à défaut de l'évêque du

La destinée de l'*Aurelius* fut très-débattue ; à entendre les seuls Jansénistes, il n'y eut que triomphe. Les Évêques, dès que les diverses portions du livre eurent paru, firent presser M. de Saint-Cyran de se déclarer, l'assurant des marques publiques que le Clergé lui décernerait dans sa reconnaissance comme à son invincible défenseur : il s'agissait de quelque pension qu'on lui aurait votée. L'Assemblée générale du Clergé, de 1635, non contente d'approuver les écrits, alloua une somme au premier imprimeur Morel, et députa deux membres vers Filesac, doyen de la Faculté de théologie, pour s'enquérir du véritable auteur. L'Assemblée de 1641 fit réimprimer l'ouvrage en un seul corps par son ordre et à ses frais, *jussu et impensis Cleri gallicani*[1] ; celle de 1645-1646 décréta une seconde réimpression en grand volume, et chargea l'évêque de Grasse, Godeau, de composer un Éloge qu'on plaça en tête magnifique-

diocèse, c'est aux évêques voisins à intervenir, et à défaut de ceux-ci, à *n'importe quels autres*; cela mène droit, on le sent, à ce qu'au besoin chacun fasse l'évêque, *sauf toujours*, ajoute Aurélius, *la dignité suprême du Siége apostolique*; simple parenthèse de précaution. Mais qui jugera s'il y a vraiment *cas d'hérésie ?* La pensée du juste, *en s'appliquant autant qu'elle peut à la lumière directe de la foi*, y voit *comme dans le miroir même de la céleste gloire*. Ainsi se posait par degrés, dans l'arrière-fond de cette doctrine, l'omnipotence spirituelle du véritable élu. Derrière l'échafaudage de la discipline qu'il se piquait de relever, Saint-Cyran érigeait donc sous main l'idéal de son *Évêque intérieur*, du *Directeur* en un mot : ce qu'il sera lui-même en personne dans un instant.

1. Il faut voir le frontispice de cette édition officielle de 1642 (Antoine Vitray, in-f°) : une main sort d'un nuage et présente un livre à l'Église (*Sponsæ*) figurée dans la personne d'une femme assise. Un Ange descend pour couronner le nuage : *Te coronat in occulto Pater in occulto videns*. Ce ne sont tout alentour que devises et qu'emblèmes : *Invisibilis invisibili militavit*; un serpent percé d'une flèche avec ces mots : *Incertum qua pulsa manu*; un soleil sous la nuée dardant ses rais sur des fleurs qu'il fait éclore, avec ces autres mots : *Notus et ignotus*.

ment. Voilà pour la gloire. Mais à ce *Te Deum* victorieux en l'honneur de l'*Aurelius*, les écrivains jésuites opposent quelques restrictions de fait : selon eux, le corps entier des Évêques fut loin d'être unanime; la décision de l'Assemblée de 1641, qui se tenait à Mantes, aurait eu lieu moyennant une sorte de surprise, tellement que le roi, averti par le Père Sirmond, son confesseur, de la façon dont plusieurs grands prélats, et particulièrement le cardinal de La Rochefoucauld, étaient traités dans l'ouvrage anonyme, donna des ordres au Chancelier ; l'imprimeur Vitray fut arrêté par le lieutenant-criminel, et l'on saisit chez lui tous les exemplaires restants. Que si l'Assemblée de 1645 se signala par une éclatante réadoption de l'*Aurelius*, celle de 1656 le réprouva formellement, et, par son ordre, MM. de Sainte-Marthe, qui, dans le quatrième tome du *Gallia christiana*, avaient célébré Saint-Cyran comme l'ayant écrit, furent condamnés à rayer l'éloge. C'est ainsi que toute médaille humaine a deux côtés.

Quant à M. de Saint-Cyran, il demeura le même : soupçonné de tous comme le véritable Aurélius avec une presque entière certitude, il garda jusqu'au bout là-dessus un secret obstiné, inviolable, qui ne donne pas mal idée de son caractère ; la provocation de la louange, et ce chatouillement si particulier de la gloire d'écrivain n'eurent pas sur lui la moindre prise. On ne peut rien conclure de toutes les anecdotes et variantes à ce sujet, sinon qu'il fut au moins l'inspirateur du livre et qu'il le dicta [1], et que très-probablement son neveu Barcos l'é-

---

1. Je conjecture même qu'il le *dicta* exprès en se gardant de l'*écrire*, afin de pouvoir dire en conscience qu'il ne l'avait pas *écrit*. Moyennant cette légère précaution, M. de Saint-Cyran se permettait d'en parler tout haut et à son aise comme d'un *excellent* livre, du meilleur qui eût été imprimé *depuis six cents ans;* il ajoutait qu'il ne voudrait pas *pour mille écus* qu'on n'eût pas

crivit sous sa direction, en digéra le corps et le mit en latin. *Petrus Aurelius*, par son mystère d'auteur et sa célébrité d'ouvrage, est tout à fait le *Junius* de la théologie gallicane.

Le rayon pourtant, qui en rejaillit jusque dans l'ombre du cloître Notre-Dame, dessinait une place à ce docteur occulte, et le désignait désormais pour quelque grand rôle. Son existence théologique s'agrandissait ainsi de tout ce qu'il laissait même à la conjecture ; ses relations dans l'Épiscopat, qui se considérait presque comme son obligé, le posaient insensiblement comme oracle : il s'acheminait à pas lents et sûrs en directeur prédestiné des consciences. C'est à ce titre principalement qu'il va pour nous se révéler. Pour l'y étudier en plein, on n'a plus qu'à traverser la période de quelques années qui s'écoulèrent entre le retour de la mère Angélique de Maubuisson à Port-Royal et la remise spirituelle de ce monastère aux mains de M. de Saint-Cyran. Cet intervalle de treize années environ est assez ingrat, fort mesquin de détails, et j'y cours.

L'abbaye de Port-Royal des Champs devenait décidément trop étroite pour tant de religieuses ; il n'y en avait pas moins de quatre-vingts. Un grand nombre était toujours malade, et les fièvres n'y cessaient pas ; il en mourut quinze en deux ans. Madame Arnauld, veuve depuis 1619, après de fréquentes visites et des retraites trop courtes à son gré, se sentit une vocation expresse du voile ; en même temps elle désirait fort que la Communauté fût transférée à Paris, et elle y travailla. On acheta une maison dite *hôtel de Clagny*, à l'extrémité du faubourg Saint-Jacques, qui alors était presque à l'état de campagne : il fallut emprunter de grosses sommes

porté ce coup-là aux Jésuites. C'était une manière agréable de désavouer et de caresser à la fois sa paternité.

pour agrandir et ajuster le bâtiment¹. Sans attendre la fin des constructions, toute la Communauté y put être logée au commencement de 1626. On ne garda à la maison des Champs qu'un chapelain pour desservir l'église.

Peu après cette translation à Paris et au milieu de toutes les difficultés qui en résultèrent, la mère Angélique entra en liaison étroite avec l'évêque de Langres Zamet, fils du financier de ce nom qui, venu en France avec les Médicis, avait été si fort mêlé aux affaires, aux intrigues et aux plaisirs du temps de Henri IV². L'évêque était frère de cet autre Zamet, maréchal-de-camp, guerrier si exalté pour sa bravoure et sa piété dans les Mémoires de Pontis et de d'Andilly, vraie figure de Bayard dans les prises d'armes contre les Protestants, qui l'appelaient le grand *Mahomet*³. Le prélat valait beaucoup moins dans son genre. Après une conduite assez mondaine et dissipée, étant aumônier de la reine Marie de Médicis, il sentit du repentir durant une grande maladie et mena depuis lors une vie de dévotion, mais d'une dévotion où son esprit variable, fastueux et vain, sut se faire place et garder son jeu. Quelque temps son zèle, mi-parti affectueux et austère, fit illusion à la mère Angélique, qui éprouvait le besoin d'un guide pa-

---

1. Port-Royal de Paris subsiste : on le désigne quelquefois du nom de *la Bourbe*, parce qu'en cette rue est l'entrée principale. Dans la Révolution, on en fit une prison et on l'appela *Port-Libre* ; depuis il est devenu l'hospice de la Maternité.

2. Ce prince avait particulièrement choisi la maison de Zamet pour ses repas fins ; c'est chez lui qu'était venue descendre la belle Gabrielle lorsqu'elle fut prise du mal soudain dont elle mourut : Zamet, en un mot, était ce qu'on appelle *l'ami du prince*.

3. Il fut blessé et mourut au siége de Montpellier (1622), dans les bras de d'Andilly. Voir son discours édifiant à Pontis (*Mémoires* de ce dernier, livre V).

ternel en qui elle se pût remettre de ses inquiétudes persistantes. Depuis sa conversion à dix-sept ans, elle n'avait pas cessé tout bas de vouloir sortir de sa charge d'abbesse et même de son Ordre de saint Benoît : dans les dernières années, la connaissance qu'elle avait faite de madame de Chantal l'avait fort tentée d'entrer dans la Visitation. En s'ouvrant à l'évêque de Langres de ses pensées, elle trouva quelqu'un qui l'apaisa, qui la décida en conscience à renouveler *tout haut* ses vœux et sans aucune réserve mentale, ce qu'elle s'était permis de faire auparavant : tous les prétextes de sortie s'évanouirent. Mais ce service fut le seul qu'elle reçut de lui. La période de l'histoire de Port-Royal qui comprend l'intervalle de saint François de Sales à Saint-Cyran, et qu'on peut appeler *la période de M. Zamet*, faillit tout compromettre par les illusions où l'on s'engagea, et elle semble bien près de réaliser l'idéal du mauvais goût Louis XIII en dévotion : on croit assister à un commencement de décadence.

La translation à Paris multipliait les points de conflit entre l'archevêque et les moines de Cîteaux : le général, M. Boucherat, affectionné à Port-Royal, étant mort, son successeur, M. de Nivelle, fit menace de ramener le monastère dans les *coutumes* de l'Ordre et d'y interdire ce qu'il appelait *singularités;* il entendait les austérités. La mère Angélique en prit occasion de faire solliciter à Rome un changement complet de juridiction. Port-Royal, en vertu d'un bref du pape Urbain VIII (juin 1627), passa sous *l'ordinaire*, c'est-à-dire sous la supériorité de l'archevêque (M. de Gondi). On échappa de la sorte à toute dépendance de Cîteaux, et à cette direction d'une Communauté de filles par des moines, si fertile en inconvénients [1]. Ce fut, il est vrai, pour donner

---

1. Dans un mémoire écrit pour M. Jérôme Bignon, qui avait à

contre un autre écueil qu'on ne prévoyait pas alors : le archevêques menés par la Cour. Port-Royal s'y brisera.

Un autre changement grave survint dans le gouvernement intérieur. La reine-mère Marie de Médicis y était allée faire visite pendant que Louis XIII assiégeait La Rochelle : « N'avez-vous rien à me démander? dit-elle à l'abbesse ; car lorsque j'entre la première fois dans un couvent, j'accorde ce qu'on me demande. » La mère Angélique la supplia, pour toute grâce, d'obtenir du roi à son retour, et quand il aurait pris La Rochelle, que l'abbaye fût mise en élection : c'était une manière d'abdiquer. Ce que d'autres auraient craint, et qu'on réclamait comme une faveur, fut accordé ; on eut l'élection triennale : la mère abbesse et sa sœur coadjutrice donnèrent leurs démissions. Cependant on aurait eu besoin plus que jamais d'une main ferme dans le régime de la maison : les nouveaux bâtiments avaient forcé de s'endetter. Une madame de Pontcarré, dévote de bel air[1],

---

soutenir comme avocat-général les religieuses des Iles d'Auxerre contre les religieux de Cîteaux, la mère Angélique a rassemblé, d'une manière assez piquante, bon nombre de ces abus particuliers aux moines confesseurs de filles : « Quand les abbesses sont altières, les confesseurs sont leurs valets. Cela est si vrai, que j'en ai vu un qui s'occupoit à planter les parterres de l'abbesse et y mettoit ses armes et ses chiffres; et j'en ai vu un autre porter la queue d'une abbesse, comme font les laquais aux dames du monde. Si les abbesses sont dans l'humilité et le respect dû au sacerdoce, comme elles doivent être, ils se rendent maîtres et tyrans.... Entre autres choses ils veulent toujours qu'on plaide, et sur la moindre occasion font intenter de grands procès, qui sont des occasions d'entretenir des religieux procureurs à Paris pour solliciter.... La table des confesseurs est une très-bonne table d'hôtes; c'est un concours perpétuel de religieux.... Il s'en trouve des douzaines à la fois qui se viennent rafraîchir. On y envoie des bacheliers dont il faut faire ensuite les frais de doctorat. Il y a des neveux de confesseurs qu'il faut pourvoir. » (*Mémoires pour servir à l'Histoire de Port-Royal*, Utrecht, 1742, tome I, page 375.)

1. « M. l'Évêque de Langres vit cette dame et en prit soin. Elle

qui s'était venue loger à Port-Royal, avait induit à ces dépenses par un don de vingt-quatre mille livres qui n'avaient servi qu'à payer les fondements. On alla jusqu'à devoir cent trente-six mille livres. Port-Royal, au temporel comme au spirituel, se dérangeait.

Madame de Pontcarré avait posé la première pierre du grand bâtiment, et j'ose dire que jusqu'au bout l'établissement de Paris s'en ressentit ; toujours instable et ruineux, jusqu'à ce qu'il échappe : notre vraie patrie, à nous qui aimons Port-Royal, sera toujours aux Champs [1].

M. Zamet, ayant obtenu que l'abbaye de Tard de Dijon sortît, comme Port-Royal, de la juridiction de Citeaux et passât sous la sienne, forma le projet d'unir les deux maisons. Pour y faire régner un même esprit, il établit des échanges de l'une à l'autre, et voulut qu'on se prêtât réciproquement quelques-uns des meilleurs sujets. Il envoya au Tard, c'est-à-dire à Dijon [2], la mère

jouoit parfaitement bien du luth ; et on lui faisoit porter son luth au parloir, afin qu'elle jouât devant le Prélat, qui lui dit un jour qu'il falloit qu'elle fît un sacrifice à Dieu de cette satisfaction : ce qu'elle accorda aussitôt... (*Mais elle ne s'interdit pas d'autres agréments.*) On donna à cette dame la galerie au-dessus des parloirs ; elle y fit faire un parloir et un tour, un oratoire tout peint de camayeu, et un grand cabinet. Elle fit encore faire une terrasse devant les fenêtres de sa chambre, où elle fit mettre quantité de caisses d'orangers. » (*Mémoires pour servir*, etc., Utrecht, 1742, tome I, p. 497.)

1. Lorsqu'à travers bien des vicissitudes et des persécutions, nos religieuses, dépossédées de la maison de Paris, furent retournées à leur vrai Port-Royal des Champs, celui de Paris passa, quelques années après, aux mains d'une abbesse, madame Harlay de Chanvallon, sœur de l'archevêque d'alors : je trouve chez madame Des Houlières un *Bouquet* poétique à cette abbesse pour le jour de sa fête (1688) : ce bouquet-là est comme une bouture refleurie des orangers de madame de Pontcarré.

2. Sur cette abbaye de Tard dont il est souvent parlé dans nos commencements, il est à remarquer, en effet, que les religieuses bernardines qui en formaient la Communauté s'étaient transférées dès 1623 à Dijon, pour échapper aux insultes des partisans

Agnès, dont l'esprit flexible convenait davantage à ses vues, et une autre religieuse, la mère Geneviève Le Tardif. Celle-ci était une des novices venues de Maubuisson, une vraie *sainte :* on l'appelait de ce nom par excellence, tellement que Monsieur, frère du roi, étant allé une fois à Port-Royal des Champs et ayant voulu qu'on lui présentât la Communauté, demanda à voir *la Sainte.* « Mais, ajoute le fidèle récit, la mère Angélique n'exposoit pas ainsi ses reliques à tout le monde ; et, de peur de les perdre, elle avoit grand soin de les cacher. » La mère Geneviève revint bientôt à Port-Royal, où elle avait été élue abbesse par suite de la démission de la mère Angélique (1630) ; son esprit avait eu le temps de se gâter quelque peu des nouveautés de M. de Langres. Par elle l'intérieur de la maison commença de changer. Elle avait une auxiliaire et une inspiratrice très-active : car, dès auparavant, il était venu de Tard deux religieuses, dont la principale, la mère Jeanne de Saint-Joseph de Pourlans, était la réformatrice même de ce monastère, celle qui avait quitté son titre pour mettre l'abbaye en élection, fille de mérite et de vertu, mais donnant trop dans le génie de M. Zamet, et qui entendait la réforme dans un sens moins pur que la mère Angélique. Celle-ci, comme tous ceux qui abdiquent et qui assistent à leurs successeurs (comme Rancé ou comme Charles-Quint), se repentait ou du moins souffrait ; recueillons près d'elle-même sa plainte :

« Tout aussitôt que j'eus quitté la charge, la mère Geneviève, qui avoit été du monastère de Tard et en avoit pris

qui infestaient le pays. Il y avait Notre-Dame de Tard de Dijon, comme nous avons Port-Royal de Paris. — Mais je n'aime à parler de ce Tard que le moins possible ; M. Th. Foisset nous avertit de ne point trop nous avancer sur ces points du territoire bourguignon.

l'esprit, ayant aussi pour conseil la Prieure [1], changea par l'ordre de l'Évêque toute la conduite de cette maison, qui étoit dans une très-grande docilité, pauvreté et simplicité ; ce qui faisoit nos Sœurs toutes bêtes, disoit-on. Il y en avoit plusieurs qui ne savoient pas écrire quand elles avoient été reçues ; et, voyant que c'étoient des esprits assez médiocres, qui ne pouvoient pas être employées à des charges où il fallût écrire, je jugeois inutile qu'elles l'apprissent. On voulut aussitôt qu'elles le sussent, et on garnit incontinent toutes les cellules d'écritoires, afin que tout le monde écrivît ; au lieu qu'auparavant il n'y avoit que les Officières qui en eussent, ou celles que l'on destinoit à écrire ce qui étoit nécessaire pour la Communauté. On disoit qu'il falloit rendre toutes les Sœurs capables de tout. Beaucoup ne bougeoient des parloirs à parler à des Pères (de l'Oratoire), et puis il leur falloit écrire pour façonner les esprits.... On ne vouloit plus recevoir de pensionnaires, si elles n'étoient filles de marquis ou de comtes [2].... A l'église force parfums, plissures de linge et bouquets. On prioit tout le monde de venir dire la messe, et de prêcher ; on faisoit tous les jours des connoissances nouvelles. Avec tout cela des austérités extraordinaires, des jeûnes au pain et à l'eau, des disciplines terribles, des pénitences les plus humiliantes du monde ; en sorte que, voyant en faire une à une fille imparfaite, j'en fus très-touchée, pensant que ce fût un miracle ; mais à la récréation du même jour, la voyant autant railler qu'elle avoit pleuré le matin, je fus toute surprise, et trouvai que l'on faisoit jeu

---

1. La mère de Pourlans.
2. « Une chose qui fit grande peine à la mère Angélique, fut qu'aussitôt après l'élection, les nouvelles Mères lui vinrent demander où elle avoit pris trois filles qui étoient dans la maison, et dont sa charité s'étoit chargée pour les tirer du péril. Elles lui dirent qu'elles étoient résolues de les renvoyer là d'où elles étoient venues, et qu'elles étoient à charge à la maison. Cela fut très-sensible à la Mère, qui n'en voulut faire aucune plainte. Elle en pleura tant en secret devant Dieu, que ses yeux et son visage découvrirent son cœur : on s'aperçut bien qu'on l'avoit touchée dans ce qu'elle avoit de plus sensible, et ainsi on la pressa moins, et on lui donna le temps de chercher elle-même à bien placer ces pauvres filles. » (Note des *Mémoires pour servir*, etc....)

de tout.... A la récréation, il falloit se moquer les unes des autres, s'entrecontrefaire, et on appeloit cela *se déniaiser.* J'avois souvent de la peine de tout cela, mais je n'en disois rien ; et quand je me demandois en secret : *A quoi tout cela est-il bon?* je me répondois : *A détruire mon propre jugement.*

« On voyoit bien, sans que je le disse, que je n'approuvois pas, et cet Évêque me dit une fois *que je lui nuisois céans.* Et comme je lui représentai que je ne disois rien, il me répondit : *Votre ombre nous nuit.* Je lui dis : *Envoyez-moi où vous voudrez, j'irai*[1]. »

Ce changement de l'esprit de Port-Royal ne suffit pas : on voulait quelque chose encore de plus nouveau. Dans le temps même où l'on sollicitait à Rome pour le changement de juridiction, on avait présenté supplique au Saint-Père pour la fondation d'un Institut particulier destiné à l'adoration perpétuelle du *Saint-Sacrement*. M. Zamet, lié avec la première duchesse de Longueville, lui avait persuadé de s'en déclarer Protectrice, pour mieux aider à la conclusion. Rome accorda; en France, à la Cour, on faisait des difficultés : mais le roi ayant été guéri dans une maladie mortelle à Lyon, et, à ce qu'on crut, par la vertu du Saint-Sacrement reçu en viatique, le garde-des-sceaux Marillac, qui avait résisté jusqu'alors, dressa et scella les lettres-patentes motivées sur le miracle de la guérison (1630). L'affaire traîna encore par le fait de l'archevêque de Paris, M. de Gondi, mécontent qu'on lui eût associé, comme supérieurs de cet Institut, deux autres prélats, l'archevêque de Sens, M. de Bellegarde, et M. de Langres. Bref, en mai 1633, la maison du Saint-Sacrement, rue Coquillière, fut solennellement bénite : on avait choisi exprès le voisinage du Louvre,

---

1. *Mémoires pour servir*, etc., tome I, p. 333 et suiv.

et tout cadrait dans le détail avec les inclinations du fondateur :

« Car il désiroit, est-il dit, que ce fût un monastère célèbre, favorisé des Grands, situé au meilleur quartier de la ville, et dont l'église fût plus magnifique que celles de toutes les autres maisons religieuses. Il vouloit que les filles qu'on y recevroit y apportassent chacune dix mille livres ; qu'elles fussent de bon esprit, bien civiles, capables d'entretenir des Princesses ; que leur habit fût blanc et rouge, d'une étoffe fine, d'une façon avantageuse, et, comme il disoit, *souverainement auguste...;* qu'on y dît matines le soir à huit heures ; et que tout y fût si doux et si agréable, qu'il ne fît point peur aux filles de la Cour... ; et avec cela, que ce fussent des filles d'oraison, fort élevées dans les voies de Dieu, et qui pussent parler de ces choses avec lumière ; comme si l'on pouvoit accorder l'esprit du monde et celui de Dieu [1]. »

La mère Angélique entra dans la maison du Saint-Sacrement comme supérieure, parce que l'archevêque de Paris ne voulut pas entendre parler d'une autre ; mais M. Zamet lui associa une sœur, une simple postulante qui l'épiait et la contrecarrait dans son gouvernement. Les Pères de l'Oratoire, Condren, Seguenot et autres y avaient grand accès pour la direction, et n'y faisaient guère honneur aux voies ouvertes par M. de Bérulle. Ce n'étaient plus que dévotions petites, chimériques, continuelles idées d'illumination, des emportements austères mêlés à des élégances profanes, longs manteaux traînants, scapulaires d'écarlate, disciplines presque sanglantes au milieu des parfums : tout le faux enfin de l'imagination mystique qui se mettait à délirer. Au dedans, au dehors, l'engouement allait son train : la

---

[1]. *Mémoires pour servir*, etc., tome I, p. 427 et 337. — Ce M. Zamet me fait l'effet d'un cardinal de Rohan anticipé, de celui que nous avons vu archevêque de Besançon, pieux et coquet, sincère et fastueux, officiant avec pompe et ferveur sous ses dentelles.

discorde s'en mêla. Les trois prélats supérieurs cessèrent vite de s'entendre. Le petit Écrit du *Chapelet secret*, dont s'était rendue coupable en toute simplicité la mère Agnès, devint l'occasion d'une très-grande et bruyante querelle, qui eut du moins pour bon effet de rompre cette fausse voie et d'installer en définitive M. de Saint-Cyran.

Ce *Chapelet secret* était une méditation en *seize* points que la mère Agnès avait imaginés en l'honneur des *seize* siècles écoulés depuis l'institution du Saint-Sacrement. Chaque point formait un attribut mystique : *Sainteté, Vérité, Suffisance, Satiété, Règne, Possession, Illimitation*, etc., etc.; à chaque article, elle cherchait à approfondir l'une des vertus de Jésus-Christ dans le Sacrement. C'était, à vrai dire, aussi inintelligible qu'Écrit de ce genre peut l'être; mais la subtilité et la ferveur de l'âme pieuse l'éclaircissaient et s'y complaisaient. Il arriva qu'une copie de ce petit Écrit destiné à elle seule, et composé déjà depuis plusieurs années, tomba aux mains de l'archevêque de Sens dans un moment où il voulait faire obstacle aux idées de M. Zamet : ce dernier avait approuvé le *Chapelet;* M. de Sens, au contraire, le jugea très-propre à provoquer la condamnation parce qu'il y avait d'outré, et le donna à des docteurs de Sorbonne qui le censurèrent (1633); il l'envoya de plus à Rome, où, après examen prudent et sans précisément le condamner, on le supprima. A Paris, on écrivait pour et contre avec une singulière vivacité : la Cour s'en mêla, et, le vent de la faveur tournant, les pauvres religieuses du Saint-Sacrement allaient passer pour visionnaires, quelques-uns disaient même déjà pour *sorcières.* Tout cela, en style janséniste, s'appelle la Tempête du *Chapelet secret.*

C'est alors que M. de Saint-Cyran, qu'on a vu d'un goût un peu équivoque et assez ami des subtilités de ce genre, consulté par la mère Angélique, sur le conseil de M. Zamet avec qui il était en liaison commençante, lut et relut le petit Écrit, le tint comme au creuset durant *quatre* heures consécutives, l'estima tout à fait innocent et en prit publiquement la défense ; il recruta même des approbations formelles de Louvain, celles de Jansénius, de Fromond, qui applaudirent à l'*ivresse* et à la sainte *liberté,* disaient-ils, *de ce langage de l'amour.* Cela mit l'abbé au mieux avec M. Zamet, qui l'introduisit à la maison du Saint-Sacrement comme ami, puis bientôt comme directeur (1634), et ne voulut plus agir que par lui. Ici une tout autre relation commence.

M. de Saint-Cyran ne se poussait pas en avant de lui-même ni volontiers : il fallait toujours le presser deux ou trois fois pour qu'il mît le pied dans une affaire ; mais, une fois entré, il ne lâchait plus. Incontinent donc, il s'adonna à l'œuvre, pour raccommoder, comme il disait, ce qui était mal commencé ; tout son conseil tendit à rétablir la simplicité et la franchise d'une réforme chrétienne. L'absence de M. de Langres, retourné dans son diocèse, y aidait. Après une année environ de fréquentation assidue et d'instructions au parloir, il amena les sœurs à désirer toutes de lui faire leur confession générale. La mère Angélique se décida la dernière ; elle sentait toute la solennité de la rencontre tant différée ; elle retrouvait en lui cette image de véritable dévotion et de vie religieuse, qui ne l'avait pas quittée dès le moment du sermon du Père Basile, il y avait vingt-sept ans. Pour elle, ces deux instants lumineux se rejoignaient. Mais dans l'intervalle que de tâtonnements, d'erreurs de route, de fausses lueurs et de guides imparfaits ! « Ma misère, nous dit-elle, ma légèreté, le peu de vraie assistance que j'avois eue pour correspondre à cette première grâce, quoique ma volonté fût demeurée ferme au fond de mon cœur, m'avoient fait commettre de très-grandes fautes et infidélités, dont j'avois très-souvent des remords de conscience qui me mettoient en d'extrêmes angoisses. Je me reprenois, et incontinent je retournois dans mes langueurs. Je craignois donc ce qu'en effet j'aimois et désirois, qui étoit la forte, sainte, droite et éclairée conduite de ce serviteur de Dieu. » L'homme était trouvé, *duquel la force d'esprit dans la vérité allait accabler le sien;* une dernière révolte muette s'essayait encore. Repassant dans un unique coup d'œil tous ses actes et ses sentiments, il lui semblait que c'était une montagne à transporter devant lui : « S'il m'eût été possible de les lui faire voir, comme je les voyois, sans les dire, je me fusse estimée trop heureuse : mais la parole m'étoit interdite, et il me paroissoit impossible de prononcer ce que je voyois avec tant de peine. » Dans un premier entretien de deux heures elle se tint à expliquer ses dispositions générales et à lui protester de son désir de lui obéir; lui, selon sa méthode de laisser l'Esprit agir, il attendait :

« Peu de jours après il revint, et je crois qu'il m'obtint par ses prières la grâce de surmonter mon extrême répugnance à me confesser, l'ayant fait alors sans grande peine (août 1635). Je demeurai si satisfaite et si contente, qu'il me sembloit être une autre créature; et quoique Dieu me fît sentir de la douleur de mes péchés, je puis dire n'avoir jamais eu tant de véritable et même de si sensible consolation en toute ma vie, et que jamais je n'avois eu tant de plaisir à me divertir et à rire que j'en avois alors à pleurer.... Toutes nos sœurs, à la réserve de deux, étoient en la même disposition de pénitence et de joie[1]. »

La maison du Saint-Sacrement se trouvait donc d'un seul coup régénérée; aux Offices dans le silence, par des regards, et à la Conférence par des discours lorsque

---

1. *Mémoires pour servir*, etc., tome I, p. 347.

la religieuse, créature de M. de Langres, était absente, on ne s'entretenait que du nouveau bonheur. M. de Langres, dans un voyage à Paris, prit de l'ombrage et commença à voir de moins bon œil M. de Saint-Cyran. Cela, joint aux autres causes de mésintelligence entre les supérieurs, décida la mère Angélique, aidée de l'archevêque de Paris, à retourner à Port-Royal (février 1636). Elle y retrouva les errements de M. Zamet; on s'y était mis au pas de la maison du Saint-Sacrement : il fallait se débrouiller des mélanges. Cependant l'archevêque de Paris, poursuivant sa lutte de prérogative, devenait pour l'instant un auxiliaire : il avait fait renvoyer au Tard les religieuses qui en étaient sorties et qui en avaient apporté les façons; il avait fait également revenir du Tard celles de Port-Royal, desquelles était la mère Agnès [1]. Celle-ci fut élue abbesse (septembre 1636) à la place de la mère Geneviève Le Tardif, qui exerçait la charge depuis six ans, ayant été réélue après son premier triennat (1633). M. de Saint-Cyran eut d'abord à vaincre à Port-Royal les préventions de la mère Agnès et des religieuses revenues du Tard : mais bientôt M. Zamet fut exclu de toute influence et même de l'entrée. Ce prélat, dès ce moment, ne se contint plus; il dénonça en Cour et près du Chancelier M. de Saint-Cyran pour sa conduite de la maison du Saint-Sacrement : il l'accusait de détourner les âmes de la communion. Aux premières rumeurs contre lui, M. de Saint-

1. La mère Agnès s'était fait si estimer au Tard que peu après son arrivée, et dès la première élection, elle y avait été nommée abbesse par les religieuses, et elle avait été continuée une seconde fois ; elle y avait ainsi gouverné pendant six ans (1630-1636), après lesquels elle fut rappelée à Paris, pour y être de nouveau élue. Si ce n'était pas employer de bien grands mots, je dirais qu'elle était la personne indiquée pour la circonstance et pour ce ministère de transition. .

Cyran s'était retiré de cette maison et y avait introduit pour confesseur en sa place un homme destiné à un grand rôle dans Port-Royal, M. Singlin, lequel, sorti de la direction de M. Vincent, venait de s'attacher au docte abbé. Le chancelier Séguier et son frère l'évêque de Meaux avaient une nièce (mademoiselle de Ligny) postulante au Saint-Sacrement; M. de Meaux interrogea lui-même la jeune fille; l'archevêque de Paris, par ses officiers, fit aussi examiner la doctrine enseignée : on ne trouva rien à reprendre; pourtant les préventions se propageaient. Quand M. de Gondi, voulant en finir avec cet Institut, pour lui plein de tracas, en fit retourner toutes les religieuses à Port-Royal, le 16 mai 1638, M. de Saint-Cyran, depuis deux jours, était déjà arrêté. Mais nous n'en sommes pas là, nous sommes en 1636 ; la mère Angélique ne fait que de rentrer à Port-Royal, et nous avec elle, heureux de voir ce pénible et vain épisode terminé.

Il est vrai que nous ne rentrons d'abord qu'à Port-Royal de Paris, cette maison de fraîche date. Patience ! Port-Royal des Champs, qui nous semble comme à la mère Angélique le seul vrai, ou du moins le seul aimable, va reparaître, et sous l'aspect principal qu'on se figure; son vide même et son désert, à ce moment, en font le cadre tout trouvé qui attend nos solitaires.

L'année 1636[1] est l'année capitale pour nous, et dans laquelle tous les fils de notre histoire arrivent, se rejoignent et font nœud; il faut compter : retour de la mère Angélique à Port-Royal (elle y a charge de maîtresse des novices et y fait des conférences qui renouvellent l'esprit); élection de la mère Agnès, à son retour, comme abbesse (après quelques préventions dissipées, elle entre dans les voies de Saint-Cyran); introduction de

---

1. L'année du *Cid* : triomphe du théâtre et du cloître.

M. Singlin à Port-Royal comme second de M. de Saint-Cyran et à titre de *confesseur*, le saint abbé restant plus particulièrement *directeur*. Juste vers le même temps, Lancelot, M. de Saci, M. Le Maître, chacun de son côté, et par un concours invisible, sont tentés de se donner à cet unique M. de Saint-Cyran devenu le point de mire des âmes. De plus (voyez!), comme toutes les causes de persécution et d'animosité contre lui se grossissent et s'assemblent! Il rompt d'une part avec M. de Langres au Saint-Sacrement, et de l'autre lui fait fermer la grille de Port-Royal. Il éloigne de Port-Royal également, par son regard sévère, les moines de Cîteaux qui cherchaient à y remettre pied, l'abbé de Prières et autres. L'abbé de Prières déposera tout à l'heure contre lui, et M. Zamet compose un mémoire qui, remis au cardinal de Richelieu, contribuera fort à l'emprisonnement. En 1637, la conversion éclatante du grand avocat M. Le Maître et sa fuite du barreau vont indisposer M. le Chancelier, déjà éveillé par cette affaire du Saint-Sacrement. En 1635, quand il s'était agi de casser le mariage de Monsieur et que le Cardinal ne désirait rien tant, l'Assemblée du Clergé avait obéi à ce vœu et rendu le décret de nullité; mais l'opinion présumée de M. de Saint-Cyran avait paru contraire [1]. En fallait-il davan-

1. Il n'est pas exact que M. de Saint-Cyran ait positivement refusé d'approuver ce divorce; on ne l'avait pas formellement consulté à ce sujet. Lancelot dit simplement (*Mémoires*, tome I, p. 75) que le Cardinal *s'était persuadé* cela, *bien que M. de Saint-Cyran eût toujours évité de se déclarer là-dessus*. La plupart des historiens jansénistes, qui se copient sans critique, et en renchérissant sur les louanges de leurs amis, ont transformé cette opposition soupçonnée en protestation solennelle et régulière; Racine lui-même n'a pas fait difficulté de dire : « L'Assemblée générale du Clergé et presque tous les théologiens, jusqu'au Père de Condren, général de l'Oratoire, et jusqu'au Père Vincent, supérieur des Missionnaires, furent d'avis de la nullité du mariage, mais *quand on en vint à l'abbé de Saint-Cyran*, il ne cacha point que

tage? Qu'on y joigne les refus d'évêchés, l'étroite liaison avec Jansénius, auteur du *Mars Gallicus*, le mauvais vouloir du Père Joseph; qu'on y joigne même la doctrine sur l'insuffisance de l'*attrition* et sur la nécessité de l'*amour* dans la pénitence, qui blessait directement l'opinion posée par Richelieu théologien dans son Catéchisme de Luçon : et Richelieu, entiché sur ce point comme en matière de bel-esprit, ne voulait pas plus la *contrition* que le *Cid*[1]; mais qu'on se représente surtout cette influence occulte et croissante qui ne se pouvait plus nier, ce nom mal sonnant qui revenait toujours; et l'on est en train de comprendre que le Cardinal, en faisant emprisonner Saint-Cyran, ait dit que, *si l'on avoit enfermé Luther et Calvin quand ils commencèrent à dogmatiser, on auroit épargné aux États bien des troubles.*

Quel est pourtant, à le voir à l'œuvre et de plus près encore, ce Luther et ce Calvin naissant, ou du moins qui parut tel à l'œil vigilant du grand Cardinal? Singu-

le mariage ne pouvait être cassé. » M. de Saint-Cyran n'était point de l'Assemblée générale du Clergé; il n'était ni de la Sorbonne ni d'aucune Faculté; il n'eut point à se prononcer à son tour. Fut-il de la petite conférence de théologiens que l'on consulta devant Monsieur dans la chambre du Père Joseph? mais celui-ci probablement ne l'aurait pas introduit là sans l'avoir fait sonder au préalable. En *docteur libre* il se contenta sans doute d'exprimer son avis dans l'intimité, et on doit convenir qu'il le fit trop peu discrètement s'il lui échappa en effet de dire un jour à l'abbé de Prières (futur témoin à charge), « qu'il aimeroit mieux avoir tué dix hommes que d'avoir concouru à une résolution par laquelle on avoit ruiné un sacrement de l'Église. »

1. Ce n'était pas seulement de sa part un point d'honneur théologique : un coin de politique s'y cachait. Louis XIII, dans sa dévotion, avait surtout peur du Diable : « La peur du Diable, oui, mais l'amour de Dieu, non, il ne l'a pas, quelque mine qu'il fasse, soyez-en sûr, » disait M. de Gomberville, comme répétant un mot de la vieille Cour. Ainsi, la doctrine de l'*amour de Dieu* était à la fois contraire à la théologie dont se piquait Richelieu, et à la tranquillité d'âme du roi.

lier et patient novateur, il a attendu l'âge de cinquante-cinq ans pour se déceler. En le suivant pas à pas jusqu'ici, nous ne l'avons pas assez démêlé en lui-même ; c'est l'heure, à la fin, de le voir percer. On ne le saisira pas longtemps à l'œuvre libre ; en moins de deux ans, le pouvoir séculier aura mis sur lui la main, et il ne sortira plus de Vincennes que pour mourir. Sa réputation a gardé je ne sais quoi de contesté, de difficile et d'obscur. Il mérite qu'on s'y applique de tout son effort. Son ascendant spirituel sur tant d'âmes sans qu'il fasse avances ni frais pour cela, cette autorité qui lui soumet les volontés en Jésus-Christ, qui lui conquiert, presque du premier regard, comme disciples d'une même pénitence, des hommes tels que Singlin, Le Maître, Saci, Lancelot, Arnauld, nous est un gage déjà de la valeur du chef vénéré. En le bien considérant, on sera confirmé dans cette estime.

FIN DU PREMIER LIVRE.

LIVRE DEUXIÈME

LE PORT-ROYAL

DE

M. DE SAINT-CYRAN

I

M. de Saint-Cyran directeur. — Ses principaux traits. — Sa
conduite des religieuses : la sœur Marie-Claire. — Admirables
oracles. — Ce qu'il dit de la Vierge. — Esprit de M. de Saint-
Cyran.—Majesté et humilité.—Sa direction des grandes dames :
princesse de Guemené. — Attitude envers les puissants. — Mot
sur Rome, — sur le Concordat.

M. de Saint-Cyran, pour le définir d'un mot, c'est *le
Directeur chrétien* par excellence, dans toute sa rigueur,
dans toute sa véracité et sa certitude, un rigide et sûr
médecin des âmes.

Jusqu'ici, en le suivant pas à pas dans sa formation,
je n'ai pas dissimulé, j'ai même recherché et comme
poursuivi les moindres mélanges. S'il est entré dans la
fusion première de sa nature, comme dans celle de toute
vertu humaine, quelque alliage, on l'a vu assez, et je l'ai
plutôt trop dit. Maintenant il est temps de le prendre
dans la médaille frappée, et de l'admirer sans plus de
réserve dans la perfection de l'empreinte. C'est le M. de
Saint-Cyran tout-à-fait définitif et mûr que j'envisage
désormais ; c'est de lui qu'est vrai ce qui va suivre ;
si quelque chose dans ce qui précède ne cadre plus,

qu'on le rejette, comme en avançant il l'a rejeté lui-même.

Or, je ne crois pas qu'en y regardant bien, il y ait un exemple plus complet que celui-là, du docteur intérieur et pratique de l'âme. On ne saurait être plus pénétré que ne l'était M. de Saint-Cyran de ce point : « Que l'homme a péché, qu'il est incurablement malade en lui-même ; qu'il n'y a de guérison et de retour qu'en Jésus-Christ ; que tout ce qui n'est pas cela purement et simplement est fautif et mauvais, que tout ce qui est cela devient salutaire, facile, sanctifiant. » Il s'en montre imbu plus absolument qu'on ne peut dire, et sans aucune de ces diversions, trop souvent mêlées, chez les directeurs des âmes, à cette idée qui (le Christianisme posé) devrait être, ce semble, l'unique. *Guérir, guérir* est son seul mot d'ordre, son seul soin et son cri ; combien peu s'y bornent ! *Laver, purger* ce qui souille toute âme et qui *la diffame devant Dieu !* c'est dans ces termes énergiques qu'il s'exprime. On a vu saint François de Sales causant avec plusieurs, parlant à tous de Dieu et de l'amour, mais aussi s'accommodant de mille choses accessoires, les tolérant et les acceptant presque, traversant au besoin la politique sans y souiller son hermine, mais pourtant la traversant. Bossuet, à sa manière, et dans un autre genre, est ainsi : il a souci de cette terre, de la réalisation historique des grandes vérités chrétiennes ; il s'en occupe dans l'histoire même qu'il écrit ; il s'en souvient près des princes et seigneurs qu'il dirige ; il loue ces puissants de la terre en vue de certaines fins, hautes et désirables sans doute ; mais pourtant, en vue de ces fins, il fait un peu fléchir la parole et l'action, — il les loue. M. de Saint-Cyran (et je ne prétends pas ici préférer sa manière, car il peut y en avoir plusieurs, je veux seulement la caractériser), — M. de Saint-Cyran n'est pas tel : il ne fléchit sur rien d'accessoire, il ne s'en préoccupe pas; il semble ne point chercher de résultats extérieurs et de développements manifestes sur la terre[1]. L'âme humaine, individuelle, chaque âme une à une, naturellement et incurablement malade par le péché, cette âme à sauver par Jésus-Christ et par lui seul, voilà son œuvre; il s'y concentre; à droite et à gauche, rien. Jansénius songeait plus particulièrement à la nécessité de l'entière vérité dans la doctrine; lui, il tient surtout à la nécessité de l'entière vérité dans la guérison. Parmi les réformateurs célèbres calvinistes, tant occupés de cette guérison individuelle, nul ne l'a surpassé en rectitude ni en puissance; et ce qui le distingue essentiellement d'avec eux et d'avec ceux qu'on a depuis appelés *Méthodistes*, tous également tournés à l'unique point, c'est sa haute croyance aux Sacrements, à celui de l'Eucharistie d'abord et à celui de la Pénitence.

Si bien que, croyant aussi fort qu'il fait au mal et à la nécessité du remède, croyant à la Grâce, ne croyant pas moins à ce double sacrement qui est un double canal direct de guérison et de nourriture spirituelle, et croyant encore par-dessus tout au sacrement du *Sacerdoce* qui confère l'exercice souverain des deux autres, M. de Saint-Cyran apparaît, comme étude et caractère de Directeur, aussi intimement fondé et plus armé de tout point que personne[2].

---

1. Ceux qui savent lire, lire surtout dans l'intime contradiction de toute pensée, concilieront ceci avec ce qui a été insinué ailleurs de ses projets concertés et de sa longue entreprise. Ce qui est certain, c'est qu'une fois qu'on entre dans M. de Saint-Cyran *directeur*, le reste disparaît.

2. Pour le connaître à fond et *doctrinalement*, il faut avoir lu sa lettre à M. Guillebert et ses pensées *sur le Sacerdoce* (*Lettres chrétiennes et spirituelles de messire Jean du Vergier*, etc., 2 petits vol. in-12, 1744); il y marque expressément ses vrais points de séparation d'avec Luther et Calvin. Maintes fois les Réformés l'ont

Avec ces sortes de figures sombres, on n'a pas à craindre de passer et repasser quelquefois sur les mêmes traits. — I° M. de Saint-Cyran n'accorde rien à la *littérature*. J'ai dit ses premiers écrits bizarres ; en général il savait peu écrire, et ce n'est que dans ses lettres de la fin que la force du sens lui donne la forme exacte et ferme. Les Jésuites prétendent même qu'on les a corrigées avant de les faire imprimer. Mais il parlait à merveille ; ce qu'on a de ses entretiens notés sur l'heure et transmis (et on en a beaucoup) est fort supérieur à ses écrits pour la beauté continue du sens chrétien. C'est court, austère, plein, nourri de l'Écriture, formant comme une suite d'aphorismes d'un Hippocrate spirituel : tout coup porte. Ce don de parler, supérieur à celui d'écrire, et qui l'exclut même à un certain degré, est presque une marque dans le directeur et un gage, rien n'étant plus contraire que le goût littéraire qui s'y glisserait. Il y a tel passage de conseils donnés par saint François de Sales qui accuse, on l'a dit, une plume amusée ; on se rappelle *les ronds dans l'eau*. Jamais rien de tel chez Saint-Cyran ; le faux goût subtil, quand il s'y trouve, tient toujours à la pensée : chez lui la chose même.

II° L'*histoire*, c'est-à-dire la réalisation terrestre, visible, et en grand, de certaines idées ne le distrait pas. Bien qu'il sache à fond l'histoire ecclésiastique, il ne s'y livre que quand il le veut directement ; il n'est pas tenté aux digressions d'un esprit philosophique ou oratoire, qui arrange les événements et se donne des perspectives, comme l'a fait Bossuet. Nulle sortie et allusion

voulu tirer à eux ; ainsi Leydecker dans son *Histoire du Jansénisme;* Jurieu en son livre de *l'Esprit de M. Arnauld*. De nos jours, quelques-uns l'ont essayé encore : au début, on est surtout frappé des ressemblances. Certes on peut tailler dans M. de Saint-Cyran un Calviniste, mais c'est à condition d'en retrancher mainte partie vitale.

aux affaires du temps, à tel ou tel triomphe d'opinions, et qui cadrerait avec le système ; en un mot, aucune politique liée avec la religion. Le monde d'une part, et les affaires qui s'y agitent, grand abîme de perdition; de l'autre, l'âme humaine, une âme particulière à guérir et à sauver, sans s'inquiéter de ce qu'elle paraîtra et fera par rapport aux yeux d'ici-bas. Saint-Cyran dirige, Aurélius a cessé de controverser. Le Nouveau Testament et Jésus-Christ, voilà toute son histoire; à partir de Jésus-Christ et des premiers Pères et Docteurs, que lui importe le plus ou moins d'aberration, sinon pour déplorer en secret? Si quelques mots lui en échappent près de ceux qu'il voudrait voir docteurs, et dont c'est le rôle, il n'en touche jamais rien dans le gouvernement direct et secret des âmes.

III° Nulle distraction vers la *nature*. Il est des intelligences aimables et courantes qui, tout en montant, s'y posent comme sur des fleurs : M. de Saint-Cyran n'a point de fenêtre de ce côté ; il n'y puise qu'à peine quelques comparaisons, et alors c'est seulement aux choses les plus apparentes qu'il les emprunte, comme le soleil, l'air ; mais jamais il ne va au détail et ne semble l'avoir regardé. Il lisait droit à l'âme et ne prenait qu'en elle ses expressions et ses images, ou dans la Bible encore et dans ses figures. Son genre d'imagination (et il n'en manquait pas) était ainsi tout appliqué au dedans et ne se réfléchissait qu'au livre unique ; il avait même la tournure d'esprit assez symbolique et apocalyptique en ce sens.

On pourrait pousser encore cette énumération des traits qui le déterminent ; par tout ce qu'il n'avait pas, autant que par ce qu'il avait, M. de Saint-Cyran se trouvait posé comme le grand médecin des âmes ; elles le sentaient bien, le devinaient, et, comme il demeurait calme, c'était à elles bientôt de faire violence jusqu'à lui. Avant d'exposer ces merveilleux exemples de M. Le

Maître et de Lancelot, rien n'en apprend plus sur sa direction des religieuses à l'intérieur de Port-Royal que ce qu'en a écrit la sœur Marie-Claire. — Cette pieuse cadette des mères Angélique et Agnès, et de la sœur Anne-Eugénie[1], moins forte d'esprit qu'elles, mais d'un naturel charmant, affectueux et passionné, avait été fort imbue de la sainteté et de l'excellence de M. de Langres ; le prélat, dans les premiers temps qu'il venait à Port-Royal, lui avait dit un jour, la voyant si tendrement attachée à la mère Angélique, que le mieux peut-être serait de ne lui plus parler jamais : Marie-Claire, avide d'obéir, prenant ce mot inconsidéré pour un oracle de Dieu, fut, à partir de là, quelques années sans parler du tout à sa sœur. M. de Langres l'avait envoyée ensuite à l'abbaye de Tard, et l'y avait soumise à de nouvelles et rudes épreuves de solitude et d'absolu silence. Elle y était demeurée plus de cinq années sous la mère Agnès ; revenue de là à Port-Royal, au moment de l'extrême conflit de M. de Langres et de M. de Saint-Cyran, elle se montra des plus ardentes à prendre parti contre celui-ci. En vain la mère Angélique, toujours si chère à travers ces années de séparation, en vain la mère Agnès, non moins chère et guérie de ses préventions elle-même, essayaient d'éclairer les scrupules de Marie-Claire ; on ne réussissait qu'à déchirer son cœur. Cette division dura plus de quatorze mois. M. Zamet avait cessé de venir, mais son esprit vivait toujours dans la rebelle. M. d'Andilly l'exhortait sans la vaincre : un jour il la supplia de vouloir bien prier ensemble ; ce qu'ils firent, et Marie-Claire, en se relevant de sa prière, se trouva, est-il dit, une nouvelle créature. Mais *ce n'était*

---

1. Voir précédemment sur la sœur Marie-Claire, p. 180 et 193 : encore une fille de madame Arnauld et une figure du cloître, à physionomie bien distincte sous le voile.

que le point du jour, et le soleil n'envoya toute lumière à son esprit qu'à la fête de l'Assomption de la Vierge, pour laquelle elle avait toujours eu une vive dévotion. Elle souhaita dès lors de mettre son âme entre les mains de M. de Saint-Cyran pour qu'il lui apprît ces voies simples et droites de la Pénitence qu'elle avait méconnues. Le jour de Saint-Louis 1636, elle se décida à lui écrire une lettre humiliée, où elle s'exprime en vraie criminelle : « ... Vous êtes libre de me refuser, mais je ne le suis pas de me retirer ; et vous me commanderez de le faire auparavant que je cesse de vous importuner.... Je sais que Dieu me peut sauver ; mais quelle obligation a-t-il de faire ce miracle ? J'adore le jugement qu'il fera de moi avec tremblement et tranquillité.... » *Tremblement et tranquillité*; c'est le double mot qui exprime déjà toute la doctrine pratique de M. de Saint-Cyran, ce sont, en quelque sorte, les deux pôles de la Pénitence, telle qu'il l'impose aux âmes. 1637

M. de Saint-Cyran, supplié de la sorte, ne se rendit pas aussitôt ; afin de la mieux éprouver dans son changement, il fut six mois sans lui accorder de l'entendre ; elle persévérait à demander. Enfin, au commencement de l'année 1637, la veille de la Purification de la Vierge, il la vit pour la première fois, et lui dit tout d'abord ces paroles : 1638

(Mais une remarque préliminaire encore : qu'on ne s'étonne pas trop du ton, et qu'on veuille penser à ce qu'est un *Directeur* qui croit jusqu'au fond des entrailles à l'efficace du sacrement : quelle responsabilité, quelle investiture de puissance au nom de Dieu ! Ces paroles qu'on va lire ont été recueillies tombantes et comme tonnantes de sa bouche dans l'exercice même du sacrement de la Pénitence, pendant qu'il confessait cette âme, c'est-à-dire qu'il proférait sur elle l'ordre de Dieu. Qu'on n'y voie pas orgueil individuel, mais autorité de juge. Je dirai tout après comme il entendait l'humilité. — La première fois donc qu'il vint à elle, il lui dit :)

« Je n'avois ni désir, ni dessein de vous voir, je suis venu
« dans une autre pensée ; mais étant allé à l'église, je me
« suis trouvé *obligé*[1] de vous demander. Vous n'en avez
« obligation qu'à Dieu. Il est aujourd'hui saint Ignace, mar-
« tyr ; c'est un saint remarquable. Eh bien ! que désirez-
« vous ? Je suis pour vous guérir : montrez vos plaies. »

Après qu'elle l'eut entretenu de l'état où elle avait été, il lui dit ceci :

« Il faut voir devant Dieu si vous avez été vraiment ce
« que vous avez fait paroître. Quelquefois l'extravagance
« emporte l'esprit à dire ce qu'il ne croit pas, et à suivre ce
« qu'il n'approuve pas : il faut faire ce discernement.

« Il faut que les œuvres extérieures de la Pénitence pro-
« cèdent du ressentiment intérieur, et qu'il y ait un rapport
« de l'un à l'autre : *car il se faut garder de témoigner plus de*
« *sentiment au dehors, que l'on n'en a véritablement au dedans.*

« Je loue Dieu de vous voir revenir à lui en vérité. C'est
« une grâce de laquelle vous n'estimez pas assez la rareté :
« *de mille âmes, il n'en revient pas une*[2]. Je vous ai crue in-
« convertible. Si vous fussiez morte, vous n'eussiez pu pré-
« tendre grande part au Ciel. Je vous donne ces paroles :
« *Misericordias Domini in æternum cantabo*[3] ; je chanterai
« éternellement les miséricordes du Seigneur. Dieu s'est
« souvenu, dit la Sainte Vierge, de sa miséricorde qu'il sem-
« bloit avoir oubliée durant quatre mille ans. Il s'en est res-
« souvenu pour vous retirer de cette voie dangereuse. En ce
« que vous avez été, vous reconnoissez *ce que vous êtes*, et
« en votre changement *ce qu'il est.* »

---

1. *Obligé* par le conseil, par le mouvement de Dieu dans la prière.
2. Cela est dur, mais il faut convenir que chrétiennement cela est vrai ; tous ceux qui le déguisent oublient le Christianisme ou le transforment. Et si l'on n'y prend garde, le Christianisme va à tout moment se modifiant selon la nature. Pour peu qu'on sommeille, on se réveille plus ou moins arien ou pélagien.
3. Psaume LXXXVIII.

Lorsqu'elle commença sa confession, il lui dit :

« Dieu est esprit, et les péchés de l'esprit l'offensent beau-
« coup plus que les corporels. Vos ressentiments sur ce point
« sont justes. *Gardez-vous de l'exagération.* Il y a plus d'hu-
« milité à se confesser simplement.

« Il n'est point besoin d'examen pour se souvenir des pé-
« chés d'importance; *leur impression ne s'efface point, parce
« qu'elle tient de l'immortalité de l'âme.* Tenez-vous devant
» Dieu sans pensées et sans paroles, il vous entendra bien.
« Je vous laisse avec ces paroles de l'Évangile de la semaine :
« *Les derniers seront les premiers.* Aux premiers siècles, les
« pécheurs demandoient avec une extrême humilité d'être
« reçus à la Pénitence, et s'estimoient indignes d'approcher
« seulement les Prêtres.

« *Il faut venir vivante à la Pénitence.* C'est la raison pour-
« quoi je vous ai laissée attendre si longtemps. *Je vous ai
« laissée vivre;* il y a cinq mois que vous vivez d'une vie
« spirituelle.

« La première pointe de l'aurore s'appelle Jour, encore
« qu'elle n'efface pas les ténèbres de la nuit : ainsi la
« première étincelle de la véritable lumière que Dieu
« envoie sur une âme, se doit appeler Grâce, encore
« qu'elle soit environnée des ombres que le péché porte
« après lui.

« C'est un abus extrême de conduire toutes les âmes d'une
« même sorte; chaque âme doit avoir ses règles. Plusieurs
« choses peuvent se faire sans danger par des âmes inno-
« centes, lesquelles seroient dangereuses à des âmes bles-
« sées par le péché, qui, quoique guéries par la Pénitence,
« ne sont pas exemptes des foiblesses que leurs blessures
« leur ont laissées. Un soldat qui a été dangereusement
« blessé se ressent le reste de sa vie, quoique ses plaies
« soient bien guéries, des changements de temps, et ne
« s'expose pas, s'il aime sa santé, aux brouillards et aux
« neiges, comme un autre pourroit faire sans péril. Je ne
« vous puis donc pas laisser dans vos libertés de conscience,
« si vous ne voulez pas que je vous trompe, comme ceux qui
« ont attribué vos peines à d'autres causes. Moi qui connois
« vos plaies, je les dois guérir. Je suis le médecin qui dois
« venir au remède : il est dans le retranchement que vous

« désirez. La voie est étroite ; c'est tromperie de s'en former
« une large. Enfin c'est la première règle de la Pénitence,
« que celui qui a péché en faisant les choses illicites, se
« doit abstenir des licites.

« Que votre Pénitence soit accompagnée de silence, de
« patience et d'abstinence, j'entends celle de l'esprit qui
« porte séparation de toutes choses [1].

« *Je ne veux point* de douleur qui se répande dans les
« sens : *prenez garde à vos larmes.* Je ne veux point de
« mines, de soupirs ni de gestes, mais un silence d'esprit
« qui retranche tout mouvement. Priez Dieu, et soyez à Dieu
« sans affectation. Dites le *Miserere* [2], et remarquez ces pa-
« roles : *Secundum magnam misericordiam tuam;* selon l'éten-
« due, Seigneur, de votre grande miséricorde. La grande
« miséricorde est celle qui se fait après le Baptême. Dites
« les Psaumes de la Pénitence ; toutes les paroles qui y sont
« contenues ont une vertu particulière pour guérir les bles-
« sures de l'âme. La Pénitence de David y est exprimée.
« *C'est une merveille de ce qu'étant un roi, il en a pu faire
« une telle* [3]. Vous êtes heureuse de vous trouver religieuse.
« Si vous étiez dans le monde, il serait difficile de vous faire
« faire la Pénitence dont vous avez besoin ; mais votre cloître
« favorise ce dessein, et votre clôture et la garde de vos
« règles, pratiquées dans un esprit nouveau, sont la meil-
« leure Pénitence que vous puissiez faire.

« Il faut accomplir les choses qui sont d'obligation devant
« celles qui vont au delà. Vous n'avez pas dû me faire la
« proposition pour la Pénitence que votre papier porte, sans
« un mouvement de Grâce, et je ne vous dois y répondre que
« *dans le mouvement de Dieu* [4]; je lui recommanderai.

« Voici votre confession conclue. Il faut venir aux re-
« mèdes.... »

Elle suppliait qu'on la fît sœur converse, aspirant à

---

1. Toujours l'esprit plus que la lettre.
2. Psaume L.
3. Quelle profonde pitié des rois qui s'échappe en passant !
O Bossuet, à ce prix, que vous étiez faible devant Louis XIV !
4. On saisit bien au vif sa croyance à l'inspiration directe dans
l'oraison : il attend, pour répondre à une certaine proposition, le
mouvement tout spécial qu'il demandera.

être la servante et la dernière de la Communauté, et pour toute sa vie ; il le lui permit pour trois mois :

« Nous vous ferons sœur converse ce Carême.... Vous serez
« dans le travail, mais sans excès, afin que vous puissiez
« persévérer. C'est contre l'humilité, de vouloir faire des
« choses extraordinaires. Nous ne sommes pas saints, pour
« faire comme les Saints. Il se faut tenir humblement dans
« la médiocrité, et vivre dans un certain déguisement qui
« ne fasse rien voir en nous que de commun. Vous vous ren-
« drez égale aux sœurs converses en toutes choses ; seule-
« ment, vous tâcherez d'être la plus humble. »

Et d'une parole magnifique, il ajoutait :

« Anciennement, les Pénitents changeoient d'habits, et
« plusieurs innocents par humilité faisoient de même, se
« mêlant parmi les coupables ; et les Pères disent que la
« Pénitence étoit le remède des uns et la gloire des autres. »

Une autre fois, pour la soutenir dans un découragement, il lui disait :

« Il faut oublier le passé. S'il falloit penser aux péchés
« commis, nul ne seroit heureux. Je ne me contente nulle-
« ment d'une espérance qui ne s'étend qu'à empêcher le
« désespoir : il en faut une ferme et constante en Dieu, qui
« est aussi infiniment doux aux âmes qui sont dans la vraie
« voie, qu'il est infiniment terrible et rigoureux aux âmes
« qui en suivent une fausse. Lui qui nous a commandé de ne
« pas regarder en arrière ayant mis la main à la charrue,
« il fait ce qu'il faut que nous fassions : il ne regarde pas
« les péchés passés d'une âme *qui recherche son Royaume* [1]. »

On le voit, si j'ai pu dire de M. de Saint-Cyran qu'il était parfois un buisson et un buisson sans jamais de fleurs, il faut ajouter qu'il est souvent aussi un buisson

---

1. *Mémoires pour servir à l'Histoire de Port-Royal*, etc., (Utrecht, 1742), t. III, p. 450-458, et en général toute la cinquième Relation.

ardent. Sans crainte de nous emparer du jeu de mots sur son nom, nous touchons véritablement aux fruits de ce *verger* qui nous parut si longtemps hérissé d'épines. Un *Esprit* de M. de Saint-Cyran serait à faire [1]; à côté de celui de saint François de Sales, ce serait un livre certainement aussi beau. Je l'ébauche ici; je ne suis pas à bout de citer. Comme cette sœur Marie-Claire, heureuse de sa condition pénitente, le priait de l'y laisser toute sa vie, il lui répondait :

« Vous voulez que je vous assure votre condition : je
« n'aime pas cette demande. Les âmes qui sont à Dieu ne
« doivent avoir ni assurance ni prévoyance; elles doivent
« agir par la Foi, qui n'a ni clarté ni assurance dans la suite
« des bonnes œuvres; *elles regardent Dieu et le suivent à
« tout moment*, dépendant des rencontres que sa Providence
« fait naître. Je ne voudrois pas savoir ce que je ferai quand
« je serai descendu d'ici. Nous avons obligation de ne de-
« mander notre pain à Dieu, c'est-à-dire sa Grâce, que pour
« chaque jour; mais je voudrois le demander pour chaque
« heure. *Il faut une flexibilité nonpareille et universelle à une
« âme chrétienne.* Il faut qu'elle sache passer du repos au
« travail, du travail au repos, de l'oraison à l'action, de l'ac-
« tion à l'oraison; n'aimant rien, ne tenant à rien, sachant
« tout faire, et sachant aussi ne rien faire quand la maladie
« ou l'obéissance l'arrête, *demeurant inutile avec paix et joie.*
« Il y a avantage en la cessation, et souvent en travaillant
« nous ne faisons rien devant Dieu [2]. »

La sœur Marie-Claire avait, je l'ai dit, une particulière et tendre révérence pour la Vierge, dont toutes les fêtes avaient été marquées pour elle par des bienfaits spirituels. Étant allée voir M. de Saint-Cyran le jour

---

1. Lancelot l'a fait dans ses *Mémoires*, mais au point de vue janséniste : il y aurait à retrancher et à ajouter.
2. On peut comparer avec la soixante-dix-huitième des *Lettres spirituelles* de Fénelon qui roule sur ce même conseil : « Ne songez point à des choses éloignées, etc., etc. »

de l'Annonciation, elle lui demanda sa bénédiction ; il lui répondit :

« Vous désirez ma bénédiction, je vous la donne ; elle vous
« profitera à proportion de votre foi. Vous désirez que je
« vous dise quelque chose sur la fête de l'Incarnation : il
« faut qu'en ce jour et en tous les autres que l'Église consa-
« cre à la Sainte-Vierge, nous lui rendions ce que nous de-
« vons. *Sa grandeur est terrible.* Pour la révérer, il ne faut
« que savoir qu'elle est le chef de l'Ange : en montant des
« créatures à Dieu, au-dessus d'elles toutes, vous trouvez la
« Vierge ; et en descendant de Dieu aux créatures, après le
« Saint-Esprit, vous la rencontrez.... »

Cette manière auguste de considérer la Vierge, *celle à qui,* comme on l'a dit, *il fut donné d'enfanter son Créateur,* ajoute, ce me semble, quelque chose d'inattendu à l'idée de sa gloire. Cet éclair d'effroi, *à la Jéhovah,* qui tombe sur ce doux front, rehausse en un point le diadème. Ce qui domine depuis le Moyen-Age autour du nom de Marie, ce sont plutôt les fleurs et les tendresses, c'est la poésie du pardon. Saint Bernard et toute son école, Arnould de Chartres, Geoffroi de Vendôme, Hélinand de Froidmont, cet Adam de Perseigne qui ne prêche que sur elle, épuisent à son sujet les magnificences et surtout les grâces de la mysticité, les étoiles et les roses. Son fils a passé dans ses entrailles bénies *comme un rayon de soleil à travers la vitre du sanctuaire, sans y laisser de souillure.* Le Sauveur s'est posé un jour sur cette tige de Jessé, *et plus n'en voulut sortir pour l'odeur qu'il y trouva.* Elle est *la branche d'églantier* encore. Du cœur et de la bouche d'un mort pieux on a vu sortir *un lis inscrit du nom de Marie.* Trouvères et saints parlent de même. Des moines assurent avoir ressenti dans leur bouche, en prononçant son nom, *la suavité d'un rayon de miel.* Elle descend des cieux vers leur lit de mort, et emporte leur âme *dans un pli de sa robe de lin.* Elle passe les jours à écouter dans les solitudes *la voix de la tourterelle.* Telle est surtout la Vierge du Moyen-Age et des siècles qui ont suivi. Ce que M. de Saint-Cyran articule ici sur elle, est d'un plus sévère accent, et se rapporte plutôt à ce qui fut dit aussi, qu'à l'agonie de la mère de Dieu, *pour la seconde fois depuis la Création,* le Paradis resta vide et désert.

La sœur Marie-Claire, ainsi remise dans la voie, ne cessa d'y marcher avec une ardeur prodigieuse, et, pour parler comme la mère Angélique de Saint-Jean, *avec cette disposition insatiable que rien ne pouvait contenter, et qui était sa grâce particulière.* La prison de M. de Saint-Cyran lui ravit bientôt celui qui l'eût un peu modérée. Comme pour expier sa longue résistance au saint directeur, une des occupations de ses dernières années fut de transcrire les Lettres et Considérations chrétiennes du prisonnier, qui ne les traçait qu'à la dérobée, au crayon, et d'en dresser une copie nette et fidèle. Elle mourut avant qu'il fût sorti de Vincennes ; ce fut M. Singlin qui l'assista. Durant les transes de l'agonie et dans un moment d'appréhension suprême, elle fit réciter quelques prières à la Vierge, et, *son visage devenant tout calme,* elle dit avec un sentiment d'admiration : « Que c'est une grande chose de mourir dans l'espérance de la vie éternelle ! » Elle expira le 15 juin 1642, en élevant de ses faibles mains la Croix qu'elle tenait serrée, et en s'écriant fort haut par deux fois : *Victoire ! victoire !* M. de Saint-Cyran, apprenant cette mort dans son donjon, écrivit :

« Elle est du nombre de ces âmes dont on doit être assuré qu'elles sont à Dieu, soit qu'il lui reste quelque chose à purger en l'autre vie ou non ; et je dis peut-être non, car on ne sait que dire de ces esprits qui sont excessifs dans l'amour de la Vérité et dans l'exercice de la Pénitence. Un seul de ces actes parfaits est quelquefois capable d'effacer tout ce qu'il y a d'impur dans l'âme....

« Les bonnes qualités qu'elle avoit étoient telles qu'elles me modéroient pour leur excellence, de peur que si je lui eusse témoigné le sentiment que j'en avois, je l'eusse rendue trop affectionnée en mon endroit ; ce que je tâchois d'éviter, la voulant aimer comme l'on aime les Bienheureux, plus du cœur que de la bouche, et plus par des sentiments que par des expressions trop fortes sur lesquelles elle eût toujours renchéri. »

C'est le contraire, comme méthode, de l'affection extrême qu'épanche Fénelon dans sa Correspondance spirituelle.

La conduite de M. de Saint-Cyran à l'égard de la sœur Marie-Claire nous représente à fond (et sauf les diversités d'application) celle qu'il eut à tenir envers les autres religieuses de Port-Royal. Bossuet a donné, en son temps, de longues instructions à de simples religieuses aussi; on pourrait comparer. Il est probable qu'on trouverait en dernier résultat celui qui est appelé *l'Aigle*, plus doux et plus clément. Mais un *directeur* est autre qu'un *conseiller*, et plus obligé de voir de près et de trancher. Ces pages de Saint-Cyran, avec leur ferme cachet, restent de grandes pages, et, comme profondeur et sublime de direction spirituelle, elles ne sauraient être surpassées.

Pour y ajouter à l'instant leur complément et leur correctif en ce qu'elles pourraient paraître avoir de trop souverain et de trop ordonnateur, il y a lieu d'assembler quelques autres pensées et quelques pratiques de M. de Saint-Cyran sur l'*humilité*. Selon lui, la véritable humilité consiste moins à se croire incapable de faire les œuvres, même grandes, qu'à se savoir pécheur et incapable de les faire autrement que par Dieu. Il a dit expressément : « Il n'y a point de plus grand orgueil que

« d'outre-passer les ordres de Dieu, en faisant de sa
« tête et par un mouvement précipité quelques grandes
« œuvres pour lui : il n'y a point de plus grande humi-
« lité que de faire pour lui quelques grandes œuvres,
« en se tenant dans les moyens et dans les ordres qu'il
« nous a prescrits. » Et c'était dans la Grâce et dans sa
lumière au sein de la prière qu'il discernait ces ordres
divins, comme l'œil voit jusqu'à un atome dans le plein
soleil. De peur de se repaître des œuvres accomplies, il
avait pour maxime, *quand une chose était faite, de la
perdre en Dieu.* L'humilité était pour lui un grand but
auquel il s'efforçait d'autant plus d'arriver que, sans
doute, en chemin sa nature un peu haute et revêche se
rebellait parfois ; il employait toutes ses forces et son
art spirituel (la Grâce aidant) pour y atteindre en se
baissant bien bas, en se diminuant tout doucement. Il
considérait l'humilité (ce sont ses propres termes) comme
l'*ombre* que ceux qui courent plus fort n'attrapent point
pour cela, et il ne croyait pas qu'il y eût un meilleur
moyen de la posséder, que d'arrêter son activité naturelle pour s'anéantir en soi-même, et que de se tourner
tellement vers le soleil divin, et si en plein dans le juste
sens de son rayon, que toute ombre autour de nous dis-
parût. — Il se rappelait souvent et surtout qu'il fallait
bien se donner de garde de cette ambition secrète qui
porte insensiblement à vouloir dominer sur les âmes et
à se les *approprier ;* qu'elle était infiniment plus grande
et plus périlleuse que celle des princes de la terre qui
ne dominent que sur les biens et sur le corps ; que l'orgueil de ceux-ci était un orgueil des enfants d'Adam,
mais que l'orgueil des autres, étant plus spirituel, tenait
plus de celui du Démon, de l'Ange (*superbia vitæ*). Il
disait et rappelait sans cesse que, si grands que soient
les hommes qui nous conduisent, la lumière que nous
recevons ne peut venir que de Dieu, selon ce beau mot

de saint Augustin : « *O Homo, venit ad te lux per montes ; sed Deus te illuminat, non montes :* ô Homme, la lumière te vient des montagnes ;-mais c'est Dieu et son soleil qui t'éclaire, ce n'est pas la montagne. » Nous commençons à voir, ce me semble, M. de Saint-Cyran se former et comme se configurer pleinement sous notre regard[1].

Puisque la haie du difficile verger est franchie, je courrai encore à travers quelques-unes de ses saintes maximes, où une énergique beauté et vérité me paraissent empreintes. Il disait : « L'âme d'un Chrétien ne
« peut demeurer en un même état ; il faut qu'à tous
« moments elle s'élève vers le Ciel ou se rabaisse vers
« la terre. »

Il disait : « Dieu ne possédant nul bien temporel, et
« en étant, pour le dire ainsi, dépouillé, les possède
« tous d'une manière suréminente, comme la mer pos-
« sède les eaux des fleuves et des fontaines, c'est-à-dire
« dans sa sainteté et dans ses biens de Grâce et de
« Gloire, qui sont une même chose avec son essence.
« L'homme juste, après s'être dépouillé de tous les dé-
« sirs et de tous les biens temporels de la terre, les
« possède plus excellemment dans ceux de la Grâce que
« Dieu lui a donnés.

« Aussi on ne sauroit mieux définir la Grâce en abrégé
« que de dire que c'est un empire et une souveraineté
« sur toutes les choses du monde. »

N'y a-t-il pas de quoi contempler dans cette pensée toute la fierté et la gloire permise de l'humble pauvreté chrétienne, sa secrète revanche ?

En voici quelques autres qui, à la réflexion, devien-

---

1. Sur la conciliation du zèle pour la vérité et de l'humilité, on peut lire sa lettre à M. Guillebert, p. 101 et 115. (*Lettres chrétiennes et spirituelles*, 1744, 2 vol. in-12.)

dront fécondes, et qui, entre saint Augustin et Bossuet, renferment leur *philosophie de l'histoire* aussi :

« Il y avoit lors très-peu de personnes d'entre les
« Juifs (*paucissimi*, dit saint Augustin, qui n'a pu user
« d'un nom plus diminuant) à qui Dieu donnât les biens
« spirituels : il y en a maintenant très-peu d'entre les
« Chrétiens à qui il donne les biens temporels. »

« Ce corps est moins à l'homme qu'il n'étoit avant
« l'Incarnation, parce que Jésus-Christ se l'est appro-
« prié de nouveau en le rachetant. »

« L'Évangile qui a ruiné l'adoration des créatures, a
« donné sujet d'augmenter, par un événement étrange,
« l'affection des créatures en plusieurs de ceux qui font
profession de lui obéir[1]. »

Ces pensées, qui ont toute la beauté aphoristique propre à un Hippocrate ou à un Marc-Aurèle chrétien, sont tirées la plupart d'un petit écrit sur la *Pauvreté*[2], vertu dont M. de Saint-Cyran était très-préoccupé, y ramenant tout l'Évangile. Car on peut dire que Port-Royal, avec Saint-Cyran, avec ses religieuses et ses solitaires, de même qu'il a été un redoublement de foi à la *divinité* de Jésus-Christ par pressentiment d'opposition au prochain *déisme* philosophique, de même qu'il a été un redoublement de foi à l'omnipotence de la *Grâce* par pressentiment d'opposition à la prochaine exaltation de la *liberté* humaine, a été encore comme un dernier redoublement de pratique et d'intelligence de la *pauvreté* chrétienne par pressentiment d'opposition à la

---

1. En effet, depuis l'Évangile, l'idolâtrie brisée en bloc s'est comme retrouvée en monnaie courante chez les Chrétiens.

2. Au tome quatrième des *Œuvres chrétiennes et spirituelles de messire Jean du Verger*, etc., etc., 4 vol. in-12, Lyon, 1679. — En lisant saint Augustin, il ne faudrait pas s'étonner d'y rencontrer quelques-unes de ces pensées, comme il se rencontre du Pascal tout pur dans Montaigne.

future invasion de *philanthropie* et ensuite d'*industrie* qui a sécularisé de plus en plus la charité, et l'a réduite en bien-être pour les autres et pour soi : ce qui n'en est pas même l'ombre[1].

Tel on a vu le Saint-Cyran directeur dans la conduite d'une humble et simple religieuse qui se remettait entre ses mains, tel il était (et ceci devient essentiel pour tempérer et achever en même temps l'idée de sa sévérité), — tel, aussi rigidement et aussi sincèrement, envers les grandes dames et les princesses qui faisaient effort pour qu'il les voulût entendre. Madame de Guemené en offre un bien frappant et piquant exemple. Cette dame, trop connue par ses légèretés dans le monde avec Bouteville, M. de Soissons, M. de Montmorenci..., eut à un moment des velléités très-vives de conversion. La mort sanglante de M. de Montmorenci (1632) l'y avait, j'aime à le croire, préparée. Le cardinal de Richelieu la détestait, la soupçonnant, dit Retz, d'avoir traversé l'inclination qu'il avait pour la reine. Lorsqu'on trouva dans la cassette de M. de Montmorenci les billets de madame de Guemené, il voulut forcer le maréchal de Brezé, qui s'en était saisi, de les rendre publics. Piquée par toutes ces disgrâces et fort prêchée par d'Andilly, vers 1638, la princesse de Guemené avait donc de fréquents regards du côté de notre monastère, qui devenait insensiblement une espèce de place de refuge, sinon de sûreté, pour les mécontents du Cardinal. A lire les

---

1. *Le bien-être résultant d'une action n'est aucunement la mesure de la charité*. Pour comprendre Saint-Cyran, Port-Royal et leur esprit de *pauvreté*, on ne saurait assez se le redire. Qu'on se rappelle, par exemple, ces trente religieuses de Maubuisson si bien reçues dans le couvent *qu'elles viennent affamer*, et tout le reste. Depuis que la face de la société a changé, ce qu'on appelle la *civilisation*, s'emparant des effets extérieurs matériels, et les étendant chaque jour à un plus grand nombre, semble dispenser de la *charité-pauvreté*, et ne permet presque plus de la comprendre.

écrits port-royalistes, cette conversion paraîtrait beaucoup plus sérieuse qu'elle ne le fut jamais : la princesse avait pris une chambre dans les dehors de Port-Royal ; elle y allait causer de longues heures au parloir avec les religieuses, avec les mères Angélique et Agnès, avec la sœur Anne-Eugénie ; pour s'édifier, elle faisait violence à leur silence ; elle finit par obtenir l'entrée. Quand on parlait de la guerre et des dangers d'une invasion, elle leur disait que, si les Allemands venaient, elle les emmènerait toutes dans sa principauté de Bretagne. C'est ainsi que plus tard Marie de Gonzague, devenue reine, leur offrait la Pologne dans leurs persécutions. Le pis est qu'on a sur la princesse de Guemené, non-seulement la suite de sa vie, mais son côté le plus secret à cet instant même de sa *conversion*. Retz, dès le début de ses *Mémoires*, nous dit : « Le Diable avoit apparu
« justement quinze jours avant cette aventure à madame
« la princesse de Guemené, et il lui paroissoit souvent,
« évoqué par les conjurations de M. d'Andilly, qui le
« forçoit, je crois, de faire peur à la dévote, de laquelle
« il étoit encore plus amoureux que moi, mais en Dieu,
« purement et spirituellement[1]. J'évoquai de mon côté
« un Démon qui lui apparut sous une forme plus bénigne
« et plus agréable : je la retirai au bout de six semaines
« de Port-Royal, *où elle faisoit de temps en temps des
« escapades plutôt que des retraites*[2]. » On sait, à n'en

---

1. Il n'y a qu'une voix sur M. d'Andilly et ses vivacités platoniques ; l'abbé Arnauld, au début de ses agréables *Mémoires*, nous dit de son père dans une page qu'on pourrait croire encore plus épigrammatique que filiale : « Son naturel le portoit à aimer, et, l'Amour nous étant si particulièrement recommandé par la Loi nouvelle, il se laissoit aller à une passion qui n'avoit rien en lui de ce feu impur qui nous la doit faire craindre. »

2. En regard de ces lestes propos, on peut lire dans le *Nécrologe* de Port Royal, à l'article de la princesse : « ... Le monde lui « plaisoit et elle plaisoit au monde. Ses avantages naturels, sa

pas douter, que, dans le logement très-galant qu'elle s'était fait arranger à la Place-Royale, lorsque d'Andilly tout contrit descendait l'escalier, il rencontrait souvent Retz, ou même le gros d'Émery ou tel autre, qui montait. Il est fâcheux d'avoir ainsi la vie des gens en partie double : cela jette dans d'étranges pensées sur ceux dont on ne la sait pas. C'est bien pour la princesse de Guemené, ou encore pour madame de Sablé, que Saint-Pavin aurait pu faire son joli sonnet malicieux :

> N'écoutez qu'une passion :
> Deux ensemble, c'est raillerie.
> Souffrez moins la galanterie,
> Ou quittez la dévotion....

A Port-Royal pourtant, les plus clairvoyants ne furent guère dupes. La mère Angélique, dont beaucoup de

« beauté, sa grande jeunesse, jointe à une parfaite santé et à
« tout ce qui peut rendre la vie plus agréable, étoient pour elle
« des charmes.... C'est l'idée qu'elle donna de son contente-
« ment, parlant un jour à M. d'Andilly, son ami, qui lui rendoit
« visite. Une disposition si peu chrétienne toucha si fort ce grand
« homme, qu'il se crut obligé de lui répondre en deux mots....
« Ces paroles, dites sans dessein, frappèrent le cœur de cette prin-
« cesse, et Dieu s'en servit pour la faire rentrer en elle-même....
« C'étoit en l'année 1639, et M. l'abbé de Saint-Cyran étoit alors
« prisonnier au château de Vincennes, d'où il conduisoit plusieurs
« personnes malgré ses chaînes. Dieu répandoit même une béné-
« diction si abondante sur ses travaux, qu'il n'a jamais produit de
« si grands fruits que dans ce temps de ses liens.... Les grandes
« vérités dont ses lettres étoient remplies produisirent leur effet
« dans le cœur de cette princesse. Elle changea entièrement sa
« vie.... Elle se lia très-particulièrement à notre monastère ; son
« dessein étoit même de s'y retirer entièrement à l'avenir, et ce
« fut dans cette vue qu'elle fit bâtir le corps de logis qui tient à
« l'église de notre maison de Paris.... » Le révérencieux *Nécro-loge* finit pourtant par avouer qu'au bout de *six ou sept ans*, elle se dissipa de nouveau et cessa de persévérer. Le Coadjuteur nous a dit ce qu'il faut penser de ces six ou sept ans.

lettres sont adressées à la princesse, ou, à propos d'elle, à M. d'Andilly[1], n'exprimait qu'un extrême et affectueux désir et l'espérance en Dieu seul, sans aucun mélange d'humaine confiance. M. de Saint-Cyran n'en eut pas. Il venait d'être arrêté quand cette conversion s'essayait; on lui fit tenir à Vincennes la requête et l'examen de conscience de la princesse. Dès la première lettre qu'on a de celles du Donjon, et qu'il écrivait à la mère Angélique, il répondit :

« Ma révérende Mère,

« Il n'y a point de médecin qui me puisse prescrire de loin et sans me voir souvent ce qu'il faut que je fasse pour conserver ma santé en l'état où je suis : comment voulez-vous donc qu'étant éloigné je marque à cette Dame ce qu'elle doit faire pour recouvrer la santé de son âme, n'ayant l'honneur de la connoître que pour une personne généreuse, et qui, étant de grande naissance, et ayant de grands biens, a de grands empêchements, selon l'Évangile, à une parfaite conversion? L'expérience de tant d'années m'a pu donner quelque connoissance de l'état des âmes et de ce qu'il est besoin de faire pour les ramener à Dieu après un long égarement; mais ceux même qui ont beaucoup plus de lumière que moi voudroient les voir et les considérer auparavant : outre que vous savez combien je suis éloigné de conduire de telles personnes.

« Ce que je vous puis dire, c'est que tout ce qu'elle déclare de sa disposition présente, qui vient sans doute de la Grâce de Dieu, est dans son âme *comme une étincelle de feu que l'on allume sur un pavé glacé, où les vents soufflent de toutes parts.* » (Quelle effrayante et parfaite image ! — Et plus loin, après un long détail de conseils appropriés :) « Je vous prie surtout de l'avertir qu'elle ne recherche pas trop, dans ces commencements, de longs discours, et non nécessaires, qu'on lui pourroit faire de Dieu.... Il n'y a rien qui abuse

---

1. Au tome premier, p. 155 et suiv. des *Lettres de la mère Angélique*, 3 vol. in-12, Utrecht, 1742.

tant ceux qui reviennent du monde à Dieu que ce grand éclat des vérités qui brillent et qui plaisent à leurs esprits encore foibles, et les amusent ordinairement comme les sens s'attachent à la beauté de leurs objets. *Ce qui est encore plus vrai, lorsqu'un homme de bien et éloquent les en entretient* (Ceci va droit à M. d'Andilly). »

M. Singlin lui-même, commis durant la prison de M. de Saint-Cyran à suivre de plus près madame de Guemené quand elle venait à Port-Royal, ne faisait aucune avance pour cela, et ne se présentait à elle que si elle le demandait expressément. Elle s'en montra même un peu mortifiée un jour, se plaignant de venir de si loin sans avoir au moins l'avantage de voir celui qui la conduisait. Mais M. Singlin suivait l'exacte maxime de son maître : *prévenir les petits et se retirer des grands*[1].

Si les puissants du monde n'obtenaient pas plus de complaisance singulière de M. de Saint-Cyran quand ils avaient hâte de se ranger à sa conduite, ils en avaient bon marché encore moins dès qu'ils prenaient l'air de menacer. C'est là un trait de son caractère qui s'est imprimé par lui à tout Port-Royal, et qui distingue les esprits de ce bord d'entre les autres du siècle pour une mâle indépendance. N'avoir aucun goût, aucune crainte, ni surtout aucun faux ménagement des

---

1. On aura occasion dans la suite de nommer plus d'une fois encore madame de Guemené. Son second fils, le chevalier de Rohan, exécuté à Paris en 1674, pour crime de haute trahison, avait étudié quelque temps à Port-Royal. Entre ses anciens amants et ce fils également décapités, la princesse de Guemené, aux destinées jusqu'à la fin ensanglantées et légères, n'a rien d'ailleurs en elle qui puisse nous toucher, comme madame de Longueville le fera. Il ne suffit pas d'un beau cadre d'existence romanesque et tragique qui se suspend au cloître un moment : il faut que l'âme le remplisse.

puissants, ç'a été de tout temps bien plus rare qu'on ne peut croire, chez les hommes même de Dieu. Et ne voit-on pas saint François de Sales flatter son duc de Savoie, Bossuet louer tant de princes et de personnages à qui la vérité simple eût été de dire *non* et trois fois *non*, Fénelon se tant ennuyer de la Cour absente et la redésirer de l'exil, Massillon assister et coopérer au sacre de Dubois, cet autre et si étrange archevêque de Cambrai? M. de Saint-Cyran n'eut rien de ces faiblesses. Quand il se chargea de diriger la conscience de M. Le Maître, il ne se dissimula pas que c'était là entrer dans une affaire qui pouvait avoir d'étranges suites par l'éclat et l'irritation qui en résulteraient en haut lieu; il le dit à son pénitent, le prévenant qu'il fallait se résoudre à tout d'avance et ne voir que Dieu. Lancelot se souvenait qu'une fois étant entré dans la chambre de M. Le Maître avec M. de Saint-Cyran, celui-ci se mit à dire de grandes et rudes vérités, et qu'ensuite le regardant, lui Lancelot jeune (et encore nouveau à Port-Royal), avec *cet air gai* par lequel il savait si bien gagner les cœurs, il ajouta : « Vous n'êtes pas encore
« accoutumé à ce langage, et on ne parle pas comme
« cela dans le monde; mais voilà six pieds de terre où
« on ne craint ni Chancelier ni personne. Il n'y a point
« de puissance qui nous puisse empêcher de parler ici
« de la Vérité comme elle le mérite. » Vers le même temps, déjà vexé et menacé par le Chancelier et d'autres dans l'affaire de la maison du Saint-Sacrement, il disait à la sœur Marie-Claire, en allusion à M. Zamet : « Nous
« avons un maître qu'il faut servir, et s'exposer pour
« la défense de la Vérité à la haine des hommes. Je ne
« veux point de mal à ceux qui me persécutent, et *je*
« *m'avise* que je n'ai pas encore pardonné à celui dont
« il s'agit, parce que je ne me suis point encore senti
« offensé. *Si j'étois serviteur de Dieu, je serois non pas*

« *persécuté, mais accablé.* » Comme cela est fier et humble à la fois[1] !

Rome, à titre de puissance temporelle et terrestre, avait sa part dans le peu de complaisance de M. de Saint-Cyran. J'emprunte un mot décisif, non point à des récits d'adversaires, mais à la relation authentique, sincère et filiale de Lancelot. Quand la bulle d'Urbain VIII parut, qui, renouvelant la condamnation de Baïus, atteignait et *prohibait* déjà Jansénius (juin 1643), M. Floriot, un ami de Port-Royal, fut le premier qui l'apporta un soir chez M. de Saint-Cyran, sorti de Vincennes et bien près alors de sa fin. Il était tard ; l'abbé venait de se retirer dans sa chambre ; M. Floriot, vu l'importance du message, insista pour être reçu : « Il lui fit donc voir cette « Bulle qui n'étoit rien au prix de celles qui sont venues « depuis. Cependant M. de Saint-Cyran, ayant peine à

---

1. Bien profonde parole d'ailleurs, et qu'il faut recommander à méditer, surtout en un temps où ce préjugé étrange et commode s'est répandu, que la vérité, grâce à la discussion et à ce qu'on appelle le choc des lumières, finit toujours, et assez vite, par l'emporter en ce monde, tandis que le signe, à qui le sait lire, n'a pas changé, et qu'il est vrai et sera vrai toujours que plus on se tiendra tout haut dans la vérité, et plus on trouvera persécution. Ce qui l'emporte, grâce au choc de la discussion et des opinions en ce monde, le veut-on savoir ? c'est tout au plus à la longue la partie utile et matériellement profitable de la vérité, l'intérêt bien entendu de la chose, lequel n'est pas plus la vraie vérité que le soin du bien-être n'est la charité. Les vrais philosophes savent cela à leur manière comme les vrais Chrétiens, et Fontenelle comme Saint-Cyran. — Le mot si fier de Saint-Cyran : *Je ne me suis point encore senti offensé*, m'en a rappelé un de Buffon, qui est tout semblable. Écrivant à l'abbé Le Blanc (21 mars 1750) et lui disant qu'il venait d'être vivement attaqué par le Gazetier janséniste comme l'avait déjà été le Président de Montesquieu, mais que celui-ci avait répondu, Buffon ajoutait : « Malgré cet exemple, je crois que j'agirai différemment et que je ne répondrai pas un seul mot. Chacun a sa délicatesse d'amour-propre : *la mienne va jusqu'à croire que de certaines gens ne peuvent pas même m'offenser.* »

« digérer ce procédé de la Cour de Rome, qu'il savoit
« fort bien distinguer de l'Église romaine, ne put retenir
« son zèle pour la vérité, et il dit par un certain mou-
« vement intérieur qui ne sembloit venir que de Dieu :
« *Ils en font trop, il faudra leur montrer leur devoir.*
« Par où l'on peut juger de ce qu'il auroit fait s'il avoit
« vu ce qui est arrivé depuis[1]. »

Lancelot fournit un trait qui complète le précédent et qui sépare M. de Saint-Cyran d'avec le Gallicanisme autant qu'il se séparait d'ailleurs de la Cour de Rome. « Il déploroit beaucoup, écrit le fidèle disciple, la plaie
« que le Concordat (entre Léon X et François Ier) avoit
« faite dans l'Église de France, en lui ravissant le droit
« de se choisir des pasteurs tels qu'elle les désire ; et il
« remarquoit que depuis cela on n'avoit point encore vu
« d'évêque en France qui eût été reconnu pour saint
« après sa mort[2]. » A ce mot contre le Concordat et pour l'élection directe des Évêques par les Chapitres (sans que Pape ou Roi s'en mêlât), on entrevoit tout son système de grande république chrétienne. L'idée qu'il avait du simple *Prêtre* était souverainement haute et proportionnée à sa foi dans l'Eucharistie et dans les autres sacrements où le Prêtre fait œuvre sur terre au nom et en place de Dieu. Sa grande république chrétienne, telle que je la conçois, aurait donc eu les simples Prêtres comme colonnes, les Évêques élus comme groupant, concentrant et gouvernant, les Conciles généraux comme dominant et régnant d'une suprématie infaillible, et le Pape, par-dessus tout, comme couronne un peu honoraire.

Ces divers points bien posés qui font mesurer dans l'ensemble le caractère et l'esprit du grand personnage,

---

1. *Mémoires* de Lancelot, t. II, p. 121.
2. *Ibid.*, t. II, p. 163.

il n'y a qu'à passer outre, à le voir dans ses œuvres et, avant tout, dans la plus frappante, qui est la conversion de M. Le Maître. On y prendra pleine idée de sa façon d'agir avec ces *Messieurs*, avec les solitaires, comme la Relation de la sœur Marie-Claire nous l'a montré au vrai en présence des religieuses.

II

M. Le Maître; sa sainte mère. — Elle est gouvernante de la duchesse de Nemours. — Célébrité du jeune Le Maître au barreau. — Ses plaidoyers imprimés. — Il songe à se marier : jolie lettre de la mère Agnès. — Mort de madame d'Andilly ; M. Le Maître au jardin. — Son dernier plaidoyer. — Saint Paulin, saint Sulpice Sévère.—Lettre de M. Le Maître à M. le Chancelier. — Lettre à son père. — M. Le Maître chef des pénitents : son portrait. — Grandeur chrétienne et naïve.

M. Antoine Le Maître[1] était fils aîné d'Isaac Le Maître, conseiller du roi et maître des Comptes, et de Catherine Arnauld, l'aînée de toutes les filles de M. Arnauld. Ce mariage n'avait rien eu d'heureux que les enfants. M. Le Maître se dérangea bientôt après avoir épousé mademoiselle Arnauld; celle-ci dissimula ses peines durant des années; enfin elle en tomba malade, et alors seulement madame Arnauld put arracher à sa fille ce douloureux secret. Un procès en séparation fut intenté : M. Le Maître voulait avoir ses enfants. Le crédit de M. Arnauld ne fut pas de trop pour lui résister. M. Le Maître, durant le procès, interrogé légalement sur sa

---

1. Ou Le Maistre; j'ai écrit comme on prononce.

foi, s'était déclaré de la religion réformée, bien qu'il ne fût réellement d'aucune, et il s'appuyait de la liberté de conscience, alors autorisée en France, pour maintenir ses droits sur ses enfants. Le garde-des-sceaux Du Vair, qui inclinait jusqu'à un certain point vers les Réformés, avait déjà scellé une requête que leur Syndic lui avait remise à l'appui de la demande de M. Le Maître : M. Arnauld, sur cette nouvelle, répondit qu'il ne craignait point M. le garde-des-sceaux et qu'il ferait bien *fondre sa cire*. En effet, il sollicita avec tant de vigueur qu'en dix jours il obtint sept arrêts ; enfin il eut tout ce qu'il demandait, ses petits-enfants et sa fille. A partir de ce moment (vers 1616), madame Le Maître, qui n'avait que vingt-six ans, vécut chez sa mère comme une sainte veuve, uniquement occupée de ses cinq fils, qu'elle fit tous étudier, allant souvent à Port-Royal des Champs passer des quinzaines, et ne formant d'autre vœu que de pouvoir un jour y demeurer tout à fait et même y guider dans la retraite ses cinq fils, à qui elle ne souhaitait également que cette paix de Dieu. L'aîné se distinguait déjà dans les études ; né en 1608, il avait onze ans lorsque saint François de Sales vint à Paris en 1619 ; il lui fut présenté, lui fit sa confession générale, et en reçut des avis proportionnés à son âge : ce qui sembla par la suite une source rejaillissante de bénédiction. Madame Le Maître elle-même, après une confession générale, fit vœu de chasteté, le jour de saint Alexis, 17 juillet 1619, entre les mains du saint prélat. Il ne la désigne le plus souvent dans ses lettres que sous le nom de *ma chère sœur Catherine de Gênes*.

Depuis la translation de la Communauté à Paris, madame Le Maître, avec madame Arnauld sa mère, ne quitta plus guère Port-Royal. Elle avait, est-il dit, un esprit universel et qui eût été d'emblée au niveau de tout ; elle entendait parfaitement les affaires, *avait de l'entrée dans tous les arts*, et cette capacité générale la rendait d'un continuel secours à la mère Angélique, dont elle était au dehors comme le bras droit. La mère Angélique de Saint-Jean l'a heureusement comparée à Gérard, ce frère si cher et si tendrement regretté de saint Bernard, et qui lui adoucissait la vie en le déchargeant des affaires extérieures, toujours onéreuses aux personnes spirituelles[1]. Elle eut à sortir, pour un temps, de cette retraite qu'elle désirait plus absolue, et, cédant à de vives instances, il lui fallut aller à l'hôtel de Longueville essayer l'éducation de la fille de la duchesse, qui fut depuis madame de Nemours, et qui répondit toujours assez peu à cette première instruction si hautement chrétienne. Mais dès qu'elle put se croire acquittée de ce devoir, elle revint au cloître pour elle entr'ouvert; et là, comme sur le seuil, durant des années, en petit habit de postulante, aspirant à devenir au dedans la dernière de toutes ses sœurs, elle vit passer encore avant elle, après sa mère déjà religieuse, ses propres fils *comme solitaires*[2].

---

1. Tome III, p. 323 des *Mémoires pour servir à l'Histoire de Port-Royal* (Utrecht, 1742).

2. Vingt-quatre ans s'écoulèrent depuis la séparation de madame Le Maître jusqu'à la mort de son mari. Elle ne prit l'habit de novice qu'en octobre 1640, et ne fit profession qu'en janvier 1644 sous le nom de sœur Catherine de Saint-Jean. A l'heure de la mort, en janvier 1651, elle eut l'idée d'écrire une bien touchante lettre à mademoiselle de Longueville, son ancienne élève, alors âgée de vingt-cinq ans : elle espérait que les afflictions du moment (c'était le temps de la prison des Princes) auraient peut-être disposé vers Dieu ce cœur de tout temps assez rebelle. Il est utile de lire, en les rapprochant, cette admirable lettre de la mourante (au tome III, p. 351, des *Mémoires pour servir*, etc.) et les *Mémoires* piquants, spirituels, mais un peu secs, de madame de Nemours. Cette personne distinguée et positive, qui ne se dissimula jamais l'insuffisance de son père, ni aucun des défauts de sa brillante belle-mère, fut de bonne heure placée dans une position assez fausse, d'où son esprit juste et fin la sauva. Les entraînements n'étaient pas son fait, pas plus ceux de la Fronde que les élans de ce qu'elle appelait

Son fils aîné était devenu célèbre fort jeune. Dès l'âge de vingt et un ans, il commença de plaider à l'applaudissement universel. Son mérite lui avait obtenu un brevet de Conseiller d'État avec la pension, à l'âge de vingt-huit ans. M. Séguier, Chancelier de France, à qui il le dut, le distinguant entre tous les autres du barreau, l'avait chargé, à sa réception comme Chancelier, de faire les trois harangues de présentation, tant au Parlement qu'au Grand-Conseil et à la Cour des Aides, *harangues qui charmèrent d'autant plus*, est-il dit, *qu'étant toutes sur un même sujet, elles étaient toutes différentes*. Le Chancelier lui offrit peu après la charge d'avocat-général au

une dévotion de Jansénisme. On dit qu'elle s'irrita beaucoup en vieillissant de voir ses immenses biens déjà ouvertement convoités par trois Couronnes prétendantes. Elle eût eu, à coup sûr, une vieillesse moins aigrie, si elle eût obéi, dès les jours de sa jeunesse, au conseil de madame Le Maître, qui lui disait :

« La profession de Chrétienne, Mademoiselle, vous oblige, puisque Dieu vous a donné du bien, de prendre les soins nécessaires pour qu'il soit administré à bonne fin. Je sais que vous avez des gens de bien dans votre Conseil ; mais je sais aussi que ce n'est pas à eux, mais à vous qu'il a donné ce bien, et que ce sera à vous qu'il en demandera compte. Vous devez donc, Mademoiselle, aussitôt que vos partages seront faits, vous faire donner un plan de tous vos villages pour en savoir toutes les maisons et tout ce qui en dépend, afin de connoître l'état de l'église, du presbytère et du curé ; et, si vous êtes patronne, prendre conseil des gens de piété et de suffisance pour y mettre de bons pasteurs ; prendre garde si le revenu de la cure est suffisant ; et, s'il ne l'est pas, y contribuer, afin que le curé ait de quoi soutenir le fardeau de la cure qui est assez grand....

« Vous ferez, s'il vous plaît, faire un état de tous les habitants, de leurs qualités, de leurs moyens et leur prudhomie, comme aussi un état des pauvres personnes qui, par l'âge ou les maladies, sont dans l'impuissance de gagner leur vie, afin de les nourrir jusqu'à leur mort ; des pauvres enfants laissés orphelins de père et de mère, pour en avoir le même soin jusqu'à ce qu'ils soient en âge de gagner leur vie ; et quant à ce qu'il y a de pauvres outre cela, qui ne peuvent pas gagner leur vie tout le long de l'année, ou que les maladies réduisent à l'aumône, qu'il y ait un fonds pour subvenir à leurs nécessités. Il faut qu'au premier bail qui sera fait, tout cela soit réglé.... Vous tâcherez d'avoir dans la province la connoissance de quelque gentilhomme de piété et d'esprit qui vous informera de tout ce qui se passe, et principalement de la manière dont vos receveurs traiteront vos sujets. »

Ainsi conseillait et prescrivait presque la mourante ; mais tout porte à croire qu'elle ne fut que peu entendue.

Parlement de Metz; M. Le Maître refusa. Il était décidément le plus célèbre avocat dont on eût mémoire, surpassant les souvenirs qu'avaient laissés son grand-père Arnauld et son bisaïeul Marion. Les jours qu'il plaidait, les prédicateurs, par prudence et de peur de prêcher dans le désert, s'arrangeaient pour ne point monter en chaire et allaient l'entendre. La Grand'Chambre était trop étroite pour contenir tous ses auditeurs.

On a ces Plaidoyers de M. Le Maître, imprimés, depuis sa conversion, par les soins d'un ami, M. Issali, et revus par le pénitent lui-même; ils répondent peu, il faut l'avouer, à tant de louanges. Toute la partie de l'orateur actuel et vivant, de l'*acteur*, s'en est allée. Le style sans doute paraît plus ferme, moins prolixe que dans les plaidoyers du seizième siècle et dans ce que nous avons vu de M. Arnauld; mais, en tenant compte des progrès de la langue, c'est toujours le même mauvais goût, l'emphase, une véhémence sans vraie chaleur, des rapprochements d'érudition sans vraie finesse et sans *esprit*. D'Ablancourt écrivant à Patru en fait quelque remarque en homme qui sent le défaut[1]. D'aguesseau, dans la quatrième Instruction à son fils, lui recommande quelques-uns des plaidoyers de Le Maître, où l'on trouve des traits, dit-il, qui font regretter que son éloquence n'ait pas eu la hardiesse de marcher seule et sans ce cortége nombreux d'orateurs, d'historiens, de Pères de l'Église,

---

1. «... Cela m'apprend d'où venoit le défaut de M. Le Maître en ce plaidoyer si célèbre : *c'est manque de chaleur et d'esprit bien subtils*. On ne sauroit fondre la matière; à cause de cela, il se faut contenter de la soudre, et il n'y a rien de si vilain que quand cette soudure paroît....» (*Lettre de D'Ablancourt à Patru*, Œuvres de ce dernier, tome II, p. 548.) — D'Ablancourt, qui savait son Xénophon et qui était, à sa manière, un maître en atticisme, pouvait comparer dans sa pensée tel plaidoyer de M. Le Maître avec tel plaidoyer de Lysias (par exemple, l'Apologie sur le meurtre d'Ératosthènes), et il sentait la différence!

qu'elle mène toujours à sa suite. Plusieurs de ces citations des Pères furent, il paraît bien, ajoutées après coup par le pénitent scrupuleux, comme pour justifier et sanctifier une publication trop littéraire ; mais un bon nombre de fleurs poétiques et mythologiques appartiennent certainement à l'orateur même. Mars et Neptune interviennent dans la cause d'une servante séduite par le fils d'un serrurier. A-t-il à soutenir une *substitution* pour la maison de Chabannes, il s'écrie : « Tous les hommes « et particulièrement les grands seigneurs brûlent du « désir de conserver la gloire de leurs maisons.... C'est « pourquoi quand le grand Virgile veut remplir son hé- « ros d'une extrême joie, il use de ces paroles :

« Nunc age, Dardaniam prolem quæ deinde sequatur
« Gloria.... etc., etc. »

Et un peu plus loin : « *Dans les premiers siècles après le* « *Déluge*, les seuls enfants mâles succédoient à la princi- « pauté de la famille. » Par ce mot des *Plaideurs* : *Avocat, ah! passons au Déluge!*... Racine se moquait un peu sans s'en douter (ou en s'en doutant), de son premier et excellent guide à Port-Royal, M. Le Maître[1].

Mais rien ne trahit mieux le faux du genre que les deux plaidoyers du début. Le premier commence par une chaude invective *contre Damoiselle Magdelaine de*

---

1. Il s'est moqué de lui une autre fois, en le sachant trop bien, dans ses petites Lettres contre Port-Royal : « ... Je n'ai point pré-
« tendu égaler Des Marets à M. Le Maître : il ne faut point pour
« cela que vous souleviez les juges et le Palais contre moi ; je re-
« connois de bonne foi que les plaidoyers de ce dernier sont sans
« comparaison plus dévots que les romans du premier. Je crois
« bien que si Des Marets avoit revu ses romans depuis sa conver-
« sion, comme on dit que M. Le Maître a revu ses plaidoyers, il y
« auroit peut-être mis de la spiritualité ; mais il a cru qu'un pénitent
« devoit oublier tout ce qu'il a fait pour le monde... » (*Seconde Lettre* de Racine contre Port-Royal.) Ceci devient méchant.

Poissy qui s'était mésalliée contre le gré de sa famille :
« Messieurs, il est véritablement étrange que l'intimée,
« après avoir violé l'honnêteté publique, la révérence
« paternelle et la discipline de l'Église; après avoir dés-
« honoré sa maison, flétri la noblesse de sa naissance
« et mérité l'exhérédation la plus rigoureuse, vienne
« aujourd'hui se plaindre de son père, déchirer sa mé-
« moire, etc., etc.; » on a le ton. Or le second plaidoyer
est précédé d'une note où on lit que l'auteur, ayant
plaidé la première cause, déroba quelques jours à ses
études pour s'exercer à recomposer le plaidoyer, mais en
sens contraire, selon le propre de l'orateur qui est de
savoir traiter toutes sortes de sujets. Et dès les premiers
mots de la palinodie on a « une pauvre fille qu'on attaque
« avec d'autant plus de hardiesse qu'elle a moins la
« liberté de se défendre, et qui, bien qu'elle ait rendu
« à son père toutes sortes de respects, semble ne pou-
« voir parler aujourd'hui sans blesser cette vérité, etc. »
On voit à nu toute la rhétorique du genre en ce temps-
là, et cette faculté du *pour* et du *contre* qui est, je le
crains, des avocats de tous les temps [1].

Malgré de longues parties incontestablement graves
et saines, ces plaidoyers ne supportent pas la lecture.
On le trouva ainsi dès lors; ils eurent le malheur de
paraître en pleines *Provinciales* (décembre 1656) : charmant à-propos ! cela fit qu'on ne perdit rien de leur
rabat empesé, et les vieillit en un jour de cinquante ans.

1. Marmontel (dans ses *Éléments de Littérature*, article *Barreau*)
a dit quelque chose des Plaidoyers de M. Le Maître; il a insisté
sur le plaidoyer VII, pour Marie Cognot, une *fille désavouée* par
sa mère; il en fait valoir des parties ingénieuses et pleines de chaleur, mais il ne les fait valoir, notez-le bien, qu'en les abrégeant et
même en les arrangeant, en les refondant légèrement à sa manière;
et, tout à côté, il est forcé de reconnaître un coin de ridicule, le
parallèle d'Andromaque et de Marie Cognot. C'est ce qui gâte perpétuellement l'impression chez M. Le Maître.

Il nous reste à penser que de tous les avocats qui se rattachent à Port-Royal, y compris M. Le Maître et M. Arnauld, le plus véritablement éloquent fut encore Gerbier, et, pour mieux croire à cette réelle éloquence, il est heureux peut-être qu'on n'ait de lui que très-peu à lire : car si l'on tombe, par exemple, sur les fragments les plus vantés de son plaidoyer pour Port-Royal même, on est singulièrement refroidi.

Dans le plus grand entraînement de cette action et de cette louange oratoire, M. Le Maître, vers 1634, songea à se marier : l'on a des lettres piquantes que lui écrivit à ce sujet sa tante la mère Agnès, alors au monastère de Tard, dont elle était abbesse[1]. Il lui avait fait part de son projet d'épouser une des plus belles et des plus sages personnes de Paris; elle lui répond pour le dissuader et sur un ton qui exprime à merveille la qualité de cet esprit mystique, fleuri, toujours ingénieux et subtil avec images. Voici en partie cette jolie lettre que n'ont connue ni Fontaine ni Besoigne : ils ont attribué à la mère Angélique ce qui est de la mère Agnès[2]. Apprenons enfin à distinguer de près celle-ci :

De Notre-Dame de Tard, ce 11 juin 1634.

« Mon très-cher neveu, ce sera la dernière fois que je me servirai de ce titre. Autant que vous m'avez été cher, vous me serez indifférent, n'y ayant plus de reprise en vous pour y fonder une amitié qui soit singulière. Je vous aimerai dans la charité chrétienne, mais universelle ; et, comme vous serez dans une condition fort commune, je serai pour vous aussi dans une affection fort ordinaire. Vous voulez devenir esclave, et avec cela demeurer roi dans mon cœur : cela

---

1. Bibliothèque du Roi, manuscrits, Oratoire 206, Lettres de la mère Agnès de Saint-Paul Arnauld.

2. Guilbert, dans la préface de ses *Mémoires hist. et chron.*, les a relevés.

n'est pas possible.... Vous direz que je blasphème contre ce vénérable sacrement auquel vous êtes si dévot ; mais ne vous mettez pas en peine de ma conscience, qui sait bien séparer le saint d'avec le profane, le précieux de l'abject, et qui enfin vous pardonne avec saint Paul, et contentez-vous de cela, s'il vous plaît, sans me demander des approbations et des louanges. — Mais, en écrivant ceci, je relis votre lettre, et, comme me réveillant d'un profond sommeil[1], j'entrevois je ne sais quelle lumière au milieu de ces ténèbres et quelque chose de caché et de mystérieux dans des paroles qui paroissent si claires et si communes. Je commence à douter que cette histoire de vos amours, que vous me racontez si au long (sans considérer que je n'ai point d'oreilles pour entendre ce discours), ne soit une énigme tirée des paraboles de l'Évangile, où l'on fait si souvent des noces, particulièrement une où il n'y a que les vierges qui soient appelées. A ce petit rayon de clarté qui me paroît maintenant, mon esprit se développe et se met en devoir d'expliquer vos paroles et de regarder d'un meilleur œil cette excellente fille qui a ravi votre cœur. Vous dites qu'elle est la plus belle et la plus sage de Paris, et vous deviez dire du Paradis, puisqu'elle est sœur des Anges. O qu'elle est belle !... qu'elle est sage !... » — (Et en effet, selon elle, c'est l'Église, et elle suit en détail cette similitude ; on reconnaît là, mais plus agréablement, l'auteur du *Chapelet secret :*) « Serai-je si heureuse, poursuit-elle, d'avoir bien rencontré dans mon explication, et quelle satisfaction vous ferai-je, mon cher neveu, de vous avoir traité si indignement au commencement de cette lettre ? Qui avoit bandé mes yeux pour m'empêcher de voir la lumière en plein midi, ayant mille fois plus de sujet de croire que vous cherchiez les choses qui sont au Ciel que non pas celles qui sont sur la terre ? Qui vous a jamais entendu dire une parole, hormis celle que j'ai interprétée si grossièrement (dont je meurs de honte), qui ne ressentît l'amour des choses saintes ?... » (Le reste de la lettre est dans ce sens et dans cette feinte[2].)

1. Qu'on remarque ce qui suit et l'ingénieux de l'interprétation.
2. De toutes les lettres et en général de tous les écrits de Port-Royal et de ce temps-là (Pascal excepté), on peut retrancher presque la moitié, dans les citations qu'on en donne, sans leur faire perdre

M. Le Maître répondit à cette lettre de sa tante en jeune homme amoureux et véhément, mais avec moins d'esprit qu'elle et de légèreté ; les premiers mots suffiront : « Ma très-chère tante, si je n'avois appelé de vos « paroles, vous n'auriez point reçu de moi de réponse. « La première page de votre lettre m'a piqué si vivement « que j'ai été plus de quinze jours à la lire, ne trouvant « point de ligne qui ne m'arrêtât et ne me parût inju-« rieuse.... Les bornes que j'ai mises à ma lecture en « ont mis aussi à ma douleur.... » Et il s'attache à disculper le mariage. Mais la mère Agnès ne se laissa pas vaincre si aisément, et lui écrivant de nouveau, après deux ou trois lignes de réplique directe, elle reprend son idée d'allégorie mystique, et suppose de plus en plus (non sans quelque malice d'enjouement) que c'est du mariage avec l'Église que son neveu entend uniquement parler : « Vous voulez épouser la Chasteté ; que ne m'avouez-vous votre secret, puisque Jésus-Christ m'en a donné la connoissance ? » On peut dire que dans son style séraphique elle le lutine [1].

quant au sens et en aidant de beaucoup à l'agrément. Le goût de la parfaite sobriété qu'eurent Pascal, La Bruyère, ne passa à tous les gens d'esprit qu'au dix-huitième siècle : Voltaire y donne la mesure. Les Jansénistes ont la phrase longue, disait-il. — (Quant aux Lettres de la mère Agnès en particulier, chacun peut en juger en pleine connaissance de cause, depuis que le recueil complet en a été donné avec beaucoup de soin et d'exactitude par M. Prosper Faugère, 2 vol. in-8°, 1858.)

1. Elle ajoute encore : « Vous voulez paroître séducteur étant « véritable, et, en choisissant la meilleure part, soutenir ceux qui « ont la moindre. L'Évangile dit bien qu'il se verra des loups en « vêtements de brebis, mais *elle* ne dit pas qu'il viendra des brebis « vêtues en loups, et c'est ce que vous faites en la vôtre, où il « semble d'un loup qui se jette sur un agneau (ou une Agnès) ; et « quand on lève cette peau de loup, on trouve la laine d'un mouton « et la douceur d'un esprit qui ne respire que la paix sous cette « apparence de guerre. » Voilà le goût de la mère Agnès dans toute sa licence et sa fleur ; c'est le règne encore de M. de Lan-

M. Le Maître, esprit ardent, vigoureux, passionné et appliqué, était donc dans ce train de succès, d'applaudissement flatteur, et, grâce à la faveur toute particulière de M. le Chancelier, il courait un champ d'avenir illimité, si bien (pour me servir d'une des expressions glorieuses dont il se peint à merveille) que sa conversion, en l'état où il se voyait, lui paraissait aussi difficile que celle *d'un roi qui renonceroit à son royaume*. Un de ses admirateurs, transporté, lui disait, au sortir d'une audience, qu'*une telle gloire étoit préférable à celle de M. le Cardinal*, parce qu'elle semblait à tous l'entière récompense d'un juste mérite, tandis que l'autre attirait souvent la haine et l'envie. S'il est jamais vrai de dire de la *vanité*, selon le mot de M. de Saint-Cyran, que *son humeur est de se nourrir de l'air qui se prend en public*, nul assurément ne humait de cet air à plus large poitrine que M. Le Maître en sa pompeuse carrière; il avait vingt-neuf ans : c'est alors pourtant qu'un jour il se sentit soudainement touché.

Le vent de Dieu ne fit que passer, et en lui tous les cèdres du Liban tombèrent.

Madame d'Andilly, épouse de celui qu'on connaît déjà si bien, fut prise d'une maladie dont elle mourut (août 1637). M. de Saint-Cyran la visitait souvent et

gres : bientôt M. Singlin et M. de Saint-Cyran souffleront sur ces gracieuses bluettes, et les lettres de la mère Agnès n'en offriront presque plus. Il lui restera pourtant jusqu'au bout bien assez de cette charmante subtilité tendre, égayée, et affectueusement *cajolante*, si j'ose dire, en dévotion, pour faire comprendre à quel point ce commerce délicat et plein de délicieux replis dut agréer aux personnes comme madame de Sablé, au moment où elle tourna à la coquetterie pieuse. La lecture des lettres de la mère Agnès m'a souvent rappelé ce mot du théosophe Saint-Martin : « Je n'ai jamais trouvé que Dieu qui ait de l'esprit. »

tâchait de la disposer, de l'exhorter par ses paroles à ce dernier passage, auquel, femme vertueuse, mais du monde, elle était assez peu sérieusement préparée. M. Le Maître entendait les paroles de M. de Saint-Cyran près du lit de la malade où il venait lui-même souvent, et il les méditait longtemps en son cœur; il se les enfonçait avec cette ardeur qu'il mettait à toutes choses. Il voyait bien que, sous ces encouragements de l'homme de Dieu, il y avait un effroi qui se dissimulait prudemment pour ne pas consterner, par des vérités trop nues, une âme déjà assez troublée. Quant à lui, instruit de plus longue main par l'étude des Pères qu'il avait déjà presque tous lus à cette époque, il se considérait à la place de la mourante et concevait une pleine frayeur des jugements de Dieu. Ce fut surtout lorsque, pendant l'agonie, dans les prières pour la recommandation de l'âme, il entendit M. de Saint-Cyran proférer ces mots : « *Proficiscere, Anima christiana, de hoc mundo in nomine Dei omnipotentis qui te creavit* : Partez, Ame chrétienne, partez de ce monde, au nom du Dieu tout-puissant qui vous a créée; » — ce fut alors qu'il se sentit extraordinairement atteint : il fondit tout en larmes et ne pouvait se souffrir lui-même, est-il dit [1], considérant d'avance la confusion où il serait lorsqu'on prononcerait sur lui un jour cet ordre étonnant, et qu'il y faudrait obéir et comparaître devant son Juge. Tout à côté de ces paroles de consternation, il en trouvait de plus rassurantes dans ce qui est dit par la bouche du prêtre : « *Renova in ea, piissime Pater, quidquid terrena fragilitate corruptum est...* : Renouvelez dans cette âme, ô Père rempli de bonté, tout ce qui a été corrompu par la fragilité de la nature... ; » et surtout dans ce qui suit : « *Lætifica, Domine, animam ejus in conspectu tuo...* :

---

1. *Mémoires* de Lancelot, t. I, p. 309 et suiv.

Réjouissez-la, Seigneur, par votre présence, et ne vous souvenez point de ses anciennes iniquités et de l'ivresse que lui a causée la fureur du mauvais désir; car, quoiqu'elle ait péché, elle n'a point nié le Père, le Fils et le Saint-Esprit; mais elle a cru, et elle a eu même du zèle pour le Seigneur, et a fidèlement adoré le Dieu qui a tout créé ! » Toutes ces magnifiques paroles de la liturgie tombaient goutte à goutte sur son cœur, et celles-ci surtout le faisaient fondre : « *Miserere, Domine, gemituum...* : Ayez pitié, Seigneur, de ses gémissements et de ses larmes, et, comme elle n'a de confiance en rien que dans votre miséricorde, admettez-la à la grâce de votre réconciliation. »

La malade venait de rendre le dernier soupir; lui, ne se contenant plus, il sortit au jardin et se promenait au clair de la lune dans cette grande allée qui côtoyait le logis [1], comme saint Augustin dans ce jardin où il errait un moment avant d'entendre la voix sous le figuier : et là, M. Le Maître aussi répandait son âme en présence de Dieu avec d'autant plus de liberté que, toute la maison étant dans le deuil et dans les larmes, personne ne pouvait accuser l'abondance des siennes ni en deviner la secrète cause. C'est en ce moment solennel, 24 août 1637, jour de la Saint-Barthélemy, que, dans un saint massacre de ses espérances terrestres, il prit la résolution de quitter le Barreau pour se venir jeter aux pieds de Dieu par les mains de M. de Saint-Cyran.

M. de Saint-Cyran, aux premières paroles qu'il en entendit, ressentit d'abord une grande joie; mais il comprit en même temps d'un coup d'œil toute l'étendue et la gravité de l'affaire, et ce qui en rejaillirait sur lui de persécution [2] : « Je prévois bien, dit-il, où Dieu me

---

1. Le logis de l'Hôtel Pomponne. J'emprunte tout ce récit à Lancelot.

2. Car le cardinal de Richelieu, dit la Relation excellente, ne

mène en me chargeant de votre conduite ; mais il n'importe : il le faut suivre jusqu'à la prison et à la mort ; » et il ne pensa plus qu'au nouveau converti. Il lui conseilla pourtant de ne rien précipiter et, comme saint Ambroise avait fait à saint Augustin, qui était un si célèbre professeur de rhétorique, il lui dit d'attendre le moment des vacances, afin de quitter avec un peu moins de brusque éclat. M. Le Maître se soumit au conseil et continua encore un mois de plaider : mais ce n'était plus avec le même feu, avec la même liberté d'esprit qu'auparavant[1]. Les *Audiences* pourtant le touchaient encore et le ressaisissaient par les chaînes dorées de la louange ; mais il retombait vite sur lui-même au triple écho des applaudissements, et, comme saint Pierre au chant du coq, il rentrait en son cœur pour se repentir. Il y avait (comme il y a, je crois, encore) dans la salle des audiences un grand Crucifix poudreux ; l'orateur n'avait guère songé à y regarder jusque-là ; mais durant ses derniers plaidoyers il n'en détachait point sa vue, et il a depuis avoué qu'en le considérant il avait plus envie de pleurer que de plaider.

Cette diminution d'ardeur et de jeu oratoire fut remarquée, et M. Talon, qui avait rivalité avec lui, dit railleusement à ce propos, au sortir d'une audience, que pour cette fois M. Le Maître, au lieu de plaider vraiment, n'avait fait que dormir. Ce trait rapporté à M. le Maître le piqua, et, parlant huit jours après, pour

---

pouvait souffrir que des personnes sur qui il formait des desseins quittassent le monde et lui échappassent des mains, tant il les considérait déjà comme son bien et ses créatures. Et qu'aurait dit Bonaparte, en effet, si un Saint-Cyran lui eût converti et enlevé un de ses généraux ? il aurait eu également Vincennes pour y tenir le convertisseur.

1. Pour cette suite du récit, j'emprunte aux *Mémoires* du bon Fontaine (t. I, p. 33 et suiv.), qui complète si heureusement Lancelot.

la dernière fois, il le fit de telle sorte qu'il n'avait jamais montré plus de feu ni de vigueur : « Il avoit toujours M. Talon en vue ; et il ne se tournoit en parlant que vers lui seul : toujours le corps bandé, toujours le bras étendu, toujours sur le bout du pied, toujours l'œil arrêté sur lui, comme étant le dernier effort qu'il faisoit, et résolu, au sortir de là, de faire à Dieu un sacrifice de ce talent si rare, et de rendre muette à l'avenir une bouche qui étoit l'admiration de toute la France [1]. » Ce fut là son dernier plaidoyer, le dernier aiguillon et la mort de son éloquence, et l'on peut dire d'elle, comme de ces grands capitaines emportés sur le champ de bataille, qu'elle fut ensevelie dans son triomphe.

Les vacances du Palais étaient arrivées; à partir de ce jour le Barreau ne le vit plus. D'accord avec M. de Saint-Cyran, avec sa mère madame Le Maître, qui en bénissait Dieu avec larmes (combien peu de mères auraient senti ainsi !), il accomplit sa retraite de pénitence. Elle se peut comparer tout à fait à celle des Chrétiens des quatrième et cinquième siècles. Qu'on se rappelle saint Paulin et saint Sulpice Sévère, les circonstances particulières à ce dernier principalement : de même, dans la fleur de l'âge et la pleine vogue de ses espérances, dans l'abondance de la louange et l'enivrant triomphe du Barreau, Sévère (comme le lui dit saint Paulin) avait quitté tout d'un coup, pour les prédications des pêcheurs, la belle littérature cicéronienne qu'il res-

---

1. On peut se figurer par ce qu'on vient de lire à quel point M. Le Maître possédait cette qualité suprême de l'orateur, l'*action*, de laquelle Cicéron a dit qu'elle est comme le langage du corps (*Est enim actio quasi sermo corporis*), et qu'elle domine seule dans l'éloquence (*Actio, inquam, in dicendo una dominatur*), tellement, que sans elle, un orateur, d'ailleurs accompli, n'est rien, et qu'avec elle un orateur ordinaire peut souvent surpasser les plus habiles. Mais quand on en vient au discours écrit, dépouillé de l'action, il faut décompter.

suscitait, et avait embrassé le silence devant les hommes pour parler plus purement des choses célestes [1].

Mais au quatrième siècle pas plus qu'au dix-septième, pas plus que si c'était de nos jours, de telles actions ne paraissent simples et ne se font accepter du bon sens ordinaire. J'insiste là-dessus; on croit trop à l'uniformité chrétienne de certains âges. Non, au dix-septième siècle pas plus qu'aujourd'hui, la grande action de M. Le Maître ne dut être comprise ni sembler possible; elle parut (pour dire le mot) une *folie*. C'est là le sceau que porte au front l'héroïsme chrétien dans tous les temps; et ceci, en nous montrant que le passé n'est pas ce qu'on se figure, que ce qui s'y est fait de grand et de saint s'y est fait toujours malgré le siècle, au scandale du siècle et sous son injure, en nous obligeant par là même à beaucoup rabattre de l'idée des temps passés, doit nous rassurer plutôt sur le nôtre, qui n'est peut-être pas pire, et qui, en fait d'enthousiasme encore fécond (je veux l'espérer), méprise ou simplement ignore ce qu'il enferme. Ausone et bien d'autres gens d'esprit jugeaient saint Paulin et Sulpice Sévère un peu atteints de vision [2] : M. le Chancelier crut

1. « Piscatorum prædicationes Tullianis omnibus et tuis litteris prætulisti... Mutescere voluisti, ut ore puro divina loquereris.... » Il faut lire toute cette cinquième Épître de Paulin à son *frère* Sévère, dans laquelle celui-ci est préféré à la reine de Saba; il faut lire surtout dans l'*Histoire littéraire* de M. Ampère, liv. I, les deux intéressants chapitres VII et VIII sur ces deux saints amis : les vrais précédents de notre sujet sont là.

2. Sévère, ému de la rumeur publique, avait même eu l'idée d'un compte rendu de ses motifs, et il y travaillait; mais son ami l'en détourna (Lettre première de Paulin à Sévère). M. Singlin crut également devoir publier un petit écrit apologétique des motifs de M. Le Maître, et M. de Saint-Cyran ne le trouva pas mauvais; il s'agissait tout autant par là de tranquilliser le nouveau converti que de persuader les honnêtes gens moqueurs. Ceux-ci disaient : « Est-ce qu'il n'y avoit pas un parti à prendre plus simple et moins singulier? Si on vouloit quitter le Palais, falloit-il pour cela s'aller cacher dans un trou? Ne pouvoit-on pas se tenir retiré chez soi et édifier

que M. Le Maître avait perdu la tête. Plusieurs de ses parents, M. Henri Arnauld, son oncle, alors abbé de Saint-Nicolas d'Angers, depuis évêque et saint évêque, lui conseillait de se méfier, de ne rien précipiter : il était au fond assez de l'avis de M. le Chancelier [1].

le monde par une vie sérieuse? Pourquoi se travestir et se couvrir de haillons?... » Tous propos fort raisonnables, et qui pourtant ont tort dans le fond : car, sans une certaine outrance, le grand but ne s'atteint pas. M. Singlin s'armait surtout, en défendant M. Le Maître, de l'exemple de saint Paulin : il suivait au long la comparaison des deux retraites : « Que si, disait-il, quelques-uns avoient fait l'honneur à M. Le Maître de le croire imbécile et foible d'esprit, saint Paulin n'avoit point été épargné en ce point, comme il le remarque par ces paroles :

> . . . . . Stultus diversa sequentibus esse
> Nil moror, æterno mea dum sententia Regi
> Sit sapiens. . . . . »

Il faut lire tout ce passage très-beau et très-senti du *dixième poëme* de saint Paulin, adressé à Ausone:

> . . . . Breve quidquid homo est, ut corporis ægri,
> Temporis occidui, et sine Christo pulvis et umbra :
> Quod probat et damnat tanti est, quanti arbiter ipse !

1. Après que la retraite fut consommée, il pensa que son neveu n'avait rien de mieux à faire, pour se créer sans doute une carrière nouvelle, que d'entrer dans les Ordres : il le voyait déjà évêque. — Cet Henri Arnauld, d'abord nommé M. de Trie, puis abbé de Saint-Nicolas, le cadet de M. d'Andilly, et que j'aurai assez peu l'occasion de nommer, resta longtemps engagé dans les affaires du monde, tout ecclésiastique qu'il était. Jeune, il avait accompagné le cardinal Bentivoglio à Rome; il y retourna au commencement de 1646, comme chargé d'affaires au nom du roi; il y fit preuve d'habileté diplomatique et réussit en particulier à y maintenir la protection de la France en faveur des cardinaux Barberins persécutés par Innocent X. On a ses *Négociations*, publiées en cinq volumes par son petit-neveu l'abbé de Pomponne : il y avait déjà du Pomponne dans cet oncle-là. Les Barberins reconnaissants lui firent, après leur rétablissement, ériger une statue dans leur palais de Rome, avec ce vers de Fortunat sur saint Grégoire de Tours, et qui s'applique si bien aux Arnauld :

> Alpibus Arvernis veniens mons altior ipsis.

Par un à-propos singulier, les Arnauld venus d'Auvergne avaient eu

Mais, avant que rien fût ébruité encore, et quand M. Le Maître échappait à peine à sa dernière cause, il s'agissait tout d'abord de lui trouver une retraite. M. de Saint-Cyran le prit quelque temps à son nouveau logis près des Chartreux[1], et il l'engageait même à entrer dans cet Ordre. Plusieurs raisons de santé et autres s'y opposèrent. Voyant cela, madame Le Maître, qui demeurait à Port-Royal de Paris, décida au plus tôt de faire bâtir un petit logis extérieur attenant au monastère, pour y retirer ses fils; car un frère de M. Le Maître, M. de Séricourt, touché du même coup et dans des circonstances singulières que nous dirons, l'avait imité. On mit grande hâte à cette construction, on revêtit les murailles humides d'ais de sapin pour les rendre habitables, et le logis fut prêt en trois mois : ces messieurs y purent entrer en janvier 1638, *le jour de saint Paul, premier ermite.*

Cependant le Palais venait de se rouvrir; on y cherchait M. Le Maître, et on ne le découvrait plus : les bruits les plus contraires circulaient. C'est alors que, sur l'avis

---

effet pour armes une *montagne* (surmontée d'un chevron et de deux palmes). En France, le prix de ses services fut l'évêché d'Angers : sa sainteté ne date que d'alors. On entrevoit à de certains passages des lettres de la mère Angélique et du docteur Arnauld que jusque-là, et même encore au moment de son sacre épiscopal, on n'était pas très-content à Port-Royal ni très-sûr de ses dispositions pénitentes, et qu'il n'était pas entré dans la réforme intérieure selon Saint-Cyran. Il y vint avec l'âge, ne quitta plus son diocèse, l'édifia, et ne mourut qu'en 1692, à l'âge de quatre-vingt-quinze ans, fidèle aux principaux traits de la race, solidité, ténacité, sainteté : pourtant de tous ces saints Arnauld, c'est assurément pour nous (comme physionomie) le moins distinct. — Un combat assez vif s'est livré de nos jours autour de sa tombe. Un jeune vicaire d'Angers, l'abbé Pletteau, s'est mis à écrire contre le vieil évêque. Je lis dans un de ces pamphlets (1863) : « Il employa son épiscopat, qui dura plus de quarante ans, à *propager dans son diocèse le Jansénisme et les bonnes mœurs.* »

1. Il avait quitté son Cloître Notre-Dame pour venir loger dans ce voisinage du Luxembourg, plus à portée de Port-Royal.

de M. de Saint-Cyran, il écrivit à M. le Chancelier cette belle lettre, datée de novembre ou décembre 1637 :

« Monseigneur,

« Dieu m'ayant touché depuis quelques mois et fait résoudre à changer de vie, j'ai cru que je manquerois au respect que je vous dois, et que je serois coupable d'ingratitude, si, après avoir reçu de vous tant de faveurs extraordinaires, j'exécutois une résolution de telle importance sans vous rendre compte de mon changement. Je quitte, Monseigneur, non-seulement ma profession, que vous m'aviez rendue très-honorable et très-avantageuse, mais aussi tout ce que je pouvois espérer ou désirer dans le monde; et je me retire dans une solitude pour faire pénitence et pour servir Dieu le reste de mes jours, après avoir employé dix ans à servir les hommes.

« Je ne crois pas, Monseigneur, être obligé de me justifier de cette action, puisqu'elle est bonne en soi, et nécessaire à un pécheur tel que je suis; mais je pense qu'afin de vous éclaircir entièrement sur tous les bruits qui pourroient courir de moi, je dois vous découvrir mes plus secrètes intentions, et vous dire que je renonce aussi absolument aux charges ecclésiastiques qu'aux civiles; que je ne veux pas seulement changer d'ambition, mais n'en avoir plus du tout; que je suis encore plus éloigné de prendre les Ordres de Prêtrise et de recevoir des Bénéfices que de reprendre la condition que j'ai quittée; et que je me tiendrois indigne de la miséricorde de Dieu, si, après tant d'infidélités que j'ai commises contre lui, j'imitois un sujet rebelle, qui, au lieu de fléchir son prince par ses soumissions et ses larmes, seroit assez présomptueux pour vouloir s'élever de lui-même aux premières charges du royaume.

« Je sais bien, Monseigneur, que dans le cours du siècle où nous sommes, on croira me traiter avec faveur que de m'accuser seulement d'être scrupuleux : mais j'espère que ce qui paroîtra une folie devant les hommes, ne le sera pas devant Dieu; et que ce me sera une consolation à la mort d'avoir suivi les règles les plus pures de l'Eglise et la pratique de tant de siècles.

« Que si cette pensée me vient de ce que j'ai moins de lumière ou plus de timidité que les autres, j'aime mieux cette ignorance respectueuse et craintive, qui a été embrassée des plus grands hommes du Christianisme, qu'une science plus hardie, et qui me seroit plus périlleuse. Quoi qu'il en soit, Monseigneur, je ne demande à Dieu autre grâce que celle de vivre et de mourir en son service, de n'avoir plus de commerce, ni de bouche ni par écrit, avec le monde qui m'a pensé perdre, et de passer ma vie dans la solitude, comme si j'étois dans un monastère.

« Voilà, Monseigneur, une déclaration tout entière de la vérité de mes sentiments. Les extrêmes obligations dont je vous suis redevable ne me permettoient pas de vous en faire une moins expresse et moins fidèle; et l'honneur d'une bienveillance aussi particulière que celle que vous m'avez témoignée m'engageoit à vous assurer que je ne prétends plus de fortune que dans l'autre monde qui dure toujours, afin que votre extrême affection pour moi ne vous porte plus à m'en procurer dans celui-ci dont la figure passe sitôt. Mais, quelque solitaire que je sois, je conserverai toujours le souvenir et le ressentiment de vos faveurs, et je ne serai pas moins dans le désert, que j'ai toujours été dans le monde, votre très-humble et très-obéissant serviteur,

« Antoine Le Maitre. »

Une telle lettre me semble mémorable comme esprit, comme œuvre; et j'aime à me dire, en la prenant au fond, qu'elle doit compter et peser pour beaucoup dans une époque qui va produire *Polyeucte* et *Athalie*. C'en est le pendant, en effet, non pas dans le domaine de l'art, mais au sein même de la vie; et cela, pour se passer sur terre, sur le parvis même, au lieu de se projeter et de se peindre dans la coupole idéale, n'offre pas une moindre beauté [1].

1. Les contemporains qui jugent des choses à bout portant ne sont pas bien placés pour saisir ces rapports. On connaîtra au plus juste l'impression que fit cette lettre de M. Le Maître sur les gens du monde, même les plus sensés et qui étaient de ses amis, par les passages suivants, que je tire du Recueil manuscrit des Lettres

En même temps qu'il écrivait à M. le Chancelier, et même avant de lui écrire, M. Le Maître remplissait un

de Chapelain. — Dans une lettre de Chapelain à Balzac, du 20 décembre 1637, on lit :

« ... Pour nouvelles, vous saurez que M. Le Maître, notre ami, se laissant enfin emporter à la violente inclination qu'il a eue de tout temps pour la retraite, l'a faite dans des termes qui me donnent de l'admiration et qui donnent de l'indignation aux autres : car s'étant résolu à vivre en solitude comme religieux sans néanmoins l'être, il a protesté par une lettre qui passe pour publique, étant écrite à M. le Chancelier, de renoncer dès à présent à tout bénéfice ou dignité dans l'Église, quand on lui en voudroit donner, et même à la prédication et à l'écriture : et depuis cela, s'est allé loger en lieu ignoré de tout le monde, dans un ferme propos de ne se plus laisser voir, et de passer le reste de ses jours dans l'oraison et la pénitence. Dieu veuille lui donner la force de persévérer dans un si grand et louable dessein, et faire trouver faux tous les bruits que cette action si extraordinaire a fait naître ! »

Et dans une autre lettre au même Balzac, du 25 janvier 1638 :

« Quant à M. Le Maître, quelque dissimulé que vous me croyiez, je vous en dirai ma dernière et sincère pensée. De tout temps, il a penché d'inclination du côté de la retraite, et il y a plus de six ans (?) qu'il l'eût faite, si M. de Saint-Cyran, qui a été son souverain pontife, le lui eût voulu permettre. A la mort de madame d'Andilly, cette sainte passion s'est réveillée et l'a pressé si vivement, qu'il n'a douté aucunement que Dieu ne le voulût attirer à lui par cette voie. M. de Saint-Cyran s'est trouvé de cet avis, et la résolution a été prise sur la fin de septembre dernier, qu'il renonceroit au monde périssable pour en acquérir un qui ne finit jamais. M. d'Andilly et mademoiselle Le Maître (c'est-à-dire, *madame* Le Maître, sa mère), avec toutes les religieuses du *Portréal*, l'ont approuvée extrêmement, et puisque notre ami étoit persuadé que son salut dépendoit de ce genre de vie, j'y eusse aussi bien donné les mains qu'eux, s'il ne l'eût point pris si étrange que je vous l'ai mandé et que vous le verrez par la copie de la lettre qu'il écrivit sur ce sujet à M. le Chancelier, laquelle je n'ai pu recouvrer que depuis quatre jours pour vous l'envoyer : mais je vous avoue que cet excès me coûte, et que je ne puis estimer bien sage le pieux Directeur qui l'a poussé ou qui l'a laissé aller à un mouvement dont le principe est excellent, mais dont la suite est si périlleuse au jugement de personnes qui sont plus dans ces sortes de pratiques que moi. Je sais que je philosophe grossièrement en ces matières, et ne me fie pas de ma propre raison lorsqu'il faut prononcer décisivement : toutefois, je pense pouvoir dire que ces singularités sont ordinairement ruineuses à ceux qui les affectent, et qu'elles laissent après soi de longs et inutiles repentirs. M. l'abbé de Saint-Nicolas et son jeune frère, chanoine de Verdun, sont dans ce sentiment. Le Palais juge cette résolution, avec les circonstances de la lettre, pour un trouble d'esprit. Les plus ignorants des excellentes parties de notre ami pensent que ce soit une route nouvelle pour parvenir à prélatures, et les uns et les autres lui font un tort extrême ; car s'il n'a pas fait

autre devoir tout à fait grave et touchant : il s'adressait à son père, lequel, avons-nous dit, vivait séparé de madame Le Maître et dans un train vraiment déréglé. Aussitôt converti et retiré, la première pensée de M. Le Maître avait été vers ce père très-peu digne, mais que sa charité filiale se reprenait plus vivement à considérer. Voici cette lettre, non moins belle que l'autre de sentiment et de ton :

« Monsieur mon père,

« Dieu s'étant servi de vous pour me mettre au monde, et m'ayant obligé de vous rendre tout le respect que l'on doit à un père, je violerois l'ordre de sa providence et le devoir de la nature, si je ne vous faisois savoir la résolution qu'il m'a fait prendre par sa bonté infinie, et que je n'ai exécutée que depuis quatre heures seulement[1]. Il y a plus de trois mois que j'avois dessein de quitter ma profession pour me retirer dans une solitude et y passer le reste de mes jours à servir Dieu ; mais mes amis m'ayant empêché de me déclarer dès lors, pour éprouver si c'étoit un mouvement du Ciel ou de la terre qui me portoit à ce changement, ils ont reconnu enfin avec moi que, le temps affermissant cette pensée dans mon cœur, au lieu de la détruire, elle venoit de Celui qui seul est le maître de nos volontés, et qui les change quand bon lui semble.

« Je quitte le monde parce qu'il le veut, comme vous-même le quitteriez et votre religion encore[2], s'il le vouloit ;

prudemment en ceci, ç'a été plus par l'imprudence d'autrui que par la sienne, et sa retraite est si fort désintéressée par la connoissance que j'ai de son esprit, que je pense pouvoir assurer, en l'état où il est, que la tiare ni le règne ne le tenteroient pas. Tout ceci demeurera, s'il vous plaît, *sub sigillo.* »

Ce que Chapelain pense, au fond, pouvoir dire de mieux pour excuser l'action de M. Le Maître, c'est qu'il est sincère et désintéressé : le côté par lequel cette action se rattache à la haute inspiration sacrée, lui échappe.

1. Depuis *quatre heures* seulement! sa première piété, son premier devoir !

2. M. Le Maître père faisait profession, si l'on s'en souvient, de la religion réformée.

et, sans que j'aie eu de révélation particulière ou de visions extraordinaires, je suis seulement la voix qui m'appelle dans l'Évangile à faire pénitence de mes péchés. Car je vous déclare comme à mon père que je ne quitte point le Palais pour me mettre dans l'Église, et m'élever aux charges que la vertu et l'éloquence ont acquises à tant de personnes. Je n'entre point aussi dans un monastère, Dieu ne m'en ayant point inspiré la volonté; mais je me retire dans une maison particulière, pour vivre sans ambition, et tâcher de fléchir par la pénitence le Dieu et le Juge devant qui tous les hommes doivent comparoître.

« Ce dessein vous étonnera sans doute, et je ne le trouverai nullement étrange : il y a six mois que j'étois aussi peu disposé à le prendre que vous êtes aujourd'hui; et sans que nul homme de la terre m'en ait parlé, sans qu'aucun de mes amis s'en soit pu douter avant que je lui aie dit, je me sentis persuadé par moi-même, ou, pour mieux dire, par le sentiment que Dieu, qui parle aux cœurs et non pas aux oreilles des hommes, a mis en moi.

« Si l'exemple d'un fils aîné qui quitte le monde n'ayant que trente ans, lorsqu'il vivoit avec le plus d'éclat dans une profession honorable, lorsqu'il avoit diverses espérances d'une fortune très-avantageuse, lorsqu'il étoit honoré d'une affection particulière de quelques Grands du royaume; si, dis-je, cet exemple vous pouvoit toucher, j'en aurois une plus grande joie que celle que vous eûtes lorsque je naquis; mais c'est à Dieu à faire ces miracles; mes paroles ne servent de rien, et vous savez d'ailleurs que je n'ai jamais fait le prédicateur avec vous. Je vous dirai seulement, ce que vous savez sans doute mieux que moi, que ce n'est pas foiblesse d'esprit d'embrasser la vertu chrétienne, puisqu'une personne qui n'a point passé jusqu'ici pour foible ni pour scrupuleux [1], et qui est encore le même qu'il étoit lorsqu'il eut l'honneur de vous voir la dernière fois, se résout de changer ces belles qualités d'Orateur et de Conseiller d'État en celle de simple serviteur de Jésus-Christ. »

---

1. A cette date de la langue, après avoir mis une *personne*, il arrivait quelquefois qu'on remettait le masculin quand il s'agissait d'un homme; le sens général l'emportait sur la grammaire.

Deux ans après, lorsque son père, toujours impénitent, mourut, M. Le Maître, dans le vœu qu'il avait formé d'une inviolable retraite, ne crut pas pouvoir assister aux funérailles; mais, en revanche, et comme pour s'en excuser, il ne crut pas non plus devoir assister à la prise d'habit de sa sainte mère, qui eut lieu à peu d'intervalle de là, et ce sacrifice ne fut pas le moins sensible de sa vie.

Se peut-il donc concevoir une plus admirable alliance des sentiments de religion et de ceux de nature : ces privations à la fois austères et délicates ; cette lettre à son père d'une réprimande si contenue, d'un respect si tendre ; cette retraite avec messieurs ses frères auprès de ses saintes tantes, à côté d'une mère tout à l'heure religieuse à son tour, et qui, comblée enfin, quand viendra l'heure de mourir, assistée du grand Arnauld son frère, se confessant à M. de Saci son fils, prêtre depuis un an seulement, s'écriera vers le Ciel, dans un ardent sentiment de reconnaissance : « Qu'ai-je fait à Dieu pour avoir un tel fils ? » Elle le disait de M. de Saci, elle le dut penser tout autant de son illustre aîné, M. Le Maître.

M. Le Maître est un grand caractère ; j'ai parlé de ses Plaidoyers assez sévèrement pour le goût ; mais il y a autre chose dans l'homme que le goût, et il avait toutes ces autres choses : force et véhémence d'esprit, chaleur et foyer de cœur, puissance d'étude, droiture de judiciaire, flamme d'imagination, fécondité de plume qui avait succédé au fleuve de la parole ; et tant de qualités si diverses, durant les vingt années qu'il vécut après sa conversion, ne servirent plus qu'à l'accomplissement sous toutes les formes et à la pratique multipliée de la pénitence. Ç'a été véritablement, comme on disait de lui alors, un *grand pénitent*, le premier de Port-Royal, à ce titre, et le chef des solitaires. Par sa priorité de conversion, par sa constante et infatigable ardeur, par je ne sais quoi d'irrégulier qu'il garda toujours sous la discipline, il les domine tous[1]. Si ces solitaires que nous avons à énumérer maintenant, et à faire passer devant nous, avaient dû sortir de leur désert et faire irruption dans le siècle, comme on l'a vu plus d'une fois de ceux de la Thébaïde accourant dans Alexandrie, et comme on le dit de ces autres solitaires qui, le grand Macédonius en tête, descendirent de leur montagne dans Antioche affligée et châtiée par Théodose, c'est avec M. Le Maître en tête qu'on les aurait vus marcher. Il y avait en lui du saint Antoine, son patron, et surtout du saint Jérôme. Comme celui-ci, il était un grand lutteur des déserts, ne sachant qu'inventer pour se mater lui-même et se roulant presque dans l'arène enflammée, — du moins bêchant la terre, sciant les blés, faisant les foins par la chaleur de midi, se ressuyant son chapelet en main au soleil, s'interdisant le feu dans les durs hivers, puis replongé, au sortir de ces travaux manuels, dans l'étude opiniâtre, dans l'hébreu qu'il dévorait pour arriver à l'esprit le plus caché de l'Écriture, compulsant toute la doctrine des Pères, les traduisant, en divulguant de petits traités, en écrivant des vies savantes, y ramassant des matériaux pour les écrits de M. Arnauld son oncle (son *jeune* oncle), et passant de là à l'apologie de la vérité présente attaquée : on parlera, à l'occasion, de quelques-uns de ces ouvrages. Avec cela, jusqu'au bout, des tumultes d'esprit extraordinaires, des restes de vieil homme qu'il déracinait sans cesse plein d'une vigueur toujours nouvelle, mais en se renversant quelquefois à d'autres extrémités. Et, par exemple, dans la

---

1. On a dit de lui avec bonheur :

.... Quo non præstantior alter
Voce ciere viros, *Christum*que accendere cantu.

dispersion des solitaires (1638) qui suivit l'emprisonnement de M. de Saint-Cyran, M. Le Maître avait vu à la Ferté-Milon de saintes dames qui désiraient se rattacher à la solitude de Port-Royal. Quand M. de Saint-Cyran le sut, connaissant cette nature emportée, il jugea à propos de lui défendre tout entretien pareil, même avec les plus saintes personnes du sexe, alléguant que s'il est recommandé en général : *Cum feminis sermo paucus et durus*, aux solitaires il fallait dire, *nullus*. Là-dessus M. Le Maître, obéissant à l'instant, mais extrême dans son obéissance, résolut non-seulement de ne plus parler jamais à aucune femme, mais, en règle plus générale, de ne plus parler à personne : ce que M. de Saint-Cyran fut aussitôt obligé de rabattre, jugeant ce second mouvement plus imprudent que le premier. Ainsi en toutes choses : cette ardente nature, même convertie, même sous l'ombre du cloître, était restée un continuel et saint orage. Une de ses plus fortes luttes et de ses plus touchantes épreuves fut quand M. de Saci, son frère cadet, étant devenu prêtre et confesseur, il s'agit pour lui, le glorieux aîné, de se ranger comme pénitent sous cette direction paternelle. Il avait passé déjà de M. de Saint-Cyran à M. Singlin ; celui-ci lui avait donné ensuite, ainsi qu'aux solitaires, M. Manguelen qu'il avait accepté sans murmure : mais M. de Saci, son puîné ! et d'un caractère si différent du sien, aussi flegmatique, aussi glacé en apparence et compassé que lui bouillant et exubérant ! non, si fort qu'il le respectât, il ne pouvait se résoudre à l'accepter comme père spirituel. M. Singlin parla haut, et, Dieu aidant, cette grande répugnance soudainement tomba et fit place à un attrait. M. Le Maître vaincu choisit dans tout saint Chrysostome de quoi former un petit écrit qu'il intitula : *Le Portrait de l'amitié chrétienne et spirituelle*, et l'envoya à M. de Saci avec six vers de sa façon, pour lui dire agréablement que désormais il lui soumettait son cœur. Ce n'est qu'à Port-Royal qu'on rencontre de ces traits-là.

Et ce grand pénitent, qui déployait la vigueur ascétique des premiers âges, cet implacable *tourmenteur de lui-même* en Jésus-Christ, qui aurait été l'un des chefs de la milice monastique d'un Athanase, ce géant d'ardente poitrine et de cœur de flamme, qui ne voulait plus que des *cavernes* pour y pleurer, son imagination (savez-vous ?) avait des nuances ou des saillies pleines de douceur. Il aimait à connaître, avons-nous dit, les aventures spirituelles de chaque solitaire, et se faisait une dévotion de les entendre raconter comme un saint roman. Aux grands jours, dans les circonstances solennelles de Port-Royal des Champs, à défaut de descente à Antioche ou d'irruption dans Alexandrie, il allait en tête de ces *Messieurs*, la nuit, au sortir de matines, recevoir leur nouveau directeur, M. Manguelen, qu'envoyait M. Singlin, retenu à Port-Royal de Paris, et il parlait, il haranguait *dans ce silence de la nuit*, au nom de tous, d'une manière à les étonner et à les ravir. Un jour, il plaida (avec permission de M. Singlin) pour les religieuses de Port-Royal devant un juge de village, qui n'avait jamais rien ouï de si beau. Sa bouche éloquente avait conservé des paroles d'or ; mais c'est surtout dans les Écoles de Port-Royal et auprès des enfants qu'il se les permettait sans scrupule, qu'il les prodiguait avec candeur. Du Fossé, dans ses *Mémoires*, nous en a donné des détails qu'il faut lire [1] : « Je me souviens même
« que, tout écolier que j'étois, il me faisoit souvent
« venir dès lors dans sa chambre, où il me donnoit des
« instructions très-solides, tant pour les études que
« pour la piété. Il me lisoit et me faisoit lire divers

---

1. Page 156 des *Mémoires pour servir à l'Histoire de Port-Royal*, par M. Du Fossé, 1739.

« endroits des poëtes et des orateurs, et m'en faisoit
« remarquer toutes les beautés, soit pour la force du
« sens, soit pour l'élocution. Il m'apprenoit aussi à
« prononcer comme il faut les vers et la prose, ce qu'il
« faisoit admirablement lui-même, *ayant le ton de la*
« *voix charmant*, avec toutes les autres parties d'un
« grand orateur. Il me donna aussi plusieurs règles pour
« bien traduire et pour me faciliter les moyens d'y
« avancer. » Ce que M. Le Maître faisait là pour le
jeune Du Fossé, il le fit également pour le *petit Racine*,
comme on le voit par l'aimable et naïve lettre qu'il lui
écrivait de Bourg-Fontaine (1656) deux ans avant sa
mort. C'est là une heureuse liaison, et qui complète
littérairement M. Le Maître. Ce qui a pu lui manquer
pour le goût dans certains écrits, il l'a compensé par
cette influence docte et pieuse dont il environna l'enfance de Racine. Il le trouvait si bien doué qu'il voulait
faire de lui un *avocat :* reste de prédilection qui fait
sourire.

Par tous ces traits rassemblés et qui anticipent quelque peu sur les temps, j'ai voulu achever rapidement
l'idée du premier et du plus chrétiennement héroïque
de nos solitaires. A ne voir même que le côté historique
des mœurs et des caractères, c'est quelque chose d'assez
original au dix-septième siècle, et (si l'on pouvait réintroduire ces expressions profanes) quelque chose d'assez
glorieux, que d'avoir produit de telles figures. Parmi les
analogies et les parallèles à la Plutarque que l'on construirait pour l'époque, on pourrait poser et soutenir
sans trop de peine comme thèse : Ce que Racine est à
Euripide ou à Sophocle, M. Le Maître l'a été à saint
Jérôme ; quelque chose de moindre assurément, mais qui
souvent rappelle les mêmes tons et les mêmes lignes[1].

1. Sur M. Le Maître on a, pour le connaître bien à fond, les

Je reviens aux environs de sa conversion, à toutes celles que le même moment mûrit, et qu'on vit comme

Mémoires de Lancelot, de Fontaine et de Du Fossé; dans le *Supplément au Nécrologe de Port-Royal* (in-4°, 1735), il faut lire la première des pièces (page 1) qui est une *Déclaration* de ses pensées, et dans l'essentiel *Recueil de plusieurs pièces pour servir à l'Histoire de Port-Royal* (in-12, Utrecht, 1740), p. 198 et suiv., le *petit Écrit qui fait voir quel est l'esprit de M. Le Maître*. Il y a peu à tirer de ses nombreux ouvrages polémiques, apologétiques ou édifiants, et rien n'y ajoute à l'idée qu'on a d'ailleurs de sa personne. Ce qu'on lui doit de mieux (comme livre), c'est d'avoir pensé, de concert avec la marquise d'Aumont, à recueillir les documents sur la vie de la mère Angélique; les conversations d'elle qu'il a notées et transmises sont ce qu'il a écrit de plus vif. Les Mémoires de Fontaine sont pleins aussi de petites relations dressées par M. Le Maître et qui ont passé dans le texte. J'ai peine à croire que la belle conversation entre Pascal et M. de Saci sur Épictète et Montaigne ne soit pas de la rédaction de M. Le Maître lui-même, qui, par tous ces saints emplois, donnait le change, comme il pouvait, à son activité littéraire.

— Ceux qui viennent de lire ce chapitre et qui liront tout ce que j'ajoute encore en maint endroit de cet ouvrage sur M. Le Maître, auront peine à comprendre que j'aie été accusé par un avocat-général, M. Oscar de Vallée, dans un livre publié en 1856, sous ce titre pompeux : *De l'Éloquence judiciaire au dix-septième siècle :* — *Antoine Le Maître et ses contemporains,* d'avoir été un détracteur de M. Le Maître, et de l'avoir *dénigré*. Oubliant toutes les règles de la convenance et de l'équité, M. Oscar de Vallée n'indique même pas mon travail de *Port-Royal* qu'il prétend réfuter, et dans lequel il puise; il semble, à le lire, que je n'aie parlé de M. Le Maître que dans quelque *Causerie du Lundi :* « Il le traite, dit-il de moi, avec la sévérité d'un juge qui se croit souverain et *qui est mal instruit*. » Si M. Oscar de Vallée s'était borné à plaider pour M. Le Maître avocat, à montrer la solidité ou l'art de quelques-uns de ses plaidoyers, et à prouver que, sur ce point, l'ennui qu'ils m'ont causé m'avait rendu trop sévère, je serais prêt à me rendre et à faire céder mon impression devant son expérience : mais il m'a tout l'air d'un homme qui a un parti pris d'admirer, et qui a choisi M. Le Maître comme un thème à déclamation. Évidemment le succès de *Madame de Longueville*, de M. Cousin, a monté la tête du jeune magistrat, et il a voulu y faire un pendant à sa manière; mais il est allé trop vite. Parlant de choses qu'il n'a pas assez étudiées et d'un temps qu'il connaît à peine, il croit avoir expliqué la conversion de M. Le Maître, quand il a dit : « C'était le temps où

à la fois éclater. M. Singlin, Lancelot, M. de Séricourt sont déjà réunis; ils nous offrent, avec M. Le Maître,

vivait saint François de Sales, celui où allait vivre Fénelon. A côté de la politique et des vices, ou, pour parler plus justement, au-dessus de tout cela, *il s'était formé comme un firmament de morale épurée, de vertus, d'abnégations, d'ardente piété, et au sommet de ce firmament, on voyait briller saint Vincent de Paul*, le précepteur du cardinal de Retz, cet élève si longtemps révolté, mais qui lui-même finit par se rendre à Dieu. — *Ce fut cette religion qui, aidée par l'abbé de Saint-Cyran, parvint sans beaucoup de peine à arracher Le Maître à la gloire, et à soumettre entièrement son cœur.* » Un écolier en Port-Royal n'écrirait pas de ces choses, et j'ajouterai, pas un homme qui réfléchit un peu et qui ne se paye pas de mots ne les écrirait : ce ne sont que des paroles vides.

— La note précédente pourra paraître moins nécessaire, depuis qu'un nouvel ouvrage sur Le Maître a été publié par un autre magistrat, collègue du précédent (*Guillaume du Vair*, et *Antoine Le Maître*, par M. Sapey, 1858). M. Sapey, dans cette étude, a rétabli les points de vue avec justesse et avec équité. En choisissant ce beau et grave sujet pour l'approfondir et l'éclairer à son tour, il n'a pas cru devoir supprimer ni dénigrer ses prédécesseurs. Il aurait pu y mettre moins de bienveillance à mon égard, que je lui serais encore reconnaissant de son impartialité. Il était convenable peut-être qu'un avocat-général réparât, en telle matière, le procédé par trop rigoureux et par trop expéditif d'un autre avocat-général, et je me plais à dire à M. Sapey, en lui rendant grâces :

Sæpe, premente Deo, fert Deus alter opem.

— M. Rapetti, à son tour (car ç'a été tout un tournoi), dans un écrit intitulé : *Antoine Le Maître et son nouvel historien*, qu'il a publié en 1857, à l'occasion du livre de M. de Vallée, a dit des choses qui m'ont frappé par leur justesse. Il fait remarquer en un endroit, à l'avantage des Plaidoyers de M. Le Maître, tout ce qu'il faut de talent, chez un avocat, « pour établir quelque clarté, quelque raison, quelque élégance, dans un conflit de vérités relatives, bornées, presque toutes contestables; » et ces qualités essentielles, fondamentales, si rares de tout temps au barreau, eu égard à la nature des questions et des matières, les littérateurs habitués à un ordre d'idées plus délicates sont portés à en tenir trop peu de compte, à les trop considérer comme vulgaires et communes, à en savoir trop peu de gré aux avocats distingués qui les possèdent. Dans ces termes, je n'ai rien à opposer, je l'avoue, à ceux qui revendiquent pour les Plaidoyers écrits de M. Le Maître plus d'estime que je n'ai paru leur en accorder.

les premiers et les vrais *chefs de file* du groupe futur : il y a donc à les aborder un à un, avant de reprendre la suite du récit, la prison de M. de Saint-Cyran et le commencement des persécutions.

III

M. de Séricourt. — Prisonnier en Allemagne; il s'échappe. — M. de Saci et son exemple. — Entrevue de M. de Séricourt et de M. Le Maître; belle page de Fontaine. — Vauvenargues. — Claude Lancelot, nouveau solitaire. — Élevé chez M. Bourdoise : quel était celui-ci ? — Aspiration vers M. de Saint-Cyran. — Première visite de Lancelot; touchant récit. — Seconde visite. — Sa sœur prend l'habit. — Cœurs sobres, larmes abondantes.

M. Simon Le Maître de Séricourt, frère cadet de M. Le Maître, était d'abord militaire. Né en 1611, il se trouvait en 1635, à vingt-quatre ans, major dans Philisbourg, sous les ordres de M. Arnauld, mestre-de-camp des carabins [1], son cousin (ou oncle à la mode de Bretagne), qui y était commandant. Une nuit d'hiver, la place fut surprise par les troupes de l'Empereur, à la faveur des glaces qui rendaient praticable le fossé. On passa la garnison au fil de l'épée. Le gouverneur se défendit vaillamment dans une maison où il s'était retranché, faute de citadelle, avec l'élite de ses officiers; mais il fallut se rendre. Il fut emmené prisonnier à Eslinghen, et M. de Séricourt avec lui. C'est de cette prison que

1. Il a été question de lui à la page 58 de ce volume.

M. Arnauld, qui était entreprenant, parvint à se sauver par une adresse singulière : cela se lit en détail dans les *Mémoires* de l'abbé Arnauld [1]. Sa fenêtre donnait à une grande hauteur sur le fossé de la ville : il s'agissait, pour descendre, de fabriquer une échelle de cordes. Il imagina toutes les fois qu'on le laissait sortir avec ses gardes, de les faire jouer à un jeu qui s'appelait *sangler l'âne*, dans lequel on lie avec une corde l'un des joueurs. Le jeu fini, le bout de corde était jeté à terre et oublié des gardes, mais ramassé par l'un des compagnons de M. Arnauld, tant enfin qu'il en eut assez pour son échelle. Il avait, de plus, fait pratiquer à l'avance quelques cavaliers français qui étaient au service de l'Empereur, et auxquels il promit de l'emploi dans son régiment des carabins. Bref, le jour pris avec ces cavaliers qui l'attendirent en dehors, il gagna les champs ainsi que M. de Séricourt, se tira des rencontres auxquelles ses compagnons répondaient en allemand, et ils arrivèrent, après bien des traverses, à Venise, d'où ils regagnèrent la France. Le gouverneur qui les avait laissés échapper eut la tête tranchée. En 1637, étant au siége de La Capelle, M. de Séricourt se sentit touché du récit que lui fit un de ses compagnons d'armes d'un secours merveilleux envoyé du Ciel dans un danger, et, par un retour naturel, il rapporta ce trait à ce qui lui était arrivé de merveilleux à lui-même. Il fut également touché d'apprendre les progrès que faisait dans la piété son jeune frère, M. de Saci, qui était déjà sous la direction de M. de Saint-Cyran. Mais ce qui acheva de l'émouvoir, ce fut l'exemple de son illustre aîné, M. Le Maître.

Relevons, pourtant, cette particularité que c'est M. de Saci, le plus jeune des trois [2], qui servit l'impulsion

---

1. Et dans ceux de Lancelot, t. I, p. 300 et suiv., avec de légères variantes.

2. Il y eut en tout cinq frères. M. de Saci n'était, je crois, que

divine pour la conversion de ses deux aînés. M. de Saint-Cyran était allé voir à Port-Royal madame Le Maître et la consoler sur la nouvelle de ce désastre de Philisbourg, où son fils peut-être avait péri ; car on ne savait rien avec certitude dans ces premiers moments. Madame Le Maître aimait plus tendrement qu'aucun autre de ses fils M. de Séricourt, homme bien aimable en effet, doux, délicat, qui s'était aguerri vaillamment au métier des armes, et que ses dangers mêmes rendaient plus précieux au cœur maternel. Mère si chrétienne, c'était pourtant son Benjamin, et, plus tard, quand il mourut (1650), on la verra mourir de sa mort. Dans sa douleur donc, dans cette affreuse idée surtout qu'il pouvait avoir péri sans être disposé, elle dit à M. de Saint-Cyran qui la visitait et lui adressait de bonnes paroles : « J'ai un fils que j'espère se devoir donner à Dieu ; c'est l'unique consolation que vous puissiez me procurer à présent, que d'avoir la bonté de le voir et de le conduire. » C'était de M. de Saci, âgé de vingt-deux ans, qu'elle parlait. M. de Saint-Cyran s'en chargea, lui fit prendre dès lors la soutane, et la vue édifiante de ce jeune frère contribua beaucoup à préparer les aînés. Ces renversements de nature, par lesquels le plus jeune conduit et précède les autres, sont fréquents dans Port-Royal et dans l'ordre chrétien dont ils font comme l'ornement et la grâce.

M. de Séricourt était donc très-ébranlé déjà quand il arriva de l'armée à Paris dans les commencements de la retraite et de la pénitence de M. Le Maître ; mais rien

---

le quatrième. Un autre, appelé M. de Saint-Elme, et le cinquième, M. de Valemont, ne font pas grande figure, bien qu'honnêtes gens. — Ce nom de *Saci* (ou *Sacy*) paraît être l'anagramme d'*Isaac*. Par la suite, les solitaires de Port-Royal déguisaient volontiers leurs noms de la sorte, comme pour moins s'écarter de la vérité : un Père Vachot (de l'Oratoire) s'appelait par anagramme M. *Chatou*. Nicole prenait quelquefois le nom de *Constant*, de sa mère : à la fois, autant que possible, *fugere nec fingere*.

ne saurait suppléer le récit du naïf Fontaine et son éloquence de cœur :

« Quand il (*M. de Séricourt*) vit M. Le Maître dans cette espèce de tombeau où il étoit enseveli tout vivant, et dans un air si lugubre de pénitence qui l'environnoit, il en fut tout saisi ; et avec des yeux étonnés, il cherchoit M. Le Maître dans la personne qu'il voyoit, et il ne le trouvoit pas. M. Le Maître remarqua son étonnement, et, d'un air gai, mais tout de feu, il lui dit en l'embrassant : « Ah ! me re-
« connoissez-vous bien, mon frère ? Voilà ce M. Le Maître
« d'autrefois : il est mort au monde, et il ne cherche plus
« qu'à mourir ici à lui-même. J'ai assez parlé aux hommes
« dans le public ; je ne cherche plus qu'à parler à Dieu. Je
« me suis tourmenté fort inutilement à plaider la cause des
« autres ; je ne plaide plus que la mienne dans le secret et
« le repos de ma retraite. J'ai renoncé à tout. Il n'y a plus
« que mes proches qui partagent encore mon cœur ; je vou-
« drois bien qu'il plût à Dieu d'étendre sur eux les grandes
« grâces qu'il m'a faites. Vous, mon frère, qui paroissez si
« surpris de me voir en cet état, me ferez-vous le même
« honneur que quelques-uns me font dans le monde, qui
« croient et publient que je suis devenu fou ? » — « Non,
« sûrement, mon frère, dit M. de Séricourt ; je ne vous ferai
« pas cet honneur. Nous avons été élevés d'une manière si
« chrétienne que nous ne pouvons ignorer qu'il y a de sages
« folies ; je mets la vôtre de ce nombre. Depuis le moment
« qu'on m'a dit cette nouvelle à l'armée, j'ai souhaité bien
« des fois de pouvoir vous imiter. Je ne vous cèle pas que
« je venois ici plus qu'à demi rendu ; mais ce que je vois
« achève tout. » — « Que prétendois-je avec toute mon
« éloquence, lui dit M. Le Maître, et que prétendez-vous
« aussi vous-même par tous vos travaux et vos combats ?
« Jamais je ne me suis trouvé plus heureux que depuis que
« je n'ai plus endossé ma robe : vous éprouveriez sûrement
« le même bonheur si vous vouliez renoncer à l'épée. »

« Il se dit ainsi plusieurs choses semblables, et, Dieu achevant en secret ce qu'il avoit commencé de loin dans le cœur de M. de Séricourt, celui-ci, après avoir observé avec des yeux attentifs toutes les démarches de M. son frère, lui témoigna enfin qu'il ne pensoit plus à la guerre et qu'il vouloit vivre et mourir avec lui. Par une résolution si soudaine et si généreuse, il combla de joie un frère qui désiroit sa conversion avec ardeur, et une mère admirable qui avoit tâché mille et mille fois de l'enfanter à Jésus-Christ, comme étant celui de tous ses enfants pour qui elle avoit toujours ressenti une tendresse particulière [1]. »

Fontaine donne en cet endroit une lettre que M. de Séricourt aurait écrite alors à M. de Saint-Cyran ; mais il l'a sans doute refaite de mémoire, et on y relève des impossibilités. Il y suppose que le saint abbé est déjà en prison, et que M. de Séricourt lui demande la grâce de s'y aller enfermer avec lui. Or M. de Séricourt fut rappelé à Paris à l'occasion même de la mort de madame d'Andilly ; sa conversion ne suivit guère que d'un mois celle de M. Le Maître, et précéda l'arrivée de Lancelot, qui nous fixe sur tous ces points en témoin oculaire. Quoi qu'il en soit de cette légère confusion chronologique, qui chez le bon Fontaine n'est pas la seule, l'aimable auteur achève ainsi la peinture :

« Cet homme admirable (*M. de Saint-Cyran*) jugea qu'il seroit mieux pour le bien de ces deux frères qu'ils fussent ensemble : ce qui fut fait aussitôt, et ils n'écrivoient plus que sous le nom de premier et second ermite. Ils goûtoient ensemble les douceurs de la solitude, sans se l'interrompre l'un à l'autre ; ils étoient trop consolés de se voir sans qu'il leur fût nécessaire de se parler. M. Le Maître bénissoit Dieu de voir M. de Séricourt se rendre compagnon de celui dont il étoit en quelque façon la conquête : M. de Séricourt, contemplant des yeux de la foi ce prodigieux changement de son frère aîné, tâchoit de ne point dégénérer de sa ferveur ;

---

[1]. *Mémoires* de Fontaine, t. I, p. 80 et suiv. J'en possède un manuscrit d'après lequel j'introduis quelques variantes. Le texte imprimé a été assez retouché dans le temps, très-judicieusement en général, mais sur quelques points de style un peu *grosso modo*.

et, par une sainte émulation, ils se donnoient l'un à l'autre ces coups d'ailes dont parle saint Grégoire, pour s'exciter et s'animer à la vertu. »

Bossuet, en maint de ses beaux endroits, a bien souvent imité ou simplement traduit Chrysostome : mais ne voilà-t-il pas, dans cette humble page de récit et dans ces vies commençantes de solitaires, saint Chrysostome, saint Basile et saint Grégoire imités et reproduits, et d'une imitation originale aussi, et non pas pour la pensée seulement, mais pour l'action même ? Je reviens à ma proposition déjà énoncée, et je tâche, en l'étendant, de la rendre de plus en plus précise et significative :

Au dix-septième siècle, ce que Racine est à Sophocle ou à Euripide, ce que Bossuet est à saint Chrysostome, Port-Royal, avec ses relations et ses solitaires, l'est à saint Grégoire, à saint Basile, à saint Jérôme, à saint Éphrem, à saint Eucher, à tout ce côté pénitent, et studieux dans la pénitence, de l'antiquité chrétienne et des Pères, lequel, sans Port-Royal, — et même Bossuet, Bourdaloue et Fénelon existant, — n'aurait pas été alors reproduit suffisamment ni représenté.

M. de Séricourt ne devint pas un écrivain en devenant un pénitent, ou du moins il ne fut *écrivain* que dans le sens matériel du mot : il se contentait d'offrir sa main pour copier (ce qu'il faisait admirablement, dit-on,) les ouvrages de son frère M. Le Maître et de son oncle M. Arnauld. Ce travail de transcription, qui avait joué un si grand rôle dans les cloîtres des vieux âges comme moyen d'étude et de sanctification, et que l'imprimerie semblait avoir naturellement supprimé, se retrouve en usage à Port-Royal avec tant d'autres exercices pieux du passé. Ce qu'on y a copié d'écrits de toutes sortes est prodigieux. Plusieurs des solitaires et quelques-unes des sœurs s'y employaient ; et, au soin, à la netteté de ces manuscrits on peut juger avec quelle piété! Ils en peignaient l'écriture dans ce même esprit avec lequel mademoiselle Boullongne peignait ses dessins et vignettes de sainteté. La plupart des écrits de Port-Royal, les *Relations*, le *Nécrologe*, les Mémoires de Lancelot, de Fontaine, de Du Fossé, beaucoup de lettres de M. de Saint-Cyran et de leurs autres pères spirituels, n'ont été imprimés et publiés qu'en plein dix-huitième siècle; et c'est même ce qui explique le peu de connaissance qu'on en a généralement, tout cet affluent précieux n'étant pas entré en son temps dans le grand courant de la littérature, et celle-ci, déjà toute contraire, ne l'ayant accueilli ni senti le moins du monde lorsqu'il s'y versa. En attendant que ces manuscrits fussent imprimés, ce que mille raisons retardaient et pouvaient bien longtemps interdire, on en multipliait sous main des copies soigneusement faites [1]. M. de Séricourt fut un des premiers solitaires qui s'y appliqua; au milieu de ses austérités,

---

1. Lors de la destruction de Port-Royal, les manuscrits trouvés dans le monastère passèrent, par la condescendance du lieutenant de police D'Argenson, entre les mains de mademoiselle de Joncoux (l'auteur de la traduction française des notes de Wendrock). Cette personne zélée fit prendre des copies nouvelles de ces papiers, et légua les originaux à l'abbaye de Saint-Germain-des-Prés, au nombre de soixante et douze volumes de tout format. La Bibliothèque du Roi en possède une bonne partie. — L'esprit qui présidait à ce travail de copiste chez nos gens de Port-Royal est parfaitement rendu dans une lettre de M. Vuillart, un des amis de la fin; comme il envoyait à l'un de ses correspondants, plus riche que lui, la copie d'une relation qu'il jugeait de nature à l'intéresser et à l'édifier, il ajoutait (12 juin 1698) :

« Un bon serviteur de Dieu, qui a la main bonne, qui copie correctement, trouve une partie de sa subsistance à copier ainsi. Je lui ai procuré quelques pratiques; je les multiplie autant que je puis, considérant la main des personnes qui le récompensent de son petit travail, comme la main de la Providence même à son égard. Quatre ou cinq sols pour une copie comme celle-ci est peu pour chaque particulier; et quand cela est multiplié cinq ou six fois, cela contribue considérablement à faire vivre l'ouvrier, *cujus res angusta*.... C'est un solitaire qui aime sa solitude, qui

c'était devenu sa tâche favorite, comme au dedans du cloître c'était celle également de la sœur Marie-Claire, et leur simplicité fervente y excellait.

Il fut aussi le premier militaire parmi les Messieurs de Port-Royal ; il ouvre en date cette série intéressante de pénitents qui, changeant seulement de milice, brisèrent leur épée au pied de la Croix. Les autres qui se retirèrent successivement, M. de Pontis, M. de La Petitière, M. de La Rivière, M. de Beaumont, M. de Bessi, tant de vieux *routiers*, vrais centurions de l'Évangile, ne vinrent à Port-Royal qu'après l'exemple donné par le jeune major de Philisbourg ; et celui-ci était déjà mort depuis deux ans, lorsque pendant la seconde guerre de Paris, en pleine Fronde (1652), Port-Royal des Champs, exposé aux partis de troupes répandus dans la campagne, fut mis en état de défense et de siége par tous ces vieux capitaines qui reprenaient, il le fallait voir, leur ton de commandement et saisissaient, avec une secrète joie, cette dernière occasion permise d'exercer un métier abjuré, mais au fond toujours cher. C'est même alors qu'on

s'y tient occupé au cœur de la ville comme s'il étoit au fond d'un désert, qui prie, qui médite la loi du Seigneur, et qui travaille de sa plume. Ses copies sont pour lui ce qu'étoient pour les anciens solitaires les paniers et les corbeilles de jonc ou d'osier qu'ils envoyoient vendre pour en vivre et pour en soulager quelques pauvres. Saint Grégoire, pape, consolant les personnes qui ont la douleur de ne pouvoir pas par eux-mêmes assister les pauvres, leur conseille d'employer toute leur industrie à leur attirer du secours de ceux qui peuvent leur en donner. C'est le cas où je me trouve à l'égard du copiste dont j'ai parlé. »

J'entrevois en idée tout un petit chapitre qui aurait eu pour titre : *Les Copistes de Port-Royal.* Un plus patient que moi, et qui s'entendrait mieux au matériel des manuscrits, l'aurait pu faire. En comparant les copies de la Bibliothèque du Roi, de la Bibliothèque de Troyes, et celles aussi des archives jansénistes d'Utrecht, on verrait que les mêmes écritures reviennent souvent. Ce qui est certain, c'est que, pour ces chrétiens un peu mystérieux, copier était mieux qu'un métier : c'était une dévotion et un humble ministère.

put remarquer au milieu d'eux, non sans sourire, M. Le Maître, si prompt à toutes choses, l'épée au côté et le mousquet sur l'épaule.

M. de Séricourt, ce jeune militaire si doux, si délicat de complexion et si fort de cœur, m'a toujours donné sujet de concevoir ce qu'aurait été Vauvenargues s'il avait vécu vers le temps de M. de Saint-Cyran. Vauvenargues, un siècle plus tôt (est-ce bien téméraire de n'en pas douter?), pour peu qu'il eût connu Port-Royal, y serait venu avec M. de Séricourt et tous ces autres pieux militaires. Comme, en effet, son âme religieuse, si brave et si tendre, va là naturellement! comme son talent y aurait aisément tourné, y gagnant en solide appui, en point de vue supérieur! Il me semble qu'il y aurait, si l'on avait loisir, un intérêt tout neuf et un jour imprévu à l'examiner ainsi dans le sens de cette affinité que je crois saisir et de cette ressemblance que je voudrais restaurer.

A ne prendre ces rapprochements que pour ce qu'ils valent, c'est-à-dire surtout pour des matières et des aiguillons à pensées, il y a lieu d'autant moins de se les refuser au passage.

Vauvenargues, comme esprit, c'est bien plus (cela va sans dire) que M. de Séricourt; c'est un disciple de Pascal, le premier disciple en mérite, un Pascal plus doux, plus optimiste, plus confiant en la nature humaine loyale, généreuse, et qu'il juge trop par lui : *âme bien née, il croyait à la nature.* Vauvenargues, c'est un mélange adouci de Pascal et de M. de Séricourt. Ce dernier ressemblait encore à ce jeune et aimable compagnon de Vauvenargues, célébré dans une page funèbre si touchante, et à qui son sage ami dut souvent songer en écrivant les conseils sur la *gloire* et les *plaisirs;* à ce charmant Hippolyte de Seytres qui avait rapporté des marches glacées de Moravie les semences de mort. Vauvenargues, qui lui-même avait rapporté de ses guerres des infirmités cruelles et d'incurables maux, lui que Voltaire comparait dans son respect, à Pascal souffrant, Vauvenargues, rejeté du ministre, qui lui répondait à peine et négligeait ses services, se tourna sans murmure à l'étude, à la philosophie, à la morale; de son lit de douleurs, il rechercha dans la nature les bons principes pour les relever et les proclamer; il corrigea par l'effet de son observation sereine et bienveillante l'amertume sans mélange de La Rochefoucauld, l'amertume non moindre, bien que plus couverte, de La Bruyère. Eut-il raison? S'il avait causé avec M. de Saint-Cyran au temps de M. de Séricourt, avec Pascal bientôt après, n'aurait-il pas appris d'un mot et, comme on disait alors, *par l'oreille du cœur*, que cette idée amère de la nature humaine n'est, après tout, qu'une stricte vérité, mais une vérité de la terre qui attend son nécessaire complément, son couvercle et comme son ciel, dans l'embrassement supérieur de la vérité chrétienne ; de telle sorte que chaque point du mal observé, chaque endroit de poussière et de boue, et rien que de poussière et de boue si l'on y demeure, disparaît, se transforme, si on le rapporte à son point d'opposition en haut, et correspond dans son zénith spirituel à quelque étoile lumineuse? Vauvenargues ne conçut jamais bien cela, et son noble talent, dans ses velléités chrétiennes, comme dans ses générosités naturelles, tâtonna toujours.

Et qu'à cette occasion l'on considère un peu la singularité, le jeu des points de vue successifs, et la diversité des rôles.

Au dix-septième siècle, la plus grande élévation religieuse dans la vérité consistait à croire la nature humaine déchue, mauvaise, pleine de ces vices originels qui, selon l'énergique expression de Saint-Cyran, la souillent et la *diffament* devant Dieu, et à n'adorer que l'unique et souveraine efficacité de la Grâce [1]. Molière, La Rochefoucauld et La Bruyère étaient assez du même avis quant à la première partie, mais sans la seconde dont ils usaient assez peu [2]. Ils prenaient le mal et laissaient le remède ; ils raillaient plus ou moins gaiement, disséquaient plus ou moins cruellement la nature humaine ainsi vue : pourtant ils le font dans les détails et dans l'application seulement, et ils n'élèvent pas de système philosophique complet en face du Christianisme.

Au dix-huitième siècle, on passe outre. Fontenelle, Montesquieu, Voltaire, dès l'abord, ont été des observateurs ironiques, et plus que cela : la religion par eux n'est pas seulement négligée ; elle est directement atteinte. Mais un système parallèle se forme, auquel eux-mêmes et d'autres concourront, et que Jean-Jacques pousse à son dernier terme. Bientôt la plus grande élévation spirituelle, au dix-huitième siècle, consiste (au rebours de la grande religion du dix-septième) à croire la nature humaine bonne en soi quand la société ne la gâte pas trop, à la respecter, à proclamer la conscience loyale et droite si on la consulte en elle-même, et à prétendre la liberté de l'âme capable de bons choix. C'est de la religion alors (au moins relativement) que de croire cela ; et l'excès irréligieux consiste dans la négation de la liberté et dans une sorte de *prédestination*, mais toute physique et par la matière, bien loin

---

1. Un des confesseurs de Port-Royal définit très-bien la Grâce *la souveraineté de Dieu sur les hommes et la soumission des hommes à Dieu.*

2. Même La Bruyère, du moins en écrivant : ses pensées sur la religion sont comme ajoutées après coup, et n'affectent pas son observation courante. D'ailleurs sur ces pensées mêmes, à les serrer de près, il y aurait beaucoup à dire.

que ce soit par la Grâce. Que de contrastes et de contre-parties ! Devant cette mer des opinions humaines, comme au bord d'un océan, j'admire le flux et le reflux : qui donc en dira la loi ?

Quoi qu'il en soit, Vauvenargues a été, dans la première partie du dix-huitième siècle, l'un des plus purs et des plus sincères promoteurs de cette morale philosophique, généreuse encore quand elle semblerait abusée [1]. Il y a mêlé vers la fin, sinon des retours chrétiens, du moins des prières, peut-être des préoccupations de la foi révélée, qui sont demeurées dans sa vie une partie obscure, mais d'une obscurité plutôt douce et pleine d'espérance [2]. Pour achever de dire tout mon

1. Il s'est très-bien rendu compte de la position en débutant : « L'homme est maintenant en disgrâce, dit-il, chez tous ceux qui pensent, et c'est à qui le chargera de plus de vices : mais peut-être est-il sur le point de se relever et de se faire restituer toutes ses vertus. » Il répète cela en plusieurs endroits ; lui-même il va bientôt si loin dans cette réhabilitation, qu'il ajoute : « Il y a des foiblesses, *si l'on ose dire*, inséparables de notre nature. » Que de précaution !

2. Ce n'est pas que je prétende m'autoriser des morceaux assez équivoques et énigmatiques qui ont été publiés de lui sur le Libre Arbitre et la Foi, et des autres morceaux donnés comme imitation de Pascal. Il ne tiendrait qu'à moi, avec de la préoccupation, d'y voir à un moment de sa vie une velléité de conversion au Jansénisme ; car la Prédestination et l'absolue souveraineté de la Grâce y semblent particulièrement exprimées. Mais, si ces morceaux ont été écrits dans un autre but que celui d'un pur exercice logique, et s'ils ont représenté à quelque moment la pensée de Vauvenargues, ce n'a été que sa pensée de très-jeune homme : l'un de ces écrits porte la date de Besançon, juillet 1737; il avait vingt-deux ans. De tels essais restent donc en dehors de l'ensemble manifeste de ses idées. Mais ce qui y rentre plus légitimement, ce que M. Villemain a fort bien relevé, ce que Suard lui-même reconnaît et enregistre, c'est cette préoccupation spiritualiste et religieuse, cet élan de prière en vue de la mort, prière non chrétienne, mais pourtant prière et appel de l'âme à son Créateur ; c'est encore cette pensée qui seule corrigerait suffisamment le reste : « L'intrépidité d'un homme incrédule, mais mourant, ne peut le garantir de quelque trouble,

point de vue, toute ma superstition sur lui, je le considère lui jeune, sérieux, éloquent, épris de la belle gloire, lui que respectait, que consultait Voltaire plus âgé de vingt et un ans, — je me l'imagine, en vérité, comme le bon Génie de Voltaire même, comme ce bon Ange terrestre qui quelquefois nous accompagne ici-bas dans une partie du chemin sous la figure d'un ami. Mais il vient un moment où la mesure est comblée; *l'Ange remonte;* le bon témoin, le Génie sérieux, solide, pathétique et clément, se retire trop offensé. Vauvenargues mourut; et Voltaire, destitué de tout garant, alla de plus en plus à l'ironie, à la bouffonnerie sanglante, aux morsures et aux risées sur Pangloss, et à ne voir volontiers dans l'espèce entière qu'une race de Welches, une troupe de singes [1].

Je me suis laissé prendre un instant à Vauvenargues. Pour peu qu'on séjourne dans un sujet, on y est bientôt

---

s'il raisonne ainsi : Je me suis trompé mille fois sur mes plus palpables intérêts, et j'ai pu me tromper encore sur la religion. Or, je n'ai plus le temps ni la force de l'approfondir, et je me meurs. » Voilà le Vauvenargues incontestable. — (De nouveaux documents, des Correspondances retrouvées et publiées depuis, ont dû nécessairement modifier cette première idée que j'aimais à me faire d'un *Vauvenargues-Séricourt* tout intéressant : il en reste pourtant quelque chose.)

1. Même en rabattant de cette vue et de cette future influence présumée de Vauvenargues sur Voltaire, on ne croira pas qu'il ait été indifférent pour l'avenir moral de celui-ci de perdre l'ami et le témoin respecté à qui il écrivait en des termes pleins de tendresse et si honorables pour tous deux :

« Jeudi, 4 avril 1744.

« Aimable créature, beau génie, j'ai lu votre premier manuscrit, et j'y ai admiré cette hauteur d'une grande âme qui s'élève si fort au-dessus des petits brillants des Isocrates. Si vous étiez né quelques années plus tôt, mes ouvrages en vaudraient mieux ; mais au moins, sur la fin de ma carrière, vous m'affermissez dans la route que vous suivez. Le grand, le pathétique, le sentiment, voilà mes premiers maîtres ; vous êtes le dernier ; je vais vous lire encore. Je vous remercie tendrement ; vous êtes la plus douce de mes consolations, dans les maux qui m'accablent. »

comme dans une ville pleine d'amis, et l'on ne peut presque plus faire un pas dans la grande rue sans être à l'instant accosté et sollicité d'entrer à droite et à gauche. Si l'on n'y doit pas céder toujours, il sied de s'y prêter quelquefois.

M. de Séricourt eut de grands troubles. Dans sa pénitence si sévère, il trouvait probablement tant de charme à n'être plus séparé de son frère, qu'il crut que Dieu lui demandait davantage : il eut l'idée de se faire chartreux. L'affaire fut menée loin ; elle ne manqua que du côté de ces religieux, un peu effrayés déjà, à cette époque, de ce qui sentait le Jansénisme. Il dut rester à Port-Royal à continuer ses austérités redoublées et comme son martyre.

Quand on voit de telles natures si aimables, ce semble, et si innocentes, de qui l'on dirait volontiers comme Vauvenargues de son ami Hippolyte : *Tes années croissaient sans reproche, et l'aurore de ta vertu jetait un éclat ravissant;* de ces natures ingénues, délicates, sérieuses, sur qui paraît être modelée cette autre charmante pensée : *Les premiers jours du printemps ont moins de grâce que la vertu naissante d'un jeune homme;* quand on les voit, à ce début de la jeunesse et d'une carrière brillante, à cette heure même où il est vrai de dire : *Les feux de l'aurore ne sont pas si doux que les premiers regards de la gloire*, s'en arracher brusquement, se frapper, se repentir, aller, comme M. de Séricourt, à des partis tout d'abord extrêmes et qui ne le satisfont pas; quand on le voit, lui si tendrement lié à son frère, et après des années passées dans la même solitude, s'inquiéter encore de ce trop de douceur et n'aspirer qu'à une cellule plus retranchée, on se demande involontairement : *A quoi bon?* et si ce n'est pas trop, si ce n'est pas l'opposé même du bon poids de la balance chrétienne.

L'amour divin, comme tous les amours, a ses excès et ses égarements ; mais n'est-ce pas le cas à bien plus d'excuses, s'il n'est que le plus vrai des amours [1]?

Au point de vue chrétien, pour ne pas trancher inconsidérément avec ces saintes vies, il est d'ailleurs un bien beau mot de M. Le Maître à méditer : « Que chaque Saint fait comme un monde à part, où il faut remarquer une providence et une économie de Dieu toute singulière. » Sans ce discernement, on blâme ou l'on admire comme du dehors ; on n'entre pas dans le sens unique de la vie.

Au temps même où MM. Le Maître et de Séricourt sentaient en eux le mouvement de quitter le monde et de se donner à Dieu par M. de Saint-Cyran, le jeune Lancelot, qui pourtant ne réalisa sa pensée qu'un peu après eux, éprouvait des mouvements tout pareils; il nous les a décrits avec des détails minutieux, touchants, et bien faits pour entourer d'une lumière exacte les plus anciens commencements des solitaires. Cette conversion de Lancelot, ou plutôt cette croissance de religion qui le poussa à Port-Royal, pour n'offrir aucun coup d'éclat comparable à celui de M. Le Maître, ne contient pas moins d'intérêt édifiant et, je dirai presque, dramatique, à la suivre dans ses nuances intérieures.

<u>Claude Lancelot</u>, né à Paris, vers 1615, d'une famille honnête, était entré à douze ans et avait été élevé, à partir de cet âge, dans le séminaire de Saint-Nicolas-du-Chardonnet. La Communauté de prêtres dite de ce

---

1. Et s'il n'était (dois-je l'oser dire?), s'il n'était, comme tout, qu'une illusion encore, où serait donc la plus grande folie? Et la nature humaine, à ne la voir qu'en elle-même en ce triste aspect, ne serait-elle pas au fond si misérable et si dénuée, qu'il n'y aurait plus de chaleur et de grandeur morale qu'à la tromper et à en vouloir sortir?

nom, et le séminaire qui s'y était ajouté, avaient pour fondateur M. Bourdoise.

M. Adrien Bourdoise, parmi les simples, est une des figures les plus dignes d'être notées dans l'histoire de la renaissance religieuse au commencement du dix-septième siècle. Né dans le diocèse de Chartres en 1584, et orphelin de bonne heure, il passa dans son enfance par toutes sortes de métiers, et la plupart assez bas : gardien de troupeaux, petit clerc de procureur, laquais même, portier de collége, le pauvre jeune homme fit un peu de tout ; mais, à travers tout, il conservait et développait en son cœur une ferveur de piété très-vive, se servant, pour s'instruire aux choses de Dieu, des moindres circonstances qui se présentaient. Il conçut, dès sa tendre enfance, une très-haute idée de ce qu'était, de ce que devait être un ecclésiastique, un *clerc*; et, voyant en quel état de désordre et de déconsidération, après la Ligue, la *Cléricature* (comme il disait) était tombée, il se voua à tout faire pour la relever tant en elle-même que dans l'opinion du peuple. C'était un homme d'admirable zèle et d'effusion bien plutôt que de pensée et d'intelligence ; il se prit donc un peu aux dehors ; mais sa grande charité et piété lui devenaient au besoin lumière. Tout jeune encore, par le soin qu'il avait des églises près desquelles il se trouvait, par son dévouement aux intérêts des paroisses, au service des curés, même à la nourriture des pauvres ecclésiastiques pour lesquels il retranchait sur son nécessaire, on l'avait surnommé *le solliciteur clérical universel*, ou encore *le marguillier universel*[1]. Son idée fixe était d'amener les prêtres à

---

1. Plus tard, Camus, le rehaussant, l'appelait *le théologien*, parce qu'il ne parlait que de Dieu et de son culte. Comme pendant de la *Vie de M. Bourdoise* (1714, in-4°), on peut lire la Vie de Claude Bernard, surnommé *le pauvre Prêtre*, autre saint de ce temps-là ; Camus l'a écrite dans un livre des plus vifs et des plus

vivre en communauté. En 1611, étant *acolyte*, il vint de Chartres à Paris, pour consulter M. de Bérulle qui travaillait à fonder sa Congrégation des Pères de l'Oratoire; il trouva déjà M. Vincent sous lui, et c'est alors qu'eut lieu entre eux trois cette espèce de conférence en prière dont il a été parlé [1]. L'année suivante, M. Bourdoise, qui n'avait pris les Ordres supérieurs qu'à son corps défendant, parvint à fonder sa Communauté de prêtres qu'il établit bientôt à Paris proche la paroisse de Saint-Nicolas. Saint François de Sales l'y était venu voir en 1619, et l'avait fort loué de son entreprise. M. de Saint-Cyran le connut également, à partir de 1628; il venait assez souvent à Saint-Nicolas pour y dire la messe et y visiter la Communauté. Le bon M. Bourdoise, je l'ai dit, tenait beaucoup au dehors dans les choses *cléricales*; il fit tonsurer, après quelques mois d'épreuves assez rudes, le petit Lancelot, et lui fit porter soutane, premier point de recommandation à ses yeux[2] : « Il « sembloit, nous dit Lancelot, que Dieu l'eût envoyé, « lui et quelques autres qui parurent presque en même « temps, pour défricher ce qu'il y avoit de plus grossier « dans le Clergé, pendant qu'il préparoit M. de Saint-« Cyran pour nous venir montrer *cette voie plus ex-« cellente*, qu'il avoit découverte dans les saints Pères « et dans toute l'Antiquité. »

Le jeune Lancelot, tout en obéissant au digne supérieur, sentait confusément les défectuosités. Je le lais-

---

égayés, sous ce titre : *Éloge de piété à la bénite mémoire de M. Claude Bernard...* (in-8°, 1641).

1. Discours préliminaire, p. 9.
2. Il est à remarquer que plusieurs ecclésiastiques alors *avaient honte* de porter leur habit. M. Bourdoise, dans le discours qu'il fit à la prise de soutane de Lancelot, insista sur les paroles de l'Évangile, où il est dit que le Christ sera traité avec dérision, *et illudetur*. Le profond ravage, produit dans la religion au sortir du seizième siècle, se trahit tout à fait à nu en ce détail.

serai, le plus possible, s'exprimer en son propre langage, qui reproduit, comme toutes les autres Relations intérieures de nos amis, les formes plus ou moins et l'accent même des *Confessions* de saint Augustin : ce beau livre engendra dans Port-Royal une nombreuse postérité d'écrits, à la fois originaux et imités, selon le cachet composé qui marque la littérature sous Louis XIV.

« Quoique nous eussions peu d'instructions solides en cette Communauté, dit-il, Dieu néanmoins m'y retint pendant dix ans. Beaucoup d'autres y entrèrent jeunes comme moi pendant ce temps-là : pas un seul ne put y persévérer ; et l'on ne sauroit dire pourquoi, vu qu'on ne remarqua point en eux de désordres. Quoique je ne fusse pas meilleur qu'eux, il me fut néanmoins impossible de retourner au monde, et Dieu me conserva là, par des voies qu'il seroit trop long de déduire, jusqu'à ce que je vins à connoître M. de Saint-Cyran. *J'étois comme un homme que la mer a jeté sur la côte de quelque île, où il attend que le vaisseau qui le doit prendre vienne à passer*[1]. »

Il avait assez de lumière intérieure pour prendre plus de plaisir et de fruit à ce qu'il pouvait rencontrer d'ouvrages ou de citations des anciens Pères qu'à tous les livres de dévotion du temps ; et il disait souvent à ceux qui étaient pour lors élevés avec lui, et qui l'en firent depuis ressouvenir : « Il n'y a plus d'hommes
« comme ceux-là (parlant de saint Chrysostome, de saint
« Ambroise, de saint Augustin, et des autres) ; et, s'il y
« en avoit seulement un, je partirois dès cette heure et
« je m'en irois le chercher, fût-il au bout du monde,
« pour me jeter à ses pieds et pour recevoir de lui une
« conduite si pure et si salutaire. »

Et à propos de ce fait, déjà exprimé plus d'une fois, *qu'on ne lisait plus les Pères*, et qu'il y eut à cet égard

---

1. *Mémoires* de Lancelot, tome I, page 5.

renaissance au commencement du dix-septième siècle, surtout par Port-Royal, ce n'est pas à dire assurément que le seizième siècle fut tout entier à la grande résurrection de l'antiquité païenne, que le feu des érudits se concentra exclusivement sur les beaux auteurs classiques dont ils étaient volontiers idolâtres, et que les Pères grecs et latins n'eurent aucune part dans cette vaste étude recommençante. Certes, Érasme, Mélanchthon, Calvin, Castalion, Fra Paolo, et tant d'autres, surent les Pères, chacun à sa manière ; Bellarmin, Du Perron, ne les ignoraient pas davantage ; le Père Sirmond les remuait assez profondément. Mais chez les Catholiques pourtant et en France, jusqu'au sortir du seizième siècle, il y eut peu de doctrine véritable et nul enseignement voisin des sources ; Du Perron y puisait surtout en controversiste, Sirmond en critique érudit ; pour ce qui est du suc moral et chrétien et de l'esprit du dogme, on peut maintenir (avec les restrictions convenables) que chez nous la véritable renaissance ecclésiastique, au lieu d'être contemporaine de l'autre, classique et profane, retarda et fut comme ajournée à l'époque que nous décrivons.

A moins qu'on aime mieux dire que toutes deux retardèrent également jusque-là, pour leur partie intérieure et indépendante de la lettre : ce qu'on appelle *goût* en littérature, et qui est le sens chrétien en religion.

Quoi qu'on en pense, Lancelot nous apprend de cette maison de Saint-Nicolas-du-Chardonnet, l'une des meilleures de Paris, ce qui peut sembler incroyable, et ce qui était vrai, à plus forte raison, de toutes les autres :

« ... Et pour *le Nouveau Testament*, j'avois été jusqu'à
« l'âge de vingt ans à Saint-Nicolas sans qu'on nous en
« eût fait lire aucune ligne, au moins en particulier, et
« ils étoient si peu instruits là-dessus que l'un d'eux me
« dit un jour que l'*Introduction à la Vie dévote* étoit plus

« utile à beaucoup de gens que l'Évangile. » Voilà un point de départ très-sûr, d'où nous aurons à apprécier tout ce que fit Port-Royal par ses directions, par ses traductions, pour divulguer et communiquer à tous l'Écriture.

Durant dix années, la pensée de trouver un homme qui eût en lui quelque chose des anciens Pères, et cet homme une fois découvert, d'aller se jeter à ses pieds, ne sortit pas de l'esprit du jeune Lancelot; si bien que, se considérant dans une attente perpétuelle et permanente, tout ce que firent messieurs de Saint-Nicolas pour se l'attacher définitivement et pour l'engager dans les Ordres, ne put le résoudre. Et nous verrons jusqu'au bout en lui un modèle et comme un type de cette humilité, de cette constance patiente, qui fait qu'on demeure toute sa vie au seuil ou dans le vestibule, sans aller jamais jusqu'au sanctuaire. Lancelot ne dépassa jamais l'ordre de sous-diacre : *sous-diacre* et *humaniste*, c'est-à-dire un maître, un directeur à sa manière, mais un directeur des enfants et des catéchumènes, un homme qui se tient au bas des degrés redoutables ou brillants, et qui introduit les autres, voilà sa vocation et sa ligne tracée, régulière, humble et ferme, sans que rien l'en ait jamais fait sortir.

Durant dix ans donc, il priait et attendait : « Comme
« je cherchois toujours le moyen, dit-il, de me donner
« plus particulièrement à Dieu, j'eus envie de me faire
« religieux, et ne sachant où aller, je jetai les yeux
« sur les Jésuites. Je ne les connoissois pas, mais j'a-
« vois lu quelques Vies de leurs premiers Pères qui
« m'avoient touché. » Ce dessein qu'il nourrit pendant plusieurs années, et pour lequel il postulait déjà, échoua cependant, et par un coup de Dieu, ajoute-t-il; il ne s'explique pas davantage. C'est peu après cette contrariété, qu'un ecclésiastique de mérite, nommé

M. Ferrand, vint loger à Saint-Nicolas, et par un concours de circonstances, bien que Lancelot ne fût encore qu'écolier, ils se trouvèrent liés si étroitement que l'amitié sainte et civile ne pouvait guère aller plus loin. M. Ferrand avait (chose alors bien rare) la connaissance des écrits et de la doctrine de saint Augustin. Il leur arrivait souvent à Lancelot et à lui, en causant, de juger M. Bourdoise :

« Je vois bien, disoit M. Ferrand, que l'esprit de ce bon
« Prêtre est un peu extérieur, et qu'il renferme tout dans la
« parole. Il s'imagine qu'il n'y a qu'à bien presser un homme
« pour le convertir. Il fait pour ce qui regarde les mœurs
« comme le Père Véron (*jésuite et depuis curé à Charenton*)
« pour les erreurs des hérétiques; ils croient tous deux
« qu'il n'y a qu'à beaucoup crier. — Je sais bien, ajoutoit-il
« encore, que toute la conduite de ce temps-ci va là; mais
« ce n'est pas celle de saint Augustin que Dieu m'a fait la
« grâce de goûter; et je ne sache aujourd'hui presque qu'un
« homme qui soit bien entré dans toute vérité. » — Je lui demandai : Qui est-ce ? Il me répondit : *C'est l'abbé de Saint-Cyran !*

« Cette parole fut comme un dard qui, à l'instant même, me perça le cœur, et il me resta dès lors une si grande vénération pour M. de Saint-Cyran, et une si grande idée de sa vertu et de son mérite, qu'il me semble qu'elle fut tout d'un coup portée à son comble et qu'elle n'a pu recevoir de plus grand accroissement depuis.... Hélas! me dis-je à moi-même, voilà celui qu'il y a si longtemps que Dieu me marque; voilà un homme semblable aux Saints, et enfin un homme des premiers siècles. *Il faut tout quitter pour l'aller trouver, fût-il au bout du monde.* »

Cette vénération à l'instant conçue par Lancelot, et qui lui *perça* du premier coup *le cœur comme un dard*, ne s'est en aucun temps ralentie : fixée au fond, elle a survécu de plus en plus vive et fervente à M. de Saint-Cyran mort, et nous lui devons les deux volumes essentiels où, sous le titre de *Mémoires*, il nous a transmis toute la vie, les paroles et l'esprit de ce saint maître. Heureuses et bénies ces vocations modestes et fermes, obéissantes et sûres, ces natures auxquelles il est donné d'arriver tout droit, en reconnaissant un guide illustre, en le suivant à côté et dans l'ombre, en se souvenant jusqu'au bout de lui! Littérairement parlant, Lancelot est pour M. de Saint-Cyran, dans des teintes plus sombres, ce que Racine fils en ses Mémoires est pour son père.

Au seul nom de Saint-Cyran et à l'idée soudaine qui lui en avait été mue au cœur, Lancelot avait exactement ressenti ce que sentirait un fils orphelin pour un père dont il découvre l'existence, qu'il n'a pas vu encore, qu'il a pourtant retrouvé. Son père spirituel existait : il le savait, il venait de l'apprendre; ses entrailles avaient parlé. Mais la crainte filiale, le respect extrême, combattaient déjà en lui le violent désir de l'aborder. M. Ferrand, qui lui avait révélé l'abbé de Saint-Cyran, ne le connaissait pas directement lui-même et ne l'avait jamais vu. Lancelot ne le pressait pas moins de questions redoublées et naïves : *Étoit-il bien aussi savant que saint Jérôme?* demandait-il; car il avait lu depuis peu quelques lettres de ce saint qui l'avaient touché. M. Ferrand répondait fort judicieusement, ce semble : « Je comparerois plutôt M. de Saint-Cyran à saint « Augustin qu'à saint Jérôme. Il est plus savant que « saint Jérôme, tant il possède la théologie, c'est-à-dire « *le fond, la liaison, et, pour parler ainsi, le système de* « *la doctrine chrétienne.* » Et en effet, dans ce sens, M. de Saint-Cyran était plutôt comparable à saint Augustin; ajoutons vite que pour l'étendue des vues, non plus dans la théologie pure, mais dans l'histoire, dans le développement de l'ordre de la Providence et comme le reflet de la Cité de Dieu sur la terre, et aussi pour la tendresse de cœur, l'effusion aimante et l'onction, et encore pour la grandeur ou la fleur et l'heureuse subtilité de l'expression, M. de Saint-Cyran est loin de suffire seul à saint Augustin : il lui faut pour auxiliaires et pour renfort Bossuet et Fénelon, afin que tous les trois réunis puissent subvenir, en quelque sorte, à cette vaste comparaison onéreuse. Saint Augustin est comme ces grands empires qui ne se transmettent à des héritiers même illustres qu'en se divisant. M. de Saint-Cyran, Bossuet et Fénelon (on y joindrait aussi sous de certains aspects Malebranche) peuvent être dits, au dix-septième siècle, d'admirables *démembrements* de saint Augustin.

Il n'y a qu'un point à excepter toutefois, et par où saint Augustin est fort inférieur à deux des précédents : je veux parler du style. Il y cède de beaucoup à Bossuet et à Fénelon. Non pas qu'il n'ait dans le sien *grandeur* et *fleur*, mais il a mauvais goût. Cela tient à son siècle, à un temps de décadence et de rhétorique où nul plus que lui n'abonda. Il est grand écrivain, mais dans une langue gâtée; Bossuet et Fénelon sont de grands écrivains dans une langue saine. Malebranche n'y est qu'excellent.

Revenons au jeune Lancelot qui attend dans toute la piété du filial désir. Il se rappelait pourtant avoir vu une fois M. de Saint-Cyran, qui était venu dîner à Saint-Nicolas, à l'occasion de la première messe d'un de ses amis : M. Bourdoise, quand la compagnie se fut retirée, avait dit aux jeunes gens que c'était un des plus savants hommes du siècle; mais, comme M. de Saint-Cyran n'avait presque point parlé durant tout le dîner, Lancelot n'avait guère fait alors d'attention à cette louange qui maintenant lui revenait. M. Ferrand, apprenant de là que le docte abbé connaissait M. Bourdoise, se récria de joie et désira le voir par cette entremise : ce que sut très-bien ménager Lancelot qui avait l'oreille du bon supérieur; celui-ci ne tarda pas à conduire M. Ferrand au Cloître Notre-Dame. Mais le jeune homme n'osa profiter lui-même de l'occasion et demander, comme il nous le dit, *à être de la partie.* Retard touchant! premier jeûne du cœur! Le voilà déjà qui introduit un autre et qui se dérobe. Le saint guide, par cette privation qu'il s'en faisait, ne lui demeurait que plus présent en idée. Il se proposait bien de s'aller jeter à ses pieds, aussitôt les études finies, et, en attendant, il l'avait déjà tout à fait pour directeur habituel et invisible dans la voie du salut. Quelle page rendrait mieux que celle qui suit les progrès cachés d'une âme filiale, cette sobriété fructueuse qui est si parfaitement dans l'esprit chrétien? Il n'y a plus là de coup d'éclat, mais une beauté morale voilée, bien digne aussi, ce me semble, d'être regardée et aimée dans chaque nuance :

« Cet ami (*M. Ferrand*) venoit deux ou trois fois tous les ans à Paris, et il ne manquoit pas d'aller rendre ses devoirs à M. de Saint-Cyran. J'étois fort soigneux d'apprendre ensuite ce qui s'étoit passé dans leur entretien ; et cela me servoit de nourriture jusqu'à un autre voyage, repassant souvent dans mon cœur ce que mon ami m'avoit dit de ce grand Serviteur de Dieu, sans en rien témoigner à personne. Quelquefois même que M. de Saint-Cyran ne lui disoit rien et ne répondoit pas aux questions qu'il lui avoit faites, nous ne laissions pas de nous édifier autant de son silence que de ses discours, parce que l'on voyoit que la charité régloit tous ses mouvements, et que, s'il ne répondoit point, c'étoit que le temps et la disposition des personnes ne lui sembloient pas propres pour parler sur certaines matières. Ainsi, admirant sa sainteté et sa prudence, nous jugions par sa retenue de ce qu'il avoit dans le cœur, et nous demandions à Dieu les dispositions où il falloit être pour profiter des instructions de son Serviteur. Nous entretenant donc de ces réflexions, nous jugions de nos défauts par la comparaison que nous en faisions avec ses vertus; nous reconnoissions la foiblesse de la plupart des hommes en ces derniers temps, par le peu de proportion qu'ils avoient avec la solidité de ses pensées, et nous nous enflammions de plus en plus dans le désir de nous approcher de lui et de le connoître¹. »

Conçoit-on un plus beau fruit, une plus chère bénédiction de l'œuvre de M. de Saint-Cyran, que cette direction invisible, inconnue à lui-même, et qui émanait de toutes parts autour de lui?

Après divers retards et des hésitations encore, un jour, sur la fin de son cours de philosophie qu'il suivait au Collége de La Marche, le jeune Lancelot, obéissant à un plus violent désir, sortit de sa classe et alla seul chez M. de Saint-Cyran, qui demeurait déjà près des Chartreux (Luxembourg). Il se disait en allant : « S'il est homme de bien autant que je m'imagine et que mon dessein soit de Dieu, il est impossible qu'il me rejette, et, s'il ne me reçoit pas, au moins je saurai par là la volonté de Dieu. » Il ne le trouva point au logis, et d'autres occupations survenant, la rencontre fut de nouveau ajournée à quelques mois. Dans l'intervalle il lui fit parler par un ami², et M. de Saint-Cyran, bien qu'en général assez peu disposé à accueillir tout d'abord ces sortes d'ouvertures, répondit aussitôt : « Oui, faites-le « venir, je me sens disposé à le voir. » Il avait pour règle de ne se prononcer que dans certains mouvements et sentiments pressants; *il prenait alors ses réponses sur-le-champ*, comme il dit; autrement il aimait mieux se taire. Cette fois il avait parlé : Lancelot, laissant passer deux ou trois jours qui étaient de fête, courut chez lui le mercredi matin, lendemain de la Saint-Louis. Il

---

1. *Mémoires* de Lancelot, t. I, page 11.

2. Un M. Gaudon, qui fut des premiers solitaires, à cette époque même, mais peu intéressant, et qui ne persévéra pas. — Nos adversaires qui ne perdent rien disent de lui au contraire : « Dieu lui fit la grâce de ne pas persévérer. »

trouva le saint abbé tout fatigué encore et souffrant d'avoir assisté madame d'Andilly, morte depuis deux jours seulement. Lancelot fut admis néanmoins à s'expliquer : il raconta sa vie, son peu de secours à Saint-Nicolas, son désir de s'en retirer et d'entrer sous une conduite plus profonde, plus affermie, et que cela lui avait été conseillé déjà par quelqu'un de ses maîtres de Saint-Nicolas même. M. de Saint-Cyran répondit qu'il ne conseillait pas aisément le changement ; que lui Lancelot surtout, ayant été élevé là dès son enfance, il se pouvait que Dieu l'y voulût laisser ; que pourtant, puisqu'un autre lui avait déjà conseillé d'en sortir, il y avait lieu à réfléchir davantage et à peser les raisons ; mais que c'était dans la prière qu'il les fallait peser ; qu'il revînt donc dans trois jours, et qu'on verrait ensemble ce que Dieu voulait faire. Les trois jours expirés, lesquels, par une rencontre toute pareille à une promesse, se terminèrent juste à la fête de saint Augustin, que Lancelot avait pris pour son patron dans toute cette affaire, il ne manqua pas de retourner chez M. de Saint-Cyran : il le trouva près de sortir ; l'abbé lui dit qu'il s'en allait dire une messe pour une personne de mérite qui était dans le même dessein de retraite que lui (c'était M. Le Maître) ; et il l'envoya en avant tout préparer pour servir cette messe, remettant de l'entretenir après. « Port-Royal, dit Lancelot, étoit si peu fréquenté en ce temps-là que, quoique je fusse de Paris, je ne savois pas seulement où il étoit ; » et il fut obligé de le demander.

Après la messe, où le prêtre n'avait pas manqué de se souvenir de l'humble servant, M. de Saint-Cyran l'écouta de nouveau et sur toute sa vie, vie si simple, et de laquelle on a pu croire qu'elle n'avait jamais perdu l'innocence de son baptême ; il entra dans l'idée de le retirer de la maison de Saint-Nicolas. Il lui dit que peut-être il l'enverrait près d'un grand évêque, mais non.

pas en France : c'était de l'évêque d'Ypres qu'il entendait parler. Il ajouta tout d'un coup que si le jeune homme avait l'idée de se faire religieux, il pourrait l'emmener à son abbaye de Saint-Cyran : parole que Lancelot, devenu plus tard en effet moine de Saint-Cyran, prit pour une semence singulière. Bref, on ne s'arrêta à aucun parti pour le moment, et les entrevues se continuèrent ainsi trois semaines, avec une confiance de plus en plus affectueuse de la part de M. de Saint-Cyran et une confidence même de ses pensées, de ses ouvrages, et avec une émotion, une chaleur d'âme de plus en plus abondante et fructifiante chez Lancelot. Mais ce n'étaient là encore que des degrés.

Vers ce même temps, sa sœur, qui était plus jeune que lui et beaucoup plus délicate, avait résolu de son côté, et par une impulsion particulière, de prendre l'habit de religieuse aux Cordelières réformées, dite de l'*Ave Maria;* elle le fit avec une *générosité* et une ferveur qui étonna tout le monde :

« Ce fut le lendemain de l'Exaltation de la Sainte-Croix, jour de l'Octave de la Vierge, auquel l'Église la regarde comme la mère des pénitents, en lui adressant ces paroles du grand saint Cyrille : « C'est par votre secours que les nations viennent à la pénitence : *Te adjutrice gentes veniunt ad pœnitentiam.* » Je me vis en danger de n'y point assister par une certaine formalité de M. Bourdoise, qui ne vouloit pas qu'étant clerc je parusse à une cérémonie ecclésiastique autrement qu'en surplis, ce qui ne se pouvoit aucunement faire en cette rencontre, parce que c'étoient les Religieux qui faisoient l'office. Je me sentis d'abord assez indifférent là-dessus, et comme M. Bourdoise m'avoit nourri dans ses maximes, je lui répondis que je ferois ce qui lui plairoit, et que je me contenterois d'y assister en esprit, s'il le jugeoit plus à propos. Mais Dieu en avoit disposé bien autrement, et il avoit marqué le moment où je devois être touché....
(*Il obtient donc la permission d'y aller comme parent et en*

simple témoin.) Quand je la vis paroître à la grille revêtue de ses habits, ceinte d'une grosse corde, nu-pieds, avec une couronne d'épines sur la tête, un crucifix à une main et un cierge allumé à l'autre, j'avoüe que je fus frappé de ce spectacle, car je n'avois jamais assisté à de pareilles cérémonies; et je fus si touché de la joie extraordinaire qui paroissoit sur son visage, que, rentrant en moi-même, et la considérant comme dans un Paradis, au lieu que je me voyois encore dans le monde, je fondois en larmes et ne savois où j'en étois. La parole que M. de Saint-Cyran m'avoit dite trois semaines auparavant, que je serois trop heureux si Dieu me donnoit quelque désir de faire pénitence, me revenoit dans l'esprit, et, me pressant le cœur, faisoit sortir de mes yeux les marques de sa douleur.... Ceux qui me voyoient (car je ne pouvois pas tellement me cacher que l'on n'en aperçût quelque chose) s'imaginoient que c'étoit ma sœur que je pleurois, au lieu que je me pleurois moi-même, et que pour elle je l'estimois bienheureuse. Je sentois en même temps que cette abondance de larmes ne pouvoit venir que de l'efficace des prières de M. de Saint-Cyran, et je priai Dieu qu'il achevât en moi ce qu'il avoit commencé.... »

Dans *René*, un frère également assiste à la prise d'habit de sa sœur. On sait les magnifiques paroles :

« Ma sœur profite de mon trouble, elle avance hardiment la tête. Sa superbe chevelure tombe de toutes parts sous le fer sacré ; une longue robe d'étamine remplace pour elle les ornements du siècle, sans la rendre moins touchante.... Ma sœur se couche sur le marbre ; on étend sur elle un drap mortuaire ; quatre flambeaux en marquent les quatre coins.... O joies de la religion, que vous êtes grandes, mais que vous êtes terribles ! »

C'est la différence de l'idéal poétique à la réalité nue. Lancelot est un innocent René avant tout contact de littérature. Sa page n'est pas à comparer sans doute dans son ignorance d'art ; mais elle ne doit pas se séparer des cinquante-huit années toutes conformes qui suivirent et qui en achèvent peut-être l'éloquence.

Lancelot courut donc, dès l'après-dînée de cette vêture, à la porte de M. de Saint-Cyran ; mais, celui-ci étant malade, il ne put être reçu et entendu ; et il demeura ainsi *trois jours* dans cette grande douleur ; ce que Dieu permettait sans doute, remarque-t-il, pour la lui faire ressentir davantage. Enfin le troisième jour, étant revenu au matin, il le trouva dans sa cour et justement sortant (comme lors de la seconde visite) pour dire la messe à Port-Royal. Il l'accompagna, et l'entretien allait peu à peu, mêlé de silence ; mais chemin faisant, derrière les Chartreux, tout d'un coup il ne put retenir l'abondance des larmes qui depuis trois jours l'oppressaient :

« Comme M. de Saint-Cyran s'en aperçut, il me dit avec une tendresse qui me perça encore plus le cœur : « Qu'avez-vous ? vous pleurez ? que vous est-il arrivé depuis que je ne vous ai vu ? — Saint Chrysostome, ajouta-t-il, dit que nos larmes ne sont faites que pour pleurer nos péchés, et que c'est en abuser que de les employer à autre chose. » Je lui répondis : « Ce n'est que pour cela, Monsieur, que je pleure. » (*Et il lui raconta la vêture de sa sœur et l'affection sainte de pénitence qu'il en avait conçue.*) Et M. de Saint-Cyran me demanda : « Combien y a-t-il ? » Je lui dis : *Il y a trois jours*. — « Hé quoi ! ajouta-t-il, vous êtes encore dans les pleurs ! ce n'est pas une mauvaise marque ; le doigt de Dieu est visible. » Ensuite il me dit quelque chose sur ma sœur, admirant qu'une fille si jeune embrassât une vie si dure et si austère ; et puis il ajouta : « Je vous avois bien dit qu'il falloit attendre, et que Dieu nous ouvriroit quelque porte s'il vouloit que vous sortissiez du lieu où vous étiez : le voilà qui a parlé, il faut le suivre. » — « *Et violenti rapiunt illud*, disoit-il encore, ce sont les violents qui emportent le Royaume des Cieux. »

Austérité et tendresse ! Où en sommes-nous, s'il n'y a de salutaire et de vrai que cet usage tout sacré, cette signification chrétienne des larmes selon saint Chrysostome et M. de Saint-Cyran? Et qu'il y a loin de là à s'en servir, comme on le fait si souvent, pour abreuver et nourrir ses rêveries, quelquefois même tout faussement pour colorer au dehors et pour embellir ses désirs !

Le jeune homme que l'on voit pleurer ainsi, d'une âme si délicate et si tendre, il deviendra l'un des maîtres les plus accomplis des Écoles de Port-Royal; il en sera l'humaniste, l'helléniste, le mathématicien (Nicole y professant plutôt pour la philosophie et pour les belles-lettres); ce sera lui qui assemblera et disposera toutes ces Racines grecques versifiées ensuite par M. de Saci; lui qui écrira ces exactes Méthodes grecque, latine, italienne, espagnole, dont les deux premières surtout ont fait loi dans l'enseignement; il tiendra la plume sous Arnauld dans cette célèbre *Grammaire générale;* et de ce qu'il avait une âme si délicate, si scrupuleuse, si sensible à la fois et si réglée, non-seulement il pratiquera mieux la charité qui doit se mêler à la discipline des enfants, mais encore tous ces travaux, en apparence si arides, animés, vivifiés, arrosés à leur principe et, j'ose dire, dans leurs racines, par l'actif et perpétuel sentiment du vrai, du saint et de l'utile, y gagneront en perfection et en excellence.

IV

Suite des *Mémoires* de Lancelot. — Il entre dans la chambre de M. Le Maître. — Il vient loger à Port-Royal : les premiers solitaires. — Matines, psalmodies. — Age d'or et catacombes. — Prochaine déviation de Port-Royal. — M. Singlin ; ses commencements. — Prêtre et directeur. — Pensées de M. de Saint-Cyran sur le Sacerdoce ; — sur la Prédication. — Puissance et magnificence.

Une fois l'ordre de M. de Saint-Cyran entendu, Lancelot, se sentant comme ces vaillants et *violents* dont il est parlé, n'eut plus d'autre soin que de courir en avant. Il voulut toutefois ménager sa sortie de Saint-Nicolas de manière à ne pas blesser ces messieurs, envers qui l'obligeait la reconnaissance. Il n'y réussit qu'imparfaitement, et le curé de Saint-Nicolas, M. Froger, lui marqua son dépit contre M. de Saint-Cyran jusqu'à lui dire : « C'est un homme dangereux ; et, si vous n'y prenez garde, il vous perdra. » Ainsi M. de Saint-Cyran, sans le vouloir et sans pouvoir l'empêcher, voyait s'augmenter le nombre de ses envieux par le nombre même des âmes soumises qui lui venaient. Le bon M. Bourdoise resta jusqu'au bout de ses amis ; mais M. Froger ne lui pardonna jamais d'avoir dérobé le cœur du jeune Lancelot. Vers le même temps, le principal du Collége des Grassins, M. Coqueret, ne lui pardonnait pas non plus d'avoir pris sous sa direction le jeune M. Le Pelletier Des Touches qui sortait de ce Collége [1]. M. Froger et M. Coqueret, c'étaient deux bonnets de Sorbonne contre lui. Vincent de Paul lui en voulut peut-être un peu de s'être acquis M. Singlin.

Lancelot n'avait pas encore vu M. Le Maître et ne savait même pas qu'il fût alors sous la direction de M. de Saint-Cyran. Celui-ci, une fois seulement, lui avait dit en entrant à Port-Royal : « N'avez-vous jamais ouï parler de M. Le Maître? » Lancelot répondit qu'il avait entendu parler avec admiration des harangues prononcées deux ans auparavant à la réception de M. le Chancelier. M. de Saint-Cyran ajouta : « C'est l'homme le plus éloquent qui ait été depuis plus de cent ans dans le

---

1. M. Le Pelletier Des Touches, qu'on aura plus d'une occasion de nommer, fut un des plus anciens, des plus sincères et des plus persistants disciples de cet esprit du premier Port-Royal. Il eut de bonne heure une très-grande fortune qui le rendait indépendant. Encore étudiant en philosophie sous M. Guillebert, il connut par lui M. de Saint-Cyran, s'affectionna au saint directeur, en fut aimé et lui servit même de secrétaire au sortir de sa prison. A la mort de M. de Saint-Cyran, il se donna à son neveu, M. de Barcos, le suivit à son abbaye, et y pratiqua la pénitence sans se lier par aucun vœu. A la mort de M. de Barcos, il revint à Paris s'ensevelir dans l'oubli et dans la prière ; il ne mourut qu'en 1703, âgé de quatre-vingt et un ans. Quelle vie plus entière et plus unie! Il était de ces amis comme Port-Royal en eut tant, efficaces et cachés : une source invisible de dons. Ils montèrent en tout jusqu'à deux millions, à ce qu'on assure. Il donna, en une seule fois, à Port-Royal quatre-vingt mille livres pour recevoir à perpétuité des filles gratuitement. Un jour qu'il avait envoyé deux mille écus à M. de Caulet, évêque de Pamiers, dont les revenus se trouvaient saisis à cause de l'affaire de la Régale, il fut dénoncé à Louis XIV, qui répondit : « Il ne sera pas dit que j'aie mis à la Bastille quelqu'un pour avoir donné l'aumône. » Le grand roi était en belle humeur d'équité ce jour-là.

Parlement : cependant il a tout quitté dans le temps où il pouvait aspirer à une plus haute fortune ; il s'est retiré dans une solitude, et on ne sait où il est. » Et là-dessus il tourna court, lui disant adieu, et laissant opérer l'aiguillon qu'il venait d'enfoncer. Nous assistons de point en point à toute cette cure, à cette sainte et adroite opération des âmes.

Sur le mot de M. de Saint-Cyran, Lancelot, debout au seuil de Port-Royal, se trouva, nous dit-il, dans l'état de ces deux gentilshommes dont parle Potitien (au huitième livre des *Confessions* de saint Augustin), lesquels ayant lu par hasard la Vie de saint Antoine, père des Ermites, résolurent de l'imiter et de fuir le monde pour la solitude ; et s'en revenant, plein de joie et d'admiration, avec cette idée qu'il y avait dans le siècle un autre saint Antoine (bien qu'il ne sût pas encore que ce nom d'*Antoine* fût précisément celui de M. Le Maître), il se disait : « Il faut que je cherche où je pourrai avoir de ses nouvelles, pour tâcher de vivre avec lui et de l'imiter. » Et il ne se doutait pas que l'objet de son désir fût si voisin, et que M. Le Maître, dans le moment même, informé par M. de Saint-Cyran de l'état de sa jeune âme, sollicitait pour elle le savant temporisateur et le pressait de terminer.

Enfin, après quelques autres détails qui ont tous leur charme, mais que je franchis, le 15 janvier matin, jour de la fête de Saint-Maur (que l'on peut regarder comme le père de tous les Religieux de notre France), étant allé chez M. de Saint-Cyran sans le rencontrer, et de là à Port-Royal, où il le fit demander, Lancelot fut admis véritablement à l'initiation de la pénitence : car, au moment où l'on vint dire au dedans qu'il était là qui attendait, il se trouva par bonheur que le saint abbé était en conférence avec M. Le Maître et avec M. de Séricourt, entrés et installés, depuis quatre ou cinq jours seulement, dans le petit logis que leur mère leur avait fait bâtir :

« Ces Messieurs eurent tant de bonté pour moi, qu'encore qu'ils ne vissent personne du monde, ils prièrent M. de Saint-Cyran de me faire monter chez eux. On m'y conduisit donc, mais sans que je susse où j'allois. Comme j'entrai et que je vis des personnes si modestes, et qui me reçurent avec une si grande effusion de joie, je me doutai de quelque chose, voyant bien qu'il y avoit là un certain air de charité tout à fait extraordinaire. Aussitôt M. de Saint-Cyran me prit et me mena à la ruelle d'un lit assez pauvre sur lequel il me fit asseoir auprès de lui pour me parler.... Je vis de même que tout le reste des meubles ne consistoit qu'en quelques livres et quelques chaises de paille ; et je me confirmai dans cette pensée que j'étois sans doute dans la chambre de celui que je souhaitois tant de pouvoir trouver. Je le dis à M. de Saint-Cyran, qui me l'avoua et me promit de me recevoir, ajoutant néanmoins que j'attendisse encore trois jours pour savoir s'il me mettroit chez lui, ou à Port-Royal avec ces Messieurs.

« Je descendis avec lui, et, étant dans la cour, il me dit qu'encore qu'il eût quelque réputation d'être savant, il ne falloit pas que je vinsse à lui dans la pensée d'acquérir de la science, et que peut-être il ne me feroit point étudier. Puis il ajouta : « Voyez saint Hilaire, dont on faisoit hier la fête ;
« c'étoit le plus habile homme de son temps, et cependant il
« n'a pas fait un savant de saint Martin [1]. »

« Ces trois jours étant passés, je revins trouver M. de Saint-Cyran, et j'eus parole positive qu'il me mettroit à

---

1. Ceci se rapporte à d'autres pensées de lui, et qu'il a énergiquement exprimées : « Il n'y a rien que je haïsse davantage que les rechercheurs de la vérité, lorsqu'ils ne sont pas vraiment à Dieu et que son seul amour ne les conduit pas dans la recherche... ; ces hommes qui n'ont qu'un grand appétit de savoir et de découvrir des terres nouvelles, et dont il faut dire mieux que des riches du monde : *Qui volunt divites fieri, incidunt in multa desideria.* » (*Lettres chrétiennes et spirituelles de messire Jean Du Verger de Hauranne, abbé de Saint-Cyran, qui n'ont point encore été imprimées jusqu'à présent*, 1744, p. 514.)

Port-Royal, l'ayant fait agréer aux Mères, et M. Le Maître témoignant le désirer avec beaucoup de charité. »

Le 20 janvier 1638, Lancelot prit donc congé de messieurs de Saint-Nicolas et arriva à Port-Royal sur les cinq heures du soir. M. de Saint-Cyran le mit avec M. Singlin et M. Gaudon l'aîné (ces Gaudon ne persévérèrent pas) ; MM. Le Maître et de Séricourt vivaient à part dans leur petit logis. Voilà le premier état et le plus simple commencement de ce qu'on appela les *Solitaires*.

Ajoutez-y quelques enfants que M. Singlin avait sous sa conduite et avec lesquels il avait passé le dernier été (de 1637) à Port-Royal des Champs, mais qu'il avait ramenés à Paris pour l'hiver, le petit Bignon, fils de Jérôme Ier, et qui fut lui-même Jérôme II, le petit Vitard, cousin de Racine qui allait naître (1639), deux neveux de M. de Saint-Cyran, et peut-être encore quelques autres : voilà le plus simple état et le commencement des petites *Écoles*[1].

Les enfants (bien entendu) avaient un régime tout à fait à part des solitaires. Ceux-ci se rassemblaient tous la nuit, pour dire matines, dans la chambre de M. Singlin : ils commençaient à une heure après minuit, pour avoir fini quand les religieuses à leur tour commenceraient, se relevant ainsi comme d'exactes sentinelles dans

---

1. Un abbé de La Croix, neveu et biographe de l'un des principaux maîtres de Port-Royal, M. Walon de Beaupuis (*Vies intéressantes et édifiantes des Amis de Port-Royal*, un vol. in-12, Utrecht, 1751), discute très-au long (pages 56 et suiv.) la date du commencement de ces petites Écoles ; il en vient à prétendre et à prouver qu'il est *moralement impossible* qu'il y ait eu des enfants élevés à Port-Royal dès 1637. C'est ainsi que nous raisonnons tous les jours pour le passé sur ce que nous ne savons pas. L'abbé de La Croix n'avait pas connaissance des *Mémoires* de Lancelot, qui sont l'autorité directe sur ce point et sur tant d'autres.

cette veille de l'esprit. M. de Séricourt, accoutumé à sa ronde de major, se chargeait d'éveiller à temps. On chantait le *Te Deum* tout haut, et le reste à voix basse en psalmodiant.

Une des grandes dévotions de M. de Saint-Cyran était en effet qu'on chantât des hymnes ou cantiques; il en recommandait l'usage à chacun de ceux qui venaient sous sa direction. Dans son Donjon de Vincennes, déjà affaibli par le mal, après quelque *petit sommeil* qui l'avait un peu *récréé,* on l'entendra chanter à haute voix un psaume. Voici un charmant passage qui peint à ravir, dans les dehors de Port-Royal, ces premiers temps de renaissance et de réveil :

« Il me souvient, dit Lancelot, d'avoir vu une lettre que M. de Saint-Cyran écrivit à M. Des Touches au commencement de sa retraite, où il lui ordonne cette dévotion, lui alléguant ce passage de l'Apôtre [1] : *Cantantes et psallentes in cordibus vestris* (Chantez et psalmodiez au fond de vos cœurs); et chacun le pratiquoit en son logis après qu'il y étoit retourné, de sorte qu'on y entendoit chanter doucement des Cantiques de tous côtés, ce qui me remettoit dans l'esprit l'image de cette première Église de Jérusalem, où saint Jérôme dit qu'encore de son temps on entendoit de toutes parts, et dans la campagne et dans les maisons, résonner les chants des Psaumes et des *Alleluia*. Mais ceux qui se chantoient chez M. de Saint-Cyran se disoient d'une voix si douce et si modérée que les voisins n'en pouvoient rien du tout entendre, ce qui auroit été sujet à plusieurs interprétations [2]. »

Ce sont là de ces choses qu'on ne rencontre pas sur le grand chemin du siècle de Richelieu et de Louis XIV, et qui méritent bien, ce me semble, qu'on se détourne et qu'on ne regrette pas de les aller chercher ; c'en sont les douces catacombes.

---

1. Aux Éphésiens, V, 19.
2. *Mémoires* de Lancelot, t. II, p. 76.

Lancelot me fournit un autre passage que je ne saurais abréger, et qui ne peint pas moins l'innocente et naïve allégresse de cet âge d'or de la pénitence, avec le regret de ce qui vint trop tôt l'aigrir et la troubler :

« Mais alors, dit-il, alors ce n'étoit que joie parmi nous, et nos cœurs en étoient si remplis qu'elle paroissoit même sur notre visage. Sur quoi, avant que de passer outre, il faut que je raconte une particularité qui me regarde. L'abondance des grâces dont il plaisoit à Dieu de me combler, et la paix dont il me remplissoit étoient si grandes, que je ne pouvois presque m'empêcher de rire en toutes rencontres [1]. Je ne savois à quoi attribuer ce changement, outre que ce n'avoit pas été mon plus grand défaut auparavant. Je m'accusois moi-même de légèreté, et m'en confessois souvent ; mais M. de Saint-Cyran, qui étoit fort éclairé, reconnut bien qu'il y avoit quelque autre source de cette effusion ; et il me dit enfin qu'il ne falloit pas s'en étonner, et que quelquefois l'âme considérant le chemin qu'elle avoit fait, d'où elle venoit, où elle étoit, et tout ce qui s'étoit passé en elle, se sentoit tellement transportée, qu'elle ne pouvoit se retenir ; qu'il croyoit que ma joie venoit de cette cause plutôt que de légèreté, et qu'il ne falloit pas que je m'en misse trop en peine [2].

« Je reconnus qu'il disoit vrai, et qu'en effet je ne m'étois jamais trouvé à une telle fête. Car Dieu, selon la parole de l'Apôtre [3], disposoit tellement toutes choses pour mon bien et pour mon édification, que je ne pouvois assez admirer la grandeur de ses miséricordes. J'étois extrêmement touché de la charité de M. Le Maître, de la douceur de M. de Séricourt, et de l'humilité de M. Singlin ; mais surtout la pauvreté si édifiante des religieuses me ravissoit : car souvent elles n'avoient pas un quart d'écu pour envoyer au marché ; et, n'étant riches qu'en vertus, elles menoient une vie toute

---

1. Qu'on se rappelle son abondance de larmes précédemment.
2. L'innocence refleurie au sein de l'austérité eut-elle jamais de plus fraîches et de plus gaies couleurs ? Il n'y a point de page de saint Augustin qui surpasse cela en parfum.
3. Aux Romains, VIII, 28.

céleste, dans un si grand éloignement du monde, que leur maison n'étoit presque pas connue, et qu'il n'y venoit presque personne[1].

« C'étoit en ce temps-là, ô mon Dieu, que vous leur aviez fait la grâce de se réunir parfaitement en vous par l'entremise de votre Serviteur, après ces petites divisions qui avoient été causées par un Prélat[2], peut-être plutôt faute de lumière que par mauvais dessein ; et vous savez, mon Sauveur, combien je fus pénétré de voir la ferveur avec laquelle des filles foibles rentroient dans l'humiliation et l'austérité de la pénitence par le désir de se renouveler devant vous. Car c'étoit alors le temps favorable pour cette sainte maison, auquel Dieu avoit déterminé de répandre abondamment la rosée dans toute son aire, jusqu'à la faire passer au dehors du monastère, et à en combler les enfants mêmes du dehors et du dedans qui y étoient élevés. Aussi, quand je me représente ces années bienheureuses de notre Communauté, avec quel détachement on y vivoit, avec quelle ferveur on y agissoit, et avec quelle fidélité on suivoit l'esprit et la conduite de M. de Saint-Cyran, j'avoue que j'ai peur que l'on ne souffre déjà quelque diminution de ces grâces ; et je dis quelquefois avec le Prophète[3] : *Innova dies nostros sicut a principio* (Renouvelez nos jours, et qu'ils soient tels qu'ils étoient au commencement)[4]. »

Ici, sur cette fin, s'entrevoit et se trahit comme involontairement une pensée sur laquelle j'aurai bien des fois occasion de revenir : c'est que, selon Lancelot et quelques autres, au temps même où il écrivait ces Mémoires, à la sollicitation de M. de Saci, c'est-à-dire en 1663, il y avait une diminution et, si j'ose dire plus et

---

1. Voilà la pauvreté rétablie ; les dépenses de M. Zamet et de madame de Pontcarré (qui y logeait encore) sont bien loin. Et pourtant, il y avait alors au dedans de Port-Royal des filles de grande qualité, et par exemple la jeune mademoiselle d'Elbeuf, de la maison de Lorraine, pensionnaire, et qui y mourut novice en 1645.
2. M. Zamet. — Toujours, même dans le blâme, l'expression discrète de la charité.
3. Jérémie, *Lament.*, V, 21.
4. *Mémoires* de Lancelot, t. I, p. 35 et suiv.

dégager toute sa pensée, une *déviation* de l'esprit du premier Port-Royal, du Port-Royal de M. de Saint-Cyran. Cette déviation eut lieu, ce me semble, aussitôt après la mort de celui-ci, et par le fait surtout de la polémique croissante et de l'influence dominante du grand Arnauld. Les *Provinciales* elles-mêmes ne se rattachent guère à ce premier esprit de Saint-Cyran[1]. J'induis tout ceci d'une multitude de petits faits, qui marquent une dissidence intérieure fort dissimulée et contenue au dehors, mais très-réelle au fond, à dater de la mort du grand directeur. M. Singlin et M. de Saci gardèrent sans doute strictement son esprit; mais, dans les circonstances nouvelles survenantes, ils ne le renouvelèrent pas dans le même sens, pour parer aux difficultés, et n'eurent pas l'invention spirituelle qu'aurait eue, j'imagine, en leur place le maître et oracle. Des altérations s'ensuivirent : on disputa; on se moqua; on fit les *Enluminures* de l'Almanach des Jésuites; on ergota sur le *Formulaire*. L'esprit véritable, plus intérieur, plus silencieux, *jamais moqueur*, de M. de Saint-Cyran, se perpétua directement par M. de Barcos, par Lancelot, par M. Guillebert, par M. Des Touches, qui tous (notons-le) se retirèrent volontiers à l'abbaye même de Saint-Cyran; il se transmit dans Port-Royal par M. Singlin encore et, pas tout à fait autant, par M. de Saci; beaucoup moins, à mon sens, par le grand Arnauld et par la seconde mère Angélique de Saint-Jean. Nicole en fut par sa douceur d'esprit, mais non par son goût de dialectique. Cela conduisit au Père Quesnel, très-respectable, mais disputeur. Nous n'y reviendrons que trop. Le Port-Royal, au moment où il deviendra le plus célèbre, sera déjà un Port-Royal moins parfait et renfermant un principe de décadence.

1. Il n'en est pas une seule fois question dans le texte des *Mémoires* de Lancelot; les notes où l'on en parle ne sont pas de lui.

Le nom de Lancelot reviendra souvent dans l'histoire des Écoles et des ouvrages qui s'y rapportent; car M. de Saint-Cyran le jugea bientôt appelé par sa vocation à être *maître* plutôt encore que *pénitent :* « L'Apôtre, « écrit-il dans une de ses lettres [1], fait un dénombre- « ment de tous les dons gratuits du Saint-Esprit, et dit « qu'ils sont divisés dans les fidèles, et que nul ne les a « tous; mais je puis assurer que le don d'instruire et « conduire les enfants est un des plus rares, et qu'on en « peut dire ce que saint Grégoire dit du ministère pas- « toral, que c'est *une tempête de l'esprit.* » Il jugea l'âme égale de Lancelot capable de cette tempête. On lui remit donc le soin des enfants; et, quand les petites Écoles furent régulièrement établies (1646) dans le cul-de-sac de la rue Saint-Dominique-d'Enfer, on l'y chargea de l'enseignement spécial du grec et des mathématiques. Cela dura quatorze ans, à travers les fréquentes vicissitudes de ces Écoles toujours menacées. Après leur entière dispersion (1661), il passa à l'éducation particulière du duc de Chevreuse, puis à celle des fils de la princesse de Conti. Dans l'intervalle, sa plus grande distraction fut un pèlerinage à Aleth (1667) près du saint évêque Pavillon : il y alla par Vézelay, Cluny, Lyon, Genève, Annecy, la grande Chartreuse, Avignon; on a sa relation assez pittoresque. Il était en compagnie de Brienne, alors de l'Oratoire, singulier confrère. A la mort de la vertueuse princesse de Conti, Lancelot se démit de l'éducation qu'elle lui avait confiée, et par scrupule; car on le voulait obliger à mener ses élèves à la comédie. Se trouvant libre, il choisit, pour s'y retirer, l'abbaye de Saint-Cyran dont M. de Barcos était abbé ; il s'y fit bénédictin et pénitent [2]. Mais la persécution

---

1. A M. de Rebours, page 631 des *Lettres chrétiennes et spirituelles de messire Jean du Verger...*, imprimées en 1744.

2. Parmi les écrits de Lancelot, il en est un tout spécial et mo-

l y vint chercher. Après la mort de M. de Barcos, il fut exilé de l'abbaye sous accusation de Jansénisme, et relégué à Quimperlé, en Basse-Bretagne. Il y continua sa vie studieuse et austère à l'abbaye de Sainte-Croix. En 1689, il eut l'honneur, un soir, d'y souper avec le roi d'Angleterre détrôné, qui passait par là et allait tenter un débarquement en Irlande. On l'avait mis à table tout à côté du roi, probablement comme le plus en renom et le plus façonné des religieux. Singulière rencontre, et dont on jasa beaucoup dans le Jansénisme d'alors : le frère Claude et le roi Jacques, deux exilés! Lancelot mourut en saint, le 15 avril 1695, âgé de près de quatre-vingts ans.

M. Le Maître s'est dessiné à nos yeux comme le chef des pénitents et des solitaires : Lancelot n'a rien de tel ; il ne domine personne de la tête : c'est une de ces natures avant tout secondes, modestes, saintement *famulaires*, qui passent volontiers dans la vie en s'inclinant. Il nous offre un excellent portrait et la perfection même de ces sortes de natures. Comme Nicole, comme au

nacal, qui amena de grandes discussions au sein de l'Ordre. Dans une Dissertation sur l'*Hémine de vin*, mesure de chaque jour permise par saint Benoît à ses religieux, Lancelot, consulté par un de ses amis, l'abbé Le Roi, réduisit cette hémine à un demi-setier : cela parut trop peu au Père Mabillon, qui, si désintéressé qu'il fût dans la question, porta l'hémine à un setier. Dans le Moyen-Âge, on l'avait poussée jusqu'à deux pintes; les moines de Saint-Bénigne de Dijon plaidaient contre leur abbé pour rester en possession de ces grandes pintes, et, à sa mort, pour se venger de lui, ils le représentèrent sur son tombeau avec des oreilles d'âne, en y joignant cette Épitaphe explicative :

Auriculas asini merito fert improbus Abbas,
    Quod monachis pintas jusserit esse breves.

Ici, le sel piquant de cette débauche de controverse autour du setier et du demi-setier, c'est que les plus relâchés en théorie étaient tout aussi sobres que le bon Lancelot, et Dom Martenne, qui finalement le combattit, ne buvait pas de vin.

dix-huitième siècle Mésenguy, il ne fut jamais prêtre et ne s'en crut pas digne : il s'arrêta au degré de sous-diacre[1]; Nicole également ne fut que clerc tonsuré, et Mésenguy resta simple acolyte. Ce furent tous trois d'admirables maîtres des enfants; car, sans parler de l'instruction, leur double trait moral est ceci : modestie et fermeté; se mettre les premiers sous la règle, et doucement, près des petits, la prescrire. Lancelot, c'est le modèle accompli du maître comme le voudra Rollin, moins une certaine fleur de rhétorique. Nicole, moraliste éminent, et en ce sens le second de Pascal, surpasse déjà un peu cette humble limite que Lancelot atteint et garde plus également.

Dans le monde, dans les divers ordres de talent et d'emploi, ces natures, que j'ai appelées *secondes*, existent, et avec toutes sortes de délicatesses; chacun en a pu rencontrer le long du chemin : elles ont besoin de suivre et de s'attacher. Ce sont des Élisée en peine qui cherchent leur Élie, et qui, sous lui, si elles le trouvent, dirigent les moindres. Mais combien elles sont loin souvent de le trouver! Comme elles deviennent souvent malheureuses, ces âmes doucement et fermement acolytes, par les choix qu'elles font, si Dieu ne s'en mêle, s'il ne noue et ne soutient incessamment leurs liens! Comme elles restent à la merci des âmes plus fortes et volontiers tyranniques qui les possèdent, qui les *exploitent*, comme on dit, et en font leur proie! Et quelles douleurs et quelles aigreurs ces mécomptes de l'admiration apportent tôt ou tard dans la sensibilité! Nicole lui-même eut à la fin un déchirement quand il dut se séparer du grand Arnauld qui, dans son impétuosité im-

---

1. Fontaine (*Mémoires*, tome II, p. 488) s'est trompé là-dessus, en disant que M. de Barcos *n'hésita point d'élever* Lancelot *au sacerdoce*; je n'en avertis que pour qu'on ne me l'oppose pas à moi-même.

modérée, allait toujours et abusait un peu de lui. Et hier, sous nos yeux, n'avons-nous pas vu de chers et tendres disciples rompant après douze années de communauté avec le prêtre le plus éloquent? J'en puis parler : cela a été public ; les blessures ont saigné et crié devant tous. Lancelot n'eut et, on peut l'affirmer, n'aurait jamais eu rien à souffrir de tel dans sa relation toute sainte et solide avec M. de Saint-Cyran. Jusqu'à la fin, il put prendre à son égard pour touchante devise, et répéter, comme il le fit, cette parole de l'Écriture : *Beati sunt qui te viderunt et in amicitia tua decorati sunt!*

C'est que M. de Saint-Cyran était un directeur véritable et selon l'esprit. M. Arnauld était un grand docteur et un controversiste ; M. de La Mennais aussi est un écrivain polémique ardent : ni l'un ni l'autre n'étaient des directeurs [1].

Comme tel, le grand art, le grand don de M. de Saint-Cyran consistait à bien discerner et à classer les vocations, les talents et les dons mêmes des autres, ce qu'il appelait les desseins de Dieu sur eux. J'ai dit comment il essaya et jugea Lancelot, et, une fois jugé, le mit à l'emploi de maître qui lui était propre ; comment, d'autre part, il laissa et fixa M. Le Maître à la pure condition de solitaire : celui-ci, tout à fait hors du sanctuaire,

---

1. Arnauld, au reste, le savait mieux que personne. Quand je dis qu'il abusait un peu de Nicole, c'était par pure impétuosité de zèle pour la vérité. Lors de leur séparation, il lui écrivit une très-belle lettre pour mettre fin aux propos indiscrets des amis. Il ne voulait jamais diriger, et ne le fit que le moins possible. On a une lettre de lui à une religieuse de Rouen, laquelle, ayant lu ses écrits, se voulait mettre sous sa conduite (mars 1651) : il lui répond que les dons de Dieu sont différents dans ses serviteurs ; que, pour avoir été l'organe (très-indigne) de la vérité par quelques livres, on n'est pas capable de conduire les âmes que touchent ces vérités; et il la renvoie à M. Singlin, qui fit exprès un voyage à Rouen pour l'entendre.

simple laïc pénitent, simple *monsieur*; celui-là, déjà *clerc*, un pied à la moindre marche de l'autel, puis en restant là et tourné vers les Écoles ; mais c'est dans le choix de ceux qu'il jugea propres à être véritablement prêtres, confesseurs et directeurs, que la sagesse, la sagacité de ce grand distributeur et *nomenclateur* des âmes éclate principalement. En ce sens et à cette haute fin, dès l'abord, il prit et désigna M. Singlin, et bientôt n'hésita point d'en faire son premier lieutenant dans la conduite des religieuses et des solitaires.

M. Singlin mérite d'être étudié comme le type de tous les directeurs et confesseurs à la suite et dans l'esprit de Saint-Cyran : il en a tout, excepté l'invention du maître ; c'est le pur *vicaire :* la méthode ne sera que plus évidente en lui.

La juste régularité de ces figures et de ces saintes vies permet d'établir entre elles des analogies et des proportions presque rigoureuses : M. Singlin est à M. de Saint-Cyran ce que la mère Marie des Anges est à la mère Angélique.

Antoine Singlin[1], né à Paris vers 1607, fils d'un marchand de vin, avait été mis d'abord en apprentissage chez un marchand de drap, et demeura en cet état jusqu'à l'âge de vingt-deux ans, lorsqu'un mouvement intérieur, dont on ne dit pas l'occasion, le détermina à aller trouver M. Vincent (de Paul), supérieur des Pères de la Mission, qui le reçut tendrement et lui dit de se

---

1. On l'a quelquefois appelé M. *de* Singlin, mais par politesse. Dans l'*Histoire générale du Jansénisme* de Dom Gerberon (3 vol. in-12, 1700), je trouve son nom ainsi défiguré : *M. de Saint-Guelin;* ce qui est une petite preuve très-précise de ce que j'ai dit précédemment, que l'histoire du Jansénisme n'est pas celle de Port-Royal : il fallait être bien loin de Port-Royal, en effet, pour travestir de cette étrange façon le nom d'un aussi important directeur.

faire prêtre. C'était aller bien vite. Le jeune Singlin ne savait pas un mot de latin : M. Vincent lui indiqua un collége où les régents eurent pour lui des soins particuliers; et de la sorte, après ses études expédiées tant bien que mal, M. Singlin, entré dans les Ordres, devint prêtre. M. Vincent le plaça comme catéchiste et confesseur à l'Hôpital de la Pitié[1]. C'est de là qu'il connut M. de Saint-Cyran, qui l'introduisit aux religieuses du Saint-Sacrement. M. Singlin se décida bientôt à quitter la Pitié pour se ranger entièrement sous la conduite du nouveau maître, à la parole duquel il prit, dit-il, *comme l'allumette au feu*. M. de Saint-Cyran lui fit cependant des objections, selon son usage, et ne se rendit que quand le nouveau disciple lui eut démontré que le bien que les prêtres pouvaient désirer en cet hôpital était tout à fait paralysé par le caprice et l'influence absolue des administrateurs. M. Singlin, ayant donc reçu, de l'avis et des mains de M. de Saint-Cyran, quelques enfants pour les instruire, alla d'abord passer l'été de 1637 à Port-Royal des Champs, qui était une solitude; il s'en servit comme d'une retraite pour y consommer un renouvellement complet intérieur, et, après s'être abstenu assez longtemps des fonctions du sacerdoce, il ne recommença à dire la messe que le jour de saint Laurent, patron de la chapelle de Port-Royal des Champs. On crut même généralement autour de lui que c'était sa

---

1. La mère de M. Singlin demeurait à l'hôpital de la Pitié, « dont elle était l'économe générale : » ce sont les termes de Lancelot. Le Père Rapin, comme s'il ne trouvait pas les origines de M. Singlin assez petites, les rabaisse encore et les empire de son mieux : « Antoine Singlin, dit-il, était fils d'un marchand de vin de Paris; son père, qui avait mal fait ses affaires, laissa sa famille fort incommodée. Sa mère, n'ayant pas de quoi subsister, se retira à l'hôpital de la Pitié, dont elle devint concierge. On prétend qu'Antoine n'ayant pu réussir dans le commerce, etc., etc. » La malveillance se trahit jusque dans les plus petites choses : que sera-ce dans les grandes ?

première messe qu'il disait : « Car on ne savoit encore alors, remarque Lancelot, ce que c'étoit que de se séparer de l'autel par un sentiment de son indignité et par esprit de pénitence[1]. » M. Singlin éprouvait ce sentiment dans toute sa profondeur, et avec une confusion si sincère, avec une telle adresse opiniâtre à se dérober, qu'il ne semblait pas probable (indépendamment de sa science assez médiocre) qu'il devînt jamais confesseur et supérieur, si M. de Saint-Cyran, démêlant hardiment et plus opiniâtrément encore, avec l'aide de Dieu, son vrai don et son propre génie sous cette crainte, ne lui avait fait violence et ne l'avait, comme malgré tout, institué.

Et ici il importe de bien établir l'idée expresse que M. de Saint-Cyran se formait du Sacerdoce et de la vocation spéciale qu'il y réclamait. Si, en parlant de sa doctrine sur le péché et des dispositions internes où il plaçait surtout la Pénitence, j'ai fait voir combien il se rapprochait des plus éminents parmi les Chrétiens dits *réformés*, j'ai maintenant à mettre en regard et tout à côté les points non moins essentiels sur lesquels il s'en séparait ; ils viennent se rapporter et comme aboutir à ce sacrement du Sacerdoce[2].

---

1. L'auteur de la *Vie* de M. Singlin, qui est en tête de ses *Instructions chrétiennes*, paraît s'y être trompé en disant que M. de Saint-Cyran le *prépara* à recevoir la prêtrise.

2. Les ennemis de M. de Saint-Cyran le soupçonnaient de penser ou même l'accusaient d'avoir dit que l'absolution prononcée dans le sacrement suppose déjà la remise intérieure du péché, et n'est en quelque sorte qu'une *déclaration juridique*, par la bouche du prêtre, une ratification de ce qui doit être consommé au dedans. Mais d'après ses idées sur le Sacerdoce, on ne peut douter de tout ce que, indépendamment de l'esprit intérieur, il accordait à l'acte même des sacrements. Je laisse à de plus compétents que moi de prendre parti pour ou contre la réalité historique et traditionnelle du Sacerdoce chrétien comme il l'entendait. C'est l'affaire du savant Ranke (*Histoire d'Allemagne pendant la Réformation*),

On trouve particulièrement toute sa théologie à ce sujet dans ses lettres écrites du Donjon de Vincennes à M. Guillebert, à M. Arnauld, à M. de Rebours : il y dessine et y dépeint en traits réitérés, et d'une plume souvent éclatante et vraiment glorieuse, l'idée du Prêtre, que de très-belles *pensées* résument à part et achèvent de couronner[1].

Selon M. de Saint-Cyran, la Grâce, le secours divin singulier qui est absolument nécessaire pour opérer au sein du mal la guérison de l'âme déchue, n'est pas plus nécessaire que l'autre grâce spéciale qui, au sein de la Grâce générale régnante, va choisir et appeler une âme chrétienne au Sacerdoce. Il y a là un second coup d'élection, une grâce *à la seconde puissance*, et qui, dans le prêtre, revêt, exhausse et réalise la première. Il cite là-dessus saint François de Sales, qui renferme la principale vertu du pasteur dans la *plénitude de charité*, et qui y joint la *plénitude de science* et *de prudence :* saint François de Sales ajoutait que ce sacré ternaire se trouve plus rarement qu'on ne pense, et que *de dix mille* prêtres qui font profession, c'est beaucoup d'en trouver *un* que l'on puisse choisir. Sur quoi M. de Saint-Cyran observe que saint François de Sales a omis ce qui fait non-seulement le couronnement, mais le fondement et le lien des trois grandes vertus pastorales, c'est-à-dire la vocation expresse et spéciale, pierre angulaire de ce

---

ou de notre ami Reuchlin, qui traite Port-Royal pour l'Allemagne; ce serait à des docteurs catholiques à développer et à maintenir la thèse opposée. Je ne suis, en Port-Royal comme en toutes choses, qu'un amateur, scrupuleux, il est vrai, mais qui se borne à commenter moralement et à reproduire.

1. Tout cela forme le recueil déjà cité : *Lettres chrétiennes et spirituelles de messire Jean du Verger...*, imprimées pour la première fois en 1744. — Il y a aussi une *Lettre de messire Jean du Verger... à un Ecclésiastique de ses amis*, M. Du Hamel, *touchant les dispositions à la Prêtrise*, qui fut imprimée dès 1648.

ternaire. D'ailleurs il n'en fait pas reproche au saint évêque; il s'étonne même de le voir si bien inspiré pour son temps et l'en admire. On a cité précédemment[1] ces belles et tempérantes paroles de Saint-Cyran, qui le montrent disciple avant tout de l'esprit bien plus qu'esclave de la science. C'est ainsi encore qu'il a dit de M. de Bérulle, lequel s'était préparé au Sacerdoce par un jeûne extraordinaire de quarante jours : « Il montroit par là que la Grâce avoit dépeint en son âme l'idée de la Prêtrise, quoiqu'il n'en sût pas exactement toutes les conditions et dispositions. » Lui pourtant qui les croyait posséder par l'étude et qui s'estimait fondé à la tradition même, il n'hésitait pas à les articuler en toute leur rigueur et leur splendeur; et, de même qu'il disait à la sœur Marie-Claire dans l'oracle de la pénitence : *De mille âmes il n'en revient pas une*, il redisait, s'armant du mot de saint François de Sales, et y redoublant le tonnerre : *Sur dix mille prêtres, pas un!* progression effrayante dans les chances de l'abîme et dans la hauteur de plus en plus périlleuse de l'élection !

On touche de plus en plus près aux grandes différences qui séparent la doctrine de Port-Royal et le plus hardi Jansénisme d'avec le Calvinisme et les communions réformées.

On avait abusé, dans l'Église romaine, des sacrements de la Pénitence, de l'Eucharistie et de l'Ordre; on en était venu à n'y plus voir que des appareils extérieurs et sûrs à la fois, pour se tirer d'embarras devant Dieu, indépendamment de la pureté et de la contrition des cœurs : quelques pratiques cérémonielles suffisaient. Les Réformés mirent bas tout cela comme un vain échafaudage qui ruinait le vrai temple. Ils posèrent (je parle des plus rigides) la nécessité absolue de la

---

1. Page 273.

repentance intérieure et du secours divin, la suffisance d'un chacun, moyennant cette grâce, en présence de l'Écriture qui en est le canal et le réservoir principal, et qui devient, à vrai dire, *le Sacrement universel*. Ceux de l'Ordre, de la Confession et de l'Eucharistie, tels que les entendaient les Catholiques, y périrent ou furent extrêmement transformés.

Le sacrement de l'Ordre le fut en particulier par le seul fait de la transformation et de la réduction de ces autres sacrements de la Confession et de l'Eucharistie, la Confession s'étant changée à peu près en simple conseil, et l'Eucharistie en commémoration.

M. de Saint-Cyran sur ces trois points reprit toute l'acception sacramentelle primitive, ou du moins telle qu'elle paraît exprimée dans saint Augustin, dans saint Chrysostome, et telle que le Concile de Trente ne l'avait reproduite qu'avec de certaines précautions : la profondeur et l'étendue de sa doctrine en ce sens se lisent comme dans un abrégé lumineux en ce qu'il dit du Sacerdoce.

Et cela est la conséquence même : du moment qu'on croit autant que lui à la souveraineté et à l'immuabilité des sacrements d'Eucharistie et de Pénitence, que ne faut-il pas être pour les exercer et les conférer au nom et en place de Dieu? Aussi n'a-t-il pas assez d'expressions magnifiques pour désigner et définir cette postérité d'Aaron, d'Abraham et de Melchisédech, si fort relevée dans la nouvelle Loi et plus formidablement encore investie que dans l'ancienne. Le Prêtre, selon lui, est Roi et plus que Roi sur la terre; il est Sacrificateur. Il est un Ange et plus qu'un Ange dans l'Église, y faisant ce qu'aucun Ange n'a été appelé à faire[1] : « C'est

---

1. Car l'Ange (c'est toujours lui qui parle) n'offre pas le sacrifice, et c'est une grâce que Dieu a faite à l'homme en l'honneur de l'Incarnation. Mais l'Ange assiste les hommes dans le sacrifice,

la gloire du Prêtre, dit-il, d'être *le troisième Officier de Dieu* après Jésus-Christ dans l'Église; et quoiqu'il reçoive l'ordination de l'Évêque (comme l'Évêque lui-même est consacré par un autre Évêque), il a cependant une puissance commune avec eux, de remettre les péchés et d'offrir le sacrifice[1]. »

Parmi les fonctions du Sacerdoce, il en est une, à ses yeux, plus grande, plus formidable encore que celles du sacrifice à offrir et des péchés à remettre, c'est la Prédication : il cite là-dessus saint Jean, qui a été prêtre parfait sans avoir servi au Temple ni offert aucun sacrifice, mais par le seul fait qu'il avait prêché : « La Prédication, va-t-il jusqu'à dire, semble être au prêtre, à l'égard de ses autres fonctions, ce que la Charité est à l'égard des autres bonnes œuvres, — subsistant toujours dans le prêtre sans les autres exercices, comme quelquefois la Charité dans les fidèles particuliers sans les autres œuvres. »

Il veut presque au sein du prêtre, pour la Prédication, une nouvelle grâce à part, comme il en a fallu une pour le Sacerdoce même, au sein de la grâce première (ne semble-t-il pas que cette échelle de grâces soit comme un candélabre à sept branches, qui aille poussant une branche toujours nouvelle, et chaque fois plus ardente, à mesure qu'on s'élève vers le plus haut de l'autel et à la cime du Sacerdoce?) : « Car la Prédication, dit-il, n'est pas moins un mystère terrible que l'Eucha-

---

et il s'est quelquefois enveloppé et caché dans les flammes qui montent au ciel pour en offrir à Dieu l'odeur. Voilà l'imagination mystique de Saint-Cyran qui se met à rayonner.

1. Il se sert encore d'une comparaison étrange et hardie pour exprimer et rehausser ce mystère du Sacerdoce : la Vierge, au jour de sa consécration, ayant reçu le corps du Fils de Dieu, et l'ayant reçu en le formant et formé en le recevant, moyennant de simples paroles, peut être appelée, à la façon de Platon, *l'Idée des prêtres*, *ipsa Sacerdos*.

ristie, et elle me semble même beaucoup plus terrible, car c'est par elle qu'on engendre et qu'on ressuscite les âmes à Dieu, au lieu qu'on ne fait que les nourrir par l'Eucharistie ou, pour mieux dire, guérir.... Et moi j'aimerois mieux dire cent messes que faire une prédication. C'est une solitude que l'autel, et la Chaire est une assemblée publique où le danger d'offenser le Maître est plus grand. »

Il prescrivait au prêtre le retranchement intérieur absolu et *le silence parfait* comme la meilleure préparation à cette parole publique et distribuée : « Il n'y faut aller qu'après avoir travaillé longtemps à la mortification de son esprit et de *cette démangeaison qu'a tout le monde de savoir beaucoup, et de belles choses,* qui est la plus grande tentation qui nous reste du péché d'Adam [1]. »

Lorsque M. Singlin, comme contraint par lui à la direction et à l'exercice public, voulait du moins se dérober à la Prédication, et alléguait les périls de ce haut emploi, le chatouillement sensible de la louange ou ses scrupules de peur du scandale, M. de Saint-Cyran lui disait admirablement : « Si j'avois quelque occasion de prêcher, je me présenterois devant Dieu pour lui demander les pensées sur le sujet que j'aurois pris; et puis simplement je les mettrois en chefs par écrit, et, après les avoir d'heure en heure arrosées par de fréquentes oraisons, je m'en irois prêcher, sans la moindre réflexion d'esprit, ni sur moi ni sur les autres. Après ma prédication, je me retirerois dans ma chambre pour m'agenouiller devant Dieu, et ne reverrois personne, pour le moins de ceux qui auroient assisté à mon sermon; et, si l'on m'en parloit, je témoignerois ne l'agréer point en

---

1. Et c'est cette *démangeaison* même qui nous pousse, vous peut-être qui lisez et moi qui écris, à savoir si à fond Saint-Cyran sans l'imiter.

ne faisant aucune réponse : ce que je ferois, soit que le succès en eût été bon ou mauvais, si toutefois on peut parler de la sorte; car souvent, lorsque nous pensons qu'il est bon, il est mauvais selon Dieu, et au contraire.... Accoutumez-vous à cela et à vous remettre à Dieu,... et laissez penser aux autres ce qu'ils voudront[1]. »

A toutes ces idées, incomparablement relevées, de M. de Saint-Cyran sur le Sacerdoce, ajoutons encore que ce n'est pas du tout la même chose à ses yeux d'être *prêtre*, que d'être *docteur* et *théologien*. Il s'en explique formellement avec M. Guillebert, à qui l'on avait conseillé de laisser ses fonctions de curé pour prendre le bonnet de docteur : « Et selon saint Ambroise, pensait Saint-Cyran, être *docteur*, le prenant même au plus haut sens qu'on puisse donner à ce nom, qui est d'être exact et diligent observateur et interprète du sens des Écritures, est le dernier des offices de l'Église, suivant le dénombrement qu'en fait l'apôtre saint Paul au chapitre IV de l'Épître aux Éphésiens[2]. » Et il cite ailleurs l'élection de saint Martin, pour montrer comment un homme qui n'a point d'autre science que celle de l'Église, s'il est dans la plénitude de la Grâce et du Saint-Esprit, peut être bien élu au Sacerdoce.

Tout ceci, en prouvant à quel point M. de Saint-

---

1. Saint François de Sales, parlant des écrits qu'il faut se décider à publier si l'on a vocation d'en haut, et en dépit du *qu'en dira-t-on*, disait à sa manière que de s'inquiéter de ces divers jugements, ce serait *craindre de voyager en été de peur des mouches*. Comme c'est plus joli, mais moins grand de caractère!

2. « Lui-même a donc donné à son Église quelques-uns pour être Apôtres, d'autres pour être Prophètes, d'autres pour être Évangélistes, d'autres pour être Pasteurs et Docteurs. » Mais il faut reconnaître qu'au verset 28, chapitre XII, de la première aux Corinthiens, l'ordre de l'énumération est différent, ce qui pourrait infirmer l'interprétation de Saint-Cyran.

Cyran était imbu de cette parole de l'Apôtre aux Corinthiens[1] : « Or, il y a diversité de dons, mais il n'y a qu'un même Esprit; il y a aussi diversité de ministères, mais il n'y a qu'un même Seigneur, » nous mène naturellement à l'entendre, lorsqu'il contraignit presque à l'exercice du Sacerdoce et de la direction des âmes M. Singlin, qui n'était pas un grand théologien ni un savant, mais qui avait le propre don.

Avant de passer à cet admirable tête-à-tête, qu'on me permette d'offrir deux ou trois pensées encore de Saint-Cyran que je trouve mêlées à ses considérations sur le Sacerdoce, et qui s'y rapportent plus ou moins prochainement : deux ou trois vases sacrés richement jetés aux abords de l'autel.

Immensité de Dieu : « Ceux qui n'ont vu pendant toute leur vie que des rivières, et qui ont entrepris sur la fin de leur vie un grand voyage, sont épouvantés, lorsqu'ils entrent par l'embouchure de la dernière rivière dans la grande Mer Océane, de voir sa monstrueuse grandeur, sa tempête et sa bonace, dont ils n'avoient pu voir auparavant la moindre image : c'est ce qui nous arrivera, lorsqu'après avoir passé durant le cours de notre vie par tant de temps et tant de lieux de la terre, qui sont plus coulants et changeants en comparaison du Ciel que les rivières, nous verrons en entrant en Dieu même, à la fin de notre vie (qui est le terme de notre voyage), sa prodigieuse grandeur. » — Tous les mots, tout le mouvement, même pénible et démesurément continu, de cette phrase, exprime bien, en effet, et respire et aspire, pour ainsi parler, l'admiration et la grandeur.

Voici qui est plus fin et bien délié sur les fuites et les refuites de l'âme; il n'est pas si malaisé, pense Saint-Cyran, d'ébranler une âme par des conseils, par la pré-

---

1. Ep. I, ch. XII, v. 4.

dication, et de la *faire lever*, en quelque sorte, que de la réduire et de la fixer aussitôt à la pénitence : « Ainsi il est plus facile de faire lever un lièvre que de l'arrêter, parce qu'il a plusieurs terriers et divers lieux dans ces terriers où il se cache ; quoique l'âme, qui a encore plus de finesse pour se cacher, soit plus semblable à un renard, selon les paroles de Jésus-Christ dans l'Évangile,... à cause des souplesses de son esprit et des fosses profondes où elle se cache avec son péché, lors même qu'il semble au plus sage qu'elle y a renoncé et qu'elle est véritablement convertie. »

Tout à l'heure il voyait tout un océan infini dans Dieu, maintenant c'est tout un monde dans une âme : « Une seule âme suffit pour occuper un prêtre, parce que chaque âme et chaque homme est comme un grand monde dans les voies et les œuvres du salut, quoiqu'il n'en soit qu'un petit dans sa composition naturelle[1]. Ainsi un prêtre est d'autant plus à une âme qu'il en a moins à gouverner. » Quoi d'étonnant que M. Singlin s'effrayât d'avoir à gouverner tous ces mondes ?

1. On se rappelle avoir lu précédemment (page 413) une pensée presque toute semblable de M. Le Maître.

V

M. Singlin forcé par M. de Saint-Cyran. — Entretien conservé.
— Saint Chrysostome et Basile. — M. Singlin directeur et prédicateur. — Son vrai rang dans la Chaire. — Son gouvernement à Port-Royal. — Il est dépassé. — Il meurt. — M. de Bascle, un des solitaires.

C'est parce que M. Singlin s'effrayait de ces vérités connues, c'est parce que, sans être un grand docteur par les livres, ni même un homme d'esprit, comme on l'entend, mais par droiture et spécialité de sens médical à l'égard des âmes, il en pénétrait les malignes profondeurs et se rejetait avec trouble en Dieu seul pour les avoir trop sondées, — c'est pour cela que M. de Saint-Cyran le jugeait propre au plein exercice du Sacerdoce, tant de la direction que de la prédication. Il était si humble et avait tant de respect pour ces fonctions augustes, que, si on l'eût voulu croire, il ne les aurait jamais exercées et se serait absolument confiné dans quelque solitude : « Je sais, dit Lancelot, qu'il en a importuné M. de Saint-Cyran, et qu'il regardoit même le refus qu'on lui opposoit comme une espèce de jugement de Dieu sur lui, *qui le faisoit rabaisser jusqu'au centre de la terre;* » mais au même instant il relevait sa confiance jusque dans Dieu même et n'avait plus de regard qu'à la Providence. Étant devenu, comme par nécessité, directeur des religieuses et des solitaires durant la prison de M. de Saint-Cyran, il ressentit, à la délivrance de son cher maître, une première joie que redoublait encore celle de se croire délivré lui-même d'un si grand fardeau ; il en fut pour son désir. M. de Saint-Cyran, à qui il s'en ouvrit un jour, répondit à toutes ses objections, déjoua tous ses pieux stratagèmes et comme ses *fuites* et *refuites* dans le champ de Dieu ; il ne lui laissa aucune issue. Fontaine nous a transmis dans ses *Mémoires* un grand et complet récit de cette conversation : j'en extrairai une bonne partie. Y a-t-il tant à craindre d'être long à approfondir et à retourner en tous sens ces caractères ? C'est l'entière doctrine du Christianisme que nous agitons là à propos d'une histoire particulière et dans une enceinte déterminée. Il me semble qu'on en sortira peut-être plus versé et plus fixé dans la science morale des âmes. On saura au net ce que c'est qu'un pénitent (M. Le Maître), un maître (M. Lancelot), un prêtre (M. Singlin). Quelqu'un de bien célèbre de nos jours s'est écrié une fois devant les hommes : « Je leur ferai voir ce que c'est qu'un prêtre ! » Il a trop prouvé par la suite que même alors il n'en savait rien. M. Singlin, dans son effroi de l'être, va nous montrer combien il l'était. Cette humilité profonde combinée avec l'autorité même et comme logée en cette haute royauté de l'autel décrite par Saint-Cyran, voilà la juste marque du prêtre chrétien tel qu'il va s'achever et vivre de plus en plus sous notre regard.

L'entretien se passe dans les commencements de l'année 1643 (probablement en mars), peu après la sortie de M. de Saint-Cyran du Donjon et quelques mois avant sa mort[1].

« ... Après avoir longtemps gémi dans cet engagement et soupiré ardemment vers la retraite, ne pensant plus qu'à s'enfermer pour le reste de ses jours dans l'abbaye de Saint-Cyran, où il avoit un de ses frères religieux, M. Singlin crut voir enfin quelque jour et quelque *bluette d'espérance*[2] à l'accomplissement de ses longs désirs, par la nouvelle liberté de M. de Saint-Cyran.

« Un jour donc qu'il étoit étrangement agité de ces tempêtes d'esprit qui sont propres aux pasteurs des âmes[3], il vint au matin, le trouble dans le cœur et dans les yeux, trouver ce saint abbé et le prier d'avoir enfin pitié de lui. Il lui représenta qu'il lui avoit fait savoir assez souvent ce qu'il souffroit dans la direction des âmes ; qu'il avoit toujours tâché de se soutenir dans ses peines par l'espérance que la liberté du précieux captif y pourroit mettre une fin ; que maintenant que Dieu avoit écouté tant de prières et tant de vœux en le leur rendant..., il n'avoit plus qu'à se retirer ; qu'aussi bien il n'étoit plus maître de lui, et que les tempêtes d'esprit dont il se sentoit continuellement agité le submergeoient.

« M. de Saint-Cyran l'ayant écouté paisiblement, lui répondit après qu'il eut tout dit : « Excusez-moi si je vous dis, Monsieur, que tout ce que vous venez de me représenter est superflu. Vous êtes dans un lieu ; Dieu vous y a mis : vous n'en pouvez sortir que Dieu ne vous en retire. C'est à vous cependant à faire ce que saint Paul recommande à son

1. Tout ce qui suit est extrait et abrégé des *Mémoires* de Fontaine (Cologne, 1738), tome I, p. 204 et suiv. Les variantes que l'on pourrait trouver entre notre texte et celui même des *Mémoires* sont, la plupart, autorisées par le manuscrit que je possède, ou motivées par une quantité de petites raisons sur lesquelles je requiers, une fois pour toutes, crédit et confiance : rien n'a été fait à la légère et je n'ai eu en vue que de ramasser la vérité.
2. C'étaient là les *bluettes* de ces austères.
3. « *Turbati sunt et moti sunt sicut ebrius, et omnis sapientia eorum devorata*: ils sont troublés et chancellent comme un homme ivre, et toute leur sagesse est anéantie. » (Psaume CVI, 27.)

disciple : *Certa bonum certamen*, en supportant les manquements et les foiblesses des âmes. Rendez-leur la patience que Dieu a eue pour nous ; supportez-les avec la même douceur. Attendez tout de la Grâce qui sait où sont ses Élus ; implorez-la en général et en particulier. Allez de l'action à la contemplation ; dérobez de l'une pour donner à l'autre.... Hé ! Monsieur, si je voulois, comme vous, suivre mon inclination, prendrois-je plaisir à tous ces embarras d'esprit qui me chagrinent encore plus que vous ? Mais je suis engagé avec vous, et je puis dire comme vous : *Dispensatio mihi credita est. Unusquisque in qua vocatione vocatus est, in ea permaneat*[1]. Je serois bien plus aise de n'avoir qu'à prier et à lire, que d'être embarrassé de tant de soins.

« Je vous plains dans le trouble où je vous vois ; mais les troubles sont souvent l'effet de l'amour-propre, quoique non pas toujours. Il y a des troubles qui viennent aussi du tempérament et de la crainte naturelle, et de ce que la charité n'est pas encore si grande *qu'elle mette l'âme comme dans un état immobile*. Dieu aussi nous laisse souvent à nous-mêmes pour nous faire reconnoître ce que nous sommes, nous faire recourir à lui, et nous empêcher de nous élever ; ce qui nait facilement en ceux qui font la charge de maître : *Avertente autem te faciem, turbabuntur*. Ce sont aussi quelquefois les peines de nos fautes, de nos secrètes complaisances et vanités : ce qui est arrivé à David en ce lieu que je vous cite[2], et à l'Apôtre, en qui Dieu empêchoit l'orgueil qui lui fût venu de sa grande sagesse, par un démon continuel qui ne le troubloit pas seulement, mais qui le souffletoit[3]. Permettez-moi de vous dire que quand notre cœur est simple, et qu'il ne cherche pas ce que Dieu lui envoie, mais qu'il ne fait que l'accepter et le souffrir, il ne doit jamais faire cas de ces troubles. Je viens de lire en la Vie de saint Martin ce que vous savez aussi bien que moi : voulant faire une action de charité, pour laquelle il avoit fait un voyage de

---

1. Ép. I aux Corinth. IX, 17, et VII, 20. — « Quand on tient bon dans les peines d'une charge, c'est un signe qu'on y est bien appelé. » (Pensées de M. de Saint-Cyran sur le Sacerdoce.)

2. Psaume XXIX, 8.

3. Ép. II aux Corinth. XII, 7.

deux cents lieues, il tomba dans un péché qui le troubla et lui fit perdre une partie de ses miracles. Souffrez que je vous dise que vous vous recherchez trop, et que vous voulez trop d'assurance : *Non dabitur tibi aliud signum nisi signum fidei.* Il n'y a que les Juifs qui demandoient des signes sensibles pour être assurés de la vocation de Jésus-Christ. Je crois vous avoir souvent dit qu'il ne falloit point servir Dieu ni par inclination ni par aversion, mais *per fidem quæ per caritatem operatur,* et prendre bien garde comment nous avons été engagés en ces actions que nous faisons pour Dieu ; et que les bons succès qui arrivent aux âmes que nous conduisons ne peuvent venir que de la bénédiction de Dieu, ni la bénédiction que de l'agrément que Dieu a de notre emploi. »

— « Comment puis-je croire que Dieu donne la bénédiction à ce que je fais, dit M. Singlin, moi qui suis le plus criminel homme du monde ? » — « C'est assez que vous ne le soyez pas en la manière de quelques autres personnes qui s'adressent à vous, qui offrent une autre sorte de confusion au monde.... Vous ne m'avez pas ouï en confession comme je vous ai ouï[1], c'est pourquoi vous ne pouvez parler de moi comme je parle de vous. Si vous aviez connu le péché autant par expérience que saint Paul qui avoit persécuté l'Église, et comme saint Pierre qui avoit renié Jésus-Christ, si vous aviez commis d'horribles crimes après le baptême et dans la religion, comme dit un saint Père, et que vous fussiez un aussi grand pécheur que je suis, vous ne vous laisseriez pas troubler comme vous faites.... Dieu a eu grande raison pourtant de ne faire pas d'autres chefs de son Église que ces deux grands pécheurs. Il ne vous manque que cette paix toute soumise pour avoir la compassion et la promptitude à secourir les âmes que doit avoir un bon pasteur. »

— « Mais je vois tous les jours, dit M. Singlin, que je fais mille fautes en cet emploi. Je fais des avances en parlant aux âmes des vérités plus qu'il ne faudroit. » — « Vous avez tort de vous plaindre de ces avances, dit M. de Saint-Cyran. C'est assez de reconnoître ses fautes devant Dieu : après

---

1. A qui se confessait M. de Saint-Cyran ? probablement à quelque prêtre bien simple.

quoi on peut n'y plus penser. Vous ne supportez pas assez vos fautes. J'en fais plus que vous, et c'est une merveille de ce que nous n'en faisons pas encore plus, étant aussi foibles que nous sommes. C'est une méchante tentation. Il faut continuer de servir Dieu sans y avoir égard, et se relever doucement et humblement de ses chutes. Je fais bien de ces sortes de fautes; mais, quand je les avoue, c'est assez pour moi. Dieu me garde seulement de l'aveuglement de l'esprit! Croyez-moi, le trop ou le trop peu que vous dites ne vous nuira pas devant Dieu, si vous vous en humiliez. Notre ministère doit être dans une perpétuelle oraison et dans un continuel gémissement, mais il ne faut pas pour cela quitter.... Priez, priez beaucoup pour vos pénitents et ne vous empressez de rien : c'étoit la faute de Marthe.... Nous devons traiter doucement les âmes imparfaites. Nous ne pouvons rien au delà de la Grâce : elle veut que nous nous baissions ainsi [1].... » — « ... Mais il arrive un mal de là, dit M. Singlin, on sait que vous conduisez les gens, et on leur voit faire des choses que l'on ne peut pas approuver.... » (Et ce mot de M. Singlin remet M. de Saint-Cyran dans sa voie plus habituelle de sévérité :) — « Souvenez-vous bien, Monsieur, qu'il faut garder notre règle : si le cœur n'est renversé, et si les pénitents ne parlent plus d'une fois en suppliants, il ne faut pas les écouter. Il faut que Dieu change le cœur et le mette en état d'attirer la Grâce, afin de bien aller au prêtre ; car nous sommes ministres, non de la loi, mais de l'esprit, ou, pour mieux dire, non de la lettre ou par la lettre, mais par l'esprit ou selon l'esprit. Les mauvais commencements gâtent toutes les suites. Le désir que j'ai eu de garder cette règle a été la cause de ma prison, dont je loue Dieu.... »

---

1. Cette contre-partie était nécessaire pour mettre l'ombre humaine à cette idée si éclatante du Prêtre, pour empêcher l'orgueil de s'y introduire et l'y éteindre s'il s'y mêlait déjà. Saint-Cyran ailleurs a dit encore : « Si le Prêtre est Roi et Empereur, c'est « un Roi humble et servant les âmes, de sorte qu'il doit être, « comme dit l'Écriture, le moindre de tous les serviteurs des « âmes qui lui sont soumises.... » Nous embrassons maintenant réunies toutes les misères et les grandeurs du Prêtre, de ce *Roi gémissant*.

— « Ce ne sont ni les prisons ni les persécutions qui m'embarrassent dans cet emploi de la conduite des âmes, dit M. Singlin; je puis dire que je recevrois cela avec joie, et que *j'y trouverois ma pâture* : mais ce qui me rebute fort, ce sont les oppositions au bien que je voudrois faire, que je trouve dans ceux qui semblent même les plus touchés. J'ai sur les bras une personne qui m'est venue trouver depuis peu, qui me donne de l'exercice.... » (Et il entre ici dans le détail des embarras que lui cause ce personnage considérable par son rang et par d'autres raisons encore plus particulières.) — « Il a fort lu l'*Introduction à la Vie dévote* de M. de Genève, dit M. Singlin : c'est son fort, et sur quoi il me rebat; car il soutient qu'en suivant ses principes, on devroit être un peu plus indulgent aux pénitents.... »

— « Que s'il veut suivre M. de Genève, répondit M. de Saint-Cyran, il faut le prendre au mot, mais il ne faut pas qu'il partage : il est obligé de le suivre dans toutes les règles qu'il prescrit à celui qui veut sérieusement se convertir, entre lesquelles la première est de choisir entre dix mille un conducteur qui ait une plénitude de charité, de science et de prudence, et de lui déférer autant qu'il l'ordonne.... Qu'il cherche seulement cet homme, comme il cherche un bon serviteur pour lui confier ses affaires, et un homme sûr pour lui confier son argent : il le trouvera; l'Église n'en manque jamais. Il s'en est trouvé dans tous les siècles; autrement l'Évangile seroit faux. Qui a un bon guide n'a pas besoin de savoir le chemin : il n'a qu'à suivre, dans la volonté qu'il a de marcher et d'aller jusqu'au bout. *Cet homme sera l'homme de l'Église, et lui tiendra lieu en quelque sorte de toute l'Église* [1].

---

1. M. de Saint-Cyran insiste partout sur la nécessité d'un Directeur; ainsi dans une lettre à M. de Rebours (*Lettres* de l'édition de 1744, p. 707) : « C'est par là qu'il doit commencer s'il ne veut errer, et il lui faut ôter la pensée qu'il semble avoir, que Dieu puisse être son Directeur immédiat. Il ne l'a pas voulu être de saint Paul, et l'a renvoyé à un Prêtre.... Il faut, le plus tôt qu'il pourra, qu'il s'adresse à quelque personne visible de l'Église, qui le puisse conduire de la part de Dieu.... » On achève de bien saisir, ce me semble, le système théocratique particulier à M. de Saint-Cyran : non pas chaque fidèle pape comme chez les Réfor-

« ... Pour diriger comme il convient, il le faut faire à loisir, et avoir l'âme en sa puissance un certain temps, pour la conduire pas à pas comme on conduit les enfants : car il en faut toujours venir là, que telles âmes sont plus foibles pour marcher vers le Ciel et vers la Grâce par les bonnes œuvres, que les enfants ne le sont après être sortis du maillot, et les malades après une longue fièvre. Il n'y a que l'orgueil de l'esprit humain et païen qui puisse s'opposer à cette vérité.... Demandez aux nourrices et aux médecins si on peut faire marcher les enfants et les malades qu'avec une grande patience.... Vouloir être en même temps confessé et absous, sans se soucier trop si l'on est disposé, comme veut M. de Genève, et sans vouloir faire pénitence, comme dit saint Charles, c'est vouloir faire sortir un malade de son lit sans que peut-être la fièvre l'ait quitté,... ou vouloir faire marcher un enfant aussitôt qu'il est né. Ces absolutions précipitées, dit saint Charles, ont gâté toutes les professions. Dites-lui tout cela avec gravité. Tout ce que vous pouvez faire, c'est de traîner et de l'instruire, s'il y prend plaisir : c'est à quoi l'on est obligé, sans se dégoûter du long temps. Il faut le traiter toujours avec grande patience, et même avec respect, qui reluise en tout, et autant dans les paroles que dans les actions[1]. » — « Je comprends tout ce que vous me dites, dit M. Singlin ; mais ce qui m'embarrasse, c'est que je ne suis pas bien sûr de moi en parlant. Je vois tout ce que vous venez de me dire : il n'y a rien de

més, non pas chaque prêtre ordinaire suffisant comme chez les Catholiques tout à fait romains, mais chaque *vrai* prêtre (entre dix mille) directeur, chaque directeur pape, et toute l'Église en lui, quand il a l'inspiration directe. Le Jansénisme organique, à son plus grand état de simplicité et d'originalité, est là.

1. M. de Saint-Cyran n'était pas toujours si endurant, comme lorsqu'il écrivait à M. de Rebours, à propos d'un pénitent de cette espèce : « Le gentilhomme court risque d'être toute sa vie un amphibie, et d'aimer seulement *les beaux discours de Dieu et les fréquentes communions*, qui sont les deux plus belles parties de la dévotion du temps.... Si j'étois en votre place, je ne m'y amuserois plus. Tout ce que vous devez faire, c'est de l'écouter lorsqu'il vous viendra voir, et lui dire fort peu de chose, employant ce temps-là à prier Dieu intérieurement pour lui. »

plus juste. Il ne vous échappe aucune parole : *elles sont toutes au poids du sanctuaire*.... Il n'en est pas ainsi de moi quand je parle aux autres : il m'échappe bien des paroles qui ne sont pas si tôt sorties de ma bouche que j'en vois le défaut, et que je voudrois les retenir...; et c'est là ce qui me fâche.... » — « Et moi ce qui me fâche, dit M. de Saint-Cyran, c'est que vous vous fâchiez de cela. La faute la plus considérable, qui est en vous, c'est que vous croyiez trop en avoir fait, et que vous souhaitiez pour cela d'être dispensé de parler aux gens.... Laissons cela. Toutes ces peines ne doivent pas vous porter à dire que vous vous retireriez volontiers de cet emploi, et moins encore à le faire avec chagrin. Il est certain qu'il y a des âmes qui sont pénibles[1] ; mais, *in hoc positi sumus*.... »

Cette conversation se poursuivit longtemps encore ; elle dut remplir presque tout un jour. C'était comme une reprise chrétienne de la lutte de Jacob et du Seigneur. M. Singlin en sortit vaincu et raffermi[2].

Elle en rappelle bien naturellement une autre qui a été au long racontée par saint Jean Chrysostome et qui eut lieu sur ce même sujet entre lui et son ami Basile : c'est ce qui forme le petit traité du *Sacerdoce*. M. Le

---

1. Des âmes *pénibles*, de ces âmes qui sont aussi difficiles à gouverner qu'un monde : Nicole a parlé de celles qui sont partout *douloureuses*. L'expression littéraire la plus rare et la plus fine est donnée à ces hommes de Port-Royal par la simple force du sens.

2. Dans la portion que j'omets, il est un petit détail qui peint un coin de la physionomie de M. de Saint-Cyran et qui fait sourire. Il recommande à M. Singlin de ne pas rester plus d'une demi-heure avec les pénitents ou les religieuses qui n'auraient rien de bien capital à lui confier, et, après ce temps écoulé, de se faire appeler *comme si quelqu'un survenait du dehors*. Et pour aller au-devant du scrupule, il ajoutait : « S'il n'y a point de survenants, les Anges seront là toujours pour en tenir lieu. » Ce sont de ces mots hardiment agréables de M. de Saint-Cyran, mais qui, hasardés près d'un autre qu'un ami, se grossissaient en énormités et devenaient matière à délation.

Maître, qui traduisit ce traité, en faisait sans doute une application à sa situation propre ; il s'en servait comme d'un bel exemple et d'un miroir éclatant pour assembler tous les rayons de l'autel, pour les offrir aux autres et s'en effrayer soi-même, selon cette règle de l'Église et cette remarque de Saint-Cyran, que la pénitence publique est incompatible avec le Sacerdoce[1]. Simple pénitent, il aidait à enseigner aux autres le chemin où il n'entrait pas, et leur indiquait de loin ces degrés qu'il s'interdisait.

Rien de touchant et d'éloquent comme ce petit traité. Chrysostome s'y montre d'abord dans une certaine dissipation de jeunesse et de talent, suivant avec assiduité *le Palais* et *la Comédie :* l'exemple de son ami Basile[2] le vient convier à la vie solitaire. Sa mère s'en émeut : moins chrétiennement héroïque que madame Le Maître, elle veut dissuader son fils. Sitôt qu'elle s'aperçoit de ses idées de retraite, elle le prend par la main, le mène dans sa chambre, et là, *l'ayant fait asseoir près d'elle sur le même lit où elle l'avait mis au monde*, elle commence à pleurer et à se plaindre de lui tendrement. Chrysostome renversé va trouver son ami qui le rappelle en sens contraire. Sur ces entrefaites, un bruit se répand qu'on a dessein de les faire tous deux évêques. En ce temps, cela se pratiquait comme par sédition ; on s'emparait des gens qu'on croyait dignes, et on les forçait. M. de Saint-Cyran a dit excellemment de ces élections populaires et tumultuaires : « Le premier effet extérieur de vocation est quand la vertu d'un homme donne dans la vue de tout le monde et le fait juger digne

---

1. « Et voilà pourquoi ces grands personnages, saint Antoine, saint Benoît, les deux saints François et saint Hilarion n'ont jamais été faits prêtres, ayant été établis de Dieu pour être des modèles de pénitence. » (Saint-Cyran.)

2. On ne sait pas au juste quel était ce Basile.

d'une grande charge dans l'Église..... Tout est compris dans cette réputation générale et publique, et dans l'odeur d'une vertu consommée qui se répand partout, malgré la violence qu'on se fait pour la tenir resserrée dans la solitude. » — Basile, informé et effrayé de ce bruit, court en parler à Chrysostome et s'en remet à lui de la résolution, qui doit, dit-il, en cela comme en tout, leur être commune et unanime ; mais celui-ci use de stratagème, et, ne voulant ni se laisser faire évêque ni priver l'Église de posséder son ami, il dissimule, ajourne la décision, et, au jour dit, il se dérobe. Basile seul est pris et subit le joug, croyant que d'autre part son ami le subissait également :

« Mais lorsqu'il sut que j'avois pris la fuite et qu'on ne m'avoit pu trouver, il me vint voir étant triste et abattu ; et, s'étant assis près de moi, il sembloit qu'il me voulût parler : mais, ayant le cœur serré de douleur et ne pouvant exprimer la violence qui le pressoit, lorsqu'il vouloit ouvrir la bouche pour m'en découvrir la cause, son saisissement lui étouffoit la parole. Le voyant tout en larmes et dans le trouble, et sachant le sujet de sa tristesse, je me mis à rire dans l'excès de la joie que je sentois, et, le prenant par la main, je tâchai de le baiser, en lui disant que je rendois grâce à Dieu de m'avoir fait si bien réussir.... »

On se retrouve tout à fait voisin, pour l'esprit et pour la couleur, des pages citées de Lancelot et des entretiens de M. Singlin : c'est un peu comme si, après avoir lu la *Phèdre* de Racine, on ouvrait celle d'Euripide.

La conversation alors s'engage entre les deux amis. Chrysostome se justifie de sa tromperie à bonne fin, et de sa fuite pour son propre compte ; il en vient à définir les caractères et les conditions de la charge de Pasteur : « Un Évêque est plus agité de soins et d'orages que la mer ne l'est par les vents et les tempêtes[1]. »

1. C'est surtout aux chapitres IV et V du livre III que M. Le

Chrysostome n'échappa point lui-même à cette charge qu'il fuyait, et, après quelques années passées dans la solitude de Syrie, il fut contraint à la prêtrise par le saint évêque Flavien.

M. Singlin également, une fois conduit et comme réduit à ce haut exercice de l'autel, de la chaire et de la direction singulière des âmes, s'en acquitta en parfaite excellence et avec toute l'autorité qu'il puisait dans le double sentiment de son humilité propre et de la grandeur divine de son ministère. On en a un premier exemple dans sa conduite envers M. Hillerin, curé de Saint-Merry. C'était un des bons curés de Paris, mais vivant autant en homme du monde qu'on le pouvait convenablement en son état, cumulant patrimoine et bénéfice, ayant équipage et honorable maison, fré-

---

Maître dut faire un retour fréquent sur lui-même; maint détail semble s'appliquer à son naturel ardent, emporté, glorieux. Le premier signe et la première qualité pour être Évêque, c'est de n'en avoir pas le moindre désir : « Il faut donc regarder de toutes parts dans notre âme pour tâcher de découvrir s'il n'y en a point quelque étincelle.... Que si, avant même que de parvenir à cette dignité, on nourrit déjà en son sein cette bête cruelle et furieuse, il n'y a point de paroles qui puissent exprimer les excès et les scandales où l'on se précipitera lorsqu'on l'aura obtenue. » — « Et ne me venez point dire que je jeûne, que je passe les nuits à veiller, que je couche sur la dure et que je mortifie mon corps.... Ces austérités pourroient servir extrêmement à un homme qui demeureroit enfermé dans sa chambre, et qui n'auroit soin que de lui seul.... Nous en voyons beaucoup de ceux qui sont infatigables dans ces exercices corporels, lesquels ressentent si vivement les offenses et s'emportent jusques à un tel point, qu'ils entrent en plus grande fureur que les bêtes même les plus farouches..... Et comme celui qui est vain trouve dans la puissance épiscopale de la matière qui allume ce feu encore davantage, de même celui qui, étant retiré chez soi et conversant avec peu de personnes, a de la peine à retenir sa colère, est comme une bête qu'on a irritée en la piquant de toutes parts lorsqu'on lui donne autorité sur plusieurs. » On dirait qu'en traduisant il se complaît et abonde dans les termes extrêmes comme pour mieux s'accuser.

quentant volontiers ses paroissiens considérables, et entre autres M. d'Andilly. Il connut par lui M. de Saint-Cyran, alors prisonnier à Vincennes, et fut touché : il se retrancha toutes dépenses superflues et résolut de quitter sa cure pour aller vivre en pénitent, dans un petit prieuré qu'il avait au fond du Poitou. M. de Saint-Cyran étant mort avant l'accomplissement de ce projet, M. Hillerin prit pour directeur M. Singlin, qui en amena l'issue. Tout bien pesé, et s'étant assuré d'un successeur, le jour de la Purification 1644, M. Hillerin monta en chaire et fit ses adieux à ses paroissiens, déclarant qu'en pécheur indigne qu'il était, il s'allait réfugier dans la pénitence ; et il fut fidèle à son vœu : son ermitage du Poitou devint une des solitudes succursales de Port-Royal, dont le nombre çà et là se multipliait. Mais il arriva que, dans le temps qui suivit la démission de sa cure aux mains de M. Du Hamel, son successeur, celui-ci éleva quelque difficulté sur les conditions convenues, et il fut question que M. Hillerin, pour faire entendre raison à M. Du Hamel, usât ou parût vouloir user de ses droits de rentrer. M. Singlin, consulté là-dessus, et qui savait, dit Fontaine, *ce que c'est que de tourner la tête en arrière*, ne se laissa pas entamer aux raisons, et il répondit, les larmes aux yeux, mais d'un ton ferme, à l'ami commun qui lui en parlait :
« Qu'il n'attende de moi aucune approbation sur le
« retour dans sa cure. Je le laisserai faire ; mais je ne
« serai jamais l'approbateur de son dessein. On ne se
« moque point de Dieu : *Deus non irridetur.* Je suis prêt
« à rompre avec tout le monde plutôt que de me relâ-
« cher en rien des vérités que je connois.... *Vienne qui*
« *voudra : je ne cherche personne : je suis près de m'a-*
« *baisser dans tout le reste, mais, pour ces choses essen-*
« *tielles, je suis bien résolu d'être inflexible, et opiniâtre,*
« *si l'on veut, et singulier, et superbe !* »

Voilà le simple prêtre qui se pose assez nettement, ce semble, à l'état de Grégoire VII ; voilà le Prêtre-Roi qui reparaît avec tout ce qu'il a d'auguste. On se rappelle combien, dans sa conversation avec M. de Saint-Cyran, tout à l'heure, nous l'avions vu gémissant[1] !

Ce qu'il se montrait pour M. Hillerin, M. Singlin l'était, on le sait déjà, pour la princesse de Guemené, lorsque, conduite chaque semaine à Port-Royal par M. d'Andilly, le grand-maître des cérémonies et l'introducteur des pénitents et pénitentes, elle s'étonnait, dans sa dévotion novice, du peu de prévenance de son directeur. On le redit un jour à M. Singlin, qui répondit : « Je serois bien éloigné de voir ces personnes-là, à moins qu'elles ne me demandassent ou que quelque nécessité ne m'y engageât. » Il se refusa bientôt à se mêler de la direction du jeune fils de la princesse ; la mère Angélique nous l'apprend dans une lettre à M. d'Andilly (22 décembre 1644) : « Vous voyez bien vous-même que la conduite qu'il croiroit être obligé en conscience de tenir, pour faire réussir ce petit Prince en vrai chrétien, est trop forte pour la tendresse de Madame... » Elle ajoutait ces mots si caractéristiques de Port-Royal et qu'on trouvera bien exagérés dans leur démocratie plus que chrétienne ; mais il faut se rappeler que, du temps de la mère Angélique, on ne connaissait les Grands ; on ne connaissait pas encore les petits : « Enfin, mon cher frère, disait-elle, la conduite

---

1. La méthode que M. Singlin avait reçue de M. de Saint-Cyran, et qu'il appliquait en perfection, consistait en deux points : 1° qu'il faut faire toutes choses, même les meilleures et celles qu'on a le plus raison de désirer, dans une certaine maturité qui amortit l'activité de l'esprit humain et qui attire la bénédiction de Dieu sur ces choses dont on s'est mortifié quelque temps ; 2° qu'après ce premier retardement fructueux et légitime, une fois l'action résolue et l'œuvre entamée, il n'y a plus à revenir ni à regarder en arrière.

de l'Évangile n'est que pour les petits et les pauvres, *et non pour les Grands que Dieu conduit par des miracles quand il les veut sauver, et non par les voies ordinaires....* Dieu seul peut faire cette merveille, et c'est une témérité aux hommes de s'efforcer de faire comprendre ces vérités : il faut s'adresser à lui par de très-humbles et continuelles prières. » La ligne de conduite de M. Singlin avec les Grands, et même avec ses pénitents en général, fut toujours telle : un mélange de timidité et d'autorité ; se dérobant d'abord plutôt que de céder, mais, dès qu'il avait prononcé, ne cédant plus ; ayant besoin d'être contraint, et aussitôt alors invincible. « M. le duc (de Luynes) doit savoir, écrivait la mère Angélique (18 septembre 1650), qu'on ne lui donnera point de jour s'il ne force la personne qui le doit entendre. Il faut qu'il demande à Dieu la disposition du cœur,... et que, lorsqu'il en sentira les mouvements, il fasse effort pour faire rendre M. Singlin : car tant qu'il ne le forcera point, il le remettra toujours[1]. » Ce trait propre aux directeurs de Port-Royal et à leur méthode médicatrice, M. de Saci le reproduira à son tour, après MM. Singlin et de Saint-Cyran.

1. Et encore dans une lettre à M. de Sévigné (13 novembre 1660) : « Soyez assuré, Monsieur, que cette froideur qui paroît en M. Singlin ne vient que d'une sainte crainte ; il appréhende pour lui, à la vérité, sachant le compte étroit que Dieu demandera aux Pasteurs, des âmes qu'il leur a commises ; mais il craint aussi autant pour vous, et il regarde votre intérêt comme le sien. » — Que penser après cela des insinuations de Petitot sur les prétendues facilités que les directeurs de Port-Royal auraient accordées aux Grands ? Il va jusqu'à oser dire de la princesse de Guemené : « D'Andilly l'avait présentée à Saint-Cyran, *qui ne s'était pas montré trop sévère à son égard.* » On a encore présente l'image de cette *étincelle sur le parvis glacé.* Toute cette Notice de Petitot est ainsi très-légère de recherches et très-envenimée d'intention. — On a eu pis que cela depuis et ce n'est plus à Petitot qu'on a affaire ; c'est à des ennemis, sinon plus loyaux et plus dignes, qui sont, du moins, des adversaires de première main.

A la sortie de M. de Saint-Cyran de Vincennes, M. Singlin avait voulu se retirer ; à la mort de ce vénérable maître, il le voulut encore. Il fallut que M. de Barcos, sur qui il reportait la profonde déférence qu'il avait eue pour son oncle, intervînt et lui dît : *Continuez, et nous vous aiderons.* Cette fuite de tout, cette démission de l'autorité était son arrière-pensée perpétuelle, comme ç'avait été celle de la mère Angélique de résigner son abbaye. On voit par les lettres de celle-ci qu'on était toujours en frayeur de perdre M. Singlin, appelé qu'il se croyait par l'esprit de la solitude. Mais la suite des travaux, et leurs fruits, et les dangers mêmes, toute une vocation évidente le retenait.

Il n'était pas un grand orateur, mais mieux, c'est-à-dire un prédicateur excellent. La prédication, à cette époque, ne se trouvait qu'à peine dégagée des bizarreries et des familiarités peu séantes aux tristes et consolantes grandeurs de la Croix. Les Valladier, les Pierre de Besse, les Ségueran n'étaient pas très-loin encore ; il y avait l'école de Camus dans la chaire. Le Père Le Jeune, dit *le Père aveugle, l'Aveugle de l'Oratoire*, qui fut de la connaissance de M. de Saint-Cyran, et qui demandera dans sa vieillesse les conseils d'Arnauld[1],

---

1. Le Père Le Jeune tient une place dans les Nécrologes de Port-Royal. La 102ᵉ lettre d'Arnauld, qui lui est adressée, le constitue un de nos *membres correspondants*. Orateur franc, direct, peu spéculatif malgré de hauts éclairs, et parlant de près surtout aux diverses classes de la société, il se trouva, sans trop y songer, un actif auxiliaire de Port-Royal pour l'austère morale chrétienne. Il perdit la vue en prêchant un Carême dans la cathédrale de Rouen. On raconte même (et si c'est une légende, elle est belle) qu'étant monté en chaire clairvoyant encore, et ayant commencé de prêcher, le nuage de cécité (quelque goutte sereine) lui vint brusquement avant qu'il eût achevé son sermon. Il fit une légère pause, passa la main sur ses yeux, et reprit comme si de rien n'était : mais, lorsqu'il eut fini de parler, il étendit les mains pour

ressuscitait l'un des premiers avec éclat, dans ses missions, l'éloquence évangélique, pratique et simple, et faisait entendre aux foules des paroles *apprises*, comme il disait, *non dans les écoles, mais au pied du Crucifix*. Il se glissait pourtant dans ses ardeurs d'apôtre quelques restes du jeu hasardé et de la bonhomie triviale de ses contemporains. M. Singlin, lui, n'en eut rien : avec le Père Des Mares, il est un des précurseurs incontestables de l'éloquence toute grave et saine des Bourdaloue et des Le Tourneux. Sa grande vogue de parole fut à partir de 1647 et dans les quatre ou cinq années qui suivirent; elle se maintint même à travers les guerres de Paris, auxquelles ce sérieux semblait faire affront. Il ne prêchait qu'à Port-Royal de Paris, dans la chapelle d'abord, fort à l'étroit, puis dans l'église toute neuve qui fut remplie aussitôt. Les auditeurs les plus illustres y affluaient. Tous les témoignages, ceux de la mère Angélique, de Fontaine, de M. de Sainte-Marthe, de Du Fossé, sont unanimes sur le genre de bénédiction particulière qui s'attachait à ses paroles : il avait le don de toucher. En sortant de l'église, ses auditeurs ne s'arrêtaient point à se dire les uns aux autres, comme on fait d'ordinaire, qu'il avait bien prêché ; mais, vivement pénétrés au cœur

chercher les degrés qu'il ne voyait plus, et demanda qu'on vînt l'aider à descendre. — Il continua ses travaux de prédication durant quarante ans encore; mais il ne se permit plus de célébrer la messe, bien qu'on le lui eût permis. — Le Père Le Jeune eut encore cela de commun avec Port-Royal d'être contre les Jésuites. De son temps et sous le Père de Bourgoing général, il y eut une paix, un accord ou semblant de bonne intelligence entre les Oratoriens et les Jésuites : sur quoi le Père Le Jeune disait : « C'est la paix des poules avec le Renard. » — Les Jésuites, par la plume du Père Rapin, lui ont revalu ce mot-là. Il est insulté dans les *Mémoires* de ce Père, comme tout ce qui n'est pas des leurs et qui se rapproche des nôtres ; il y est traité de prédicateur *aventurier*.

des vérités pratiques qu'il y avait remuées, ils s'en retournaient chez eux en silence, les repassant longuement, non sans confusion et douleur. « Le Seigneur lui a tellement augmenté sa grâce depuis un an, écrivait la mère Angélique à la Reine de Pologne (mars 1648), que ses sermons, qui ont toujours été solides, comme Votre Majesté le sait, le sont encore davantage; *et même Dieu l'a rendu éloquent pour satisfaire à la foiblesse du temps...* » Et en juin de la même année : « Notre nouvelle église est toujours pleine. Il se convertit toujours quelqu'un. » Ce *quelqu'un* immanquablement de converti pendant le sermon de M. Singlin, ce fut une fois Pascal ! — Chaque prédication de Paris peuplait le saint désert des Champs.

On ne peut guère juger de son genre de *talent* oratoire (si le mot est applicable à M. Singlin) d'après les cinq ou six volumes d'*Instructions chrétiennes* qu'on a publiées sous son nom[1] : on n'y trouve que la substance réduite et l'abrégé des sermons qui n'eurent peut-être jamais rien de plus particulièrement saillant ; mais la parole continuelle y manque, la vie s'est retirée. Ce n'est plus qu'un bon livre, dont la lecture commandée ennuyait beaucoup (je crois m'en rappeler la confidence) certaines matinées de congé de M. Royer-Collard enfant. La manière de M. Singlin se rattache dans l'ordre chrétien à l'humble éloquence dont saint Césaire d'Arles est le type souvent cité : ces paroles toutes pratiques et pénétrées ne se survivent que dans les fruits qu'elles engendrent autour d'elles; elles n'ont d'autre immortalité que celle des âmes mêmes qu'elles ont réveillées à Dieu, et celle-là est assez belle[2]. L'érudition

---

1. 5 vol. in-8, 1671; j'en ai sous les yeux une édition en 6 vol. in-12 (1744), qui doit être la septième. La Vie de M. Singlin, qu'on lit en tête, est de l'abbé Goujet.

2. Un ecclésiastique ami de Port-Royal, et qui se peut dire dis-

des sermons de M. Singlin n'était pas de lui ; il la demandait à M. Arnauld, à M. de Saci, qui lui en préparaient la matière ; il apprenait ce fonds par cœur ; mais cela s'animait bientôt d'une nouveauté d'onction sur ses lèvres, qui pourtant, nous dit Fontaine, n'avaient au premier abord rien que de pénible : *impeditioris et tardioris linguæ sum.* De cette bouche sans grâce, un miel plus austèrement divin se distillait.

Son art principal et naturel était de se proportionner, de se rabaisser aux âmes. Au lieu que la plupart des prédicateurs, nous dit M. de Sainte-Marthe, lors même qu'ils prêchent le mieux, ne s'adressent souvent à personne, M. Singlin parlait tellement au cœur de tout le monde, que chacun croyait qu'il ne parlait que pour lui ; et comme il est écrit que la manne prenait le goût de toutes les viandes que les Israélites désiraient, ainsi par lui la parole générale de la chaire venait s'accommodant à chaque âme secrète, aux simples ou aux délicats comme aux forts.

ciple de M. Singlin en fait de prédication, M. Feydeau, a défini fort ingénument, dans ses *Mémoires* (inédits), ce genre de prône purement chrétien et la différence qu'il y avait de cette méthode à celle des Jésuites d'avant Bourdaloue. Étant curé à Vitry, il y reçut la visite d'une dame fort pieuse, Mme de Bélisi, qui amena avec elle le précepteur de son fils, M. de La Valterie. Celui-ci prêcha le jour de la Pentecôte 1670 : « Il étoit sorti des Jésuites après le quatrième vœu, je ne sais pas pourquoi, nous dit M. Feydeau. Me voyant appliqué les matins à l'étude de l'Évangile dont je tâchois de découvrir le sens et de le pénétrer autant que je le pouvois faire pour le faire ensuite connoître au peuple que Dieu m'avoit confié, il me témoigna en être étonné et qu'il avoit prêché, étant Jésuite, comme les autres ; que ni lui ni les autres ne s'amusoient point à cela ; qu'ils lisoient leur Évangile dans le missel et cherchoient dans tous les auteurs païens ou chrétiens de quoi discourir et entretenir le monde. Je lui dis qu'il falloit prendre les principes de la morale chrétienne dans l'Évangile, et de là en tirer les conclusions et en faire les applications, et que, manque de cela, on voyoit que les chrétiens avoient beau assister aux sermons, ils n'étoient point instruits de leurs obligations, ni de leurs devoirs, ni de l'union qu'ils devoient avoir avec Jésus-Christ. »

Chose remarquable ! de tant d'hommes éminents qui l'entouraient et qui auraient pu se produire, ce semble, dans l'éloquence publique avec de plus grands avantages que lui, il est le seul qui ait pris position dans la chaire. Il est bien *le prédicateur* de Port-Royal. Ses qualités, plus essentielles que brillantes, y aidaient. Si goûtée qu'ait été à de certains moments sa prédication, c'était encore une prédication mortifiée : telle Port-Royal la voulait. On faisait donc taire M. Le Maître, on se pressait à la voix de M. Singlin. Toujours le même esprit, la même ordonnance chrétienne primitive : Dieu se plaît à renverser les jugements des hommes ; il laisse de côté les éloquents et délie la langue du bègue pour annoncer sa parole.

Et puis, il n'y eut qu'un moment où la parole publique fut possible à Port-Royal ; dans la suite on ne l'eût permise à aucun de ces hommes célèbres et le plus souvent cachés, dont la plume seule parlait du sein de l'ombre. M. Singlin lui-même, en ces années de vogue, ne fut pas sans toucher l'obstacle : un sermon qu'il prêcha le 28 août 1649, jour de la fête de saint Augustin, lui valut les dénonciations des ennemis de la Grâce. Le Père Des Mares était déjà interdit depuis un an, et ne devait recouvrer que vingt ans plus tard le trop court exercice de cette éloquence, toujours vive, que nous certifie Boileau. L'archevêque de Paris, M. de Gondi, qui était à Angers lors du sermon de la Saint-Augustin, se laissa surprendre en homme faible, et, malgré son indulgence habituelle, il interdit brusquement M. Singlin. On réclama ; *cinq* évêques, qui s'étaient trouvés des assistants ce jour-là, attestèrent n'avoir rien ouï de contentieux ; le duc de Liancourt, le Père de Gondi, de l'Oratoire, Retz son fils, alors coadjuteur, et qu'on rencontre de bonne heure favorable à Port-Royal, appuyèrent les instances respectueuses de

M. Singlin, et il fut rétabli dans l'exercice de la prédication, avec une bénédiction croissante, est-il dit, et avec un particulier honneur : pour que son rétablissement fût plus authentique, l'archevêque voulut assister au premier sermon de reprise, du 1er janvier 1650. En 1656, le cardinal de Retz, alors à Rome, le nommait son grand-vicaire dans le ressort de Port-Royal.

Ainsi, unissant le confessionnal, la chaire et les pleins pouvoirs, M. Singlin, écrit un de nos historiens, « étoit chargé de tout, faisoit face à tout, étoit le conseil de tous [1]. Sans avoir une certaine supériorité de génie et de savoir, il y suppléoit, dans les cas les plus difficiles, par une supériorité de lumière surnaturelle que les grands hommes de Port-Royal, ses contemporains, respectoient en lui. M. de Saci se laissoit conduire à sa voix, comme auroit fait une jeune religieuse. M. de Barcos ratifioit toujours ce qui avoit été décidé par lui. M. de Rebours, son confrère dans la fonction de confesseur des religieuses, homme d'esprit, lui donnoit autant de pénitents qu'il pouvoit à diriger. M. Arnauld l'écoutoit dans ses prédications avec une simplicité

---

1. Au temps de sa plus grande vogue il ne pouvait vaquer aux instructions particulières du Cloître aussi longuement qu'il l'aurait voulu, mais on n'y était que plus attentif à ce qu'on obtenait de lui : « Il faut avoir dévotion aux paroles abrégées de M. Singlin, écrivait la mère Agnès (le 1er décembre 1651), car je crois que nous n'en aurons plus guère d'autres, étant confisquées à toute la terre (c'est-à-dire, si je comprends bien, *ses paroles faisant désormais partie du trésor public de toute la terre*). » — Il y avait des moments où sa santé donnait des inquiétudes : « M. Singlin est, de vrai, très-atténué et épuisé, mais comme il a une bonne nature, un peu de repos le remet. Nous en avons parlé à tous nos Messieurs avec bien de la doléance; ils promettent bien de l'épargner à l'avenir. Nous faisons une neuvaine pour lui, où nous disons seulement l'antienne : *Salvator mundi, salva nos omnes*, et deux oraisons. » (Lettre de la mère Agnès, du 6 juin 1653.)

d'enfant; après les lui avoir souvent préparées lui-même, il les retrouvoit avec une tout autre autorité dans sa bouche et s'en édifioit. M. de Sainte-Marthe, de même, l'écoutoit comme un oracle. C'étoit lui qui décidoit de la vocation à l'état ecclésiastique et de l'entrée dans les Ordres. Tout ce qui se faisoit à Port-Royal des Champs, chez ces Messieurs, passoit à son tribunal... » Un jour, dans le temps qu'on bâtissait le plus dans ce désert, les voyant un peu trop mêlés aux travaux manuels, il y mit ordre aussitôt et les arrêta avec force, leur faisant honte sur ce déguisement de distraction qui les entraînait. Pour achever cet admirable portrait qui nous est laissé d'un gouverneur des âmes, d'un de ces hommes dont toutes les paroles (selon l'une des siennes) étaient *au poids du sanctuaire*, c'est par M. Singlin que Pascal entra d'abord et définitivement dans l'esprit de Port-Royal, quoiqu'il ait passé bientôt sous M. de Saci; c'est par lui que la duchesse de Longueville fut guidée dans toute la crise si pénible de sa conversion. Forcé de se dérober dans la persécution de 1661, il se rendait régulièrement du faubourg Saint-Marceau jusqu'à l'hôtel de Longueville, déguisé en manteau court et en grande perruque, d'un air de médecin, se disant qu'il l'était en effet. A la vue de son travestissement il ne pouvait s'empêcher quelquefois de sourire, et il disait à Fontaine, avec cette sobre gaieté du chrétien, qui n'ose s'essayer encore que derrière l'Écriture : « *Manus quidem, manus sunt Esaü;* oui, ce sont bien les mains d'Ésaü ; me voilà dans toute la ressemblance des gens du monde ; mais tâchons que là-dessous j'aie toujours la voix de Jacob. » Cet homme, non certes sans esprit (on le voit), mais d'un esprit solide avant tout, et sans grande théologie, menait donc tous ces autres esprits, ou féminins et délicats, ou supérieurs et pleins de doctrine, et les menait à bien.

N'est-ce pas là un exemple à nu et d'autant plus précieux qu'il est plus dépouillé de tout ce qui complique, un exemple incontestable et simple de la vocation ecclésiastique et du pur don du prêtre?

Cependant, pour tout dire, vers la fin de sa vie, M. Singlin se trouva quelquefois insuffisant : ce fut quand la dispute s'en mêla, quand la Bulle d'Innocent X sur les cinq Propositions fut signifiée. M. Singlin, fidèle, je le crois, à l'esprit du premier Port-Royal, et, malgré la vigueur que nous connaissons à M. de Saint-Cyran, fidèle, je le crois aussi, à l'esprit même de Saint-Cyran, s'attacha à se modérer en ses prédications; dans l'affaire de la Signature, voulant éviter le procès théologique et d'interminables contentions, il inclinait, par rapport aux religieuses, pour tous les partis mitoyens, pour tous les ménagements possibles qui eussent coupé court. Il n'avait qu'un but : rester dans la simplicité morale du chrétien. Mais alors les avis étaient animés et très-divers : « Ce qui lui perçoit le cœur, est-il dit, c'étoit cette espèce de guerre intestine entre de grands serviteurs de Dieu. » M. Pascal même, un jour, lui parla un peu franc, en lui disant qu'il n'était pas théologien, et qu'il embrouillait les choses en s'en mêlant. M. Arnauld l'avait déjà, une autre fois, un peu relevé de ce qu'il trouvait les *Provinciales* par trop railleuses pour être tout à fait chrétiennes. M. Singlin n'était pas non plus pour que M. Le Maître publiât ses Plaidoyers, et il jugeait que c'était rompre son silence de pénitent. Une lettre de la mère Angélique de Saint-Jean, d'une date postérieure à la mort de M. Singlin, l'accuse assez sèchement d'avoir contribué, même depuis sa fin, à la signature de bien des sœurs, par le seul souvenir qu'on avait de son sentiment mitigé[1]. On voit

---

1. La mère Agnès non contentieuse, non opiniâtre, et qui, si

qu'il arriva un moment où les beaux-esprits du second Port-Royal s'émancipèrent de M. Singlin et se retournèrent même jusqu'à un certain point contre lui. Si son amour-propre eût seul souffert, il s'en fût consolé ou plutôt réjoui : les humiliations lui étaient chères ; mais la charité, de toutes parts, saignait. Il ne put résister à ces épreuves de division intérieure, les plus sensibles de toutes ; et ses angoisses, jointes aux austérités excessives du Carême de 1664, le menèrent à une défaillance qui fut mortelle (17 avril); il n'avait que cinquante-sept ans. On a déjà vu Lancelot toucher et déplorer, bien que timidement, cette déviation de l'esprit primitif du Port-Royal de M. de Saint-Cyran ; je crois que M. Singlin, dans les dernières années, jugea de même [1]. Je juge comme eux, autant que j'en ai le droit, et plus explicitement encore. Il me semble qu'à Port-Royal où de si grands hommes succédèrent, M. de Saint-Cyran ne fut jamais remplacé. Il aurait,

elle n'avait pas été encadrée comme elle l'était, eût été d'avis, à un certain moment, de suivre ce parti mitigé, a exprimé d'ailleurs le deuil que causa à la Communauté la mort de M. Singlin, de ce guide incomparable pour la conduite des âmes, en des termes pleins de componction et de douleur. Dans une lettre à madame de Foix, coadjutrice de Saintes (7 mai 1664), en lui envoyant une petite relique du mort : « Ses plus précieuses reliques, disait-elle, sont celles de son esprit, et la pratique des instructions qu'il nous a données durant vingt-huit ans, dont il a été plus de vingt le directeur unique, la lumière, le soutien et la consolation de notre monastère, comme nous espérons qu'il le sera toujours devant Dieu.... » Mais la mère Agnès était elle-même primée dans les dernières années par sa nièce, la sœur Angélique de Saint-Jean, le grand caractère de la maison depuis que la première Angélique n'était plus.

1. M. Singlin était pour qu'on signât, Lancelot était pour qu'on ne signât pas, mais tous deux en silence et sans mot dire. Arnauld était pour la *distinction du droit et du fait*, et pour qu'on discutât.—On peut voir sa longue lettre à M. Singlin, écrite du 13 au 22 septembre 1663, qui transporte au plus ardu de la contestation.

dans les crises qui survinrent, trouvé des ressources, des inspirations nouvelles appropriées ; il aurait continué de gouverner avec calme, grandeur et ensemble. C'est ce qui manqua, même avec la direction stricte, mais peu étendue et peu renouvelée, de M. de Saci, même avec les talents d'Arnauld et avec le génie de Pascal. Ces talents, s'il le faut dire, ont plutôt hâté que combattu la déviation que je signale, et je n'en voudrais d'autre preuve que ce moment significatif où *le Prêtre*, M. Singlin, se trouva insuffisant, et où *le Docteur*, M. Arnauld, l'emporta. Notre Port-Royal complet était déjà sorti de son véritable esprit intérieur, pour entrer dans sa seconde période, celle de la polémique, qui le perdit.

Nous avons épuisé la première et courte liste des solitaires qui se trouvaient réunis à Port-Royal de Paris au commencement de 1638. Je dois mentionner pourtant M. de Bascle que M. de Saint-Cyran appelait quelquefois *le troisième des Ermites*; les deux autres étaient MM. Le Maître et de Séricourt [1]. On peut ajouter

---

1. Étienne de Bascle, gentilhomme du Querci, très-lié avec les Fénelon. Sa première vie qu'on a en détail par un récit de M. Le Maître (*Recueil de pièces pour servir à l'Histoire de Port-Royal*, Utrecht, 1740, page 173 et suiv.) est tout ce qu'il y a de plus triste et de plus bizarre. Il eut d'affreux désastres dans le mariage ; des maladies nerveuses, de véritables visions s'ensuivirent. Ruiné de santé et de fortune, il vint, encore jeune, à Paris, pour tâcher d'être précepteur de quelque enfant de qualité. Il y connut M. de Saint-Cyran en 1635 ; il le revit en 1637 et se donna à lui. Un songe qu'il avait eu dans sa grande maladie lui avait représenté un désert, et là saint Jean-Baptiste lui était apparu, lui désignant du doigt un certain vallon tout au pied d'une montagne comme le refuge et le nid de la pénitence. En voyant M. de Saint-Cyran, il se sentit saisi d'une joie pareille à celle qu'il avait éprouvée à l'apparition de saint Jean, et, en visitant ensuite Port-Royal des Champs, il y reconnut dans sa forme exacte le vallon du songe. Il était repris de ses afflictions nerveuses, lorsque mourut M. de Saint-Cyran ; mais il se déclara guéri par

encore le jeune M. de Saci, et ses deux frères du nom de Saint-Elme et de Valemont, lesquels rentrèrent plus tard dans le monde, bien que toujours assez fidèles à l'esprit de piété.

l'attouchement des pieds du mort, et jeta ses béquilles à l'instant même. Si Port-Royal avait eu beaucoup de solitaires comme M. de Bascle, les convulsions auraient commencé près d'un siècle plus tôt. — C'était un homme excellent d'ailleurs et qui fut, durant des années, fort utile à la conduite et à la surveillance des enfants. Il mourut peu après l'entière dispersion des Écoles, le 3 mai 1662. « Je ne doute point, écrivait M. de Bernières de son exil d'Issoudun à M. d'Andilly (le 12 mai), que ma nouvelle affliction ne soit aussi la vôtre, je veux dire la mort de notre bon solitaire M. de Bascle, qui étoit la joie de mon cœur, l'amour de mes enfants, et le repos de ma pauvre et désolée maison du Chesnay. »

VI

Derniers jours de paix. — La mi-mai du printemps de Port-Royal.
— Arrestation de M. de Saint-Cyran. — Cause immédiate : livre
du Père Seguenot. — Agonie au Donjon et secours. — *Brûlement* de papiers. — M. Le Maître et Laubardemont. — Les solitaires à La Ferté-Milon ; leur retour à Port-Royal des Champs.
— Interrogatoire de M. de Saint-Cyran. — Témoignage de Vincent de Paul. — Dissidence des pensées ; charité des cœurs.

En ce commencement de l'année 1638, M. de Saint-Cyran, logé près des Chartreux, venait à Port-Royal au moins de deux jours l'un : il visitait quelques-unes des religieuses ; il avait l'œil aux occupations et aux *thèmes* des enfants, il leur commentait chrétiennement (et plus que chrétiennement, je l'espère) leur leçon de Virgile, de ce grand auteur qui s'était damné, disait-il, en faisant de si beaux vers, parce qu'il ne les faisait pas pour Dieu ; il allait entretenir chaque solitaire en particulier dans sa chambre, et il leur faisait lire en commun le traité de saint Augustin, *De la véritable Religion*, ou les écrits anti-pélagiens du même Père, contre sa maxime ordinaire qui était de ne pas donner des lectures si élevées aux commençants, mais en considération, cette fois, de l'esprit de M. Le Maitre qui, au sortir de la pleine science du monde, avait besoin de la plus forte nourriture chrétienne.

Mais c'était surtout dans la lecture directe de l'Évangile et dans ses conférences à ce sujet, que la parole de M. de Saint-Cyran abondait en onction, en pensée, et que ceux qui l'écoutaient (M. Le Maître et M. Singlin tout les premiers) disaient dans leur ravissement n'avoir jamais rien ouï de pareil : *nunquam sic locutus est homo.* Ses discours sur l'Écriture n'étaient point préparés, et ne venaient que de sa grande plénitude. Il avait coutume de dire « qu'il n'y avoit rien de plus dangereux que de parler de Dieu par mémoire plutôt que par mouvement du cœur. » Il ne pensait, en disant cela, qu'à une espèce de danger, et oubliait cet autre écueil, non moindre, d'une inspiration trop aisément présumée. Il découvrait perpétuellement de nouvelles lumières dans l'Écriture, et s'écriait quelquefois dans une sorte de transport : « J'ai trouvé aujourd'hui un passage que je ne donnerois pas pour dix mille écus. » Son étude n'était qu'une prière. Ce n'avait pas été toujours ainsi : il avoue (dans une fort belle conversation avec M. le Maître que nous a conservée Fontaine[1]) que, jusqu'à l'âge de trente ans, il avait trop été dans la vanité de la science, qu'il était né avec cette passion du savoir qui lui avait plutôt nui que servi pour l'acquisition de la vraie vertu ; car rien n'est si périlleux, si facile au change et d'un si agréable poison, le moyen s'y prenant très-aisément pour la fin, à cause de la beauté et de l'attrait de la vérité qui engage subtilement les sens par où elle passe, et fait par eux que ce qu'il y a de corruptible et de sensuel jusqu'au sein de l'esprit y consent. Mais la prière, à force de l'arroser, avait corrigé et assaini en lui cette racine de l'arbre

---

1. *Mémoires*, t. I, p. 179 ; on y reviendra en détail.

de la science. Il en était là en ses dernières années. Bien souvent, nous dit Lancelot[1], je l'ai vu, après s'être élevé *comme une aigle* en nous parlant, s'arrêter tout court; et, de peur que cela ne parût trop étonnant, il ajoutait : « Ce n'est pas que je ne trouve rien à dire, mais c'est au contraire parce qu'il se présente trop de choses à mon esprit; *et je regarde Dieu pour voir ce qu'il est plus à propos que je vous dise.* » Sa science était devenue de l'intuition, et on la surprenait à l'état d'éblouissement. — Le jour de la Conversion de saint Paul (25 janvier), il fit aux solitaires une de ces conférences où il se surpassa. Lancelot voulut, en rentrant dans sa chambre, en mettre par écrit quelque chose; ce que M. de Saint-Cyran ayant su : « Comment auroit-il pu le faire, dit-il, puisque, quand j'ai été ici de retour, j'ai voulu moi-même en mettre quelque chose sur le papier, et ne l'ai pu? L'Esprit de Dieu, ajoutait-il, est quelquefois *vadens et non rediens* (un esprit qui passe et ne revient plus). Il a ses heures, ou, pour mieux dire, ses moments : c'est à nous à l'adorer et à le suivre quand il se présente. » Et quand il écrivait avec abondance les *pensées* qui lui venaient sur divers pieux sujets, il en disait : « Hélas! je ne les regarde presque jamais, mais je loue Dieu en les écrivant, et je lui fais un sacrifice de ce qu'il me donne; » y appliquant encore cette parole du Psalmiste : « *Reliquiæ cogitationis diem festum agent tibi :* Seigneur, les souvenirs, les miettes des pensées que vous aurez données à l'homme, le tiendront en fête continuelle devant vous[2]. »

C'est ainsi, reprend Lancelot, qu'il était comme un

---

1. *Mémoires*, t. I, p. 45; en tout ceci, j'emprunte à pleines mains à ces admirables pages.
2. Psaume LXXV, 11.

dépositaire et un dispensateur fidèle, qui ne s'approprie rien des grâces du Maître; et son cœur était comme une mer qui se pouvait répandre de tous côtés, sans rien diminuer de son abondance[1].

[1]. Ce que le récit de Lancelot nous montre là, dans son vrai sens, à l'état de justesse et de sublimité, se travestissait ridiculement ou odieusement dans les récits des adversaires. Le Père Rapin, que je ne cite plus guère depuis que nous avons des actes fidèles qui le démentent, mais dont le manuscrit a été plus ou moins copié par tous les écrivains de sa robe et de son bord, ramasse et commente au long les griefs contre M. de Saint-Cyran aux approches de sa captivité; il raille en particulier, d'un ton tout à fait mondain, sur ces inspirations puisées dans la prière. N'est-ce pas le moyen, selon lui, de suivre son pur caprice : *an sua cuique Deus fit dira cupido?* (Énéide, IX, 185.) M. de Saint-Cyran, disant la messe dans sa chapelle domestique au Cloître Notre-Dame, se serait arrêté court au milieu du sacrifice et aurait quitté l'autel sans achever : et cela, par une inspiration soudaine de Dieu, aurait-il dit. Cette bizarrerie se serait renouvelée deux fois. Il n'est sorte de propos que le Père Rapin n'accueille. Il va jusqu'à se demander si M. de Saint-Cyran n'était pas friand et *sujet à sa bouche* (oh! ceci est trop fort); il cite là-dessus je ne sais quel ouï-dire très-semblable à l'une de ces plaisanteries qui couraient sur La Harpe converti. Tout cela est misérable. C'est lui encore, lui chrétien et religieux, qui cherche à rabaisser la retraite de M. Le Maître, à en faire une espèce de dépit amoureux : ce mariage manqué avec la belle personne dont il a été question auprès de la mère Agnès et qui s'appelait, à ce qu'il paraît, mademoiselle de Cornouaille, nièce d'un avocat célèbre, explique tout aux yeux du Père Rapin. Il ne voit d'ailleurs dans cette profonde pénitence qu'un *sens égaré*, et déclare qu'*elle fut désapprouvée de tous les honnêtes gens* (voir à l'*Appendice*). En ce moment du plus grand idéal de notre sujet, au plus haut instant de la sublimité de Saint-Cyran, je ne crains pas d'entasser au bas de cette page tant de petitesses dénigrantes : le néant du jugement humain s'y lit tout entier. — Que si le Père Rapin paraît, à toute force, avoir raison aux yeux du sens commun et naturel, qu'il ait donc raison aussi contre tant d'autres choses chrétiennes qu'il admet et auxquelles il croit! Si vous ne voulez pas du *divin*, alors supprimez-le partout. — Et comme le Père Rapin reviendra souvent par la suite à cause de ses *Mémoires* nouvellement publiés, je me permettrai dès à présent de lui dire : « Mon Révérend Père, vous êtes un aimable homme. J'ai vrai-

Ce genre de vie, cette fin d'hiver fructueux et mûrissant, cet avril austère d'un printemps à peine commencé dura sans trouble à Port-Royal et se prolongea jusqu'à la fête de l'Ascension, jusqu'à la veille de la

« ment regret à vous combattre. Vous êtes de ces religieux qu'on
« aimerait à rencontrer dans le monde et avec qui on passerait une
« heure ou deux fort agréablement. Vous êtes surtout un lettré.
« C'est là ce que vous aimez ; c'est le côté faible en vous ; c'est ce
« qui vous pique. Rappelez-vous avec quel zèle, vous et votre con-
« frère Bouhours, vous vous mîtes à compulser et à dépouiller vos
« propres écrits pour avoir le plaisir et l'honneur d'être cités dans
« le *Dictionnaire* de Richelet ; vous vous y donnâtes à corps perdu
« tous deux : vous fournîtes à l'auteur du *Dictionnaire* vos petits
« extraits vous-mêmes. Cet auteur savait bien ce qu'il faisait quand
« il mettait ainsi votre amour-propre en jeu. Les vers latins sont
« votre fort ; vous en avez fait de faciles et de coulants, sans aucune
« originalité toutefois : cela n'est plus possible. Des réflexions sur
« l'Éloquence et la Poésie, des comparaisons des auteurs anciens
« grecs et latins, vous en avez fait aussi de judicieuses et d'élé-
« gantes, bien que sans aucune originalité encore, sans aucune
« marque qui fût à vous, soit pour l'expression, soit pour la doc-
« trine. Le Père Vavasseur, votre confrère, nous édifierait au be-
« soin sur votre légèreté et votre peu de fond solide comme clas-
« sique. Mais c'est un brutal ; ne le consultons pas, et comme
« encore une fois vous êtes aimable à la rencontre, ne vous pressons
« pas trop sur votre connaissance de l'antiquité. Vous êtes un bon
« religieux, je le reconnais, et meilleur que votre confrère le Père
« Bouhours, qui ne va jamais sans vous, mais qui a fait parler de
« lui pour les mœurs. Vous, vous êtes régulier, mais d'une régu-
« larité aisée et un peu routinière. Vous êtes pour moi un exemple
« de ce qu'un esprit littéraire peut avoir de qualités ornées et de
« politesse de rhétorique, sans un grain de philosophie et avec une
« soumission, une démission absolue en fait d'idées. Vous n'avez
« jamais songé à penser par vous-même. Le neuf en tout ou le vé-
« ritable antique vous étonne ; vous ne voulez pas plus de Descartes
« que vous n'aimez saint Augustin : c'est trop fort pour vous. Allez
« donc, sortez beaucoup, allez et venez du collège au monde, mon
« Révérend Père ; recueillez des anecdotes, des explications de
« salons pour les écrire ; toutes les fois qu'il s'agira de rensei-
« gnements sur les dames en particulier, sur le ton et l'esprit des
« sociétés où vous avez vécu, je vous écouterai volontiers, je met-
« trai même à profit vos confidences : vous en avez d'assez cu-
« rieuses et qu'on chercherait vainement ailleurs. Mais dès qu'il

mi-mai de cette année : limite extrême! Le bonheur du juste sur la terre peut-il fleurir plus longtemps? Peu de jours avant la fête, M. de Saint-Cyran avait eu avis par M. d'Andilly et par l'abbé de Saint-Nicolas (depuis évêque d'Angers) qu'il se tramait contre lui quelque chose, mais sans rien d'autrement précis; et il en avait seulement pris sujet d'instruire avec un redoublement particulier les solitaires, à ce point qu'en ce jour de l'Ascension il fit jusqu'à trois conférences, imitant en cela le divin Maître, est-il dit, qui, sentant approcher l'heure, tenait à ses disciples des discours plus longs et plus relevés. Il avait un pressentiment bien marqué de ce qui l'attendait, et, au matin de cette fête, il dit à M. Le Maître : « Pour aujourd'hui il est trop bon jour, mais pour demain je n'en réponds pas. » Le soir, rentré chez lui, il se fit lire, comme toujours, un passage de l'Écriture ; on tomba sur cet endroit de Jérémie : « *Ecce in manibus vestris....* Quant à moi, je suis entre vos mains, faites de moi ce qu'il vous plaira[1]. » Et il dit encore : « Voilà pour moi ! »

En effet, le lendemain vendredi, 14 mai, dès deux heures du matin, son logis fut investi par les archers du Chevalier du guet au nombre de vingt-deux, et ils se mirent en sentinelle de tous côtés jusque dans les jardins d'alentour. Comme ils virent pourtant que rien ne remuait dans cette maison de paix et de prière,

---

« s'agira du sentiment profond, de la piété fervente, du renou-
« vellement intérieur de nos Messieurs, de leur caractère moral,
« de leur trempe d'âme, je ne vous écouterai plus, vous n'y enten-
« dez rien. Vous expliquez tout par des intrigues ; les vives sources
« chrétiennes vous échappent, de même que les générosités de
« nature vous sont étrangères. Le dirai-je? vous êtes trop mon-
« dain, trop répandu, vous dînez trop souvent en ville, mon Révé-
« rend Père. »

1. Jérém. *Proph.* XXVI, 14.

ils attendirent jusqu'à six heures du matin pour se faire ouvrir. M. de Saint-Cyran, déjà éveillé, lisait saint Augustin avec son neveu M. de Barcos, et, rencontrant un passage qui concernait la *contrition*, ce grand point en litige, il disait : « Voilà pour nous, voilà de quoi nous défendre si l'on nous attaque. » Là-dessus, le Chevalier du guet entra poliment dans sa chambre et lui signifia l'ordre du roi : « Allons, Monsieur, répondit M. de Saint-Cyran en le prenant agréablement par la main, allons où le roi me commande d'aller; je n'ai point de plus grande joie que lorsqu'il se présente des occasions d'obéir. » Et n'ayant pris que le temps de changer sa robe de chambre pour sa soutane, il dit à son neveu : « Monsieur de Barcos, voulez-vous venir? » Mais le Chevalier dit qu'il n'avait ordre que pour M. de Saint-Cyran.

En passant dans le parc de Vincennes, le carrosse rencontra, par un à-propos singulier, celui de M. d'Andilly qui allait à Pomponne. M. d'Andilly était venu la veille dire adieu à M. de Saint-Cyran, et il ne put en croire ses yeux en le retrouvant là si loin et si matin. Comme les gardes avaient retourné leurs casaques, il ne sut d'abord ce que c'était que cette escorte, et lui cria gaiement : « Où allez-vous donc mener tous ces gens-ci? » — « Eh! ce sont eux qui me mènent, » répondit le prisonnier; et, après une explication brève, il demanda à M. d'Andilly s'il n'avait pas un livre, n'en ayant pris lui-même aucun dans la précipitation du départ. M. d'Andilly avait justement sur lui les *Confessions* de saint Augustin et les lui donna. Après s'être tristement entretenus un moment et embrassés (ce que leur permit le Chevalier du guet, ami de M. d'Andilly, lequel, comme on sait, avait des amis partout et était *l'ami universel*), ils se séparèrent, et M. de Saint-Cyran, arrivé au château, fut mis au

Donjon. Ainsi commença sa captivité de cinq années.

J'ai déjà eu le soin de parler des divers griefs, successivement grossis, que le cardinal de Richelieu nourrissait contre M. de Saint-Cyran[1] : le prisonnier lui-même, plein de son objet, en énumérait jusqu'à *dix-sept*. Je n'y reviendrai ici que pour insister sur deux ou trois des principales ou des prochaines causes. La première et celle qui demeure la dominante, se peut traduire ainsi : Je ne sais quelle puissance, d'un ordre à part, s'élevait dans l'État, et en dehors du maître; le maître, à la fin, s'en inquiéta. Richelieu, par expérience, et pour l'avoir tâté maintefois, estimait M. de Saint-Cyran *un homme sans prise*, et sur qui caresses ni menaces n'opéraient. Il paraît, d'après un mot de Lancelot, qu'une dernière et extrême tentative fut faite près de lui et resta vaine : « Et il me souvient, écrit le scrupuleux biographe, que, quelques jours après l'arrestation de M. de Saint-Cyran, M. de Barcos me dit que peu de temps auparavant on leur avoit encore fait faire des offres, et que, s'ils eussent été gens à se laisser aller, M. de Saint-Cyran et lui auroient chacun plus de quarante mille livres en bénéfices, et que son oncle *ne seroit pas là*, c'est-à-dire à Vincennes. » Parlant un jour de ceci à la mère Angélique, M. de Saint-Cyran, dans les derniers mois de sa vie, put dire ce mot remarquable : « Que la voie étroite l'avoit obligé à épouser une prison plutôt qu'un évêché, parce qu'il pouvoit bien juger en ce temps-là que le refus de l'un conduiroit nécessairement à l'autre, *sous un Gouvernement où l'on ne vouloit que des esclaves.* » Ce furent ses propres termes. Il paraît bien, de plus (je rapporte les *on dit* jansénistes), que le Cardinal avait fort en tête, et comme pro-

---

1. Livre premier, à la fin des chapitres XI et XII.

jet tout-à-fait favori vers la fin, d'établir un *Patriarche* en France et de l'être. Il affectait sans doute près de ceux qui l'entouraient de ne mettre en avant ce projet que comme s'il voulait effrayer Rome ; mais il y tenait de cœur en effet plus qu'il n'osait dire, et, dans cette vue, M. de Saint-Cyran et sa plume, et son parti, pouvaient devenir un grand obstacle. Perspective singulière ! le cas échéant, et par une inversion de rôle plutôt que de principes, Port-Royal eût naturellement défendu la suprématie de Rome et le Pape d'au delà des monts contre un anti-pape d'en deçà et à la fois premier ministre temporel : et c'eût été au nom de l'indépendance chrétienne que Port-Royal eût combattu encore. Il s'en verra, au reste, quelque chose dans l'affaire de *la Régale*, où les Jansénistes furent pour Rome contre Louis XIV; ils ne voulaient pas plus d'un roi-évêque qu'ils n'auraient voulu d'un premier ministre Patriarche.

Ce qui toutefois décida très-probablement l'heure de l'arrestation de M. de Saint-Cyran et n'y servit pas de simple prétexte fut cette grande affaire dite de l'*attrition*. Il faut oser voir les grands hommes comme ils ont été : Richelieu, on l'a dit, ne se piquait pas moins de théologie que de vers, que de guerre ; controversiste et bel-esprit en même temps qu'indévot au-dedans et ambitieux au-dehors, il n'est pas moins dans la persécution du *Cid* et dans cette opiniâtreté piquée sur l'attrition, que dans l'alliance avec Gustave-Adolphe et dans l'équilibre rétabli de l'Europe : « un très-grand homme, dit Retz, mais qui avoit au souverain degré le foible de ne point mépriser les petites choses. »

Il faut, à l'instant, ajouter cette autre observation de Retz, qui corrige, raccommode et renferme dans de certaines limites ces petitesses : « Les grands hommes peuvent avoir de grands foibles, mais il y en a dont ils ne sont pas susceptibles, et je n'ai jamais vu, par exemple, qu'ils aient entamé un grand emploi par des bagatelles. » C'est à propos d'Alexandre VII (Chigi) qui entama son pontificat par des puérilités de cérémonial que Retz fait cette remarque, laquelle se pourrait généraliser et varier. Les puérilités de Richelieu n'étaient que des intermèdes à sa politique, comme ces ballets d'un soir, comme ces comédies d'enfants auxquelles il se délassait : elles ne contre-carraient jamais cette politique, elles y aidaient quelquefois. Dans le cas présent, la question d'attrition ne venait dans son esprit contre M. de Saint-Cyran qu'à l'appui d'une autre grande raison d'État qu'elle aiguillonnait, bien loin de l'entraver. Une circonstance récente et précise y avait irrité sa colère.

Louis XIII, ce prince mélancolique et dévot, mais qui n'aimait rien, vivait dans des craintes continuelles autant de Dieu que des hommes. Il importait à Richelieu de l'apaiser, au moins du côté de Dieu, et de lui persuader que tant de pur *amour* n'était pas entièrement nécessaire à l'*absolution*. Tous les amours purs se tiennent : Louis XIII ne s'était jamais senti plus près d'aimer Dieu que dans les moments où il aimait mademoiselle de La Fayette. Le Père Caussin, son confesseur d'alors, et qui favorisait ce chaste amour humain, lui demandait en même temps, chaque fois qu'il le confessait, des actes d'amour de Dieu. Mais cette liaison avec mademoiselle de La Fayette, s'étant venue compliquer de politique et de remords pour le roi d'avoir chassé sa mère, fut découverte et brisée sur l'heure par le Cardinal ; mademoiselle de La Fayette entra à la Visitation ; le Père Caussin, *trop simple*, est-il dit, *pour un jésuite de Cour*, fut exilé à Quimper-Corentin (*ultima Thule*). Quelques mois étaient à peine écoulés depuis cette révolution de confessionnal, lorsqu'un jour, un peu après Pâques de l'année 1638, le roi, qui avait lu un livre sur *la Virginité*, traduit et surtout commenté de saint Augustin par le Père Seguenot de l'Oratoire, et dont on commençait à faire bruit, s'échappa à dire tout haut en soupirant, à propos de quelques passages sur l'amour de Dieu dans la contrition : « Mon bon-homme (*le Père Caussin*) me le disait bien aussi ! » Ce soupir du roi vers son *bon-homme*, qu'une fois disparu on croyait déjà enterré dans son cœur, fut reporté au Cardinal qui, méfiant et soupçonneux qu'il était, rechercha quel esprit, quel souffle dangereux suscitait de pareils retours. Il hâta, d'une part, la condamnation du livre sur *la Virginité* déjà déféré en Sorbonne ; de l'autre, il fit venir le Père de Condren, Général de l'Oratoire, et le pressa de questions sur le Père Seguenot, alors à Saumur : si ce Père était seul l'auteur de son livre ? quelles étaient ses liaisons, ses accointances de doctrines et de personnes ? Le Père de Condren, pour couvrir quelqu'un de sa Congrégation, et peut-être aussi pour aller au-devant de quelque pensée mal dissimulée du Cardinal, eut la faiblesse de nommer M. de Saint-Cyran, qu'il supposait, disait-il, devoir connaître le Père Seguenot par l'intermédiaire d'un ami commun (le Père Maignard, également de l'Oratoire). Sur cette conjecture toute chimérique, il n'hésita pas à lui imputer la suggestion d'un livre qui, à part un ou deux hasards de rencontre, dans son ensemble bizarre et semi-gnostique, répugnait plus que tout à la doctrine mâle et chaste de Port-Royal[1]. Tel fut pourtant le prétexte immédiat et

1. M. Floriot demandait un jour à M. de Saint-Cyran d'où venait cet éloignement du Père de Condren après leur ancienne liaison : « Cela vient, répondit l'abbé, de ce que je lui ai demandé en quelle conscience il peut donner l'absolution à Monsieur qui passe sa vie dans des habitudes criminelles, dans des occasions prochaines, et qui profane les sacrements autant de fois qu'il les reçoit ; et aussi de ce que j'ai soutenu que le mariage de Monsieur étoit indissoluble et lui ai dit que je ne comprenois

même la vraie cause prochaine de l'arrestation de M. de Saint-Cyran. Ce Cardinal, qui *avait toute l'Europe à remuer*, comme il le disait souvent, ne voulait pas d'un soupir trop hautement soulevé dans l'âme du roi. Le Père Seguenot, malgré une rétractation humble, sage et tout à fait soumise, qu'il s'était empressé de souscrire, fut enlevé de Saumur et mis à la Bastille, dans le même temps qu'on logeait M. de Saint-Cyran à Vincennes : deux martyrs de la contrition. L'un et l'autre ne sortirent qu'après la mort du Cardinal.

Si ferme que fût M. de Saint-Cyran, les premiers moments de sa captivité lui parurent durs, et il tomba dans d'extrêmes angoisses. Il y a des heures où tout ce qui est homme, même ces hommes-rois comme David et Job, — même l'Homme-Dieu au Jardin des Olives, — où tout ce qui est né mortel a une agonie de mort et sent à fond son néant. C'était moins la crainte du dehors que celle du dedans que ressentit durant la première semaine passée au Donjon le saint prisonnier. Il fut tourmenté, est-il dit, par des images horribles et par des frayeurs des jugements de Dieu qui lui causaient des sueurs glacées. Tout ce qu'il lisait dans l'Écriture ne lui donnait plus que de la terreur; il se demandait s'il ne s'était pas égaré en aveugle, s'il n'avait pas égaré

pas les raisons qu'il avoit d'en juger autrement. » Quelques paroles sur le Concile de Trente qu'honorait certes M. de Saint-Cyran, mais où il ne pouvait s'empêcher de découvrir plus d'une trace de la faiblesse des derniers temps, avaient encore effrayé la conscience peu raisonneuse du Père de Condren. Celui-ci, du moins, eut la délicatesse de refuser son témoignage juridique devant Laubardemont, et il se retrancha dans le droit qu'avaient les ecclésiastiques de ne pas répondre à un juge séculier. Est-il vrai, comme Rapin l'assure (*Hist. du Jans.*), qu'il se repentit au lit de mort d'avoir opposé ce refus, et que, par un scrupule contraire, il en demanda pardon à Dieu? *O miseras hominum mentes!*

les autres en les conduisant. La parole sainte le perçait cette fois, comme une épée à deux tranchants, jusque dans la moelle des os; la tentation en tout sens le criblait. Il ne s'abandonna point pourtant, il se réfugia la face contre terre dans la prière, et, sous tous ces flots amers débordés, il se tint toujours ferme, abaissé dans le fond de l'âme, jusqu'à ce qu'un jour, au sortir de l'oraison, et demandant à Dieu de lui faire voir en quel état véritable il était devant lui, le premier verset qu'il lut en ouvrant la Bible fut celui-ci du Psaume IX : « *Qui exaltas me de portis mortis...;* c'est vous qui me relevez en me retirant des portes de la mort, afin que j'annonce toutes vos louanges aux portes de la fille de Sion.... Les nations se sont elles-mêmes enfoncées dans la mort qu'elles m'avoient faite. » Et depuis ce moment, il n'eut plus aucune peine là-dessus et rentra dans son premier calme [1].

Sa crainte était toujours cependant pour ses amis, et

---

1. On ne saurait avoir de preuve plus particulière de ce rassérénissement que les charmantes et touchantes lettres qu'il adressa de Vincennes à sa petite-nièce et filleule (édition des *Lettres* de messire Jean du Verger.... 1744), dans un style comme enfantin, mais dans une pensée sérieuse et chrétienne toujours : « Depuis que je suis dans un beau Château où le Roi m'a fait mettre, je n'ai cessé, lui écrivait-il, de prier Dieu pour lui et pour vous, afin qu'il vous fît la grâce d'être toute à lui et de le servir dès votre enfance.... Je suis bien aise que vous êtes si gaie, c'est signe que vous aimez bien Dieu et que le Saint-Esprit est avec vous.... J'aurois volontiers retenu votre chat qui étoit si beau; mais ma chambre est si petite que nous n'y pouvions demeurer tous deux : conservez-le-moi pour un autre temps que je vous le demanderai, et gardez-vous bien de lui donner de la chair à manger, car il prendroit une mauvaise habitude. Les chats et les enfants se ressemblent : ils ne quittent presque jamais les mauvaises coutumes qu'ils ont prises en leur jeunesse.... Il ne faut rien aimer en ce monde que le bon Dieu ; et, si on aime quelque créature, même le petit chat, que ce soit pour l'amour de Dieu qui l'a créé et qui l'a fait. » Ce qui respire à chaque ligne de ces

aussi pour ses papiers, de peur qu'on n'y cherchât matière à persécution contre plusieurs. On trouva chez lui, en effet, et on saisit par ordre du Chancelier la valeur peut-être de trente à quarante volumes in-folio, soit des extraits des Pères, soit des traités divers et des pensées de sa façon. Le Chancelier, lorsqu'on lui apporta ces masses, fut comme épouvanté, et il ne revenait pas de ce qu'un seul homme eût pu tant écrire. Beaucoup de ces pensées durent même à cette capture violente de se répandre dans le monde et de transpirer. Le Chancelier, tout le premier, en fit copier des extraits. Lancelot a comparé cette heureuse dissémination de choses spirituelles au pillage de vastes greniers qui, sans cela, resserraient dans l'ombre des biens inconnus. Il y eut quelques-uns de ces papiers, formant deux ou trois volumes, que les archers oublièrent au fond d'un coffre; c'étaient des pensées sur le Saint-Sacrement pour un grand ouvrage que méditait M. de Saint-Cyran. M. de Barcos, venant à les retrouver, les jeta au feu, par surcroît de précaution, et de peur qu'ils ne fournissent, si l'on y mettait la main, de nouveaux prétextes aux accusations d'hérésie. M. de Saint-Cyran n'apprit qu'assez longtemps après ce *brûlement* de papiers (comme il l'appelait), et il ne put s'empêcher au premier moment d'y être très-sensible; de toutes ces pertes il fit le motif

---

lettres, c'est le respect profond pour l'enfance, pour une âme immortelle rachetée, pour cette petite âme bientôt grande et égale aux Anges. La petite-nièce mourut en 1641 : M. de Saint-Cyran la pleura un ou deux jours, mais abondamment, autant peut-être, dit-il, qu'il ait jamais pleuré personne, et, ces deux jours passés, il écrivait : « Maintenant je loue Dieu sans cesse et le louerai toute ma vie, tous les jours et aux mêmes heures de sa mort. » Nous citerons dans la suite la divine lettre d'allégresse de M. Hamon sur la mort du *petit jardinier*; mais, dès à présent, tout au sortir de M. de Saint-Cyran à l'agonie, il ne déplaît pas de voir sourire M. de Saint-Cyran consolé.

d'une offrande à Dieu, en disant : « Si un homme a du bien, ou s'il a amassé, par une étude sainte de plusieurs années, des richesses de la parole divine qui lui étoient infiniment plus chères que les perles et les diamants, et qu'il aimoit comme étant venues du Ciel et lui ayant été données de la main de Dieu, et si cet homme consent que Dieu les détruise par quelque accident inopiné..., ce sont d'excellentes préparations qui mènent un tel homme à une ruine volontaire de lui-même... »—Quant à M. de Barcos, il ne pratiquait pas moins ce même esprit de dépouillement, et il disait de ces pensées brûlées et dont le fond ne lui tenait pas moins à cœur qu'à son oncle, « que c'étoit une affaire faite, qu'il n'y falloit plus songer que pour y voir un holocauste; et qu'après tout, *ces pensées n'étoient pas perdues, puisqu'elles s'en étoient retournées d'où elles étoient sorties !* »

Aussitôt M. de Saint-Cyran arrêté, tous ses amis s'agitèrent, s'entremirent[1], M. Bignon, le Père de Gondi, M. Cospean, évêque de Lisieux, M. de Sponde, évêque

---

1. Hardouin de Beaumont de Péréfixe, le futur archevêque de Paris, aimait à rapporter les paroles que le cardinal de Richelieu lui avait dites le matin même qui suivit l'arrestation. Le cardinal était alors à Compiègne; l'abbé de Beaumont était son maître de chambre. Le cardinal lui dit en le voyant : « Beaumont, j'ai fait
« aujourd'hui une chose qui fera bien crier contre moi. J'ai fait
« arrêter par ordre du roi l'abbé de Saint-Cyran. Les savants et
« les gens de bien en feront peut-être du bruit. Quoi qu'il en
« soit, j'ai la conscience assurée d'avoir rendu service à l'Église
« et à l'État. On auroit remédié à bien des malheurs et des dé-
« sordres si l'on avoit fait emprisonner Luther et Calvin, dès
« qu'ils commencèrent à dogmatiser. » C'est là le sens des paroles que nous retrouverons plus tard avec variantes (liv. V, ch. II) dans la bouche de l'archevêque. — Le Père Rapin dit avoir su de la duchesse d'Aiguillon elle-même quelques détails précis. M. d'Andilly courut à elle, dès le premier moment, pour implorer son secours et son intervention auprès du cardinal son oncle. Elle y consentit et alla attendre le cardinal à son arrivée à Rueil. Elle prit son temps pour lui parler de M. de Saint-Cyran. Après les premiers mots,

de Pamiers, surtout M. Molé, alors procureur-général et qui mérita par son insistance auprès du Cardinal que celui-ci, poussé à bout, lui dit un jour à Saint-Germain en le prenant par le bras : « M. Molé est honnête homme, mais il est un peu entier. » A la mort du Père Joseph, qui mourut en décembre de cette année, ces généreux amis revinrent à la charge, croyant que le principal et secret obstacle était levé : « Ils se persuadoient, dit Lancelot, que si le Cardinal avoit quelques restes de bonne volonté, il ne seroit pas fâché de rejeter sur cette tête morte ce qu'il y avoit de plus odieux dans cette affaire. » Mathieu Molé et Jérôme Bignon, particulièrement, les deux colonnes d'intégrité, s'offraient tête haute pour caution de M. de Saint-Cyran : M. de Sponde s'y vouloit joindre en tiers avec eux. Tout cela fut vain ; le seul adoucissement qu'obtint le prisonnier durant ces cinq années se réduisit à ce qu'on le tira du Donjon après quelques mois et qu'on le logea dans une autre chambre ou galetas, où il put avoir près de lui quelqu'un pour le servir. Il put aussi, plus tard, entretenir par le moyen de son domestique, et grâce aux égards, à la vénération que commandait autour de lui sa piété, une correspondance au-dehors[1], toute spirituelle et de direc-

le cardinal, interrompu par une visite qui survint, lui donna à lire quelques-uns des papiers qui se rapportaient à cette affaire et qui étaient sur sa table. Elle put y voir, en les parcourant, les accusations de nouveauté en fait de religion. Richelieu entra, de plus, avec elle dans quelques explications politiques et la renvoya, pour plus ample informé, si elle était curieuse, à M. Vincent et au Père de Condren. La conversation qu'elle eut avec le Père de Condren lui montra qu'il s'agissait, en effet, de matières fort grosses et fort délicates, qui touchaient au sanctuaire, et elle n'insista plus.

1. Il écrivait, non pas avec de l'encre qu'on lui refusa toujours, mais avec un crayon de plomb, disent MM. de Sainte-Marthe (*Gallia Christiana*) dans ce passage qu'il leur fallut supprimer.

tion ; nous le suivrons bientôt convertissant et guidant, durant ce temps de ses liens, plus d'âmes peut-être qu'il n'avait fait encore jusque-là.

Nos solitaires pourtant n'étaient pas restés à l'abri de l'orage. Dès le commencement de juin, c'est-à-dire quinze jours environ après l'arrestation de M. de Saint-Cyran, l'archevêque leur avait fait dire qu'il avait ordre de la Cour de ne pas les laisser dans leur petit logis de Paris et qu'on y voyait des inconvénients par le voisinage si proche des religieuses. M. Singlin eut beau assurer qu'on n'avait aucune communication avec elles ; ce n'était pas là de quoi il s'agissait. Avec la permission de l'archevêque même, lequel se prêtait le moins possible à la persécution, ils décidèrent d'aller à Port-Royal des Champs, cadre désert qui reçoit ainsi pour la première fois ses véritables hôtes, ses solitaires.

Le monastère, depuis douze ans d'abandon, était fort délabré, le lieu fort hérissé de bois et plein de vipères, avec des eaux stagnantes ; pourtant d'une sauvage beauté. Ils y passèrent quelques semaines, montant, chaque soir, sur les hauteurs des Granges pour y prendre l'air, et quelquefois, par l'ordre de M. Singlin, y chantant Complies tout haut, « afin, dit Lancelot, que le mélange de nos voix témoignât mieux la joie de nos âmes, et que Dieu fût loué publiquement alors même qu'on pensoit tenir la vérité captive. » Mais juillet ne se passa point également dans cette paix recommençante. Dès le lundi, 5 du mois, M. de Laubardemont, ce commissaire de nom infamant et d'odieuse mémoire, encore tout noirci du bûcher fumant d'Urbain Grandier (1634), les y vint interroger tous, depuis M. Le Maître jusqu'aux enfants de huit ou dix ans qu'on y élevait, et il s'efforça d'y ramasser quelque charge nouvelle contre M. de Saint-Cyran. Quant à celui-ci en personne, on ne l'avait pas jusque-là interrogé, et il ne le fut qu'en mai de l'année suivante.

On a ces interrogatoires que Laubardemont fit subir à M. Le Maître, et que M. Le Maître, en homme du métier et qui s'en ressouvenait à propos, lui rendit bien, le raillant et le déjouant à chaque parole. Laubardemont, parti le dimanche 4 de Paris dans l'après-midi, ne descendit pas directement à Port-Royal; pour mieux surprendre son monde, il crut devoir aller coucher le soir à un quart de lieue de là [1], et de grand matin (au moins pour lui) il arriva, croyant les trouver au lit; il ne les trouva qu'en prière. M. Le Maître, entendant heurter à la porte de sa chambre, vint ouvrir : il était, dit l'Interrogatoire, vêtu de deuil et d'une robe longue noire, boutonnée par-devant tout au long. Entre autres questions *badines* (selon Fontaine) que le Commissaire crut devoir lui adresser, il lui demanda si lui, M. Le Maître, n'avait point eu de visions. « On vit alors ce que dit saint Jérôme de ceux qui servent Dieu et de ceux qui servent le monde : ils se croient fous réciproquement : *invicem insanire videmur.* » C'est là, en effet, le duel éternel. M. Le Maître répondit froidement qu'oui ; qu'il avait effectivement des visions ; que, quand il ouvrait une des fenêtres de sa chambre (et il la désignait du geste), il voyait le village de Vaumurier, et que, quand il ouvrait l'autre fenêtre, il voyait celui de Saint-Lambert; que c'étaient là toutes ses visions. Cette réponse, écrite mot pour mot, fût vue à Paris et fit rire aux dépens de qui de droit [2].

---

1. Fontaine le fait coucher *chez un M. Voisin*, et l'Interrogatoire imprimé dit que ce fut *au village de Voisins*. Ces petites variantes matérielles entre les récits en indiquent d'autres plus graves. Je m'attache à Fontaine, fidèle du moins à l'esprit.

2. On n'en retrouve plus trace dans l'Interrogatoire plus ou moins revu et corrigé qu'on lit dans *le Progrès du Jansénisme découvert à Monsieur le Chancelier par le sieur de Préville* (le Père Pinthereau), in-4°, 1655.

Après cet interrogatoire, qui dura huit heures à deux reprises, *ledit sieur Commissaire* visita les livres du *répondant*, qui consistaient en une petite Bible en douze tomes, quatre ou cinq petits volumes de saint Augustin, un saint Paulin (le M. Le Maître de son temps), un Nouveau-Testament grec et latin et une traduction par Joulet des six livres du *Sacerdoce* de saint Chrysostome. Puis il fit écrire (sérieusement) au bas de l'Interrogatoire qu'il n'avait point trouvé de livre qui fût suspect de mauvaise doctrine, et qu'il avait néanmoins pris et déposé aux mains du greffier cette traduction de Joulet, à cause qu'il y avait quelques notes à la marge écrites de la main *dudit répondant*. Il saisit encore un sermon traduit de saint Augustin par M. de Saci, à cause de quelques corrections de style ou de sens que son frère avait ajoutées à la première page, comme si le *répondant* n'écrivait plus rien qu'on ne pût soupçonner d'erreur, depuis qu'à l'appel de Dieu il s'était jeté hors du monde pour faire pénitence.

Tout cet Interrogatoire de M. Le Maître par Laubardemont (même tel qu'il se lit dans sa forme adoucie) fait monter aux lèvres risée et nausée à la fois; c'est de la bêtise, et de la bêtise méchante et cruelle : justice est qu'elle rejaillisse en plein sur la grandeur de Richelieu.

Il fallut quitter cette retraite dès lors si chère ; M. Le Maître lui fit ses adieux par ces quatre vers qu'il récita plusieurs fois avec larmes :

> Lieux charmants, prisons volontaires,
> On me bannit en vain de vos sacrés déserts :
> Le suprême Dieu que je sers
> Fait partout de vrais solitaires !

Vers mélodieux, vers émus, et qui seraient dignes de Racine enfant ! Si ce désert eût eu du sentiment, dit Fontaine, il en eût pleuré.

Les solitaires quittèrent Port-Royal des Champs le 14 juillet 1638 (cela s'appelle *la première dispersion*); ils vinrent loger d'abord *à la Barbe-d'Or*, au faubourg Saint-Jacques, un peu plus haut que Port-Royal de Paris. M. de Saci y tomba malade, et de là, étant guéri, il fut mis au logis de M. de Saint-Cyran, sous son neveu M. de Barcos, avec les autres plus jeunes neveux. Lancelot alla loger à la Ferté-Milon, chez M. Vitart, père du petit Vitart et grand-oncle (par alliance) de Racine. Le petit Vitart se trouvait élevé à Port-Royal, parce qu'il était neveu d'une sœur Suzanne (Des Moulins), cellérière, grand'tante elle-même du futur poëte. MM. Le Maître et de Séricourt, amenés par M. Singlin, rejoignirent Lancelot dans cette famille à la Ferté-Milon; ils y continuèrent exactement leur genre de vie, vivant autant isolés et en ermites qu'il se pouvait, et ne sortant que pour aller à la messe les jours de fête. Durant ce temps, M. Le Maître écrivit une justification de M. de Saint-Cyran contre le mémoire de M. Zamet, et il l'adressa au Cardinal. Pendant l'été de l'année suivante 1639, après le souper régulièrement, ils allaient tous prendre l'air sur la montagne qui domine la ville (comme ils avaient fait sur les hauteurs des Granges à Port-Royal), et là ils s'entretenaient *de bonnes choses*, dit Lancelot : « Il falloit passer un petit bout de la ville pour sortir; néanmoins nous ne parlions jamais à personne, et, quand nous revenions vers les neuf heures, nous allions l'un après l'autre en silence, disant notre chapelet. Tout le monde qui étoit aux portes, comme on est l'été, se levoit par respect pour nous saluer et faisoit grand silence pour nous laisser passer, tant la vie et le mérite de ces Messieurs les remplissoient d'admiration! Enfin la bonne odeur qu'ils répandoient en ce lieu y est encore vivante.... »

Cette *bonne odeur*, comme l'appelle Lancelot, nous la

retrouvons vivante en effet et parfumant un assez beau fruit : Racine, au berceau, va s'en ressentir. La liaison de la famille Racine avec Port-Royal, déjà commencée par le moyen de M. Vitart, date surtout étroitement de ce séjour des solitaires à la Ferté-Milon. La grand'mère paternelle du poëte, madame Racine (Marie Des Moulins de son nom) avait déjà, on l'a vu, une sœur religieuse à Port-Royal, la cellérière : on dit même, — et c'est Racine fils qui le dit, — qu'elle y eut deux sœurs religieuses. Ce qui est certain, c'est que madame Vitart, une autre de ses sœurs, sans entrer en religion, aura plus tard dans son veuvage tout le zèle d'une humble servante de Dieu, uniquement vouée à cacher, à recéler les amis de la vérité. La fille de Marie Des Moulins, la tante de Racine, prendra le voile à son tour et sera, un jour, célèbre comme abbesse ; elle-même, cette aïeule du poëte et qui lui servit de mère, madame Racine devenue veuve, viendra passer à la maison des Champs les dernières années de sa vie, s'y employant de son mieux, et lui, Racine, qui naissait précisément en cette année 1639, y put, par la suite, nourrir et charmer les plus belles heures de son enfance[1].

Sur la fin de l'été de 1639, les choses étant un peu apaisées, on pensa que MM. Le Maître et de Séricourt pouvaient, sans trop d'inconvénients, revenir très-incognito à Port-Royal des Champs. M. Vitart père, une de leurs conquêtes, les accompagna et se fit comme l'économe du monastère, les déchargeant de tout autre soin que celui de l'étude et de la prière. Mais quand il mourut, en août 1642, ces Messieurs durent rompre un peu leur solitude pour s'occuper des soins du ménage et des

---

1. Tous les détails concernant la généalogie de Racine et ses affinités domestiques avec Port-Royal ont été fixés dans la dernière précision par M. Paul Mesnard (*Notice biographique* sur Jean Racine, 1865).

travaux de la campagne; ils se mirent à bêcher une partie du jour et à cultiver les potagers, y étant portés surtout par le désir de ménager le bien des pauvres. M. Le Maître eut même un songe à cet égard, un songe terrible, comme tout ce qui s'élevait en cette âme ardente : l'épée nue de Dieu le poursuivait la nuit dans les reins, et il y crut voir un commandement de rendre cet humble service aux religieuses. Il se mit à l'ouvrage avec son frère M. de Séricourt, travaillant tout d'abord l'un et l'autre plus que des gens de journée, sinon qu'ils disaient leur Bréviaire à de certaines heures; ils se rappelaient avec émulation les anciens religieux de saint Bernard qui avaient défriché les terres. Ce fut là l'origine de ces travaux manuels auxquels se livrèrent, souvent avec excès, nos Messieurs, et que plus d'une fois M. Singlin et M. de Saint-Cyran furent obligés de modérer. Les Capucins et les Jésuites en firent grande raillerie quand ils le surent; ils appelaient ces Messieurs *sabotiers*, prétendant qu'ils faisaient des sabots et des souliers [1]. Quand, peu d'années après le moment où nous sommes, vers 1644, M. d'Andilly alla prendre congé de la Reine-mère pour venir dans ce désert des Champs comme solitaire, il ne manqua pas de lui dire agréablement que, si Sa Majesté entendait dire qu'ils fissent des sabots, elle ne le crût pas; mais que, si l'on disait qu'ils cultivaient des espaliers, on dirait vrai et qu'il espérait d'en faire manger du fruit à Sa Majesté. En effet, il ne manquait

---

1. Ce qui n'était pas vrai des *sabots*, mais ce qui, pour les *souliers*, pouvait, je dois le dire, être vrai de quelques-uns. On sait au reste la réponse du chanoine Boileau, digne frère du satirique, à un jésuite qui soutenait que Pascal lui-même avait fait des souliers : « Je ne sais pas s'il a fait des souliers, mais convenez, mon Révérend Père, qu'il vous a porté de fameuses bottes. » De tels bons mots sont des coups de feu qui éteignent pour quelque temps la gaieté de l'adversaire.

jamais de lui en envoyer tous les ans quelque corbeille ; le cardinal Mazarin les appelait en riant *les fruits bénits.* Mais, malgré les espaliers de D'Andilly, qui fit un bon livre sur l'art de les cultiver, malgré le tour pastoral que sut donner à ces sortes de travaux son imagination toujours galante et riante jusque dans sa piété, il faut convenir que les solitaires de Port-Royal, les plus relevés par la naissance ou même par l'esprit, s'assujettirent à bien des devoirs manuels des plus rebutants et des plus bas, tout ainsi que faisaient, à l'intérieur du cloître, de nobles postulantes, filles d'Aragon ou de Lorraine ; et je ne puis m'empêcher de reconnaître qu'il y a quelque chose de répugnant en pure perte dans ces sortes d'emplois à dessein si grossiers, surtout dans les récits détaillés et parfaitement indélicats qui nous en sont faits, et que sans infidélité je supprime, pour m'attacher tout à côté à tant d'autres traits aussi charmants que graves et plus dignement austères.

Lancelot, après avoir quitté la Ferté-Milon et être allé quelque temps à l'abbaye de Saint-Cyran, vint rejoindre ces Messieurs au désert, à Port-Royal des Champs ; mais il en fut rappelé, un peu contre son cœur, à Port-Royal de Paris, pour prendre en main le soin des deux petits messieurs Bignon dont M. de Saint-Cyran continuait d'être occupé, du fond de sa prison, d'une manière touchante, et non pas en considération de leur père seulement, mais pour eux-mêmes ; car sa maxime était de *n'abandonner jamais une charité une fois commencée.* Et quelle plus grande charité qu'une éducation chrétienne ! Ses soucis les plus délicats des jeunes âmes, ses plus tendres pensées sur l'enfance, fleurirent pour lui, on peut le dire, sous les barreaux de Vincennes, comme ces rares fleurs que le prisonnier cultive sur sa fenêtre, comme ces œillets qu'y arrosera, dix ans plus tard, le grand Condé.

Son interrogatoire n'eut lieu que le vendredi 14 mai 1639, un an juste après son arrestation ; il le subit pardevant Jacques Lescot prêtre, docteur en théologie; car il avait récusé Laubardemont, comme n'étant pas juge ecclésiastique. On voulait convaincre M. de Saint-Cyran d'hérésie, de Calvinisme, à cause de ses doctrines sur la Grâce et sur les œuvres, et de ce qu'il aurait dit que depuis six cents ans il n'y avait plus d'Église, que le Concile de Trente était sans autorité, etc., etc.; on avait ramassé à ce sujet, depuis un an, les témoignages et dépositions de M. Zamet, de l'abbé de Prières[1], de l'abbé de Foix, Caulet, depuis évêque de Pamiers et janséniste jusqu'au martyre, alors ennemi, bon homme au demeurant, mais petite tête, à qui Vincent de Paul avait un jour conseillé de ne pas voir M. de Saint-Cyran comme pouvant lui être dangereux[2]. Dans l'absence de toute

---

1. Cet abbé de Prières, témoin à charge, tint bon jusqu'à la fin de sa vie dans son opinion et dans son dire. Voici ce que M. Le Camus, évêque de Grenoble, qui l'avait connu, écrivait à M. de Pontchâteau, un jour qu'il était question entre eux des *Lettres* publiées de M. Saint-Cyran : « Le défunt abbé de Prières, qui, au fond, étoit très-bon et très-sage religieux, m'a dit autrefois qu'il n'y a rien de plus opposé que la conduite de MM. de Port-Royal et celle de feu M. de Saint-Cyran, et que ses *Lettres* n'ont aucun rapport avec ses manières de s'expliquer. Pour moi, qui ne l'ai point connu, je n'en peux pas porter de jugement; mais, pour ses *Lettres*, jamais livre ne m'a plus porté à Dieu que celui-là : c'est l'abrégé de tout ce qu'il y a de plus touchant dans les Pères de l'Église. (22 mai 1676.) » Évidemment, il y avait en M. de Saint-Cyran plus de contrastes et de saillies en sens divers que n'en pouvait comprendre cet honnête abbé de Prières.

2. Les actes officiels de l'information, qui ont été imprimés par les adversaires (dans *les nouvelles et anciennes Reliques de M. Jean du Verger....* 1680, in-4°; ou dans *le Progrès du Jansénisme découvert...*, 1655, in-4°), n'ont rien, après tout, de si aggravant contre M. de Saint-Cyran. Ce sont, la plupart du temps, des propos trop absolus et mal compris, des mots couverts et prudents (*occulte propter metum Judæorum*), méchamment ou bêtement interprétés. Dans les délations de l'avocat Le Tardif, frère de la mère Geneviève Le Tardif, ancien domestique de

pièce positive, on s'armait surtout d'une lettre de M. de Saint-Cyran à M. Vincent : celui-ci avait eu l'indiscrétion d'en parler autrefois à un domestique du Cardinal, et le Cardinal informé le força de la produire. On y voit qu'en 1637 une assez grave dissidence s'était élevée entre les deux saints personnages, que M. Vincent était venu faire reproche à M. de Saint-Cyran sur *quatre* points de doctrine, tout juste dans le temps de cette tracasserie pour la maison du Saint-Sacrement, et que l'homme de doctrine, ainsi frappé à bout portant, avait été très-ému : il s'était contenu dans le moment même ; c'est là-dessus qu'après plus d'un mois il lui écrivait cette lettre pour décharger son cœur, pour se justifier des points reprochés et se plaindre surtout du procédé de la part d'un

---

M. de Saint-Cyran et l'un des témoins le plus à charge, une certaine histoire hétéroclite de *l'oncle qui tue son neveu et ne juge pas à propos de s'en confesser*, m'a tout l'air d'une de ces plaisanteries théologiques que M. de Saint-Cyran se put permettre quelque soir à la veillée, comme une réminiscence de son moins bon temps et de ses paradoxes pour le comte de Cramail et pour l'évêque de Poitiers. Le domestique à moitié endormi entendit de travers et dénatura tout cela après des années. Le résultat des interrogatoires parut si peu probant que, dans une *Apologie* de Laubardemont qu'on trouva parmi les papiers de ce magistrat et qui est probablement de lui, on voit que, « l'interrogatoire de Saint-Cyran étant rapporté au Roi, Sa Majesté eut agréable, à la sollicitation de plusieurs personnes de qualité, de faire présenter au prisonnier une déclaration conforme à l'opinion et à la pratique commune de l'Église ; et, après cela, délibérer sur sa liberté. » Mais Saint-Cyran se refusa à une signature de désaveu qui eût semblé donner raison aux accusateurs sur le passé. — Quant à la pièce intitulée : *le nouvel Ordre monastique des disciples de M. de Saint-Cyran*, elle ne peut être acceptée en bonne justice ; on ne sait d'où elle émane, qui l'aurait rédigée et présentée à l'Archevêque, ni en quel temps. Il est possible que Saint-Cyran ait pensé à régulariser une réforme particulière dans l'Ordre de saint Benoît ; mais rien n'indique, et même tout contredit, qu'il ait jamais cru le moment opportun pour la fonder sur de telles bases, avec l'agrément de l'autorité ecclésiastique.

ancien ami : « J'ai facilement, disait-il, supporté cela d'un homme qui m'avoit honoré dès longtemps de son amitié et qui étoit dans Paris en créance d'un parfaitement homme de bien, laquelle on ne pouvoit entamer sans blesser la charité : il m'est seulement resté cette admiration dans l'âme que Vous, qui faites profession d'être si doux et si retenu partout, ayez pris sujet d'un soulèvement qui s'est fait contre moi par une triple cabale, et pour des intérêts assez connus, de me dire des choses que vous n'eussiez osé penser auparavant ; et qu'ainsi, au lieu que je devois attendre de la consolation de vous, vous ayez prix de là une hardiesse extraordinaire, contre votre inclination et coutume, de vous joindre aux autres pour m'accabler; ajoutant cela de plus aux excès des autres, que vous avez entrepris de me le venir dire à moi-même dans mon propre logis, ce que nul des autres n'avoit osé faire. »

Sans entrer ici dans le détail et la discussion de cette lettre, il ressort, en effet, pour moi d'un examen impartial, que M. Vincent, de bien plus de cœur et de charité que de spéculation dogmatique et de doctrine, s'était monté ou laissé monter un peu vite, lors de la clameur commençante, contre trois ou quatre opinions rigoureuses de M. de Saint-Cyran [1], et qu'il était venu lui en parler avec plus de vivacité peut-être qu'il ne convenait à un homme si charitable, à l'égard d'un ami alors si attaqué ; qu'il y avait mêlé d'autres paroles relatives à d'anciens avis de M. de Saint-Cyran sur sa Congrégation ; que celui-ci y avait cru voir une sorte d'oubli d'anciens services : et il en avait rendu beaucoup à M. Vincent au début de cette Congrégation, usant de son crédit près de M. Bignon, près des évêques, écrivant

---

1. Celle-ci, par exemple, « que la pénitence différée jusqu'à l heure de la mort reste fort douteuse. »

les lettres latines à Rome pour hâter les bulles. Il avait donc été plus ému encore de cette espèce de reproche que du reste. Il avait peu répondu sur l'heure, sentant sa bile bouillonner, et il avait attendu quelque temps pour être de sang-froid, dans la juste mesure, en le faisant par lettre. Mais il ne résulte pas moins de la suite des pièces que M. Vincent, touché de cette lettre, était accouru le voir, et, après lui avoir demandé s'il ne l'avait communiquée à personne, l'avait remercié de ne l'avoir pas montrée, et s'était réconcilié avec lui au point de rester à dîner ce jour-là. Depuis ce temps, il ne paraît pas que M. Vincent ait eu aucun procédé autre qu'amical pour M. de Saint-Cyran. Il le fit même prévenir dans sa prison de bien prendre garde à dicter lui-même ses réponses au Commissaire et de vérifier après, de peur qu'on n'en altérât le sens. M. Molé le faisait prévenir dans le même temps de *bien tirer des lignes du haut en bas des pages* de peur qu'on n'ajoutât de l'écrit ; « car il a, disait-il, affaire à d'étranges gens. »

L'Interrogatoire de M. Vincent ne se trouve pas recueilli dans les pièces à charge contre M. de Saint-Cyran que firent imprimer les adversaires : est-ce parce qu'il lui était plutôt favorable ? M. Colbert, évêque de Montpellier, le produisit pour la première fois, en 1730, dans une Lettre[1] à l'évêque de Marseille, Belsunce, lequel, à l'exemple de la plupart des doux de ce temps-là, était assez aigre-doux contre la mémoire de Port-Royal et de Saint-Cyran. On peut être sublime de charité dans une peste et se piquer contre le prochain dans une simple dispute théologique. L'authenticité de la pièce produite par M. de Montpellier a été, du reste, très-vivement contestée.

M. Vincent, qui, dès qu'il apprit l'arrestation de

---

1. Troisième Lettre à l'Évêque de Marseille, page 502, tome second des *OEuvres de messire Charles-Joachim Colbert*.

M. de Saint-Cyran, était allé en témoigner sa douleur à M. de Barcos, alla également, lors de la délivrance, féliciter l'un des premiers son ancien ami. Après cela, assista-t-il ou non à l'enterrement de M. de Saint-Cyran, et jeta-t-il seulement de l'eau bénite sur son corps? ç'a été matière à une dispute acharnée; ce qui est certain, c'est que, s'il le put, il y assista. Mais qu'il est triste de voir de saintes mémoires ainsi tiraillées au gré des passions! Abelly, *le moelleux* Abelly raillé par Boileau, et qui fut le premier biographe de Vincent de Paul, les Jésuites depuis dans leurs Mémoires de Trévoux, le Père Daniel dans sa Lettre à une Dame de qualité, Collet dans sa nouvelle Vie de saint Vincent, ont étrangement et, j'oserai dire, odieusement abusé de l'autorité acquise à la vertu du vénérable Bienheureux, pour charger la doctrine et le nom de Saint-Cyran[1]. M. de Barcos, informé de près et incapable de mentir, avait établi les faits précis dans sa *Défense de M. Vincent* contre M. Abelly. Mais ce que M. de Barcos, tout au détail

1. Le désir d'être impartial, la vivacité même que j'ai mise et que je mettrai encore à qualifier le procédé des adversaires, vivacité dont je ne me repens pas, mais qui peut bien être disproportionnée avec mes convictions théologiques habituelles, le respect enfin que je ressens et que je n'ai aucune raison de dissimuler pour quelques membres savants de la Société actuelle de Jésus, m'ont engagé à publier en *Appendice*, à la fin de ce volume, une Dissertation que le Révérend Père de Montézon a composée en réponse à cette partie de mon ouvrage et qu'il m'a fait l'honneur de m'adresser. On y trouvera des pièces nouvelles et peu connues; on y verra de quelle manière les Jésuites de nos jours envisagent et traitent cette question du Saint-Cyranisme. On y approuvera du moins un ton de parfaite modération et de convenance, dont ces sortes de contestations ne nous ont guère offert l'exemple dans le passé. — J'ai à regretter que, depuis lors, on ne se soit pas tenu dans les mêmes termes, et que la trêve de charité et de courtoisie, instituée par le Père de Montézon, ou, si c'est trop dire, que du moins cette forme modérée de combat ait cessé d'être observée si peu de temps après sa mort.

particulier et personnel, ne dit pas, et ce que la distance fait mieux voir, c'est la dissidence intérieure nécessaire, si l'on peut ainsi parler, entre les doctrines pensantes de l'un et le zèle, avant tout pratique et soumis, de l'autre.

Cette soumission de cœur à l'autorité anima très-fort, dans la suite, le pieux Vincent pour la publication de la Bulle d'Innocent X contre les Propositions dites de Jansénius (1653) : il avait contribué à la provoquer en pressant l'envoi de députés à Rome ; il se donna beaucoup de mouvement à Paris pour la faire recevoir ; il se rendit à Port-Royal même pour cela. Et on conçoit très-bien au fond que ces doctrines augustiniennes de Jansénius et du livre de la *Fréquente Communion* ne lui allassent pas ; elles choquaient en plein et consternaient son catholicisme bien autrement accessible et clément. Il put dire en effet, un jour, en se reportant vers le passé, à un prêtre de sa Congrégation qu'il voulait préserver de Jansénisme : « Sachez, Monsieur, que cette nouvelle erreur du Jansénisme est une des plus dangereuses qui aient jamais troublé l'Église ; et je suis très-particulièrement obligé de bénir Dieu et de le remercier de ce qu'il n'a pas permis que les premiers et les plus considérables d'entre ceux qui professent cette doctrine, que j'ai connus de près, et qui étoient mes amis, aient pu me persuader leurs sentiments. Je ne vous saurois exprimer la peine qu'ils y ont prise et les raisons qu'ils m'ont proposées pour cela : mais je leur opposois, entre autres choses, l'autorité du Concile de Trente qui leur est manifestement contraire ; et, voyant qu'ils continuoient toujours, au lieu de leur répondre, je récitois tout bas mon *Credo;* et voilà comme je suis demeuré ferme en la créance catholique.... » Saint-Cyran, lui, cherchait à saisir la pensée, le mouvement actuel de Dieu dans l'oraison ; saint Vincent faisait taire son raisonnement humain dans son *Credo*.

Et loin de moi, dans tous ces jugements que je porte en passant sur de grands hommes et de saints personnages, François de Sales, M. de Bérulle, Vincent de Paul, — loin de moi la présomption, je ne dis pas de les sacrifier, mais même de les subordonner à Saint-Cyran! Seulement, comme je donne l'histoire de celui-ci moins connu et méconnu, je m'attache à le mettre en relief et à faire valoir ses avantages, n'ayant pas dissimulé d'ailleurs ses côtés plus embrouillés ou plus durs. Je serais surtout fâché que personne pût voir dans aucune de mes paroles sur Vincent de Paul la moindre intention de rabaisser un véritable modèle évangélique, cet instituteur des Sœurs de Charité, ce père des Enfants-trouvés, ce consolateur des forçats, cet homme d'humilité qui, captif à Tunis dans sa jeunesse, y ayant converti le renégat son maître et l'ayant ramené avec lui par une suite de circonstances extraordinaires, ne parla jamais depuis de ces circonstances si touchantes pour lui-même et si saintement glorieuses, et au contraire en voulut ensevelir, anéantir ici-bas tout humain témoignage, tellement que la seule lettre anciennement écrite à un ami, où cette histoire était retracée, n'échappa à la destruction qu'il en allait faire, que par la ruse de l'ami à qui il la redemandait [1]. C'est là un héroïsme d'humilité, comme il en eut de charité. Mais, après avoir admiré et vénéré, il faut ajouter aussi, pour ne pas mentir à l'homme et ne pas faire rougir le saint par un faux éloge, qu'il était *un peu timide* et trop humble avec les puissants, un peu sujet à la crainte d'offenser les personnes de condition ; qu'il put être président du Conseil de conscience de la reine Anne d'Autriche, côte à côte avec Mazarin et le chancelier Seguier, ce que certes n'aurait

---

1. Voir dans Abelly, liv. I, chap. IV, cette naïve et sublime histoire.

pu Saint-Cyran ; qu'il répondait au prince de Condé qui, un jour, le voulait faire asseoir à côté de lui : « Votre Altesse me fait trop d'honneur de me vouloir bien souffrir en sa présence : ignore-t-elle donc que je suis le fils d'un pauvre villageois? » M. Singlin dirigeant madame de Longueville, c'est-à-dire la propre sœur du grand Condé et la fille de celui devant qui saint Vincent n'osait s'asseoir, n'avait pas l'idée de s'excuser d'être fils de marchand de vin, et soutenait, immobile et sans fléchir, la grandeur du prêtre.

Ces différences d'humeur et de caractère, entre les hommes, se retrouvent dans le tour et le tempérament des doctrines; et les dissidences intérieures, instinctives ou logiques, des doctrines, se produisent très-sensibles et presque criantes, à quelque distance des points de départ, si l'on n'y prend pas garde et si l'on n'y corrige perpétuellement par la charité. Nous l'avons dit, la postérité spirituelle de saint François de Sales et de la mère de Chantal, les religieuses de la Visitation devinrent, avec le temps, très-animées contre celles de Port-Royal et contre la postérité spirituelle de Saint-Cyran. Il fallut que le Père Quesnel les rappelât à l'ordre et à la charité en leur représentant sous les yeux tous les témoignages d'amitié et d'estime réciproque que s'étaient donnés leurs fondateurs. On verra que les successeurs de l'abbé de Rancé ont usé aussi et abusé de son nom contre Port-Royal. De même, la postérité spirituelle de M. Vincent et celle de M. de Saint-Cyran éclatèrent bientôt et violèrent l'estime qu'avaient gardée, malgré tout, l'une pour l'autre ces deux grandes âmes. Port-Royal lui-même eut des torts : M. Singlin parla de M. Vincent comme d'un ami des persécuteurs [1]; la mère Angélique, sur son compte, dans une lettre au grand Arnauld, s'é-

---

1. A propos d'une prétendue prédiction qui lui aurait été faite

chappe à des propos bien amers[1]. M. de Barcos d'abord, plus tard M. de Montpellier, furent plus charitablement respectueux. Les adversaires furent simplement odieux.

Ils alléguaient surtout un mot que M. de Saint-Cyran aurait dit à saint Vincent : *Calvinus bene sensit, male locutus est.* Mais l'on sait à fond maintenant sur quels points Saint-Cyran était presque calviniste, et sur quels autres il ne l'était pas du tout.

Proposons une dernière fois, tâchons de graver le simple contraste des figures :

M. de Saint-Cyran, principalement homme d'étude et de doctrine, de pénitence solitaire intérieure, et de direction grave, occulte, réservée et sévère, embrassant l'ensemble du dogme et toute l'ordonnance du système chrétien, et le voulant restaurer d'esprit, de principe, autant que de fait ;

Saint Vincent de Paul, tout de pratique charitable, active et infatigable, tout d'effusion, d'insinuation et d'œuvres, d'admirables œuvres qui, une fois conçues et commencées, lui semblaient à accomplir à tout prix, moyennant même toutes sortes de gens puissants que cette charité aussi naïve qu'héroïque intéressait et comme séduisait dans sa fine douceur, et que son humilité ne heurtait jamais.

M. Vincent allait, disant surtout : *Dieu est bon ;* et M. de Saint-Cyran : *Dieu est terrible !* et il y eut un point où ils durent s'entre-choquer ; car Dieu seul concilie en lui toutes choses, et les plus contraires en apparence, dans sa pleine grandeur[2] ; mais l'homme est sans cesse

---

et que répètent superstitieusement tous ses biographes. J'ai trop rougi de cette sotte histoire de nos amis pour l'enregistrer.

1. Page 384, tome II des *Mémoires pour servir....* Utrecht, 1742.
2. C'est ce qui a fait dire à un moderne sous une forme plus hardie : « Dieu est la projection à l'infini de toutes les contradictions qui passent par une tête humaine. » Est-il besoin d'ajouter

sujet à les séparer, et il ne sauve le choc qu'à l'aide d'une charité perpétuellement vigilante. M. de Saint-Cyran et saint Vincent du moins, un peu blessés qu'ils furent, n'en manquèrent pas l'un à l'égard de l'autre et se le témoignèrent jusqu'à la fin : ce furent les disciples qui en manquèrent.

que ce Dieu de lointain, qui pourrait bien n'être qu'une sublime illusion de perspective, n'a rien à faire avec le Dieu chrétien, le Dieu vivant?

FIN DU PREMIER VOLUME.

(Pour les jugements divers qui furent portés sur ce premier volume en 1840, voir ci-après à l'*Appendice*.)

APPENDICE.

L'ACADÉMIE DE LAUSANNE EN 1837.

(Se rapporte à la page 1 et 5.)

Le temps, à la longue, donne quelque intérêt — un intérêt biographique, sinon littéraire — à des choses qui, plus rapprochées, n'avaient de valeur que pour nous. Il est bon aussi de fixer les particularités vraies, ne fût-ce que pour empêcher les fausses de s'y substituer et de prévaloir. J'étais allé faire pour la première fois, ai-je dit, un voyage en Suisse dans l'été de 1837. Je savais, en passant à Lausanne, que j'y avais un ami dans la personne de M. Juste Olivier, poëte de la jeune école, et que j'avais vu à Paris en 1829-30. Accueilli avec cordialité par lui et par sa femme, poëte elle-même, je ne tardai pas, dans la conversation, à exprimer un regret : c'était de ne pouvoir, dans ma vie de Paris morcelée, un peu dissipée et assujettie à des besognes journalières, trouver une année d'entier loisir pour produire et mener à fin ou mettre du moins en pleine voie d'exécution le projet que je nourrissais depuis longtemps d'une histoire de *Port-Royal*. J'étais réellement seul, alors, à m'occuper d'un pareil sujet. J'y avais été conduit par mon goût poétique pour les existences cachées et par le courant d'inspiration religieuse que j'avais suivie dans les *Consolations*. Mes amis saisirent ma parole au vol : ils avaient des relations intimes dans le Conseil de l'Instruction publique et dans le Conseil d'État. Je fus tout surpris lorsque, deux ou trois jours après ma première conversation, ils me demandèrent si, au cas où l'on m'offrirait de faire dans l'Académie de Lausanne un Cours d'une année sur Port-Royal, j'accepterais. J'acceptai avec gratitude. Je revins deux mois après, vers le milieu de l'automne, avec toute ma collection de livres jansénistes; je m'enfermai, ne voyant jamais personne jusqu'à quatre heures du soir les jours où je ne faisais pas cours, et jusqu'à trois heures les jours où je professais. Ma leçon était de trois à quatre heures. J'en faisais trois par semaine, et le nombre total des leçons fut de quatre-vingt-une. Tout l'ouvrage fut construit et comme bâti durant cette année scolaire (1837-1838).

Lorsque j'arrivai dans cette bonne, honnête et savante Académie de Lausanne, M. Porchat, le futur traducteur de Goethe, était recteur et chargé de la chaire de langue et de littérature latines; M. Monnard, mort depuis professeur à l'Université de Bonn, était professeur de littérature française; M. Vinet venait d'être nommé professeur d'*Homélitique* (ou Éloquence sacrée) et de *Prudence pastorale* (Directions aux étudiants de théologie sur la vie de pasteur). Il y avait encore M. Dufournet, professeur d'exégèse et d'hébreu; M. Herzog, professeur d'histoire ecclésiastique; M. André Gindroz, professeur de philosophie, et membre en même temps du Conseil d'Instruction publique dont il était l'âme. M. Juste Olivier, mon ami, donnait un cours d'histoire.

J'entre dans ces détails et je rappelle ces noms, parce qu'il a été fait depuis des tableaux un peu fantastiques de cette réunion de professeurs, et l'on y a introduit des noms illustres ou connus qui n'ont figuré sur la liste que plus tard [1].

M. Vinet était donc lui-même, si j'ose dire, un nouveau venu dans l'Académie de son pays natal. Il y avait été appelé de Bâle où il était comme exilé en pays allemand, et où il professait depuis des années, à l'usage de la jeunesse locale, une littérature française des plus élevées, des plus fines et qu'eût certes enviée Paris. Un homme bienveillant et fort savant, mais qui écrit un peu

---

1. Voici, par exemple, sur quel ton le prend un savant rédacteur de la *Revue des Deux Mondes*, qui a à parler de ces mêmes choses : « Vinet ne pouvait rester toujours à Bâle; un peu plus tôt, un peu plus tard, il était inévitable que Lausanne réclamât son enfant. Ce moment arriva en 1837. L'Académie de Lausanne avait été réorganisée avec éclat; des hommes distingués, MM. Monnard, *Vulliemin*, *Secrétan*, *Chappuis*, Olivier, y enseignaient les lettres et la philosophie; l'illustre poëte *Miçkiewicz* y avait déjà inauguré l'étude des littératures slaves, et M. Sainte-Beuve *allait* y déployer son histoire de Port-Royal. Vinet fut chargé de la théologie pratique : le 1er novembre 1837, il fut installé dans sa chaire par le président du Conseil d'État et par le recteur de l'Académie. Ce jour-là même, l'élite de la société vaudoise étant présente, il exposa le plan et la portée de son enseignement. » (*Revue des Deux Mondes* du 15 janvier 1864.) Autant de mots, autant d'erreurs. M. Vulliemin, historien distingué de la Suisse et continuateur de Jean de Muller, n'a jamais professé à l'Académie; il n'a enseigné qu'au Gymnase, et depuis 1838 seulement. M. Secrétan, le futur philosophe, était encore un élève en 1837. M. Samuel Chappuis, également, n'est devenu professeur (de théologie) que plus tard. L'illustre poëte Miçkiewicz ne vint enseigner à Lausanne qu'après moi, et ce fut moi-même, s'il m'en souvient, qui, à l'un de mes retours à Paris, me trouvai porteur des propositions qui lui étaient faites. Il n'enseigna nullement à Lausanne les littératures slaves; il remplaça simplement M. Porchat dans l'enseignement du latin.

vite, M. Saint-René Taillandier, dans un article de la *Revue des Deux Mondes*[1], m'a présenté avec quantité de détails qui ont l'air d'être précis et qui ne sont qu'inexacts, comme étant allé m'éclairer au foyer de M. Vinet, ayant allumé ma lampe à la sienne, et m'étant prémuni auprès de lui, et grâce à ses lumières, contre les interprétations que M. Cousin devait donner du scepticisme de Pascal. Il s'agissait bien alors, en 1837, du *Pascal* de M. Cousin, qui ne vint que cinq ans plus tard !

Toute cette théorie de M. Saint-René Taillandier, à mon sujet, cette conjecture qu'il donne d'un ton d'affirmation, est purement fictive et imaginaire. Jamais je ne retirerai à M. Vinet aucun des éloges que je lui ai donnés dans la sincérité de mon cœur et dont ce livre même est tout rempli. Mais la vérité est que nous fûmes installés professeurs à l'Académie le même jour. C'est alors seulement que je fis sa connaissance directe. A mon précédent voyage, je ne l'avais pas vu ; il était encore absent, mais je m'étais fort occupé de lui. Je m'étais laissé raconter de près ses mérites, sa vertu morale infuse dans son talent, les scrupules de sa conscience d'écrivain, le jet de sa parole plus libre et plus hardiment éloquente. J'avais lu ses livres, et aussitôt comprenant qu'il était l'homme le plus distingué du pays, l'esprit le plus original de cette culture vaudoise et l'honneur de la Suisse française, je m'étais hâté de faire mon métier d'informateur bénévole et de critique sympathique ; j'avais écrit sur lui dans la *Revue des Deux Mondes* un article qui paraissait à la date du 15 septembre 1837. M. Vinet le lut et m'écrivit la lettre suivante, qui est le point de départ de nos bonnes relations. On en doit rabattre tout ce que sa modestie excessive lui suggère ; mais on y voit du moins que ce n'est pas lui qui, bien qu'il sût à fond Pascal et un peu de Nicole, avait à me guider sur le chemin de Port-Royal et à m'initier à cet ordre d'études.

« Monsieur, on vient de m'envoyer la livraison de la *Revue des Deux Mondes*, où se trouve l'article que vous avez bien voulu me consacrer. Il me serait difficile de vous exprimer tous les sentiments que j'ai éprouvés en le lisant ; je ne les démêle pas très-bien moi-même. Je ne veux pas vous dissimuler l'espèce d'effroi qui m'a saisi en me voyant tirer du demi-jour, qui me convenait si bien, vers une lumière si vive et si inattendue ; ce sentiment est excusable : il y va de trop pour moi, sous toutes sortes de sérieux rapports, d'être jugé avec une si extrême bienveillance dans un article dont vous êtes l'auteur et que vous avez signé. Il faudrait un bien grand fonds d'humilité pour en prendre facilement et vite mon parti. Cependant, monsieur, je ferais tort à la vérité, si je ne disais pas que j'ai éprouvé, au milieu de ma confusion, un vif plaisir, et je me ferais tort à moi-même si

---

[1]. L'article, précédemment cité, qui a pour titre : *Le Libéralisme chrétien. Alexandre Vinet, sa Vie et ses Œuvres.*

je dissimulais ma reconnaissance, qui a été plus vive encore et qui a fait la meilleure partie de mon plaisir. C'en est un encore, dût-il en coûter à l'amour-propre (et certes vous avez trop ménagé le mien), que de se voir étudié avec un soin si attentif; tant d'attention ressemble un peu à de l'affection; et quel profit d'ailleurs n'y a-t-il pas à être l'objet d'une si pénétrante critique? Vous semblez, monsieur, confesser les auteurs que vous critiquez; et vos conseils ont quelque chose d'intime comme ceux de la conscience. Je ferais plaisir peut-être à votre esprit de délicate observation, si je vous disais le secret historique de certains défauts de mon style et même de certaines erreurs de mon jugement. Mais vous m'avez trop généreusement donné de votre temps pour que je veuille vous en dérober; et j'aime mieux, monsieur, employer le reste de cette lettre à vous dire combien, sous d'autres rapports que ceux qui frapperont tout le monde, il m'est précieux d'avoir un moment arrêté votre attention. La mienne s'attache à vous depuis longtemps, c'est-à-dire à vos ouvrages; et quoique vous m'accusiez avec douceur de juger des hommes par leurs livres, je veux bien vous donner lieu de me le reprocher encore, et vous avouer que c'est votre pensée intime, votre vrai *moi*, qui m'attache souvent dans vos écrits. Il me semble qu'après beaucoup d'éloges un peu de sympathie doit vous plaire; j'offre la mienne à l'emploi que vous faites de votre talent, qui ne s'est pas contenté d'intéresser l'imagination et d'effleurer l'âme, mais qui veille aux intérêts sacrés de la vie humaine; et moi, qu'une espérance sérieuse a pu seule faire écrivain, je suis heureux que vous ayez reconnu en moi cette intention, que vous l'ayez aimée; et j'accepte avec reconnaissance les vœux par où vous terminez votre article. Oui, je désire être lu, et je vous remercie de m'avoir aidé à l'être; il ne m'est pas permis d'être modeste aux dépens de la cause que je sers; d'ailleurs on verra bientôt, si l'on y regarde, que ces doctrines, qui font la vraie valeur de mon livre, ne sont pas à moi.

« J'apprends, monsieur, que notre Lausanne espère obtenir de vous un Cours de littérature pour cet hiver, et ce Cours aura pour sujet *Port-Royal!* Il y a longtemps que je me réjouissais de vous lire; avec quel intérêt ne vous entendrai-je pas sur une école que je connais trop peu, mais qui m'est si chère par le peu que j'en connais!

« Veuillez agréer, monsieur, avec mes remerciements, l'hommage de ma considération respectueuse,

« VINET.

« Montreux, 27 septembre 1837. »

Le grand, l'incomparable profit moral que je retirai du voisinage de M. Vinet et de mon séjour dans ce bon pays de Vaud, ce fut de mieux comprendre, par des exemples vivants ou récents, ce que c'est que le Christianisme intérieur ; d'être plus à portée de me définir à moi-même ce que c'est, en toute communion, qu'un véritable Chrétien, un fidèle disciple du Maître, indépendamment des formes qui séparent. *Être de l'École de Jésus-Christ:* je sus désormais et de mieux en mieux ce que signifient ces paroles et le beau sens qu'elles enferment.

Pendant toute la durée de mon Cours, M. Vinet me fit l'honneur d'y assister toutes les fois que sa santé le lui permit. Il y eut, il est vrai, dans le fort de l'hiver, une assez longue interruption où la maladie et les frimas le retinrent ; mais il avait pu assister à toutes les leçons sur Saint-Cyran, et le caractère singulier et complexe de ce grand réformateur intérieur avait été pour lui toute une révélation. Il m'engageait même à publier à part un choix des belles pensées chrétiennes de Saint-Cyran.

Le Cours que je faisais se tenait dans la bibliothèque de l'Académie. Les élèves y assistaient ; mais j'avais de plus autorisé toutes les personnes de la ville à s'y rendre. Parmi mes auditeurs, j'eus souvent l'honneur de compter, indépendamment des professeurs mes collègues, M. Druey, conseiller d'État, qui depuis s'est fait une réputation politique, à la tête d'une révolution qu'il poussa avec violence, et qu'il modéra ensuite comme il put. Hégélien de doctrine, il assista notamment à mes leçons sur Malebranche, et il témoigna en être satisfait. S'il était permis de mêler un sourire à ces souvenirs sérieux, je dirais que la réunion fréquente (les lundi, mercredi et vendredi de chaque semaine), au pied de cette chaire, de la jeunesse des deux sexes, avait fini par amener de certaines rencontres, de certaines familiarités honnêtes, des railleries même comme le sexe le plus faible ne manque jamais d'en trouver le premier, quand il est en nombre, en face de l'ennemi. Plus d'un de mes élèves, dès qu'il entrait, avait, du côté des dames, un sobriquet tiré de Port-Royal et qui circulait tout bas : *Lancelot*, *Le Maître*, *Singlin*, etc. — Je ne sus tout cela que plus tard. Enfin, il y eut l'année suivante plus d'un mariage et quelques fiançailles dont on faisait remonter l'origine à ces réguliers et innocents rendez-vous que mon Cours avait procurés.... Mais ceci m'éloigne par trop de mon sujet.

A PROPOS DU DISCOURS PRÉLIMINAIRE.

(Se rapporte à la page 31.)

En revoyant d'anciens papiers, d'anciennes lettres, j'en retrouve une, entre autres, de mon ami (un intime ami d'alors) M. J.-J. Ampère. Elle se rapporte précisément à ce Discours d'introduction. On y verra avec quelle attention délicate ce monde choisi de l'Abbaye-au-Bois suivait de loin quelqu'un d'absent qui lui appartenait et qui avait été une fois accueilli dans son sein. Le Discours préliminaire par lequel j'avais ouvert mon Cours avait été publié quelques semaines après dans la *Revue des Deux Mondes,* et à cette occasion M. Ampère m'écrivait :

« (9 janvier 1838)... Nous avons lu avec un plaisir bien vif et bien général votre Discours; cela transportait un peu auprès de vous et faisait assister à votre Cours autant qu'il se peut dans l'éloignement. Tout le monde en a été très-content, y compris M. de Chateaubriand. On lui avait dénoncé une phrase comme attentatoire à la majesté du XVII siècle : c'est celle où vous montrez le XVI et le XVIII se réunissant en dépit de ce qu'il a interposé entre eux. Mme Récamier et moi avons pris la phrase pour la défendre. J'ai expliqué l'ensemble de votre pensée qui, exprimée rapidement, prêtait peut-être à une fausse interprétation. Je vous donne ces détails pour vous montrer combien le morceau a vivement préoccupé vos amis. Du reste, satisfaction complète de tous : M. et Mme Lenormant charmés, Ballanche, l'aristarque M. Paul *idem* [1]. Mme Lenormant aime particulièrement l'exposition, d'un dramatique si simple et si touchant, où Bérulle, saint Vincent de Paul et le fondateur de la Communauté de Saint-Nicolas-du-Chardonnet délibèrent sur ce qu'il y a à faire pour la religion. Mme Récamier préfère la seconde partie; elle aime aussi particulièrement le contraste de la double scène qui suivit la mort de M. de Saci et celle de la mère Agnès : ici les Sœurs, là les Messieurs pouvant seuls achever les chants. — Les gens graves louent votre style d'être plus sévère, plus simple que jamais; Le Prevost [2] est de ce nombre; il vous louait hier avec effusion, mais *cœurs incirconcis* l'arrêtait; je lui ai dit que c'était un langage reçu en thèse religieuse, et Mme Lenormant m'a appuyé. M. Lenormant est aussi dans les plus satisfaits.

« J'ai rencontré Cousin qui était très-content et réclamait seulement une plus grande place pour l'Oratoire. Quant à moi, j'espère avoir saisi mieux que personne, par l'habitude que j'ai de votre esprit et de votre âme, toute la portée de vos moindres paroles, être entré plus que personne dans tout ce que votre Discours indique et fait pressentir. Quoi que vous en disiez, tout est vôtre, bien vôtre, dans vos points de vue. Seulement, il m'a été bien doux, par moments, de trouver dans la manière de disposer votre sujet, quelque peu d'une méthode semblable. Cela m'a fait un plaisir de vanité et d'amitié tout ensemble, comme si l'on trouvait qu'un ami a pris quelque chose de notre accent par un long commerce. N'en prenez pas trop, cher S.-B., n'emprisonnez pas trop vos ailes diaprées de poëte dans mes étuis de critique. Je ne voudrais pas que dans l'ouvrage les divisions, *Politique, Philosophie, Théologie,* fussent aussi séparées. Mais je vois par le peu que vous me dites de votre Cours qu'il n'en est rien; le mélange de ces différentes choses et leur entrelacement me paraît un des charmes de votre sujet et un bonheur pour la souplesse de votre talent.... »

Il me semble que rien ne peut mieux expliquer et faire comprendre l'attrait que ce monde de Mme Récamier avait pour tous ceux qui y étaient une fois entrés. L'esprit, le cœur, le talent, l'amour-propre, tout en vous y trouvait des points d'appui multi-

---

1. M. Paul David, bien connu depuis la publication de la Correspondance de Mme Récamier.
2. M. Auguste Le Prevost, le savant antiquaire normand.

pliés, de fins et flatteurs encouragements, de légers avis enveloppés d'éloges. Rien n'était oublié de ce qui pouvait plaire et mettre de la douceur dans les moindres choses. Comment ne pas se rendre aux marques d'un intérêt si suivi, si motivé?

SUR M. LE MAITRE.

(Se rapporte à la page 482.)

Par opposition à la façon légère et cavalière dont le Père Rapin a jugé la pénitence de M. Le Maître, je me plais à mettre ici une belle page chrétienne de M. Feydeau, un des amis de Port-Royal, un ami secondaire, mais à qui la profondeur des convictions a quelquefois inspiré d'heureux accents. Adressant aux religieuses de Port-Royal, alors persécutées, une lettre de consolation datée de son propre lieu d'exil en 1680, M. Feydeau, dont les souvenirs se reportaient aux premiers temps de l'abbaye restaurée et aux hommes incomparables qui avaient répondu à l'appel et au vœu de M. de Saint-Cyran, disait dans un sentiment énergique de vérité :

« Le premier (M. Le Maître) quitta la gloire du barreau où jamais personne ne fut plus admiré par son esprit et par son éloquence; mais cherchant une autre gloire, il vint enterrer ses talents au pied de vos rochers et vint, dans vos grottes, se cacher aux yeux des hommes, afin de n'être connu que de Dieu seul. Il m'a dit qu'il ne faisoit que gémir et pleurer quand il se voyoit si excessivement loué, et qu'enfin un jour, au sortir d'une action où il avoit attiré l'admiration de tout le Palais, il se vint jeter aux pieds de M. de Saint-Cyran, le conjurant de le tirer du péril où il se voyoit par tant d'applaudissements qui ne faisoient que flatter son amour-propre et envenimer l'orgueil qui nous est si naturel et néanmoins si préjudiciable et si dangereux.

« Ce grand directeur ne lui permit pas de changer d'ambition ; il la lui fit quitter tout à fait : il ne le retira pas du barreau pour le faire monter dans la chaire ; il n'en fit pas un prêtre, selon la coutume du temps, mais un pénitent selon les règles de l'Église : la solitude, le silence et les larmes furent son partage : il fut six semaines entières sans pouvoir faire autre chose que pleurer, comme il me l'a dit lui-même, et sans parler à d'autre qu'à Dieu, ou plutôt se tenant devant lui sans rien dire, son cœur parlant assez par ses larmes.

« Ce grain de froment, tombant dans votre terre et venant à y mourir (murir?), y porta beaucoup de fruit. On commença à voir, à la lueur de l'exemple qu'il donnoit, qu'on pouvoit faire pénitence sans se faire prêtre ou religieux; et que ce n'étoit pas la voie que Dieu avoit marquée aux pénitents d'aller droit aux Ordres sacrés, où on n'admettoit autrefois que ceux qui avoient gardé la grâce du baptême et qui étoient reconnus pour innocents dans toute la conduite de leur vie. Le monde en murmuroit, mais ceux qui avoient quelque connoissance de l'esprit de l'Église et de l'amour pour ses divines règles, sentoient une consolation extraordinaire de voir que la bonté de Dieu avoit bien voulu retracer une voie que l'ignorance et la corruption du siècle avoient presque effacée, mais une voie qui étoit autrefois unique et qui au moins est la plus sûre....

« On vit aborder chez vous des flots de pénitents, qui venoient de cette mer orageuse du siècle à ce port de salut, sans se vouloir jamais rembarquer dans le monde. Il (M. Le Maître) se contenta de les fortifier par son exemple, et il me dit qu'on apprenoit à Port-Royal à se taire et non pas à parler. Il ajouta que rien ne vidoit tant le cœur que la langue; mais sa plume ne fut pas inutile aux desseins que Dieu inspiroit, etc. [1] »

Ce point de vue est le vrai, et l'on y prend l'idée juste de l'homme, réfléchie et transmise directement par un témoin qui s'inspire du même esprit.

MÉMOIRE DU PÈRE DE MONTÉZON

SUR

LES JANSÉNISTES ET LES JÉSUITES.

(Se rapporte à la page 506.)

La lecture de quelques passages[2] de l'ouvrage de M. Sainte-Beuve, intitulé *Port-Royal*, m'a suggéré les réflexions suivantes.

Pour apprécier à leur juste valeur les accusations réciproques de deux parties adverses, ne faudrait-il pas les écouter également l'une et l'autre, et n'ajouter foi à leurs allégations qu'autant et à proportion qu'elles sont appuyées de preuves convaincantes, ou pour le moins probables? Ne serait-il pas aussi conforme aux lois de l'équité et de la prudence de se placer sur le même terrain et au même point de vue que les parties dont on s'est constitué le juge?

Les Jansénistes et les Jésuites s'accusent mutuellement. Il con-

---

1. *Vies intéress. et édif. des Religieuses de Port-Royal*, tome I, p. 141.
2. Entre autres, les notes des pages 482 et 502 du tome Ier.

vient de voir : 1° quels ont été les agresseurs ; 2° quels crimes ou griefs les deux adversaires se sont imputés les uns aux autres ; 3° comment ils les ont prouvés.

1° Il est évident que les Jansénistes (dans la personne de leurs deux patriarches, Jansénius et Saint-Cyran) ont été les auteurs de la guerre. Saint-Cyran avait été élève des Jésuites ; on ne voit pas qu'il ait eu personnellement à se plaindre des disciples de saint Ignace, du moins jusqu'à l'époque où il s'est montré au grand jour leur ennemi. Il en est de même de Jansénius : le refus qu'ont fait les Jésuites de le recevoir dans leur Ordre n'est pas une injure ; c'est un droit qu'ils avaient, et dont ils ont usé du reste, à ce qu'il paraît, avec tous les égards et toutes les marques de bienveillance qu'on pouvait exiger.

Si, plus tard, Jansénius a comploté secrètement avec son ami contre la Société de Jésus ; s'il a fait deux fois le voyage d'Espagne pour desservir les Pères auprès de sa Majesté Catholique, qu'en conclure contre les Jésuites ? Lorsque le docteur de Louvain qui s'était déclaré leur adversaire fut élevé sur le siége d'Ypres, ne l'ont-ils pas accueilli avec tous les honneurs dus à sa nouvelle dignité ? lorsque, après sa mort, il fut question d'imprimer son ouvrage intitulé *Augustinus*, et composé en partie contre la doctrine des Jésuites (ce qu'ils ignoraient encore), n'est-ce pas un religieux de la Compagnie, le Père Henschénius, Bollandiste, qui a sollicité à Vienne et qui a obtenu le Privilége impérial pour le livre de l'évêque d'Ypres[1] ? A la vérité, dès que les Jésuites surent que Jansénius ne se contentait pas de condamner leurs opinions théologiques, mais qu'il osait jeter le blâme sur la doctrine de l'Église, ils ne tardèrent pas à attaquer le nouvel ouvrage. On ne peut leur contester ce droit, qui était pour eux un devoir : car la polémique contre l'hérésie est un des buts principaux de leur Institut.

En second lieu, quels sont les crimes ou griefs que les deux patriarches du Jansénisme ont reprochés aux enfants d'Ignace ? Jansénius les accuse tout simplement d'être Pélagiens ou semi-Pélagiens, c'est-à-dire hérétiques. Il est vrai qu'il fait peser la même accusation sur la presque universalité des docteurs catho-

---

[1]. Voici ce qu'écrit à ce sujet le Bollandiste Papebroeck, disciple et successeur d'Henschénius : « Rogatum fuisse (Hénschenium) a Patre Adriano Crommio pro Jacobs Zeghers, Lovaniensi typographo, privilegium Cæsareum Vienna impetrandum *Augustino Cornelii Jansenii*; quod privilegium acceperat miseratque Lovanium. » (*Annales Antuerpienses*, auctore Daniele Papebroeck, societatis Jesu, t. IV, p. 420.) Ce ne fut que plus tard, comme le rapporte le même auteur, que les Jésuites connurent par une indiscrétion du Président Rose le but que Jansénius se proposait dans son livre : « Dominus Roosen, præses concilii secretioris, aiebat : « Triumpharent nunc Jesuitæ; proditurum brevi librum, qui demonstraret eorum doctrinam totam esse Pelagianam. » (Ibidem.)

liques, mais il la dirige tout spécialement et plus directement contre les théologiens de la Compagnie de Jésus. Encore ici, des prêtres, des religieux qui ont pour fin l'exercice du ministère apostolique peuvent-ils rester insensibles et muets sous l'accusation d'hérésie?

De son côté, Saint-Cyran commence aussi la guerre contre les Jésuites, mais avec plus de violence encore, et avec d'autant moins de ménagements qu'il reste caché sous le voile du pseudonyme.

A l'entendre, les *Jésuites Molinistes*, qui ne partagent pas ses opinions (pour le moins bizarres, quand elles ne sont pas condamnables), « sont de véritables rejetons de Pélage; ce sont les inventeurs et les propagateurs de fausses doctrines, des hommes qui n'ont presque aucune connaissance de la discipline ecclésiastique, qui ont perdu tout respect pour l'autorité des prélats de l'Église, toute humilité chrétienne et toute pudeur naturelle; des ignorants qui se font un jeu de leur ignorance dans les matières importantes de la Grâce; des directeurs sans lumière et sans conscience qui font consister la piété des personnes qu'ils conduisent dans le seul usage des sacrements et dans les pratiques extérieures, sans se mettre en peine des sentiments de dévotion intérieure et de la préparation du cœur [1]. »

On pourrait croire que nous exagérons, et cependant ce n'est pas là la centième partie des griefs ou des épithètes outrageantes dont Saint-Cyran charge les Jésuites [2].

Mais 3°, quelles preuves, lui et Jansénius, apportent-ils pour justifier des imputations si graves? aucune que je sache, du moins qui soit concluante, ou qui ait quelque valeur aux yeux de l'Église. Jansénius accusait les Jésuites d'être Pélagiens, c'est-à-dire hérétiques. Son accusation est tombée à faux, et c'est lui-même qui est convaincu d'avoir enseigné en son livre des opinions hérétiques. La doctrine des Jésuites (Molinistes), Bossuet lui-même en convient, est restée intacte dans l'Église. (*Troisième Avertissement aux Protestants.*)

A cette accusation fausse et injuste d'hérésie, Saint-Cyran en ajoutait d'autres : celles de désobéissance, d'ignorance, de morale relâchée.

En preuve de cette désobéissance et de ce manque de respect envers les prélats de l'Église, Saint-Cyran allègue les démêlés survenus entre Richard Smith, vicaire apostolique en Angleterre,

---

1. *Petri Aurelii Theologi Opera* (in-f° Parisiis, 1642); *Vindiciæ adversus Spongiam*, passim.
2. Il les appelle *schismatici, theologastri, ridiculi, inepti, stolidi, scurræ, sacrilegi*, etc., etc. De leur côté, les Jésuites qui ont répondu à Petrus Aurelius n'ont guère été plus réservés dans l'emploi des épithètes injurieuses. C'était la maladie de l'époque; il faut donc passer sur la forme et ne considérer que le fond.

et les missionnaires réguliers, Bénédictins, Jésuites, etc. Or, ce fait n'est pas très-concluant contre les Jésuites, puisque le Pape Urbain VIII leur a donné gain de cause, à eux et aux autres réguliers, tout en leur recommandant d'honorer, de respecter Monseigneur de Chalcédoine et de lui rendre le tribut d'une bienveillance officieuse, quand l'occasion le demandera : *Honorem, reverentiam, officiosamque benevolentiam, quotiescumque occasio postulaverit*[1].

D'autre part, les évêques de l'Église gallicane qui intervenaient en cette affaire étaient récusables à plus d'un titre : parce qu'en cette cause ils se trouvaient juges et parties tout à la fois; parce que le différend avait été porté devant le tribunal du Pape, leur supérieur commun; et enfin parce que la condition de *Vicaire apostolique* n'avait ici aucun rapport avec celle des évêques en titre : ceux-ci ont une juridiction ordinaire et qui est fondée sur les Canons; ceux-là ont seulement des pouvoirs extraordinaires et délégués, qui n'ont d'étendue et de durée que selon la volonté du Pape qui les donne.

Pour ce qui est du second grief, d'ignorance dans la théologie, et spécialement dans les matières de la Grâce, on sait ce que cela veut dire dans la bouche d'un adversaire.

Le troisième grief concernait le relâchement dans la morale ou dans la discipline de l'Église, qu'on attribuait aux Jésuites : mais cette accusation, tant de fois renouvelée, ne repose que sur des allégations fausses ou sur des sophismes.

Et d'abord, ce serait une injustice manifeste de rendre les Jésuites responsables de quelques propositions de morale relâchée ou trop indulgente, qui ont eu cours pendant un certain temps et dans certains pays; car ces décisions trop larges, ces *subtilités casuistiques* n'ont pas eu des Jésuites pour auteurs; elles étaient communes à bon nombre de théologiens Franciscains, Dominicains, Augustins, à des membres du Clergé séculier, à des docteurs de Sorbonne; elles étaient la plupart enseignées antérieurement à l'institution même de la Compagnie de Jésus, elles étaient particulières à certains pays, à certaines écoles, où les casuistes de

---

1. Le Pape s'exprime ainsi dans son Décret : « Quum enim regulares missionarii confessiones auctoritate apostolica exceperint excepturique sint, ordinaria facultas vel approbatio eis nec fuit nec futura est necessaria. Porro autem singuli missionarii suis facultatibus et privilegiis utantur, eadem ratione, quibus ante has controversias et temporibus felicis recordationis Gregorii XV et Pauli V gavisi sunt. » On comprend la sagesse de cette décision; elle a été sentie par l'auteur de *Port-Royal* qui trouve, lui aussi, « que ce Richard Smith avait voulu être trop gallican en Angleterre, là où il suffisait d'être catholique à tout prix. » (T. Ier, p. 314.) Du reste, les démêlés que les Jésuites et autres réguliers ont eus avec des évêques roulent presque toujours sur leurs privilèges et étaient ordinairement jugés à Rome en leur faveur. Ce n'est donc pas là un crime aux yeux d'un catholique romain.

l'Institut les avaient puisées [1]. Du reste, on doit dire, à la décharge de la Compagnie, que, du moment où ces propositions de morale ont été notées ou censurées par l'Église, elles n'ont plus été enseignées par des auteurs Jésuites [2]. En outre, ces religieux ne se prétendent pas infaillibles ; tout ce qu'on peut exiger d'eux, c'est que dans l'occasion ils reconnaissent leurs erreurs, et qu'ils se soumettent au jugement de l'Église ; ils l'ont fait : en peut-on dire autant de leurs adversaires ?

Un autre sophisme, en cette matière, est de ne pas distinguer assez ce qui est d'obligation rigoureuse ou de précepte d'avec ce qui n'est que de perfection ou de conseil [3] ; en d'autres termes,

---

[1]. Saint Ignace a laissé pour règle de conduite aux théologiens et aux confesseurs de sa Compagnie de suivre les opinions les plus communes et les plus autorisées en dogme et en morale. Cette règle, d'ailleurs très-sage, n'aurait pu avoir que de bons résultats si elle eût été toujours bien comprise ; mais, au lieu de l'entendre des opinions les plus communes dans l'Église universelle, on l'appliqua aussi à des opinions qui, à la vérité, étaient les plus répandues en certains pays catholiques, mais qui n'étaient pas tout à fait exemptes de relâchement. Les Jésuites sont hommes ; ils subirent comme les autres les effets de l'influence qui dominait en ces contrées : c'est ainsi que s'explique l'approbation donnée par des théologiens de l'Ordre à des traités de morale répréhensibles en plus d'un point. Aucun livre ne devait être mis au jour sans l'approbation du Père Général : or, le Général, ne pouvant ni lire par lui-même ni faire examiner sous ses yeux tous les livres qui se publiaient en même temps dans toute la Compagnie, donnait cette commission aux Pères Provinciaux ; ceux-ci nommaient des examinateurs : mais ces examinateurs, ainsi que les auteurs des livres, étaient ordinairement de la province ou du pays où avait été composé l'ouvrage ; ils n'avaient donc les uns et les autres que les mêmes idées en morale, et s'il arrivait que dans ce pays des opinions trop larges eussent prévalu, c'étaient ces opinions, sucées en quelque sorte avec le lait, que les uns inséraient dans leurs ouvrages, et que les autres autorisaient par leur approbation. Il y a plus d'un exemple d'ouvrages approuvés par des examinateurs de province, qui ont été désapprouvés et condamnés par les supérieurs à Rome. C'est donc bien à tort qu'on attribue à tout l'Ordre ce qui n'est ordinairement que l'erreur de quelques membres de la Compagnie.

[2]. Sermon de Fénelon, du 31 juillet 1702, Manuscrits de la Bibliothèque impériale, résidu Saint-Germain, 34e paquet ; — et lettre de l'évêque d'Uzès au Procureur général de Toulouse, 13 août 1762. (Voir de l'Existence de l'Institut, par le Père de Ravignan, 7e édition, Appendice, page 212.)

[3]. Il faut se rappeler que cette distinction de deux voies, l'une des préceptes, l'autre des conseils, a été enseignée par Jésus-Christ (saint Matthieu, XIX, 17, 21, etc.), par saint Paul (Première aux Corinthiens, chap. VII), par le Concile de Nicée, par les Saints Pères, etc. Contrairement à cette doctrine communément reçue dans l'Église, les Jansénistes n'admettent (sinon par un enseignement exprès, du moins par voie de conséquence) qu'une seule voie pour tous les Élus ; et, sans la pratique de la perfection, et de la perfection entendue à leur manière, il n'y a point de salut possible. D'après ce principe, les Commandements ne suffiraient pas ; tout fidèle, c'est-à-dire tout prédestiné, devrait être parfait. Comment expliquer autrement cette proposition d'Arnauld dans le livre de la Fréquente Communion : « On ne doit admettre à la sainte table que ceux qui y apportent un amour très-pur, exempt de tout mélange. » Cela supposé, tous les fidèles, qui sont obligés sous peine de péché mortel de communier au moins à Pâques, sont donc aussi obligés d'acquérir cet amour très-pur

de confondre presque toujours la direction spirituelle avec la confession purement sacramentelle; le directeur et l'auteur ascétique qui conduisent les âmes dans la voie de la *perfection*, avec le confesseur et le casuiste dont le propre est d'enseigner au pénitent la voie du *salut*. On semble trop oublier aussi que le confesseur est juge au saint tribunal de la pénitence, et que le casuiste n'est proprement qu'un légiste. L'un prononce la sentence, il absout ou condamne : l'autre expose et développe la loi; il en indique les infractions, les châtiments, et s'il va plus loin, ce n'est pas communément pour montrer les voies de la perfection, mais pour présenter aux pécheurs les moyens indispensables au salut, la fuite des occasions, la prière, etc. Ses décisions sont pour la plupart des décisions *rigoureuses;* ce qui est *strictement* permis ou défendu par rapport au salut éternel. Le casuiste écrit pour le simple confesseur : sous un autre point de vue, non pas opposé mais plus élevé, l'auteur ascétique écrit pour les directeurs des âmes pieuses, ou même pour les âmes que Dieu appelle à la sainteté et à une plus grande perfection; il écrit encore pour tous les Chrétiens, afin de leur suggérer les moyens d'éviter le mal, de combattre et d'extirper leurs inclinations mauvaises, de pratiquer les vertus de leur état. On voit assez la différence qu'il peut y avoir entre les ouvrages des uns et des autres, et dans certaines circonstances, entre leurs décisions, comme il en existe entre la décision du Code criminel ou civil qui dit : *Cela n'est pas permis*, et la conscience de l'homme d'honneur qui dit : *Cela peut être permis, mais cela ne convient pas, cela blesse les sentiments d'honneur et de délicatesse* [1].

Chez les Jansénistes, on ne trouve pas le légiste chrétien, le simple théologien casuiste; il n'y a que le directeur ou l'ascète rigide, qui exige toujours la perfection et la plus austère perfection. La comparaison n'est donc pas possible, et elle n'est certainement pas légitime entre les docteurs jansénistes et les théolo-

---

et qui est, selon tous les auteurs, le propre des âmes très-parfaites : s'ils n'atteignent point à cette perfection, ils sont rejetés, c'est-à-dire, privés du pain de vie. Tout ou rien, dans le sens le plus absolu, semble être la devise des Jansénistes.

1. Ainsi, dans un cas où le juge devra prononcer en faveur d'un fils qui plaide contre son père, un ami tâchera de réveiller dans le cœur de ce fils des sentiments plus généreux; il l'engagera à sacrifier ses intérêts plutôt que d'affliger son vieux père. Le confesseur, lui, s'il ne peut déterminer le fils à ce sacrifice, devra peut-être l'absoudre. C'est là le cas où Jésus-Christ dit qu'*on ne doit pas achever de rompre le roseau à demi brisé, ni éteindre la mèche encore fumante*. On appellera cela tant qu'on voudra de la condescendance, des accommodements de conscience, il n'en est pas moins vrai que le confesseur qui cherche véritablement le bien spirituel et éternel de son pénitent ne devra pas le rejeter et le désespérer par une rigueur outrée, en l'éloignant des sacrements. Les Jansénistes ne connaissent pas cette indulgence; c'est fâcheux pour eux.

giens catholiques, Jésuites ou autres. Ce serait, selon les termes de l'École, *transire de genere ad genus*.

Mais, dira-t-on, les Jésuites professaient une morale douce et commode afin d'attirer à eux les gens du monde. Imputation gratuite et injuste! Quelles preuves en donne-t-on? et de quel droit va-t-on fouiller dans la conscience pour juger des intentions? D'ailleurs ces hommes qu'on se plaît à nous présenter comme si politiques et si habiles, l'auraient été bien peu en cette circonstance.

Pouvaient-ils ignorer que dans le monde, tout corrompu qu'il est, la vogue est pour ceux qui affichent, au moins dans les livres [1], une morale sévère [2]?

Ils ne l'ignoraient certainement pas; ils ont eu le courage (et il en faut ici plus qu'on ne pense) de dire la vérité en un point si délicat; ils ont eu la sagesse de ne pas outrer les obligations qui sont déjà assez étendues, et, à l'exemple de leur divin Maître, de ne pas craindre de s'exposer par là aux contradictions des langues et à toutes les malédictions des Pharisiens de la loi nouvelle.

Du reste, les Jésuites ont eu, outre le témoignage de leur conscience, l'approbation la plus honorable et la plus précieuse qu'ils pouvaient attendre; leur doctrine morale [3] a été, dans une circonstance solennelle, reconnue et déclarée par l'Église comme étant à l'abri de toute censure : il s'agit ici du jugement porté sur la Théologie morale d'Alphonse de Liguori dans le procès de sa béatification; car, quoique dans ce jugement on ne nomme pas

---

1. *Dans les livres;* car dans la pratique de la vie, je ne vois pas, *en fait de mœurs austères,* ce que les enfants de saint Ignace auraient à envier aux disciples de Jansénius ou de Saint-Cyran. Le Père Sanchez, par exemple, qui écrit son traité *De Matrimonio* dans une cellule glacée et sur la pierre, est tout aussi austère que n'importe quel Janséniste qui compose un traité de morale sévère dans une chambre commode et auprès d'un bon feu.

2. On a allégué, à la vérité, que les Jésuites avaient des docteurs pour tous les goûts; qu'ils en avaient de larges et d'accommodants; qu'ils en avaient de rigides et d'austères : mais ici on est tombé dans le sophisme que nous venons de signaler, on a confondu le directeur et l'auteur ascétique avec le confesseur et le théologien casuiste. Sans doute le confesseur est quelquefois directeur; mais alors ses décisions ne regardent plus seulement ce qui est de rigueur et de précepte, mais bien plus ce qui est de surérogation et de perfection. — Du reste, en cela, les Jésuites faisaient preuve de bon sens pratique. Ils voulaient pouvoir dire comme saint Paul : « *Omnibus debitor sum;* je me dois aux ignorants comme aux savants, aux parfaits comme aux imparfaits. »

3. Je dis *leur doctrine,* leur vraie doctrine, et non pas celle qu'on leur impute faussement, soit en falsifiant les textes de leurs théologiens, soit en rendant tout le corps de la Compagnie responsable des erreurs de quelques-uns de ses membres; erreurs qu'elle a désavouées et détestées, et que très-certainement elle n'a jamais laissé enseigner par aucun des siens, depuis qu'elles ont été notées par l'Église.

positivement les Jésuites, il n'en est pas moins vrai qu'il tombe directement sur leur doctrine morale qu'avait adoptée et enseignée le vénérable évêque de Sainte-Agathe-des-Goths. Dans l'examen de la doctrine, qui précède la sentence de béatification, on alléguait contre Liguori le *Probabilisme* qu'il avait enseigné et établi pour base de sa Théologie morale; de plus il avait suivi pour maîtres et pour guides des auteurs Jésuites, entre autres le Père Busembaüm [1]; et même il avait pris la Somme de ce dernier pour texte de ses commentaires, comme la plupart des théologiens scholastiques ont pris saint Thomas pour thème de leurs leçons. Enfin Liguori adoptait, la plupart du temps, les décisions des théologiens de la Compagnie, celles mêmes que Pascal et ses imitateurs ont marquées de leur plus noir charbon [2]. Toutes ces raisons n'ont pas empêché les examinateurs de la doctrine de l'évêque de Sainte-Agathe-des-Goths de prononcer que sa Théologie morale était sans reproche, et qu'on pouvait procéder à la béatification du vénérable serviteur de Dieu.

Nihil censura dignum est, est-il dit dans le Décret; et plus tard un autre tribunal romain déclarait que tout confesseur pouvait suivre dans la pratique, et sans autre examen, toutes les décisions que renferme la Théologie morale du bienheureux Liguori. C'était là faire une complète et solennelle apologie de la doctrine des théologiens Jésuites, et en même temps jeter un certain blâme sur les rigueurs outrées de la doctrine contraire [3].

Vainement on objecterait que cette approbation posthume et indirecte des casuistes de la Compagnie est insuffisante, puisque la doctrine de saint Liguori est la même que celle des théologiens Jésuites, et que, la vérité étant invariable, elle n'est pas autre au temps de saint Liguori qu'elle n'était au temps de Pascal et des

---

1. Busembaüm, dont le nom seul est parmi nous un épouvantail, a composé une Somme ou petit traité de Théologie morale très-remarquable par l'ordre qui règne dans tout l'ouvrage, par la justesse des définitions et la netteté des décisions. Cet auteur, il est vrai, a payé tribut à la faiblesse humaine et aux doctrines qui avaient cours de son temps et dans sa patrie (le pays de Cologne); il a reproduit quelques propositions de morale qui plus tard ont été censurées. Mais à part ces quelques taches, qui ont disparu dans les éditions postérieures, le livre de Busembaüm est resté comme un des manuels les plus utiles aux ministres du sacrement de pénitence. Quand on demandait au pape Pie VIII, de glorieuse mémoire, quel était le meilleur Abrégé de Théologie morale, il conseillait l'ouvrage du Père Busembaüm comme le plus parfait qu'il connût en ce genre.

2. Sans parler des propositions dénaturées ou falsifiées, il en est un grand nombre d'autres qui ont été attaquées par nos rigoristes français, et qui cependant ne méritent aucun blâme et continuent d'être enseignées par l'immense majorité des théologiens dans tout le monde catholique.

3. Les rigoristes l'ont bien senti, et, pour ridiculiser leurs adversaires, ils ont, sans aucun respect pour les décisions de Rome, inventé l'épithète de *Liguoristes* pour désigner ceux qui, rejetant leurs exagérations dans la morale, ont embrassé une doctrine plus conforme au véritable esprit de Jésus-Christ, celle de saint Alphonse de Liguori.

premiers antagonistes de la Compagnie. Cependant il est facile de produire une autre approbation plus formelle et plus directe donnée aux enseignements des théologiens Jésuites, même avant leur suppression. A ce moment solennel et critique où toutes les passions étaient déchaînées, où toutes les puissances étaient conjurées contre les enfants de saint Ignace, le Pape et les évêques ne balancèrent pas à prendre en main la cause de l'innocence opprimée.

Parmi les témoignages nombreux et honorables qu'ils rendirent à la vertu et à la science des religieux persécutés, on doit mettre au premier rang les éloges qu'ils firent de leur doctrine *saine* et *pure*, et propre à *réformer les mœurs, à inspirer et fortifier la piété;* telles sont les expressions qui reviennent le plus souvent dans les bulles ou brefs du Pontife suprême ainsi que dans les lettres ou mandements de ses frères dans l'Épiscopat [1]. Or, cette appréciation de la doctrine de la Compagnie de Jésus, faite par les premiers pasteurs de l'Église, seuls et vrais juges compétents en cette matière, est d'un tout autre poids aux yeux des Jésuites et de tous les Catholiques fidèles que les jugements pour la plupart dictés par la passion, la prévention ou l'ignorance, tels que pourraient en porter des hommes de parti, hérétiques ou suspects d'hérésie, ou bien des hommes du monde plus ou moins indifférents qui se prononcent avec une présomptueuse assurance sur des matières difficiles qui ne sont pas de leur ressort, et dont ils n'ont pas été à même d'acquérir une connaissance approfondie [2].

Venons maintenant aux accusations soulevées par les Jésuites contre les auteurs du Jansénisme. Mais auparavant rappelons une des règles indiquées plus haut : qu'il est bon et même nécessaire de se placer sur le même terrain et au même point de vue que les parties contendantes dont on doit apprécier les actes.

Or, dans le sujet qui nous occupe, le terrain est celui de la foi, le point de vue est celui de l'enseignement catholique : c'est là le champ clos où se livrent tous les combats; si donc, pour les ap-

---

[1]. Pour s'en convaincre, il suffit de parcourir l'ouvrage du Père Ravignan, intitulé *Clément XIII et Clément XIV*, et surtout le second volume où la plupart de ces pièces sont publiées *in extenso*. Nous indiquons ici plus spécialement les lettres des évêques de France (tome II, pages 222-311, et pages 367 et suiv.). L'unanimité avec laquelle ces prélats défendent la doctrine des Jésuites, alors en butte à tant d'attaques, est digne d'attention.

[2]. Ainsi, un écrivain très remarquable à beaucoup d'égards, M. S. de Sacy, a publié une édition de l'*Introduction à la Vie dévote*, de saint François de Sales : rien de mieux : mais le laïque, l'homme du monde n'a pu résister à la tentation d'examiner, de censurer la doctrine de l'évêque, de l'habile théologien, — d'un grand saint. Et qu'est-il arrivé? Ce qui devait être : le simple fidèle, qui voulait en remontrer à son pasteur, n'a pas bien entendu les choses mêmes qu'il s'était permis de juger.

précier, on sort de ces limites, on n'est plus ni dans le juste ni dans le vrai.

Mais, pour avoir en cette matière délicate des principes certains, et qui soient communs aux Jésuites et aux Jansénistes, choisissons un arbitre que ni les uns ni les autres ne puissent récuser. Ce sera saint Augustin : les Jansénistes se disent ses disciples, les Jésuites souscrivent volontiers à sa doctrine, telle qu'elle est entendue et enseignée dans l'Église catholique.

Saint Augustin pose ces deux principes : 1° Qu'il n'y a de vraie foi que celle qui nous vient par le ministère de l'Église catholique, et que professent à Rome les souverains Pontifes, successeurs du Chef des Apôtres ;

2° Qu'il n'y a de vraie justice, de vraie sainteté chrétienne que celle qui a pour base la foi catholique.

« Je ne croirais pas à l'Évangile, écrivait le saint Évêque d'Hippone, si je n'avais pour garant de sa divinité l'autorité de l'Église catholique [1]. » Et ailleurs : « Deux Conciles ont condamné la doctrine de Pélage ; les actes ont été envoyés au Siége apostolique, qui les a confirmés. Les décrets de Rome sont arrivés, la cause est donc finie [2]. » Le même docteur s'exprimait ainsi touchant le second principe : « Là où la foi n'est pas saine et pure, il ne peut y avoir de vraie justice [3]. » Et plus bas : « Pour être disciple de Jésus-Christ, il ne suffit pas de porter le nom de Chrétien, il faut vivre selon la vraie foi et l'enseignement catholique [4]. » Après avoir établi que les Païens, quoiqu'ils fassent des œuvres de justice, ne sont pas vraiment justes, parce qu'ils n'entrent point par la porte, qui est Jésus-Christ, le saint docteur ajoute, en parlant des sectaires de son temps : « Un grand nombre de Chrétiens veulent passer pour éclairés immédiatement par Jésus-Christ ; ce sont les hérétiques. Qu'on se garde de croire qu'ils soient entrés par la porte dans la vraie Église : car, sachez-le bien, il n'y a pas d'autre bercail de Jésus-Christ que l'Église catholique [5]. » D'où le saint docteur conclut que « tous ceux qui n'entrent point par Jésus-Christ dans l'Église catholique où l'on vit de la foi, n'entreront point par Jésus-Christ dans le royaume de la gloire où l'on

---

1. « Non crederem Evangelio, nisi me Ecclesiæ catholicæ commoveret auctoritas. » (Lib. unus contra Epist. fundamenti, n. 6.)
2. « De hac causa (Pelagii) duo concilia missa sunt ad Sedem apostolicam ; inde rescripta venerunt... Causa finita est. » (Sermo 131, *de verbis apostol.*)
3. « Ubi autem sana fides non est, non potest esse justitia, quia justus ex fide vivit. » (Sermo Domini in monte, lib. I, cap. 5.)
4. « Non Christum sequitur qui non secundum veram fidem et catholicam disciplinam *Christianus* vocatur. »
5. « Innumerabiles sunt qui se a Christo illuminatos videri volunt, sunt autem hæretici. Forte ipsi per januam intraverunt? Absit... Hoc tenete, ovile Christi esse Ecclesiam catholicam. » (*Tractat.* XLV in Joannem, n. 4 et 5.)

jouit de la vue de Dieu. » D'après ces principes de saint Augustin admis également par les deux partis[1], les Jésuites se croyaient fondés, 1° à attaquer Jansénius et ses sectateurs, parce que leur enseignement était, en plusieurs points essentiels, contraire à l'enseignement de l'Église, et que par conséquent leur foi n'était pas la vraie foi de l'Église catholique ; 2° ils se croyaient également fondés à ne pas regarder comme véritables la justice et la vertu de ces hommes qui, tout en se disant Chrétiens, ne donnaient pas pour base à leur justice la foi de l'Église catholique, selon la règle de saint Augustin : *Ubi non est sana fides, non potest esse justitia;* et selon cet autre principe : *Non sequitur Christum qui non secundum veram fidem et catholicam disciplinam Christianus vocatur.*

Le premier de ces points est évident. Quoi qu'en disent ou qu'en aient dit les partisans de Jansénius, les doctrines enseignées par l'Évêque d'Ypres sont hérétiques et condamnées comme telles par l'Église catholique ; et tous ceux qui, malgré cette condamnation, continuent de les croire et de les professer ne peuvent être regardés comme de fidèles Catholiques, mais sont réellement hérétiques, au moins dans le for intérieur de la conscience, puisqu'ils sont de fait et dans le cœur contumaces et rebelles aux décisions dogmatiques de l'Église. Je dis dans le *for intérieur*, parce que dans le for extérieur ils peuvent n'être pas hérétiques notoires ou dénoncés[2]. Tels étaient en effet, depuis la Paix dite de Clément IX,

---

1. Jansénius et ses premiers partisans (Saint-Cyran peut être excepté) admettaient ces deux principes, au moins dans la théorie et jusqu'à l'épreuve. Jansénius a enseigné formellement que sans la foi catholique il n'y a pas de vraie justice, et il s'appuie sur l'autorité de saint Augustin qui dit : « Male vivitur si de Deo non bene creditur. » (Jansenius, *de Gratia Christi*, lib. III, c. 11.) Il enseigne aussi qu'on ne peut avoir la foi vraie, celle qui justifie, si l'on n'est soumis à l'Église et au Pape, chef de l'Église ; et il confirme cette doctrine par son propre exemple. En soumettant d'avance son livre au jugement du Saint-Siége, il proteste « qu'il est résolu de prendre pour règle de ses sentiments l'Église romaine et le successeur de saint Pierre ; que l'Église est bâtie sur cette pierre, que celui qui n'édifie pas avec lui est destructeur. » (Lib. prœmialis, c. 29.) Et ailleurs : « Je suis homme, sujet à me tromper, je soumets donc mon ouvrage au jugement du Saint-Siége et de l'Église romaine, ma mère ; je reçois, je rétracte, je condamne, j'anathématise tout ce qu'elle décidera que je dois recevoir, rejeter, condamner, anathématiser. » (Epilogus omnium, p. 443 ; édition de Rouen.) — Il en était de même, au moins au commencement, des principaux disciples.

2. C'est dans ce sens que Bossuet, en parlant de Messieurs de Port-Royal et des Jansénistes de son époque (1702), disait qu'on ne pouvait pas les appeler précisément des hérétiques, parce qu'ils condamnaient (du moins extérieurement) les hérésies condamnées par l'Église ; mais le savant évêque les qualifie « au moins fauteurs d'hérétiques et schismatiques. » (*Journal* de Le Dieu, t. II, pages 388-389.) Et partout ailleurs dans ce même *Journal*, on voit que Bossuet est invariable dans son jugement des doctrines du Jansénisme. Malgré son estime pour les talents d'Arnauld, il le déclare, en particulier, « *inexcusable* d'avoir tourné toutes ses études, au fond, pour persuader au monde que la doctrine de Jansénius n'avait pas été condamnée. »

les partisans des doctrines jansénienncs : par un artifice qu'on ne saurait concevoir chez des gens qui ont tant crié contre les restrictions mentales, ils s'étaient soumis extérieurement, et en apparence *simplement*, aux décisions du Pape; mais ils protestaient en secret contre cette soumission pure et simple, et n'avaient signé le Formulaire d'Alexandre VII qu'avec les restrictions *condamnées*.

Si les disciples de Jansénius, lors même qu'ils paraissaient s'être soumis au jugement de l'Église, restaient encore attachés de cœur aux doctrines proscrites, que dire des mêmes sectaires avant leur apparente soumission? Et n'était-il pas permis de les attaquer?

Quant au premier docteur de la secte, Jansénius, les Jésuites ne remplissaient-ils pas une obligation essentielle de leur Institut en combattant sa doctrine et en s'efforçant d'en montrer tout le venin[1]? Jansénius lui-même n'avait-il pas compris qu'il venait imposer à l'Église un enseignement *nouveau* et tout autre que celui qui était donné alors par les docteurs catholiques?

Que veulent dire en effet ces confidences qu'il fait à son ami[2] : « Qu'il n'ose dire à personne du monde ce qu'il pense des opinions de son temps sur la Grâce et la Prédestination...; que ses découvertes étonneront tout le monde...; que si sa doctrine vient à être éventée, il va être décrié comme le plus extravagant rêveur qu'on ait vu...; qu'il en est effrayé...; qu'il y a bien des choses dont il n'a jamais ouï parler dans le monde...; qu'il fera en sorte que son livre ne paroisse pas de son vivant, pour ne pas s'exposer à passer sa vie dans le trouble...; qu'il ne sera pas facile de le faire passer aux juges, et surtout à Rome...; qu'il craint qu'on ne lui fasse à Rome le même tour qu'on a fait à d'autres (à Baïus); enfin, que ne pouvant espérer que son livre soit approuvé au delà des Alpes, il pense, comme Saint-Cyran, que cette affaire (l'établissement de leur doctrine) ne peut réussir qu'à l'aide d'un puissant parti, etc. »

On voit clairement dans cette Correspondance le complot que forment entre eux, contre l'Église, deux prêtres novateurs et factieux. L'auteur de *Port-Royal* a bien senti la vérité de ces conclusions, et il les a exprimées lui-même tout en paraissant vouloir les atténuer : aux yeux des Jésuites et des Catholiques, elles n'en conservent pas moins toute leur force et tout leur danger.

1. Saint Vincent de Paul allait encore plus loin : il pensait que ceux même à qui leur état ne fait pas un devoir rigoureux de démasquer les hérétiques, y sont obligés par le droit naturel : « Se taire en pareille circonstance, disait-il, c'est conniver au mal; en de pareilles causes, le silence est suspect, et nous serions coupables si par notre silence nous laissions un cours libre à l'erreur. » (Lettre de saint Vincent de Paul à M. d'Horgni, du 25 juin 1648.)
2. Jansénius à Saint-Cyran, lettres 16, 17, 21, 25, 63, 131, etc.

En résumé, les Pères de la Compagnie de Jésus voyaient en Jansénius et en Saint-Cyran non pas seulement des ennemis de leur Compagnie, mais des ennemis de l'Église, et, au point de vue de la foi, ils ne pouvaient pas les juger autrement. Que dans un tel ou tel cas particulier, ils se soient trompés et leur aient attribué, sans des motifs assez concluants, des opinions fausses ou pernicieuses, ce n'était là qu'une erreur de détail bien pardonnable à la faiblesse de l'esprit humain ; mais, pour le fond, les Jésuites étaient dans le juste et dans le vrai en tout ce qui concerne la doctrine. Sentinelles catholiques vigilantes, ils avaient sonné l'alarme : c'est qu'ils avaient d'abord reconnu l'ennemi.

Quant à Jansénius, la chose est claire et hors de doute. Il y a plus de difficulté par rapport à Saint-Cyran[1] : ses lettres à Jansénius ont été perdues; et il paraît qu'il n'a pas mis par écrit les maximes qu'il débitait à ceux qu'il croyait pouvoir gagner, et qui sont attestées par des personnes graves et dignes de foi.

Qu'il nous soit permis d'insister sur ce point. Il nous semble qu'on passe trop légèrement sur les témoignages qui chargent Saint-Cyran, et en particulier sur celui qu'en a rendu à plusieurs reprises le saint fondateur des Filles de la Charité. L'accusation soulevée par saint Vincent de Paul contre l'abbé de Saint-Cyran est si claire, si formelle; il l'a si souvent répétée et en paroles et par écrit, et avant et après la mort dudit abbé; elle est environnée de tant d'autres témoignages du plus grand poids, qu'elle est hors des atteintes de la critique la plus sévère. De plus, le témoignage unique qu'on lui oppose, celui de M. de Barcos, outre qu'il est trop intéressé pour être impartial, n'est pas en contradiction aussi formelle qu'on affecte de le penser avec les autres faits notoires et évidents. Je ne parle que des faits allégués par M. de Barcos et non des inductions qu'il en tire. Qu'allègue-t-il en effet? Que, malgré un *avertissement* que Vincent de Paul avait cru devoir donner à Saint-Cyran et une explication qu'il avait exigée de lui sur quelques points de doctrine, cet homme de charité n'avait pas rompu tout commerce avec cet ancien ami; qu'il lui avait rendu visite, à lui Barcos, dans le temps de l'arrestation de son oncle ; qu'il avait fait prévenir le prisonnier d'être sur ses gardes dans ses réponses ; qu'il évita de le charger devant M. de Laubardemont[2], et dans un entretien particulier qu'il eut avec le cardinal

---

1. On parle ici de la doctrine *personnelle* de Saint-Cyran, celle dont il était l'auteur et le propagateur; car, pour les *erreurs* de Jansénius, on sait que son ami se faisait gloire de les partager et de les répandre (Lancelot, *Mémoires touchant la Vie de M. de Saint-Cyran*, tome Ier, pages 105 et 106).

2. Ce ne put être d'ailleurs que dans un entretien non juridique : Vincent de Paul n'aurait point consenti à répondre catégoriquement devant un juge laïque.

de Richelieu[1]; qu'il le visita après sa délivrance; qu'il assista à son enterrement, ou au moins (car la phrase n'est pas nette) qu'il fut de ceux qui donnèrent de l'eau bénite au mort exposé en son logis. Il n'y a rien dans tous ces faits, pris au pied de la lettre et considérés pour ce qu'ils sont, qui ne soit d'accord avec le caractère de charité, de ménagement envers les personnes que l'on se figure si bien en saint Vincent de Paul; et qui ne soit compatible en même temps avec les craintes et les méfiances qu'il avait conçues touchant la doctrine de Saint-Cyran, méfiances qu'il exprime en mainte occasion, et qui devinrent des certitudes chez lui lorsque le temps eut développé les fruits de l'erreur. Or ces fruits se produisirent vers l'époque de la mort de Saint-Cyran, et à n'en plus pouvoir douter du moment que le Pape eut condamné le livre de Jansénius. Mais ne nous arrêtons pas aux conjectures, nous avons des preuves et des témoignages non récusables.

D'abord, M. de Montmorin, archevêque de Vienne, et M. l'abbé de Rochechouart de Chandenier, deux personnages dignes de la plus haute confiance, ont déposé, dans le *procès de la canonisation de Vincent de Paul*, que du moment où le vénérable serviteur de Dieu eut reconnu en Saint-Cyran une doctrine dangereuse et suspecte, il rompit tout commerce (du moins étroit et intime) avec lui[2]. Dès ce moment aussi le charitable Vincent ne cessa d'être en garde contre les opinions du novateur; il les suivait de l'œil en qualité de chef de Congrégation et se préparait même, dès qu'elles donnèrent prise au dehors, à les combattre et à les réfuter. J'ai vu de mes propres yeux un plan de Discours contre les doctrines de Jansénius, écrit en entier de la propre main de saint Vincent de Paul[3]. Ce Discours, qui était probablement une instruction que le Supérieur général des Lazaristes adressait aux prêtres de sa Communauté, a dû être composé de 1640 à 1643 (peut-être dans les premiers mois de cette dernière année). En voici les raisons : 1° il n'y est pas question de la première condamnation que le

---

1. Comment M. de Barcos aurait-il su tout ce qui s'est passé dans cet entretien confidentiel? Il convient lui-même n'avoir appris ce qu'il en dit que par un tiers auquel Vincent de Paul en aurait parlé.

2. La question de savoir si Vincent de Paul rompit dès lors *absolument* avec Saint-Cyran, ou s'il cessa seulement de le voir, de le visiter, et s'il fallut l'incident extraordinaire de sa prison pour qu'il lui donnât une marque d'intérêt en allant chez son neveu, est une question plus curieuse qu'importante, et qui ne change rien au fond des choses. Nous n'y insistons pas. Après une étroite amitié et des liaisons *grandissimes*, il y avait eu refroidissement marqué, interruption dans le commerce habituel: voilà le fait constant.

3. *Plan très-détaillé d'un Discours sur la Grâce*, manuscrit autographe de saint Vincent de Paul; huit grandes pages pleines (format d'agenda) in-folio, chez M. Laverdet, rue Saint-Lazare, 24. J'ignore par qui aura été acheté ce manuscrit précieux, qui était alors en vente avec d'autres pièces manuscrites de saint Vincent de Paul.

pape Urbain VIII a faite du livre de Jansénius, qui fut publiée en France dans le courant de l'année 1643; 2° on y parle de Saint-Cyran comme s'il vivait encore; et enfin il ne s'y agit nullement des cinq Propositions qui ne furent extraites que plus tard de l'*Augustinus*.

Dans cette pièce, Vincent de Paul, après avoir parlé de Baïus et de Jansénius qui n'a fait, dit-il, que reproduire les erreurs déjà condamnées de Baïus, ajoute que « les *opinions erronées* de l'évêque d'Ypres sont autorisées par M. de Saint-Cyran et les autres personnes du même parti. » Ce témoignage irrécusable de la conviction qu'avait dès lors Vincent de Paul de l'héréticité des sentiments de Saint-Cyran, est un garant certain de son éloignement final pour la personne même du novateur : ce qui n'empêche point qu'il n'ait pu observer jusqu'à la fin des ménagements de charité pour l'homme qui ne s'était trahi que par échappées; mais bientôt les conséquences qui se produisirent de toutes parts vinrent fixer les doutes de Vincent de Paul, s'il pouvait en conserver, et éclairer à ses propres yeux d'une lumière directe bien des points qui lui avaient déjà paru suspects dans les discours du mystérieux abbé : Jansénius condamné jetait du jour en arrière et ne laissait plus rien d'obscur en Saint-Cyran.

Nous ne reproduirons pas ici les maximes hétérodoxes de Saint-Cyran, telles que les Messieurs de Saint-Lazare ont certifié à plusieurs reprises les avoir recueillies de la bouche de leur saint fondateur, qui affirmait les avoir reçues lui-même en confidence de l'abbé de Saint-Cyran; nous préférons citer ces paroles ou autres semblables, telles que Vincent de Paul les a consignées dans ses lettres et autres écrits authentiques[1].

Dans une lettre que le saint fondateur de la Mission adressait, le 23 avril 1651, à l'évêque de Luçon pour l'engager à se joindre aux évêques qui demandaient au Pape la condamnation de l'*Augustinus*, on lit : « Mais, me dira quelqu'un, que gagnera-t-on quand le Pape aura prononcé, puisque ceux qui soutiennent ces nouveautés ne se soumettront pas? Cela peut être vrai de quelques-uns qui ont été de la cabale de feu N. (Saint-Cyran) qui non-seulement n'avoit pas disposition de se soumettre aux décisions du Pape, mais même ne croyoit pas aux Conciles; je le sais, Monseigneur, pour l'avoir fort pratiqué, et ceux-là se pourront obstiner comme lui, aveuglés de leur propre sens; mais pour les autres..., il en est peu qui ne s'en retirent. »

Vincent de Paul, écrivant le 25 juin 1648 à un prêtre de la Mission, M. d'Horgni, alors à Rome, lui disait : « Une seconde

---

1. Les pièces dont nous allons donner des citations se trouvent dans les deux historiens de saint Vincent de Paul, Abelly et Collet, lesquels ont travaillé sur les Mémoires que leur ont fournis Messieurs de Saint-Lazare.

raison que j'ai de condamner les opinions nouvelles (des Jansénistes), c'est la connoissance que j'ai eue du dessein de l'auteur de ces opinions (Saint-Cyran) d'anéantir l'état présent de l'Église et de la remettre en son pouvoir. Il me dit un jour que le dessein de Dieu étoit de ruiner l'Église présente, et que ceux qui s'employoient pour la soutenir faisoient contre son dessein ; et comme je lui dis que c'étoient pour l'ordinaire les prétextes que prenoient les hérésiarques comme Calvin, il me repartit que Calvin n'avoit pas mal fait en tout ce qu'il avoit entrepris, mais qu'il s'étoit mal défendu. »

Et dans une autre lettre écrite au même abbé d'Horgni le 10 septembre 1648, saint Vincent disait « que le fond des maximes de l'auteur de toutes ces doctrines (Saint-Cyran) étoit de réduire l'Église en ses premiers usages, disant que l'Église a cessé d'être depuis ce temps-là. » Et il ajoutait : « Deux des coryphées de ces opinions ont dit à la mère de Sainte-Marie de Paris, laquelle on leur avoit fait espérer qu'ils pourroient attirer à leurs opinions, qu'il y a cinq cents ans qu'il n'y a point d'Église : elle me l'a dit et écrit. »
— Et un peu plus loin, parlant du livre de *la Fréquente Communion* du docteur Arnauld, il disait encore : « M. Arnauld croit qu'il est nécessaire de différer l'absolution pour tous les péchés mortels jusqu'à l'accomplissement de la pénitence. Et n'ai-je pas vu faire pratiquer cela par M. de Saint-Cyran? et ne le fait-on pas encore à l'égard de ceux qui se livrent à la conduite du parti? »

On voit par l'*Interrogatoire* de Saint-Cyran, publié dans le *Recueil d'Utrecht* (1740), que dans la séance X[e] on interrogea le prisonnier de Vincennes sur les fausses maximes que lui reproche ici Vincent de Paul; on y voit aussi que Saint-Cyran nia tout absolument. Le fondateur de la Mission, dans sa première lettre à M. d'Horgni, fait entendre quelle foi on doit accorder aux dénégations du second Patriarche du Jansénisme : « J'ai ouï dire à feu M. de Saint-Cyran que s'il avoit dit dans une chambre des vérités à des personnes qui en seroient capables, et qu'il passât dans une autre où il en trouveroit d'autres qui ne le seroient pas, il leur diroit le contraire : il prétendoit même que Notre-Seigneur en usoit de la sorte, et recommandoit qu'on fît de même. »

Enfin, pour ne rien négliger des témoignages importants en cette matière, en voici un du plus grand poids : c'est un certificat donné par M. Pallu, évêque d'Héliopolis[1], et qui a été imprimé dans le Recueil des pièces présentées au Pape en 1727 dans la cause du bienheureux Vincent de Paul. On y lit ce qui suit :

« Étant allé à Saint-Lazare en l'année 1660, dit M. Pallu, rendre

---

1. C'est ce M. Pallu qui fut le premier vicaire apostolique en Chine, et dont Fénelon a fait un si magnifique éloge en son Discours pour l'Épiphanie.

visite à M. Vincent, il me parla fort au long des mauvais sentiments de feu l'abbé de Saint-Cyran. « Un jour, me dit-il, qu'il « avançoit certaines propositions hérétiques, je lui représentai « qu'il entroit dans les sentiments de Calvin. » — « Calvin, me « répondit-il, a fort bien attaqué l'Église, mais il s'est mal dé- « fendu. » — « Cet abbé, continua M. Vincent, n'avoit ni estime, « ni respect pour le Concile de Trente; ce n'avoit été, selon lui, « qu'une assemblée de Religieux. » Il m'ajouta que ce qui lui faisoit plus d'horreur est que cet abbé lui dit un jour que, dans sa méditation, Dieu lui avoit fait voir clairement qu'il n'agréoit plus son Église telle qu'elle étoit, et que ceux qui entreprendroient de la défendre iroient formellement contre la volonté divine : « Enfin, dit M. Vincent, je vous proteste que vous ne vîtes « jamais homme aussi superbe ni aussi attaché à son propre sens. »

Après tant de preuves, peut-on douter des sentiments de répulsion que contracta à partir d'un certain jour et que conserva jusqu'à la mort, à l'égard de l'abbé de Saint-Cyran, le vénérable supérieur de la Mission? On doit aussi remarquer que Vincent de Paul n'ayant fait part des confidences dudit abbé qu'à quelques prêtres de sa Communauté, cependant l'évêque de Langres, M. Caulet, et les autres témoins, dont certainement la plupart n'avaient pu s'entendre ensemble, se trouvent tous d'accord pour imputer à l'accusé les mêmes maximes dangereuses que lui a reprochées saint Vincent de Paul. Peut-on s'étonner après cela si les Jésuites se sont crus autorisés à ne voir dans l'ami de Jansénius qu'un homme de doctrine mauvaise ou suspecte?

Rappelons encore deux principes qui s'appliquent parfaitement à la matière que nous traitons. D'après la maxime des sages, on doit prendre en bonne part les paroles d'un homme, fidèle catholique, et connu comme tel, bien que dans ses paroles on remarquât quelque chose de peu exact. Au contraire, si on sait avec certitude qu'une personne est hérétique ou seulement suspecte d'hérésie, on peut et même on doit examiner plus sévèrement ses paroles ou ses écrits; et communément il n'est pas interdit de leur attribuer le sens mauvais qui, d'ailleurs, serait conforme aux erreurs, déjà connues, de cette personne. Tel est le cas présent. Saint-Cyran soutenait une doctrine hérétique, déjà condamnée dans Baïus; le fait est certain. De plus, il avait débité des maximes ou hérétiques ou approchant de l'hérésie; cela n'est pas moins évident par les témoignages de saint Vincent de Paul et des autres. Il était permis à des théologiens d'examiner avec une critique rigoureuse les écrits du novateur et de chercher à en découvrir le venin caché : voilà le *droit*. Qu'en faisant cet examen il arrive qu'on se trompe quelquefois et qu'on aille au delà des bornes, c'est un *fait* qu'il faut attribuer aux faibles lumières de l'esprit humain.

On objectera peut-être : S'il est permis de juger sévèrement la doctrine, l'est-il également de juger sévèrement la personne, et d'interpréter ses actions et, qui plus est, ses sentiments en mauvaise part? Généralement parlant, non. Toutefois, quand il s'agit des vertus ou autrement de la justice chrétienne, non-seulement ce n'est pas un crime, mais bien plutôt un devoir de déclarer que les vertus et la justice de l'homme hérétique ne sont pas de vraies vertus ni une justice véritable et chrétienne. Cette règle est admise par les Jansénistes eux-mêmes. Les Jésuites avaient donc encore ici un droit réel de suspecter la vertu et la sainteté de leurs adversaires; ils pouvaient leur adresser un argument *ad hominem* :

« D'après vos principes, pouvaient-ils leur dire, il n'y a de vraies vertus que dans ceux qui ont la foi vraie et catholique, et qui possèdent en eux la Grâce surnaturelle ou la charité[1] : or vous, qui êtes rebelles et contumaces aux décisions de l'Église, vous n'avez pas la vraie foi, la chose est évidente; vous n'avez pas non plus la charité ou la Grâce, car la foi est le fondement nécessaire des autres vertus chrétiennes : donc vous n'avez pas de vraies vertus; donc votre justice n'est pas une justice vraie et chrétienne ; donc votre sainteté n'est qu'apparente, et c'est un masque sous lequel vous cachez vos erreurs. » — Qu'on le remarque bien, nous raisonnons ici d'après les principes catholiques, les principes de saint Augustin, admis également par les deux partis.

Appliquons les mêmes principes aux deux notes du livre de *Port-Royal* dont nous avons parlé en commençant. On lit dans la note 1 (tome Ier, livre II, page 502) « que les *actes de l'information* n'ont rien, après tout, de si aggravant contre M. de Saint-Cyran. Ce sont la plupart du temps des propos absolus ou mal compris, des mots couverts et prudents (*propter metum Judæorum*) méchamment ou bêtement interprétés! »

Méchamment interprétés nous semble injuste. Si *méchamment* tombe sur l'intention de ceux qui interprètent, c'est un jugement téméraire, gratuit et sans preuve; et de quel droit va-t-on fouiller dans la conscience et juger des intentions? Si *méchamment* regarde le sens mauvais qu'on découvre ou qu'on croit découvrir dans les paroles ambiguës ou entortillées d'un auteur, cette expression manque encore de justesse; on n'est pas méchant quand on use de son droit, et qu'on cherche à démasquer des doctrines suspectes et dangereuses. *Bêtement interprétés!* pas si *bêtement*,

---

1. La Grâce surnaturelle, c'est-à-dire la *Grâce sanctifiante*, n'est pas, à proprement parler, la même chose que la charité; mais, comme on ne peut avoir l'une sans l'autre, il semble permis de les confondre en quelques rencontres.

ce nous semble! Nous connaissons un écrivain très-spirituel qui n'a pas autrement compris ni interprété les doctrines de l'abbé de Saint-Cyran que ceux qu'on accuse ici d'injustice ou d'erreur. Pour s'en convaincre, il suffit de consulter M. S.-B. lui-même, à la page 507 du premier tome de son *Port-Royal;* il raconte que Vincent de Paul tenté sur sa foi par Saint-Cyran, et après lui avoir opposé inutilement l'autorité du Concile de Trente, se mit, au lieu de lui répondre, à réciter tout bas son *Credo:* sur quoi l'ingénieux auteur ajoute : « Saint-Cyran, lui, cherchait à saisir la pensée, le mouvement actuel de Dieu dans l'oraison ; saint Vincent de Paul faisait taire son raisonnement humain dans son *Credo.* »

Ce qui peut se traduire ainsi en langage catholique : « Tandis que saint Vincent se soumettait intérieurement au jugement de l'Église, Saint-Cyran au contraire ne reconnaissait d'autre règle de foi et de doctrine qu'une prétendue inspiration lui venant immédiatement de Dieu, laquelle, à des yeux catholiques, ne peut être que l'esprit particulier de Calvin ou l'*illuminisme* fanatique des Quakers. »

Rien que cette maxime (de se diriger par inspiration), qui du reste a été alléguée parmi les charges contre Saint-Cyran, au moins en termes équivalents [1], renfermerait, à elle seule, la preuve de toutes les autres accusations et des interprétations qu'on a faites des paroles ambiguës et des phrases entortillées du novateur. En effet, si Saint-Cyran reçoit immédiatement de Dieu la vraie doctrine du salut, ou s'il a un don spécial d'interpréter l'Écriture et les Saints Pères des douze premiers siècles, il en résulte qu'il peut se passer des théologiens, des Papes, des Conciles, et qu'il est juge en dernier ressort de tout ce qui concerne

---

1. On lit dans la déposition de l'abbé de Prières : « Dit (le déposant) avoir diverses fois ouï dire audit sieur Saint-Cyran qu'il n'apprenoit pas ses maximes dans les livres, mais qu'il les lisoit dans Dieu qui est la Vérité même, et qu'il se conduisoit en tout suivant les lumières, inspirations et sentiments intérieurs que Dieu lui donnoit. » — Dans celle de M. de Pormorant : « Que M. de Saint-Cyran lui auroit dit que, lui, sieur de Saint-Cyran, avoit les véritables lumières de l'Évangile et la parfaite intelligence des écrits de saint Paul, déplorant la condition des hommes, et donnant à entendre audit déposant que tous les hommes étoient dans les ténèbres et qu'ils suivoient des voies toutes éloignées de la Vérité. » — Dans celle de M. Caulet : « Dit bien savoir que ceux qui se sont soumis à la conduite du sieur de Saint Cyran ont été par lui réduits à n'avoir communion qu'avec lui seul, et qu'il prend un empire si fort et si rigoureux sur eux qu'il leur ôte les deux seuls moyens que l'homme a pour discerner la vérité d'avec le mensonge, savoir la raison et l'autorité. Il leur ôte le premier en leur défendant l'usage de la raison pour examiner la nouveauté de ses maximes ; il ôte le second en les séparant de la société des hommes, et, leur faisant croire que tout le monde se trompe, il en défend la communication. »

le dogme, la morale et la discipline de l'Église[1]. Nous avons encore ici pour interprète fidèle et impartial des vraies doctrines de Saint-Cyran l'auteur de *Port-Royal*; au tome premier, page 318, note 3, on lit : « Sous air de maintenir la prérogative extérieure et les droits de l'Épiscopat, *Aurelius* revenait en bien des endroits sur la nécessité de l'*Esprit intérieur, qui était tout*. Un seul péché mortel contre la chasteté destitue, selon lui, l'évêque.... La pensée du juste, en s'appliquant autant qu'elle peut à la lumière directe de la foi, y voit comme dans le miroir même de la céleste gloire. Ainsi se posait par degrés, dans l'arrière-fond de cette doctrine, l'*omnipotence spirituelle* du véritable élu. Derrière l'échafaudage de la discipline qu'il se piquait de relever, Saint-Cyran érigeait donc sous main l'idéal de son Évêque *intérieur*, du *Directeur* en un mot : ce qu'il sera lui-même en personne dans un instant! » Ailleurs le même écrivain signale avec une rare sagacité la différence essentielle qui existe entre le Protestantisme et le Jansénisme. A propos d'une lettre où Saint-Cyran parle de la nécessité du Directeur, M. S.-B. ajoute : « On achève de bien saisir, ce me semble, le système théocratique particulier à M. de Saint-Cyran : non pas chaque fidèle Pape comme chez les Réformés, non pas chaque prêtre ordinaire[2] suffisant comme chez les Catholiques tout à fait romains, mais chaque vrai prêtre (entre dix mille) directeur, chaque directeur Pape, et toute l'Église en lui, quand il a l'inspiration directe. Le Jansénisme organique, à son plus grand état de simplicité et d'originalité, est là[3]. » Et voilà précisément pourquoi les Jésuites rejetaient le Jansénisme ; voilà pourquoi ils attaquaient en particulier les doctrines de Saint-Cyran qui établissait le *Directeur* non pas seulement comme dans l'Église catholique pour instruire et diriger les âmes dans les voies de la piété, mais pour être l'unique docteur de ses pénitents,

---

1. Dans une lettre que Saint-Cyran écrivait à un personnage de grande qualité, on lit : « Suffit que je fais profession de ne savoir rien que ce que l'Église de douze cents ans (des douze premiers siècles) m'a appris, et que j'ai connu tous les siècles et ai parlé à tous les grands successeurs des Apôtres pour recevoir instruction d'eux, et ne mêler rien de mon sens avec le sens de l'esprit de Dieu qui nous a instruits par Jésus-Christ! » Il poursuit, en condamnant comme fausse toute autre doctrine qui n'est pas conforme à la sienne. Selon lui, l'Église des derniers siècles n'existe pas ; ce n'est qu'un simulacre d'Église.
2. Oui, chaque prêtre *ordinaire* en *communion avec le Pape* et approuvé par son évêque est suffisant pour les fonctions communes du sacerdoce. Saint François de Sales disait : « Choisissez un confesseur (celui qui doit vous absoudre) entre *mille*, mais choisissez un directeur (celui qui doit vous conduire dans les voies de la sainteté) entre *dix mille*. »
3. *Port-Royal*, tome Ier, page 459. — Voir dans le même ouvrage, tome Ier, pages 290, 294, et ailleurs, maint endroit où M. S.-B. confirme par son propre témoignage tout ce que les Catholiques ont dit de l'hétérodoxie de l'abbé de Saint-Cyran.

pour être, à leur égard, l'unique oracle de la vérité auquel ils dussent se soumettre.

C'est aussi pour la même raison, et suivant les principes de saint Augustin et de tous les théologiens catholiques, que les Jésuites refusaient de reconnaître dans la piété et dans les œuvres de Saint-Cyran une piété véritable et de véritables vertus chrétiennes. Nous touchons ici un point délicat et qui a fourni à M. S.-B. la matière d'un reproche sanglant contre les adversaires de Du Verger de Hauranne. A l'endroit où Lancelot parle avec admiration des pensées de haute spiritualité que Dieu aurait communiquées à Saint-Cyran, M. S.-B. a mis la note suivante : « Ce que le récit de Lancelot nous montre là dans son vrai sens, à l'état de justesse et de sublimité, se travestissait *ridiculement* ou *odieusement* dans les récits de ses adversaires [1]. » Nous en demandons pardon à M. S.-B., et nous le prions de nous dire ce que des Catholiques doivent penser des communications divines faites à un homme qui, de sa propre autorité, se pose en arbitre de la foi et de la morale ; qui rejette en partie la doctrine enseignée par l'Église catholique ; qui vient opposer à cet enseignement de nouveaux dogmes ? Les Catholiques ne doivent-ils pas penser que cet homme est, selon le langage de l'Écriture, un faux prophète, qui se dit envoyé de Dieu et que Dieu n'a pas envoyé [2] ? Ne doivent-ils pas se rappeler aussi les paroles de saint Paul : « Que si quelqu'un, dit l'Apôtre, fût-ce même un Ange descendu du ciel, vient vous annoncer une doctrine autre que celle que je vous ai enseignée, qu'il soit anathème ! » D'après cela est-il si *ridicule* et si *odieux* que des docteurs catholiques traitent, selon les principes catholiques, de visions et d'impostures les prétendues inspirations d'un homme qui vient déclamer contre l'Église catholique et contre sa doctrine ?

On ajoutera peut-être qu'il est misérable de voir les adversaires de Saint-Cyran accueillir tous les propos qui ont été tenus sur son compte, ramasser et commenter au long les griefs qui lui ont été imputés. Sans entreprendre ici de justifier dans le détail la conduite de ceux qui ont écrit contre le nouveau réformateur, je me contente de dire que dans le fond ils usaient d'un droit, et qu'on peut même dire qu'ils remplissaient un devoir. Rien n'est plus séduisant, en effet, pour le commun des hommes qu'un extérieur de vertu et de sainteté en ceux qui propagent de nouvelles doctrines, en ces apôtres de l'erreur qui, selon la parole de saint Paul, ont les dehors de la piété sans en avoir la vertu, et qui, par des discours pleins d'artifices et d'une fausse spiritualité, séduisent les cœurs des personnes innocentes.

Que le Père Rapin ou tout autre aient excédé en ce point, qu'ils

---

[1]. *Port-Royal*, tome Ier, liv. II, page 482.
[2]. Ézéchiel, ch. XIII, 6, 8 ; XXII, 28.

se soient trompés quelquefois, cela est possible, mais on ne peut dire sans témérité et sans injustice que ces prêtres, ces religieux qui ont attaqué Saint-Cyran en aient agi de la sorte par malice ou par un autre principe condamnable. Dieu seul voit ce qui est dans la conscience de l'homme ; il est le seul juge des intentions. Je demande donc : Si on se sent porté à croire que Jansénius, Saint-Cyran, ou tout autre, sont dans la bonne foi en faisant la guerre aux Jésuites et que, selon l'expression de l'Écriture, ils s'imaginent agir en cela pour le service de Dieu (*Obsequium arbitrentur se præstare Deo*), pourquoi n'aurait-on pas la même opinion des Jésuites ou autres docteurs catholiques, qui, eux aussi, croient en conscience devoir s'opposer aux progrès des doctrines Jansséniennes ?

Résumons : les Jésuites n'ont pas été les agresseurs ; on les a attaqués à faux sur le dogme et sur les principes généraux de discipline et de morale ; les Jésuites, s'ils ont enseigné quelques erreurs de détail, les ont condamnées eux-mêmes dès qu'elles ont été condamnées par l'Église. Les Jésuites ont eu pour protecteurs et pour amis tous les saints dont l'Église s'honore dans les derniers siècles, saint Charles Borromée, saint François de Sales, sainte Thérèse, saint Alphonse de Liguori ; les Jésuites ont eu pour eux la partie saine et catholique de l'Église. N'ont-ils donc pas quelque droit, à moins de preuve du contraire, à ce qu'on ne suspecte pas leurs intentions et qu'on ne leur en prête point gratuitement de passionnées ou de condamnables ?

Les Jansénistes ont inondé le monde de leurs écrits, tantôt pour se vanter eux-mêmes et pour noircir leurs adversaires, tantôt pour se plaindre de ce que (c'était leur refrain habituel) on les persécutait, on les calomniait toujours. Les Jésuites ont peu écrit, au moins à proportion, surtout pour se défendre eux-mêmes : ils comptaient sur la justice de leur cause, sur la droiture de leurs intentions, sur l'estime des honnêtes gens ; et jusqu'à un certain point, en cela, ils ont eu tort. L'accusation la moins fondée, l'assertion la plus dépourvue de vérité, à force d'être répétées, se transforment à la fin pour le grand nombre en faits incontestables, en certitudes historiques.

Mais, afin d'avoir, en cette affaire, une idée juste et non controuvée des vrais sentiments des Jésuites et des Jansénistes, entrons pour un moment dans l'*intérieur* des uns et des autres ; voyons, entendons et comparons ce qu'ils écrivent, ce qu'ils disent de part et d'autre dans leur intimité, quels sont leurs entretiens privés, leurs correspondances secrètes.

Dans des *Mémoires* où sont consignés des détails circonstanciés sur les premiers habitants de Port-Royal[1], on raconte que,

---

1. *Mémoires pour servir à l'Histoire de Port-Royal et à la Vie de la*

lorsque M. Arnauld fut venu annoncer à sa sœur, la mère Angélique, la condamnation des cinq Propositions, celle-ci dit entre autres choses : « Il me semble que notre siècle n'étoit pas digne de voir un aussi grand miracle qu'auroit été celui que cinq particuliers envoyés à Rome (qui, bien que pieux et zélés pour la vérité, ne sont pas des Saints qui fassent des miracles) eussent pu, eux seuls, être assez puissants pour résister à toutes les intrigues et les cabales des Molinistes, à toutes les poursuites de M. Hallier, à toutes les lettres de la Reine, et à *toute la corruption de la Cour de Rome* (sic). Il ne faut pourtant pas perdre courage. L'orgueil des ennemis passera jusqu'à l'insolence ; ils n'étoient pas encore assez superbes, ni nous assez humbles. Dieu a assez de voies pour les rabattre ! »

Puis M. Le Maître, qui est auteur de cette Relation, ajoute que, la mère Angélique lui ayant appris cette nouvelle, il en fut fort surpris et lui dit : « Vous aviez bien raison, ma Mère, de me dire il y a huit jours que cette audience qu'on avoit donnée à M. de Lalane et au Père Des Mares pouvoit être une fourberie[1], et qu'on vouloit se jouer d'eux et pouvoir dire qu'on ne les a condamnés qu'après les avoir entendus, quoique la condamnation fût faite peut-être dès auparavant : *Derideture justi simplicitas.* »
— « Il est vrai, me dit-elle, mais nous ne devons pas pourtant quitter notre simplicité pour leurs finesses. La Grâce du Fils de Dieu a été toujours attaquée *par des hypocrites et par des fourbes....* »

Dans le cours du même entretien, M. Le Maître ajouta qu'on était à la veille de voir l'effet de deux prédictions qui annonçaient une violente persécution pour *la vérité ecclésiastique*, et pendant laquelle un fameux directeur d'alors[2] devait être du nombre des *persécuteurs*. Il lui semblait, poursuivait-il, « qu'il pourroit y avoir du sang répandu. » Une sœur qui était présente s'écria : « Du sang répandu, ma Mère ! Quoi ! on nous tueroit nos Pères ? Cela seroit bien affligeant. » — Et plus loin : « Le dimanche 6 du même mois, elle (la mère Angélique) nous dit : « Plus je considère cette affaire devant Dieu, plus j'espère de sa miséricorde. Les Jésuites et la Cour ont beau faire, la Vérité ne périra point. Nous sommes exposés à leurs injures et à leurs violences, parce que nous sommes gouvernés par les défenseurs de la Grâce du Fils de Dieu, comme sainte Eustoquie et sa mère Paule et les religieuses leurs compa-

---

Révérende Mère Marie-Angélique Arnauld, 3 vol. in-12 ; Utrecht, 1742 ; au tome II, pages 362 et suivantes.

1. Il faut savoir que l'auteur de la *fourberie*, dont il est ici question, n'est autre que le souverain pontife Innocent X. Voilà le respect que les prétendus disciples de saint Augustin avaient pour le chef de l'Église, le vicaire de Jésus-Christ sur la terre !

2. Saint Vincent de Paul.

gnes, avec les serviteurs de Dieu du monastère de Bethléem, qui étoient gouvernés par le prêtre Jérôme, défenseur de la Grâce contre les religieux Pélagiens, furent exposés à la cruauté de ces moines qui brûlèrent les logements du monastère, tuèrent et estropièrent diverses personnes.... [1] »

Mais pendant ce temps-là, que faisaient les Jésuites, ces hommes qu'on dépeint ici sous de si odieuses couleurs, ces ennemis de la Grâce de Jésus-Christ, ces cruels persécuteurs de vierges pieuses et timides? Le Général de leur Compagnie, qui, comme on l'a dit tant de fois, sait se faire obéir, adressait, après la publication de la Bulle d'Innocent X, une lettre circulaire aux Provinciaux de France dans laquelle, en leur parlant de la condamnation du livre et des doctrines de Jansénius, et de la joie que cette nouvelle devait causer aux religieux de la Compagnie, il ajoutait : « Mais je veux que vous recommandiez expressément à tous les nôtres de contenir l'expression de leurs sentiments dans les bornes d'une joie chrétienne, en sorte que nous ne paroissions pas le moins du monde insulter à ceux qui s'étoient montrés en ce point nos adversaires. Outre que cette conduite seroit tout à fait opposée à la modération religieuse, elle seroit peu propre à ramener les esprits à la saine doctrine, et loin de les rendre plus doux et plus traitables, elle ne feroit que les aigrir davantage [2]. »

1. *Mémoires pour servir...*, tome II, page 369. — Ces entretiens fanatiques et capables d'exalter les têtes de pauvres filles cloîtrées avaient lieu du 2 au 6 juillet 1653; et cependant le 22 août suivant, la mère Angélique, écrivant au confesseur de la reine de Pologne et lui parlant de la soumission qu'elle et ses religieuses devaient avoir pour les décisions du Pape, ajoutait : « Je vous puis assurer que hors moi qui, par l'obligation de ma charge, suis contrainte de parler quelquefois à ceux de dehors, et par conséquent d'entendre ce que l'on dit, pas une de nos sœurs n'en a connoissance. » Comment concilier ces dernières paroles avec les entretiens que la mère Angélique avait avec ses filles (ou pour le moins devant quelques-unes de ses filles) sur la Bulle, sur ses effets et sur ses conséquences présumées? Et ces protestations de soumission, en matière de foi, à l'Église et à son Chef, comment les concilier avec les jugements téméraires et outrageux qu'on vient d'entendre sur le chef de l'Église?

2. Le Père Nickel, prédécesseur du Père Oliva, écrivait cela dans sa Circulaire adressée aux Provinciaux de France après la condamnation de l'*Augustinus* de Jansénius; la voici textuellement :

« 16° junii 1653.

« Quod diu fuit in votis singulari Dei beneficio assecuti tandem sumus, dum Suæ Sanctitati placuit de dogmatis illis statuere quorum virus multorum jam animos infecerat : habet quidem Societas nostra amplam lætandi materiam, quæ prima nascentis mali initia indagavit, patefecit, protulit. At Reverentiam Vestram plurimum suis commendare velim, ut hic sensus ita intra christianæ lætitiæ fines contineatur, ut æmulis nostris hac in parte insultare minime videamur. Præterquam quod, cum istud a religiosa modestia maxime alienum est, parum esset idoneum revocandis eorum ad sanam doctrinam animis, quos non modo non conciliaret sed exulceraret magis. »

Ce qui est remarquable et ne doit cependant pas surprendre, c'est qu'en même temps le saint instituteur de la Mission, Vincent de Paul, tenait le même langage que le Général des Jésuites.

On lit dans sa Vie écrite par Abelly : « Aussitôt que la Constitution d'Innocent X eut été apportée en France, M. Vincent pensant en lui-même au moyen de tirer le fruit qu'on espéroit de sa publication, qui étoit la réduction et réunion des esprits qui s'étoient laissé surprendre au faux éclat de cette nouvelle doctrine, il s'avisa d'aller rendre visite aux Supérieurs de quelques maisons religieuses, et à quelques docteurs et autres personnes considérables, qui avoient témoigné plus de zèle en cette affaire, afin de les conjurer de contribuer en tout ce qu'ils pourroient de leur côté pour la réconciliation du parti vaincu. Il leur dit que pour cela il estimoit qu'il falloit se contenir et se modérer dans les témoignages publics de leur joie, et ne rien avancer en leurs sermons ni en leurs entretiens et conversations, qui pût tourner à la confusion de ceux qui avoient soutenu la doctrine condamnée de Jansénius, *de peur de les aigrir davantage au lieu de les gagner.* » Ainsi, on le voit, saint Vincent de Paul qui, comme les Jésuites [1], est décoré par Messieurs de Port-Royal du nom de *persécuteur*, partage aussi avec eux les mêmes intentions charitables de les éclairer, de les ramener aux doctrines saines et à la soumission à l'Église. Eux tous, ils ne voulaient pas *tuer le malade*, mais le guérir [2].

Pour se convaincre encore mieux que le seul désir de combattre l'erreur, de sauver les âmes, et non de persécuter les personnes, est le vrai but que se proposent les Jésuites dans leurs combats contre le Jansénisme, qu'on écoute de nouveau ce que disent les Supérieurs de l'Ordre dans le secret d'une Correspondance confidentielle.

Le 16 avril 1663, le Père Annat, confesseur de Louis XIV, écrivait au Père Oliva, Général de la Compagnie de Jésus, pour le consulter sur ce qu'il y avait à faire par rapport au Jansénisme. Nous donnerons textuellement sa lettre avec la réponse qu'y fit le Général. On va voir que le Père Annat, dont les Jansénistes ont

---

1. *Vie de saint Vincent de Paul*, par Abelly, chapitre XII. Il semblerait que le supérieur des Lazaristes ait copié (ce qui n'est certes pas) les paroles du Général des Jésuites. M. Olier, autre *persécuteur*, parlait de même.

2. Les intentions de Jansénius et de Saint-Cyran, à l'égard des Jésuites, étaient loin d'être aussi bienveillantes. Dans la lettre 124ᵉ de Jansénius à son ami, où il est parlé de la controverse entre Saint-Cyran et les Jésuites anglais sous le voile de l'allégorie, les Jésuites sont le *malade* ou le *frénétique*, Saint-Cyran est le *médecin* ; et à ce propos Jansénius dit crument et durement « que le médecin a bien montré sa capacité ; mais que la recette est malicieuse, *y ayant du poison dedans pour tuer le malade.* »

affecté de parler avec tant de mépris, s'exprime d'une manière pleine de prévoyance et de sens :

« Je soumets à Votre Paternité la résolution d'un problème qui nous occupe depuis longtemps : Est-il à propos d'écrire contre les Jansénistes? Les uns le nient et donnent pour raison qu'après la condamnation solennelle de cette doctrine, c'est devenu inutile; il peut être dangereux de les pousser à répondre à nos attaques; ils se tairont bientôt si on ne les agace pas. Les autres, au contraire, soutiennent, comme fait d'expérience, que les Jansénistes par notre silence, n'en deviendront que plus audacieux et plus impudents menteurs : loin d'apprendre à se taire par notre exemple, ils n'en seront que plus prompts à écrire contre nous par l'espoir de ne rencontrer aucune contradiction. Depuis trois ans personne des nôtres n'a écrit, que je sache, contre les Jansénistes : depuis ce temps ils ont publié une telle quantité de livres et de libelles que je pourrois à peine en faire le catalogue. Il y a peu de jours ils ont publié un *Manuel* qu'ils appellent *catholique*, dans lequel on se rit de la Constitution d'Innocent X; Alexandre VII n'est pas plus respecté; l'autorité du Saint-Siége apostolique, en matière de controverse, y est indignement traitée. Déjà avoient paru deux volumes sous le pseudonyme de Denys Raimond, et antérieurement encore deux traités intitulés : *De la nouvelle hérésie des Jésuites*, à l'occasion des thèses du Collége de Clermont ; sept ou huit Lettres de quatre évêques qui favorisent le parti, etc. Je laisse de côté plusieurs ouvrages de ce genre ; mais on ne peut s'imaginer combien les adeptes s'attachent à l'erreur, combien les Catholiques se trouvent ébranlés dans leurs croyances, quand la vérité se trouve ainsi sans défenseur, quand l'innocence de ceux qui l'avoient autrefois soutenue se trouve assaillie par les malédictions et les opprobres, et toujours impunément. Ils croiront avoir tout gagné par les grâces et la finesse de leur style, pourvu qu'il ne se rencontre aucune main qui vienne mettre leurs mensonges à nu.

« La condamnation de ces erreurs suffira pour les esprits soumis et dociles; mais pour les réfractaires, qu'arrivera-t-il si personne ne leur répond? On les punira; mais les châtiments ne sont point à notre disposition comme la réfutation; et d'ailleurs les ruses, les intercessions d'amis, rien ne manque pour détourner ces peines de dessus les coupables. J'ajouterai que les châtiments sont bien peu efficaces à changer les esprits, si de bonnes raisons ne viennent leur prêter secours.

« D'ailleurs la pratique constante de l'Église nous apprend que de tous temps, l'erreur a rencontré des défenseurs de la vérité. Votre Paternité, qui a si longtemps pu étudier les écrits des Saints Pères, sait s'ils ont combattu les hérétiques, même après leur condamnation; car il y a souvent bien loin de la condamnation au retour à la vérité. Le Concile de Trente a frappé les hérésies de Calvin, de Luther ; s'ensuit-il que les travaux de Bellarmin, de Grégoire de Valentia, de Bécan, de Cotton, de Richeome, de Fronton du Duc..., sont travaux inutiles?

« Mais n'est-il pas à craindre que les Jansénistes profitent de nos attaques pour écrire contre la Compagnie? Ils n'en écriront pas moins contre nous. Cette raison n'a pas empêché nos Pères de combattre l'erreur.

« Nos ennemis nous ont fait payer cher l'accroissement de la Compagnie ; mais toutefois ils ne peuvent pas nous le contester ; et après les attaques des Kemnitz, des Anti-Cotton, des Pasquier, des Arnauld, Marion, etc., nous voit-on encore sur pied, non sans peine, non sans douleur, non sans quelques contusions, mais soutenus et fortifiés par notre innocence et la bonté de notre cause.

« Je conviens qu'il faut un grand discernement dans le choix de ceux qui doivent répondre aux ennemis de la vérité, une exactitude extrême à ne laisser rien échapper de répréhensible ; mais enfin ces précautions sont faciles à prendre. D'après ce que je viens de dire, Votre Paternité saura quel est mon avis sur la matière en question. — François Annat. »

Sur quoi le Père Oliva répondit, le 14 mai 1663 :

« ... *Convient-il d'écrire contre les Jansénistes?* — Je réponds qu'ici (*à Rome*) on n'approuve point de voir imprimer tant d'écrits, et que le silence est de beaucoup plus agréé que la plume[1]. Toutefois cette considération ne me toucheroit pas au point de m'empêcher de préférer une généreuse défense de l'Église contre les hérétiques, entreprise par notre Société, à l'exemple de tous les Saints Pères, s'il n'y avoit danger qu'on ne nous imputât à nous-mêmes les maux que nous souffrons des écrits des adversaires et les troubles qu'ils excitent contre l'Église et contre la paix du royaume, et que ce reproche ne nous fût fait même auprès du Roi Très-Chrétien et par ses propres ministres. C'est à Votre Révérence surtout qu'il appartient de bien savoir ce qui en est sur ce point. Que si elle peut s'assurer que l'on ne sera désapprouvé ni par le Roi Très-Chrétien, ni par ses principaux ministres, et surtout par son excellent Chancelier, je ne m'oppose nullement que, sous les conditions que Votre Révérence a touchées, on ne puisse combattre contre les hérétiques[2]. »

---

1. Dans une lettre adressée au Père Castillon, Provincial de France, le Père Oliva disait la même chose : « Nos amis ici, les hommes prudents, n'approuvent pas qu'on écrive contre les Jansénistes ; c'est, disent-ils, leur fournir l'occasion de soulever de nouvelles tempêtes. » (1er janvier 1663.)

2. Voici le texte latin :

« Expeditne scribere contra Jansenianos?

« Respondeo, hic non probari tot libros typis dari, et silentium longe gratius esse quam calamum. Quod tamen non me ita movet quin generosam Ecclesiæ defensionem, more Sanctorum Patrum omnium, contra hæ-

On le voit, il ne s'agit pas ici d'attaquer *personnellement* les Jansénistes, mais bien de défendre l'Église et sa doctrine comme ont fait tous les Saints Pères ; et encore, *courageusement*, c'est-à-dire, en s'exposant à être injuriés, bafoués, calomniés ; et de plus, avec toutes les réserves de la prudence et de la sagesse chrétienne : *Cum his conditionibus quas....*, sous les conditions de discernement et d'exactitude que le Père Annat avait indiquées.

On objectera, peut-être, la conduite de certains Jésuites qui se sont laissé emporter par un zèle amer, exagéré, imprudent. Nous répondons que les fautes de quelques particuliers ne doivent pas être mises en parallèle avec la volonté bien connue des chefs de l'Ordre et des principaux membres qui gouvernent et représentent la Compagnie. Comment est-il possible que dans une Société qui comptait plus de 5000 prêtres capables de tenir la plume, il ne s'en trouvât quelques-uns qui, malgré les ordres et les intentions des Supérieurs, n'excédassent dans le juste droit d'attaque ou de défense? Chaque Jésuite en particulier n'est ni impeccable ni infaillible : et comme le remarque très-bien en ce point un des Généraux de la Compagnie, toutes les fois que des membres de l'Ordre se sont permis des attaques imprudentes ou répréhensibles qui ont causé des embarras à l'Ordre tout entier, ç'a été presque toujours parce qu'ils n'ont pas gardé les règles de leur Institut ou qu'ils se sont écartés des injonctions de leurs Supérieurs [1].

C'est bien ici, ce me semble, qu'il faudrait traduire en sens inverse une maxime de l'abbé de Saint-Cyran, répétée bien des fois depuis, et adoptée, au moins en partie, par bien des hommes *judicieux* en tout le reste. La voici, telle que nous la lisons dans la déposition de l'abbé de Prières : « Le dit sieur de Saint-Cyran lui auroit dit qu'il falloit excuser les fautes des particuliers (Jésuites), et ruiner le Corps comme dommageable à l'Église! » Le simple bon sens dit le contraire, aussi bien pour la Société de Jésus que pour toutes les autres Congrégations possibles. Conforme en ceci au bon sens et aux lois éternelles régissant le monde moral, l'histoire atteste que toutes les fautes, du moins les fautes

---

reticos a Societate nostra susceptam, silentio præferrem ; nisi mala, quæ adversariorum scriptis patimur, et turbæ quas excitant adversus Ecclesiam et regni pacem, nobis ipsis imputarentur etiam apud Christianissimum Regem ab ipsius ministris. Cujus rei veritatem maxime ad Reverentiam Vestram spectat expendere. Quare, si ipsi constare potest neque a Rege Christianissimo, neque a primariis ejus ministris, et præsertim ab excellentissimo Regis Cancellario, improbatum iri, per me licet omnino cum his conditionibus, quas Reverentia Vestra attigit, contra hæreticos dimicare posse. »

1. Dans une lettre adressée par le Père Nickel au Père Castillon, Provincial de France, en 1658, le Père Général se plaint qu'on ait laissé paraître sans Approbation un ouvrage qui a excité des tempêtes ; puis il ajoute : « *Et forte hæc pœna est transgressionis illius regulæ* 42 *Summarii : ita discamus patiendo potius quam pugnando vincere.* »

un peu graves, qui ont été commises parmi les Jésuites, il faut les attribuer aux particuliers et non point au Corps entier ; au contraire, que tout ce qu'il y a eu de grand, de saint, d'élevé, de généreux dans les paroles et dans la conduite des membres de l'Institut d'Ignace, il faut l'attribuer à la sainteté et à la sagesse des Constitutions, à la vertu, au courage et à la prudence des Supérieurs et autres principaux membres de l'Ordre.

(F. de MONTÉZON, S. J.)

JUGEMENTS DIVERS SUR PORT-ROYAL.

M. VINET. — M. DE BALZAC.

Ce premier volume de *Port-Royal*, dont un savant Jésuite vient de parler avec tant de modération et de politesse, même en le réfutant sur quelques points, fut généralement bien accueilli lors de la première publication en 1840, et se vit honoré de plusieurs articles à la fois indulgents et sérieux. M. Ampère, M. de Sacy et d'autres encore voulurent bien entrer dans la pensée de l'auteur, dans la difficulté du sujet, et, d'après ce commencement, m'accorder crédit pour la suite ; mais j'eus en particulier pour interprète, et pour garant encore plus que pour juge, le plus excellent et le plus distingué des hommes que j'avais rencontrés dans le Canton de Vaud, et qui avait assisté à la plupart des leçons sur Port-Royal, M. Vinet. Dans deux articles du *Semeur* (2 et 30 décembre 1840), articles recueillis depuis dans ses Œuvres, il voulut bien reconnaître le caractère et l'*esprit chrétien* dans lequel était conçue cette étude, l'*intelligence* du vrai Christianisme que j'y avais apportée, la méthode morale précise qui ne se permettait ni la poésie vague ni la vague religiosité, pas plus qu'elle ne se complaisait aux généralités historiques. « Voulez-vous être le poëte de Port-Royal, disait M. Vinet, sachez la théologie de Port-Royal ; » et il m'accordait de la posséder suffisamment et même assez intimement, sans que j'eusse prétendu d'ailleurs à être théologien. M. Vinet ne daigna pas moins entrer dans mon procédé de *peintre*, si j'ose employer ce mot, procédé qui ne consiste pas à réduire les traits particuliers de chaque personnage à quelques grandes lignes principales et à les résumer une fois pour toutes dans un ensemble frappant, mais qui est plus successif, plein de retouches et de révisions, même minutieuses, plein de scrupules et de *repentirs*, cheminant petit à petit, avançant au fur et à mesure : « En sorte qu'on fait dans son livre, disait-il, la connaissance du personnage à peu près comme on l'eût faite dans la vie, une nouvelle rencontre ajoutant à ce qu'une première a fait découvrir, les contours d'abord peu arrêtés se dessinant *jour à jour*, comme ils se dessinent page à page, dans le livre de M. Sainte-Beuve, si bien qu'à la fin, sans trop savoir comment, et sans y avoir tâché, on connaît son homme. Saint-Cyran est répandu ainsi dans la moitié du livre de *Port-Royal*.... » Enfin M. Vinet, indiquant qu'il pouvait bien y avoir dans l'ouvrage quelques hors-d'œuvre, quelques excursions et allées et venues trop fréquentes, et des digressions littéraires dont, à la rigueur, Port-Royal pouvait se passer, ajoutait toutefois en concluant : « A côté de son sujet, comme dans son sujet, M. S.-B. a trouvé des trésors. »

En regard de ce précieux et cher suffrage, qui est aujourd'hui encore ma meilleure récompense, je n'aurais jamais cru avoir à m'occuper de la critique d'un autre écrivain qui, seul entre tous, a cru devoir choisir cette occasion pour m'insulter et m'injurier. Cependant la réputation, selon moi fort exagérée, que l'on a faite depuis sa mort à cet écrivain, l'espèce de qualification d'homme de *génie* qu'on lui décerne, m'a obligé d'y regarder d'un peu plus près que je n'avais fait d'abord, et c'est ainsi que je suis amené à prononcer, en un tel sujet et en un tel lieu que Port-Royal, le nom de M. de Balzac.

Ayant fondé dans l'été de 1840 une *Revue parisienne*, destinée à immoler tous les auteurs contemporains de quelque valeur sur l'autel de sa vanité, à les *démolir*, comme il le disait poliment, le célèbre romancier rencontra sous sa main ce volume de *Port-Royal* qui venait de paraître, et il en disserta au long dans un des articles les plus incroyables qui soient sortis de la plume d'un homme de talent.

Ses motifs de m'en vouloir étaient puisés dans la personnalité la plus directe et la moins dissimulée. Irrité d'un article modéré (bien qu'insuffisant peut-être) que j'avais écrit sur lui, dans la *Revue des Deux Mondes*, à propos de *la Recherche de l'Absolu*, il s'était écrié au moment où il en achevait la lecture : « Il me le paiera! je lui passerai ma plume au travers du corps. » Il ne plaisantait pas en s'exprimant ainsi. Je tiens le fait d'un témoin (Jules Sandeau) qui était présent quand il lut l'article. Il avait dit encore, en parlant d'un roman que je venais de publier vers ce temps-là : « Je me vengerai, et je referai *Volupté*; » et il fit, en effet, ce *Lys dans la vallée* où, dès les premières pages, il nous montre son héros mordant dans un quartier d'épaule comme dans un quartier de pomme[1]. Par suite de la même irritation qui lui tenait au cœur, quelques années après, et dès qu'il se vit en possession d'une Revue, il attaqua tout d'abord, ou plutôt il essaya de tourner en ridicule cet autre ouvrage qu'il n'a jamais été en état de bien lire ni d'entendre, soit pour le fonds des idées, soit pour les mœurs et les caractères, *Port-Royal*. Ce qu'il a écrit là-dessus n'est que trop fait pour donner la mesure de sa déraison et de son outrecuidance comme critique. Car la vérité est que cet auteur, qui a de l'invention et des parties de génie dans l'observation des mœurs, — de certaines mœurs, — n'a jamais rien écrit, en fait de critique littéraire, que sous le coup de la vanité surexcitée et poussée à une sorte de démence.

Eût-on même quelques-unes des qualités du critique, remarquons-le, cela ne suffirait pas pour être en mesure de parler pertinemment de Port-Royal. Ce sujet, restreint et circonscrit en lui-même, est un écueil ou mieux un défilé où l'on ne passe pas aisément. La première qualité et condition pour juger de Port-Royal est en effet, sinon de pratiquer, du moins de comprendre l'esprit chrétien en ce qu'il a d'essentiel. Et quels esprits moins intimement chrétiens, et par conséquent moins Port-Royalistes, que nos grands littérateurs modernes? Aussi je dois dire que parmi eux, parmi les plus en renom, bien peu m'ont encouragé dans mon dessein d'écrire une telle histoire : je n'en excepte que M. de Chateaubriand. Mais M. de Lamartine, il y a bien des années, quand je lui disais que je m'occupais de Port-Royal, me répondait : « Pourquoi ce sujet de Jansénisme? Je voudrais vous voir occupé de quelque grand sujet. » Port-Royal, évidemment, n'était pas un grand sujet à ses yeux. Béranger, de son côté, me disait : « Je voudrais bien voir achevé votre *Port-Royal*, car j'aime ce sujet sans le bien connaître : toutefois, je ne puis vous dissimuler que je crains que vous ne vous laissiez trop aller à faire ce que j'appelle de la *religiosité*, manie de notre époque, et que je crois l'antipode de l'esprit religieux. » Or cette *religiosité*

---

[1]. Je n'ai pas ici à juger en soi *le Lys dans la vallée* ; mais, en tant que contrefaçon du roman *Volupté*, il ne pouvait remplir son objet, parce qu'en écrivant mon ouvrage, qui est très-peu un roman, je peignais d'après des caractères vrais, d'après des situations observées et senties, parce que, même dans la transposition de l'époque et du milieu, je m'attachais à être rigoureusement vraisemblable. Les âmes que je décrivais et montrais à nu étaient des âmes vivantes, je les connaissais, j'avais lu en elles ; madame de Couaën n'était pas une invention. A la date où j'écrivais, il y avait dans la société des âmes plus ou moins pareilles ; on a vu depuis, par les Lettres d'Eugénie de Guérin, par le *Récit d'une Sœur* dont on doit la confidence à madame Craven, née de La Ferronnays, que ces natures d'élite n'étaient pas introuvables alors. Mais elles étaient lettres closes pour M. de Balzac qui, le jour où il essayait de les introduire dans sa *Comédie humaine*, prenait sa mesure en lui, taillait à sa guise, et ne produisait que des à-peu-près. On n'improvise pas toute une atmosphère morale.

que redoutait tant Béranger est ce qu'il y a de plus opposé au sujet même et à la manière dont je l'ai traité. M. Victor Hugo fut amené une fois à parler de Port-Royal, le jour où, comme directeur, il me fit l'honneur de me recevoir à l'Académie ; il en parla avec éclat et force, mais sans justesse : le trop d'éclat même et la magnificence appliqués en un tel lieu faisaient contre-sens. Et comme M. Cousin s'étonnait que M. Royer-Collard parût être content de cette peinture et y applaudir : « Mais, répliqua celui-ci, ce n'est pas trop mal de la part d'un homme de théâtre. » — Quant à M. de Balzac, il lui était interdit d'en parler, même approximativement. Il ne pouvait avoir un avis sur ces choses ; il était incompétent à tous les titres, et jamais homme ne fut plus loin de l'esprit, des mœurs et du tempérament du sujet. C'est à faire rire, rien que d'y songer.

Mais pourtant il est savant, nous disent d'un air pénétré quelques novices et naïfs qui sont dupes de sa jactance et crédules à tout ce qu'il étale de connaissances occultes et mystérieuses. — Non, sans doute, je ne contesterai pas à M. de Balzac de savoir peindre et surtout décrire ce qu'il sait le mieux, ce qu'il a connu, manié et pratiqué à fond, tout ce monde des viveurs, des usuriers, des aventuriers, des revendeuses à la toilette et des brocanteurs, des agents d'affaires, des gens de lettres bohèmes et cupides, des femmes intrigantes, des femmes nerveuses, des libertines, des filles aux *yeux d'or*, et les Rastignac et les de Marsay, et les Mercadet, et tant d'autres dont je n'ai pas retenu les noms ; mais les âmes austères et chrétiennes, les intelligences chastes et graves, les solitaires de Port-Royal enfin, lui, avoir la prétention d'en parler et d'en connaître, je le lui défends et pour cause. — Vous qui avez encore du goût, veuillez faire attention à ceci : il y a des moments où, presque invariablement dans les romans de Balzac, il commence à suinter à travers les fausses élégances une odeur de crapule. Je demandais à un jeune homme du jour, et homme d'esprit, qui venait de voir le drame de *Mercadet*, si c'était bien : « C'est *salope*, me répondit-il, mais c'est très-bien. » Ce qui m'était répondu là d'un ton sérieux est un genre d'éloge que méritent la plupart des œuvres de Balzac. Encore une fois, de là à Port-Royal, il y a des abîmes.

Anciennement, le génie, comme on l'entendait, était un fond de raison, revêtu d'éclat, animé de sentiment, couronné d'imagination, de fantaisie même, varié et diversifié de toutes les couleurs de la vie : témoin Molière, le type chez nous par excellence. Aujourd'hui on a changé tout cela. C'est une grande avance à qui veut passer pour un homme de génie auprès du vulgaire que d'être incomplet du côté du bon sens. La première condition dans ce siècle-ci, pour paraître un génie littéraire, c'est, avec de grandes qualités en sus et en dehors, de manquer plus ou moins de raison, de base solide. Quelques-uns de nos plus illustres contemporains satisfont amplement à cette condition : M. de Balzac, des premiers, n'y fait point défaut.

Je ne l'ai personnellement rencontré, de près, que deux fois dans ma vie, cet étrange personnage, dont je ne parlerai même pas ici avec toute la liberté qu'exigerait un portrait fidèle, et que j'aurais peut-être acquise à son égard. Je l'ai rencontré et vu, le moins Port-Royaliste des hommes, nature exubérante et de forte vie, avide de succès actuel et de jouissances, exhalant l'ivresse de soi-même par tous les pores, respirant la convoitise, prodiguant et voulant l'éloge exagéré, démesuré, à bout portant, argent comptant; mais je m'arrête et ne veux pas dépasser les limites que je me suis imposées.... Je dois dire seulement que, dans ces deux seules rencontres où il me parla, j'eus à me garer, en face de lui, du torrent et du déluge de ses louanges qui portaient à la fois sur mon roman et sur mes vers : je n'avais qu'à les lui rendre du même calibre, et l'alliance entre nous était conclue. J'avais chance d'être promu par lui, tout comme un autre, à la dignité de *Maréchal de France littéraire*.

J'éludai, je me dérobai ; et depuis lors, en écrivant sur lui, je ne pus accorder à cet homme de talent, à la fois excessif et incomplet, qu'une part mesurée d'éloges dans laquelle il entrait du regret et où il perçait peut-être même quelque dégoût. De là sa colère, son besoin de vengeance, et son intrusion sur les terres de Port-Royal.

Il écrivait donc, le 10 août 1840, dans sa *Revue parisienne :*

« En lisant M. Sainte-Beuve, tantôt l'ennui tombe sur vous, comme parfois vous voyez tomber une pluie fine qui finit par vous percer jusqu'aux os. Les phrases à idées menues, insaisissables, pleuvent une à une et attristent l'intelligence qui s'expose à ce français humide. Tantôt l'ennui saute aux yeux et vous endort avec la puissance du magnétisme, comme en ce pauvre livre qu'il appelle l'*Histoire de Port-Royal*. Je vous le jure, le devoir de chacun est de lui dire d'en rester à son premier volume, et pour sa gloire, et pour les ais de bibliothèque. En un point, cet auteur mérite qu'on le loue : il se rend assez justice, il va peu dans le monde, il est casanier, travailleur, et ne répand l'ennui que par sa plume. En France, il se garde bien de pérorer comme il l'a fait à Lausanne, où les Suisses, extrêmement ennuyeux eux-mêmes, ont pu prendre son Cours pour une flatterie. »

Ceci déjà nous donne la note et le ton. — Voici le plaisant : c'est à une dame, à une comtesse E. qu'il écrit, qu'il est censé adresser une lettre sur le livre de *Port-Royal :*

« Vous si instruite des choses religieuses, lui dit-il, vous savez qu'il n'y a pas de point historique mieux établi, plus connu que la lutte de Port-Royal et de Louis XIV. Aucune bataille apostolique, sans en excepter la Réformation, n'a eu plus d'historiens, n'a produit plus de mémoires, plus de traités religieux, de pamphlets aigre-doux, de béates correspondances, de graves et longs ouvrages. On ferait un livre plus considérable et plus curieux que le livre de M. Sainte-Beuve, en donnant la bibliographie des écrits publiés à ce sujet : ce n'est pas exagérer que de les évaluer à dix mille ; quant à les analyser, ce serait vouloir faire une Encyclopédie religieuse. »

Sa prétention est que ce sujet de Port-Royal est comme épuisé. La question de Port-Royal a été jugée par la Cour de Rome et par Louis XIV : *elle est connue comme la mort de M. de Turenne* ; et en conséquence il va faire l'entendu en ces matières et trancher de haut avec un aplomb égal à son ignorance :

« La question de Port-Royal, commencée en 1626 par l'emprisonnement de Saint-Cyran (*Saint-Cyran ne fut emprisonné qu'en mai* 1638), n'a été terminée qu'en 1763, par l'abolition de l'Ordre des Jésuites. Cette querelle embrasse un ordre immense de faits ; elle enferme dans son cycle le combat sur la Grâce, auquel donna lieu la théorie de Molina, la lutte des Jésuites et des Jansénistes, *celle de Fénelon et de Bossuet*, la Bulle *Unigenitus*, le triomphe et la défaite de la sublime milice religieuse nommée les Jésuites, ces janissaires de la Cour de Rome, dont la chute a précipité celle du principe monarchique. »

Il va toujours comprendre dans la question de Port-Royal la lutte de Fénelon et de Bossuet, dont il paraît ignorer le sujet et qui n'y appartient pas, Fénelon étant le moins Janséniste des hommes et des théologiens, et Bossuet ne l'étant pas davantage, bien qu'il eût des liaisons avec quelques personnages considérables de ce parti. — Je le laisse continuer :

« Dans ce vaste chaos bibliographique s'élèvent comme des fleurs éternelles et brillantes l'Histoire de Port-Royal par Racine, livre admirable, d'une prose *magnifique, comparable pour sa grâce et sa simplicité aux plus belles pages de J.-J. Rousseau* ; les *Provinciales*, immortel modèle des pamphlétaires, chef-d'œuvre de logique plaisante, de discussion rigoureuse sous les armes *rabelaisiennes* : de l'autre côté, les œuvres de Bossuet, de *Bouhours*, de Bourdaloue, et les foudres vengeresses du Vatican. »

Respirons un peu. La prose de l'Abrégé de Racine n'a rien de *magnifique* et ne se distingue que par la pureté et une parfaite élégance ; elle ne rappelle de près ni de loin les plus belles pages de Jean-Jacques, et surtout elle ne les rappellerait point par la *grâce* et la simplicité, caractères qui n'appartiennent point essentiellement à la prose éloquente de Rousseau. Faire de Pascal un jouteur *Rabelaisien* n'est pas moins faux et insoutenable ; ce Rabelais, que devait pourtant sentir M. de Balzac et qu'il affectait d'aimer au point de l'imiter et de le reproduire, il ne l'a pas compris littérairement, et lorsqu'il a voulu, en un jour de gaieté drolatique, refaire la phrase rabelaisienne, il n'en a pas saisi la forme et le moule; il a calqué à côté et n'a donné qu'un mauvais pastiche aux yeux des connaisseurs.

N'est-il pas curieux encore, comme vis-à-vis de ce Pascal-*Rabelais*, de voir énumérer sur une même ligne Bossuet, *Bouhours*, Bourdaloue et les foudres du Vatican : comme si le grammairien poli, Bouhours, pouvait jamais figurer sur un tel pied en telle compagnie, et comme si Bossuet avait été un antagoniste en règle de Pascal et même de Port-Royal, avec qui, depuis sa renommée établie, il garda toujours des mesures. M. de Balzac, qui sait si à fond l'histoire ecclésiastique du dix-septième siècle, n'a pas assez de pitié pour mon entreprise :

« Vouloir raconter Port-Royal après Racine, le défendre après Pascal et Arnauld, le critiquer après Bossuet et les Jésuites, dans une époque où ces questions n'existent plus, où le Catholicisme est attaqué, où M. de Lamennais écrit ses livres, constitue l'une de ces ridicules aberrations dont la critique doit faire une sévère et prompte justice. M. Sainte-Beuve connait tant d'écrivains qui dégurgitent aujourd'hui leur instruction de la veille, qu'il a traité le haut Clergé, les savants, le public d'élite auquel devait s'adresser un pareil livre, comme les barbouilleurs de journaux. Vous allez voir combien les connaissances solides sont rares en France.... »

Le charlatan, qui se grise en parlant et qui est peut-être à moitié dupe de ses phrases, est en train de nous prouver, si nous le laissons faire, que nous-même, nous sommes un charlatan qui nous piquons d'apprendre aux gens ce qu'ils savent mieux que nous. C'est plaisir de le voir se lancer de plus en plus et faire la leçon en maître. L'histoire de Port-Royal est donc, selon lui, la chose la plus rebattue et la plus vulgaire :

« Maintenant, qu'y avait-il à faire pour un historien en 1840? Là est la vraie difficulté.

« A quatre-vingts ans de distance, loin des passions qui égaraient Pascal, tout en lui faisant faire une œuvre étonnante, loin du feu, de la fumée et des entraînements de cette bataille, le sujet était grand, vaste, hardi: M. Sainte-Beuve pouvait, *à la manière de Bayle*, se constituer le rapporteur des deux partis, expliquer *synthétiquement* les faits dont l'analyse est impossible, les faits majeurs, *condenser les théories*, marquer les points de cette longue partie, et faire comprendre aux contemporains quel est, dans l'histoire moderne, le poids du résultat. Tel n'a pas été le plan de l'auteur. »

Je passe sur cette singulière idée qu'il donne de Bayle, représenté par lui comme un rapporteur *synthétique* et un *condensateur* de théories.

« Il y avait une autre œuvre, poursuit-il : M. Sainte-Beuve pouvait se placer sur le sommet où plana l'Aigle de Meaux, *d'où il embrassa l'antérieur de la question* (Mais Bossuet, encore une fois, n'a rien fait de cela), d'où il contempla le péril dans l'avenir ; puis se faire son continuateur ou son antagoniste, en embrassant à son tour le dix-septième et le dix-huitième siècle, et tenant l'œil sur les choses futures. Là, certes, il y avait matière à quelque beau travail historique dans le genre de celui de M. Mignet sur la Révolution française. On devait se faire ou rapporteur ou juge. Oh ! point. La muse de M. Sainte-Beuve est de la nature des *chauve-souris* et non de celle des aigles... Sa phrase molle et lâche, impuissante et couarde, côtoie les sujets, se glisse le long des idées ; elle en a peur ; elle tourne dans l'ombre comme un *chacal* : elle entre dans les cimetières historiques, philosophiques et particuliers ; elle en rapporte d'estimables cadavres, qui n'ont rien fait à l'auteur pour être ainsi remués : des *Loyson*, des *Vinet*, des *Saint-Victor, Desjardins, Kœrner*, des *Singlin*, etc. Souvent les os lui restent dans le gosier... »

J'ignore pourquoi ces noms sont là rangés à la file ; je n'ai jamais parlé de Saint-Victor, ni de Koerner, le poëte allemand ; je ne sais absolument de quel *Desjardins* il s'agit. M. Loyson était un demi-poëte philosophe, un jeune publiciste estimable, un jeune ami de M. de Serres et de M. Maine de Biran, qui faisait plus que de promettre un homme politique de talent et à qui j'ai consacré autrefois quelques pages de souvenir [1]. M. Vinet, M. Singlin, sont des noms qui parlent d'eux-mêmes, et qui sont au-dessus de la boue et de l'avanie. — Puis, revenant à son plan favori d'une histoire dramatique, M. de Balzac ne cesse de me régenter, et avec quelle science !

« Non, il n'a pas voulu voir ce grand drame dont l'époque de Saint-Cyran, *celle de Fénelon, celle de la révocation de l'Édit de Nantes*, celle de la Bulle *Unigenitus* sont les *quatre premiers actes*, dont le cinquième est le fatal Bref par lequel un Pape aveugle et philosophe, encensé par d'aveugles philosophes, a détruit l'Ordre des Jésuites contre sa conviction et par intérêt. Oui, l'œuvre de Bossuet *(les Jésuites, l'œuvre de Bossuet!)* a croulé sous Ganganelli, Pape révolutionnaire, mort effrayé de son ouvrage : Quel drame et quels acteurs ! »

Est-il besoin de faire remarquer que, dans sa distribution fabuleuse des actes de ce drame de Port-Royal, il s'obstine à placer toujours la dispute de Fénelon et de Bossuet, et (qui plus est) il la place *avant* l'époque de la Révocation de l'Édit de Nantes qui était consommée plus de dix années auparavant, et qui d'ailleurs ne se rattache pas davantage à la question de Port-Royal ? Il

---

1. Son nom vient d'être remis assez inopinément en lumière, grâce à des neveux, prédicateurs de talent. Loyson, s'il vivait, serait tout surpris d'être l'oncle de l'abbé Loyson et du Père Hyacinthe. Un reflet de la renommée du Carme éloquent a rejailli sur l'oncle oublié, et l'est allé réveiller au fond de la tombe. Bizarrerie et caprice des bruits humains ! c'est à qui maintenant se souviendra de Loyson. On fait aujourd'hui sur lui des notices, des lectures académiques : demain on fera des *conférences*.

s'échauffe de lui-même à la vue d'un si beau sujet et se monte la tête en en parlant :

« Quelle tâche pour un historien, s'écrie-t-il, d'expliquer le pourquoi d'un pareil malentendu dans le gouvernement moral de l'Europe, dont les destinées se jouaient alors! Aujourd'hui, l'histoire doit procéder à la manière de Montesquieu, dans la *Grandeur et la Décadence des Romains*, et non à la manière des *Rollin*, des *Gibbon*, des *Hume*, des *Lacépède*.... »

Quel assemblage insensé! Hume et Gibbon, les historiens philosophes à côté du naïf et crédule Rollin! et à leur suite, brochant sur le tout, M. de Lacépède du Jardin des Plantes ; on se demande pourquoi.

Suit une grande tirade à effet, toute une profession de foi, à la plus grande louange et gloire de l'absolutisme :

« Louis XIV, sachons-le bien, est le continuateur, par Mazarin, de Richelieu, qui continuait lui-même Catherine de Médicis : les trois plus beaux génies de l'absolutisme dans notre pays... La Saint-Barthélemy, la prise de la Rochelle, la Révocation de l'Édit de Nantes se tiennent. L'acte de Louis XIV est le dénoûment de cette immense épopée allumée par l'imprudence de Charles-Quint; cet acte grand et courageux est, malgré les hypocrites clameurs des Sainte-Beuve de tous les temps, une chose à la hauteur de toutes les choses de ce règne colossal. »

J'ai eu peu à parler de la Révocation de l'Édit de Nantes dans *Port-Royal*, et je ne l'ai dû faire qu'incidemment : je m'honore cependant d'être compris parmi les désapprobateurs de cet acte inhumain et impolitique. M. de Balzac, à cet endroit de sa diatribe, me perd de vue et développe une théorie historique à l'usage des *ultra* de tous les partis ; c'est surtout une flatterie grossière au parti légitimiste dont ce parvenu[1] s'était mis par genre et par vanité, et une insulte à la monarchie de Juillet à laquelle il s'imaginait apparemment que j'avais voulu rattacher Port-Royal :

« *Ou le peuple, ou Dieu !* Le pouvoir ne peut venir que d'*en haut* ou d'*en bas*. Vouloir le tirer du milieu, c'est vouloir faire marcher les nations sur le ventre. J'adore le Roi par la grâce de Dieu ; j'admire le Représentant du peuple. Catherine (de Médicis) et Robespierre ont fait même œuvre. L'une et l'autre étaient sans tolérance. Aussi n'ai-je point blâmé, ne blâmerai-je

---

1. Ce *parvenu*... Je sais le mot que j'emploie et je ne l'applique qu'en tant qu'il convient. Dans notre société, le talent qui arrive au rang qu'il mérite n'est point un parvenu. Aussi n'est-ce point là ma pensée. Mais que dire, je vous prie, d'un homme qu'on a connu s'appelant simplement *Honoré Balzac*, qu'on a vu même établi imprimeur sous ce nom, et qui, deux ou trois ans après, prend le *de*, se dit noble, se croit noble peut-être, se suppose issu d'une grande famille ancienne, et affecte, en les exagérant, toutes les opinions de la classe la plus aristocratique? Chez un homme ordinaire, ce serait de la pure sottise : on en est quitte, puisqu'il y a talent, pour dire qu'il y a un accès d'ivresse, un grain de folie.

jamais l'intolérance de 1793, parce que je n'entends pas que de niais philosophes et des sycophantes blâment l'intolérance religieuse et monarchique. »

Après un plat et pompeux éloge de l'empereur Nicolas, qui apparemment l'avait bien accueilli en Russie, et qu'il proclame le seul « homme en ce moment à la hauteur de son Empire, digne de la grande Catherine et de Pierre le Grand, à la fois Pape et Empereur, » il revient à Port-Royal qu'il confond de plus en plus, dans son invective, avec la monarchie de Juillet :

« La Bourgeoisie d'aujourd'hui, avec son ignoble et lâche forme de gouvernement, sans résolution, sans courage, avare, mesquine, illettrée, *préférant, pour sa Chambre, des nuages au plafond de Ingres*, et représentée par les gens que vous savez, *était tapie derrière Messieurs de Port-Royal*. Cette arrière-garde et cette arrière-pensée expliquent pourquoi des hommes comme *Molière*, Boileau, Racine, Pascal, les Bignon, etc., se rattachaient secrètement ou ostensiblement à Port-Royal. »

Molière non loin des Bignon et rattaché à Port-Royal ! — Mais ne nous arrêtons pas en si beau chemin :

« Au lieu d'embrasser ce sujet si vrai, *si naturel*, de dominer trois siècles, savez-vous ce qu'a fait M. Sainte-Beuve ? Il a vu dans le vallon de Port-Royal des Champs, à six lieues de Paris, à Chevreuse, un petit cimetière où il a déterré les innocentes reliques de ses pseudo-saints, les *niais* de la troupe, des pauvres filles, des pauvres femmes, des pauvres hères *bien et dûment pourris*. Sa blafarde muse, si plaisamment nommée *résurrectioniste*, a rouvert les cercueils où dormait et où tout historien eût laissé dormir la famille entêtée, vaine, orgueilleuse, ennuyeuse, dupée et dupeuse, des Arnauld ! Il s'est passionné pour les immortels et grandioses messieurs *Du Fort, Marion, Le Maître, Singlin, Bascle, Vitart, Séricourt, Floriot, Hillerin, Bazile*....

« *Rebours, Guillebert, Le Pelletier, Bourdoise, Gaudon, Ferrand, Hamon*, voilà des grands hommes oubliés dans les catacombes de l'histoire et auxquels il signe des certificats de vie. »

Ce M. *Du Fort* qui commence la liste est sans doute M. Arnauld Du Fort, frère de M. Arnauld l'avocat, et dont je n'ai parlé et dû parler que dans les préliminaires de mon sujet. Toute cette liste, au reste, est dressée par un ennemi qui ne sait point la valeur des noms, qui les brouille encore plus plaisamment que méchamment, et qui, dans ses quiproquos burlesques, se méprend sur les points mêmes d'attaque qu'il pourrait trouver. C'est ainsi vraiment que l'on choisirait ses adversaires, si l'on en avait le choix.

Je n'épuiserai pas cet arsenal de mauvaises raisons et d'injures. En un endroit, M. de Balzac s'en prend à Pascal lui-même et relève une *bévue* du grand écrivain moraliste, qui a dit :

« Je n'admire pas un homme qui possède une vertu dans toute sa per-

« fection, s'il ne possède en même temps, dans un pareil degré, la vertu
« opposée, tel qu'étoit Épaminondas, qui avoit l'extrême valeur jointe à
« l'extrême bénignité; car autrement ce n'est pas monter, c'est tomber.
« On ne montre pas sa grandeur pour être à une extrémité, mais bien
« en touchant les deux à la fois et remplissant tout l'entre-deux¹. »

« Je ne sais rien de plus faux, dit M. de Balzac, que la proposition de Pascal... Non, Dieu ne demande pas aux hommes cet équilibre sur la corde raide avec les vertus opposées dans chaque main. L'*équipollence mathématique* voulue par Pascal ferait d'un homme un non-sens. »

M. de Balzac n'a pas compris Pascal, et c'est tout simple : Pascal demande aux hommes, même à ceux qui ont une grande vertu ou une qualité éminente, une autre qualité qui fasse contrepoids, afin d'obtenir l'équilibre moral². C'est à l'occasion de saint François de Sales (page 250) que j'ai donné de cette pensée, en la citant, le commentaire qui a tant choqué M. de Balzac, et il s'y est venu blesser comme à une personnalité. En protestant et en regimbant si fort à cet endroit, cet auteur excessif n'a fait que se trahir lui-même : en effet, il est de ceux qui ont toujours abondé et versé dans leur propre sens; doué de quelques dons rares, mais gonflé de toutes les prétentions, il alla toujours à l'extrême de ses qualités et au delà : ce qu'il avait de bon, il l'outrait et le gâtait en le forçant. Il usait et abusait des passions de ses personnages jusqu'à la manie, jusqu'à la frénésie. Il en tenait lui-même dans toute sa personne. J'ai quelquefois causé de lui avec ceux qui l'ont le plus loué depuis sa mort et qui ont écrit des biographies et des souvenirs le plus à son avantage, avec Léon Gozlan, avec Théophile Gautier; j'ai fait à ces spirituels auteurs mes objections sur son compte, et leur ai dit en quoi il me paraissait avoir manqué pour être ce *génie* éminent qu'on semble désormais saluer en lui de toutes parts. Et l'un d'eux, allant au devant de ma pensée et résumant ses bizarreries, ses excentricités de tout genre, disait : « C'est encore plutôt un *monstre*. » Je n'en demande pas davantage.

Il ne termine pas son réquisitoire sans citer pour témoin à charge contre moi.... qui? la duchesse d'Abrantès. — Une ma-

---

1. Le vrai texte maintenant (depuis l'édition Faugère) est celui-ci : « Je n'admire point l'*excès* d'une vertu, comme de la valeur, si je ne vois en même temps l'*excès* de la vertu opposée, comme en Épaminondas qui avoit l'extrême valeur et l'extrême bénignité; car autrement ce n'est pas monter, c'est tomber, etc. » La pensée, en ces termes, paraîtra plus juste encore; car c'est à l'excès d'une vertu que Pascal demande un contrepoids direct suffisant. De même dans l'ordre des talents littéraires : la force sans correctif va à la violence et à la brutalité; la douceur sans restriction va à la mollesse et à la fadeur.

2. Diderot a dit également, faisant parler le neveu de Rameau : « Ordinairement la grandeur de caractère résulte de la balance de plusieurs qualités opposées. »

dame d'Abrantès invoquée comme autorité dans un sujet où sont maîtres les Vinet et les Royer-Collard !

Il insulte enfin une dernière fois au pays qui m'a donné hospitalité, et se rit de *la crasse ignorance du Suisse* (ce sont ses expressions) qui m'a offert un abri propice et un auditoire favorable pour les premiers essais de mon travail. Est-ce assez immonde ?

Et maintenant je crois que j'aurais le droit de conclure qu'un homme qui a accumulé durant cent trente-cinq pages de telles absurdités et de tels non-sens, n'est pas et ne saurait être doué, même dans un autre ordre, de cette supériorité de génie qu'on lui prête si libéralement : il n'est pas et ne saurait être de l'élite des mortels. Je le dis à regret, mais cela est nécessaire pour ceux qui viendront après nous : il y a fort à prendre garde quand il s'agit de juger des grandes célébrités littéraires que nous avons vues de notre temps; il y a toujours à distinguer, pour ne pas être dupe, entre l'école des vrais grands esprits et l'école des grands farceurs. Le mot est lâché. Balzac me paraît avoir été à cheval entre les deux. La part du charlatan qui s'exalte et qui se prend au sérieux est considérable en lui à côté de la vraie veine du talent. On est sujet, quand on y va de confiance, à confondre toutes ces parties fort mêlées dans son œuvre et à s'éblouir à son exemple. Que n'a-t-on pas dit, pour le déifier, depuis qu'il n'est plus? Son manque de justesse, son grossissement de coup d'œil, ses hallucinations passé un certain point, ses faux airs de science, tout est pour le mieux, tout sert à la transfiguration de l'écrivain. J'y assiste depuis dix ans comme à une curiosité. J'ai cessé de contredire. Je laisse les générations plus jeunes découvrir chaque jour chez lui des beautés nouvelles et des mystères cachés; je ne nierai même pas qu'en causant avec quelques-uns de mes jeunes amis *libertins*, je n'aie entendu sur Balzac des théories très-étranges, très-amusantes, et qui avaient cela de précieux pour moi qu'elles étaient bien au point de vue de cet ambitieux auteur, et qu'elles me faisaient comprendre tout son succès. Car la société actuelle, ne l'oubliez pas, les générations présentes aiment et préconisent dans Balzac l'homme non-seulement qui leur a peint leur vice, mais qui le leur a chatouillé; c'est pourquoi je les récuse comme juges en dernier ressort : ce sont des complices. — Dans tous les cas, pourquoi s'est-il avisé, cette fois, de sortir de sa sphère et de son domaine? Pourquoi s'est-il engagé si à l'étourdie dans le vallon de Port-Royal : j'ai profité de l'avantage du terrain.

FIN DE L'APPENDICE.

TABLE DES MATIÈRES.

Avertissement. 1
Préface de la première édition. 1
Discours préliminaire. 5

LIVRE PREMIER.

ORIGINES ET RENAISSANCE DE PORT-ROYAL.

I, pages 33 et suiv.

Plan et méthode. — Le Port-Royal distinct du Jansénisme. — Fondation du monastère. — Étymologies, légende. — Mathilde de Garlande et Eudes de Sully, fondateurs. — Croisade des Albigeois ; clémence de Mathilde à la prise de Ménerbe. — Le monastère sous la juridiction de Cîteaux. — Logement de saint Thibauld. — Décadence du premier Port-Royal. — Les abbesses La Fin ; seizième siècle ; les abbesses La Vallée et Boulehart. — Jacqueline-Marie Arnauld, coadjutrice, âgée de sept ans.

II, pages 53 et suiv.

Origine des Arnauld. — M. de La Mothe-Arnauld à la Saint-Barthélemy. — M. de Montlosier. — Le fils aîné de M. de La Mothe au siége d'Issoire. — M. Arnauld du Fort devant La Rochelle. — M. Arnauld *de Philisbourg.* — M. Antoine Arnauld, l'avocat ; et M. Marion, son beau-père. — M. Marion, le premier du Palais qui ait bien écrit; ce que cela veut dire.

III, pages 64 et suiv.

Genre d'éloquence de M. Arnauld l'avocat; emphase.—Ce qu'en racontent Tallemant et d'Andilly, — et Pierre Matthieu. — Le duc de Savoie au Parlement; plaidoirie de M. Arnauld. — Son discours pour l'Université contre les Jésuites; son désintéressement. — M. Arnauld et M. Marion honnêtes gens et chrétiens, mais selon le monde; diplomatie pour les Bulles. — Petite supercherie jésuitique des Arnauld. — La jeune Angélique, coadjutrice de Port-Royal, élevée à Maubuisson par la sœur de la belle Gabrielle.

IV, pages 77 et suiv.

Henri IV à Maubuisson; matière de fabliau. — Bulles obtenues et mensonge. — La jeune abbesse installée à Port-Royal. — Jeux et passe-temps; mélancolie et angoisses. — Contraste de caractère d'Angélique et d'Agnès. — Projet périlleux de la jeune Angélique; maladie; elle va chez son père. — Elle est touchée par l'affection humaine; retour au monastère. — Sermon du Père Basile; première lueur divine. — Le Père Bernard et le Père Pacifique ; transes mortelles ; excès ascétiques. — Elle va à Andilly; M. Arnauld la chapitre. — Elle revient à Port-Royal. — Considérations sur l'œuvre de Grâce.

V, pages 98 et suiv.

Second coup de la Grâce à la Toussaint de cette année 1608. — Réforme commencée dans le monastère. — Dame Morel et le *petit jardin*. — Quelques caractères fondamentaux de l'invasion de la Grâce, communs chez tous les élus. — 25 septembre 1609, *Journée du Guichet*. — Évanouissement de la mère Angélique; *Esther*. — M. de Vauclair paie les frais ; tragi-comédie. — Serment téméraire de madame Arnauld. — Rapprochement avec les personnages de Corneille et avec le *Polyeucte*.

VI, pages 116 et suiv.

Épisode dramatique. — Corneille eut-il relation avec Port-Royal ? — Il connaît les Pascal. — *Polyeucte* et la doctrine de la Grâce. — Objections de l'hôtel Rambouillet. — Hymne de Polyeucte dans sa prison ; la mère Angélique au pied de l'autel. — Dénoûment de *Polyeucte;* suites de la *Journée du Guichet.* — Mort de madame Arnauld ; tribu de Lévi. — Jugements divers sur *Polyeucte.* — Caractère de Sévère. — Pauline. — Corneille, traducteur de *l'Imitation de Jésus-Christ.* — Postérité de *Polyeucte* au théâtre; le *Saint-Genest* de Rotrou.

VII, pages 147 et suiv.

Continuation de l'épisode dramatique. — Deux familles de génies : de laquelle Rotrou ? — Son degré de parenté avec Corneille. — Analyse du *Saint-Genest.* — Différence avec la tragédie sacrée de Racine. — Jugements de Port-Royal sur *Polyeucte.*

VIII, pages 175 et suiv.

Retour au cloître. — Suites de la *Journée du Guichet.* — Nouveaux directeurs : le Père Archange. — Premier printemps de Port-Royal. — La sœur Anne-Eugénie : son récit. — *Amélie,* sœur de *René.* — Activité de Port-Royal ; missions à l'entour. — Réforme à Maubuisson ; la mère Angélique commissaire. — Enlèvement de madame d'Estrées; elle reparaît à main armée. — La mère Angélique fait retraite en bon ordre. — Entrée à Pontoise et retour triomphant. — Elle revient à Port-Royal ; les trente muettes. — Saint François de Sales et sa relation avec Port-Royal. — Conseils charmants. — Sa pensée secrète sur l'état de l'Église.

IX, pages 216 et suiv.

Esprit de saint François de Sales. — Deux lignées d'esprits dans le Christianisme. — De quelques points de dogme chez saint

François : son optimisme théologique. — *Surcroissance* de fleurs. — Ses affinités poétiques et littéraires. — Bernardin de Saint-Pierre et Lamartine. — Des Portes et d'Urfé. — Vogue de saint François près du sexe. — Son culte pour la Vierge. — Écrivain plus qu'il ne croit : Amyot et Montaigne. — Camus, évêque de Belley : école séraphique et allégorique. — Arnauld vrai Malherbe en théologie.

X, pages 249 et suiv.

Saint François de Sales au complet. — *Entre-deux* de Pascal. — Saint François énergique dans la douceur. — Sa réserve auprès des femmes. — Correctif dans sa doctrine de la Grâce : voile dont il la couvre. — Son aversion des disputes. — Habileté politique. — Ses relations avec le duc de Savoie. — Mission du Chablais. — Moyens humains. — Sa tentative près de Théodore de Bèze. — Coup d'état de Thonon. — Louange publique au duc de Savoie; griefs secrets. — Son jugement sur Rome expliqué. — Académie florimontane.

XI, pages 272 et suiv.

M. de Saint-Cyran. — Son jugement sur saint François de Sales. — Sa naissance; son éducation; ses bizarres débuts. — *Question royale.* — *Apologie* pour l'évêque de Poitiers. — Sa liaison avec Jansénius : leur retraite. — Liaison avec M. d'Andilly; air de mystère. — Lettres de Jansénius : indigestion de science; crudité. — Amour de la vérité. — Une lettre de M. de Saint-Cyran à la mère Angélique. — Ses premiers rapports avec Richelieu.

XII, pages 310 et suiv.

Réfutation du Père Garasse par M. de Saint-Cyran. — *Petrus Aurelius.* — Tactique et coup d'éclat. — Translation de Port-Royal à Paris. — Période de M. Zamet. — Maison du Saint-Sacrement; faste, illusion, aberration. — M. de Saint-Cyran est introduit; il répare. — Dernière lutte de la mère Angélique : soumission. — M. de Saint-Cyran seul chef à Port-Royal. — Année 1636, moment décisif.

LIVRE DEUXIÈME.

LE PORT-ROYAL DE M. DE SAINT-CYRAN.

I, pages 341 et suiv.

M. de Saint-Cyran directeur. — Ses principaux traits. — Sa conduite des religieuses : la sœur Marie-Claire. — Admirables oracles. — Ce qu'il dit de la Vierge. — Esprit de M. de Saint-Cyran. — Majesté et humilité. — Sa direction des grandes dames : princesse de Guemené. — Attitude envers les puissants. — Mot sur Rome, — sur le Concordat.

II, pages 368 et suiv.

M. Le Maître; sa sainte mère. — Elle est gouvernante de la duchesse de Nemours. — Célébrité du jeune Le Maître au barreau. — Ses plaidoyers imprimés. — Il songe à se marier : jolie lettre de la mère Agnès. — Mort de madame d'Andilly ; M. Le Maître au jardin. — Son dernier plaidoyer. — Saint Paulin, saint Sulpice Sévère. — Lettre de M. Le Maître à M. le Chancelier. — Lettre à son père. — M. Le Maître chef des pénitents : son portrait. — Grandeur chrétienne et naïve.

III, pages 399 et suiv.

M. de Séricourt. — Prisonnier en Allemagne ; il s'échappe. — M. de Saci et son exemple. — Entrevue de M. de Séricourt et de M. Le Maître ; belle page de Fontaine. — Vauvenargues. — Claude Lancelot, nouveau solitaire. — Élevé chez M. Bourdoise :

quel était celui-ci? — Aspiration vers M. de Saint-Cyran. — Première visite de Lancelot; touchant récit. — Seconde visite. — Sa sœur prend l'habit. — Cœurs sobres, larmes. abondantes.

IV, pages 429 et suiv.

Suite des *Mémoires* de Lancelot. — Il entre dans la chambre de M. Le Maître. — Il vient loger à Port-Royal : les premiers solitaires. — Matines, psalmodies. — Age d'or et catacombes. — Prochaine déviation de Port-Royal. — M. Singlin; ses commencements. — Prêtre et directeur. — Pensées de M. de Saint-Cyran sur le Sacerdoce; — sur la Prédication. — Puissance et magnificence.

V, pages 453 et suiv.

M. Singlin forcé par M. de Saint-Cyran. — Entretien conservé. — Saint Chrysostome et Basile. — M. Singlin directeur et prédicateur. — Son vrai rang dans la chaire. — Son gouvernement à Port-Royal. — Il est dépassé. — Il meurt. — M. de Bascle, un des solitaires.

VI, pages 479 et suiv.

Derniers jours de paix. — La mi-mai du printemps de Port-Royal. — Arrestation de M. de Saint-Cyran. — Cause immédiate : livre du Père Seguenot. — Agonie au Donjon et secours. — *Brûlement* de papiers. — M. Le Maître et Laubardemont. — Les solitaires à la Ferté-Milon; leur retour à Port-Royal des Champs. — Interrogatoire de M. de Saint-Cyran. — Témoignage de Vincent de Paul. — Dissidence des pensées; charité des cœurs.

APPENDICE.

L'Académie de Lausanne en 1837.	513
A propos du Discours préliminaire.	517
Sur M. Le Maître.	519
Mémoire du Père de Montézon sur les Jansénistes et les Jésuites.	520
Jugements divers sur Port-Royal. — M. Vinet; M. de Balzac.	548

FIN DE LA TABLE DES MATIÈRES.

8725 — PARIS. IMPRIMERIE GÉNÉRALE DE CH. LAHURE,
Rue de Fleurus, 9.

www.ingramcontent.com/pod-product-compliance
Lightning Source LLC
Chambersburg PA
CBHW060510230426
43665CB00013B/1469